海上阻止活動の法的諸相

公海上における
特定物資輸送の国際法的規制

吉田 靖之 著
Yasuyuki Yoshida

大阪大学出版会

はしがき

　海軍の主要な任務は、平時においては海洋空間の秩序の維持、武力紛争時においては敵海上兵力の撃破及び敵国への物資輸送の阻止であると、一般的に理解されている。これらのうち、本書の刊行の時点（2016年）においては、武力紛争時における海軍の任務の重要性についてはいささかの変化もないものの、主要国の海軍がかかる行動に実際に従事する可能性は、従前との比較においてさほど高いとはいえない。他方で、21世紀初頭の今日にあっては、有志連合を中心とする多国籍海軍部隊によるソマリア沖アデン湾における海賊対処活動が2008年以降継続的に展開している事実からも明らかなように、主要国海軍の活動の重心が、武力紛争時の戦闘行為等から平時における海洋空間の秩序維持活動へと一層推移していることには、ほぼ疑問の余地なきものと思料される。

　このような一般的な情勢の下、国際社会の平和及び安全を脅かす事態が現に存在するか、またはそのおそれがある場合に、かかる顕在的及び潜在的脅威への対応として、国際機構若しくは個別国家またはその集合体が、海軍力を用いて公海上において関係物資の輸送阻止を行う活動が、ポスト冷戦期以降ほぼ継続的に展開しており、それは一般に海上阻止活動（Maritime Interception/Interdiction Operations: MIO）と呼称されている。本書は、海洋法、海戦法規（*jus in bello* at sea）、国際機構法及びその他の幅広い分野にまたがる国際法規則にかかわる判例、学説及び国家実行といったマテリアルを横断的に活用することにより、海上阻止活動を総合的に分析することを趣旨とする。

　海上阻止活動は主要国海軍による戦闘を目的とはしない海上作戦として国際社会に既に定着したと認識されているところであるが、その法的根拠に関し海洋法及び海戦法規といった既存の国際法規則では十分に説明しきれない部分をなおも内包する。つまり、海上阻止活動の展開は、既存の国際法規則と抵触またはそれらに直接根拠づけられないことから、単純に言えば違法ではあるとしても、実行の蓄積によって既存の規則を超越して新たな規範が形成される過程という側面を有する。そして、そのような側面を分析すること

は、国際法の基礎理論との関係において興味深い論点となり得る。そこで、本書は、海上阻止活動を素材として、船舶に対する干渉に関する既存の国際法規則の総括とそのような措置の限界を明示にすることにより、国際法の基礎理論へと繋がるような実証的研究を行うことを目的とする（序章）。

　本書の概要は、以下に記すとおりである。まず、本書は、外国船舶への干渉にかかわる海洋法及び海戦法規といった既存の国際法規則の限界につき、個別国家による外国船舶への干渉が既存の国際法規則において許容される範囲と限界を確認する（第1章及び第2章）。検討の素材は、平時の公海海上警察権及び平時封鎖並びに武力紛争時の海戦法規及び海上中立法規による船舶への干渉である。また、注目すべき個別事例としては、国家が自己の安全確保のため外国船舶への干渉を強引に正当化しようとしたアルジェリア独立戦争を背景としたフランス海軍の公海上における船舶の阻止や、いわゆるキューバ隔離（政策）における米海軍の行動が存在する。これらの個別事例は、既存の国際法規則によっては正当化が困難な行為であるとともに、個別国家による安全保障に関する新たな規則形成の動きが既存の規則と衝突し、前者が後者を乗り越えていった実行であり、海上阻止活動の先駆的事例として位置づけられる。

　次に、本書は、海上阻止活動の事例研究と海洋秩序にかかわる新たな規則形成の動向について分析する。事例研究における検討の素材は、国連安全保障理事会の決定（安保理事会決議）を根拠とする国連海上阻止活動、大量破壊兵器拡散対抗のための海上阻止活動並びにテロリスト及びテロ関連物資の海上移動の阻止を目的とするテロ対策海上阻止活動である。これらのうち、まず、国連海上阻止活動については、本来は安保理事会の専管的事項である国際連合憲章第7章下の強制措置の実施を個別国家に委ねられるのかという国連法上の一般的問題を重視し、その法的メカニズムと限界を確認する（第3章）。また、大量破壊兵器拡散対抗のための海上阻止活動においては、航行の自由にかかわる規範に鑑み、武力紛争及び安保理事会の決定がない状態では、大量破壊兵器の輸送のみでは停船命令の発出をはじめとする通航船舶に対する干渉は困難である。よって、自国及び国際社会の平和と安全を目的として大量破壊兵器の輸送阻止を主張する諸国は、航行の自由にかかわる規

範の修正を求めることとなる。その結果、安保理決議による国際立法と、船舶の奪取に関する既存の条約に議定書を追加するという便宜的手段によって起草された新条約によって限定的な手当がなされた。本書は、これらの一連の経緯につき、国際立法及び新条約の起草過程を丁寧にあたり確認及び検討を行う（第4章）。

　さらに、このような航行阻止の主張と航行の自由にかかわる規範が衝突しながらも、前者が何らの法的手当がなされないまま優位し、今日に至るまで長期間にわたり展開を継続しているのがテロ対策海上阻止活動である。テロ対策海上阻止活動は、安保理事会決議や海洋法及び海戦法規といった既存の国際法規則により部分的な説明は可能なるものの、それらのみではテロ対策として実施される人と物の海上輸送の阻止をすべて正当化することは困難である。それにもかかわらず、本活動は継続的かつ大規模に実施され、今日では、将来のテロ行為防止の目的まで有する極めて包括的かつスケールの大きな活動へと進展した。また、テロ対策海上阻止活動は、従前であれば航行の自由にかかわる規範を侵害するものとして強い批判を受けたはずの行為であり、加えて、テロそのものに関する国際社会に共通する認識も存在していないにもかかわらず、本活動への特段の批判は見られていない。この点から、本書は、テロ対策海上阻止活動の分析を通じて、国際社会の平和と安全の維持という強力な要請による海洋秩序にかかわる新たな規範形成という論点を設定する。そして、新たな規範形成については、その存在の有無の確認はもとより、それが形成途上にある段階の意味を正しく捉えることこそが一層重要であると思料されることから、本書は、対抗可能性や黙認の法理その他の問題を考慮しつつ、本論点について動態的かつ慎重に把握することを試みる（第5章）。そのような本書における分析からは、海洋法の一大原則である航行の自由にかかわる規範が実は意外にも脆弱な側面を有することが示唆されるとともに、海上阻止活動の展開は関連する国際法が動的に展開する兆候を示唆しているものと結論づけられる（終章）。

　本書は、新たな状況の下での国際法の動向を探求する動態的な研究であるが、それのみにとどまるのであれば、著者のように、本書の刊行の時点（2016年）において現役の幹部海上自衛官（より一般的な表現では、海軍士官）の身

分を有する国際法学徒が行うものとしては、研究の新奇性及び面白味という意味においてはやや物足りない。したがって、本書は、上述したような動態的研究を、海に関する国際法理論と海洋安全保障に関する現実的な問題との双方にまたがって実施することとした。よって、国際法を専門とする研究者はもとより、国際法以外の学問領域を専攻する海洋安全保障問題の専門家にも一読していただくことを強く希望する。また、実務的見地からは、本書が判例、学説及び国家実行といった国際法規則にかかわるマテリアルの横断的な検討を基礎として、船舶への干渉を諸国海軍が行う場合における国際法上の合法性につき一定の指針を提示できた点が特に意義深いものと思料される。なお、一部の実務家からは、「実務においては国家実行こそが重要なのであり、国際法の学説及び理論は実務とは関係がない」旨の主張がなされることがあるが、それは完全な誤りである。学説及び理論の検討如何によっては実務上正反対の結論が導かれることがしばしば存在することから、実務上、学説及び理論は死活的に重要である。この点から、海上自衛隊の同僚諸官はもとより、たとえ所属する組織は異にしても海を共通の職場として働く実務家も、本書を手にとり遠慮なく率直な疑問を投げかけていただきたい。著者も読者との議論を楽しみにしている。

　なお、本書における論述は、すべて著者の個人的見解である。

2016 年 12 月
吉田靖之

目　次

はしがき　i
略語一覧　ix

序　章 …………………………………………………………… 1

第1節　海上阻止活動という実行の存在 …………………………… 1
第2節　問題の対象 ………………………………………………… 4
1. 海上阻止活動の定義　4
2. 海上阻止活動の系譜と本書における中核的問題意識　5
第3節　先行研究の概要とその限界 ……………………………… 9
1. 国連海上阻止活動及び大量破壊兵器の拡散対抗に関する先行研究　9
2. 船舶の阻止を伴う諸活動に関する包括的な先行研究　13
第4節　本書における論述 ………………………………………… 23
1. 検討対象たる海上阻止活動の範囲　23
2. 海上阻止活動と背景時代の区分　24
3. 主要論点　25

第Ⅰ部　既存の国際法枠組みにおける船舶の阻止と海上阻止活動の先駆的事例

第1章　公海上における臨検の制度 ……………………………… 33

第1節　平時における海洋法の下での船舶への干渉 …………… 33
1. 公海の航行自由の原則　33
2. 海洋法における臨検の権利――海上法執行活動――　39
第2節　戦時における交戦国による船舶への干渉――海上経済戦――…… 51
1. 海戦に関する法規慣例――海戦法規――　51
2. 海上経済戦の方法――捕獲及び封鎖――　64

第2章　平時の緊急状態における戦時状態の擬制による船舶の阻止 …… 107

第1節　平時封鎖と国際連盟の経済制裁における海軍力の使用 …… 109
1. 平時封鎖の概要　109
2. 国際連盟による平時封鎖構想　114

第2節　国家の緊急事態における船舶の阻止 …… 128
1. 公海上における自衛と海洋法の限界　128
2. 国家実行　135

第3節　小括と海上阻止活動の系譜への含意 …… 151

第Ⅱ部　海上阻止のための規則の構築
——海上阻止活動の系譜——

第3章　海上阻止活動のプロトタイプ：安保理事会決議による今そこにある危機への対応
——国連海上阻止活動—— …… 157

第1節　国連海上阻止活動の嚆矢——ベイラ・パトロール—— …… 160
1. ベイラ・パトロールの開始までの経緯　161
2. 英国海軍水上任務群の展開　166
3. ベイラ・パトロールを巡る法的論点　169

第2節　ポスト冷戦期における大規模な展開 …… 174
1. 活動の標準的枠組みと手続きの構築——対イラク——　175
2. 領海への進入禁止と積み荷の没収——対セルビア・モンテネグロ——　180
3. ポスト冷戦期における最後の展開——対ハイチ——　184
4. 活動未展開事例——対シエラ・レオーネ——　186
5. ポスト9/11の時代における展開——対リビア——　188
6. 実行のまとめ　192

第 3 節　国連海上阻止活動の国連憲章上の根拠 ………………………… 197
　1．安保理事会決議における定式　197
　2．非軍事的措置の枠内における軍隊の使用の可否　200
　3．軍事的措置と禁輸執行を目的とした軍隊の行動　206
　4．安保理事会の要請　210
　5．制度化された恣意性　216
第 4 節　新たな海上阻止活動への潮流 ……………………………………… 220
　1．海上阻止活動の系譜における始源としての意義　220
　2．今そこにある危機への対応から潜在的脅威に対する予防的展開への拡大　222

第 4 章　大量破壊兵器拡散対抗のための予防的展開 ……… 225

第 1 節　拡散対抗にかかわる政治的意思の表明 ………………………… 228
　1．拡散防止構想の概要　228
　2．阻止原則宣言（SIP）における海上阻止　234
第 2 節　国際立法による海上阻止 …………………………………………… 240
　1．安保理事会決議 1540 の起草趣旨とその要旨　240
　2．大量破壊兵器輸送船舶の海上阻止の妥当性　243
　3．安保理事会決議 1540 の特徴　245
　4．安保理事会決議による大量破壊兵器拡散対抗の限界
　　　――北朝鮮への対応事例――　253
第 3 節　大量破壊兵器拡散対抗のための新たな条約の起草
　　　――PSI 二国間乗船合意と 2005 年 SUA 条約議定書―― …………… 260
　1．PSI 二国間乗船合意――2005 年 SUA 条約議定書の先駆――　260
　2．2005 年 SUA 条約議定書――乗船及び捜索にかかわる多数国間条約――　272
第 4 節　海上阻止にかかわる一般的規範定立の困難性 ………………… 292
　1．国際立法及び条約による規則構築の成果と限界　292
　2．PSI の法的評価　295
　3．旗国主義の壁とテロとの闘いを背景とする海上阻止活動の展開　297

第 5 章 テロ攻撃未然防止のための予防的展開
――テロ対策海上阻止活動―― ……………………… 301

第 1 節 テロ対策海上阻止活動を巡る論点 …………………… 301
 1. 21 世紀初頭における海上作戦の趨勢と新たな海上阻止活動　301
 2. テロ対策海上阻止活動の展開とその法的根拠に関する疑問　302
 3. テロ対策海上阻止活動に関する先行研究とその限界　304

第 2 節 有志連合海上作戦部隊（CMF）の概要 ……………… 310
 1. 組織編制及び任務　310
 2. 主要オペレーション――テロリスト及びテロ関連物資の海上移動の阻止――　313

第 3 節 テロ対策海上阻止活動の根拠――参加国による主張―― ………… 321
 1. 検討の枠組　321
 2. 安保理事会の要請または授権　322
 3. 自衛権行使と海上阻止　328

第 4 節 テロ対策海上阻止活動の現状 ………………………… 347
 1. テロとの戦いにおける自衛権行使の継続――米国の認識――　347
 2. 対アフガニスタン武力行使の終了と海上警備活動（MSO）への移行　350
 3. 海上警備活動（MSO）における海上阻止　353
 4. 一方的措置としての対抗可能性　356

終　章 …………………………………………………………… 365

第 1 節 総　括 …………………………………………………… 365
 1. 本書における論述のまとめ　365
 2. 海上阻止活動が内包する普遍的論点　371

第 2 節 公海上の秩序維持にかかわる新たな動向 …………… 373
 1. 特定物資の海上輸送規制にかかわる国際法の限界　373
 2. 新たな法規範形成への創造的展開　375

あとがき　383
条約一覧　391
判例一覧　399
主要参考文献　401
索引　443

略語一覧

AFDI	*Annuaires Français de Droit International*
AJIL	*American Journal of International Law*
A/RES	United Nations General Assembly Resolution
ASIL	American Society of International Law
BYIL	*British Year Book of International Law*
CMF	Combined Maritime Forces
CMFCC	Coalition Maritime Force Component Command
Con. d'Etat	Conseil d'État
CSG	Carrier Strike Group
CTF	Combined Task Force
EC	European Community
ECJ	Court of Justice of the European Community (Union)
ECOWAS	Economic Community of West African States
ECtHR	European Court of Human Rights
EEC	European Economic Community
EEZ	Exclusive Economic Zone
EJIL	*European Journal of International Law*
E-MIO	Expanded-Maritime Interception/Interdiction Operations
EU	European Union
EUNAVFOR	European Union Naval Force
FRONTEX	Frontieres Exterieures
ICC	International Criminal Court
ICJ	International Court of Justice
ICLQ	*International and Comparative Law Quarterly*
ICTY	International Criminal Tribunal for the Former Yugoslavia
IDI	Institute de droit international
ILC	International Law Commission
ILM	*International Legal Materials*
ILR	*International Law Reports*
IMO	International Maritime Organization
IMO DOC	International Maritime Organization Document
ITLOS	International Tribunal for the Law of the Sea
JAG	Judge Advocate General

JCSL	*Journal of Conflict and Security Law*
JDI	*Journal du Droit International*
LEG	(IMO) Legal Committee
LoN	League of Nations
LoN DOC	League of Nations Document
MDA	Maritime Domain Awareness
MIO	Maritime Interception/Interdiction Operations
MSO	Maritime Security Operations
NATO	North Atlantic Treaty Organization
OAE	Operation Active Endeavour
OAS	Organization of American States
ODIL	*Ocean Development and International Law*
OEF	Operation Enduring Freedom
OEF-MIO	Operation Enduring Freedom Maritime Interception/Interdiction Operations
PCIJ	Permanent Court of International Justice
PCIJ Ser. A.	Permanent Court of International Justice, Series A: Collection of Judgment
PSI	Proliferation Security Initiative
RCADI	*Recueil des Cours (Académie de Droit International de La Haye)*
RFMO	Regional Fisheries Management Organization
RGDIP	*Revue Générale de Droit International Public*
ROE	Rules of Engagement
SIP	Statement of Interdiction Principle
S/PV.	United Nations Security Council Provisional Verbatim Record
S/RES	United Nations Security Council Resolution
SUA	Suppression of Unlawful Acts against the Safety of Maritime Navigation
UN	United Nations
UN DOC	United Nations Document
UNIFIL	United Nations Interim Force in Lebanon
USNI	United States Naval Institute
WEU	Western Europe Union
ZaöRV	*Zeitschrift für ausländisches öffentliches Recht und Völkerrecht*

序章

第1節　海上阻止活動という実行の存在

　船舶は一の国のみの旗を掲げて航行するものとされ、公海上（排他的経済水域（Exclusive Economic Zone：以下「EEZ」）を含む）においてはその国の排他的管轄権に服する[1]。これは、旗国主義と呼称される海洋にかかわる法規慣例（以下「海洋法」）の一大原則である[2]。この原則を排除、修正または緩和し、公海上において外国船舶を阻止して乗船及び捜索（boarding and searching）等を行うためには、当該船舶が、海賊、公海からの無許可放送、国旗の濫用、違法・無報告・無規制漁業（Illegal, Unreported and Unregulated Fishing：以下「IUU漁業」[3]）等といった海洋法に関する国際連合条約（以下「国連海洋法条約」）（1982年）第110条及びその他の海洋法規則に規定される何らかの違法行為に従事しているか、当該船舶が無国籍船という属性を帯びているか、または、海洋法によって取締りの対象とされている物資または人の輸送に従事している場合に限定される。他方で、武力紛争[4]においては、海

---

1) 海洋法に関する国際連合条約（以下「国連海洋法条約」）（1982年）第92条：公海に関する条約（以下「公海条約」）（1958年）第6条。
2) *Affaire du Lotus*, PCIJ Ser. A, No. 10（7 September 1927）, pp. 24–25：Robin Rolf Churchill and Alan Vaughan Lowe, *The Law of the Sea*, 3rd ed.（Manchester University Press, 1999）, p. 208.
3) IUU漁業の訳語は、経済協力開発機構（Organization for Economic Co-operation and Development：OECD）による。http://www.oecdtokyo.org/pub/aaa/532004021p1.html, as of 7 May, 2013.
4) 武力紛争とは、国の軍隊（armed forces）相互間の、あるいは、一国内における政府軍と組織された武力集団との間での暴力状態を指す概念と観念される。Cf., *Prosecutor v. Tadić*（Decision on the Defence Motion for Interlocutory Appeal on Jurisdiction, IT-94-1-AR72（2 October 1995）, para. 70. なお、国際的武力紛争とは、国家間の事実上の敵対行為の存在という事実主義的な概念であり、1949年のジュネーヴ諸条約共通第2条の文言が示すように、それはある種の継続的な事実状態として認識されている。真山全「現代における武力紛争法の諸問題」村瀬信也、真山全編『武力紛争法の国際法』（東信堂、2004年）、9頁。

戦に関する法規慣例（laws of naval warfare）（以下「海戦法規」）の下で、交戦国軍艦が敵国商船はもとより中立国商船に対しても幅広い干渉を行うことが許容されている。

このような海洋法及び海戦法規の下において、船舶を停船させた後に乗船し、船舶書類や積荷を確認する行為は、臨検及び捜索（visit and search）と呼称される[5]。他方で、歴史を紐解くと、国際の平和と安全に対する明白な脅威が存在し、かかる脅威への迅速な対応の一環として、単独または複数の個別国家が海軍部隊を大規模に展開させ、海洋法または海戦法規のいずれによっても説明できない行為として、公海上において船舶を停船させた後に乗船及び捜索を実施し、当該船舶が特定物資の輸送に従事している場合には、行き先の変更、あるいは状況によっては拿捕及び積荷の没収に至る一連の措置である海上阻止（maritime interception/interdiction）を実施した実行が複数確認される。以後、本書においては、そのような活動を海上阻止活動（Maritime Interception/Interdiction Operation: MIO）と称する[6]。

運用上の側面に着目した場合、海上阻止は海洋法及び海戦法規を根拠とする臨検及び捜索とほぼ同様であると判断しても支障はない。それにもかかわらず、海上阻止活動においてあえて海上阻止という海洋法及び海戦法規という概存の国際法のいずれにおいても用いられていない特別な文言が使用されているのは、海上阻止はこれらの既存の国際法に根拠を有するものではないが故に、何らかの根拠が別途必要とされるという行為実施者の認識を示唆しているものと理解されている[7]。また、海上阻止活動は、武力紛争（国際的

---

[5] 国連海洋法条約第110条：公海条約第22条：Louise Doswald-Beck ed., *San Remo Manual on International Law Applicable to Armed Conflict at Sea* (*hereinafter San Remo Manual*) (Cambridge University Press, 1995), para.114.

[6] なお、ハインチェル・フォン・ハイネク（Wolf Heintchel von Heinegg）によれば、interceptionとinterdictionとの文言には法上の相違はなく、海上阻止活動に参加する国によっていずれかの文言が選択されているにすぎないとされる。Wolf Heintchel von Heinegg, "Chapter 20: Maritime Interception/Interdiction Operations," in Terry D. Gill and Dieter Fleck eds., *The Handbook of the Law of Military Operations* (Oxford University Press, 2011), p.376.

[7] Christer Ahlström, "The Proliferation Security Initiative: International Law Aspects of the

及び非国際的なものの双方を含む）を背景とするものとしないものとの双方にまたがる幅広いスペクトラムを有するとされる[8]。

海上阻止活動の個別の実行は、その背景とする情勢及び目的等がそれぞれ異なり、さらに、法的性格についても必ずしも同一であるというわけではない。しかしながら、いずれの実行においても、海上阻止活動が想起された当時にあっては、本活動は既存の国際法では説明することが困難な事例であると一般的には認識された。また、海上阻止活動に不可欠である大規模な海上部隊を迅速かつ広範囲に展開する意思及び能力を有する国は国際社会においても相当に限定されることから、現に生起している危機への迅速な対応を優先させようとするこれらの国の意思により、海上阻止の法的基盤を確保するための精緻な理論構築がなされないまま、海上部隊の展開が優先された事例も存在する。そして、そのような事例として、1962年にソ連がキューバに米国を射程内に収める攻撃用核ミサイルを設置するという事態を受け、ソ連によるミサイルの設置を阻止することを目的として、米海軍がミサイル及び同関連物資をキューバへ輸送するソ連船舶を公海上において阻止することを試みた、いわゆるキューバ隔離（政策）（Cuban Quarantine（Policy））が存在する。米海軍によるこの活動は、当時、公海上におけるソ連船舶の阻止の合法性に関し活発な議論を惹起せしめた[9]。

Statement of Interdiction Principles," *SIPRI Yearbook 2005* (Stockholm International Peace Research Institute, 2005), p. 748.

8) Department of the Navy, Office of the Chief of Naval Operations and Headquarters, U. S. Coast Guard, *Maritime Interception Operations* (Edition November, 2003) (*hereinafter* NTTP 3-07. 11), para. 1.2.

9) Richard Zeigler, "A UBI SUNUS? QUO VADIMUS?: Changing the Course of Maritime Interception Operations," *Naval Law Review*, Vol. 43, No. 1 (1996), p. 14.

第 2 節　問題の対象

1. 海上阻止活動の定義

　海上阻止活動が大規模な展開を見せたのは 1990 年代以降であり、本活動は、当初から米国の主導により実施されてきた。米国は、海上阻止活動に関する概念の洗練化並びに部隊運用の手順及び現場における措置の標準化等を一貫して推進してきており、今日では、海上阻止活動を、「船舶が、国際法、国際連合（以下「国連」）安全保障理事会決議（以下「安保理事会決議」）及びそれらを踏まえて策定された国内法により移動が禁止若しくは規制される物または人の海上輸送に従事していると疑われる合理的な理由が存在する場合、当該船舶を阻止して停船させた後に乗船し、船舶書類の確認及び船内の捜索の実施という行政的措置、並びに当該船舶が行き先変更等の措置に応じない等の場合には、必要とあれば当該船舶の拿捕及び積荷の差し押さえという司法的措置の二つの異なる局面における諸行為を含むもの」[10]と説明する[11]。この米海軍の説明は、実務上及び学説上も妥当なものとして受け入れられている[12]。

　海上阻止活動において輸送の規制の対象となる特定物資は、海洋法の下ではその輸送が禁止または規制されているものではない。よって、海上阻止活動の実行においては、既存の国際法である海洋法は何らの変更を受けること

---

[10] なお、行政的措置と司法的措置との区別については、小寺彰「領海外沿岸海域における執行措置」山本草二編集代表『海上保安法制―海洋法と国内法の交錯―』（三省堂、2009 年）、159 頁参照。

[11] NTTP 3-07.11, *supra* note 8, para. 1.2: Department of the Navy, Office of the Chief of Naval Operations, Headquarters, U. S. Marine Corps, Department of Homeland Security and U. S. Coast Guard, *The Commander's Handbook on the Law of Naval Operations* (Edition July, 2007) (*hereinafter* NWP1-14M), para. 4. 4. 4: Navy Warfare Development Command, *Maritime Interdiction Force Procedures: Multi-National Maritime Manual* (EXTAC 1012) (October, 1996), pp. 1-1-1-2.

[12] E.g., Alan Cole, et al eds., *San Remo Handbook on Rules of Engagement* (International Institute of Humanitarian Law, 2009), para. 3.5.b.ii.

なく、対象とされる特定物資の海上輸送を規制するため個別の規則類がその都度別途整備されてきた。なお、海上阻止活動においては、状況に応じて船舶の拿捕または引致あるいは積荷の没収を伴う場合もあり得るが[13]、沿岸警備隊や水上警察といった海上法執行機関による海上犯罪の防止または取締りを目的とする海上法執行活動（maritime constabulary/law enforcement operations）は、海上阻止活動の範疇には含まれないと理解されている[14]。ただし、海上阻止活動と海上法執行活動及び海戦法規上の捕獲との異同については議論が存在するので、これについては後に詳細に検討することとする。

2. 海上阻止活動の系譜と本書における中核的問題意識

　海上阻止活動に関する一定の定義は成立したものの、本活動は既存の国際法によっては根拠が確保されていないものを一部に含んでいたことから、それは特異かつ例外的な事例であると認識されていた。他方で、海上阻止活動は、国際連合憲章（以下「国連憲章」）第7章下における安保理事会の行動が必要とされるような事態の生起、並びに大量破壊兵器の拡散及びテロ攻撃というような国際の平和と安全に対する明白な脅威により生じた危機的な状況への対処の一環として展開するものである。したがって、海上阻止活動に参加する国の立場に立った場合、本活動は国際社会に共通する利益の確保を意図した活動であると整理される。また、それ故に、個々の実行においては、本活動に対する反発または非難を表明する国が一部において存在した一方で、多くの国は、これを容認あるいは黙認しているか、少なくとも本活動に直接的に対抗するような措置は講じていない。また、情勢如何によっては、日頃、海上阻止活動を主導する米国と利害が相反することの多い中国やロシアといった国も、本活動には積極的に協力する場面すら確認される。さらに、海上阻止活動においては、あたかも戦時禁制品制度（contraband of war）のごとく、海上輸送の規制の対象とされる特定物資に関する包括的リストが

---

13) NTTP 3-07.11, *supra* note 8, para. 1.2.
14) Cole, et al eds., *supra* note 12, para. 3.5.a.

作成され、ほとんどの実行において総じて数千隻規模での海上阻止が公海上において実施されたほか、本書の刊行の時点である21世紀初頭においても、10年以上の極めて長きにわたりなお継続的に展開している活動も存在する。そして、このような活動の規模、範囲、対象船舶の数及び展開の期間という事実的側面に注目すると、海上阻止活動は特異かつ例外的な活動にとどまるというわけではない。

　海上阻止活動の展開の歴史においては、個々の実行における海上阻止の合法性を確保するための個別の規則類を新たに整備するため、本活動を主導する米国及びそれに参加する国家群は極めて精緻な作業を行ってきた。その結果、これまで展開を見せたすべての活動における海上阻止を統一的に規律するような共通の規則類というものは存在しないものの、海上阻止活動の根拠たり得る規則類は複数確認できる。そして、これらの規則類は相互に排他的というわけではなく、状況によっては一つの活動が複数の規則類に依拠して展開する場合も想定される[15]。このような経緯により、今日においては、国際の平和と安全に対する脅威により生じた危機的な状況への対処の一環として、特定物資の海上輸送を規制するような複数の実行により構成される海上阻止活動の系譜（lineage）というものが確認できるのである。

　海上阻止活動の系譜に属する実行のなかには、今日では国際の平和と安全の維持または回復を目的とした公海上における主要な措置としての評価を確立したものも存在する。そのようなものとしては、国連憲章第7章下で採択された安保理事会決議に基づき、同理事会が課した禁輸の執行を実効的ならしめることを目的とした国連海上阻止活動並びに大量破壊兵器及び同関連物資の非国家主体への拡散対抗を目的とした海上阻止活動が挙げられる。これらの活動は、それらが想起された時点においては、それぞれの活動が対象とする特定物資の海上輸送を規制するための法的基盤が既存の国際法に存在しなかったため、実務及び学術の双方の場面において活発な議論を生じせしめた。そのため、これらの活動においては、海上阻止の合法性を確保するため、

---

15) Heintchel von Heinegg, *supra* note 6, pp.380-382 : NWP1-14M, *supra* note 11, para.4.4.4.1.

国連海上阻止活動については安保理事会の要請または権限の授権という従前においては想定されていなかった新たな方式が創出され、また、大量破壊兵器の拡散対抗を目的とした海上阻止活動については、大量破壊兵器及び同関連物資の海上輸送の阻止を目的とした国際立法及び新条約の起草がそれぞれなされた。その結果、今日においては、これらの活動は、国際の平和と安全の維持または回復を目的とする公海上における措置としての確固たる地位を理論及び実践の双方の局面において確立するに至っている。

　つまり、海上阻止活動の系譜においては、既存の国際法によっては説明が困難である特定物資の輸送の規制を可能ならしめるため、既存の国際法の枠外において新たな規則類が整備されることにより、海上阻止の合法性が確保されてきたのである。なお、ここでいう「既存の国際法の『枠外』における規則類の整備」とは、海洋法や海戦法規という従前から存在する国際法は何ら変更されることなく、あくまで、それらに追加される形で別途新たな規則類が整備されたということを意味する。

　ちなみに、海洋法の発展の過程においては、例えば大陸棚、直線基線及びEEZのように、当初は一部の国家による既存の国際法と抵触するような一方的な主張（一方的措置）であると認識されていたものが、その後の国家実行及び国際裁判における判例の蓄積によって、海洋法の一部として発展及び定着し立法化されたものも少なからず存在する。このような過程は、いわば海洋法の内部における既存の規則と新たな動向とのconflictである。他方で、海上阻止活動の場合においては、国際社会の平和と安全の維持にかかわる要請が行動の動機として存在する。つまり、海上阻止活動の系譜に位置する大規模かつ広範囲な実行の展開は、海洋法の枠外に所在する要因に依拠しており、このような事情は、上述した大陸棚、直線基線及びEEZの制度の発展及び定着の過程とは大きく異なる。さらに、上述したような海上阻止の法的基盤を確保するための個別の規則類の新規整備という側面に着目した場合、海上阻止活動の系譜とは、特定物資の輸送の規制を目的とした公海上における乗船及び捜索の根拠に法的な疑問が存在することから、当初はあくまで特異かつ例外的な事象として認識されていた活動が、海上阻止のための特

別な規則類が新たに整備されることにより、国際の平和の維持または回復のための手段として定着してゆく過程（現象）にほかならない。

　もとより、新たに登場した何らかの活動が、国際法との整合性を図りつつ国際社会に合法的なものとして認知され定着してゆく途上においてはこのような過程（現象）が存在するのは当然であり、それを指摘することに如何なる法的意味が見出せるのかという議論も成立し得るかもしれない。しかしながら、少なくとも海上阻止活動を国際法の研究の主題と捉えて、その系譜にしたがって国際法の観点から上述したような過程（現象）を詳細に分析した業績は、少なくとも日本国内においては存在していない。他方で、21世紀の初頭の今日における海上阻止活動を巡る情勢に目を転じた場合、テロリスト及びテロ関連物資の海上輸送の規制を目的としたテロ対策海上阻止活動が、大規模、広範囲かつ長期間にわたり継続的に展開している。本活動は、安保理事会決議を直接の根拠とせず、かつ、海洋法によっても説明がつかないという点が問題となっているが、これらの疑問について明確な回答がなされているというわけではない。このような状況それ自体は、海上阻止活動の系譜に位置する個々の実行の展開の歴史と共通するものである。しかしながら、過去の海上阻止活動の実行においては、海上阻止の合法性を確保するための新たな規則類が整備されていったことに対し、テロ対策海上阻止活動については、未だそのような帰結を見ないまま実行のみが先行しており、国際社会もそのような状況を容認または黙認している。なお、本活動に対する国際社会の黙認は不作為による容認であるという黙認の法理による説明も想定されるが、まずは実定国際法に照らし合わせた検討がなされるべきであると思料される。

　本書の刊行の時点においては、活動の根拠について未だ不明確な部分を少なからず内包しながらも、テロリスト及びテロ関連物資の海上輸送の規制という広い意味での公海上における平和と安全の維持という海上阻止活動に共通する目的を達成するため、公海上における具体的行動が優先されているという意味において、テロ対策海上阻止活動はまさしく海上阻止活動の系譜の最右翼に位置する活動であると思料される。それでは、何故このような法的

に疑問のある活動が国際社会において許容されているのか。また、そのような現実の情勢は、既存の規則を超越して新たな規範が形成される過程の途上にあることを示唆しているのか。これらは本書の執筆に際しての大きな疑問であり、これに対する回答を得るためには、まずは海上阻止活動をその系譜にしたがって統一的に論じ、従前は実施が困難と考えられてきた特定物資の海上輸送の規制を可能ならしめる新たな規則類の整備の過程における議論を詳細に検討することが必要となる。さらに、そのような作業を通じ、テロ対策海上阻止活動のみならず、広く海上阻止活動の現状及びその将来における展望について何がしかの法的な含意を得ることが期待できるのではないかというのが、本書が抱く中核的な問題意識である。

第3節　先行研究の概要とその限界

1. 国連海上阻止活動及び大量破壊兵器の拡散対抗に関する先行研究

　先述したように、国際法の観点から海上阻止活動を統一的に論じた業績は、日本国内においてはほとんど存在しないと言っても過言ではない[16]。他

---

16) 本書と類似したテーマを扱った国内の博士論文としては、沼田良亨「海上における阻止活動の新展開：合法性根拠の追求を中心として」横浜国立大学国際社会科学研究科博士論文（学術）、甲第1144号（2009年3月26日）（横浜国立大学学術情報リポジトリ：http://kamome.lib.ynu.ac.jp/dspace/handle/10131/7288?mode=simple, as of 9 May, 2013.）が存在する。本論文においては、検討のための背景事情として、近年、公海上において新たに出現しつつある安全保障上の脅威に実効的に対処するためには、公海上に所在する船舶への対応に関する既存の国際法、すなわち、海洋法に基づく海上警察権、安保理事会による要請または授権による経済制裁の一部である禁輸執行、並びに海戦法規に基づく拿捕及び捕獲では限界があるという事由が挙げられており、このような問題意識それ自体は、本書とある程度共通するものである。その上で、本論文は、新たな脅威に対応するための海上阻止を合法的に実施するための方策は、その根拠を確保するための条約策定の推進と、海上阻止の権限を加盟国に恒久的に付与するような安保理事会決議に見出せるとする。そして、本論文は、国際関係論の手法を用いて先の主張を検証し、さらに、我が国（日本）の対応の在り方について政策的な提言を行っている。本論文が「海上阻止活動の合法性根拠」の結論として、海上阻止に関する条約規則の策定の推進及び安保理事会決議による海上阻止にかかわる権限の恒久的な付与を挙げていることには、

方で、海外の研究に目を転じた場合、海上阻止活動はなじみのある検討対象であるとは言い難いものの、海上阻止活動の系譜に属する個々の実行に対して国際法の観点から個別に検討を加えた単一の著作としての業績は、国連海上阻止活動及び大量破壊兵器の拡散対抗に関するものが若干ながらも確認される[17]。

　これらのうち、まず国連海上阻止活動をテーマとした業績としては、フィールディング (Louise E. Fielding) の *Maritime Interception and U. N. Sanction*（1997年）[18]が挙げられる。本業績は、冷戦の終結により国際の平和と安全の維持または確保のための安保理事会の権能の創造的展開による集団安全保障体制への期待が高まった1990年代のポスト冷戦期という時代を背景とした国連海上阻止活動の展開（対イラク、対ユーゴスラビア（セルビア・モンテネグロ）、対ハイチ）につき包括的に論じている[19]。

　本業績における法的検討の特徴は、国連海上阻止活動の法的性格を海戦法規上の措置、特に封鎖との異同に主眼を置いて論じていることである。本業績が刊行された1990年代にあっては、安保理事会決議を根拠として公海上において船舶の阻止並びに乗船及び捜索を大規模に展開する国連海上阻止活動は、従前には見られなかった海軍力を使用した新たな活動であると一般に認識されたことから[20]、その法的性格を考察するにあたり、まずは公海上に

　　一定の合理性は認められる。しかしながら、21世紀初頭の今日における海上阻止活動を巡る議論の中核とは、活動を要請または授権する安保理事会決議が存在せず、さらに、海洋法及び海戦法規といった既存の国際法にも根拠を有さない海上阻止活動を法的にどのように説明するのかという論点であることに鑑みた場合、本論文の論述及びその結論には、国際法の論説としてはいささか興味索然であるとの印象を受けることは否めない。

17）なお、海上阻止活動の系譜に属する個別の実行を主題に据えた雑誌掲載論文は一定程度存在し、それらについては適宜本書において引用することとする。

18）Louis E. Fielding, *Maritime Interception and U. N. Sanction*（Austin and Winfield Publishers, 1997), xxix + 368pp.

19）なお、本書は、同じ著者による "Maritime Interception: Centerpiece of Economic Sanctions in the New World Order," *Louisiana Law Review*, Vol. 53, No. 4 (1993), pp. 1191-1241. を大幅に加筆、修正したものである。

20）E. g., Alfred H. A. Soons, "A "New" Exception to the Freedom of the High Seas: The Authority of the U. N. Security Council," in Terry D. Gill and Wybo P. Heere eds., *Reflections of Principles*

おける海上交通の強制的な遮断という海上阻止活動と同様の効果を有する既存の国際法上の措置との比較を行うことは手堅い方法である。なお、フィールディングは、武力紛争時において交戦国が一定の海域内における船舶の航行を一方的に禁止する措置である排他的水域 (exclusion zone) を封鎖のアナロジーとして捉え[21]、海上阻止活動との異同についての検討を併せて行っている。排他的水域の合法性については賛否両論に分かれており[22]、また、国連海上阻止活動と共通する要素も確認できない。さらに、国連法の観点からは、国連海上阻止活動の国連憲章上の位置づけという重要な論点が別途指摘されるところであるが、本論点についてフィールディングは、国連海上阻止活動の根拠は国連憲章第41条に求められるとしているものの、そのような結論に至るまでの学説の検討及び国連憲章の解釈に関する考察がやや淡泊にとどまっている観が否めない[23]。

次に、大量破壊兵器の拡散対抗を目的とした海上阻止活動を取り扱った業績としては、アレン (Claig H. Allen) の *Maritime Counterproliferation Operations and the Rule of Law* (2007年)[24]が挙げられる。2001年9月11日に生起した米国同時多発テロ攻撃は、テロリズムと大量破壊兵器との連接による破壊的な相乗効果を伴う脅威というものが現実に存在し得ることを提示せしめ

---

and Practice of International Law (Martinus Nijhoff Publishers, 2000), p.206.
21) そのような主張を展開する議論として、例えば、Howard S. Levie, "Means and Methods of Combat at Sea," *Syracuse Journal of International Law and Commerce*, Vol.14, No.4 (1988), p.738.
22) William J. Fenrick, "The Exclusion Zone Device in the Law of Naval Warfare," *Canadian Yearbook of International Law*, Vol.24 (1986), p.116.
23) ちなみに、安保理事会決議を根拠とした加盟国海軍部隊の活動について、国連の平和維持活動 (以下「国連平和維持活動」) (Peace-Keeping Operations : PKO) における海軍力の活動に関する論点検討を行ったものとして、Rob McLaughlin, *United Nations Peace Operations in the Territorial Sea* (Martinus Nijhoff Publishers, 2009), xiv + 260pp. が存在する。しかしながら、マクローリンが主要な検討の対象としているのは、国連平和維持活動の一環としての領海内における法執行活動であり、公海上において大規模かつ広範囲に展開する国連海上阻止活動については部分的かつ付随的な取扱いにとどまる。
24) Claig H. Allen, *Maritime Counterproliferation Operations and the Rule of Law* (Praeger Security International, 2007), xi + 253pp.

た。この結果、大量破壊兵器及び同関連物資の厳格な管理のための国際的な努力が一層求められることとなり、そのようなイニシアティヴの一つが、米国が主導する大量破壊兵器の拡散に対する安全保障構想（拡散防止構想）(Proliferation Security Initiative：以下「PSI」）である[25]。アレンは、PSI に対して、慣習法、条約規則、国際判例及び安保理事会決議等を素材として法的検討を加えている。このような検討を通じて、アレンは、PSI は公海上における船舶の阻止という論点に関しては未だ克服すべき法的及び政策的課題が指摘されるものの、PSI 参加国を中心とした個別国家及び有志連合（coalition）並びに国連をはじめとする国際機構の努力により、かかる課題は解決される方向にあると総括する。

　このように、本業績は、大量破壊兵器の拡散対抗及びそれに関連する国際法に関する全般的な理解を得るためには格好の素材である。しかしながら、本業績においては、大量破壊兵器の拡散対抗を実効的ならしめるための主要な方策である二国間及び多国間条約に関する論述が限定的であり重厚を欠いている。具体的には、本業績においては、PSI にとって最も重要な法的ツールの一つである海洋航行の安全に対する不法な行為の防止に関する条約の 2005 年の議定書（2005 年）（以下「2005 年 SUA 条約議定書」）の検討において、同議定書の起草過程に関する考察が丁寧に行われておらず、その結果、同議定書に関する論述は断片的なものにとどまっている[26]。

　なお、これらの条約規則の策定に先立ち、米国は、安保理事会決議による国際立法によって PSI の枠内における乗船及び捜索についての根拠を構築することを目指した。そして、本目的を達成するために採択されたのが安保理事会決議 1540[27]であるが、本決議は、大量破壊兵器及び同関連物資の輸送に従事していると疑われる合理的理由ある船舶への強制的な乗船及び捜索にかかわる十分な根拠を創出するには至らなかった。このため、多国間条約の

---

25) James Kraska, "Book Review: *Shipping Interdiction and the Law of the Sea*, by Douglas Guilfoyle," *AJIL*, Vol. 105, No. 3 (2011), p. 638.
26) Allen, *supra* note 24, pp. 106, 126, 131–134, 174–177, 193.
27) UN DOC S/RES 1540 (28 April, 2004).

整備により PSI の枠内における乗船及び捜索についての根拠を別途創出することを指向した米国が強いイニシアティヴを発揮して、2005 年 SUA 条約議定書が起草されたという経緯が存在する[28]。

2. 船舶の阻止を伴う諸活動に関する包括的な先行研究

フィールディング及びアレンの業績は、それぞれが主題として扱っている国連海上阻止活動及び大量破壊兵器の拡散対抗を目的とする海上阻止活動が国際的に脚光を浴びた時期に刊行されたものであり、その当時においては極めて時宜を得たものであった。しかしながら、先に指摘した幾つかの課題に加え、本書の刊行の時点である 21 世紀初頭においては、いずれの著作も刊行されてから相当の時間が経過しており、それ以降の実行や事象は扱われていないこと等、内容の一部がやや陳腐化しているとの観は否めない。そのようななか、近年、公海上において顕在的及び潜在的に存在する脅威の複雑化及びかかる脅威が生じせしめる複合的な問題の一層の深刻化を背景として、船舶の阻止を伴う諸活動を包括的に研究しようとする意欲的な業績が連続して出版されている。それらは、ギルフォイル（Douglas Guilfoyle）の *Shipping Interdiction and the Law of the Sea*（2009 年）[29]、クライン（Natalie Klein）の *Maritime Security and the Law of the Sea*（2011 年）[30]、及びパパスタヴリディス

---

[28] IMO DOC RES.A.924（22）（20 November, 2001）.

[29] Douglas Guilfoyle, *Shipping Interdiction and the Law of the Sea*（Cambridge University Press, 2009）, lv + 374pp. なお、本書の書評としては、さしあたり Kraska, *supra* note 25, pp. 638-643：Karen N. Scott, "Book Reviews：*Shipping Interdiction and the Law of the Sea* by Douglas Guilfoyle," *New Zealand Yearbook of International Law*, Vol. 7（2009）, pp. 438-441：山内由梨佳「書評：Douglas Guilfoyle, *Shipping Interdiction and the Law of the Sea*」『国際安全保障』第 38 巻第 4 号（2011 年）、139-143 頁を参照。また、ギルフォイルは、英国庶民院（House of Commons）外交委員会へのソマリア沖海賊対処活動に関する報告書といった実務面における業績も有している。Written evidence from Dr. Douglas Guilfoyle, "Legal Issues to Counter-Piracy Operations off the Coast of Somalia," in House of Commons Foreign Affairs Committee, *Piracy off the Coast of Somalia, Tenth Report of Session 2010-12*（HC1318）（5 January, 2012）, Ev. 81-84.

[30] Natalie Klein, *Maritime Security and the Law of the Sea*（Oxford University Press, 2011）, xxvi + 350pp. なお、本書の書評としては、吉田靖之「紹介：Natalie Klein, *Maritime Security*

（Efthymios Papastavridis）の The Interception of Vessels on the High Seas: Contemporary Challenges to the Legal Order of the Oceans（2013 年）である[31]。これらの業績は、問題意識及び検討の対象とする事象に関し本書と共通する部分が少なくないことから、それらを本書における先行研究として位置づけ、以下において横断的に批評する。

a．研究の趣旨

　まず、ギルフォイルは、武力紛争が存在しない状況下において、個別国家が主として公海上において行う船舶の阻止に関する実定法の射程を理論的かつ横断的に検討することを研究の趣旨とする[32]。ギルフォイルは、海上阻止（ギルフォイルの表現では"shipping interdiction"）を、「国家が国際法または国内法により禁止されている行為に従事していると疑われる自国籍以外の船舶を停船させ、乗船し捜索すること」、及び「当該船舶を拿捕し、乗船者を逮捕し、積荷を差し押さえること」の二つの局面において実施される様々な行為であると整理する[33]。ギルフォイルのこのような整理は、先に紹介した米国の海上阻止活動に関する定義とほぼ同様である。この定義に依拠して、ギルフォイルは検討対象を海上法執行活動に絞り込んでおり、対象とされている具体的な行為類型は、海賊及び奴隷貿易、麻薬の違法取引、IUU 漁業、公海における無許可放送、違法難民の密入国及び人身売買並びに海上における大量破壊兵器の拡散である。これらの行為態様は、規制の対象となった経緯や保護すべき法益等はそれぞれに異なるが、ギルフォイルは、それらを、個別国家が公海上において外国船舶を海上阻止するための法的根拠及びその

---

and the Law of the Sea」『国際法外交雑誌』第 111 巻第 4 号（2013 年）、132-137 頁を参照。

31）Efthymios Papastavridis, The Interception of Vessels on the High Seas: Contemporary Challenges to the Legal Order of the Oceans（Hart Publishing, 2013）, xxxiii＋367pp. なお、本書の書評としては、吉田靖之「紹介：Efthymios Papastavridis, The Interception of Vessels on the High Seas: Contemporary Challenges to the Legal Order of the Oceans」『国際法外交雑誌』第 114 巻第 3 号（2015 年）、91-95 頁を参照。

32）Guilfoyle, supra note 29, p.xviii.

33）Id., p.4.

場合における旗国及び海上阻止を行う国の間での管轄権の配分、並びに犯罪の容疑がある場合における裁判管轄権の設定に主眼を置き実証的に論証している。

ちなみに、ギルフォイルは、海戦法規の下での臨検及び安保理事会決議に根拠を有する船舶の阻止については、それぞれ自律的（autonomous）な法体系に服するものとして、検討の範囲外としている[34]。また、船舶の阻止の態様と国際法の基準に関連し、武力行使（use of force）[35]についての検討がなされる。ギルフォイルによると、武力行使は国連憲章第2条4項に違反しないものと違反するものとに二分され、前者については海上法執行活動としての行使が可能であるのに対し、後者についてはもともと違法であるので自衛権または国連の集団的措置としてのみ正当化が可能となるとされる[36]。なお、ギルフォイルは、武力行使については上記のような概括的な分類のみにとどめており、海上法執行活動の一環としての実力の行使と、国際法上の武力行使についての区別の詳細については必ずしも明確にはしていない[37]。さらに、海上阻止が違法性を帯びた場合、そのような行為に従事した公務員に主権免除が適用されるのかという論点も併せて提示されている[38]。

ギルフォイルは、海上阻止が許容されるのは、一般国際法及び海洋法条約に根拠を置く場合のほかは、最終的には旗国の許可に依拠することになるという極めて常識的な総括を行っている。ただし、海域、地域、政府及び文化

---

34) Guilfoyle, *supra* note 29, p.6.
35) use of force という文言は、武力行使、実力行使、軍隊の使用あるいは武器の使用という概念を多義的に表現するものであり、以後、本書においては、文脈に応じてこれらの表現を適宜使い分けることとする。
36) Guilfoyle, *supra* note 29, pp.275-276, 293.
37) Cf., Patricia Jimenez Kwast, "Maritime Law Enforcement and the Use of Force: Reflections on the Categorisation of Forcible Action at Sea in the Light of Guyana／Suriname Award," *JCSL*, Vol. 13 (2008), pp.54 ff.
38) 本論点に対しギルフォイルは、制限免除主義に基づき、*Rainbow Warrior* 事件（本件については、香西茂「レインボウ・ウォリヤー号事件と国連事務総長の裁定」『法学論叢』第125巻第1号（1989年）、1-30頁を参照）等の判例における基準を引用して解説する。Guilfoyle, *supra* note 29, pp.321-322.

等の相違により旗国のタイプも多種様々であることから、海上阻止を行う国が有する権利についても統一的な理論が存在するというわけではない旨が付言されている。

次に、クラインは、近年における国連海洋法条約を中心とした海洋法の展開の動向と、本業績の主題である Maritime Security[39] に関連する既存の法的枠組みの変革という二つの命題を提示し、その上で、Maritime Security が追及する国際社会に共通する利益が海洋法の発展に及ぼす影響、及びかかる利益が海洋法の解釈を現在どのように変更せしめているのかにつき、一定の結論を得ることを研究の趣旨としている[40]。クラインによると、Maritime Security とは、「陸上及び海洋領域、インフラ、経済、環境並びに社会を、海洋において生起する害悪ある行為から防護するための政策的概念」であるとされている[41]。

なお、クラインは、ギルフォイルが設定したような海上阻止に関する積極的な定義づけは行っていない。それに代わり、クラインは、Maritime Security という政策的概念を用いて、公海上においてなされる害悪ある行為から生じている顕在的及び潜在的な脅威を巡る国際法上の問題にアプローチするという視座を設定する。クラインが検討対象としているのは、領海、国際海峡及び群島航路帯における外国軍艦の通航権と沿岸国の管轄権との相克、並びに他国の EEZ における軍事活動を巡る論点のほか、国連海洋法条約により区分されている各海域において害悪ある行為に従事する船舶に対する沿岸国の執行管轄権行使の様相という海洋法上の一般的な論点、並びに海上テロへの

---

39) Maritime Security は多義的に使用される文言であり、それに対する訳語としては、例えば海洋安全保障という文言が想定される。しかしながら、海洋安全保障という文言は、しばしば ocean security という別の英単語に対応するものとして用いられる。また、類似した訳語として海上安全保障という文言も存在する。海上安全保障という文言は、例えば 2008 年 11 月に、日本国外務省がテロあるいは海賊からの航行安全の確保を主管とする部局を設置した際に海上安全保障室という名称が選択されたことからも、海洋安全保障と比較して、その想定する範囲はやや狭いものと思料される。このように、Maritime Security に対する公定的な訳語は存在しないことから、あえて英語標記のままとした。
40) Klein, *supra* note 30, p.1.
41) *Id*., p.8.

対応、大量破壊兵器の拡散対抗、公海上における情報収集及び海洋法と海戦法規の交錯を視野に入れた海上における今日の *jus ad bellum* の動向である。

　ちなみに、海上阻止活動と海戦法規上の措置である捕獲及び封鎖との運用面における共通性が指摘される場合があるが、この点に鑑みると、本業績においてクラインが、海洋法と海戦法規の交錯という問題を提供していることは興味深く、本業績の特徴の一つとして指摘される。21世紀初頭の今日における武力紛争においては、いわゆる平時と戦時との区分が一層不明確になっており、かかる情勢を認識し、クラインは、2001年の米英のアフガニスタンに対する武力行使を中心として、海上における今日の *jus ad bellum* に関する検討を行う。そして、クラインは、いわゆるテロとの戦いの一部において、海上法執行活動と海戦法規上の措置との境界が不明確である部分が存在するとした上で、現状においては、Maritime Security 上の脅威は戦争法が規律する敵対行為にまでは至らないことから、これに対抗する手段には海戦法規上の措置は含まれないとしている。

　これらの検討を行った後、クラインは、「Maritime Security の骨幹は、国家安全保障の中核的要素である軍事的利益である」と小括する[42]。その上で、たとえ Maritime Security 上の利益確保を目的とするものであっても、海洋法の早急な変革は期待できるものではなく、故に、Maritime Security 上の脅威への対処を目的とした公海上における臨検の実施については、条約等によって予め旗国から臨検に関する承認を得るという方式といった、旗国管轄権排除のための措置が増加するものとの指摘がなされている。

　これらのギルフォイル及びクラインの業績を先行研究と位置づけ、海上阻止に関する国家実行とその法的論点の検討を通じて海上阻止活動の法的な輪郭を描き出すことにより、「海上阻止の法」（law of interdiction or interception）というものが出現しつつあるのかというさらに踏み込んだ検討を行うのがパパスタヴリディスである[43]。パパスタヴリディスは、海上阻止は臨検と互換

---

42) Klein, supra note 30, p. 321.
43) Papastavridis, *supra* note 31, p. 3.

的な概念であるという認識の下[44]、海上において実施される船舶の阻止は、法的根拠の如何を問わずすべて海上阻止として包括的に整理する。その上で、パパスタヴィリディスは、テロリズム、大量破壊兵器の拡散、麻薬の違法取引、違法難民、海賊及び船舶に対する武装強盗及び IUU 漁業等を個別の具体的論点として挙げている。なお、これらの事項は、2008 年の『海洋と海洋法にかかわる国連事務総長の報告』において Maritime Security に対する特定の脅威として列挙されているものである[45]。

パパスタヴリディスは、これらの特定の脅威に対応する活動をそれらが担保する法益毎に三段階のレヴェルに分類する[46]。それらは、まず、国際の平和及び安全を目的とする国際安全保障上の措置として大規模かつ広範囲に展開する活動であり（第 1 レヴェル）[47]、具体的には、武力紛争時における臨検が自衛権の行使により正当化される可能性[48]、安保理事会決議に基づく国連

---

44) *Id.*, p.1. 著者のこのような整理には、今日においては、公海上における脅威の複合化及び対処の複雑化が一層進んでいること、並びに武力紛争を背景とする事態とそうではない事態との区別がますます曖昧になっているという一般的な情勢を踏まえ、海洋法及び海戦法規という従前の法的区分に過度に拘泥することなく、公海航行の自由に代表される maritime commons という国際に共通する利益の確保を目的として、公海上における顕在的及び潜在的脅威への対処をすべて海上阻止という概念の下で一元化しようとする米国寄りの主張が根底に存在するものと思われる。Cf., Department of the Navy, Office of the Chief of Naval Operations, Headquarters, U. S. Marine Corps, Department of Homeland Security and U. S. Coast Guard, *Naval Operations Concepts 2010: Implementing the Maritime Strategy*（2010）, pp.35-43.
45) UN DOC A/63/63（10 March, 2008）, Oceans and the Law of the Sea, Report of the Secretary-General, paras. 54-62, 63-71, 72-81, 82-88, 89-97, 98-106, 107-113.
46) Papastavridis, *supra* note 31, p.15.
47) *Id*, pp.4-8.
48) 取り上げられている実行は、イラン・イラク戦争（1980 年〜1988 年）、アルジェリア戦争（1954 年〜1962 年）、フォークランド（マルビナス）戦争（1982 年）、湾岸戦争（1990 年〜1991 年）、不朽の自由作戦（2001 年〜）、イラク戦争（2003 年）及びガザ戦争（2008 年〜2009 年）である。*Id.*, pp.84-96. しかしながら、そのような整理については、第二次世界大戦以降戦われた海戦のうち、何故自衛権行使が主張された実行のみに検討対象を限定するのかについての疑問が指摘される。つまり、海戦において自衛権行使が公然と主張され始めたのは 1980 年代以降という比較的近年においてであり、第二次世界大戦以降戦われた海戦においても、海戦法規における伝統的規則の適用が見られた実行が一

海上阻止活動[49]及び大量破壊兵器の拡散対抗[50]が個別論点として掲げられている。次に、複数の国の法益を侵害する行為を取り締まる海上法執行活動（第 2 レヴェル）としては、国際法上の海賊（piracy *jure gentium*）[51]対処活動及

定数存在している。真山全「第二次大戦後の武力紛争における第三国船舶の捕獲（一）」『法学論叢』第 118 巻第 1 号（1985 年）、71-92 頁。さらに、ここで取り上げられている実行のすべてが（国際的）武力紛争に該当し、また、それらがすべて自衛権行使によるものとされるべきなのかについてもさらなる検討が必要であるものと思料される。

49) 具体的な事例としては、1966 年から 1979 年まで展開した英国による対南ローデシア海上阻止活動であるベイラ・パトロール、1990 年代に連続して展開した国連海上阻止活動の実行及び 2011 年のリビアへの武器禁輸を目的とした北大西洋条約機構（North Atlantic Treaty Organization：以下「NATO」）の Operation Unified Protector がそれぞれ取り上げられている。Id., 97-106. これらに加え、本書においては、2006 年 9 月にレバノン海軍を支援するとともにヒズボラに対する武器禁輸を徹底せしめるために、国連レバノン暫定駐留軍（UNIFIL）水上任務群（UNIFIL Maritime Task Force：MTF）がレバノン領海において行動した事例を安保理会決議による海上阻止の事例として掲げている。本活動は、レバノン（ヒズボラ）に対する武器の禁輸等を要請した安保理会決議 1701（2006 年 8 月 11 日）とレバノン政府の要請を根拠とするものとされている。UNIFIL, "UNIFIL Maritime Task Force," http: //unifil. unmissions. org/Default. aspx? tabid=11584&language=en-US, as of 15 May, 2013. パパスタヴリディスは、この活動を安保理会決議に基づく海上阻止活動と分類しているが、安保理会決議 1701 においては、公海上またはレバノン領海内を問わず海上においてヒズボラへ向け武器を輸送する船舶を阻止するための権限の付与がなされていない。またそれ故に、かかる武器輸送の海上阻止は、レバノン政府の要請を根拠として実施された。これらの事由により、本書においては、本事象は国連海上阻止活動の事例であるとの整理は行わない。また、当事者である UNIFIL も、本活動はあくまで UNIFIL の展開する平和維持活動の一環であるとしている。Id.

50) 検討の素材は、米国が 11 か国（アンティグア・バーブーダ、バハマ、ベリーズ、クロアチア、キプロス、リベリア、マルタ、マーシャル諸島、モンゴル、パナマ、セントビンセント及びグレナディーン諸島）との間で締結している PSI 二国間乗船合意及び 2005 年 SUA 条約議定書等である。なお、海上におけるテロリズムや大量破壊兵器の拡散対抗を目的とする海上阻止活動の根拠として、パパスタヴリディスは、自衛権行使及び国家責任法における緊急状態（国際違法行為に対する国家責任に関する条文第 25 条）の援用による海上阻止の可能性を完全に否定していない。Papastavridis, *supra* note 31, pp. 106-111.

51) 検討事項は、海賊取締りに関する歴史的経緯のほか、海洋法における海賊取締りの枠組み及び近年の動向として、アフリカ沖（ソマリア沖アデン湾及びギニア沖東大西洋）における海賊の活動及び多国籍海軍部隊等による取締活動である。Id., pp. 170-192.

び IUU 漁業取締り[52]が取り上げられている。さらに、国際社会の秩序維持を目的としつつも主として一国の法益を侵害する行為を取り締まる法執行活動（第3レヴェル）として、麻薬の違法取引の取締り[53]並びに違法難民及び人身売買への対処[54]がそれぞれ取り上げられている。

　パパスタヴリディスは、海上阻止活動は公海上における様々な脅威に対処するための活動であり、最終的には公海上における航行の自由と安全を確保するための意義及び役割を有するものであることを確認する。また、パパスタヴリディスは、新たな海上阻止の法というものの出現は否定するものの、他方で、国連海洋法条約の規定は本業績において検討の対象とした海上阻止活動の実施のためには制限的であるとする。その上で、パパスタヴリディスは、海上阻止に関する規則類は、レヴェルが異なる脅威への統一的な対応を規定するような共通する規則類を策定するのではなく、各事象に対して個別に対応するような二国間及び多国間条約の整備という方向で進展してきたと

---

52) 分布範囲が排他的経済水域の内外に存在する魚類源（ストラドリング魚類資源）及び高度回遊性魚類資源の保存及び管理に関する 1982 年 12 月 10 日の海洋法に関する国際連合条約の規定の実施のための協定（以下「国連公海漁業協定」）（1995 年）をはじめとする多国間条約の下での規制や地域漁業管理機関（Regional Fisheries Management Organization：以下「RFMO」）による管理についてそれぞれ紹介されている。Id., pp. 197-202.

53) 麻薬及び向精神薬の不正取引の防止に関する国際連合条約（1988 年）及び米国が諸国との間で締結している二国間協定が中心的な検討事項である。Id., pp.205-237.

54) 具体的には、歴史的先例である奴隷取引廃止の法典化、すなわち、アフリカの奴隷取引に関するブリュッセル協定（1890 年）、奴隷条約（1926 年）、奴隷条約改正議定書（1953 年）、奴隷制度、奴隷取引並びに奴隷制類似の制度及び慣行の廃止に関する補足条約（奴隷制度廃止補足条約）（1956 年）の策定にかかわる経緯等につき概観した後、国際的組織犯罪の防止に関する国際連合条約を補足する陸路、海路及び空路による移民を密入国させることの防止に関する議定書（国際組織犯罪防止条約密入国議定書）（2000 年）及び国際的組織犯罪の防止に関する国際連合条約を補足する人（特に女性及び児童）の取引を防止し抑止し及び処罰するための議定書（国際組織犯罪防止条約人身取引防止議定書）（2000 年）等についてそれぞれ解説がなされる。なお、これらの関連として、違法難民の密入国の阻止を主たる目的とした欧州対外国境管理協力機関（European Agency for the Management of Operational Cooperation at the External Borders of the Member States of the European Union : FRONTEX（Frontieres Exterieures））について併せて紹介がなされる。Id., pp.259-302.

評価する。そして、海上阻止活動は、海洋大国（civtas maxima of the oceans）による本活動への貢献及び支援を前提とし、さらにそのような大国が自ら主導する活動であることから、海上阻止活動はかかる大国の意思を具現化し、海洋における安全及び海洋の自由を確保する活動として機能していると考えることが妥当であると結論づける[55]。

b．各業績の意義及び限界

　先に論述した本書の中核的な問題意識に鑑みた場合、以上に紹介した先行研究は以下のとおり総括される。まず、ギルフォイルは、先行研究の中では最も秀逸ではあるものの、大量破壊兵器の拡散対抗を目的とした海上阻止活動を除き、考察の対象としているのは海上法執行活動にとどまる。つまり、ギルフォイルは、国際の平和と安全の維持または回復を目的とする軍事活動である海上阻止活動は当初から検討の対象から除外しており、本書においてこのようなカテゴリーに属する海上阻止活動を統一的に論じる意義は十分に確認される。

　次に、クラインは、ギルフォイルの著作と比較して、取り上げられている論点は海上法執行活動から海戦法規上の措置まで幅広い。しかしながら、クラインの業績は、Maritime Security という政策概念を用いて海洋法へのアプローチを試みるというより政策指向的な思考に立脚しているため、具体的な検討の対象とすべき論点の抽出及び整理に統一性が欠如しており、論旨にややまとまりを欠く。

　パパスタヴリディスは、「海上阻止活動の法的な輪郭の描出と、新たな『海上阻止の法』の出現の有無の検討」という、先の二本の先行研究と比較してより野心的な目標を掲げているため、その論述の範囲は、海上法執行活動から国際の平和及び安全の維持または回復のための活動並びに海戦法規上の措置まで極めて広範囲にわたる。他方で、パパスタヴリディスは、既存の国際法に根拠を有する臨検と海上阻止とを互換性のある概念として捉えている。

---

55) *Id.*, pp.309-314.

しかしながら、このような整理には、海上阻止活動を法的に検討しようとする本書の趣旨に鑑みた場合、以下に記すような問題点が指摘される。例えば、海賊は国際社会にとって共通の利益である公海航行の自由を無差別的に脅かすが故に普遍的管轄権の行使による取締りが容認されている。また、IUU 漁業に従事する船舶の取締りにおいては RFMO による漁業管理の実効性が確保されるべきであり、関係国の間の合意が第一義的に重要とされる。さらに、国連海上阻止活動は、国際の平和と安全に対する脅威を構成する国に対する禁輸執行の実効性確保を目的とする集団安全保障上の措置である。これらの活動における船舶に対する乗船及び捜索はいずれも公海上で行われるものの、個々の法的性格は全く異なる。しかしながら、パパスタヴリディスは、これらの法的性格の全く異なる船舶に対する乗船及び捜索を、公海上における臨検の権利という概念の下で半ば強引にまとめようとしており、この点は本業績の最大の課題として指摘せざるを得ない。加えて、パパスタヴリディスの業績においては、論点の抽出のための絞りが緩いため、論調が全般的に総花的かつ解説的であるとの印象が否めない。

　海上阻止活動を法的な検討の対象とする場合、検討の対象となり得る事例はある程度限定される。そして、このことは、海上阻止活動そのものを論考の主題とはしないものの、近年（2013 年）に出版された maritime security に関連する国際法について包括的な検証を行っているクラスカ（James Kraska）とペドロゾ（Raul Pedrozo）という米海軍法務官（Judge Advocate General: JAG）という実務家による *International Maritime Security Law*（2013 年）[56]という大部の著作における論述においても示唆されているところである。つまり、国際法の観点に立脚して、海上阻止活動という事象に対して改めて統一的な法的検討を加える場合には、如何に合理的な絞りをかけるのかということが一層重要となる。

---

56) James Kraska and Raul Pedrozo, *International Maritime Security Law*（Martinus Nijhoff Publishers, 2013），xxv＋939pp. ただし、本著作は、論考というよりも解説書としての性格が強い。

第4節　本書における論述

1. 検討対象たる海上阻止活動の範囲

　以上のような先行研究が有する限界を踏まえ、本書においては、ギルフォイルが取り扱っていない領域における船舶の阻止、すなわち、パパスタヴリディスの整理によるところの第1レヴェルに属する海上阻止活動に焦点を当て、それらを統一的な法的検討の対象とする。そして、そのために、まずは本書において検討の対象とする海上阻止活動の範囲について再度確認しておく。

　本書においては、海上阻止活動を、「国際の平和と安全に対する脅威が顕在的または潜在的に存在する場合において、かかる脅威への対応の一環として、海洋法及び海戦法規という既存の国際法の枠外において新たに整備された規則類に依拠して、公海上において特定物資の輸送に従事する船舶を阻止し、当該物資の海上輸送を規制する軍事活動（military operations）」という、先行研究との比較においてやや制限的な概念として捉える。先行研究においては、海賊及びIUU漁業といった、それ自体が他者に対して明示的かつ直接的な損害を与えるような海上における害悪ある行為の規制に加え、奴隷取引、違法難民の輸送、人身売買並びに麻薬及び向精神薬の違法取引といった、それ自体は他者に対して直接的な損害を与える行為ではないものの、関係する国際法及びそれらを踏まえて立法化された各国国内法により違法とされている海上輸送等の取締りも海上阻止活動として整理されている。しかしながら、上述したような行為の取締りは、いずれも既に確立している慣習法及び条約規則に根拠を有する海上法執行活動の枠内に収まり得るものであり、船舶の阻止の法的基盤を確保するために、既存の国際法の枠外において新たな規則類が整備されているというわけではない。そして、このような事由は、海戦法規上の措置である捕獲及び封鎖についても同様にあてはまる。したがって、これらの行為の取締りにおいて実施される船舶の阻止については、本書においては主要な考察の対象外とする。

さらに、海上阻止活動には、船舶を公海上において停止させてこれに乗船し船舶書類の確認や船内の捜索を実施する行政的措置と、当該船舶を拿捕し積荷等を差し押さえるという司法的措置という二つの異なる局面における諸行為が含まれる。これらのうち、本書においては専ら行政的措置のみに対する検討を行う。検討の対象とする海上阻止活動の局面にこのような制限を設ける理由は、本書において検討対象とする海上阻止活動においては、司法的措置に至るまでの実行が極めて少ないか、または、その詳細につき確認することが困難であるという事由に加え[57]、そもそも武力紛争が存在しない状況下においては、公海上において外国船舶に対する停船の要求すら重大な結果を招来することがあり得るという行為であるという側面を重視することによる[58]。

2. 海上阻止活動と背景時代の区分

　海上阻止活動の系譜に位置する各実行の目的及び法的性格は、その背景となる時代区分と密接な連関を有する。例えば、1992年に冷戦が終結すると、安保理事会が国連憲章下で認められている権能を創造的に展開して、国際の平和と安全の維持に対してより積極的な役割を果たすことが期待されたポスト冷戦期という時代に突入し、安保理事会による制裁措置が冷戦期よりも頻繁に見られるようになった。このような時代を背景として、安保理事会が課した禁輸という制裁措置の執行を実効的ならしめるために、大規模な展開を見せたのが国連海上阻止活動である。なお、国連海上阻止活動は、国際的及び非国際的武力紛争により生じた既に存在している脅威に事後的に対応するものであり、その対象とされたのはあくまで国家であった。

　他方で、21世紀に入った後の2001年9月11日に生起した米国同時多発テロ攻撃は、非国家主体（私人）である国際テロ組織が国家が行うのと同等

---

[57] 山内前掲論文注29、142頁。
[58] 真山全「日米防衛協力のための指針と船舶の検査」『防衛法研究』第22号（1999年）、114頁。

の武力の行使を為し得ることを明示的にした。これに加え、20世紀後半においても概念としては認識されていた核兵器及びその他の大量破壊兵器が非国家主体と連接することにより生じる脅威というものが、現実のものとして一層強く認識されるとともに、従前までの国家対国家という紛争枠組みに加え、新たに国家対非国家という紛争枠組みが出現した[59]。そして、この新たな紛争枠組みにおいて非国家主体によりもたらされることが予想される様々な脅威の顕在化を防止するための各種のイニシアティヴが展開を見せたのが、米国同時多発テロ攻撃以降のポスト9/11という時代である。そして、この時代を背景とするのが、大量破壊兵器の拡散対抗を目的とした海上阻止活動及びテロ対策海上阻止活動である。なお、ポスト冷戦期に登場した国連海上阻止活動が制裁措置の執行を目的として既に生起している事態へ事後的に対応する活動であったのに対し、ポスト9/11の時代に登場した海上阻止活動は、潜在的脅威の顕在化の防止を目的として予防的に展開するという点が際立った特徴であるという点には特段の留意が払われるべきである。

3. 主要論点

　21世紀初頭の今日においては、一国の正規海軍により戦われる海上戦闘が生起する可能性は、従前との比較においてそれほど高いとはいえない。また、海上輸送にかかわるロジスティック・システムのグローバル化及び複雑化に伴い、交戦国軍艦による海上経済戦の措置の実施により世界的な海上交通路（Sea Line of Communications: SLOCs）が深刻な影響を受けるような事態が生起することも、一般的には想定されにくくなっている。他方で、軍事以外の事由から生じる脅威が公海上においても顕在的及び潜在的に存在しており、それらのほとんどは、武力紛争が存在しない状況下において発生することが想起される。そして、そのような一例として、大量破壊兵器及び同関連物資あるいはその他のテロ関連物資が非国家主体たる国際テロ集団と連接し

---

[59] Kenneth Chan, "State Failure and the Changing Face of the Jus ad Bellum," *JCSL*, Vol. 18, No. 3 (2013), pp. 395-426.

て生じる脅威の存在が指摘されている[60]。つまり、21世紀初頭の今日において海軍の主要な任務とされているのは、武力紛争時における敵海上兵力の撃破を直接の目的とする海上戦闘というよりも、むしろ武力紛争が存在しない状況下において、公海上において軍艦以外の船舶によりなされる害悪ある行為によって生じる顕在的及び潜在的脅威への対応であり、そのような活動の代表的な事例が、テロリスト及びテロ関連物資の海上輸送を規制するために大規模、広範囲かつ長期間にわたり展開しているテロ対策海上阻止活動である[61]。

ポスト冷戦期に大規模かつ広範囲に展開した国連海上阻止活動は、既に生起した事態への対応を目的とするという意味において優れて20世紀型の活動であったのに対して、テロ対策海上阻止活動は、潜在的脅威の顕在化を未然に防止することを主眼においた予防的な展開である。しかしながら、テロ対策海上活動は、海洋法や安保理事会決議に基礎づけられているものではなく、また、この活動においては実力の行使が伴う場合も想定されるが、そのような実力行使の法的性格について完全に明らかにされているというわけではない[62]。

海上阻止活動の各実行のうち、特にテロ対策海上阻止活動については、本活動は海上阻止活動の系譜において問題とされた事項、あるいは議論の対象とされたほとんどすべての論点を内包するものである。したがって、テロ対策海上阻止活動そのものに関する検討に先立ち、まずは海上阻止活動の系譜に位置する各実行について、海上阻止という行為を可能せしめるような規則類が海洋法及び海戦法規という既存の国際法の枠外において構築されてきた過程について、可能な限り詳細、精緻かつ実証的に検討する必要がある。そして、このような作業を行う背景には、海上阻止活動の系譜は比較的長い歴

---

60) James Kraska, "Broken Taillight at Sea: The Peacetime International Law of Visit, Board, Search, and Seizure," *Ocean and Coastal Law Journal*, Vol.16, No.1 (2010), p.8.
61) *Id*：森川幸一「武力行使とはなにか」『法学セミナー』No.661 (2010年)、13頁。
62) Cf., 西村弓「海洋安全保障と国際法」日本国際問題研究所平成23年度海洋安全保障研究会プロジェクト『守る海、繋ぐ海、恵む海』(日本国際問題研究所、2011年)、95頁。

史を有するものの、海上阻止活動の系譜に位置する各実行に関する先行研究は質及び量の双方において極めて限定的であることから、一般のみならず学界レヴェルにおいても、それらの実像及び法的側面につき研究が十分に深化しているとは言い難いという事由も別途存在する。

　先行研究においてもたびたび言及されているように、海上阻止活動の法的根拠は完全に明確というわけではない。それにもかかわらず、ある特定の事態が生起した場合、かかる事態の対応の一環として諸国は自国軍隊を公海上における海上阻止に従事させている。そして、その場合における海上阻止の法的根拠の説明につき諸国は常に積極的であるというわけではない。加えて、状況によっては、国連安保理事会決議ですら海上阻止の根拠として不十分な場合があり、また、このことは、海洋法及び海戦法規に関する慣習法及び条約についても同様である。つまり、海上阻止活動の法的根拠については、国際法上統一的に確立されたものは存在していないと宣言することは完全には否定されない[63]。

　このような海上阻止活動の法的性格にかかわる一般的状況を踏まえ、テロ対策海上阻止活動に関する検討を本書における総括的な考察として位置づける趣旨及び意義は、以下のように要約できる。まず、従前に展開した海上阻止活動は、活動が想定された時点においてはその法的基盤に関し疑問が指摘されていたものの、その後海上阻止を可能ならしめるような規則類が既存の国際法の枠外において新たに整備されていったことにより、今日においてはそれぞれに法的基盤が確立している。他方で、テロ対策海上阻止活動は、公海上における船舶の阻止の合法性を確保すべき法的基盤については未だに議論と検討が必要とされる余地を多く残しているにもかかわらず、本活動に対する積極的な反対は確認されていない。テロ対策海上阻止活動が法的基盤に関する疑問を内包しつつもこれだけ長期間にわたり大規模かつ広範囲に展開しているという事実は、それのみが法的検討を加えるための十分な理由を構

63）Wolf Heintschel von Heinegg, "Blockades and Interdictions," in Mark Weller, et al eds., *The Oxford handbook of the Use of Force in International Law*（Oxford University Press, 2015）, p. 945.

成する。加えて、テロ対策海上阻止活動の背景には、非国家主体への実力の行使とその一環としての海上阻止という問題が存在していることから、本活動は海上阻止活動の系譜に位置するそのほかの活動よりもなお一層 *jus ad bellum*、*jus in bello* 及び海洋法にまたがる多くの問題を内包している。例えば、テロリスト及びテロ関連物資の海上輸送の規制は本来は当事国の法令の執行によるものであるとすれば、テロ対策海上阻止活動を海上法執行活動と整理することは不可能ではないものの、本活動を主導する米国により、本活動は国際法上の自衛権行使として説明されることもある[64]。このような状態に鑑みると、関係国は本活動の正当化のために如何なる主張を行っているのか、あるいは、この活動はどの程度既存の国際法によって説明がつくのか、さらに、それでもなお残る問題は如何なるものであるのか等につき、一層の法的検討が加えられるべきであると思料される。

　このように、テロ対策海上阻止活動を本書の主題である海上阻止活動の法的諸相に関する論述の総括として位置づける意義は十分に認められるところであるが、それでは、このように興味深い法的論点を多数内包する活動が、何故に従前の国際法の論説において主要な検討の対象とされてこなかったのか。テロ対策海上阻止活動は、本書の刊行の時点である 21 世紀初頭においてもなお有志連合国[65]が unilateral に展開している軍事活動であることから、事実関係を含む関連情報に関する保全が格段に厳重であり、その結果、公開されている情報も極めて限定的かつ断片的なものにとどまる。また、テロ対策海上阻止活動は長期間にわたり展開している活動であることからその様相も一様ではなく、その実態はかなり複雑な様相を呈している。さらに、テロ対策海上阻止活動のような実務的課題を含む主題（subject-matter）を法的な

---

(64) 森川前掲論文注 61、13 頁。
(65) 有志連合とは、「ある特定の具体的な課題（task）に対処するために、それに対処する意思との能力を有する諸国が参観する *ad hoc* な連合であり、課題が解決すれば解散する（課題が参加国を決定するのであり、参加国が課題を決定するのではない）という性格を有する連合」である。山本吉宣『「帝国」の政治学─冷戦後の国際システムとアメリカ─』（東信堂、2006 年）、322-323 頁。

検討の対象とするためには、まずは活動の細部にわたる事実を丹念に拾い上げて全体的な実像を把握し、その上で法的論点を適切に抽出する必要がある。しかしながら、本活動の事実関係の把握は容易ではないため、検討のための論点を抽出することにすら困難を伴う。

つまり、テロ対策海上阻止活動の全容あるいは事実関係を把握することは一般の研究者にとっては極めて困難であり、このような理由から、先行研究においても、テロ対策海上阻止活動の実像及び細部については不明であるとされている。その結果、先行研究において本活動は全く取り扱われていないか、または単なる事例としての紹介のみにとどまっているのである。他方で、テロ対策海上阻止活動に参加している国の海軍等において国際法に関する業務を職務範囲とする実務家は、本活動に関する何がしかの情報を有しているか、そのような情報に容易にアクセスすることが可能であるものと一般的に推認される。しかしながら、彼ら実務家が帯びる職責及び秘密漏洩の防止という観点から、秘密保全義務に抵触するような情報は学術的な研究において直接引用または言及することが困難であることに加え、たとえ引用または言及が可能な有益な公開情報が存在している場合であっても、大多数の実務家は、そのような情報に基づき精緻な法的及び学術的考察を冷静かつ客観的に展開する能力が、一般的に欠如している場合が多い[66]。以上に記したような理由により、テロ対策海上阻止活動に限らず、およそ実務家及び実務家出身の研究者による同種の課題に関する議論及び業績は、ともすれば一般報道に基づく現実の脅威の見積もりのみに始終したジャーナルや、それよりも多少は学術的な要素を含むとしても、鋭利かつ精緻な法的考察を展開することなく、安易に政府の論理を正当化した政策提言のみにとどまるというよう

---

66) なお、これと類似した文脈における問題として、我が国の国家行政組織の一部において、国際法を主務とするとされている実務家が極めて閉鎖的な環境において海戦法規に関する研究を実施している現状をとらえて、そもそも彼らが海戦法規について如何なる見解を有しているのかが明らかとなる機会が多くはないという指摘、さらに、それ以前のより根本的な問題として、そもそも彼ら実務家の見解に誤謬がないということが如何に保証されるのかという指摘が学界からなされている。真山全「国際刑事裁判所規程と日本」『防衛学研究』第25号（2001年）、50-51頁注11。

な論調が大多数を占めているものと見受けられる[67]。

---

67) なお、参考事例として、ソマリア南部を中心に活動する反政府過激派勢力アブ・シャバブの主要な資金源である木炭の禁輸（UN DOC S/RES 2036（22 February, 2012），para. 22.）が執行されており、若干言及しておく。2014年10月24日、安保理事会は、アル・シャバブとの闘いの一環として決議2182を採択し、木炭並びにソマリアに仕向けられた武器及び軍装備品の禁輸を実行的ならしめるため、本決議採択から12か月間、ソマリア周辺海域（アデン湾及び北アラビア海）において海上の秩序維持にあたっている有志連合海上作戦部隊（Combined Maritime Forces : CMF）（第5章参照）を通じてソマリアとの自主的な協力関係にある加盟国に対し、船舶が安保理事会が課した禁輸に違背して禁輸対象物資の輸送に従事していると合理的に信ずるに足る理由が存在する場合、旗国の同意の下、ソマリア領海内及びその周辺の公海上において当該船舶の検査を実施することを授権（authorize）した。UN DOC S/RES 2182（24 October, 2014），paras.15, 16. また、安保理事会は、検査の結果発見された禁輸違反を没収する権限を加盟国に授権した。Id., para.17. ちなみに、安保理事会は、決議2182で授権された事項はソマリアにおける本事態にのみ適用されるものであり、公海上における自国船舶に対する排他的管轄権等の国際法の下で認められている加盟国の権利に対して影響を及ぼすものではないこと、及び如何なる国際慣行を形成するものではないことを確認している。Id., para.21.

　本書の刊行の時点（2016年）において、本事案は安保理事会決議による海上における禁輸執行が授権された最新の事例ではある。また、本活動の実施海域はソマリア周辺に限定されてはいるが、安保理事会決議によって海上阻止にかかわる権限が加盟国に付与されているという事実及び現場における具体的な措置の内容等を重視した場合には、国連海上阻止活動と共通する部分が指摘できるかもしれない。しかしながら、ソマリアに対する禁輸執行を目的とする本事案は、以下に記す事由により本論において検討の対象とする海上阻止活動とは一線を画する。まず、本事案においては、ソマリア領海内における船舶検査が授権されているが、このような活動は、本来は沿岸国であるソマリアが自国領域にかかわる管理責任の遂行として実行すべきものである。しかしながら、現時点においては、ソマリア政府はかかる能力を欠如しているため、安保理事会の授権の下、加盟国がソマリア領域内における海上法執行活動を支援するというのが本事案の構図であり、これはむしろ先に注49で紹介したUNIFIL MTFの活動と同趣であると評価される。また、ソマリア周辺の公海上における船舶の海上阻止は旗国の同意が前提とされており、海上阻止活動の中核である、安保理事会からの授権を根拠として公海上における旗国の管轄権を一方的に排除するという強制の要素が欠落している。本書の刊行の時点においては、本事例における船舶の阻止の実態についてなお不明であるものの、上述したような理由により、先に注49において引用したUNIFIL MTFの活動と同様、本事例についても本書の検討対象から除外することとする。

第Ⅰ部

既存の国際法枠組みにおける船舶の阻止と
海上阻止活動の先駆的事例

第1章

公海上における臨検の制度

第1節 平時における海洋法の下での船舶への干渉

1．公海の航行自由の原則
a．公海の範囲

　海上阻止活動の系譜に位置する各実行においては、海洋法や海戦法規といった既存の国際法そのものは変更されることはなく、その枠外において新たな規則類が整備されることにより、乗船及び捜索の法的基盤が確保されてきた。したがって、既存の国際法の枠外に位置する海上阻止活動の法的な輪郭を描き出すには、既存の国際法の下における臨検及び捜索の内容、範囲並びに限界について把握する必要がある。そして、そのための前提的作業として、まずは海上阻止活動の主要な展開海域である公海とは如何なる海域であるのかという点について確認することとする。

　公海は、沿岸国及び内陸国の区別なくすべての国に開放され（国連海洋法条約第87条第1項）、これは、公海の自由原則と呼称される海洋法の一大原則である。この原則は、長い歴史を経て確立したものであるが、これを最初に法典化したのは公海に関する条約（以下「公海条約」）（1958年）である。同条約は、「公海はすべての国に開放されているので、如何なる国も公海のいずれかの部分をその主権の下に置くことを有効に主張することができない」（いわゆる「帰属からの自由」）とするとともに、「公海の自由には、航行

の自由、漁獲の自由、海底電線及び海底パイプラインを敷設する自由、並びに上空を飛行する自由」(いわゆる「使用の自由」) が特に含まれるとする[1]。また、公海条約のこの規定は、公海の基本的な性格を宣言しているものと理解されている[2]。それでは、このような原則との関連において、海上阻止活動においては何が問題とされるのか。

公海条約第1条は、公海を「いずれの国の領海または内水にも含まれないすべての部分」であると定義する。このようなドラフティングは、1958年にジュネーヴで開催された第一次海洋法会議が伝統的な海洋の自由原則を維持し、公海と領海の二元性を前提として議論されたことの帰結である[3]。なお、第一次海洋法会議においては、公海条約のほかにも海洋法に関する諸条約が採択され、それらは、領海及び接続水域に関する条約 (以下「領海条約」)、漁業、公海の生物資源の保存に関する条約及び大陸棚に関する条約であり、いずれも国連国際法委員会 (International Law Commission:以下「ILC」)が作成した条約草案を基礎としている。これらの条約のうち、公海条約及び領海条約は、先に引用した海洋を公海と領海とに区分するという伝統的な海洋法の二元構造を前提として、海洋法にかかわる伝統的な慣習法を条約という形式で法典化したものである[4]。

その後、1970年代以降は海洋の利用形態が資源活動に主軸を置いたものへと移行してきた。その結果、国連海洋法条約の前文で「国際交通を促進し、かつ、海洋の平和利用、海洋資源の衡平かつ効果的な利用、海洋生物資源の保存並びに海洋環境の研究、保護及び保全を促進するような海洋の法秩序を確立する」とされているように、第三次海洋法会議は第二次世界大戦後に発生した大陸棚と漁業資源保存の問題とを伝統的な公海制度の枠内で整合させようとしたため、国連海洋法条約は、従前との比較においてより複雑な水域

---

1) 公海条約第2条。
2) 古賀衛「公海制度と船舶の地位」林久茂、山手治之、香西茂編『高林秀雄先生還暦記念・海洋法の新秩序』(東信堂、1993年)、203-204頁。
3) 林久茂「国連海洋法条約の成立と概要」同上、8頁。
4) 高林秀雄『国連海洋法条約の成果と課題』(東信堂、1996年)、9頁。

構成を採用している[5]。つまり、国連海洋法条約では、第86条前段において「この部（第7部・公海）の規定はいずれの国のEEZ、領海若しくは内水またはいずれの群島水域にも含まれない海洋のすべての部分に適用する」とされており、厳密な意味で、先に引用した公海条約第1条のような公海についての直接的な定義は設けられていない[6]。

他方で、国連海洋法条約第86条後段は、「この条の規定は、第58条（EEZにおける他の国の権利及び義務）の規定に基づきすべての国がEEZにおいて享有する自由に如何なる制約も課すものではない」としている。この規定を第56条のEEZにおける沿岸国の権利、管轄権及び義務に関する規定と併せ読むと、海洋資源に関する沿岸国の一定の管轄権を除き、EEZにおいても公海制度が適用されると解されることから、その範囲においてはEEZも公海としての性格を保持しているものと解される。そうなると、国連海洋法条約には、第86条並びに第56条及び第58条との連関において資源の利用を含めた公海の自由が全面的に適用される海域と、海洋資源に関する沿岸国の管轄権によって公海の自由の一部が機能的に制限されるものの[7]、それ以外については公海の自由が適用される海域が併存することとなる[8]。国連海洋法条約の下でこのような海域区分となっているのは、今日の海洋法においてはどの海域において如何なる管轄権がどのように行使され得るのかが重視されていることの帰結であり、その結果、国連海洋法条約の下における公海には管轄権の内容が異なる部分が存在しているのである[9]。

しかしながら、上述したいずれの海域においても、航行の自由原則や海賊の取締りに代表されるような海上における秩序維持に関する規則は等しく適用される。そして、この点を重視すると、公海とはEEZを含む領海外の海

---

5) 同上：Doris König, "The Enforcement of the International Law of the Sea by Coastal and Port States," *ZaöRV*, Band 62（2002）, pp.2-10：林前掲論文注3、15頁。
6) Churchill and Lowe, *supra* note 2 of Introduction, p.203.
7) 西本健太郎「海洋管轄権の歴史的展開（五）」『国家学会雑誌』第126巻1・2号（2013年）、55-56頁。
8) 古賀前掲論文注2、201頁。
9) 同上。

域を指すものと理解することが妥当である。なお、公海においては、安全保障上の理由から何らかの管轄権行使にかかわる問題が生じることから、海洋資源の開発及び利用という問題とは別に、公海においては海洋航行の安全（maritime safety）の確保及び海洋における安全保障（maritime security）にかかわる各種の法的枠組みが重層的に存在していることを付言しておく[10]。

b．公海自由の原則と船舶の通航

　先述したように、公海自由の原則は、「帰属からの自由」と「使用の自由」という二つの異なる自由を包含する概念である[11]。この点を今少し詳細に見てゆくと、まず、帰属からの自由とは、慣習国際法上、公海は万民共有物（*res communins omnium*）としてすべての国に開放され、どの国も公海に対して継続的な占有または支配に基づく領域を取得したり、属地的な国家管轄権を行使してはならないということを意味する[12]。次に、使用の自由とは、すべての国は、国際法の定める条件にしたがう限り、その目的及び態様を問わず公海を利用する自由を享受するということを意味する[13]。そして、使用の自由には、特に、航行の自由、上空飛行の自由、海底電線及び海底パイプラインを敷設する自由、国際法によって認められる人工島その他の施設を建設する自由、生物資源の保存及び管理に関する国連海洋法条約の規定が定める条件にしたがって漁獲を行う自由、並びに科学的調査を行う自由が含まれる[14]。これらのうち、特に航行の自由は古くから認められてきた公海の使用の自由の中核をなすものであり、以下に引用するような国際法判例事例においても繰り返し引用されている[15]。

　まず、平時における臨検の禁止を確認した事例として、*Louis* 事件（1817

---

10) Donald Rothwell and Tim Stephens, *The International Law of the Sea*（Hart Publishing, 2011), p.146.
11) 杉原高嶺『海洋法と通航権』（日本海洋協会、1991 年）、20 頁。
12) 山本草二『国際法』（有斐閣、1985 年）、363 頁。
13) 同上。
14) 国連海洋法条約第 87 条第 1 項。
15) 古賀前掲論文注 2、203 頁。

年）及び Antelope 事件（1825 年）が存在する。これらのうち、Louis 事件とは、1816 年 3 月 11 日に、アフリカ西岸のメスラダ岬（Cape Mesurada）沖 36 海里[16]の公海上において、英国の植民地警備船 Queen Charlotte がフランス商船 Louis に対して同船が奴隷取引に従事しているとの嫌疑あることを理由として臨検を行おうとしたところ、同船が激しく抵抗したために双方に十数名にのぼる死傷者を生じせしめた事件である[17]。本件が生起したのが西アフリカ沖の公海上であったことから、本件の第一審は、当時英国の植民地であったシエラ・レオーネの海事裁判所（Vice-Admiralty Court）で行われた。この第一審では Louis が為したる行為の違法性が認定されたが、それを不服としたフランス側が、英国の高等海事裁判所（High Court of Admiralty）に上告した。そして、上告審判決において、スコット（Sir William Scott）判事は、「平時（peace time）においてすべての国は平等であり、海洋の領有されていない部分においては、如何なる国も妨害を受けずに航行する権利を有する。また、沿岸国の権限が及ばない海域においては、如何なる国も他国の海上通商を妨害する権利を有するものではない」とし、平時における臨検の権利を否定した[18]。そのように判断する理由として、同判事は、「戦時においては、交戦国は敵国及び中立国の商船に対して臨検を行う権利を有するが、平時においてはそのような特別の権限は認められていない。なぜならば、戦時において交戦国に認められる臨検の権利は、戦争に必要な資材が敵国に供給されることを阻止する自衛の必要性から生じており、平時においてはそのような必要性が存在しないからである」とした[19]。Louis 事件におけるこのような判断は、同様に奴隷取引に関連した Antelope 事件合衆国連邦最高裁判所判決（1825 年）においてマーシャル（John Marshall）判事により、「臨検及び捜索

---

16) 当時の記録では 12 リーグ（1 league = 3 海里）とされている。
17) John Dodson, *A Report of the Case of the Louis, Forest, Master*（J. Buttterworth and Son, 1817）, pp. 1–2.
18) *Id.*, p. 34：Constantine John Colombos, *The International Law of the Sea*, 5th ed.（Longmans, 1962）, p. 59.
19) Dodson, *supra* note 17, p. 35.

の権利は戦時における交戦国の権利であり、この権利は、海賊への対応を除き、平時においては行使し得ないものである」として引用された[20]。

次に、公海自由原則にかかわる基本的な理念を提示したものとして、*Marianna Flora* 事件（1821年）が挙げられる。1821年11月5日早朝、大西洋の公海上において海賊と奴隷輸送に従事する船舶の取締りの任にあたっていた米海軍スクーナー *Alligator* は、リスボンへ向かうポルトガル商船 *Marianna Flora*（ポルトガル国旗を掲揚）と9海里の距離で遭遇した。両船は互いに相手を右舷に確認して航行していたが、スコールにより視界が遮られている間に距離4海里にて両船の進路が交錯した。そして、*Marianna Flora* は縮帆し漂泊を開始したので、*Alligator* 艦長ストックトン大尉（Lieutenant Stockton）は、同船が遭難したかまたは何らかの情報を欲しているものと判断し、同船へ向けて針路を転じた。しかしながら、*Alligator* を海賊船と誤認した *Marianna Flora* は、*Alligator* の船首前方海域へ向けて砲撃を行った。*Alligator* は直ちに米国国旗を掲揚したが *Marianna Flora* の砲撃は止まず、その結果、*Alligator* は *Marianna Flora* を海賊船であると判断し、応戦して同船を降伏させた。その後、*Alligator* 艦長は *Marianna Flora* を臨検し、同船を米国に引致した[21]。

本事件の合衆国連邦最高裁判所判決（1826年）において、ストーリー（Joseph Story）判事は、「平時の海上においては、すべての国が平等な権利を有している。海は万国共通のハイウエイであり、何人たりとも特権的または排他的な優先権が付与されているというわけではない。また、この場合の一般的命題は、『他者の物を汝が害せざるように汝の物を使用せよ（*sic utere tuo, ut non alienum laedas*）』というものであり、それ故に、船舶は一切の妨害を受

---

20) The Antelope, the Vice-Consuls of Spain and Portugal, Libelants, Report of the Decisions of the Supreme Court of the United States, February Term, 1825, Vol.23, reprinted in Stephens K. Williams ed., *Cases Argued Decided in the Supreme Court of the United States, 9, 10, 11, 12 Wheaton, Book 6*, LAW ED.（The Lawyers Co-operative Publishing Company, 1926）, p.281.

21) The Mariana Flora, the Vice-Council of Portugal, Claimant, Report of the Decisions of the Supreme Court of the United States, February Term, 1826, Vol.24, reprinted in Williams ed., *supra* note 20, p.406.

けることなく海上を自由に航行し、他者の権利を侵害することなく自己の合法的事業を遂行することが認められているのである。この原則は、平時における海上航行にかかわる諸国に共通する権利義務からの当然の帰結である」とした[22]。本判決は、公海における航行の自由を確認するとともに、この自由を享受するための一般的な命題を提示したものと認識されている[23]。

2. 海洋法における臨検の権利——海上法執行活動——
a. 公海海上警察権

　公海上においては、船舶はいずれかの国の旗を掲げて航行しなければならず、船舶はその掲げる旗の国（旗国）の排他的管轄権に服するとされる[24]。そして、旗国は、自国を旗国とする船舶並びにその船長、職員及び乗組員に対し、当該船舶に関する行政上、技術上及び社会上の事項について国内法に基づく管轄権を行使する義務を有する[25]。これらは、旗国主義と呼称される海洋法上の一大原則である。旗国主義は、いずれの国の主権も及ばない海域である公海上においては、秩序維持にかかわる責任をそれぞれの旗国に帰すことにより、公海における法秩序の維持を図ることを目的とする[26]。また、旗国主義は、公海の制度の中核を成す原則であるとともに、今日では、公海におけると航行の自由との関連で説明されることが多い[27]。

　他方で、広大な公海において常時旗国の管轄権行使を期待することは現実的ではないことから、公海の秩序を維持するために旗国主義のみに依拠することは困難である[28]。したがって、公海上における法秩序の維持を目的とし

---

22) *Id*., p.415.
23) Daniel Patrick O'Connell（edited by Ian A. Shearer）, *The International Law of the Sea*, Vol.2（Clarendon Press, 1984）, p.799: Colombos, *supra* note 18, p.59: 杉原前掲書注11、14頁。
24) 国連海洋法条約第92条第1項： *Affaire du Lotus*, *supra* note 2 of Introduction, pp.24-25: 山本草二『海洋法』（三省堂、1992年）、225頁。
25) 国連海洋法条約第94条第2項（b）。
26) 古賀前掲論文注2、203頁。
27) Colombos, *supra* note 18, pp.212-215: O'Connell, *supra* note 23, pp.794-795.
28) 古賀前掲論文注2、206頁。

て、旗国以外の国が違法行為に従事している外国船舶に対し、その取締りを目的とした臨検の権利（right of visit）を行使することが容認されている。これは、旗国主義の例外である公海海上警察権と呼称される強制的な措置であり、その具体的内容は、違法行為を確認するための監視、検査、乗船及び捜索、拿捕、抑留及び引致等の措置である[29]。平時の海洋法の下においては、公海上において旗国の同意若しくは許可なく実施される船舶への干渉（intervention）は、あくまで例外的な措置とされる。それらは、なんらかの違法行為の取締りを目的とする海上法執行活動の一環として実施とされ、それらに該当しない干渉は、国際法上の違法行為を構成する[30]。

なお、各国の軍艦（及び軍用航空機）は、公海上において他国の船舶に接近し、当該船舶の国籍や性質を確認することが認められている。これは、近接権（right of approach）と呼称されるものであり[31]、臨検の権利とは区別される[32]。先に引用した *Marianna Flora* 事件においてストーリー判事は、「本件のように海賊その他の犯罪の取締りの任にあたる軍艦が、洋上において遭遇した船舶の真の性格（real character）を確認するために、当該船舶に近接してはならないとされる理由はない。この権利を行使することは、対象とされた船舶を侮辱したり、それが従事する合法的な商業活動を阻害するものではない」と宣言するとともに[33]、近接されたことにより船舶が潜在的な危険を感じた場合にも、被近接船舶には平時においては近接する軍艦に対し危害を

---

29) 山本前掲書注12、369頁。
30) Andrew Sanger, "The Contemporary Law of Blockade and the Gaza Freedom Flotilla," *Yearbook of International Humanitarian Law*, Vol. 13 (Cambridge University Press, 2010), p. 406 : Mary Ellen O'Connell, "The Prohibition of the Use of Force," in Nigel D. White and Christian Henderson eds., *Research Handbook on International Conflict and Security Law* (Edward Elger, 2013), pp. 104-105.
31) A. R. Thomas and James C. Duncan eds., *Annotated Supplement to the Commander's Handbook on the Law of Naval Operations*, International Law Studies, Vol. 73 (Naval War College, 1999), para. 3.4.
32) Colombos, *supra* note 18, pp. 286-287 : Ian A. Shearer," Problems of Jurisdiction and Law Enforcement against Delinquent Vessels," *ICLQ*, Vol. 35, Part 2 (1986), p. 320.
33) *The Mariana Flora*, *supra* note 21, p. 415.

加える権利はないと判断した[34]。

b．国連海洋法条約第110条
(a) 起草過程

　国連海洋法条約において、公海海上警察権行使の一環としての臨検の権利に関する規定を有するのは、第110条である。同条第1項では、公海海上警察権の対象として、船舶が海賊行為、奴隷取引及び公海からの無許可放送という違法な行為に従事しているか、無国籍船であるという属性を帯びているか、船舶が外国の旗を掲げているかまたは旗を示すことを拒否しているが実際には当該軍艦と同一の国籍を有する場合が限定的に列挙されている。ちなみに、公海海上警察権とは別に、領海の秩序維持のための警察権が公海にまで及ぶ場合が存在し、そのようなものの一つとして追跡権（the right of hot pursuit）[35]がある[36]。また、国連海洋法条約以外の海洋法条約が定める旗国の排他的管轄権の例外に関しては、海底ケーブルの保護[37]、公海における漁業の規制[38]、アルコール類の密輸[39]、麻薬の違法取引[40]及び不法入国の阻止

---

34) 薬師寺公夫「公海海上犯罪取り締りの史的展開―公海海上警察権としての臨検を中心に―」栗林忠男、杉原高嶺編『海洋法の歴史的展開』（有信堂、2004年）、203頁：杉原前掲書注11、184頁。
35) 国連海洋法条約第111条。
36) 慣習法上の追跡権及び国連海洋法条約第111条に関する検討としては、例えば Robert C. Reuland, "The Customary Right of Hot Pursuit onto the High Seas: Annotations to Article 111 of the Law of the Sea Convention," *Virginia Journal of International Law*, Vol. 33, No. 3 (1993), esp. pp. 557-689; Craig H. Allen, "Doctrine of Hot Pursuit: A Functional Interpretation Adaptable to Emerging Maritime Law Enforcement Technologies and Practice," *ODIL*, Vol. 20, No. 4 (1989), pp. 309-341.を参照。
37) 例えば、海底電信線の保護に関する条約（1884年）第10条。Cf., A. Pearce Higgins, "Submarine Cables and International Law," *BYIL 1921-1922* (Oxford University Press, 1921), pp. 30, 33.
38) 例えば、国連公海漁業協定第20条第6、7項。
39) E. g., Convention between the United Kingdom and the United States Respecting the Regulation of the Liquor Traffic (1924), Art. 2, paras. 1 and 2.
40) Guilfoyle, *supra* note 29 of Introduction, pp. 79-96.

等[41]についてそれぞれ具体的な規則が存在するが、これらの条約規則に関する個々の検討については割愛する[42]。

　国連海洋法条約第110条は、公海条約第22条を基礎とする。公海条約第22条第1項は、公海上において軍艦が外国商船（foreign merchant ship）に遭遇した場合にその商船を臨検するための根拠として、その商船が海賊行為を行っていること（公海条約第22条第1項（a））、奴隷取引に従事していること（同項（b））及び船舶が外国の旗を掲げているかまたは旗を示すことを拒否しているが実際には当該軍艦と同一の国籍を有する場合（同項（c））を列挙している。第三次海洋法会議第3回会期（1975年）で示された公海条約第22条の改正案では、第1項の「軍艦が『外国商船』に遭遇した場合」が「軍艦が『外国船舶』（foreign ship）に遭遇した場合」と変更されたほか[43]、臨検の対象となる船舶の行為態様として、上述した公海条約第22条第1項に記されている海賊行為及び奴隷取引のほか、船舶が無国籍である場合及び船舶が外国の旗を掲げているかまたは旗を示すことを拒否しているが実際には当該軍艦と同一の国籍を有する場合、並びに麻薬及び向精神薬の輸送に従事していることが含まれていた[44]。これらのうち、臨検の対象が外国商船から外国船舶へと変更されたのは、たとえ政府所有の船舶であっても、商業的役務に供されるものについては軍艦による臨検の対象となり得るということを示唆するものである[45]。

　その後、本条文案は第3回会期中に修正され、麻薬及び向精神薬の輸送に従事している船舶については別の条項に移動され（国連海洋法条約第108条）[46]、また、無国籍船についても、船舶が外国の旗を掲げているかまたは

---

41) Papastavfridis, *supra* note 31 of Introduction, pp.259-308.
42) 麻薬取締と公海漁業における取締りの概要については、例えば、林司宜「公海上の船舶に対する旗国以外の国による取締り――一九九五年越境分布資源協定による展開―」『早稲田法學』第75巻第2号（2000）年、113-116頁を参照。
43) 小田滋『註釈国連海洋法条約・上巻』（有斐閣、1985年）、303頁。
44) Stya N. Nandan and Shabtai Rosenne eds., *United Nations Conventions on the Law of the Sea 1982 A Commentary*, Vol. III (Martinus Nijhoff Publishers, 1995), p.240.
45) *Id.*, p.241.
46) 国連海洋法条約の起草過程におけるこの時点では、麻薬及び向精神薬の輸送は、軍艦

旗を示すことを拒否しているが実際には当該軍艦と同一の国籍を有する場合とは別のサブパラグラフに整理されたほか、新たに船舶が公海からの無許可放送に従事している場合が追加された[47]。そして、第4回会期（1976年）においては、公海からの無許可放送を取り締まる軍艦が有すべき国連海洋法条約第109条に規定されている管轄権について明示の記載がなされた[48]。なお、会議参加国のなかには、公海からの無許可放送を臨検の対象から削除すべしとの主張（イスラエル）も見られたが、結果としてそのまま残されることとなった。そして、第6回会期において、本条文案は国連海洋法条約第110条として採択されたのである[49]。

（b）条文の検討

以上に紹介した国連海洋法条約第110条の規定は、旗国の排他的管轄権[50]を排除する手段としての公海上における外国船舶への臨検の権利についての規則である。先に引用した歴史的な国際判例事例が示すように、臨検の権利は、古くから戦時において公海上における海戦法規や海上中立法上の手段として、船舶または貨物を拿捕することを目的として行使されてきたものである[51]。そして、特段の制限なき限り、本条に基づく臨検は、慣習法により認められてきた戦時における臨検と同様の手続きにより為すことが可能であるとされている[52]。

まず、臨検の要件として、第110条第1項の各号に該当する船舶であると疑うに足りる合理的な根拠（reasonable grounds to suspect）が必要とされる。この判断の根拠としては、単なる主観的な要件では不十分であり、かかる嫌

による臨検の対象とされていた。なお、国連海洋法条約第108条第2項では、麻薬及び向精神薬の輸送に従事している船舶の取締りに関しては、違法な麻薬の取引を防止するために他の国に協力を要請することができるとされるにとどまっており、旗国以外の国による執行は国連海洋法条約においては認められていない。

47) Nandan and Rosenne, *supra* note 44, p.242.
48) *Id*., p.243.
49) *Id*.
50) 国連海洋法条約第92条。
51) *The Antelope*, *supra* note 20, p.281.
52) 日本海洋協会編『国連海洋法条約の研究』（日本海洋協会、1990年）、237頁。

疑を生じせしめる当該船舶の外観及び行為態様等の客観的に疑わしい状況が必要とされるが、他方では、そのような客観的な疑義を証明する証拠までは要求されないと解されている[53]。次に、臨検の主体について、第110条第1項では、公海上において外国船舶に対する臨検が可能なのは軍艦及び軍用航空機に限定されることを確認する。なお、ここでいう軍艦とは、第29条の要件を満たす船舶、すなわち、一の国の軍隊[54]に属する船舶であって、当該国の国籍を有するそのような船舶であることを示す外部標識を掲げ、当該国の政府によって正式に任命され（duly commissioned）その氏名が軍務に従事する者の適当な名簿またはこれに相当するものに記載されている士官（officer）の指揮の下にあり、かつ正規の軍隊の規律に服する乗組員が配置されているものをいう。ちなみに、第110条はEEZにおいても適用される[55]。続けて第110条第1項は、臨検の対象となる船舶の行為態様及び属性について限定的に列挙する（(a)～(e)項）。これらの限定列挙がなされているような行為態様及び属性を帯びない限り、公海上の船舶は外国軍艦による臨検及び捜索の対象とはならず、これは、第110条の重要な側面であるとともに、公海航行の自由との調整を図った結果である[56]。

第110条第1項（a）は、第100条から第107条にかけての海賊行為に関係する規定[57]に対応するものである[58]。近代国際法における海賊の定義及び対処等に関連する規則の法典化の試みとしては、海洋法に関する慣習国際法の法典化を目的として国際連盟により開催されたハーグ国際法典編纂会議

---

53) 同上。
54) ここでいう軍隊とは、必ずしも海軍に限定されない。
55) 国連海洋法条約第58条第2項。
56) Rothwell and Stephens, *supra* note 10, p.166.
57) 海賊行為の抑止のための協力義務（第100条）、海賊行為の定義（第101条）、乗組員が反乱を起こした軍艦または政府の船舶若しくは航空機による海賊行為（第102条）、海賊船舶または海賊航空機の定義（第103条）、海賊船舶または海賊航空機の国籍の保持または喪失（第104条）、海賊船舶または海賊航空機の拿捕（第105条）、十分な根拠なしに拿捕が行われた場合の責任（第106条）、海賊行為を理由とする拿捕を行うことが認められる船舶及び航空機（第107条）。
58) Nandan and Rosenne, *supra* note 44, p.244.

第 1 章　公海上における臨検の制度

(1930 年) に向けた専門家委員会に提出された海賊に関する松田草案 (1923 年)[59] と、その後に起案されたハーバード草案 (1932 年)[60] が挙げられる[61]。これらのうち、ハーバード草案については、公海条約における海賊取締りの規定の設置という形で成就した。ちなみに、公海条約の起草過程である第一次海洋法会議においては、海賊はもはや国際社会に共通する主要な懸案事項には該当せず、第一次海洋法会議において取り扱うことに消極的な国も存在したが、大多数の国は海賊に関する慣習法上の規則を公海条約に盛り込むことに賛同し、公海条約第 14 条から第 21 条にかけて関連する規則が整備された[62]。

国際法上の海賊 (piracy *jure gentium*/piracy by the law of nations/piraterie du droit des gens) とは、私有の船舶及び乗組員により公海上において行われる船舶、人または財産に対する不法な暴力行為、抑留行為及び略奪行為であり、各国の属地的管轄権が行使される領海及び内水といった海域で実施される同種の行為とは峻別されてきた[63]。海賊は、広く国際社会の安全、経済活動及び秩序に害悪を及ぼす、人類共通の敵 (*hostis humani generis*) であるとされている[64]。このことは、海賊はいずれの国家の領域的な管轄権も及ばない海域において不特定の船舶を無差別に攻撃することにより海上交通の一般的安全

---

59) Matsuda's Draft Provisions for the Suppression of Piracy, League of Nations Document C. 196. M. 70. 1927 V., reprinted in *Supplement to AJIL*, Vol.26, No.4 (1932), pp.873-885.
60) Draft Convention and Comment of Piracy Prepared by the Research in International Law of Harvard Law School, with a Collection of Piracy Law of Various Countries, reprinted in *Supplement to AJIL*, Vol.26, No.4 (October, 1932), pp.739-872.
61) なお、一部の論者によると、ハーバード草案は、従前から存在する慣習法の確認に加え、海賊対処に関する *de lege ferenda* に該当する内容を含むものと評価されている。Alford P. Rubin, *The Law of Piracy*, 2nd ed. (Transnational Publishers, 1998), p.333.
62) Robin Geiß and Anna Petrig, *Piracy and Armed Robbery at Sea: The Legal Framework for Counter-Piracy Operations in Somalia and the Gulf of Aden* (Oxford University Press, 2011), p.40.
63) Churchill and Lowe, *supra* note 2 of Introduction, pp.209-210. 森田章夫「国際法上の海賊 (Piracy Jure Gentiun) ―国連海洋法条約における海賊行為概念の妥当性と限界―」『国際法外交雑誌』第 110 巻第 2 号 (2011 年)、3 頁。
64) Rubin, *supra* note 61, p.17. 森田前掲論文注 63、1 頁。

(sécurité générale de la circulation maritime)を侵害することに理由が帰せられている[65]。また、海賊とは、あくまで私的目的（private/personal ends）を帯びて人や財産に対して行われる不法な暴力行為、抑留または略奪行為であり[66]、政治的な目的を背景とした海上におけるテロは海賊行為とはされない[67]。ただし、乗組員が叛乱を起こしてその管理する軍艦や政府公船が行う同様の行為は、海賊に含まれる[68]。さらに、海賊行為を構成するためには加害船と被害船とが必要とされ（いわゆる「二船要件」（two-ship clause））、一船内での暴力行為や略奪行為は海賊行為には該当しない[69]。

海賊に対しては、第105条において、いずれの国も包括的な司法管轄権（普遍的管轄権）を行使することが認められている[70]。第105条では、（海賊船の）拿捕を行った国の裁判所は、科すべき刑罰を決定することができる（may decide/peuvent se prononcer）とされていることから、海賊船の拿捕についてはいずれの国の軍艦によっても可能であることに加え、拿捕を行った国以外の国が裁判管轄権を行使することも妨げられていないようである[71]。ま

---

[65] 西村弓「マラッカ海峡及びソマリア沖の海賊・海上武装強盗問題」『国際問題』（電子版）No.583（2009年）、6頁。

[66] *Castle John and Nederlandse Stichting Sirius v. NV Mabeco and NV Parfin*, Court of Cssation, Belgium, (19 December 1986), reprinted in *ILR*, Vol.77 (1988), p.539: Declaration sur la piraterie, Institut de droit international Session de Naples, 2009, reprinted in *Institut de droit international Annuaire*, Vol.73, tomes 1 et 2 (A. Pedone, 2009), p.585. なお、この私的要件に関して考察を加えたものとして、菅野直之「19世紀後半から20世紀初頭の国際法における『海賊行為』概念」『国際関係論研究』第29号（2012年9月）、50-80頁。

[67] Michael Bahar, "Attaining Optimal Deterrence at Sea: A Legal and Strategic Theory for Naval Anti-Piracy Operations," *Vanderbilt Journal of Transnational Law*, Vol.40, No.1 (2007), p.32.

[68] 国連海洋法条約第102条。

[69] Geiß and Petrig, *supra* note 62, pp.62-64.

[70] 山本草二「国連海洋法条約の歴史的意味」『国際問題』（電子版）No.617（2012年）、3頁。

[71] 森田章夫「海賊に対する拿捕国以外の刑事裁判管轄権についての判断」（「各海賊行為の処罰及び海賊行為への対処に関する法律違反被告事件」（「ソマリア海賊裁判」）東京地方裁判所判決（2013年2月1日））、TKCローライブラリー『新・判例解説』Watch、国際公法 No.23（2013年8月30日）、4頁。Cf.、坂元茂樹「普遍的管轄権の陥穽―ソマリア沖海賊の処罰をめぐって―」松田竹男、薬師寺公夫、坂元茂樹編集代表『現代国際法の思想と構造II―環境、海洋、紛争、展望―』（東信堂、2012年）、156-192頁。

た、近年、海賊行為の取締りについて、国連海洋法条約に基づく規制に追加されるような関連条約が別途作成及び適用されるとともに、地域的な協力枠組みにより被害の防止が図られている[72]。なお、違法な麻薬取引、重大な海洋汚染、公海からの無許可放送及びハイジャックといった海賊以外の公海上における犯罪については、特別の条約により取締りのための司法管轄権行使に関する問題を解決したものも少なくない[73]。

　第110条第1項（b）は、奴隷の輸送禁止と、その防止のための実効的措置を記した第99条に対応する規定である[74]。奴隷の輸送禁止が公海条約に第13条として盛り込まれたのは、奴隷条約や奴隷条約改正議定書及び奴隷制度廃止補足条約という関連条約の成立により、自国船舶を使用した奴隷取引を禁止する必要性は国際的にも十分に認識されているとのILCの強い主張によるものであった[75]。そして、国連海洋法条約の起草過程においては、公海条約第13条の規定が特段の議論がなされることなくそのまま採択され、第99条として採択された[76]。ただし、海賊行為への対処とは異なり、奴隷取引に従事している船舶に対しては普遍的管轄権の行使までが容認されているというわけではない。

　第110条第1項（c）は、公海からの無許可放送の取締りにかかわる規定であり、取締りのための臨検を行う船舶は、第109条第3項に規定される管

---

[72] 酒井啓亘「ソマリア沖における『海賊』の取締りと国連安保理決議」坂元茂樹編『藤田久一先生古稀記念・国際立法の最前線』（有信堂、2009年）、217頁。なお、近年、ソマリア沖アデン湾における海賊対処の一環として、安保理事会決議に基づく有志連合国の海軍部隊の活動が展開されている。Cf., 吉田靖之「ソマリア沖海賊対処活動と国際法―国際法上の海賊（piracy jure gentium）への国連安保理事会決議による海上法執行活動―」『海幹校戦略研究』第4巻第2号（2014年）、26-58頁。

[73] 山本前掲論文注70、3-4頁。

[74] Nandan and Rosenne, *supra* note 44, p. 244.

[75] Reports of the International Laws Commission to the General Assembly, Document A/3159, Reports of the International Laws Commission covering the work of its eighth session, 23 April-4 July, 1956, reprinted in *Yearbook of the International Law Commission 1956*, Vol. II (United Nations, 1957), p. 281.

[76] Nandan and Rosenne, *supra* note 44, pp. 179-180.

轄権を有する必要がある[77]。また、第109条第4項は、第109条第3項に定める管轄権を有する船舶による拿捕及び放送機器の押収について規定する。公海条約には本条項に該当する規定はなく、それは、欧州共同体（European Community：以下「EC」）諸国からの提案により国連海洋法条約においてはじめて設けられたものである[78]。その背景は、第一次海洋法会議後、北海の公海上に出現したいわゆる海賊放送局が存在する。これらの局は、北海の公海上に停泊させた船舶または海床上に構築された人工構造物に設置されたものであり、放送を国営とする沿岸国[79]の方針に反し、正規の放送免許を得ずしてラジオまたはテレビの商業放送番組を送信していた。公海条約をはじめとする従前の海洋法規則では、このような行為を取り締まることは困難であったため、海洋法における新たな制度として本規定が導入されたのである[80]。

第110条第1項（d）は、第92条第2項に規定する二以上の国の旗を適宜に使用して航行する船舶の取締りほか、国旗またはそれと類似した国籍標章を掲げていない船舶もその取締りの対象とする[81]。なお、船舶が国籍を有さないという事実そのものは、国際法違反を構成しない。これは、公海における法秩序は船舶に対する旗国の保護及び統制によって維持されているという原則に鑑みた場合、無国籍船は国際法の下での保護を享受し得ないことから[82]、無国籍船に対する臨検が許容されるのはそれにより法益侵害を受ける国家が存在しないという理由によるものである。また、船舶が外国の旗を掲げているかまたは旗を示すことを拒否しているが実際には当該軍艦と同一の国籍を有する場合における臨検（第110条第1項（e））とは、船舶が当該国

---

77) *Id.*, p.245.
78) 日本海洋協会編前掲書注52、234頁。
79) ベルギー、英国、オランダ及びスカンジナビア諸国。
80) March N. Hunnings, "Pirate Broadcast in European Waters," *ICLQ*, Vol.14, Part 2 (1965), pp. 413-424：小田前掲書注43、301頁．Cf., Accord européen la répression des emissions de radiodiffusion effectuées par des stations hors des territoires nationaux、signée le 22 janvier, 1965, à Strasbourg, Art. 2.
81) Nandan and Rosenne, *supra* note 44, p.245.
82) 日本海洋協会編前掲書注52、238頁。

旗を掲げる権限なきことを秘匿しようとしている場合に、真の国籍を確認するために臨検が許容されることを趣旨とする[83]。

次に、第110条第2項では、臨検隊（boarding party）の任務及び臨検の方法につき規定する。臨検の目的は、当該船舶がその旗を掲げる権利を有することを確認することであり（第2項前段）、そのために、軍艦は士官の指揮の下でボートを派遣する。なお、軍艦の定義に関する第29条では、士官とは commissioned officer とされているが、本項での士官は必ずしも commissioned officer に限定されておらず、臨検隊指揮官は准海尉（warrant officer）あるいは上級海曹（senior petty officer）といった non-commissioned officer (NCO) でも可能であると解釈される[84]。なお、この点に関しての国家実行は一様ではない。

臨検隊の第一の任務は、船舶書類の確認である[85]。これらの書類には、第91条第1項に記される国籍の付与及び船舶登録等に関するものを含まれ、書類検査の後になお嫌疑ある場合には、臨検隊が乗船し捜索を実施する[86]。ちなみに、対象船舶の船長を軍艦に召集して書類の検査を実施できるのかという問題は第一次海洋法会議でも議論の対象となったが[87]、国際的な慣行においては、公海上におけるボートの派遣にかかわる危険は臨検を行う側が負担すべしとの考え方が優勢である[88]。

これらに加え、第110条では、臨検の結果、船舶が同条第1項に限定列挙される行為等に従事しているとの疑いに根拠がないことが証明され、かつ、臨検を受けた外国船舶が疑いを正当とする如何なる行為も行っていない場合における補償について規定する（第3項）。これらの規定は、政府の航空機

---

83) Nandan and Rosenne, *supra* note 44, p.245.
84) U.S. Department of Transportation, United States Coast Guard, *Maritime Law Enforcement Manual* (COMDIST M16247.1A) (January 13, 1999), pp.3-7.
85) *Id*., pp.3-1.
86) Nandan and Rosenne, *supra* note 44, pp.245-246.
87) 日本海洋法協会前掲書注52、238頁。
88) 信夫淳平『海上國際法論』（有斐閣、1957年）、259頁。

についても *mutatis mutandis* に適用される（第 4 項）。

c. 公海海上警察権行使による臨検と海上阻止活動との連関

　上述したような国連海洋法条約において臨検の対象とされる行為等のほか、麻薬取引、IUU 漁業並びに人身売買及び違法難民の輸送といった国連海洋法条約には取締りのための規定のない違法な行為に従事している船舶に対する臨検及び取締りについては、それぞれ関連する条約が存在する。しかしながら、臨検が可能であるということは、対象船舶の拿捕及び引致やこれに対する刑事管轄権の行使までが直ちに認められるということを意味しない。国連海洋法条約第 110 条で臨検の対象とされている行為態様のうち、奴隷取引、無国籍船及び国旗の濫用については臨検までが可能とされるにとどまり、臨検を行った軍艦の旗国が刑事裁判権行使まで可能なのは、海賊行為及び公海からの無許可放送に限定される。また、それらについても、海賊に対しては普遍的管轄権行使が認められているのに対し、公海からの無許可放送に対して管轄権を行使できる国は特定されている[89]。さらに、麻薬取引、IUU 漁業及び人身売買に対する管轄権の行使は、それぞれの関連条約に定めるところによる。

　このように、海洋法は、公海海上警察権行使として軍艦等が行う船舶への臨検については非常に慎重である。つまり、広大な公海においては、違法行為への対応が旗国のみにより常時可能というわけではない。よって、すべての事案について旗国以外の国による刑事管轄権の行使までは可能ではないとしても、公海上における秩序維持のために、諸国に対し違法行為の有無を判断するための検査機能である臨検までをとりあえずは容認しておき、問題となる行為が確認された場合には、何らかの根拠によって問題となる行為に対して管轄権を有する国家に通報し、具体的な個々の犯罪の処罰はその国家が行えばよいというのが、公海海上警察権行使の制度趣旨である[90]。そして、

---

89) 国連海洋法条約第 109 条第 3 項。
90) 酒井啓亘、寺谷広司、西村弓、濱本正太郎『国際法』（有斐閣、2011 年）、223-224 頁。

一定の根拠に基づき、船舶に臨検を行うという行政的な措置と、その結果確認された違法な行為への従事者を訴追し、船舶及び積荷を差し押さえるという司法的な措置は、異なる局面における別の行為である。そして、後者については、いずれの国の執行にかかわる管轄権が優先するのかという国際法上の論点は指摘されるものの、結果としては各国国内立法に委ねられている[91]。

このように、海洋法においては、外国船舶に対する臨検には厳格な制限が課せられている。他方で、海上阻止活動において海上阻止の対象となる船舶の行為態様は、合法的な契約に基づき特定物資の海上輸送に従事しているにすぎず、公海海上警察権行使の対象となるような何らかの違法行為に従事しているというわけではない。さらに、海洋法において、船舶が特定の物資あるいは人を輸送していることを理由として臨検が許容されるのは、当該船舶が奴隷取引に従事している場合に限定されており、この事由も海上阻止活動には該当しない。これらを要するに、海上阻止活動の中核的措置である公海上における海上阻止を正当化するために、海洋法の枠内における臨検の制度を適用することは、それらの制度趣旨からも限界があり、困難であるといわざるを得ない。

第2節　戦時における交戦国による船舶への干渉
　　　　──海上経済戦──

1. 海戦に関する法規慣例──海戦法規──
a. 海戦の特性と海戦法規の特徴

既存の国際法枠組みにおいては、平時の海洋法における臨検の制度のほかに戦時における船舶への臨検が別途許容されている。それでは、既存の国際

---

91) 田中利幸「海上での犯罪規制と関連国内法の改正」日本海洋協会編『海洋法条約体制の進展と国内措置』（日本海洋協会、1997年）、3-21頁。

法の枠内におけるもう一つの臨検の制度である海戦法規に根拠を有する措置が海上阻止活動へ適用される可能性は存在し得るのか。

　戦時において交戦者の行為を規律する国際法については、現在、戦争法（laws of war/*jus in bello*）及び国際人道法（international humanitarian law）という名称が並存している[92]。さらに、今日では、国連憲章下における戦争違法化と武力行使の平時一元化を踏まえ、そのような状態において生起する事実行為としての武力紛争を規律する法規という意味において武力紛争法（law of armed conflict）という名称も用いられるが、これは戦争法の名称を排除するものではなく、その内容は狭義の戦争法に等しいとされる[93]。

　上述したもののうち、戦争法とは最も長い歴史を有する名称であり、それは広狭両義で用いられる。まず、狭義の意味における戦争法とは、軍隊の作戦行動や交戦者の権利及び義務並びに害敵手段の規制に関するいわゆるハーグ法に属する規則と、戦争犠牲者の保護及び尊重並びに人道的待遇を確保する規則であるいわゆるジュネーヴ法に属する規則から構成されている[94]。また、広義の意味における戦争法とは、上述した諸規則に加え、経済戦及び中立に関する慣習法及び条約法規則を含むとされる[95]。これに対して、国際人道法という名称は、戦争法ないしは武力紛争法のうち、明らかに人道的性質を有する規則、すなわち、人及び人の生存に不可欠な物を保護する規則を指し、それは、1949年のジュネーヴ四条約及びそれに追加される1977年の二つの議定書のみならず、人道的理由により敵対行為、兵器の使用、戦闘員の行動、及び復仇（reprisals）の実施等に対する限界を規定した条約及び慣習法上の規則並びにこれらの規則の履行を確保するための規則類を含むとされている[96]。

92）真山前掲論文序章注4、19-20頁。
93）藤田久一『国際人道法・再増補』（有信堂、2003年）、2頁。
94）同上。
95）同上。
96）同上。なお、これらのうち、復仇とは、国際違法行為により法益の侵害を受けた国が、当該国際法違反を行った国家に対してその中止または救済を求めるために行う強制措置である。また、それは、本来的には違法な措置であるが、例外的に国際法によって許容

翻って、海戦における主たる戦域（theatre）となる海という場所に目を転じた場合、そこは、一部の島嶼を除いて通常は人が居住する場所ではない。また、海上においては、攻撃からの保護を享受する対象である文民は商船乗員（及びその乗客）という形では一部に存在するものの、それはあくまで船舶若しくは航空機という vehicle という単位で認識されるものであり、個別の人たる保護対象の存在は想定されていない。このように、船舶を独立した自己完結的なユニットとして取り扱うことは海上における秩序維持の実態を反映したものであり、また、公海自由原則の下での旗国主義優位性の基盤を確保するものであると解されている[97]。さらに、海戦とは一国の正規海軍というプロフェッショナルな集団により戦われる戦闘であり、陸戦に見られるように、軍隊の構成員ではない文民が武器を携行して戦闘に直接参加するという事態は想定し難い。つまり、海戦とは、原則として、居住する人が存在しない海洋空間において、敵海上兵力の撃破を主たる目的として、海軍というプロフェッショナルな集団により戦われる戦闘なのである。それ故に、海戦法規は、敵の海上部隊を軍事的に撃退せしめる戦争行為に加え、彼に対する海上拒否（sea denial）と我の海上支配（sea control）及び海上優勢／制海権（command of the sea）を図るための海軍のオペレーションを規律する[98]。そして、21 世紀の今日において、陸戦においては主として非戦闘員の保護という問題を中心として武力紛争における人権の保護に関する問題が以前にも増して重要視されている一方で[99]、海戦においては、上述した海上拒否または

されると考えられている。岩月直樹「伝統的復仇概念の法的基礎とその変容―国際紛争処理過程における復仇の正当性―」『立教法学』第 67 号（2005 年）、25 頁。なお、今日においては、復仇は対抗措置（counter-measures）という概念の下で再整理されているが、武力を伴う対抗措置は一般に認められておらず、専ら非軍事的手段を通じて行われる。同「現代国際法における対抗措置の法的性質―国際紛争処理の法構造に照らした対抗措置の正当性根拠と制度的機能に関する一考察―」『国際法外交雑誌』第 107 巻第 2 号（2008 年）、74 頁。

97) 奥脇直也「海上テロリズムと海賊」『国際問題』（電子版）No.583（2009 年）、23 頁。
98) Dieter Fleck ed., *The Handbook of International Humanitarian Law*, 2nd ed. (Oxford University Press, 2008), p.474.
99) E. g., Reuben E. Brigety II, "Chapter 6: Human Rights in Armed Conflict," in Hideaki Shinoda and Ho-Won Jeong eds., *Conflict and Human Security: A Search for New Approaches of Peace-*

第 I 部　既存の国際法枠組みにおける先駆的事例

海上支配の確立にかかわる考慮及びその優先度はいささかも変化するものではない[100]。ちなみに、真山全によると、戦争法または武力紛争法に属する規則類をさらに陸戦法規、海戦法規及び空戦法規に分類して整理することは、基本的に敵対行為及び保護の対象が地理的に陸、海、空のいずれの領域に存在するかによるものであり、敵対行為の主体の地理的位置により決定されるものではないとされる[101]。

　海戦法規は、19 世紀中葉から 20 世紀初頭にかけて形成された伝統的規則がその大半を占める。海戦法規が規律する具体的なオペレーションは、敵国海軍部隊との間での戦闘における海戦の手段（means）及び方法（methods）[102] といった海上戦闘（naval warfare at sea）と、商船への臨検及び捜索、針路の変更、拿捕、物資の徴収、引致、没収及び封鎖といった海上経済戦（economic warfare at sea）に大別される[103]。これらのうち、海上経済戦の細部については次項において詳説するが、ここでは海上経済戦においては私人が所有する私有財産が交戦国による没収の対象とされていることが、陸戦と異なる海戦の顕著な特徴の一つとして挙げられるということを特に指摘しておく。そして、このような海上経済戦に関する規則を参考として、国連海上阻止活動の *modus operadi* が構築されていったことには[104]、後の検討とのかかわりにお

　　Building, the Institute for Peace Science Hiroshima University（IPSHU）English Research Report Series No. 19（IPSHU, 2004）, pp. 136-151.
100）John Ashley Roach, "The Law of Naval Warfare at the Turn of Two Centuries," *AJIL*, Vol. 94, No. 1（2000）, p. 64.
101）真山全「ジュネーヴ諸条約と追加議定書」国際法学会編『日本と国際法の 100 年第 10 巻・安全保障』（三省堂、2001 年）、177 頁。
102）海戦の手段とは、破壊的な性質を有する物を指す文言であり、通常、武器（weapon）と同義で使用される。また、海戦の方法とは、戦術的状況において海戦の手段が用いられる様相を指す文言であり、具体的には、砲撃、爆撃、封鎖あるいは捕獲である。Wolf Heintchel von Heinegg ed., *Means and Methods of Combat in Naval Warfare: Report and Commentaries of the Round Table Experts on International Humanitarian Law Applicable to Armed Conflict at Sea, 19-23 October 1990*（Bochum: Universitätsverlag Dr. N. Brouchmeyer, 1992）, p. 3.
103）Fleck ed., *supra* note 98, p. 489.
104）Cf., Wolf Heintchel von Heinegg, "The Current State of the Law of Naval Warfare: A Fresh Look at the *San Remo Manual*," in Anthony M. Helm ed., *The Law of War in the 21st Century:*

いて留意しておく必要がある。

b．海戦法規の法典化

　海戦法規の法典化は、1856 年の海上法ノ要義ヲ確定スル宣言（以下「パリ宣言」）により開始された。パリ宣言は、捕獲及び封鎖について今日でも重要な意義を有する規則を定めたものである。その後、1899 年と 1907 年の二度にわたるハーグ平和会議において、海戦の手段及び方法に関する多くの慣習法が法典化された。それらは、開戦ノ際ニ於ケル敵ノ商船取扱イニ関スル条約（1907 年）、商船ヲ軍艦ニ変更スルコトニ関スル条約（1907 年）、自動触発海底水雷ノ敷設ニ関スル条約（1907 年）、戦時海軍力ヲ以テスル砲撃ニ関スル条約（1907 年）、海戦ニ於ケル捕獲権行使ノ制限ニ関スル条約（1907 年）及び海戦ノ場合ニ於ケル中立国ノ権利義務ニ関スル条約（以下「海戦中立条約」）（1907 年）[105]の各条約である。

Weapons and the Use of Force, International Law Studies, Vol. 82（Naval War College, 2006）, p. 289, n. 6.

[105] 海戦中立条約は、南北戦争中の 1862 年に、英国が交戦団体承認を行った南部連合（アメリカ連合国：Confederate States）が英国に発注し建造及び艤装させた CSS *Alabama*（艦長は、後に南部連合海軍少将に昇任したラファエル・セメス連合国海軍中佐（Commander Raphael Semmes, CSN））が通商破壊艦（commerce raider）としてアメリカ合衆国（United States）の海上通商の破壊に従事し、その後、1864 年にアメリカ合衆国海軍（United States Navy）スループ艦 USS *Kearsarge*（艦長ジョン・ウィンスロー合衆国海軍大佐（Captain John A. Winslow, USN））によってフランス北部のシェルブール港外にて撃沈されたことに端を発するアラバマ事件仲裁裁判（1872 年 9 月 14 日）において適用が認められたワシントン原則を基礎とする。既に南北戦争当時から、米国（合衆国）は、英国が *Alabama* の出帆を阻止しなかったことを抗議するとともに、英国に対して損害賠償を請求していた。交渉の結果、英米両国は 1871 年にワシントン条約（Treaty Between Her Majesty and the United States of America, signed at Washington, 8 May, 1871）を締結し、本件をその他の案件ともに仲裁裁判所に付託することで合意した。この条約において裁判所が適用する規則が規定され、それらは、①中立国は、交戦国に対する巡洋または戦争行為を行うと信じるべき相当の理由ある艦船を自国が管轄する領域内で建造または艤装し得ないことに対して相当の注意（due diligence）を払わなければならない。また、中立国は、その管轄する領域内において戦争の用に供されるべく艤装された艦船が、巡洋または戦争行為に従事する意図を伴って出帆することを防止するために同様の注意を払わなければならない。②中立国は、自国領水を交戦国の策源地、軍需物資及び武器の補充地並びに兵員の徴募地として使用させてはならない。③上述の義務違反を防止するため

第Ⅰ部　既存の国際法枠組みにおける先駆的事例

　また、ハーグ平和会議以降の法典化の成果としては、1909 年の海戦法規に関する宣言（以下「ロンドン宣言」）（未発効）及び 1936 年の 1930 年 4 月 22 日のロンドン条約第 4 編に掲げられている潜水艦の戦闘行為についての調書（以下「ロンドン潜水艦議定書」）が挙げられる。これらのうち、まず、ロンドン宣言は、先に引用したパリ宣言の採択から半世紀が経過し、同宣言の捕獲及び封鎖に関する規定とその後に蓄積された国家実行との間に乖離が生じていたことから、ハーグ平和会議において採択されなかった捕獲及び封鎖に関する条約規則の策定を目的として起草されたものである[106]。また、ロンドン潜水艦議定書は、1935 年に開催された第二次ロンドン軍縮会議において採択されたロンドン海軍軍縮条約の第 4 編第 22 条（潜水艦使用制限条項）を独立の条約としたものである[107]。ちなみに、1913 年には、万国国際法学会（Institute de droit international：以下「IDI」）が交戦国間の関係における海戦を律する法規（The Law of Naval War Governing the Relations between Belligerents）を採択した。これは、一般に海戦に関するオックスフォード・マニュアル（Oxford Manual on Naval War）[108]と呼称される包括的かつ大部の規則であるが、条約化されるには至らなかった[109]。

　に、中立国は相当の注意を払わなければならないというものである（Art. 6.）。これらの規則が、海戦中立条約第 5 条 1 文、第 6 条、第 8 条及び第 25 条にとり入れられた。なお、アラバマ事件仲裁裁判では、英国の中立国としての義務違反が認められ、その結果、同国は米国に対して 1,550 万ドルを支払うべきとされた。真山全「アラバマ号事件」松井芳郎編集代表『判例国際法・第 2 版』（東信堂、2006 年）、610-612 頁。なお、南北戦争におけるアラバマの活動及びその最後については、Spencer C. Tucker, "CSS Alabama and Confederate Commerce Raiders during the U. S. Civil War," in Bruce A. Elleman and S. C. M. Paine eds., *Commerce Raiding: Historical Case Studies, 1775-2009*, Naval War College Newport Papers, Vol. 40（2013）, pp. 73-88 を参照。

106) James Brown Scott ed., *The Declaration of London February 26, 1909*（Oxford University Press, 1919）, pp. 5-6.
107) Howard S. Levie, "Submarine Warfare: With Emphasis on the 1936 London Protocol," in Richard Grunawalt ed., *Targeting Enemy Merchant Shipping*, International Law Studies, Vol. 65（Naval War College, 1993）, pp. 45-46.
108) Reprinted in, Natalino Rontizzi ed., *The Law of Naval Warfare: A Collection of Agreement and Documents with Commentaries*（Martinus Nijhoff Publishers, 1988）, pp. 277-341（with commentary by Pietro Verri）.

他方で、第二次世界大戦以降に法典化された海戦法規に関する規則は、1949 年の海上にある軍隊の傷者、病者及び難船者の状態に関する 1949 年 8 月 12 日のジュネーヴ条約（以下「ジュネーヴ第 2 条約」）、捕虜の待遇に関する 1949 年 8 月 12 日のジュネーヴ条約（以下「ジュネーヴ第 3 条約」）及び 1977 年に採択された 1949 年のジュネーヴ諸条約の国際的な武力紛争の犠牲者の保護に関する追加議定書（以下「第 1 追加議定書」）の第 2 編に記述された規定のみにとどまる。しかしながら、これらの条約規則は、主として海上における傷者若しくは病者等の人道的な取扱いに関するものであり、海戦法規が律する主要な対象である海上戦闘や中立国（第三国）船舶の取扱いについて新たな規則を設定したものではない。

c．1980 年代以降の再構築化作業と目標区別原則の新展開

このように、第二次世界大戦以降の時代においては、海戦法規の法典化に関する目立った進捗は見られていない。他方で、法典化作業とは別に、英国及びアルゼンチンの正規海軍同士による大規模な海戦が展開されたフォークランド（マルビナス）戦争（1982 年）や、交戦国による第三国の商船（タンカー）に対する大規模かつ広範囲な攻撃が見られたイラン・イラク戦争（1980 年～1988 年）及び湾岸戦争（1991 年）を経て、長らく法典化から取り残されていた海戦法規を再構築しようとする機運が 1990 年代初頭において高まった。その結果、海戦法規に関する新規条約が起草されることには繋がらなかったものの、サンレモ・マニュアルをはじめとして、各国海軍による海洋法及び海戦法規に関するマニュアルの整備が進捗した[110]。これらのマニュ

---

109) Roach, *supra* note 100, p.66.
110) E. g., NWP1-14M（米）, *supra* note 11 of Introduction: Ministry of Defence, *The Manual of the Law of Armed Conflict*（Oxford University Press, 2004）（英）, lv + 611pp: Office of the Judge Advocate General, *The Law of Armed Conflict at the Operational and Tactical Level*（B-GG-005-027/AF021）(2001)（カナダ）: Bundesministerium der Verteidigung Abteilung Verwaltung und Rechtg Ⅱ 3, *Humanitäres Völkerrecht in bewaffneten konflikten -Handbuch-*（1992）（ドイツ）, 158pp: Ministére de la défense secrétariat général pour l'administration, *Manuel de droit des conflicts armés*（2000）（フランス）, 97pp, etc.

アル類の多くは、海戦法規に関する伝統的規則を確認しつつも、それらの単なるリステートメントにとどまらず、国連海洋法条約及び戦争を違法化した国連憲章が jus ad bellum に及ぼしている影響等を十分に踏まえた内容となっている[111]。

これらのマニュアル類は個別国家に限られるものであり、それ自体は国際法としての拘束力を有すものではない。しかしながら、それらは、海上作戦部隊の行動を直接的に規律するマテリアルであり、各国の海軍が従事する各種のオペレーションの法的側面に関する解釈を示しているという点においては opinio juris sive necessitatis を反映しており、国家実行としての価値があるものとして注目される[112]。

ところで、海戦法規も戦争法の体系に属する以上、目標区別原則（principle of distinction）をその基本原則とする。目標区別原則とは、戦争法の主要な基本原則であり、攻撃を軍事目標（military objectives）[113]のみに限定せしめることを目的とする[114]。海戦法規においては、海上交通の担い手である商船のうち、軍事目標となり得るものの範囲について陸戦法規とは異なる問題が存在する。帆船の時代においては、軍艦と商船との区別が明らかではなく、文民により管理及び運航される商船も、当時にあっては平素から武装し、特別な許状（私掠認可状）（Letter of Marque and Reprisals/lettres de marque）[115]を付与された上で捕獲に従事することが一般的に行われていた。このような任務に

---

111) Roach, *supra* note 100, p.67.
112) 真山全「海戦法規における目標区別原則の新展開（二）」『国際法外交雑誌』第 96 巻第 1 号（1997 年 4 月）、36 頁。
113) 軍事目標とは、物については、その性質、位置、用途または使用が軍事活動に効果的に貢献する（an effective contribution to military action）ものであり、その全面的または部分的な破壊、捕獲または無力化がその時点における状況の下において明確な軍事的利益（a definite military advantage）をもたらすものに限定される。*San Remo Manual, supra* note 5 of Introduction, para.40.
114) 真山全「海戦法規における目標区別原則の新展開（一）」『国際法外交雑誌』第 95 巻 5 号（1996 年 12 月）、2 頁。
115) 私掠認可状とは、他国によって損害を蒙った者に対して報復（reprisals）行為を行うこと、即ち、加害者に属する財産を捕獲することを許可したものである。稲本守「欧州私掠船と海賊―その歴史的考察」『東京海洋大学研究報告』第 5 号（2009 年）、46 頁。

従事する商船が私掠船（privateer/corsaire）である[116]。このような歴史的な慣行から、武力紛争時における特定の状況下にあっては、商船が戦争行為（belligerent acts）に従事することは排除されていない。換言すれば、商船が戦争行為に従事することそれ自体は違法ではなく[117]、仮に商船がそのような行為に従事した場合には、当該商船は軍事目標とされる[118]。そして、このような事由から、本来は文民である商船の乗員に対しても、一定の条件の下で捕虜資格が付与されているのである[119]。

　現代の海戦においても、交戦国海軍部隊が対処すべき探知目標には、敵国軍艦のほか極めて多数の商船が含まれる。そして、これらの探知目標のうち、如何なるものが合法的に攻撃することが可能である軍事目標たり得るのかを明示に定義するのが、目標選定規則（law of targeting）である[120]。陸戦法規においては、目標選定規則は文民及び民用物に対する攻撃の禁止をその骨幹とし[121]、人的目標については非戦闘員不可侵の規則が、また、物的目標については攻撃し得る軍事目標を定めそれ以外の非軍事的目標を攻撃から免除する規則が慣習法として成立していった[122]。そして、陸戦法規においては、その用途または使用が軍事活動に効果的に資するといったような物が果たす機能に着目した機能別目標選定規則が採用されてきた[123]。その後、多くの国家実行と条約規則の深化を経て、第1追加議定書の成立により厳格な目標選定規則が完成したのである[124]。

---

116) Daniel Patrick O'Connell, *The Influence of Law on Sea Power* (Manchester University Press, 1975), p.17. ちなみに、海賊船と私掠船との相違は、特別な許状の存在の有無にすぎないとする議論も存在する。Geiß and Petrig, *supra* note 62, p.145.
117) John Ashley Hall, *The Law of Naval Warfare* (Chapman and Hall LTD., 1921), p.276.
118) *San Remo Manual*, *supra* note 5 of Introduction, paras. 59 and 60.
119) ジュネーヴ第2条約第13条（5）：ジュネーヴ第3条約第4条（5）。
120) William Boothby, *The Law of Targeting* (Oxford University Press, 2012), p.4.
121) 第1追加議定書第51条第1項、第52条第1項。
122) Boothby, *supra* note 120, pp.64-65.
123) Leslie C. Green, *The Contemporary Law of Armed Conflict*, 2nd ed. (Manchester University Press, 2000), p.124.
124) 真山全「陸戦法規における目標識別義務」村瀬、真山編前掲書序章注4、329頁。

上述したような陸戦法規における目標選定規則とは異なり、海戦法規においては、船舶が軍艦か商船かという形式的なカテゴリーのいずれかに属することにより軍事目標が決定される艦艇カテゴリー別目標選定規則が伝統的に採用されてきた[125]。艦船カテゴリー別目標選定規則の下では、武力紛争当事国の軍艦は軍事目標として攻撃の対象となるのに対し、文民により専ら商業目的及びその他の私的な目的のために運航される商船は、原則として攻撃からの保護を享受してきた[126]。艦船カテゴリー別目標選定規則の下で商船への攻撃が例外的に認められるのは、商船が、敵対行為への参加といった例外的に攻撃からの免除を自ら放棄するような積極的な行動をとる場合、及び停船命令拒否や臨検及び捜索への抵抗といった交戦国による識別等の要求を拒否する場合である[127]。

他方で、ロンドン潜水艦議定書は、艦船カテゴリー別目標選定規則を維持しつつも、その他に、交戦国の戦争の機能（belligerent function）を果たす商船については、保護を享受する商船のカテゴリーから除外する余地を残しているとされる[128]。戦争の機能を果たすとは、機雷敷設、機雷掃海、海底電線及びパイプラインの切断、あるいは中立国商船に対する臨検捜索または他の商船に対する攻撃といった敵対行為への直接的な参加はもとより[129]、敵国軍隊の護衛の下での航行も含むものと推察される[130]。すなわち、ロンドン潜水艦議定書は、艦船カテゴリー別目標識別規則によっても攻撃対象とされるような活動に従事している商船に加え[131]、輸送という間接的に交戦国

---

125) 真山前掲論文注114、2頁。
126) 同上。
127) 同上、11頁。
128) 真山前掲論文注114、25頁。
129) *San Remo Manual, supra* note 5 of Introduction, para. 60（a）.
130) Frits Kalshoven, *Belligerent Reprisals*（Martinus Nijthoff Publishers, 1971）, pp. 128-129.
131) そのようなものの代表的な例が、敵対行為へ直接的に参加する商船や補助艦艇としての任務に従事する商船であり、事例としては、両次大戦において英米両国が運用したいわゆるQ-Shipsが存在する。Q-Shipsとは、無害な商船の外観を呈示しつつも実は重武装を施し、敵国潜水艦による臨検を受認することを装ってこれを攻撃するものである。Richard W. Smith, "The Q-Ships-Cause and Effect," *USNI Proceedings*, Vol. 79, No. 5（1953）, pp. 533-540. このような商船への攻撃は、艦船カテゴリー別目標選定基準によっても否

の戦争遂行に貢献するような機能を帯びるものについても、保護を享受する純粋な商船（genuine merchant ships）から除外していると解釈されている[132]。ちなみに、ここでいう商船の範疇には、敵国のもののみならず中立国商船も含まれる[133]。

しかしながら、近年、陸戦における軍事目標主義の海戦への適用の動きという新たな展開が確認されている[134]。例えば、サンレモ・マニュアルは、海戦法規に関する慣習法を明文化する一方で、第1追加議定書第52条第2項に記される軍事目標の概念を導入している[135]。また、先に紹介した各国海軍マニュアルも、従前からの艦船カテゴリー別目標選定規則により商船を保護されるべき単一のカテゴリーとして整理するのではなく、個々の商船が果たす軍事活動への効果的貢献（effective contribution to military action）[136]、または戦争遂行／継続努力への貢献（contribution to war-fighting/war-sustaining effort）[137]という機能に着目して軍事目標となり得るのかを個別具体的に判断する機能別目標選定基準を採用している。これらのうち、戦争遂行／継続努力への貢献は主に米国が主張するところであり、それは、軍事行動そのものに直結しない行動を含むものと一般的に理解されている[138]。他方で、軍事

定されない。
132) Sally V. Mallison and Thomas Mallison Jr., "The Naval Practice of Belligerents in World War II: Legal Criteria and Development," in Grunawalt ed., *supra* note 107, p.100.
133) Louise Doswald-Beck, "The San Remo Manual on International Law Applicable to Armed Conflict at Sea," *AJIL*, Vol.89, No.1（1995）, pp.198-202.
134) *Idem*, "Vessels, Aircraft and Persons Entitled to Protected During Armed Conflict at Sea," *BYIL 1994*（Oxford University Press, 1995）, p.211.
135) *San Remo Manual, supra* note 5 of Introduction, para.60：真山前掲論文注112、35頁。
136) Ministry of Defence, *supra* note 110, para.5.4.1: Office of the Judge Advocate General, *supra* note 110, para.49: Bundesministerium der Verteidigung Abteilung Verwaltung und Rechtg Ⅱ 3, *supra* note 110, para.1025: Ministére de la défense secrétariat général pour l'administration, *supra* note 110, p.50.
137) NWP1-14M, *supra* note 11 of Introduction, para.8.1.1.
138) Horace B. Robertson Jr., "The Principle of Military Objective in the Law of Armed Conflict," in Michael Schmitt ed., *The Law of Military Operations, Liber Amicorum Professor Jack Grunawalt*, International Law Studies Vol.72（Naval War College, 1998）, p.208.

活動への効果的貢献はサンレモ・マニュアル及び米国以外の海軍マニュアルが主張するものであり、それは、第1追加議定書第52条第2項に規定される軍事目標としての定義を充足させるような活動であると解されている[139]。したがって、戦争遂行／継続努力への貢献の範囲は軍事活動への効果的貢献よりも広いと考えることが、文理解釈上は適当である[140]。なお、米国及びサンレモ・マニュアルのいずれの立場を採用しても、軍事目標となる商船の範囲はロンドン潜水艦議定書が想定するものよりも広範となる。さらに、学界における議論においても、例えば藤田久一は、米海軍マニュアルは第1追加義議定書のかなりの規定を事実上とり入れていると指摘する[141]。また、ロンチッチ（Natalino Ronzitti）も同様の指摘を行っているほか[142]、定評ある第1追加議定書のコメンタリーにおいても同様の指摘が確認される[143]。

このように、機能別目標選定規則の海戦への導入はもはや否定し難い事実であり[144]、戦争法の歴史において、はじめて陸海に統一的な目標選定基準が誕生するとして注目される所以である[145]。しかしながら、それでもなお

---

139) Michael Bothe, et al eds., *New Rules for Victims of Armed Conflicts: Commentary on Two 1977 Protocols Additional to the Geneva Conventions of 1949* (Nijhoff, 1982), p. 324.
140) Frits Kalshoven, "Commentary No. 17 : Merchant Vessels as Legitimate Military Objectives," in Wolf Heintchel von Heinegg ed., *The Military Objective and the Principle of Distinction in the Law of Naval Warfare, Report and Commentaries of the Round-Table Experts on International Humanitarian Law Applicable to Armed Conflict at Sea* (UVB-Universitätsverlag Dr. N. Brouchmeyer, 1991), pp. 125-127.
141) 藤田前掲書注93、251頁注8。なお、藤田が引用している米海軍マニュアルは、現行のNWP1-14Mが制定される以前のバージョンであるNWP 9, Rev A. (1987) である（同）。ちなみに、これらの新旧の米海軍マニュアルには連続性が認められることから、ここで引用した藤田の指摘は現行の米海軍マニュアルについてもそのまま当てはまるものと思料される。
142) Natalino Ronzitti, "The Crisis of the Traditional Law Regulating International Armed Conflict at Sea and the Need for Its Revision," in *idem* ed., *supra* note 108, p. 2.
143) Adam Roberts and Richard Guelff eds., *Documents on the Law of War*, 3rd ed. (Oxford University Press, 2000), pp. 421-422.
144) William J. Fenrick, "Legal Aspects of Targeting in the Law of Naval Warfare," *Canadian Yearbook of International Law*, Vol. 29 (UBC Press, 1991), p. 266.
145) 真山前掲論文注114、3頁。

一部の実務家による主張においては、専ら陸戦に適用されるべき軍事目標主義と実質上同一と言うべき規則を海戦に転用することは主要国海軍の一般的な慣行に反し、海軍の伝統的作戦とも矛盾することを理由として、機能別目標選定規則の海戦への導入は伝統的海戦法規を重視する主要国海軍にとっては受け入れ難いと主張する論調が、極めて少数かつ例外的ながらも確認される[146]。

　しかしながら、まずは一般論として、この論調は、「『主要国海軍』による『一般的な慣行』」とは、何時の時代のいずれの国の海軍による如何なる慣行を指しているのか、また、いわゆる「主要国海軍」は具体的にどの程度伝統的海戦法規を重視しているのかという、その主張の根幹にかかわる部分につき何ら学問的及び実証的に論証していないことから、誠に残念ながら、実務家による主張にありがちな観念的かつ経験論的な思考過程に陥っているのではないかとの懸念が指摘される。また、国際法の観点からも、この論調は、その主張を裏づける法的根拠及び解釈論の提示に成功していないこと、また、軍事目標となる商船の行動として、先に引用した各国海軍マニュアルが採用する軍事活動への効果的貢献あるいは戦争遂行／継続努力への貢献のいずれの定義も機能別目標選定規則に依拠したものであるという議論に対し何ら学問的な反論を行っていないこと[147]、さらには、自身の主張の妥当性を一方的かつ独善的に主張するあまり、機能別目標選定規則の適用が実際に見られた国家実行の存在にあえて無関心を装っているとさえ見受けられる諸点が惜しまれる。例えば、フォークランド（マルビナス）戦争においては機能別目標選定規則に依拠した実行が見られたほか、イラン・イラク戦争中に採択された国連安保理事会決議552（1984年）は、武力紛争当事国の戦争遂行／継続にかかわる努力に何らかの形で貢献する商船への攻撃を黙示的に容認

---

146) 安保公人「海戦法規の国際的再構築―1994年のサンレモ・マニュアル―」『波濤』第117号（1995年）、111頁：同「国際法と軍事力」防衛大学校防衛学研究会編『軍事学入門』（かや書房、1999年）、74頁注10。
147) なお、これらの国（米、英、ドイツ、カナダ、フランス）の海軍は、先に引用した論調がいうところの「主要国海軍」にほぼ疑問の余地なく該当するものと思料される。

しているように解される[148]。さらに、イラン・イラク戦争中の商船攻撃の合法性を巡る議論においても、機能別目標選定規則の海戦への適用を共通の理解とした上で、当該商船が戦争遂行／継続努力へ貢献しているとする立場と、軍事活動に効果的に貢献しているとする立場との間で論争が見られた[149]。つまり、イラン・イラク戦争においては、商船が果たすべき機能に着目した目標選定規則を前提として、その上で軍事目標に該当する商船をどこまでの範囲とするのが妥当であるのかが議論されたのである[150]。

2. 海上経済戦の方法——捕獲及び封鎖——

平時においては、公海上における船舶への阻止は、公海海上警察権行使や海洋関連条約が定める場合に厳格に制限されている。他方で、戦時においては、交戦国海軍軍艦による商船に対する非常に幅広い措置が認められている[151]。

陸戦が原則として交戦国領域内で戦われるのに対して、海戦は、物資輸送のハイウエイとして国際社会にとって極めて重要な公共財的価値を有する海という場所を戦域として戦われる。このため、海戦は、しばしば国際社会が共通の利害を有する海上交通に大きな影響を及ぼすことがあることから、海戦においては、交戦国間の敵対行為の規律及び交戦国戦闘員の人道的取扱いに加えて、中立国の通商権等にかかわる法益の尊重が大きな問題となる[152]。特に最後の点からは、直接に戦闘に参加しない中立国[153]の権利に対する配

---

148) UN DOC S/RES 552（1 June, 1984）.
149) 新井京「イラン・イラク戦争における海上経済戦—その国際法上の意味—」『京都学園法学』第2・3号（2000年）、422頁。
150) Fenrick, *supra* note 22 of Introduction, p.121.
151) Hersch Lauterpacht, *International Law A Treaties by Oppenheim, Vol.II, Disputes, War and Neutrality*, 7th ed.（Longmans, 1952）, pp.457-458.
152) O'Connell, *supra* note 23, p.1101.
153) 中立国とは、武力紛争において明示的または黙示的に中立の立場を表明し、武力紛争に参加しない中立たる立場を選択した国を指す。NWP1-14M, *supra* note 11 of Introduction, para.7.1 ; Christopher Greenwood, "The Concept of War in Modern International Law," *ICLQ*, Vol.36, Part 2（1987）, pp.297-301.

慮という問題が生じ、これは、陸戦には見られない海戦の際だった特徴の一つである。そして、交戦国と中立国の双方の対立する権利を調整するために、海戦法規においては、海上経済戦に関する規則という独自のカテゴリーが発展してきた。海上経済戦の主要な方法は捕獲（capture）及び封鎖（blockade）であり、これらを律する規則を纏めて捕獲法（law of prize）と呼称する立場もある[154]。

ａ．捕　獲
（ａ）捕獲が行われる場所

捕獲とは、狭義には武力紛争時において交戦国の軍艦が海上において敵国や中立国の船舶を拿捕し、船体及び積荷のいずれかまたは双方を一定の手続きを経て没収することをいう[155]。交戦国の軍艦及び航空機は、中立国領水外の海域において船舶が拿捕の対象となると考えられる合理的な理由ある場合に商船を臨検及び捜索する権利を有する[156]。そして、交戦国軍艦は、交戦国の領海及び内水、領土、EEZ、大陸棚及び適用可能な場合には群島水域並びに公海において敵国船舶を拿捕することが可能であるとされる[157]。なお、一部においては、中立国のEEZ及び大陸棚における敵国船舶の拿捕は、沿岸国の主権的権利に妥当な考慮を払うことを条件として可能とされるという見解も見られる[158]。

ちなみに、捕獲の地理的境界線に当たるのが船渠であり、交戦国の領域及び敵地を問わず、捕獲物が船渠に所在する場合、これを拿捕して捕獲審検所（prize court）の管轄に移行する場合がある[159]。さらに、捕獲法は、難破船及

154）田岡良一『國際法學大綱下巻』（巖松堂書店、1944年）、282頁。
155）田畑茂二郎『国際法新講（下）』（東信堂、1991年）290頁注（1）：Green, *supra* note 123, p. 166.
156）*San Remo Manual*, *supra* note 5 of Introduction, para. 118.
157）*Id.*, para. 10.
158）*Id.*, paras. 34, 35.
159）立作太郎「捕獲を行ふ官憲及び捕獲の行はるる場所」『国際法外交雑誌』第41巻第4号（1942年）、72頁。

び建造途上にある船舶にも適用される[160]。
(b) 船舶及び貨物の敵性

如何なる船舶が捕獲の対象となるかは、船舶が帯びる敵性 (enemy character) で判断される。敵性とは、交戦国軍艦が当該船舶を敵国船舶として処し得る性質であり、敵性を帯びる船舶は拿捕の対象となるほか、一定の態様を伴った場合には軍事目標とされる[161]。敵性の判断は、*prima facie* には当該船舶が掲げる国旗によりなされるが[162]、より厳密には、船籍、所有者、傭船者及びその他の要件により決定される[163]。したがって、中立国国旗の掲揚それ自体は、厳密な意味において当該船舶が中立性を帯びることを示すものではない。他方で、中立国国旗の濫用は、敵性を帯びる要件となり得る[164]。

このように、船舶の敵性については、なお議論の余地は存在するものの、基本的にはその掲げる国旗により判断されるという一定の基準が存在するのに対し[165]、貨物の敵性の判断はより複雑である。貨物の敵性の判断は、まずは真の所有者が誰なのかということを明らかにすることから開始されるが[166]、真の所有者が判明した後の判断基準については、国家実行は一様ではない。英国、米国、オランダ及び日本は、所有者の通商上の住所(トレード・ドミサイル)(trade/commercial domicile) により貨物の敵性を決定するとしているのに対し (Anglo-American Criterion: 英米主義)[167]、フランス、イタ

---

160) Bundesministerium der Verteidigung Abteilung Verwaltung und Rechtg II 3, *supra* note 110, para.1023.
161) Hall, *supra note* 117, p.171.
162) *San Remo Manual*, *supra* note 5 of Introduction, para.113.
163) *Id*., para.117.
164) *Id*., para.117.3.
165) Hall, *supra* note 117, pp.248-249: Cf., 前原光雄「船舶の敵性に關するフランス主義」『国際法外交雑誌』第43巻第4号(1944年)、15頁。
166) Hall, *supra* note 117, p.255.
167) Constantine John Colombos, *A Treaty on the Law of Prize* (Longmans, Green and Co., LTD, 1949), pp.67-68, 91: Wolf Heintchel von Heinegg, "The Current State of International Prize Law," in Harry H. G. Post ed., *International Economic Law and Armed Conflict* (Martinus Nijhoff Publishers, 1994), p.9.

リア、ドイツ及びロシアは、所有者の国籍によりそれを決定するとしている（Continental Criterion：大陸主義）[168]。

貨物の敵性の判断を巡る英米主義と大陸主義との対立は、海戦法規の法典化を目的として開催されたロンドン会議（1908年～1909年）においても解決されなかった。その結果、ロンドン宣言では、貨物の敵性は当該貨物の所有者が中立性を有するか敵性を有するかにより決定されると規定するにとどまり[169]、貨物の敵性が如何なる基準により決定されるかについては何らの規定をも有してはいない[170]。

（ｃ）捕獲の対象

捕獲の具体的な対象については、まず、船体は、商船であるか否かを問わず敵国に属するものは没収の対象となる[171]。また、貨物については、敵国船舶内にあるすべての敵貨と戦時禁制品（contraband of war）（後述）たる中立貨は没収の対象となる[172]。なお、中立国船舶内にある敵貨及び中立貨は、戦時禁制品である場合[173]、当該船舶が封鎖を侵破する場合（後述）[174]、または敵国の護衛下で航行するか若しくは臨検と捜索に積極的に抵抗する場合にのみ[175]、拿捕が可能とされる。ちなみに、中立国船舶が戦時禁制品の輸送に従事することそれ自体は、国際法違反を構成しない。

今日においても、安保理事会による国連憲章第7章下の強制措置の実施にかかわる決定なき限り、中立国が国家として武力紛争当事国に戦争関連物資（war materials）を供給してはならないとされる一方で[176]、中立国の私人が武

---

168) Hall, *supra* note 117, p.257：Colombos, *supra* note 167, pp.85-91.
169) ロンドン宣言第58条。
170) 和仁健太郎『伝統的中立制度の法的性格―戦争に巻き込まれない権利とその要件―』（東京大学出版会、2010年）、11-12頁、注30。
171) O'Connell, *supra* note 23, p.1114.
172) Thomas and Duncan, *supra* note 31, para.8.2.2.1.
173) パリ宣言第2規則、同第3規則：*San Remo Manual*, *supra* note 5 of Introduction, para.147.
174) ロンドン宣言第21条。
175) *San Remo Manual*, *supra* note 5 of Introduction, para.135.1.
176) 海戦中立条約第6条は、「中立国ハ如何ナル名義ヲ以テスルヲ問ハズ、交戦国ニ対シ直接又ハ間接ニ軍艦、弾薬又ハ一切ノ軍用材料ヲ交付スルコトヲ得ス」と規定する。

力紛争当事国へ向けて戦争関連物資を輸出あるいは輸送することは依然として自由であり[177]、かつ、中立国も私人のそうした行動を取り締まらなくてもよいとされる[178]。ただし、戦時禁制品を輸送している中立国商船は、交戦国軍艦による臨検及びその結果生じる事態を受忍しなければならない[179]。

ちなみに、敵国船舶が拿捕の対象とされる場合には、拿捕に先立つ臨検及び捜索は必要とはされていないが[180]、この規則については、以下に記すような歴史的経緯が存在する。かつては、対象船舶が敵国船舶及び中立国船舶であるかの如何を問わず、船舶の拿捕のためには臨検及び捜索の実施という手続きを踏襲することが同一的に必要とされていた。臨検及び捜索のためには対象船舶に臨検隊を派出する必要があるが、対象が敵国船舶の場合には臨検に対する強い抵抗がしばしば見られ、その場合における危険は臨検を行う側が負担すべきものとされた。しかしながら、第一次世界大戦において防御目的のために商船が武装することが通常の形態となってからは[181]、敵国商船の臨検に付随する危険は許容し得ない程度に深刻な程度となっていた[182]。

---

[177] Wolf Heintschel von Heinegg, "Visit, Search, Diversion and Capture in Naval Warfare: Part I, The Traditional Law," *Canadian Yearbook of International Law*, Vol. 29 (1991), p. 317.

[178] 「中立国ハ、交戦者ノ一方又ハ他方ノ為ニスル兵器、弾薬、其ノ他軍隊又ハ艦隊ノ用ニ供シ得ヘキ一切ノ物件ノ輸出又ハ通過ヲ防止スルヲ要セサルモノトス」(海戦中立条約第7条)：石本泰雄『中立制度の史的研究』(有斐閣、1958年)、26-27頁：和仁前掲書注170、125-126頁。

[179] Yoram Dinstein, "The Laws of Neutrality," *Israel Yearbook on Human Rights*, Vol. 14 (Tel Aviv University, 1984), p. 85.

[180] *San Remo Manual*, *supra* note 5 of Introduction, para. 135.

[181] Cf., U. S. Department of States, The United States Government's First Memorandum on the Status of Armed Merchant Vessels (19 September, 1914): Admiralty War Staff, Trade Division, British Instructions for Defensively-Armed Merchant Ships (20 October, 1915): U. S. Department of States, The United States Government's Second Memorandum on the Status of Armed Merchant Vessels (16 March, 1916). なお、商船が武装することそれ自体は国際法違反を構成しない。Cf., A. Pearce Higgins, "Armed Merchant Ships," *AJIL*, Vol. 8, No. 4 (1914), pp. 715-716.

[182] もとより、武装のための装備それ自体に防御目的あるいは攻撃目的といった特段の区別は存在しないことから、防御目的の武装を施した商船が、積極的な敵対行為に従事した実行も数多く確認されている。Cf., A. Pearce Higgins, *Defensively-Armed Merchant Ships and Submarine Warfare* (Stevens and Sons Limited, 1917), pp. 20-21.

そして、船舶に対する臨検及び捜索の元来の目的は拿捕すべき理由の有無を確認することという原則に鑑みた場合、ほとんどすべての商船が戦争遂行努力に組み込まれた第一次世界大戦においては、敵国船舶については、それが拿捕を免れるような船舶に該当する場合[183]以外は、当該敵国船舶を拿捕すべき理由が存在するとの推定が働くものと理解されるようになったのである[184]。

次に、中立国商船が拿捕の対象とされるのは、中立国商船が先に記した戦時禁制品の輸送に従事している場合のほか、封鎖侵破（後述）を行ったか、またはそのような行為を企図した場合、敵国の戦争行為に従事している場合、敵国の情報システムへ統合されているかまたはそれを支援する場合、敵国の軍艦または軍用機の護衛の下で航行している場合のほか[185]、次に掲げる要件に合致する場合に限定される[186]。それらは、敵国の軍隊に編入された個人である乗客の輸送を目的として特に企図された航海に従事している場

---

183) 拿捕を免れる敵国船舶は、次に示すとおりである。①病院船及び沿岸救助作業に使用される小舟艇。②その他の衛生輸送手段。ただし、当該輸送手段がその船上にある傷者、病者及び難船者のために必要とされる場合に限定される。③交戦国間の合意により安導券（safe conduct：交戦中において 交戦国が、敵国または第三国の人あるいは船舶または貨物に対し、戦争区域を無事に通行できるよう安全を保障する文書）を与えられた船舶であり、具体的には、（ⅰ）カーテル船（cartel：戦時に捕虜の交換、敵との公の通信の輸送、軍使の派遣等、交戦国間の公の交通に用いられる船舶）、及び（ⅱ）人道的任務に従事する船舶。④特別の保護下にある文化財の輸送に従事する船舶。⑤宗教、非軍事的学術または博愛の任務を帯びる船舶である。ただし、軍事的応用がなされそうな学術データを収集する船舶は保護されない。⑥小型の沿岸用漁業及び地方沿岸通商に従事する小型船。ただし、それらは、当該海域で作戦行動中の交戦国海軍指揮官が発する規則及び検査にしたがう。⑦海洋環境の汚染事故に対処するように専ら建造または改造されている船舶で、実際にそのような活動に従事している場合。*San Remo Manual, supra* note 5 of Introduction, para.136.上記に列挙された船舶は、無害にその本務に従事し、敵国に有害な行為を行っておらず、要求された場合に識別及び検査に直ちに服し、及び戦闘者の行動を意思的に妨げず、また、要求された場合に停船または退去の命令にしたがう場合にのみ、拿捕を免除される。*Id.*, para.137.

184) Robert W. Tucker, *The Law of War and Neutrality at Sea*, International Law Studies, Vol. 29 (U. S. Government Printing Office, 1957), p.104, n.31.

185) *Sam Remo Manual, supra* note 5 of Introduction, para.67.

186) *Id.*, para.146.

合、敵国の直接の管理、命令、傭船、使用または指示の下で運航している場合、不正規のまたは虚偽の文書の提示、必要な書類の欠如または文書の破棄、損傷または隠ぺいを行った場合、海上作戦の至近の区域（作戦区域）(immediate area of naval operations) において交戦国が定めた規則に違反した場合である。なお、作戦区域とは、行動中の海上部隊の近傍海域のことであり、交戦国海上部隊は、そのような海域は付近を航行する船舶及び上空を飛行する航空機にとって危険であるという警告を発するとともに、当該海域内での航行を制限することが可能とされる[187]。これらの要件に合致した場合、中立国商船は中立国領水外の海域において拿捕されることとなる。なお、中立国商船に対しては、臨検及び捜索に代替される措置として、当該船舶をその同意によりそれが宣明した仕向地から針路を変更することが可能である[188]。また、中立国商船は、一定の条件[189]を充足する場合には、臨検及び捜索を免除される。

---

187) Helsinki Principles on the Law of Maritime Neutrality, para. 3.2, reprinted in *International Law Association Report of the Sixty-Seventh Conference Held at Helsinki, Finland*（12 to 17 August, 1996）(International Law Association, 1996), p. 379：Thomas and Duncan, *supra* note 31, para. 7. 8. なお、作戦区域は、元来、危険海面（danger area/warning area）と共通する性格を帯びていたものである。危険海面とは、海軍艦艇等が実弾射撃訓練、戦術運動訓練、あるいはミサイル発射訓練等の危険を伴う作業を実施する場合に設定される海域であり、その目的は、付近を航行する船舶に危険を周知し、注意を喚起することである。危険海面は、公海及び EEZ においても可能であり、それは、通常 NOTAM（Notice To Airmen）あるいは NOTMARS（Notice to Mariners）というメッセージで通報される。NWWP1-14M, *supra* note 11 of Introduction, para. 2.4.3.1：John R. Brock, "Legality of Warning Areas as Used by the United States," *JAG Journal*, Vol. 21, No. 1（1967）, pp. 69-70.
188) *Sam Remo Manual, supra* note 5 of Introduction, para. 119.
189) 当該中立国商船が、①中立国の港に向かっている場合、②随伴する同一国籍の中立国の軍艦または護衛を規定する協定を当該商船の旗国と締結している中立国の軍艦の護衛の下にある場合、③中立国軍艦の旗国が、当該中立国商船が禁制品を輸送せず、またはその他の方法でその中立国ある地位と両立しない活動に従事していないことを保証する場合、及び④インターセプトする交戦国軍艦または軍用機の指揮官から要請されたときに、中立国軍艦の指揮官が、臨検及び捜索を実施した場合に得られる当該商船と積荷の性格に関するすべての情報を提供する場合。*San Remo Manual, supra* note 5 of Introduction, para. 120. Cf., Benjamin Akzin, "Neutral Convoys in Law and Practice," *Michigan Law Review*, Vol. 40, No. 1（1941）, pp. 1-2.

なお、中立国船舶を捕獲から除外するための制度として、ナヴィサート・システム（navicert system）が存在する[190]。ナヴィサート・システムとは、中立国間の海上通商のみに従事する中立国船舶の航行が交戦国の捕獲権行使により遅滞することを防護するため、当該船舶の貨物が戦時禁制品の管制からは自由であることを証明する戦時航海登録制度であり[191]、第二次世界大戦時において主に英国により実行が見られた[192]。

（d）戦時禁制品制度

このように、捕獲の目的とするところは、戦時禁制品の敵国への海上輸送の阻止である。戦時禁制品は、絶対的禁制品と条件付禁制品とに分類されるが[193]、これらのうち、専ら戦争の用に供される物資が絶対的禁制品であり、軍民両用の物資のうち敵国の軍隊または行政庁の使用に仕向けられたことが立証されたものが条件付禁制品である[194]。戦時禁制品であることが判明した物資は、捕獲審検所における審査の後に没収される[195]。ちなみに、軍艦並びに武器及び装備品といったような敵国軍隊が所有する装備品は、戦利品（booty of war）[196]として捕獲審検所の審査を経ずして直ちに没収が可能とされる[197]。他方で、二度にわたる世界大戦の実行により、今日では戦時禁制品は極めて包括的になっており、絶対的及び条件付の区別はほとんど存在しない[198]。さらに、交戦国は、絶対的及び条件付の双方の戦時禁制品の品目表を公表しなければならないとされる[199]。戦禁制品の品目表に記載されてい

---

190) G. G. Fitzmaurice, "Some Aspects of Modern Contraband Control and the Law of Prize," *BYIL 1945*（Oxford University Press, 1946）, p.83.
191) 高梨正夫「ナヴィサート・システム」『国際法外交雑誌』第 53 巻第 3 号（1954 年）、167 頁。
192) Malcolm Moos, "The Navicert in World War II," *AJIL*, Vol.38, No.1（1944）, pp.115-116.
193) ロンドン宣言第 22 条、第 23 条。
194) 同第 24 条。
195) 同第 38 条。
196) William Gerald Downey Jr., "Captured Enemy Property: Booty of War and Seized Enemy Property," *AJIL*, Vol.44, No.2（1950）, pp.491-496.
197) Thomas and Duncan, *supra* note 31, para. 8.2.1: Ministry of Defence, *supra* note 110, para. 8.25.
198) O' Connell, *supra* note 23, p.1148: Heintschel von Heinegg, *supra* note 177, p.326.
199) ロンドン宣言第 23 条、第 25 条。*Sam Remo Manual*, *supra* note 5 of Introduction, para. 149.

ない物件及び材料は、戦争の用に供することができない自由品（free goods）であり[200]、交戦国は、それらを戦時禁制品として宣言することができない[201]。

なお、戦時禁制品の制度に関連し、連続航海主義（doctrine of continuous voyage）という原則が存在する。これは、交戦国軍艦により臨検を受けた船舶が、直接的には中立国に向かって航行している場合でも、船内の戦時禁制品が中立国港湾において別の船舶に転載され、または陸揚げの後に陸上輸送路により最終的に敵国に輸送されるのであれば、最初の中立国港湾への航海の途上であっても捕獲され得るとする理論である。「連続」航海主義という名称は、最初の中立国港湾への航海とそこから敵国への輸送を連続したものとみなすことに由来する[202]。ちなみに、ロンドン宣言では、連続航海主義は絶対的禁制品のみに適用されるとされ[203]、条件付禁制品への適用は特別の例外の場合のみに限定されている[204]。

(e) 捕獲手続

交戦国軍艦が拿捕または捕獲の対象となる嫌疑ある敵国及び中立国船舶と遭遇した場合、当該軍艦の指揮官は、停船命令を発した後に、臨検及び捜索を受け入れるように命令する[205]。臨検隊による臨検並びに書類の検査及び

---

200) 自由品には、以下に記すものが含まれる。①宗教上の物品、②傷者及び病者の治療並びに疾病の予防に専ら充てられる物品、③一般に文民たる住民並びに特に女子及び児童のための被服、寝具、不可欠の食糧及び避難手段。ただし、他の目的に転用されると信ずる重大な理由、またはそれを軍事目的に使用できる敵国の物品の代わりに充当することで、敵国が明白な軍事的利益を受けると信ずる重大な理由が存在しないことを条件とする、④捕虜に宛てられた物品（食糧及び被服並びに教育、文化及び娯楽用物品を内容とする個人宛の荷物及び集団的救済品を含む）、⑤国際条約または交戦国の特別の取極によって特別に拿捕を免除される物品、及び⑥武力紛争の用に供し得ない他の物品。*Id.*, para.150.
201) ロンドン宣言第27条。
202) 立作太郎『戦時國際法論』（日本評論社、1931年）、586頁。
203) ロンドン宣言第30条。
204) 同第36条、第37条。
205) NWP1-14M, *supra* note 11 of Introduction, para.7.6.1.

船内の捜索の結果、当該船舶を拿捕するに十分な嫌疑あることが確認された場合には、船体及び貨物を適切に捕獲審検に付すために、当該船舶は最寄りの捕獲審検所へと行き先変更される[206]。その場合、拿捕された船舶は、拿捕を行った軍艦により護送されるか、捕獲士官（prize officer）及び回航要員の乗船下で回航される[207]。回航要員は、拿捕した船舶の乗員に航海の補佐を要求できるが、乗員にはその要求にしたがう義務はない[208]。そして、船舶及び積荷のいずれかの敵性が判明したならば、それらは捕獲審検所の審査のために引致され、捕獲検定の間抑留される[209]。

さらに、交戦国軍艦は、拿捕した船舶が中立国商船であった場合には、原則としてそれを破壊することはできない[210]。例外的な措置としてこれを破壊する場合には、まず、乗客、船員及び船舶書類を安全な場所に置き、可能であれば、乗客及び乗員の個人用品が保全されるという要件が充足されなければならない[211]。また、対象が敵国商船の場合であっても、当該敵国商船が停船命令を根強く拒否するか、または臨検及び捜索に積極的に抵抗する場合を除き、当該敵国商船の破壊は認められておらず、その際に要求される要件は、中立国船舶の破壊の場合と同様である[212]。さらに、如何なる破壊も、遅滞なく上級の当局に報告されなければならないとされる[213]。

（f）第二次世界大戦以後の実行と捕獲法の今日的意義

第二次世界大戦後に戦われた武力紛争のうち、第三国船舶への措置が大規模に見られたのは、一連の中東戦争（第一次〜第四次）、印パ戦争（第二次及び第三次）及びイラン・イラク戦争である。まず、第一次中東戦争（パレス

---

206) Id.
207) Thomas Erskine Holland, *A Manual of Naval Prize Law*（Her Majesty's Stationary Office, 1888), pp. 81-82.
208) Id., p. 87.
209) Id., pp. 91-93.
210) ロンドン宣言第48条。
211) *San Remo Manual, supra* note 5 of Introduction, para. 151.
212) ロンドン潜水艦議定書（2）項：*San RemoManual, supra* note 5 of Introduction, para. 139.
213) O'Connell, *supra* note 23, p. 1114.

チナ戦争：1948年～1949年）において、エジプトは捕獲権行使を主張し[214]、イスラエルに仕向けられた船舶を臨検及び拿捕し、これらを捕獲審検所の審査に付した[215]。さらに、エジプトは、戦時禁制品の拡大や連続航海主義を採用したが、これらの措置は両次大戦での先例を踏襲して実行された[216]。次に、第二次中東戦争（スエズ動乱：1956年）においてエジプトは、第一次中東戦争以来継続していたイスラエル船に対する捕獲関連措置を中断することなく継続した[217]。エジプトによる本措置は、1948年に第一次中東戦争が開始されて以降エジプトとイスラエルとの間では戦争状態が継続的に存在しているということを根拠としたものであり、第一次中東戦争が開始された1948年5月から1960年10月までに、526件にのぼる捕獲が審査にかけられたとされている[218]。なお、第三次中東戦争（六日戦争：1967年）及び第四次中東戦争（十月戦争：1973年）においては、捕獲権行使が論点となるような海上経済戦の実行は見られていない。

次に、第二次印パ戦争（1965年）では、1965年9月に、まずパキスタン政府が戦時禁制品の品目表を発表し[219]、インド船舶及び第三国船舶に対する捕獲権行使を開始した。他方で、インドは、当初、宣戦布告のないことを理由として捕獲権行使に躊躇していたが、すぐに態度を変化させ、宣戦布告のないまま戦時禁制品の品目表を発表した[220]。これら両国の捕獲権行使の対象となった第三国船舶は比較的少数にとどまり、しかも、それらに対する

---

214) Thomas D. Brown Jr., "World War Prize Law Applied in a Limited War Situation : Egyptian Restrictions on Neutral Shipping with Israel," *Minnesota Law Review*, Vol. 50, No. 5 (1965-1966), pp. 856-859.
215) 真山前掲論文序章注48、72頁。
216) George P. Politakis, *Modern Aspects of the Laws of Naval Warfare and Maritime Neutrality* (Kegan Paul International, 1998), p. 370.
217) 真山前掲論文序章注48、74頁。
218) 同上；広見正行「国連憲章における休戦協定の機能変化―朝鮮休戦協定を素材として」『上智法學論集』第57巻第4号（2014年）、318頁。
219) Patrick M. Norton, "Between the Ideology and Reality : The Shadow of the Law of Neutrality," *Harvard International Law Journal*, Vol. 17 (1976), p. 262.
220) 真山前掲論文序章注48、76頁。Surya P. Sharma, *The Indo-Pakistan Maritime Conflict, 1965* (Academic Books Limited, 1970), p. 5.

措置はすべて交戦国の領海内で行われた[221]。また、第三次印パ戦争（1971年）においては、開戦後まもなくパキスタン海軍が壊滅したため、船舶に対する措置は専らインド海軍により実施された[222]。そして、インド海軍は、多数の小型パキスタン船舶を拿捕したものの、第三国船舶に対する措置は国際的海上通商を無制限に制限するおそれがあるとして、これらに対する捕獲権行使は差し控えた[223]。さらに、イラン・イラク戦争においては、1985年以降、イランは、ホルムズ海峡付近の公海上において船舶の捕獲を行っている[224]。

これらの実行における交戦国の捕獲権行使は、戦時の交戦国のなせる行為であると一般的に認識され[225]、国際社会は、これらの措置に対して反対または抗議を行っていない[226]。特に、イラン・イラク戦争においては、ホルムズ海峡におけるイランによるデンマーク船の捕獲につき、イラクが本行為は国際海峡における航行の自由を侵害する行為を構成すると非難したものの[227]、例えば、米国が「海戦法規は伝統的に中立国船舶が敵国に戦時禁制品を提供するために用いられていないかを確認する権利を交戦国に付与している」としたように[228]、大多数の国は、自国船舶が捕獲の対象となった際

---

221) Ravi Kaul, "The Indo-Pakistan War and the Changing Balance of Power in Indian Ocean," *USNI Proceedings*, Vol. 99, No. 843（1973）, p. 192：真山前掲論文序章注48、76頁。
222) 真山前掲論文序章注48、76頁。
223) 同上。
224) 同上、77頁。
225) 同、「第二次世界大戦後の武力紛争における第三国船舶の捕獲（二・完）」『法学論叢』第119第3号（1986年）、92頁。
226) 同上、91-93頁。
227) UN DOC S/14637（21 August, 1981）, Letter Dated 19 August 1981 from the Permanent Representative of Iraq to the United Nations addressed to the President of the Security Council, Annex.
228) Statement by Principal Deputy Secretary of the President（13 January, 1986）, reprinted in Andrea De Guttry and Natalino Ronzitti eds., *The Iran –Iraq War (1980-1988) and the Law of Naval Warfare*（Grotius Publications Limited, 1993）, p. 188：See also Statement by the Assistant Secretary of State for Near Eastern and Southern Asian Affairs before the Subcommittee on Europe and the Middle East of House of Foreign Affairs（28 January, 1986）.

にも、イランが実施した第三国商船に対する海上経済戦の措置を承認、または、少なくとも黙認していたように見受けられる[229]。また、安保理事会も、交戦国が商船に対する無差別攻撃を行う権利までは有さないとしながらも、伝統的中立法の存在については明確には否定しなかった[230]。

これらの事例は、国連憲章下におけるいわゆる事実上の戦争（de facto war）においても、依然として交戦国が伝統的海戦法規の下での海上経済戦措置を実施し得ることを示唆するものである[231]。加えて、国際司法裁判所（International Court of Justice：以下「ICJ」）も、核兵器使用・威嚇の合法性の判断に関する勧告的意見（1996年）において、中立に関する規則は人道に関する規則と同様に最も基本的な規則であり、如何なる兵器が使用されようとも中立法はすべての武力紛争に適用されるとしている[232]。

このように、現代においても伝統的規則に基づく捕獲権はその効力を完全に喪失したというわけではない。しかしながら、国連憲章下において法上の戦争（de jure war）が存在しない状況下にあっては、伝統的規則の援用による捕獲につき法的な疑問が提示されており[233]、また近年では、自衛権を根拠とする第三国船舶への措置の実施が従前よりも公然と主張されている[234]。そして、そのような過程において、第三国商船への措置の実施につき伝統的海戦法規の下で戦われた武力紛争とは異なる見解及び実行が蓄積されつつあ

---

229) 新井京「国連憲章下における海上経済戦」松井芳郎、木棚照一、薬師寺公夫、山形英郎編『グローバル化する世界と法の課題』（東信堂、2006年）、132頁。
230) UN DOC S/PV.2556 (1 June, 1984), p.13 : UN DOC S/PV.2750 (20 July, 1984), pp.14-15, 19 and 33.
231) Francis V. Russo Jr., "Neutrality at Sea in Transition: State Practice in the Gulf War as Emerging International Customary Law," ODIL, Vol.19, No.5 (1988), p.395 : Ronzitti, supra note 142, p.9.
232) Legality of the Treat or Use of Nuclear Weapons, Advisory Opinion of 8 July 1996, ICJ Reports 1996, paras.89-90.
233) Jack Bayliss, "Remarks on Development in the Law of Naval Operations," in ASIL ed., Contemporary International Law Issues: Opportunities at a Time of Momentous Change (Martinus Nijhoff Publishers, 1994), p.341.
234) Klein, supra note 30 of Introduction, p.273.

るように見受けられる[235]。なお、自衛権を根拠とする第三国船舶への措置の実施という論点については、21世紀に入って以降、特に活発に議論されている国際テロリズムに対抗するための自衛権行使と、それに関連する活動の一つであるテロ対策海上阻止活動の展開とも密接な連関を有するものであることから、後に第5章において詳細に検討する。

(g) 捕獲と海上阻止活動との関連

捕獲に関する論述のまとめとして、捕獲と海上阻止活動の関連について小括する。なお、以下に記す内容については、本書第Ⅱ部における論述内容を一部分先取りしたものが含まれているが、このことは、後に海上阻止活動と封鎖との関連について検討する部分についても同様である。

第一に、捕獲において対象となる船舶は、戦時禁制品の輸送に従事する船舶であり、それらには中立国(第三国)のものが含まれる。他方で、海上阻止活動において海上阻止の対象となる船舶は、国籍の如何を問わず、関係する規則により輸送が規制または禁止される特定物資を活動の対象国へ輸送する船舶である。

第二に、捕獲において輸送が規制または禁止される物資は、戦時禁制品である。対して、海上阻止活動においては、関係する規則や安保理事会決議等で示された特定物資である。なお、海上阻止活動において輸送の規制の対象となる特定物資に関する包括的リストが作成及び公表されたという事実については、捕獲における戦時禁制品との類似点が指摘される。しかしながら、捕獲とは異なり、海上阻止活動においては物資の敵性の判断を行う必要はないことから、物資のトレード・ドミサイルを巡る問題は生じない。

第三に、捕獲は中立国領水を除くすべての海域で実施されるのに対し、海上阻止活動は主として公海上において展開される。ただし、後に第3章において詳述するように、海上阻止活動が対象国の領海内において展開した事例も皆無であるというわけではない。

---

235) Louise Doswald-Beck, "The International Law of Naval Armed Conflicts: The Need for Reform," *Italian Yearbook of International Law*, Vol.3 (1986-1987), p.260.

第四に、現場において用いられる措置の程度については、捕獲においては、原則として拿捕船舶の破壊は認められていない。また、海上阻止活動においても、これまでの実行を見る限りは、実力の行使は厳格に制限され、洋上における措置の実施において船体及び乗員に対する損害が生じた事例は、全くといってよいほど生起していない。

第五に、捕獲においては、拿捕された戦時禁制品は捕獲審検所における審査の後に没収される。対して、海上阻止活動においては、海上輸送が規制される特定物資の没収は原則として伴わない。なお、少数の事例においては没収が生起しているが、その際に捕獲審検所は設立されていない。

このように、捕獲と海上阻止活動との間には、船舶に対する措置が実施される海域及び措置の運用上の側面等については幾つかの類似点が確認できる。しかしながら、例えば海上阻止活動の系譜に位置する活動のプロトタイプである国連海上阻止活動の *modus operadi* が海上経済戦に関する規則を参考として構築されていった経緯に鑑みると、両者の間に類似点が確認されるのは当然である。むしろ、捕獲と海上阻止活動との関連においてより重要視されるべきは、捕獲はあくまで戦時において交戦国が実施する海戦の方法であり、少なくとも従前までの実行を見る限りは、海上阻止活動が捕獲として説明されたことはないという点である。つまり、捕獲と海上阻止活動とは想定される事態が根本的に異なるので、たとえ海上阻止活動に公海上において実施される措置については捕獲法上の措置が準用されている部分を含むことは確認できるとしても、両者の間には、法的な連続性は認められない。

b．封　鎖
（a）封鎖の概要

封鎖とは、国籍及び貨物のタイプを問わず、対象とされた港湾等に出入りするすべての船舶を阻止する海戦の方法である[236]。封鎖の目的は、敵国の

---

[236] Wolf Heintschel von Heinegg, *Seekriegsrecht und Neutralität im Seekrieg*（Duncker und Humbolt, 1995), p. 415 : Fleck ed., *supra* note 98, p. 551.

沿岸を直接占領することなく、そこに対する物資の供給を遮断することにある。この目的を達成するために、封鎖実施国は、封鎖対象国の沿岸に軍艦及びその他の手段を用いて封鎖線を設定し、封鎖線の侵破を試みる船舶（封鎖侵破船）（blockade runner）については、交戦国及び中立国の区別なくこれらを拿捕する[237]。このような方法は、中立国にとっても甚大な損害を与えるが、他方で、封鎖は艦隊の配置といったような実力を用いて維持されなければならないことから、交戦国もかなりの負担を強いられることとなる[238]。つまり、封鎖は捕獲よりも格段に強力な措置であり、戦時以外には用いられるべき方法ではないとされている[239]。

　近代における封鎖は、1584年7月27日に、オランダがスペイン統治下のフランダース地方へのスペイン軍による兵力や軍事物資の流入を阻止するために、同地方の港湾の封鎖を宣言したことに端を発するとされている[240]。封鎖はその後の戦争においても継続的に用いられ、特に19世紀においては、ナポレオン戦争における英国海軍のフランス港湾に対する近接封鎖（close-in blockade）[241]や、南北戦争の勃発直後の1861年4月12日に発せられたリンカーン（Abraham Lincoln）大統領の封鎖宣言を受けて合衆国海軍（United States Navy）が実施した南部連合の港湾に対する大規模な封鎖をはじめとする実行が複数確認されている[242]。なお、南北戦争は米国における内戦（非国際的武力紛争）であるが、リンカーン大統領の封鎖宣言を契機として、英国が中立を宣言するとともに、南部連合を交戦団体として承認するに至った

---

237) 田畑前掲書注155、290頁。
238) 前原光雄『捕獲法の研究』（慶應義塾大学法学研究会、1967年）、3頁。
239) Frits Kalshoven, "Commentary on the 1909 London Declaration," in Ronzitti ed., *supra* note 108, p.259.
240) Sally V. Mallison and Thomas Mallison Jr., "International Law of Naval Blockade," *USNI Proceedings*, Vol.102, No.2 (1976), p.46: Cf., H. Bargrave Deane, *Law of Blockade: Its History and Probable Future* (Wildy and Sons, 1870), p.7.
241) James F. McNulty, "Blockade: Evolution and Expectation," *Naval War College Review*, Vol.19, No.2 (1966), p.70.
242) James Kraska, "Rule Selection in the Case of Israel's Naval Blockade of Gaza: Law of Naval Warfare or Law of the Sea?," *Yearbook of International Humanitarian Law*, Vol.13 (Cambridge University Press, 2011), p.389.

という経緯が存在する[243]。

(b) 封鎖の要件

このように、18世紀以降、封鎖は主として強大な海軍国によりしばしば実施されたが、他方で、恫喝的な封鎖の宣言のみがなされたものの、実際には封鎖を維持するための兵力の展開がなされなかった事例も少なからず存在し、また、封鎖海域において展開される封鎖艦隊の活動も一様ではない等、国家実行はかなり混乱した状況にあった[244]。このため、パリ宣言において、封鎖の要件がはじめて明文規定として提示されることとなったのである。パリ宣言は、「港口ノ封鎖ヲ有効ナラシムルハ、実力ヲ用キサルヘカラス。即チ敵国ノ海岸ニ接到スルヲ実際防止スルニ足ルヘキ充分ノ兵備ヲ要スル事」（Les blocus, pour être effectifs, c'est-à-dire, maintenus par une force suffisante pour interdire réellement l'accès du littoral de l'ennemi）とし[245]、封鎖線の設定のためには実際に兵力を配置して実効性（efficacité）を確保することが肝要であり、そのような兵力を伴わない paper blockade は違法であるとした[246]。その後の1899年と1907年の二度にわたるハーグ平和会議においては、封鎖を規律する条約は採択されなかったものの、ロンドン宣言においては、従前から存在していた封鎖（条約上の表記は「戦時における封鎖」（blockade in time of war））に関する慣習法規則が第1章において明文化されている[247]。なお、このほかロンドン宣言では、戦時禁制品（第2章）、中立船舶による軍事的幇助とされる行為（第3章）、中立捕獲船の破壊（第4章）、船舶の国籍の中立国への移転（第5章）、船舶の敵性（第6章）、軍艦による商船の護送（第7章）、捕獲審検所により拿捕が無効とされた場合の損害賠償（第9章）について詳細な規定が見られる。ちなみに、ロンドン宣言は、英国貴族院がその批准に

---

243) Mallison and Mallison, *supra* note 240, p. 46.

244) Maurice Parmelee, *Blockade and Sea Power: The Blockade 1914-1919, and Its Significance for World State*（Thomas Y. Crowell Company Publishers, 1924）, pp. 18-19.

245) パリ宣言第4規則。

246) Tucker, *supra* note 184, p. 288.

247) Michael G. Fraunces, "The International Law of Blockade: New Guiding Principles in Contemporary State Practice," *The Yale Law Journal*, Vol. 101, No. 4（1992）, p. 896.

強固に反対したために未発効であるが、慣習法としての効力を有するものと評価されており[248]、第一次世界大戦の初期においては本宣言に則った実行が見られた。

　ロンドン宣言において封鎖に関する規則は、第1条から第21条にかけて記されている。第1条では、封鎖地域は敵国または敵国占領地の港及び沿岸に限定され、これは第18条の中立国港湾の封鎖の禁止と対応する規定である[249]。また、封鎖は、各国の船舶に対して公平に適用されることが必要とされる[250]。次に、パリ宣言に準拠し、ロンドン宣言においても、封鎖は実効的でなければならないとされ[251]、そのための要件が示されている。それらは、第一に、封鎖は実際に敵岸に接到することを防止するに足る充分な兵力を以て維持することが必要であるということであり[252]、このことは事実の問題（a question of fact/une question de fait）であるとされている[253]。これが意味するところは、封鎖港に到達しようとする船舶に対して実際に臨検が可能であるのかということにほかならず[254]、当時においては既に法的には自明の理であると認識されていた[255]。なお、パリ宣言と同様、ロンドン宣言

---

248) Herbert A. Smith, *The Law and Custom of the Sea*, 3rd ed. (Stevens and Sons, 1959), p.221: Wolf Heitchel von Heinegg, "Naval Blockade and International Law," in Bruce A. Elleman and S. C. M. Paine eds., *Naval Blockades and Seapower: Strategies and Counter-Strategies, 1805-2005* (Routledge, 2006), p.16: O'Connell, *supra* note 23, p.1143. なお、ロンドン宣言の慣習法としての性格については、「同宣言第65条が記す『この宣言の規定は、一体として扱わなければならず、分割することはできない（The provisions of the present Declaration must be treated as a whole, and cannot be separated.）』との条文解釈から、同宣言はいわゆるパッケージ・ディールにより起草された条約であり、個々の規定ごとにそれらが慣習法を反映したものと認定することは同宣言の趣旨に添わない」とする主張が存在する。江藤淳一『国際法における欠缺補充の法理』（有斐閣、2012年）111頁。

249) Kalshoven, *supra* note 239, p.259.

250) ロンドン宣言第5条：Thomas and Duncan, *supra* note 31, para.7.7.2.4.

251) 同第2条：Thomas and Duncan, *supra* note 31, para.7.7.2.3.

252) ロンドン宣言第2条。

253) 同第3条。

254) Tucker, *supra* note 184, p.289：Thomas and Duncan, *supra* note 31, p.391, n.134.

255) Denys P. Myers, "The Legal Basis of the Rules of Blockade in the Declaration of London," *AJIL*, Vol.4, No.3 (1910), pp.574-575.

においても封鎖を実効的ならしめるために必要な兵力規模について具体的な記述は見られないが、この点については個々の事例毎に捕獲審検所が判断すべきものと理解されていたようである[256]。

　封鎖を実効的に維持するためには、水上艦艇のみならず、潜水艦、航空機及びその他の各種兵力の複合的な使用が、用兵上は想定される[257]。封鎖の実効性確保にかかわる複合的な兵力使用についての言及はロンドン宣言及びパリ宣言には確認されないが、たとえ水上艦艇以外の vehicle が封鎖に投入されたとしても、そのこと自体は、封鎖港湾に向かう船舶に対して実際に臨検が可能でなければならないという封鎖の実行性にかかわる要件に直ちに影響を及ぼすものではない[258]。ちなみに、米国は、機雷の敷設のみによる敵国港湾への海上交通の遮断についても、それが告知され、実効的であり[259]、かつすべての国の船舶に対して公平に適用されている限り、封鎖としての要件を充足するという独自の見解を有する[260]。なお、この点に関連し、自動触発海底機雷ノ敷設ニ関スル条約は、「単ニ商業上ノ航海ヲ遮断スルノ目的ヲ以テ、敵ノ沿岸及港ノ前面ニ、自動触発水雷ヲ敷設スルコトヲ禁ス」（第2条）と規定する。本規定については、実際の武力紛争においては、敵国の沿岸及び港湾の前方海域における機雷の敷設が商業的海上輸送（commercial shipping）のみを阻止する目的でなされることは実際の海戦においてはほと

256）Kalshoven, *supra* note 239, pp. 259-260：Heitchel von Heinegg, *supra* note 248, p. 14.
257）MWP1-14M, *supra* note 11 of Introduction, para. 7.7.2.3：Wolf Heintschel von Heinegg, "Aerial Blockades and Zones," *Israel Yearbook of Human Rights*, Vol. 43（2013）, pp. 267-271.
258）Tucker, *supra* note 184, p. 289.
259）ここでいう「実効的である」とは、封鎖港へ向かう船舶に対する臨検が可能というよりも、むしろ、対象国へ向かう、あるいはそこから出帆する海上交通を実際に遮断しているということを意味すると推認される。
260）NWP1-14M, *supra* note 11 of Introduction, para. 7.7.5. なお、信夫淳平は、封鎖艦隊には封鎖港への海上交通の遮断に加えて封鎖破侵の有無を判定するための警戒監視の責任が伴うことから、かかる警戒監視能力を有さない機雷のみによる封鎖は、それを明示的に禁止する法規慣例が存在しないことを勘案しても、封鎖の要件を欠くものとして当然に違法であると論ずるべきであると主張する。信夫淳平『戦時國際法提要下巻』（照林堂、1944年）、178頁。

んど想定されないことから、この条文は意味をなさないとする議論が存在する[261]。また、国家実行を紐解いても、例えば第二次世界大戦において、英国海軍との比較において水上艦艇の兵力数で圧倒的に劣勢であったドイツ海軍（Kriegsmarine）は、英国の海上交通路の遮断を主たる目的として英国本土周辺海域に多数の機雷を敷設したが、当時の英国商船の運行形態は、海軍による護衛の下における船団方式が常態化していたことから、ドイツは、英国本土周辺海域における機雷敷設は、商船の英国本土への進入の阻止がその唯一の目的ではなく、護衛の海軍艦艇の破壊も併せて指向したものであると主張した[262]。

　なお、封鎖艦隊が荒天のために一時その場所を離れても、そのために封鎖が解除されたとは認められない[263]。ちなみに、本規定は、封鎖線は対象国の港及び沿岸に沿って維持されるべきであるという伝統的な近接封鎖を前提としたものである[264]。さらに、軍艦及び海難に遭難したことが認定された中立国船舶は、載貨の積み下ろしを行わないことを条件として、封鎖地域内に出入港することが可能とされる[265]。

　封鎖が実効的であるための要件の第二は、宣言と告知がなされていることである。すなわち、封鎖を実施する国またはその名において行動する海軍官憲は封鎖の実施にかかわる宣言及び告知を行わなければならないとされ[266]、この宣言には、封鎖開始の日、封鎖地域の地理的範囲及び中立国船舶に許容する退去期間が記載されなければならず[267]、その宣言は各中立国及び地方官憲に対して告知される必要がある[268]。なお、封鎖の宣言及び告知に関す

---

261) Kalshoven, *supra* note 239, p.260.
262) Howard S. Levie, "Commentary on the 1907 Hague Convention VIII Relative to the Laying of Automatic Submarine Contact Mines," in Ronzitti, ed., *supra* note 108, p.143. ちなみに、ドイツはフランスと共に本条項に留保を行っている。Id.
263) ロンドン宣言第4条。
264) Meyers, *supra* note 255, p.575.
265) ロンドン宣言第6条、第7条。
266) 同第8条、第9条。
267) 同第9条。
268) 同第11条。

る規定は、封鎖地域を拡張する場合または封鎖の解除があった後に再度同一地域に対して封鎖を実施する場合にも適用される[269]。さらに、封鎖実施国が自ら封鎖を解除した場合及び封鎖に関して制限を設けた場合には、ロンドン宣言第 11 条の規定によりこれを再度告知することが必要とされる[270]。ちなみに、封鎖艦隊の懈怠により封鎖の宣言を地方官憲に告知していなかった場合には、封鎖港を出港しようとする中立国船舶は、封鎖線を通過する自由を享受する[271]。

(ｃ) 封鎖侵破船に対する措置

封鎖においては、国籍及び貨物のタイプを問わず対象とされた港湾等に出入りするすべての船舶が拿捕の対象となる。しかしながら、中立国船舶による封鎖侵破については、その前提として、当該中立国船舶が封鎖の実施について実際に認識していること及び認識しているとの推定が働くという要件に加え[272]、中立国船舶が封鎖を有効に確保する任務を帯びる軍艦の行動区域内に所在していなければ、封鎖侵破を理由としてこれを拿捕することはできないとされる[273]。なお、ここでいう行動区域の範囲とは、封鎖の実効性を確保するのに必要な兵力が投入されている海域（blockade zone）を指す[274]。

また、封鎖侵破船の拿捕は、封鎖艦隊所属の軍艦がその追跡を継続する間は可能であるとされる[275]。ただし、当該軍艦が、既にその追跡を放棄したか、または封鎖を解除した場合には、当該封鎖侵破船を拿捕することはできない[276]。さらに、封鎖侵破船は積荷と共に没収される[277]。ただし、捕獲審検所が船舶または貨物の拿捕を無効であると審検した場合、または審検せず

---

269) 同第 12 条。
270) 同第 13 条。
271) 同第 16 条第 2 文。
272) 同第 14 条：Thomas and Duncan, *supra* note 31, para. 7.7.4.
273) 同第 17 条。
274) Kalshoven, *supra* note 239, pp. 260-261.
275) ロンドン宣言第 20 条。
276) 同上。
277) 同第 21 条：Thomas and Duncan, *supra* note 31, para. 7.7.4.

に拿捕物件が解放された場合には、利害関係人は損害賠償を受ける権利を有する[278]。

（d）長距離封鎖と戦争水域

　これまで論述してきたのは、敵国沿岸及び港湾に近接して設定される近接封鎖であり、これに関する伝統的規則は、19世紀における諸国の実行を通じ、長い時間をかけて形成されてきた。また、これらの伝統的規則は、敵国の沿岸に近接した封鎖線（ligne de blocus）を構築して海上優勢若しくは制海権を効果的に確保するための交戦国の権利と、交戦国による干渉を最小限度内に局限しつつ、交戦国との海上通商を維持しようとする中立国との権利との間での調和が反映されていた[279]。つまり、伝統的規則における封鎖法（law of blockade）には、中立国の海上通商への干渉を最小限にとどめるという思考が前提的に存在しており、敵国沿岸に近接して設定された封鎖海域に封鎖艦隊を配置するという規則及び戦術は、主としてこのような事由によるものであった。

　しかしながら、20世紀に入ると、軍事技術の進歩によって水上艦艇の大型化及び高速化による機動力の強化、砲の大口径化及び長射程化、並びに潜水艦及び航空機という新たなvehicleの登場により海戦の様相が著しく変化するとともに、戦争の性格そのものが従前の局地戦から国家の存亡を賭けた総力戦の様相を呈するようになった。そのため、最終的な勝利を得るためには、敵国を経済的に完全に孤立させ、その継戦能力を減衰せしめることが第一義的に重要であるとの思考の下[280]、海戦においては、敵国商船はもとより敵国との通商に従事するすべての中立商船を対象とする海上経済戦が、敵海上兵力の撃破と同等程度に重要となった[281]。このため、1914年8月に第一次次世界大戦が勃発した直後の1914年11月4日、英国は、北海全域を軍

---

278) 同第64条。
279) Thomas and Duncan, *supra* note 31, para. 7.7.5.
280) Sally V. Mallison and Thomas Mallison Jr., "Naval Targeting: Lawful Objects of Attack," in Horace B. Robertson Jr. ed., *The Law of Naval Operations*, International Law Studies, Vol. 64（Naval War College, 1991）, p.245.
281) Thomas and Duncan, *supra* note 31, para. 7.7.5.

事海域 (military area) に指定し、当該海域においては、漁船を含むすべての種類及び国の商船は不審な船舶を阻止する目的で英国海軍が敷設した機雷の脅威にさらされる旨を公表した[282]。この英国による措置に対する復仇として、ドイツは、1915 年 2 月 4 日に英仏海峡を含むグレート・ブリテン島周辺海域を戦争水域 (Kriegsgebiet/war zone) に指定し、当該海域において敵国商船は臨検の手続きを経ることなくドイツ帝国海軍 (Kaiserliche Marine) による無警告攻撃の対象となり、また、その際には乗員及び乗客の安全は保障されないほか、中立国商船の航行の安全についても何らの責任を持てない旨を宣言した[283]。その後、1915 年 3 月 11 日に、英国は、枢密院勅令 (Maritime Orders in Council of 11 March 1915) を発令し、地中海を含むヨーロッパ戦域全体を包囲する海域に長距離封鎖 (long-distance blockade)[284] を設定する旨宣言

---

282) Politakis, *supra* note 216, pp. 42-43.
283) Maxwell Jenkins, "Air Attacks on Neutral Shipping in the Persian Gulf: The Legitimacy of the Iraqi Exclusion Zone and Iranian Reprisals," *Boston College International and Comparative Law Review*, Vol. 8, No. 2 (1985), pp. 529-530 : Tucker, *supra* note 184, pp. 305-306 : Politakis, *supra* note 216, p. 43 : Paul G. Halpern, ""Handelskrieg mit U-Booten": The German Submarine Offensive in World War I," in Elleman and Paine eds., *supra* note 105, p. 139.
284) Maritime Orders in Council at the Court of Buckingham Palace, the 11th day of March 1915, reprinted in Archibald Colguhoun Bell, *A History of the Blockade of Germany and of the Countries Associatecd with Her in the Great War, Austria-Hungary, Bulgaria and Tuekey 1914-1918* (The Naval and Military Press Ltd. In association with the Imperial War Museum, 2013, originally published in 1937 by HM Stationary Office), pp. 714-715. 1909 年に策定された英国の New War Order of 1910 においては、英仏海峡を通峡して大西洋方面へ進出する敵国（ドイツ）商船の洋艦戦隊による動静把握と情報収集のほか、北海及び英仏海峡においてドイツに対する封鎖を実施するために割り当てられる海上兵力が増強された。Bell, op. cit., p. 28. New War Order of 1910 で言及されている封鎖とは、北海から英仏海峡にわたる海域における長距離封鎖であり、それは rayon d'action という概念を theatre 及び campaign レベルにおいて具現化したオペレーションである。Eric Osborne, *Britain's Economic Blockade of Germany 1914-1919* (Routledge, 2013), pp. 45-46. rayon d'action とは、ロンドン会議の準備段階において、封鎖の地理的範囲を指すものとして英国により採用された概念である。具体的には、それは、敵国沿岸からの攻撃から封鎖艦隊を防護するとともに封鎖の対象である港湾へのまたはそこからの海上交通を遮断することができる程度の行動半径であり、従前からの近接封鎖における封鎖線とは全く異なるものであるとされている。中西杏実「20 世紀初頭イギリスにおける海戦法政策」『国際関係論研究』第 28 号 (2011 年)、16 頁。本構想の背景には、英国がロンドン宣言において条件付戦時禁制品への連続航海主義の廃止を外交上の事情から受忍せざるを得なかったという事情が存在する。同、

し、敵国へ仕向けられた貨物を輸送するすべての商船は、連合国軍艦により拿捕された後、指定された港湾において積荷を陸揚げするように指示されるとともに、戦時禁制品に加えて、敵国の政府、法人及び個人に所有権が属する貨物（enemy cargoes）[285]は没収されるとし、事実上、戦時禁制品を無制限に拡大した[286]。

　1915年3月11日の枢密院勅令による措置は、それまで英国が実施してきた制限的な海上経済戦を遥かに凌駕する極めて強力なものであり、この措置によってドイツの経済は徐々に疲弊していった[287]。他方で、当時中立国であった米国は、上述したような英国が採用した様々な措置を強く非難するとともに、強硬な抗議を行った。米国は、まず、封鎖法は中立国へ向けた海上通商に対する措置については何らの規定をも有していないことから、欧州北部の中立国へ仕向けられた貨物を輸送する中立国船舶については、交戦国による措置の対象外であると主張した[288]。次に、米国は、英国による長距離封鎖は、ドイツとスカンジナビア半島諸国との海上通商には何らの影響をも及ぼしていないことから、ロンドン宣言第5条で確認されている「封鎖は各国の船舶に対して公平に適用される」との規則に抵触するとした上で、ドイツがスカンジナビア半島諸国との海上通商を維持しているという事実は、英国の長距離封鎖は封鎖としての実効性を欠くものであることの証左であると主張した[289]。

　16-17頁。これを補てんするために、英国は長距離封鎖により海上経済戦を展開することを企図したのであり、その距離は沿岸から500海里、状況によっては1,000海里に及ぶものと想定された。高野雄一「戦時封鎖制度論―實効性の概念を中心として―（六）」『国際法外交雑誌』第34巻第6号（1944年）、37頁：Avner Offer, "Morality and Admiralty: 'Jacky' Fisher Economic Warfare and the Law of War," *Journal of Contemporary History*, Vol. 23, No. 1 (1988), p. 116, n. 15.

285) Tucker, *supra* note 184, p. 306：Smith, *supra* note 248, p. 163：H. W. Malkin, "Blockade in Modern Condition," *BYIL 1922-23 Issue 3* (Oxford University Press, 1924), p. 89.
286) Christopher R. Turner, *The Naval Blockade 1914-1918* (Phillip Allan and Co., LTD, 1930), pp. 47-49：Lauterpacht, *supra* note 151, p. 792.
287) Paul Halpen, "World War I: The Blockade," in Elleman and Paine eds., *supra* note 248, p. 103.
288) Turner, *supra* note 286, pp. 49-50：Tucker, *supra* note 184, p. 308.
289) Turner, *supra* note 286, p. 52：Tucker, *supra* note 184, p. 308.

米国の抗議に対して、英国は、「長距離封鎖は伝統的規則による封鎖を現代戦の様相に適合させるべく必要な修正を施したものであり、海上経済戦の遂行のための実効性を伴う方法であるとともに、封鎖の精神に合致するものである」[290]との釈明を行った。しかしながら、海戦法規における伝統的規則に鑑みた場合、米国の抗議はより妥当性が高いものと思料され、また、それ故に英国は、長距離封鎖及び戦時禁制品の無制限の拡大という措置を復仇の法理により正当化したのである。他方で、このような事由は、ドイツについても同様であった。ドイツが実行した戦争水域の *modus operadi* は、交戦国が一方的に設定した海域内において、船舶を未識別、無警告及び無差別で攻撃することであり[291]、もとより、海戦法規はそのような措置を容認していない。そして、ドイツはこのような措置の違法性を十分に認識しており、それ故に、戦争水域の設定を復仇の法理により主張したのである[292]。

　なお、第一次世界大戦のこの段階においては、ドイツによる潜水艦戦は未だ限定的なものにとどまっていた。しかしながら、1916年7月7日に、ドイツは、パリ宣言及びロンドン宣言の無効を宣言し[293]、さらに、1917年1月31日には、英国の長距離封鎖及び戦時禁制品の無制限の拡大に対するさらなる復仇としていわゆる無制限潜水艦戦（unrestricted submarine warfare）を開始し、潜水艦による未識別、無警告及び無制限の攻撃を開始した[294]。この結果、第一次世界大戦で喪失された同盟国連合国及び中立国の商船は、ドイツの潜水艦によるものだけでも1218万総トンに達したとされる[295]。そして、ドイツによる無制限潜水艦戦の開始を受けて、1917年2月16日に、英国は、再度枢密院勅令（Maritime Orders in Council of 16 February 1917）を発令し、

290）Turner, *supra* note 286, p. 52：Lauterpacht, *supra* note 151, p793, n. 1：Tucker, *supra* note 184, p. 308.
291）Tucker, *supra* note 184, p. 297, n. 36.
292）Politakis, *supra* note 216, p. 45：Michael N. Schmitt, "Aerial Blockade in Historical, Legal and Practical Perspective," *U. S. Air Force Academy Legal Studies*, Vol. 21, No. 2 (1991), pp. 22-86.
293）*Id.*, p. 46.
294）O'Connell, *supra* note 116, p. 47：Politakis, *supra* note 216, p. 49.
295）真山前掲論文注114、19頁。

敵国へ仕向けられた、あるいはそこから発せられた貨物を輸送する船舶は拿捕及び没収の対象とし、他方で、そのような船舶が指定された港湾における検査に応じるならば拿捕を免れるとした[296]。しかしながら、本勅令は従前までの措置を特段に強化するものではなく、それを確認したものにすぎない[297]。

その後の第二次世界大戦においても、第一次世界大戦と同様に英国海軍の海上作戦の重心（centre of gravity）は海上経済戦を遂行することにあった[298]。英国は、枢軸国側よりも封鎖をより真剣に研究及び検討しており、その結果、第二次世界大戦においても、長距離封鎖及び復仇としての戦争水域の実行は第一次世界大戦とほぼ同様の展開が見られた。1939 年 11 月 27 日、英国は、ドイツによる英国本土付近海域における機雷敷設及び潜水艦戦を違法であるとして[299]、この措置への復仇として、ドイツの港湾から出帆した船舶により輸送されていた貨物及び所有権がドイツ国籍の法人及び自然人に属するすべての貨物の拿捕を宣言し、長距離封鎖を展開した[300]。さらに、1940 年 4 月 9 日に、英国は、第一海軍卿（First Sea Lord）の名において、東経 8 度以東の海域においては潜水艦の運用に課していた制限を撤廃し、潜水艦部隊の全能を発揮する旨の声明を発したが、本声明は当該海域において英国潜水艦部隊は、ロンドン潜水艦議定書に拘束されることなく行動することを意味するものと解されている[301]。そして、この措置の一環として、英国は、ユトランド半島とスカンジナビア半島の間に位置するスケガラク（Skegerrak）海峡に航行禁止区域（Barred Area）を設定し、当該海域においては、状況が許す限り、昼間においては航行するすべてのドイツ船舶及び夜間においては航

---

296) Maritime Orders in Council at the Court of Buckingham Palace, the 16th February 1917, reprinted in Bell, *supra* note 284, p. 719.
297) Malkin, *supra* note 285, p. 90.
298) Geoffrey Till, "Naval Blockade and Economic Warfare in the Europe War, 1939-45," in Elleman and Paine eds., *supra* note 248, p. 117.
299) Levie, *supra* note 262, p. 143.
300) Lauterpacht, *supra* note 151, pp. 794-795.
301) Politakis, *supra* note 216, p. 59.

行するすべての船舶を撃沈することを旨とする訓令を発した[302]。また、英国海軍は、同年7月に北部欧州沿岸及び北西アフリカ沿岸に幅300海里の戦争水域の設定を宣言した[303]。英国政府は、本海域における中立国船舶の撃沈は法的に不可能であるとは認識しつつも、かかる海域においては、ナヴィサートを得ていない船舶については英国海軍の哨戒艦艇による拿捕の対象となるとの方針を7月31日に発令した[304]。

他方で、ドイツは、開戦当初はロンドン潜水艦議定書を遵守していたが[305]、英国による一連の措置を国際法違反であるとして、1940年8月17日、復仇の法理を援用してグレート・ブリテン島周辺海域に対する全面封鎖（total blockade）を宣言し、本海域内を戦争水域として無制限潜水艦戦を展開した[306]。そして、飛躍的に発展を遂げた潜水艦及び航空機により、第二次世界大戦における商船への攻撃は前次大戦と比較し一層過酷なものとなり、約8,000万総トンの商船が喪失または損傷を受けたとされている[307]。ちなみに、太平洋戦域においても、1941年12月に米国がほぼ太平洋の全域を覆域する広大な海域において日本船舶を無警告攻撃の対象とするような戦争水域を設定したが[308]、本実行の詳細については割愛する。

このドイツによる措置は、戦後の国際軍事裁判（ニュールンベルグ裁判）においてその合法性が審理された。裁判所は、カール・デーニッツ海軍元帥（Großadmiral Karl Dönitz）及びエーリッヒ・レーダー海軍元帥（Großadmiral Erich Raeder）の審理において、ドイツ海軍による無制限潜水艦戦、難船者殺害及び難船者救助不履行[309]並びに戦争水域の設定について検討した[310]。裁

---

302) *Parliamentary Debates, Official Report, House of Commons 5th Ser.*, Vol. 360 B (1939-1940) (His Majesty's Stationary Office, 1940), p. 1040.
303) Politakis, *supra* note 216, p. 60.
304) Tucker, *supra* note 184, p. 297, n. 313.
305) George P. Politakis, "Waging War at Sea: The Legality of War Zones," *Netherlands International Law Review*, Vol. 38, No. 2 (1991), p. 134.
306) O'Connell, *supra* note 116, p. 49.
307) 真山前掲論文注114、27頁：Russo Jr., *supra* note 231, p. 381.
308) Politakis, *supra* note 216, p. 60: Joel Holwitt, "Unrestricted Submarine Victory: The U. S. Submarine Campaign against Japan," in Elleman and Paine eds., *supra* note 105, pp. 225-238.

判所は、まず、ロンドン潜水艦議定書は第一次世界大戦において戦争水域が設定されたことを踏まえて起草されたことを確認した[311]。その上で、裁判所は、ロンドン潜水艦議定書が目標選定規則については如何なる例外も認めていないとし、戦争水域内における中立国商船への無警告攻撃は同議定書に抵触する行為であるとした[312]。なお、敵国（英国）の商船への攻撃については、裁判所は、開戦直後から英国海軍省が商船の武装を広範囲に実施しており、また、1938年の英国商船隊ハンドブックは、商船に対してドイツ潜水艦の位置を無線により通報することを要求し、可能であれば敵潜水艦に対し

---

309) ドイツ潜水艦が難船者の救助を行わなかった原因及び理由として、1942年9月12日に、西アフリカ沖でドイツ潜水艦U-156（艦長ヴェルナー・ハルテンシュタイン海軍少佐（Korvettenkapitän Werner Hartenstein）：鉄十字章の中の騎士鉄十字章（Ritterkreuz des Eisernen Kreuzes）受章者）が、英国郵便貨客船 *Laconia*（19,695トン）を雷撃により撃沈した事象に関する一連の経緯が存在する。*Laconia* は、1,800人のイタリア人捕虜、80人の民間人並びに428人の英国及びポーランド軍人を輸送していた。本船の撃沈の後、ドイツ海軍潜水艦隊司令部は、人的損害を最小に局限すべく2隻の潜水艦（U-506、U-507）及び1隻のイタリア海軍潜水艦（*Comandante*）を難船者の救助に派遣した。これら3隻の潜水艦は、救助活動の後に難船者を艦上に収容し、フランス・ヴィシー政権が派遣したフランス軽巡洋艦 *Gluire* と会合すべく赤十字旗を掲げて水上航行を開始した。しかしながら、9月16日に、これら3隻の潜水艦は米陸軍のB-24爆撃機の攻撃を受け多数の死傷者を生じせしめるとともに、1隻の潜水艦は甚大な被害を受けた。本件を受けて、ドイツ海軍潜水艦隊司令官デーニッツ提督は、それまでドイツ海軍が慣行的に行ってきた洋上における難船者の救助活動が逆に味方部隊に対する攻撃の危険を招聘したことに激怒し、以後は、撃沈した船舶の船長及び機関長並びに有益な情報の取得が期待できる乗船者を除き、一切の難船者の救助を禁じる指令を発した。これが、後に国際軍事裁判で問題となったいわゆる Laconia-Befehl である。Harry Bennett, "The 1942 Laconia Order: The Murder of Shipwrecked Survivors and the Allied Pursuit of Justice 1945-46," *Law, Crime and History*, Vol.1 (2011), p.p.17-18：James P. Duffy, *The Sinking of the LACONIA and the U-Boat War: Disaster in the Mid-Atlantic* (University of Nebraska Press, 2013), pp.69-96. なお、*Laconia* の救助に従事したU-156は、1943年3月8日にバルバドス東方の大西洋を哨戒中のところ、米海軍のカタリナ飛行艇（VP-53/P-1所属）の雷撃を受けて沈没し、ハルテンシュタイン艦長以下総員が戦死した。

310) 真山前掲論文注114、29頁。

311) Levie, *supra* note 107, p.53.

312) Excerpts from the Judgment of the International Military Tribunal, Nürnberg, 30 September-1 October, 1946, in Naval War College, *International Law Documents 1946-1947*, Vol.45（U. S. Government Printing Office, 1948), pp.299-300.

て発砲する旨を規定していたことを指摘した[313]。さらに、連合国艦艇及び航空機による船団護衛も当然のように実施されていたことから、裁判所は、ドイツ海軍による英国商船に対する攻撃については有罪を宣告しなかったのである[314]。なお、既に紹介したように、無制限潜水艦戦は太平洋戦域においても米海軍により開戦日から実施されており、国際軍事裁判における米海軍ニミッツ元帥（Fleet Admiral Chester William Nimitz：第二次世界大戦時における米太平洋艦隊司令長官）の証言も、この米国の太平洋戦域における実行に言及している[315]。

両次大戦におけるこれらの実行については、以下のように総括される。まず、戦争水域については、一定の海域内に所在するという事実のみにより、船舶を未識別、無警告及び無差別に攻撃することは許容されない。これを踏まえつつも、両次大戦当時における戦争水域及び無制限潜水艦戦の実施の背景として、ドイツには連合国（英国）による過酷な海上経済戦（長距離封鎖）に対抗するために、すべての商船を攻撃目標とするような作戦戦略上の判断が働いたことに加え、当時の潜水艦は、その行動中の多くの時間を水上航走せざるを得なかったという、水上艦艇及び洋上哨戒航空兵力に対する脆弱性が存在するものと指摘されている[316]。このような事情により、両次大戦では、広大な海域を特別に指定し、そこを航行する船舶をすべて阻止若しくは攻撃するという zonal interdiction という戦術が採用されていったのである[317]。

なお、第二次世界大戦における商船への攻撃に関する実行はロンドン潜水艦議定書を全く無視していることから、同議定書はもはや失効したとする議

---

313) Mallison and Mallison, *supra* note 132, p.100.
314) Excerpts from the Judgment of the International Military Tribunal, Nürnberg, 30 September-1 October, 1946, *supra* note 312, p.300.
315) *Trial of the Major War Criminals before the International Military Tribunal Nuremberg 14 November 1945-1 October 1946*（Published at Nuremberg, Germany, 1947）, p.313.
316) Politakis, *supra* note 216, p.159, n.295.
317) *Id*., p.40.

論も存在する[318]。この点について、例えば米海軍マニュアルは、第二次世界大戦中の実行は復仇の法理に基づくものであることから、ロンドン潜水艦議定書は未だ法的効力を失っていないとしながらも、その規定内容の<u>水上艦艇への適用</u>については、第二次世界大戦以降の軍事技術の発達を考慮に入れるべきとしている（下線強調追加）[319]。ロンドン潜水艦議定書は、本来、潜水艦が商船に対する行動をとる場合には水上艦艇がしたがうのと同様の規則にしたがうべきことを定めたものであるから、先の米海軍マニュアルの記述は、同議定書の効力を黙示的に否定しているものとも読めなくはない。他方で、ロンドン潜水艦議定書は第二次世界大戦においては全く無視されたが、同大戦における商船への攻撃は復仇の法理により正当化されたことから、同議定書の効力には変化がないとする立場も存在し[320]、議論が対立している。

　ところで、交戦国による一定の海域の設定につき、サンレモ・マニュアルは、交戦国は海洋の一定区域の合法な使用に不利益を及ぼす区域を設定することにより、戦争法に基づく義務を免れることはできないとする[321]。他方で、同マニュアルは、交戦国がそのような区域を例外的な措置として設定した場合には、その区域の内側と外側との双方で同一の法が適用されるとしつつも[322]、交戦国にとっては、許可なくその区域に所在する船舶や航空機を、区域が設定されていなかった場合よりも敵対的な目的（hostile purposes）を帯びて当該区域内に所在するものとの推定がより働くであろう（it might be more likely to presume）としている[323]。サンレモ・マニュアルのこの部分の記述は、未識別、無警告及び無差別攻撃を目的とする以外の、例えば部隊防護を主たる目的とするような一定の排他的水域の設定は完全には否定されない

---

318) Levie, *supra* note 107, p. 51.
319) Thomans and Duncan, *supra* note 31, para. 8.2.2.2.
320) Daniel Patrick O'Connell, "The Legality of Naval Cruise Missile," *AJIL*, Vol. 66, No. 5 (1972), p. 785.
321) *San Remo Manual*, *supra* note 5 of Introduction, para. 105.
322) *Id.*, para. 106.
323) *Id.*, para. 105.1.

次に、長距離封鎖であるが、英国は、いずれの大戦においても、長距離封鎖及び戦時禁制品の無制限の拡大という措置を復仇の法理により正当化していることから、これらの措置が海戦法規に抵触するものであることを認識していたものと判断される[325]。もとより、封鎖にはテクニカルかつ厳密な定義が存在することから、封鎖と同様の効果を有するとしても、上記のような措置を封鎖である主張とすることは法的には困難である[326]。したがって、両次大戦中の実行については、あくまで歴史上他に類を見ない総力戦において復仇の法理により正当化されるべき例外的な事象であったと評価することが、ひとまずは妥当であろう[327]。他方で、両次大戦以降、軍事技術の飛躍的な発展により、潜水艦や航空機といった新たな兵器が海戦に順次投入されるようになったことから、水上艦艇が相対的に脆弱化した[328]。そして、その結果、現代の海戦においては、伝統的な近接封鎖を維持することが極めて困難となった。海戦における兵器の使用に関する規則類は、元来、教義的というよりもむしろ経験論的な性格を帯びることに加え、軍事技術の進歩と法との問題は具体的な解釈論になじみにくい問題である[329]。そのことを踏まえても、上述したような戦闘の手段の発達が封鎖に関連する規則類の解釈に何某かの変更をもたらしていると考えることは、完全には否定されないものと思料される。その証左として、今日では、伝統的な近接封鎖の如く封鎖線

---

324) この論点については、吉田靖之「海戦法規における目標識別規則―目標識別海域設定を中心に―」『法学政治学論究』第73号（2007年6月）、22-26頁を参照。
325) Jenkins, *supra* note 283, p.533.
326) Malkin, *supra* note 285, p.89: Thomas and Duncan, *supra* note 31, para.7.7.5.
327) Lauterpacht, *supra* note 151, pp.683-684: Tucker, *supra* note 184, p.307.
328) L. F. E. Goldie, "Maritime War Zones and Exclusion Zones," in Robertson Jr. ed., *supra* note 280, pp.162-163.そして、このことは、ミサイルといった対艦攻撃兵器や広域洋上監視システム等のC4ISR（Command, Control, Communication, Computer, Intelligence, Surveillance and Reconnaissance：指揮、統制、通信、コンピュータ、情報、監視、偵察）が発達した現代の海上作戦の環境において一層顕著である。
329) James J. Busuttil, *Naval Weapons System and the Contemporary Law of War*（Clarendon Press, 1998）, p.209.

を封鎖対象国沿岸の直近に構築するのみならず、そこから相当程度距離を置いた公海上に伸張させることも法的に可能であるとする見解も存在している。そのような見解の一例として、例えばドイツ軍マニュアルは、封鎖線が封鎖対象の敵国港湾及び沿岸から公海上に伸張させたとしても、公海上において敵国に向かうあるいはそこから出帆する船舶の阻止を行うことにより、敵国への海上交通を効果的に遮断しているのであれば、法的な問題は生じないとする[330]。長距離封鎖において主として問題となったのは、戦時禁制品の無制限な拡大と中立国船舶の取扱いであった。そして、これらの問題が法的に適切に処理されるということを前提とすると、先のドイツ軍マニュアルの記述は、封鎖が実効的に維持されていることを条件として、水上艦艇が相対的に脆弱化している今日の海上戦争の様相に適した封鎖のモデルの一つを示唆しているようにも解される。

(e) 第二次世界大戦以降の実行と封鎖法にかかわる今日的論点

両次大戦における海戦、特に海上経済戦の実行は、非常に混乱した状態にあった。また、例えば第二次世界大戦における無制限潜水艦戦の展開がロンドン潜水艦議定書の国際法としての有効性及び妥当性についての疑問を露呈せしめたこと等に見られるように、第二次世界大戦終了時においては、海戦法規は完全に疲弊した状況にあった。その後、国連憲章により戦争が違法化され、国家が行う個別的な武力の行使はすべて平時の下に一元化された。そして、このような戦争の法的地位の変化は、海戦の様相にも一定程度の影響を及ぼしている。

他方で、第二次世界大戦以降戦われた武力紛争においても、規模及び効果という面では限定的ながらも、封鎖が用いられた事例、あるいは、封鎖との類似性が指摘された海戦の方法が用いられた事例は存在している。また、その合法性についてなおも疑問が指摘される戦争水域の実行も存在する。その一方で、海上阻止活動の系譜に位置する実行においては、封鎖との類似性が

---

330) Bundesministerium der Verteidigung Abteilung Verwaltung und Rechtg Ⅱ 3, *supra* note 110, para. 1055.

指摘される事例が存在する。以上の諸点を勘案すると、封鎖に関する規則及びその実行が、現在ではどのような状態にあり、また、どのような様相を呈しているのかについて改めて確認しておくことは無意味な作業ではない。

第二次世界大戦後の中国国民党政権（以下「台湾」）と中国共産党との国内紛争において、1949 年 12 月 7 日に中国国民党が首都南京から臨時首都の台北に移転すると、台湾は、中華人民共和国（以下「中国」）に対する海上交通の遮断を実施した[331]。台湾によるこの作戦は、中国沿岸部で活動していた数多くのゲリラとの連携の下で実行され、1958 年まで継続された。本作戦は、基本的には中国一国内での紛争における海上における一事例である。しかしながら、この事例において注目されるべきは、中国へのまたはそこからの海上交通の遮断を実効的ならしめるために、米海軍が台湾に対して洋上監視等の支援を実施したことである。1950 年 12 月 27 日に、米国トルーマン（Harry S. Truman）大統領は、米海軍第 7 艦隊に台湾海峡へ進出するよう命令を下し、またその後、中国人民解放軍が朝鮮戦争に参加すると、米国は台湾への支援を増大させ、封鎖も米国から供給された装備により強化された[332]。また、1950 年 8 月 4 日に、第 7 艦隊は Formosa Patrol という名の水上艦艇及び洋上哨戒機から構成される機動部隊を編成し、さらに、同年 8 月 24 日に、同部隊は Formosa Strait Force として、米海軍機動部隊 TF72 として再編された[333]。TF72 は、当初、台湾北部の基隆から台湾海峡の北部海域において行動していたが、後に同南西部の高雄沖の海峡南西部の海域にも進出し、1979 年まで活動を継続した[334]。

中国は、この米海軍の活動を強く非難し、台湾周辺海域からの第 7 艦隊の即時撤退を求めた。また、この米国第 7 艦隊の行動により、中国が計画して

---

331) Bruce A. Elleman, "The Nationalists' Blockade of the PRC, 1949-58" in Elleman and Paine eds., *supra* note 248, p. 133.
332) *Id.*, p. 138.
333) Bruce A. Elleman, *High Seas Buffer: The Taiwan Patrol Force 1950-1979*, Naval War College Newport Papers, Vol. 38（Naval War College, 2012）, pp. 20-21.
334) *Id.*, p. 21.

いた台湾進攻作戦は延期せしめられ、最終的には取りやめとなった。なお、本作戦の実績として、1950年から1952年の期間において、台湾海軍は中華人民共和国へ向かう90隻以上の船舶を阻止し、その2/3は香港に登録された英国籍のものであったという成果が記録されている[335]。また、1954年から1955年にかけて台湾海軍は、停船、乗船及び捜索に強く抵抗する5隻の船舶を撃沈したが、これらもすべて英国船であった[336]。

朝鮮戦争においては、北朝鮮への海上を経由した武器の流入を阻止するため、第一世界大戦の初期までに見られた敵国沿岸及び港湾に対する伝統的な近接封鎖が、米海軍を中心とする朝鮮国連軍に参加した諸国の海軍部隊により実行された[337]。1950年7月4日、トルーマン大統領は、北朝鮮の侵攻を打破し平和を回復することを目的とした韓国への支援を求める安保理事会の要請に応え、北朝鮮東西両岸への封鎖を命令したことを明らかにした[338]。北朝鮮東岸の封鎖海域の北端は、ソ連及び中国の領海への侵犯を回避するが如く設定され、さらに、北朝鮮北東部の羅津港は従前からソ連が不凍港として使用する権利を有していたため封鎖区域から除外され、朝鮮戦争の全期間を通じてソ連により通常どおり使用された[339]。この封鎖線は北朝鮮の沿岸500海里に及び、すべてのタイプの商船の通航が禁じられた。他方で、朝鮮国連軍への参加の有無にかかわらず、北朝鮮を除くすべての国の海軍艦艇は本封鎖線を自由に通過することが認められたが、このような例外的な措置が採られたのは、そもそも中国及びソ連は、本封鎖を黙認こそしたものの、基本的にその存在及び合法性を認めていなかったという事由による[340]。この封鎖線を通過する艦艇及び封鎖艦隊に対する攻撃は一切生起せず、米海軍が

---

335) Elleman, *supra* note 331, p.142.
336) *Id*.
337) Malcom J. Muir, "A Failed Blockade: Air and Sea Power in Korea, 1950-53," in Elleman and Paine eds.,*supra* note 248, p.146.
338) Malcom W. Cagle and Frank A. Manson, *The Sea War in Korea* (Naval Institute Press, 1957), p.281.
339) Politakis, *supra* note 216, p.65.
340) Cagle and Manson, *supra* note 338, p.281.

主導した封鎖艦隊は、戦争の全期間を通じて封鎖を実効的に維持した[341]。

　第三次中東戦争の 1967 年 6 月に、エジプトが、イスラエルのエイラート及びアカバ湾に対して封鎖を実行し、さらに、第四次中東戦争の 1973 年 10 月に、エジプトが再度チラン海峡から紅海北端までの約 650 海里に及ぶ海域に封鎖を設定し、それを同年 12 月中旬まで維持した[342]。この封鎖とスエズ運河の継続的閉鎖により、エジプトはアカバ湾及びエイラートへの海上交通を効果的に遮断した[343]。エジプトによるこれらの実行のうち、第三次中東戦争における実行は伝統的な近接封鎖であったのに対し、第四次中東戦争における実行は、封鎖対象港湾であるエイラートと封鎖線との距離及びその戦略的な性格から、かつて英国が実施した長距離封鎖に類似する。例えば、第四次中東戦争においてエジプトは封鎖を公式に宣言していないが、これは、エジプトが主として海軍力の能力の限界によりイスラエルの地中海側の港湾を封鎖することができず、イスラエルに対する封鎖がロンドン宣言等で確認されている要件を満たし得なかったため、近接封鎖にかわり長距離封鎖が採用されたという事由による[344]。そして、このようなエジプトの実行からは、第一次世界大戦における英国による実行が想起される。英国は、第一次世界大戦においては封鎖を正式に宣言または告知していない。これは、北海とバルト海とを結ぶエーレスンド（Öresund）海峡の最狭部は極めて狭隘であり、かつ、中立国の領海であったことから、英国艦隊のバルト海への進入は困難であり、そのため、英国海軍がバルト海沿岸のドイツ港湾に近接封鎖を行うことは不可能であったという事由による[345]。それに代わり、英国は、北海における軍事海域の設定及びヨーロッパ戦域全体における長距離封鎖によっ

---

341) *Id.*, p. 283.
342) Thomas David Jones, "The International Law of Maritime Blockade-A Measure of Naval Economic Interdiction," *Howard Law Journal*, Vol. 26, No. 3 (1983), p. 769 : Politakis, *supra* note 216, p. 74.
343) Mallison and Mallison, *supra* note 240, p. 51.
344) *Id.*
345) 高野雄一「戰時封鎖制度論―實効性の概念を中心として―（七）」『国際法外交雑誌』第 34 巻第 8 号（1944 年）、45 頁。

てドイツに対する海上経済戦を遂行したのである。

第二次印パ戦争の 1971 年 12 月 4 日に、インドは、国内立法により戦時禁制品の品目を発表し、また、捕獲審検所を設置するとともに[346]、パキスタン東岸に対する封鎖を宣言し、この宣言から 24 時間以内にパキスタン港湾に所在する第三国商船は港外へ立ち去る旨の指示を発表した[347]。封鎖線はパキスタン東岸に沿って 180 海里にわたり構築されたものの、インドが封鎖を維持できるだけの十分な海上兵力及び封鎖海面の COP (Common Operational Picture) を維持するに十分な洋上哨戒兵力を有していなかったため[348]、この封鎖は実効性を伴ったものではなかった[349]。

ヴェトナム戦争において、ヴェトナム共和国 (以下「南ヴェトナム」) が対峙していた脅威の一つが、領海 (幅 3 海里) を介した小型舟艇による武器及び破壊工作員の国内への流入であった[350]。これに対抗するために、南ヴェトナムは、1965 年に Defensive Sea Area を宣言し、自国領海内において無害でない通航に従事しているすべての船舶を、接続水域内においては関税、外為取引、移民及び検疫上の嫌疑ある船舶をそれぞれ臨検及び捜索するとともに、合理的理由が存在する場合にはこれらを拘留して国内法により対処することとした[351]。なお、本活動においては、破壊的効果をもたらすような武器の使用は認められていない[352]。この活動は、Operation Market Time と呼称され[353]、米海軍舟艇も参加して展開された[354]。Operation Market Time は、

---

346) The Naval and Aircraft Prize Act, 1971, reprinted in *Indian Journal of International Law*, Vol. 12, No. 3 (1972), pp. 412-420.
347) Politakis, *supra* note 216, pp. 68-69.
348) Kaul, *supra* note 221, p. 189.
349) O'Connell, *supra* note 116, p. 130.
350) R. L. Schreadley, "The Naval War in Vietnam, 1950-1970," *USNI Proceedings*, Vol. 98, No. 819 (1971), p. 200.
351) Decree No. 81/NG of April 1965, reprinted in *ILM*, Vol. 4, No. 3 (1965), p. 461.
352) Politakis, *supra* note 216, p. 67.
353) Daniel Patrick O'Connell, "Limited War at Sea since 1945," in Michael Howard ed., *Restraints on War: Studies in the Limitation of Armed Conflict* (Oxford University Press, 1979), p. 127.
354) Spencer C. Tucker, "Naval Blockade during the Vietnam War," in Elleman and Paine eds., *supra* note 248, pp. 171-173.

国内の治安と安全を確保することを目的とした船舶の阻止のために、平時の海洋法を巧みに運用した事例である点が注目され、海上阻止活動にとっても非常に示唆的な実行である。

なお、船舶の阻止という観点から興味深いその他の参考事例として、1972年5月8日に米国ニクソン大統領が発令したヴェトナム民主共和国（以下「北ヴェトナム」）領海に対する機雷敷設が存在する。米国によると、この機雷敷設は北ヴェトナムへの海上を介した物資流入の遮断のみを目的として同国のハイフォン（Haiphong）において実施されたものであり、公海自由の原則を侵害するものではない旨が特に強調された[355]。つまり、この機雷敷設は、近接封鎖と同様の効果が期待されたものであり[356]、また実際に、機雷により北ヴェトナムの港湾が閉鎖されたことにより、米海軍は公海上において船舶を臨検することに伴う危険を大幅に低減することに成功している[357]。この機雷敷設は告示され、また、米海軍及び南ヴェトナム海軍艦艇が機雷源の付近海域をパトロールし付近を航行する第三国船舶に対して警戒を呼び掛けていたことから、敷設そのものについては法的な問題は生じない。しかしながら、ロンドン宣言をはじめとする伝統的規則に鑑みた場合、果たして機雷の敷設のみで有効な封鎖が成立するのかについてはなお疑問が指摘されるところである。ちなみに、先述したとおり、米国は、機雷の敷設のみによる敵国港湾への海上交通の遮断についても、それが告知され、実効的であり、かつすべての国の船舶に対して公平に適用されている限り、封鎖としての要件を充足するという独自の見解を有していることから[358]、本実行は、上述の米国の見解に沿ったものであるといえる。

以上が、第二次世界大戦以降戦われた武力紛争において封鎖が用いられた事例である。他方で、戦争水域についても同様に実行が確認されている。イ

---

355) Frank B. Swayze, "Traditional Principle of Blockade in Modern Practice: United States Mining of Internal and Territorial Waters of North Vietnam," *JAG Journal*, Vol. 29, No. 2（1977）, pp. 147, 152.
356) Mallison and Mallison, *supra* note 240, p. 51.
357) *Id.*
358) NWP1-14M, *supra* note 11 of Introduction, para. 7.7.5.

ラン・イラク戦争においてイラクは、戦争初期の 1982 年 8 月中旬、イランの石油積み出し港であるペルシャ湾北東部のカーグ／ハルーク（Kharg）島周辺 50 海里の海域内に所在する船舶は、国籍に関係なくイラク空軍の攻撃目標とする旨を発表した[359]。このイラクによる措置は、海域の範囲においてはやや限定的ながらも、交戦国が一方的に設定した海域において、未識別、無警告及び無差別に船舶を攻撃するという側面は、両次大戦においてドイツが実行した戦争水域に相当するものであり、法的に許容されるものではない[360]。他方で、1980 年に、イランも戦争水域と称する海域を自国領海内に設定した[361]。しかしながら、イランによる本海域の設定の目的は、自国沿岸の防御及び同海域内の船舶の航行を制限あるいは禁止することによりイラクへ向けた海上交通を遮断することであり、その性格はむしろ防御海面（declared security and defence zones）[362]に該当するものである[363]。

ちなみに、フォークランド（マルビナス）戦争[364]において、英国は MEZ（Maritime Exclusion Zone）及び TEZ（Total Exclusion Zone）という排他的水域を設定した。まず、1982 年 4 月 12 日、英国国防省は、「1982 年 4 月 12 日グリニッジ標準時 0400 時以降、フォークランド島周辺海域に MEZ が設定さ

---

359) John Ashley Roach, "Missile on Target: Targeting and Defense Zone in the Tanker War," *Virginia Journal of International Law*, Vol. 31, No. 4（1991）, p. 605.
360) Ross Leckow, "The Iran-Iraq Conflict in the Gulf: The Law of War Zones," *ICLQ*, Vol. 37, Part 3（1988）, pp. 636-637: Christopher Michaelsen, "Maritime Exclusion Zone in Time of Armed Conflict at Sea: Legal Controversies still Unresolved," *JCSL*, Vol. 8, No. 2（2003）, p. 375.
361) NOTAM No. 179/159（22 September, 1980）, reprinted in De Guttry and Ronzitti eds., *supra* note 228, p. 37.
362) 防御海面とは、重要港湾、海域及びこれに通ずる水路を含む海域において、船舶航行の管制、沿岸の防御及びその他の安全対策を目的として設定されたものであり、それが沿岸国の防衛のために必要な程度にとどまる限りは許容され得るものと認識されていた。吉田前掲論文注 324、11-12 頁：Thomas and Duncan, *supra* note 31, para. 2.4.4.
363) Roach, *supra* note 359, p. 602: Leckow, *supra* note 360, p. 639-639.
364) 本戦争の原因は、フォークランド諸島（Falkland Islands：アルゼンチン名では、マルビナス諸島（Islas Malvinas））の領有権を巡る争いであり、英国及びアルゼンチン間での同諸島の領有権紛争の歴史的経緯については、安藤仁介「フォークランド（マルビナス）諸島の領有権と国際法」『国際法外交雑誌』第 83 巻第 5 号（1984 年 12 月）、26-64 頁参照。

れる。この海域の範囲は、フォークランド島の中心（南緯51度40分、西経59度30分）から半径200海里である。先に示された時刻以降、本海域内において発見されたアルゼンチン軍艦及び補助艦艇はhostileとして取り扱われ、英国部隊の攻撃の対象とされる。なお、本措置は、国連憲章第51条の下で英国がとり得る如何なる措置に対する妨げとなるものではない」とする声明を発表した[365]。その後、英国国防省は、「1982年4月12日グリニッジ標準時0400時以降、フォークランド島周辺海域にTEZが設定される。この海域の範囲は、フォークランド島の中心（南緯51度40分、西経59度30分）から半径200海里である。先に示された時刻以降、本排他的海域は、アルゼンチン軍艦及び補助艦艇のみならず、また海軍艦艇であるか否かを問わず、アルゼンチン軍によるフォークランド諸島の違法な占領を支援するために行動しているすべての船舶に適用される。……英国国防省の然るべき許可（authority）を得ずしてこの海域内において所在することが発見された船舶及び航空機は、アルゼンチン軍によるフォークランド諸島の違法な占領を支援しているものとみなされ、hostileとして取り扱われ、英国部隊の攻撃の対象とされる」として、MEZをTEZへと発展させた[366]。この英国による海域の設定の目的は、主として目標識別と味方部隊の防御であり[367]、封鎖としての要件を具備するものではなく[368]、また、戦争水域にも該当しない。

　以上が、第二次世界大戦後の国家間の武力紛争における封鎖及び戦争水域の実行である。ところで、21世紀初頭のいわゆるポスト9/11の時代においては、国家対非国家（私人）という新たな紛争枠組みにおける海戦法規の適用の可否という問題が生じている。そして、これに関連する実行として、イ

---

365) *House of Commons, Official Report, Parliamentary Debates*（Hansard）, Vol. 21, No. 95（6 April, 1982）, p. 1045.
366) *House of Commons, Official Report, Parliamentary Debates*（Hansard）, Vol. 22, No. 105（27 April, 1982）, p. 296.
367) R. P. Barston and P. W. Birnie, "The Falkland Islands/Isas Malvinas Conflict: A Question of Zones," *Marine Policy*, Vol. 7, No. 1（1983）, p. 24: Sandesh Sivakumaran, "Exclusion Zones in the Law of Armed Conflict at Sea: Evolution in Law and Practice," *International Law Studies*, Vol. 92（Naval War College, 2016）, p. 190.
368) Barston and Birnie, *supra* note 367, p. 21.

スラエルが非国家主体であるハマス（Hamas）との間の紛争において封鎖を実施した事例が挙げられる。

2008年12月から2009年1月にかけて戦われたイスラエルとパレスチナ自治区を統治するハマスとの間のいわゆるガザ戦争において、イスラエルは、ガザ地区への武器、テロリスト及び資金の流入並びにそこからのこれらの物資等の流出を阻止するため、同沿岸の封鎖を宣言した[369]。これは、ガザ地区への海上交通の全面的な遮断を企図したイスラエル軍によるOperation Sea Breezeの一環として実施されたものである。その後、2010年5月31日に、ガザ地区への支援物及び人権活動家をはじめとする支援要員を輸送する6隻からなる船団が、ガザ地区から距岸72海里の海域においてイスラエル軍に阻止され、同地域は封鎖されていることを理由として行き先変更を指示された[370]。しかしながら、この船団は本指示にしたがわず抵抗を試みたため、船団の一隻である客船 *Mavi Marmara*（コモロ船籍）[371]にイスラエル特殊部隊がヘリコプターから強制的に降下及び乗船し、本船を管制下に置いた。この経緯においてイスラエル部隊と乗船者との間で激しい戦闘が繰り広げられ、乗船者9名が死亡したほかイスラエル軍人10名を含む多数の負傷者を生じせしめることとなった[372]。本事件を重く見た国連事務総長は、2010年8月に審査パネルを設置し、2011年9月に同パネルの報告書である *Palmer Report* が発表された[373]。*Palmer Report* では、ガザ地区の封鎖は合法

---

369) Kraska, *supra* note 242, p.369. なお、ガザ戦争の法的性格に関する検討を行った業績としては、さしあたり Ian Scobbie, "Gaza," in Elizabeth Wilmshurst ed., *International Law and the Classification of Conflicts*（Oxford University Press, 2012）, pp.280-316 を参照。
370) Sanger, *supra* note 30, pp.404-405.
371) 本船は、トルコのNGOであるIHH（İnsan Hak ve Hürriyetleri ve İnsani Yardım Vakfı：英語表記では、Foundation for Human Rights and Freedoms and Humanitarian Relief）が所有する船舶であった。http://www.ihh.org.tr, as of 2 August, 2013.
372) Papastavridis, *supra* note 31 of Introduction, pp.94-95.
373) *Report of the Secretary-General's Panel of Inquiry on the 31 May 2010 Flotilla Incident*（*hereinafter Palmer Report*）（September, 2011）. なお、*Palmer Report* のほか、本件に関する調査報告書として、国連人権理事会国際事実調査団報告書（UN DOC A/HRC/15/21（27 September, 2010）, Report of the international fact-finding mission to investigate violations of international law, including international humanitarian and human rights law, resulting from the

ではあるものの、イスラエルは船団の阻止にあたり過度の実力を用いたため、不必要な犠牲者を出したことは遺憾である旨が記述されている[374]。

本件については、自衛権行使による封鎖の妥当性という問題のほか、非国際的武力紛争への海戦法規の適用の可否[375]や、封鎖の結果生じる敵国文民への影響、特に第1追加議定書第54条第1項の「戦闘の方法として文民を飢餓の状態に置くことの禁止」といった陸戦に関する規則の海戦への導入によるジュネーヴ法のハーグ法への浸食という論点[376]、あるいはそれらに関連するサンレモ・マニュアルの関連部分[377]の解釈といった、今日における封鎖法の様相にかかわる多くの論点が指摘されるところである。これらの論点はそれぞれに重要なものであるが、本事例においてより注目されるべきは、本件においては、洋上からのテロリストの侵入を阻止するために軍事力(海軍)が使用されたという事実である。もとより、破壊工作員の海上からの侵入阻止のための個別国家による活動は、ヴェトナム戦争当時に展開されたOperation Market Timeが既に存在している。しかしながら、Operation Market Timeは平時の海洋法を巧みに運用した海上法執行活動である。他方で、Operation Sea Breezeは、米国が主導するグローバルなテロ対策とは別に、イスラエルという個別国家がテロ対策において自衛権を援用して海戦法規上の措置である封鎖を展開した恐らくは最初の事例である。そして、さらなる議論及び検討が必要ではあるものの、仮にガザ紛争をイスラエルとハマスと

Israel attacks on the flotilla of ships carrying humanitarian assistance)、トルコ国家審査委員会最終報告書(Turkish National Commission of Inquiry, Report of the Israel Attack on the Humanitarian Aid Convoy to Gaza on 31 May 2010 (February, 2011))及びイスラエルのTurkel委員会報告書(Tuekel Commission, The Public Commission to Examine the Maritime Incident of 31 May 2010 (January, 2011)がそれぞれ存在する。

374) *Palmer Report, supra* note 373, paras. 117, 134, 145.
375) Ref. *San Remo Manual, supra* mote 5 of Introduction, para. 1.1. Cf., Douglas Guilfoyle, "The *Mavi Marmara* Incident and Blockade in Armed Conflict," *BYIL 2010* (Oxford University Press, 2010), pp. 191-194.
376) Cf.、新井京「封鎖法の現代的『変容』―排除水域と飢餓封鎖の問題を中心に―」村瀬、真山編前掲書章注4、495-500頁。
377) *San Remo Manual, supra* note 5 of Introduction, paras. 102, 103 and the following sub-paragraphs.

の間での非国際武力紛争であると整理すれば、先に言及した Operation Sea Breeze における Mavi Marmara 襲撃事案は、非国際的武力紛争における外国船舶への干渉の是非及び非国際的武力紛争における海戦法規の適用の適否という、海戦法規の再構築における応用的な問題を提示しているようにも考えられ、極めて興味深い。

(ｆ) 封鎖と海上阻止活動との関連

　封鎖の目的は、対象国沿岸及び港湾への海上交通の全面的遮断であり、封鎖侵破船は国籍の如何を問わず拿捕の対象となる。また、長距離封鎖を除き、封鎖は基本的に対象国の沿岸及び港湾に近接した海域に設定されることから、封鎖侵破船に対する措置も対象国沿岸海域において実施される。他方で、海上阻止活動の目的は、国際の平和と安全の維持及び回復のために、ある国に対する特定物資輸送を規制することである。したがって、措置の対象とされる船舶は、関係する規則や安保理事会決議等で示された特定物資の対象国への輸送に従事しているものに限定される。そして、その際にも、船体及び積荷の拿捕という措置は伴わず、原則として行き先変更等にとどまるほか、実力の行使は厳格に制限されている。加えて、海上阻止活動においては、状況によっては対象国の沿岸に海上阻止海域（interception/interdiction zone）あるいは阻止ラインというような、海上阻止が展開される一定の海域または地理的制限が設定されることもあるが、船舶の阻止は原則として広く公海上において展開される。

　このように、封鎖と海上阻止活動とは、ともに海上交通の遮断という強制的な要素を含むことは共通するものの、それらの内容には際立った相違が存在することから、両者の間には法的な関連性は認められない。そして、海上阻止活動は、海戦法規という既存の国際法の枠外に根拠を有する活動であることから、たとえ武力紛争を背景としたフェーズにおいても、関係する諸国は、本活動を捕獲や封鎖といった戦時における交戦国の行動の一部としては正当化することはなかったものと総括される。

第 2 章

平時の緊急状態における戦時状態の擬制による船舶の阻止

　第1章で検討したように、既存の国際法の枠内における臨検の制度である平時の海洋法及び戦時の海戦法規の下における臨検の制度は、それぞれ厳格な法的枠組みを有する。また、これらの臨検の制度と海上阻止とは制度的な趣旨が異なることから、それらの臨検の制度を海上阻止活動の根拠として援用することは困難である。他方で、海上阻止活動の系譜が展開する以前の時代において、国家が平時において緊急事態に直面した場合に、戦時状態の擬制（quasi-war）により公海上において船舶の阻止を展開した事例が複数確認される。これらの事例における船舶の阻止は、平時の海洋法の下での違法行為の規制を目的とするものではなかったことから、海洋法による正当化は困難であった。また、これらの事例は、武力紛争を背景とするものではないことから、戦時における海戦法規上の措置である捕獲または封鎖にも該当しない。

　これらの事例は、海上阻止活動の系譜が展開する以前の時代において、公海上において海洋法の下では輸送が禁止されない特定物資の輸送の規制を目的とした船舶の阻止が見られた実行である。よって、海上阻止活動の系譜に位置する活動についての考察に先立ち、それらの先駆的事例に対する検討を行うのが、本章の主たる目的である。

　本章における検討の素材は、平時封鎖（pacific blockade）と、国家が平時において緊急事態に直面した場合に、自己の安全を確保するために展開した

第 I 部　既存の国際法枠組みにおける先駆的事例

　船舶の阻止にかかわる各事例である。まず、平時封鎖についてであるが、これは主として 19 世紀において当時の欧州列強が平時において戦時状態を擬制することにより封鎖を実施したものである。なお、ここでいう平時とは、法上の戦争が存在しないという意味である。平時封鎖においては、実施の要件及びオペレーションにおけるテクニカルな部分は、封鎖に関する規則が大部分準用された。さらに、平時封鎖は、国際連盟（以下「連盟」）規約（以下「連盟規約」）に違反して戦争に訴えた国に対する経済制裁における軍事力の使用構想としても検討された経緯が存在する。本構想は、いわば幻の連盟海上阻止活動であり、仮にこの構想が実行に着手されていたならば、それは国連海上阻止活動と極めて類似した形態となったものと思料される。

　次に、国家が平時において緊急事態に直面した場合に自己の安全確保のために展開した船舶の阻止においては、公海上における自衛や国家安全保障上の緊急性を理由とした航行船舶への乗船及び捜索が展開された。注目すべき個別事例は、歴史的先例としての *Virginius* 事件（1873 年）、アルジェリアのフランスからの独立戦争（アルジェリア戦争）においてフランス海軍が公海上において外国商船に対する大規模な乗船及び捜索を展開した事例（1954 年～1962 年）、及びソ連が米国を射程内に収めるミサイルをキューバに設置することが明らかになったいわゆるキューバ危機において、ミサイル及び同関連物資のキューバへの輸送の阻止を図ることを目的として米海軍が展開したキューバ隔離（政策）（1962 年）である。

　上述したような事例における船舶の阻止は海上法執行活動には該当せず、自衛や国家の安全保障上の緊急性を理由とするものである。他方で、これらは平時の海洋法を超越する措置であり、海洋法の限界を提示せしめるものであるとともに、海戦法規によっても正当化が困難なものであった。このような理由により、これらの事例は海上阻止活動の系譜に対し先駆的に位置づけられるのである。

第1節 平時封鎖と国際連盟の経済制裁における海軍力の使用

1. 平時封鎖の概要
a．展開の歴史と要件

　平時封鎖とは、伝統的な国際法上の平時において用いられる封鎖であり、かつては、復仇または強国がより弱小な国に対して自国の意思や政策を強制するための圧力として使用されていた[1]。なお、国連憲章の下では、平時封鎖は、安保理事会の決定、授権または要請による国連憲章第7章下の措置として実施される場合、または、国連憲章第51条で確認されている自衛権行使による場合を除き、許容されないとされている[2]。

　平時封鎖は、1827年にトルコ占領下のギリシャの反乱に際し、英国、フランス及びロシアが、ギリシャ港湾に対して実施したものが起源とされている[3]。その後、平時封鎖は19世紀を通じて主として欧州列強により他国に対し自国の政策を強要する干渉として、または、他国に対して法的な義務を強要する復仇の手段として用いられた[4]。19世紀当時の欧州列強6か国（英国、フランス、イタリア、ドイツ、ロシア、オーストリア・ハンガリー）のうち、平時封鎖を最も多用したのはフランスであり、19世紀において13回実施している[5]。このほか、英国が12回、イタリアが6回、ドイツ及びロシアが4

---

1) Natilono Ronzitti, "The Right of Self-Defense at Sea and Its Impact on the Law of Naval Warfare," in Institute of Public International Law and International Relations of Thessalonik, *Thesaurus Acroasium*, Vol.17（Institute of Public International Law and International Relations of Thessalonik, 1991), p.275.
2) *Id.*
3) Albert E. Hogan, *Pacific Blockade*（Clarendon Press, 1908), p.144：Walter R. Thomas, "Pacific Blockade: A Lost Opportunity of the 1930's?," in Richard B. Lillich and John Norton Moore eds., *Reading in International Law from the Naval War College Review 1947-1977*, International Law Studies Vol.62（Naval War College, 1980), p.198.
4) O'Connell, *supra* note 23 of Chapter 1, p.1157.
5) LoN DOC C. 241. M. 116.（17 May, 1927), Legal Position Arising from the Enforcement in Time of Peace of the Measures of Economic Pressure Indicated in Article 16 of the Covenant, Particularly by a Maritime Blockade, Report by the Secretary General, Annex II, "A Memorandum

第 I 部　既存の国際法枠組みにおける先駆的事例

回、そしてオーストリア・ハンガリーが 3 回実施したとされる[6]。また、20世紀においても、1902 年から 1903 年にかけて、英国、ドイツ及びイタリアが、債務不履行を理由にヴェネズエラに対して実施した事例が確認されている[7]。

　通説によれば、戦時封鎖と同様、平時封鎖においても封鎖は告知され、かつ、十分な兵力をもって維持されなければならないとされる一方で、拿捕の対象とされるのは封鎖対象国船舶に限定される[8]。他方で、封鎖線を侵破する船舶は拿捕及び引致されるが、それらの船舶は封鎖が解除された後は解放されるとされた[9]。しかしながら、このような説が確立するまでは、主として第三国船舶の取扱いを巡り議論があった。つまり、平時封鎖においても封鎖侵破を試みた船舶は、それがたとえ第三国のものであっても没収の対象となり得るとする主張も有力であり[10]、学説は必ずしも統一されていなかった[11]。また、国家実行を紐解いても、平時封鎖における第三国船舶への干渉は一定数確認されており、それらは、対ニュー・グラナダ（パナマ）（1837 年）（英国）[12]、対メキシコ（1838 年）（フランス）[13]、対アルゼンチン（1838 年～1840 年）（フランス、英国）[14]、対タイ（1893 年）（フランス）[15]、対クレタ（1897 年）（英国、オーストリア・ハンガリー、フランス、ドイツ、イタリア、ロシア）[16]及び先述した対ヴェネズエラ（1902～03 年）（英国、ドイツ、イタリア）[17]の各実行である。さらに、平時封鎖の背景となる平時の概念を巡って

---

on Pacific Blockade up to the Time of the Foundation of the League,"（addressed by M. Giraud, a secretariat）, p. 8.
6）*Id.*
7）Ronzitti, *supra* note 1, p. 275.
8）Lauterpacht, *supra* note 151 of Chapter 1, p. 147.
9）*Id.*, p. 148.
10）*Id.*, p. 146.
11）Hogan, *supra* note 3, pp. 66-67.
12）*Id.*, p. 84.
13）*Id.*, p. 86.
14）*Id.*, p. 90.
15）*Id.*, p. 140.
16）*Id.*, p. 144.

第 2 章　平時の緊急状態における戦時状態の擬制による船舶の阻止

も一致した見解は見られていなかった[18]。平時封鎖における平時とはあくまで国際法上の平時にすぎず、実際には、封鎖対象国と封鎖実施国との間には国際的な紛争が存在している場合が少なくなかったことに加え、封鎖という方法そのものは、当時においても既に明確な戦争行為（act of war）であると認識されていたのである[19]。つまり、当事国の認識に変化が生じれば、一夜のうちに平時封鎖が戦時の封鎖へと移行する可能性は十分に存在していたのである[20]。

b．「戦時状態の擬制」の意義

このように、平時封鎖とは、いわば平時における quasi-war に該当する措置である[21]。元来、封鎖とは、戦時において交戦国によりなされる海戦の方法である。そして、国連憲章が成立する以前の時代においては、ひとたび戦時状態に至ったならば交戦国以外の国は自動的に中立国となることから、封鎖の背景には交戦国対中立国という構図が存在する。また、交戦国は、封鎖を実効的に維持するために実際に封鎖艦隊を配置する必要がある。そして、封鎖艦隊を効果的に運用するためには、港湾における艦艇の補修及び修理、燃料、真水及び糧食等の補給並びに乗員の休養等が必要となるが、特に封鎖対象地域が封鎖実施国から遠方に所在する場合には、封鎖艦隊所属艦艇は中立国の港湾に入港して上述したような後方支援を受ける必要が生じるであろ

---

17) *Id.*, pp. 153-156.
18) Lauterpacht, *supra* note 151 of Chapter 1, p. 146.
19) Kalshoven, *supra* note 239 of Chapter 1, p. 259.
20) Hogan, *supra* note 3, pp. 27-28.
21) Colombos, *supra* note 18 of Chapter 1, p. 424. なお、関連する事項として、19 世紀以降は、復仇制度の解釈及び適用が専ら戦争の回避という意義に照らされてなされるようになったことから、復仇の概念それ自体も戦争回避のための手段として認識されるようになった。岩月前掲論文第 1 章注 96（『立教法学』第 67 号）、42 頁。その結果、復仇として他国に対して及ぼすことが許容される措置の事項及びその程度についても、復仇が戦争回避の手段として運用されることから、事態が法上の戦争に至らない限りは如何なる手段も用いることが可能とされると理解された William Edward Hall, *A Treaties on International Law*, 3rd ed.（Clarendon Press, 1890）, pp. 367-372.

うことが、一般的には想定される。

しかしながら、戦時における交戦国軍艦による中立国港湾の利用には厳格な制限が設けられている。それらは、交戦国の軍艦は、中立国の法令に別段の規定なきときは 24 時間以上中立国の港、泊地または領水に碇泊することができないという碇泊に関する制限[22]、中立国の港及び泊地において航海の安全に欠くべからざる程度以上にその破損を修理し、かつ、如何なる方法によるかを問わずその戦闘力を増加することはできないという修理及び造修に関する制限[23]、平時における軍需品の通常搭載量を補充する場合には、最寄りの本国の港に達するために必要な量に限り中立港または泊地においてその積入れを行うことができるという軍需品及び燃料の補充に関する制限[24]、及び中立国の港において燃料を積入れた後に 3 か月を経過しない期間においては、同一の中立国の港において再度燃料の積入れを行うことはできないという燃料の補充を目的とする入港のための期間に関する制限[25]等である。

なお、交戦国軍艦が各種の後方支援を受けることを目的とした中立国の港湾の利用等にかかわるこれらの制限は、1907 年のハーグ平和会議において海戦中立条約として法典化されたものであるが、上述した関連規則それ自体は 18 世紀中葉において既に存在しており、19 世紀初頭のナポレオン戦争を経て洗練化されてきた慣習法である[26]。したがって、封鎖に参加する交戦国軍艦はこれらの規則に拘束されることから、先に言及したような補給等を実施するために中立国の港湾を利用することには大幅な制約を受ける。しかしながら、ある国（A 国）が、別のある国（B 国）を対象として、戦時状態を宣言することなくあくまで平時の措置として、B 国の沿岸に近接する海域において、戦時の封鎖の規則を一部分準用はするものの、B 国を旗国とする船

---

22) 海戦中立国条約第 12 条：*San Remo Manual, supra* note 5 of Introduction, para. 21.
23) 海戦中立条約第 17 条。
24) 同第 19 条。
25) 同第 20 条。
26) Dietrich Schindler, "Commentary on the 1907 Hague Convention XIII Concerning the Rights and Duties of Neutral Powers in Naval War," in Ronzitti ed., *supra* note 108 of Chapter 1, p. 215.

舶のみを阻止の対象とすることにより B 国への海上交通を遮断する場合、このような行為は海戦法規の下でに封鎖には該当しない。加えて、A 国の「封鎖」艦隊に所属する艦艇が補給等のために第三国の港湾に入港する場合にも、先に引用した数々の制限には拘束されない[27]。平時封鎖を行う国にとっては、このような事由が平時において戦時状態を擬制して平時封鎖を行うことの意義の一つなのである。

ｃ．第三国船舶の取扱い

19 世紀を通じて中立を保持し、また平時封鎖にも一切参加しなかった米国は、平時封鎖における紛争当事国以外の第三国船舶の航行の自由を一貫して主張した。タッカー（Robert W. Tucker）によると、米国の主張は、平時封鎖は戦時における交戦国の措置（belligerent measure）には該当せず[28]、むしろ、国際法上の平時においてある国が別の国に対してとり行う行動（action）にすぎないことから、平時封鎖において対象とされるのは封鎖対象国を旗国とする船舶に限定され、第三国船舶が干渉の対象とされることはないというものであった[29]。

封鎖においては、交戦国は封鎖線を侵破するすべての船舶及び積荷を没収することが可能であるが故に、交戦国は対象国沿岸または港湾に艦艇等の兵力を実際に配置し、封鎖線を維持しなければならない。他方で、平時封鎖において対象とされるのは対象国船舶のみに限定され、すべての国の船舶が阻止対象とはならないことから、封鎖実施国が封鎖線を対象国沿岸または港湾に近接する海域において維持する必要はなく[30]、状況に応じて封鎖線を公海上まで伸張させることが可能となる[31]。この平時法の適用という観点に立脚

---

27) Cf., Hogan, *supra* note 3, p. 13.
28) この場合の belligerent measures とは捕獲及び封鎖を指し、中立国商船も交戦国軍艦による臨検の対象となる。
29) Tucker, *supra* note 184 of Chapter 1, p. 287, n7.
30) 立作太郎「國際法上の封鎖と聯盟規約上の所謂經濟封鎖」『国際法外交雑誌』第 31 巻第 1 号（1932 年）、2 頁。
31) Tucker, *supra* note 184 of Chapter 1, p. 287, n7.

した米国の主張は他国及び国際法学者の支持を受け、19世紀半ば以降は欧州列強を中心とする国際社会一般に受け入れられるようになった[32]。このような経緯を経て、第三国船舶の取扱いを中心とした平時封鎖の要件については1850年代以降 IDI において議論され、IDI が 1887 年のハイデルベルクでの会期において通説がいうような立場を採用したことから、これが支配的となった[33]。

2. 国際連盟による平時封鎖構想
a．国際連盟における紛争解決手続と戦争の禁止

平時封鎖については、それを連盟の制裁措置における具体的な手段とする構想が検討されたという経緯が存在する[34]。この構想は、連盟理事会の勧告による経済制裁を平時封鎖により実効的ならしめようとするものであり、より具体的には、戦争状態が存在しない平時において、制裁対象国に対して軍隊の使用を伴う経済的及び外交的な圧力をかけることにより、連盟理事会及び連盟国の意思を強要することを目的としたものであった[35]。

連盟規約は、第 10 条において連盟国に領土保全と政治的独立を遵守することを約させるとともに、侵略の場合及びその脅威またはその危険がある場合には、「連盟理事会ハ、本条ノ義務ヲ履行スヘキ手段ヲ具申スヘシ」としている。つまり、連盟理事会は、連盟において侵略行為が生起した等の場合において、連盟国の義務の履行のためにとられる手段の具申を行うにとどま

---

32) Ludwig Weber, "Blockade, Pacific," in Max Planck Institute for Comparative Public Law and International Law under the Direction of Rudolf Bernhardt, *Encyclopedia of Public International Law, Vol. 3, Use of Force, War and Neutrality, Peace Treaties*（North-Holland Publishing Company, 1992), p. 52.

33) Institute de droit international, *Annuaire de l'institute de droit international*, neuvième année（P. Weissenbruch, 1888), p. 301.

34) Christopher C. Joyner, "Sanctions, Compliance and International Law: Reflections on United Nations' Experience Against Iraq," *Virginia Journal of International Law*, Vol. 32, No. 1（1991), p. 5.

35) *Id.*

り、連盟理事会が全会一致にて決定した事項を連盟国に統一的かつ強制的な実施に当たらせるという集権的な体制にはなっていない。このように、国連の集団安全保障体制と比較すると、国際連盟の集団安全保障体制は随分と分権的であった。

　国際連盟設立以前の時代においては、戦争または戦争の脅威はあくまで当事国のみの問題であり、それ以外の国家は、第三者、すなわち中立国としての立場を選択する義務を帯びていた。他方で、連盟規約は、「戦争又ハ戦争ノ脅威ハ、連盟国ノ何レカノ直接ノ影響アルト否トヲ問ハス、総テ連盟全体ノ利害関係事項タルコトヲ滋ニ声明ス」(連盟規約第11条第1項)としたことから、連盟国にとって戦争は連盟全体にかかわる利害関係事項となった[36]。その上で、連盟規約は、連盟国が戦争に訴えることが禁止される場合を3項目掲げている。それらは、国際裁判や連盟理事会の審査といった紛争の平和的解決手続きに付託せずに直ちに戦争に訴えること、かかる手続きに付託した後であっても判決や理事会への報告後3か月以内に戦争に訴えること、及びたとえ判決や理事会への報告から3か月が経過した後であっても、判決や理事会の報告にしたがう国に対して戦争に訴えることである[37]。換言すれば、連盟規約においては、上記の制限に抵触しなければ戦争に訴えることは禁止されていないことから、連盟規約においては戦争の禁止はあくまで部分的なものにすぎず、国連憲章とは異なり、戦争に訴えることが一般的に禁止されていたというわけではない。

　そもそも連盟規約は、権利義務を争う法律的な紛争は仲裁裁判所または司法的解決に[38]、また、既存の法の妥当性を争う政治的な紛争は連盟理事会にという具合に、紛争の性格及び内容に応じて平和的解決手段及び手続を整備しており、国際的な紛争は原則としてそれらのような方法によって解決され

---

36) 高野雄一『集団安保と自衛権』(東信堂、1999年)、15頁。
37) 連盟規約第12条第1項。
38) 連盟規約第13条第2項では、裁判に付し得るべき4つのカテゴリーが提示されており、それらは、条約の解釈、国際法上の問題、国際義務の違反となるべき事実の存否、当該違反に対する賠償の範囲及びその性質に関する紛争である。

るものとされていた。このように、国際連盟における紛争解決では、戦争禁止の実効性確保の裏づけとしての国際法と裁判制度が重要視されていたのである（いわゆる「連盟リーガリズム」[39]）。しかしながら、他方では、そのような手順を踏んでもなお自らの正義や権利が担保されない場合には、「連盟理事会ニ於イテ、紛争当事国ノ代表者ヲ除キ、他ノ連盟理事会全部ノ同意アル報告書ヲ得ルニ至ラサルトキハ、連盟国ハ、正義公道ヲ維持スル為必要ト認ムル処置ヲ執ル権利ヲ留保ス」（連盟規約第15条第7項）とされているように、戦争は最終的な手段として留保されていた[40]。さらに、戦争が生じた場合においては、「仍テ連盟ハ、国際ノ平和ヲ擁護スル為適当且有効ト認ムル措置ヲ執ルヘキモノトス」（同第11条第1項後段）とあるように、連盟事務総長は、いずれかの連盟国の請求に基づいて直ちに理事会の会議を招集し、平和擁護のための適当かつ有効と認められる措置を講ずるとされている。なお、この場合、連盟理事会は何らかの有効な措置を全会一致により決議するのであるが、仮に連盟理事会決議が採択されても、それは勧告的性質を帯びるにとどまることから、連盟国には連盟理事会決議に無条件に服する義務が課せられていたというわけではない[41]。

b．国際連盟の集団安全保障上の措置——経済制裁——
（a）全　般

　連盟規約において、同規約に違反して戦争に訴えたる国（以下「違反国」）に対する具体的措置についての規定するのが第16条である。まず、第16条は、連盟規約第12条、第13条または第15条に定める紛争の平和的解決義務を無視して戦争に訴えたる違反国は、それ自体によって（ipso facto）、他のすべての連盟国に対して戦争行為（act of war/acte de guerre）をなしたもの

---

39) 河西直也「現代国際法における合意基盤の二層性—国連システムにおける規範形成と秩序形成—」『立教法学』第33号（1989年）、102-118頁。
40) 森川幸一「平和の実現と国際法—ポスト冷戦期における国際安全保障のゆくえ—」石村修、小沼堅司、古川純編『いま戦争と平和を考える』（国際書院、1993年）、62-63頁。
41) 高野前掲書注36、15頁。

と見なされる[42]。さらに同条は、他のすべての連盟国は、違反国に対して直ちに一切の通商上または金融上の関係を禁止し、かつ、連盟国であるか否かを問わず、他のすべての国の国民と違反国との間の一切の金融上、通商上または個人的交通を防遏すべきことを約すとされる[43]。これらの規定は、違反国に対する経済制裁に関する規則であり、国際連盟の集団安全保障上の措置としての性格を有する。さらに、この経済制裁は、非連盟国が紛争解決のために連盟国が負うべき義務を受諾するものの、実際上の紛争解決に際し連盟規約第12条1項ないしは第15条6項に違反して戦争に訴えたる場合[44]、及び紛争解決のために連盟国の負うべき義務の受諾を拒み、連盟国に対し戦争に訴えたる場合という一定の状況の下においては、非連盟国に対しても実施されるとされている[45]。

　他方で、違反国は、連盟規約に違反して戦争に訴えたという行為それ自体により、敵国のみならず紛争とは直接的に無関係である他の連盟国に対しても戦争行為をなしたこととされていることから、他のすべての連盟国は、違反国に対する経済制裁の実施とは別に、違反国に対して自国との間における戦争状態の存在を宣言することが可能となる[46]。しかしながら、実際には、国際連盟の専門委員会の一つである国際封鎖委員会（International Blockade Committee）の見解にも見られるように、違反国の一方的な行為のみにより直ちに戦争状態が生じることは現実には想定されにくく、また、第16条第1項の「他ノ総テノ連盟国ニ対シ戦争行為ヲ為シタルモノト見做ス」とは一種の観念的な規定であり、現実には大多数の連盟国は戦争を歓迎せず、さらに、平和回復のためによりよく貢献するとは考えにくい戦争状態を不必要に生じせしめることはそもそも連盟の精神に反するものであるという慎重な見

---

42) 連盟規約第16条第1項前段。
43) 同条第1項後段。
44) 連盟規約第17条第1項。
45) 同第17条第3項。
46) 鈴木六郎「聯盟規約上の經濟封鎖について」『國際知識』第20巻5号（1932年）、45-46頁。

解が多数を占めていた[47]。

　これらのほか、第16条第2項は、第1項に定める経済制裁の実施のために、どの程度の陸、海、空軍を提供すべきかを関係各国に対して勧告するのは、連盟理事会の義務であるとする。さらに、第3項は、連盟国は、第16条を援用して金融上及び経済上の措置をとる場合には、その損失が最小限度にとどまるように相互に協力すること、及び連盟国は連盟規約を擁護するために協力する連盟国軍隊の自国領土内の通過について便宜を与えるよう必要な措置を実施する義務につき規定する。最後に、第4項は、違反国に対する制裁の一環としての連盟からの除名措置について定めている。

(b) 実施の態様

　経済制裁の具体的措置として連盟国が行うことが義務とされているのは、自国と違反国との間での、違反国への輸出と同国からの輸入の双方における通商の遮断、金融及び人的往来の遮断並びに自国以外の国と違反国との間の交通の禁止である[48]。なお、ここでの自国以外の国とは、主として非連盟国が想定されているものと思料される。何故ならば、すべての連盟国は、自国と違反国との間での上述したような各種の遮断を実施する連盟規約上の義務を有するが、非連盟国はそのような義務を有さないため、非連盟国が違反国との間での通商を維持することは禁止されないからである。連盟規約第16条第1項に「連盟国タルト否トヲ問ハス」とあるのは、このような意味において理解されるべきである。加えて、連盟規約第16条第1項の規定にもかかわらず、一部の連盟国が違反国との交通遮断の義務を履行しない場合には、他の加盟国が代わってこれを遮断する必要が生じるものと思われる。

　違反国と非連盟国または違反国との交通遮断の義務を履行しない連盟国との間の各種の遮断をとり行うためには、軍事力を用いる必要がある。より具体的には、それらの遮断は、海軍力による封鎖及び陸軍力により違反国との

---

47) LoN DOC A. 115. 11. 1921（21 September, 1921）, Report of the Third Committee of the Second Assembly, p. 4.
48) 連盟規約第16条第1項。

第 2 章　平時の緊急状態における戦時状態の擬制による船舶の阻止

国境の包囲という方法により実施されることとなる[49]。そして、連盟規約第16条第2項では、経済制裁のために使用されるべき軍隊についての言及がなされているが、上述したような運用上の事由を考慮に入れると、同条項で言及されている軍隊の具体的な使用形態とは、違反国との経済関係の遮断に非協力的な国（連盟国または非連盟国の如何を問わない）と違反国との間の交通を強制的に遮断することを目的とした封鎖線の構築である[50]。そして、特に海上においては、違反国との間での交通を遮断することにかかわる連盟規約上の義務を履行しない連盟国が存在する場合を除き、連盟国を旗国とする船舶はもはや違反国との間での海上交通に従事していないという状態が連盟規約の文理解釈から想定される。したがって、その場合における封鎖の主たる対象となるのは、違反国及び非連盟国を旗国とする船舶となる。そして、この封鎖線の構築には強力な海軍力が必要とされ、封鎖に参加する連盟国の負担もかなり重いものとなることから、連盟理事会はいずれの国が本措置に参加すべきかとともに封鎖線設定に必要な兵力を決定し、これらを参加諸国に勧告することとされているのである[51]。

　このように、国際連盟の集団安全保障上の措置における軍事力の使用は、違反国とその他の国との間での経済関係の遮断を強化することのみが目的とされており、違反国に対して実力（軍事力）を行使するという国連憲章第42条下における軍事的措置のようなものは、連盟規約においては想定されていなかった。しかしながら、連盟規約の起草過程においては、連盟に従属する常設的国際軍構想は、ヴェルサイユ会議においてフランスによって強く主張されていた[52]。さらに、連盟規約上の義務の履行のために必要な海軍力の使

---

49) 田岡良一「連盟規約第十六條の歴史と國際連合の將来」田岡良一、田畑茂二郎、加藤新平編『恒藤博士還暦記念法理学及国際法論集』（有斐閣、1949年）、311頁。Cf., Hans Kelsen, *Collective Security under International Law*, International Law Studies, Vol.49（U. S. Government Printing Office, 1957), pp.108-109.
50) 同『国際法Ⅲ〔新版〕』（有斐閣、1973年）、149頁。
51) 田岡前掲論文注49、312頁。
52) Ruth B. Russell (Assisted by Jannette Muther), *A History of the United Nations Charter: The Role of the United States 1940-1945*（Brookings Institution, 1958), p.235.

用については、その実現化に向けて真剣な議論がなされた経緯が存在した[53]。しかしながら、本構想を熱心に推奨したフランスの真の狙いは、実はドイツの台頭を抑制するという自国の利益確保のために国際連盟を利用しようとするやや独善的な動機によるものであったため、最終的には連盟国の賛同を得られなかったのである[54]。

c．連盟規約第 16 条の解釈指針——1921 年の連盟総会決議——
（a）連盟の集団安全保障体制の限界

　連盟の集団安全保障体制の大きな特徴は、まず、実行手段たる経済制裁が個々の連盟国の権限において実施されるという点である。そして、このことは、国際秩序の維持のために強制的かつ集権的な手段に訴えることよりも、むしろ、そのために正義若しくは法による手段に優先的な価値が付与されている連盟の組織的構造からは当然の帰結であるともいえる。つまり、連盟は、普遍的な国際機構というよりも国際協力のための常設的な会議体としての性格を色濃く帯びるものであった[55]。連盟規約第 16 条第 2 項における兵力派出に関する連盟理事会の勧告は文字どおり勧告的性格にすぎないと理解されているのは、このような連盟の性格にも一部由来するものである[56]。

　次に、経済制裁の実施において、ある連盟国が、連盟規約第 12 条、第 13 条または第 15 条に違反して戦争を開始したという事実のみにより、連盟理事会、総会及び自己の意思とはかかわりなく他の連盟国に対し自動的に第 16 条 1 項に定める措置をとるような義務が課されているというシステムも、現実的なものとは言い難い側面があった[57]。つまり、近隣国の侵略に対して

---

53) Alfred Zimmern, *The League of Nations and the Rule of Law 1918-1935*（MacMillan and Co. Ltd., 1936), p.247：F. P. Walters, *A History of the League of Nations*（Oxford University Press, 1952), pp.61-62.
54) Evan Luard, *A History of the United Nations*, Vol.1（MacMillan, 1982), p.6.
55) 河西前掲論文注 39、108-109 頁。
56) 田岡前掲書注 50、149 頁。
57) 田岡前掲論文注 49、310 頁。

常に脅威を感じる等の理由により連盟規約第 16 条を重視する連盟国がごく一部であったのに対して、大多数の連盟国は、他国の利益のために自国の利益に反するような経済制裁の渦中に巻き込まれることをおそれ、むしろ第 16 条の適用を制限することを試みようとしたのである[58]。そして、このことは、連盟の集団的措置たる経済制裁は、当該措置を実施する国に対しても重大な結果をもたらすが故に、実際にはその結果を受忍する用意のない連盟国にまで責任を課そうとした点で制度的に不適切であったという指摘がなされている由縁である[59]。

これらの連盟内部の事情に加えて、米国が非連盟国であったことも経済制裁に対する大多数の連盟国の消極的な姿勢を助長した。仮に連盟の経済制裁が実施された場合、当時において欧州列強に代わり国際社会において台頭してきた新興経済大国であり、かつ、非連盟国であった米国と違反国との間の貿易、特に石油の輸出入を阻害することから、米国からの強い反発に遭遇することが容易に予想された[60]。つまり、違反国に対する経済制裁が実施された場合には、経済制裁への参加国と米国との間に別の紛争が生じるおそれが存在していたのである[61]。さらに、違反国の沿岸に設置される封鎖線の維持には多大な兵力と予算が必要となるほか、封鎖侵破船への対応や違反国による封鎖艦隊への攻撃も当然に予想されることから、封鎖は、それを行う連盟国にとっても相当の負担並びに犠牲及び危険を伴う措置となる。これらのような理由から、連盟の成立当初から、多くの連盟国は、連盟規約第 16 条の義務は過重であるとしてその修正を要求した[62]。その結果、1921 年の第 2 回連盟総会において、連盟規約第 16 条の修正案が採択されたものの、それ

---

58) 同上、313 頁：鈴木前掲論文注 46、41 頁。
59) Sean D. Murphy, "The Security Council, Legitimacy, and the Concept of Collective Security After the Cold War," *Columbia Journal of Transnational Law*, Vol. 32, No. 2 (1994), p. 201.
60) George De Fiedorowicz, "Historical Survey of the Application of Sanctions," *Transactions of the Grotius Society*, Vol. 22 (1936), p. 131.
61) 特に英国がこのような主張を展開した。鈴木前掲論文注 46、42 頁。
62) 田岡前掲論文注 49、313 頁。

は発効に必要な批准の数を得られないまま成立しなかったため、改めて本総会において、経済的武器に関する連盟総会決議（以下「1921年の連盟総会決議」）[63]が採択されたのである。

1921年の連盟総会決議は、上述した連盟規約第16条の修正案が効力を発するまでの間における第16条の適用方針（directive）であり、連盟総会の同理事会及び連盟国に対する勧告である[64]。もとより、1921年の連盟総会決議は連盟規約を改正するものではなく、あくまで指導原理にすぎない[65]。しかしながら、次項で詳述するように、本決議は連盟規約の違反国との間における自動的な戦争を回避するという点においては望ましいものであったので、多くの連盟国に歓迎された。他方で、1921年の連盟総会決議は、連盟規約第16条の適用指針と名づけられているものの、実際には、第16条の精神を全く没却せしめんとするものであるという指摘[66]が有力な論者によりなされていることには留意しておく必要がある。

(b) 1921年の連盟総会決議の骨子と注目点

1921年の連盟総会決議は19のパラグラフから構成されるが、本書の関心事項との連関において重要と思われるのは、以下に要約する部分である。①連盟規約第12条、第13条または第15条に違反して戦争を開始するという違反国の一方的行為（unilateral action）は戦争状態を生じせしめるものではなく、他の連盟国に対し、単に違反国に対する戦争行為を訴える、または、戦争状態の存在を宣言する自由を与えるにとどまる（パラグラフ3）[67]。②連盟規約の違反がなされたか否かを判断するのは、<u>各々の連盟国の義務</u>である（パラグラフ4前段）（下線強調追加）。また、第16条に基づき連盟国の負う

---

63) Resolution Regarding the Economic Weapon, Adopted by the Assembly on October 4, 1921, reprinted in *Resolutions and Recommendations Adopted by the Assembly during Its Second Session, September 5th to October 5th, 1921*（1921）, pp.23-26.
64) 田岡前掲論文注49、314頁。
65) 立前掲論文注30、8-9頁。
66) 田岡前掲書注50、137頁。
67) Resolution Regarding the Economic Weapon, adopted by the Assembly on October 4, 1921, *supra* note 63, para.3.

べき義務は連盟規約から生じるものであり、その履行は、条約上の義務履行の場合と同様である（同後段）[68]。③連盟理事会は、連盟規約第16条下での経済的な圧力を加えるに適切な時期を勧告し、この時期はすべての連盟国に厳達せしめられる（パラグラフ8）[69]。④外交関係の断絶は、当初は外交使節団の首脳のみの召喚に留めて差し支えなく（パラグラフ11）[70]、領事関係の継続は差し支えなきものとする（パラグラフ12）[71]。⑤経済制裁が長期にわたる場合には、さらなる強力な手段が漸進的にとられても差し支えなきものの、違反国の文民への食糧供給の遮断は、他の適用可能な手段が明らかに効果なき場合にのみ採用されるべき究極の措置とみなされる（パラグラフ14）[72]。⑥特別な場合（〔I〕n Special circumstances）、あるいは、経済的な圧力を強化せしめるために必要な場合においては、実効的な封鎖を違反国の海岸線に設定すること、及び複数の連盟国にこの封鎖の実施を委任することが適当とされる場合があり得る（パラグラフ18）[73]。

　1921年の総会決議においては、まず、連盟規約第16条においては、ある連盟国が連盟規約違反の戦争を開始したという事実により、他の連盟国は当然にこの違反国との戦争状態が生じるとされているのに対し、本決議では、違反国との戦争状態に入るか否かの判断は連盟国の義務に帰せられることとされたことが注目される[74]。次に、経済制裁において実行される手段についても、第16条に記載されている経済関係の遮断にかかわる各種の措置が一斉に実施されるというわけではなく、如何なる手段を何時どのように実施するかということは各連盟国の自由な決定によるものとされ、連盟理事会はそのための連絡あるいは調整を実施するにとどまるという方針が示されたこと

---

[68] Id., para. 4.
[69] *Id*., para. 8.
[70] *Id*., para. 11.
[71] *Id*., para. 12.
[72] *Id*., para. 14.
[73] *Id*., para. 18.
[74] 田岡前掲論文注49、315-316頁。

も併せて重要である[75]。このように、1921 年の連盟総会決議においては、経済制裁を実施すべき理由の有無にかかわる判断は個々の連盟国に留保されており、さらに、具体的な措置の選択及びその実施についても、個々の連盟国が決定するとされている。

しかしながら、経済制裁の実施はあくまで連盟規約下の連盟国の義務であるという点については 1921 年の総会決議においても変わりはなく、本決議によって各連盟国がそれぞれ独自の判断に基づき第 16 条に基づく義務を免れ得ると解釈されるべきではない。むしろ、ある連盟国が連盟規約の違反行為が存在すると確信し、かつ、それが連盟理事会により認められた場合には、他の連盟国は経済制裁に参加する義務を負うこととなる。このことは、1921 年の決議パラグラフ 4 が、その前段において「連盟規約の違反がなされたか否かを判断するのは、各々の連盟国の義務である」としつつも、後段で「第 16 条に基づき連盟国の負うべき義務は連盟規約から生じるものであり、その履行は、条約上の義務履行の場合と同様である」と確認していることからも明らかである[76]。

さらに、経済制裁の実施そのものについても、個々の連盟国がそれぞれ異なる判断を自由かつ個別に下すことが許容されるというわけではない。1921 年の連盟理事会決議の採択における議論では、経済制裁の集団的な実施という点について議論された形跡はないものの、仮にある特定の連盟国またはその連盟国と行動を共にする複数の連盟国が、連盟の多数意見を無視して独自の行動を試みたとしても、そのような行動は、連盟国の行動としての適合性が欠如しているものとして否定されたであろうことから[77]、経済制裁は集団的に実施されるべしということが暗黙のうちに合意されたものと推認される。

他方で、経済制裁の一環としての封鎖につき、1921 年の連盟総会決議は、

---

75) 高野前掲書注 36、12 頁。
76) 立作太郎『國際聯盟規約論』（國際聯盟協會、1932 年）、255 頁。
77) John Fischer Williams, "Sanctions under the Covenant," *BYIL*, Vol. 17（1936）, pp. 134-135.

パラグラフ 18 で「違反国への封鎖は特殊な場合に行われることが適当な場合があり得る」としている。この点につき、例えば田岡良一は、この文言は「原則として封鎖は実施されないとの意を表するものと解釈すべきである」と主張する[78]。この田岡説にしたがうと、1921 年の連盟総会決議は、違反国と非連盟国との間の各種交通の遮断を目的とする封鎖は、原則として実施されない旨を示唆していることとなる。この点につき、1921 年の連盟総会決議の起草過程において、国際封鎖委員会は封鎖の開始時期を自ら宣言すべきということには懐疑的であった。国際封鎖委員会は、封鎖の実施につき、「連盟の経済制裁が必要とされる特定の場合において、その一環として違反国の海岸線に封鎖線を設定することがあり得る」としつつも、「そのような場合においても、ある特定の連盟国にとっては、むしろ固有の権利である交戦権の行使による海上捕獲の実施及び捕獲審検所の設置のほうがより望ましいとされるかもしれない」と、やや曖昧に表現するにとどめた[79]。また、専門家から構成される封鎖に関する特別委員会の設置に関する検討もなされたようであるが、本提案は否決された[80]。さらに、この種の措置の実施に関して統一的な基準を連盟が提示することは適当ではないという見解が国際封鎖委員会内部で支配的であったため、連盟規約第 16 条第 2 項に定める経済制裁における軍事力の使用は、結局は連盟理事会の勧告により個々の連盟国の判断により実行されることとなった[81]。他方で、連盟規約に違反するような行為が行われた場合において、経済制裁の一環としての封鎖が連盟国により実施されることの是非とは別に、経済制裁を実効的ならしめるための軍隊の使用という論点については、1921 年の連盟総会決議採択の後も国際連盟内部で継続的に検討された。これが、次項において論述する「連盟海上阻止活動」にかかわる構想である。

---

78) 田岡前掲論文注 49、316 頁。
79) LoN DOC A. 115. 11. 1921, *supra* note 47, p. 10.
80) *Id.*
81) Christian J. Tams, "League of Nations," in Rüdiger Wolfrum ed., The *Max Planck Encyclopedia of Public International Law*, Vol. Ⅵ (Oxford University Press, 2012), p. 768.

d．連盟海上阻止活動構想

　連盟規約第16条は、連盟規約に違反して戦争に訴えたる違反国は、それ自体によって他のすべての連盟国に対して戦争行為をなしたものと見なされることから、経済封鎖の一環としての違反国へのまたはそこからの海上交通を遮断する手段として戦時の封鎖が実施される可能性があった[82]。また、これに加えて、連盟の経済制裁の実施と併存する連盟国の個別の行動として、違反国に対する海上経済戦の措置が理論上は実施可能であった[83]。

　上述したのは、連盟規約第16条がそのまま適用された場合に想定された事態であり、そこには、違反国との間での戦争状態の存在の有無に関しては連盟国の個別の判断が介在する余地はない。他方で、1921年の連盟総会決議によって、連盟規約違反が生起したという事実のみにより当然かつ直ちに戦争が開始されることはなくなった。また、戦争はできる限りこれを回避すべしというのが同決議の趣旨及び当時の連盟国の思惑であった[84]。このような事由から、連盟は、ある連盟国が連盟規約に違反する行為を為した場合に、戦争の勃発を回避しつつ、違反国への措置としての経済制裁を整斉と実施することを検討する必要に迫られた。そして、その場合、たとえ戦争状態の宣言がなされていなくても、連盟国は連盟規約上の義務として違反国との経済関係を遮断するので、主に検討が要されるべきは、連盟規約違反国との経済関係を維持する非連盟国への対応となる。また、戦争状態が宣言されていない以上は、連盟国は、非連盟国に対し交戦国として一般国際法上認められている権利の行使は不可能となる。このような理由から、連盟理事会が検討を命じたのは、「かかる状態において、連盟規約違反国への経済制裁の実効性確保を図るために非連盟国の船舶を如何に阻止するか」という命題についてであった[85]。

82）立前掲論文注30、7頁。
83）Anton Bertram, "The Economic Weapon as a Form of Peaceful Pressure," *Transaction of the Grotius Society*, Vol.17（Sweet and Maxwell Limited, 1932), p.149. 立前掲書注76、254頁。
84）田岡前掲論文注49、316頁。
85）LoN DOC C. 241. M. 116., Annex II, *supra* note 5, p.5.

つまり、戦争状態が存在しないことから、このような事態は国際法上は平時に該当し、非連盟国は中立義務を有さない。また、非連盟国は、違反国との経済関係を断絶するという連盟規約上の義務には拘束されない。したがって、仮に非連盟国が違反国との金融及び通商関係を継続したとしても、そのような行為は一般国際法上なんらの違法性を帯びることはない。加えて、連盟国が、違反国との経済関係の遮断することを目的として非連盟国を旗国とする船舶を阻止しても、非連盟国にはこのような行為を受忍すべき法的義務は生じない。さらに、一連の事態はあくまで国際法上の平時におけるものであるため、非連盟国と違反国との間の経済関係の遮断するために、連盟国が非連盟国を旗国とする船舶に対して海戦法規を根拠とする措置を実施することは困難である。このような法的に閉塞した状態にあって検討されたのが、経済制裁における平時封鎖の準用である。

連盟成立以前の時代の実行においても、平時封鎖は、要件及び実施の可否等について活発な議論を惹起せしめた措置であり、また、その合法性に関する疑問は完全に解決されたというわけではなかった[86]。さらに、違反国に対する経済制裁が実施されている状態にあっても、当該違反国と経済関係を維持することは、非連盟国が有する一般国際法上の権利として認められており、加えて、平時封鎖はそもそも船舶の阻止という重大な行為を伴う措置であることから、たとえ平時封鎖が国際の平和と安全の維持という連盟規約の目的達成のために実施されるものであったとしても、非連盟国がその結果生じる損害を受忍するという保証なく、これは連盟理事会内部における検討においても解決困難な問題として指摘されていた[87]。このような数々の難問を踏まえても、連盟理事会内部においては、戦争状態を背景とはしない経済制裁の一環としての軍事力の使用形態としては、違反国以外の船舶を直接の対象としないということを主な理由として、平時封鎖がなおも適当であると考

---

86) *Id.*, p.6.
87) Williams, *supra* note 77, pp.146-147.

えられていたようである[88]。

　連盟の経済制裁は個々の連盟国によって実施されることから、経済制裁を実効的ならしめるための方策である平時封鎖についても、そのために用いられる海軍部隊の指揮権並びに軍人に対する任免及び懲戒等にかかわる権限は、部隊派遣国である個々の連盟国に留保されたであろうものと想定される。そうなると、平時封鎖に参加する軍隊（海軍）に対する連盟理事会の統制は極めて緩やかであったものと推認される。また、この活動において想定されていたのは、石油及び石炭等の戦略物資及び禁輸物資を輸送している船舶の停船、捜索及び状況によっては連盟国の港湾への引致等の措置であった[89]。これらは、国連海上阻止活動とほぼ共通する発想であり[90]、国連海上阻止活動と類似した構想は、1920年代において既に存在していたのである[91]。

第2節　国家の緊急事態における船舶の阻止

1. 公海上における自衛と海洋法の限界
a．公海自由の相対性

　戦時においては、交戦国は中立国の海上における通商等にかかわる法益に対し妥当な配慮（due regard）を払うものとされており[92]、捕獲法や海上中立法は、そのような文脈における交戦国と中立国双方の対立する権利を調整す

---

88) LoN DOC C. 241. M. 116.（17 May, 1927）, Annex II, *supra* note 5, p.8.
89) Williams, *supra* note 77, pp.13-149.
90) George P. Politakis, "UN-Mandated Naval Operations and the Notion of Pacific Blockade: Comments on Some Recent Developments," *African Journal of International and Comparative Law*, Vol.6, No.2（1994）, p.200.
91) Robert E. Morabito, "Maritime Interdiction: Evolution of a Strategy," *ODIL*, Vo. 22, No.3（1991）, p.306: O'Connell, *supra* note 23 of Chapter 1, p.1158: Churchill and Lowe, *supra* note 2 of Introduction, p.423.
92) Cf., *San Remo Manual*, *supra* note 5 of Introduction, paras.12, 21, 34, 35, 36.

る機能を果たしている。そして、このことは、たとえ戦時においても公海の航行の自由は基本的には変わりはないものの、それは完全なる不可侵の原則というわけではなく、交戦国の戦争遂行の権利の行使に一定程度の影響を受けることはやむを得ないものと認識されていることを意味する。

　他方で、例えば、オコンネル（Daniel Patrick O'Connell）によると、平時の海洋法においても、公海の自由は絶対的または静的な存在であるというわけではなく、それは、それぞれの時代において公海上で生起する新たな問題への対応という課題による挑戦を受け続けてきたとされる[93]。また、オコンネルは、強大な海洋国家である個別国家の一方的な行為（unilateral act）が公海の自由に及ぼす影響が海洋法の歴史を形成してきたという側面が存在することを、併せて指摘している[94]。さらに、オコンネルは、公海の自由の相対性が最も顕在化すると思われる場面は、国家が平時の公海上において、自衛または国家の安全保障（national security）を目的とした行動をとる場合であるとし、そのような場面において、国家の自衛（national self-defence）または緊急の事態への対処を名目として公海上における船舶に対する乗船及び捜索が如何に正当化されるのかという問題が、継続的な議論の対象となっていたと重ねて主張する[95]。

ｂ．自衛権行使を巡る学説の対立

　国連憲章下の時代においては、個別国家が何らかの強制的な措置を伴う行動をとる場合、ほぼ例外なく国連憲章第51条で確認されている自衛権が援用されている。国連憲章第51条においては、国家が自衛権を援用して行動する場合には、それに先立つ武力攻撃（armed attack/aggression armée）が存在することが前提的な要件とされている。そして、先に言及した国家の自衛または緊急の事態への対処を理由とする公海上における船舶に対する乗船及び捜索の強制的な実施についても、かかる行為を実施する国に対する武力攻撃が存在していたならば、事態は自衛権行使にかかわる必要性及び均衡性の原

---

93) O'Connell, *supra* note 23 of Chapter 1, pp. 796-797.
94) *Id.*, p. 797.
95) *Id.*, p. 803.

則が支配するところとなる[96]。なお、その場合、自衛権行使を根拠とする武力紛争において海戦法規上の措置がどの程度実施できるのかという問題は別途検討を要する論点として存在するが[97]、そのことはひとまずは措く[98]。むしろ、本章において検討されるべきは、武力攻撃が生起しておらず、または武力紛争が未だ存在していないという意味においての平時において、国家が自衛を理由に公海上における船舶に対する乗船及び捜索の正当化にあたり如何なる抗弁を行ってきたのかという論点である。

この問題に関する学説は二分されている。例えば、バウエット（Derek William Bowett）は、国家は自国の領土及び政治的独立に対する脅威への対応のみならず、公海上において自国船舶及び航空機を防護するために、明白な攻撃が生起した場合はもとより、急迫した危険への対応として自衛権を行使して行動することが許容されていると主張している[99]。このバウエットの主張の中核的な部分は、国連憲章第51条の下では個別国家による自衛権行使は武力攻撃が発生した場合に限り可能とされているということを認識しつつも、国連憲章第51条下で確認されている自衛権は一般国際法上の自衛権を制限するものではなく、武力攻撃を未然に防止するための予防的な自衛権行使も許容されるというものである[100]。そして、このバウエットによる主張を前提として、コロンボス（Constantine John Colombos）は、そのような場合には、国家は国際法上認められている自衛権を行使して、公海上において船舶に対して乗船及び捜索を行い、必要があれば当該船舶を拿捕及び拘留することが可能であるとする旨の見解を表明している[101]。また、日本国内の学

---

96) Albrecht Randelzhofer, "Article 51," in Bruno Simma ed., *The Charter of the United Nations A Commentary* (Oxford University Press, 1995), p.677.
97) Cf., Doswald-Beck, *supra* note 235 of Chapter 1, p.266 ff.
98) これらのうち、自衛権行使による武力紛争非当事国の船舶に対する措置については、第5章を参照。
99) Derek William Bowett, *Self-Defence in International Law* (Fredrick A. Praeger, 1958), p.71.
100) *Id*: Angelos M. Syrigos, "Developments on the Interdiction of Vessels on the High Seas," in Anastasia Strati, Maria Gavouneli and Nikolaos Skourtos eds., *Unsolved Issues and New Challenges to the Law of the Sea* (Martinus Nijhoff Publishers, 2006), p.161.
101) Colombos, *supra* note 18 of Chapter 1, p.290.

界における最近の議論に目を転じても、例えば村瀬信也は、慣習法上の自衛権の存在を認めたうえで、武力攻撃に至らない武力行使に対する自衛権が一般国際法上許容され得るのみならず、武力攻撃に対する反撃についても、国連憲章第 51 条による場合と一般国際法上の自衛権の双方があり得るとする[102]。その上で、村瀬は、国連憲章第 51 条を同第 7 章の例外としての手続法レヴェルにおける権利として捉え、この自衛権の権利性を国連憲章第 7 章の実効的機能に依存するものと考えることにより、同第 7 章が機能麻痺を起した場合には、特別法の適用の停止による一般国際法への回帰という形で、国連憲章から一般国際法への転換または切り替えをもたらす場合があると考えられると主張する[103]。この村瀬の主張を先のバウエット及びコロンボスの主張に当てはめると、一般国際法上の自衛権は国連憲章上の自衛権よりも幅広く捉えられることから、一般国際法に依拠した公海上における船舶に対する乗船及び捜索及び必要に応じた拿捕が可能とされることとなる。

　他方で、上述した論者による主張とは正反対の見解を展開する立場も存在する。この立場の代表的な存在であるブラウンリー（Ian Brownlie）は、国連憲章の重要な趣旨の一つは個別国家による武力行使を国連が管制することであり、国連憲章第 51 条の下では、自衛権は武力攻撃が発生した場合のみ行使が可能であるとされていること、及び安保理事会が国際の平和と安全の維持または回復のために必要と認める間のみ行使が可能であるとされていることは、個別国家による武力行使に対する国連の管制を具現化していると主張する[104]。さらに、ブラウンリーは、国連憲章上の自衛権と比較されるべき一般国際法上の自衛権とは、あくまで国連憲章が成立した 1945 年の時点における一般国際法における自衛権であり、1920 年代やそれ以前の時代における自衛権とされているものではないとする[105]。その上で、ブラウンリー

---

102) 村瀬信也「国連憲章と一般国際法上の自衛権」同編『自衛権の現代的展開』（東信堂、2007 年）、7 頁。
103) 同、11 頁。
104) Ian Brownlie, *International Law and the Use of Force by States*（Clarendon Press, 1963）, pp. 273-274.
105) *Id.*, pp. 279-280.

は、国連憲章の条文のなかには既に慣習法化していると思われるものも少なからず含まれており、第51条についても、それは多くの国際機構の設立文書にほぼそのまま取り入れられていることから、慣習法としての性質を帯びるものと評価する[106]。そして、このような理由から、ブラウンリーは、個別的及び集団的自衛権のいずれも国連憲章第51条で確認されている要件に服するものとし、武力攻撃に至らない状態における自衛権行使を否定する[107]。

このブラウンリーの主張と同様に、田岡良一も、国連憲章第51条よりも範囲が広い自衛権の存在を排除するものはないとする立場の主張[108]には留意しつつも、国連憲章第51条は武力攻撃の場合以外の自衛権の行使を容認していないと主張する。その理由として、田岡は、武力行使を一般的に禁止した国連憲章第2条4項の解釈[109]、国連憲章の起草者には武力攻撃の場合以外の広い前提条件を自衛権行使のために認めようとする意図が不在であったこと[110]、国連憲章第51条で用いられている固有（inherent）という文言は単に装飾的であるにすぎないこと[111]、及び国連憲章の起草者が想定する自衛権は、ロカルノ条約（1925年）第2条第1項のいう正当防衛権（droit de légitime défense）または不戦条約（1928年）の締結に際して各国が交換公文をもって留保した自衛権の如く、外国からの武力攻撃に対して自国を防御することを指すために用いられている自衛権であり、第一次世界大戦以前の時代における伝統的国際法学における自衛権ではないという国連憲章の起草過程における諸事情を挙げている[112]。

---

106) *Id.*, p.280.
107) *Id.*
108) Leland M. Goodrich, Edvard Hambro and Anne Patricia Simons, *Charter of the United Nations Commentary and Documents*, 3rd and Revised Ed. (Colombia University Press, 1969), p.345.
109) 田岡良一『国際法上の自衛権補訂版』（勁草書房、1981年）、242-243頁。
110) 同、243-244頁。
111) 同、244-245頁。
112) 同、245頁。なお、この時代における自衛権に関する論考ついては、森肇志『自衛権の基層─国連憲章に至る歴史的展開─』（東京大学出版会、2009年）、53-97頁を参照。また、同旨の業績として、西嶋美智子「戦間期の『戦争違法化』と自衛権」『九大法学』

c．海洋法における自衛にかかわる規則の不備

このように、平時において国家が自衛を理由として公海上において船舶に対する乗船及び捜索の法的な可否という問題に関しては、学説レヴェルにおいては完全な解決が見られていない。なお、自衛権について ICJ は、まず、ニカラグア事件本案判決（1986 年）において、「国連憲章第 51 条は、自衛にかかわる自然のまたは固有の権利の存在を基としていることから、慣習的な性格を帯びるものと判断できる」とし[113]、国連憲章第 51 条で確認されている自衛権には慣習法上の自衛権を含むとしている。次に、ICJ は、核兵器使用・威嚇の合法性の判断に関する勧告的意見において、「国連憲章には、自衛は武力攻撃のみに対抗するための慣習法上確立された必要性及び均衡性を伴った手段であるということを保障する特別な規則が存在しており……如何なる実力が使用されようとも、これらの必要性及び均衡性という要件は国連憲章第 51 条に適用される」[114]と、自衛権行使は武力攻撃に対してのみ援用が可能であること、及び自衛権行使にかかわる必要性及び均衡性の要件を確認している。

他方で、海洋法関連条約においては、公海上における平時の自衛についての規定は存在しない。海洋法に関する条約策定にかかわる歴史を紐解くと、1958 年の第一次海洋法会議において ILC は、「一国に対して急迫した（imminent）危険が迫っている緊急的な状態においては、その国を旗国とする軍艦が、外国の船舶が当該軍艦の旗国に対して敵対的な行為（hostile acts）に従事しているとの嫌疑が存在することを理由として、当該船舶への乗船及び捜索が許容されるのかという問題が想起される。しかしながら、ここでいう『急迫した危険』及び『敵対的な行為』という文言の意味するところが不明瞭であり、それらが濫用される危険が大いに懸念されるところである。し

第 103 号（2011 年），171-215 頁。

[113] *Military and Paramilitary Activities in and against Nicaragua (Nicaragua v. United States of America), Judgment of 27 June 1986, ICJ Reports 1986*, para.176.

[114] *ICJ Reports 1996, Supra* note 232 of Chapter I, para.41.

たがって、ILC は、このような状態に関連する条項を海洋法に関する条約に設けることは適当ではないものと考える」とした経緯が存在する[115]。つまり、ILC は、公海上における平時の自衛は公海航行の自由とは別の問題として検討されるべきであると判断したのである[116]。さらに、一部の論者によると、公海上における自衛というものは概念的には一応想定されるとしても、それは、実際に事例が生起してはじめて、そして、あくまで個別の事例に限定してその範囲及びオペレーショナルな内容が個々に判断されるべき性質のものであるという事由も、先に引用した ILC の判断の遠因として作用した可能性が指摘されている[117]。

ところで、国家実行においては、武力攻撃が未だ生起せず、また、武力紛争も存在していない状態において、国家が緊急の事態への対応として自衛を主張して行動した事例が一定数確認される[118]。そして、それらの事例においては、公海上における船舶への乗船及び捜索を行ったものも複数存在している[119]。

---

115) UN DOC A/CN.4/SERE.A/1956/Add.1 (November, 1956).
116) Syrigos, *supra* note 100, p. 163.
117) Robert C. Reuland, "Interference with Non-National ships on the High Seas: Peacetime Exceptions to the Exclusively Rule of Flag-State Jurisdiction," *Vanderbilt Journal of Transnational Law*, Vol. 22, No. 5 (1989), p. 1210.
118) Malcolm N. Shaw, *International law*, 4th ed. (Cambridge University Press, 1997), pp. 793-774. なお、1967 年 3 月 18 日にリベリア籍の大型タンカー *Torrey Canyon* が、英国南西部のシリー島とランズエンドの間の浅瀬に座礁した事件において、原油の流出による海洋環境への深刻な被害を懸念した英国は、船内に残留した約 4 万トンの原油を燃焼させるために本船を爆破することを命じた。本件は、その後、1969 年に採択された油濁事故における公海上における措置に関する国際条約の契機となった事件であり、公海上に所在する外国船舶への自衛若しくは緊急避難として、国家が実力を行使した事例としてたびたび紹介されるものである。Reuland, *supra* note 117, p. 1220：山田卓平「トリー・キャニオン号事件における英国政府の緊急避難論」『神戸学院法学』第 35 巻第 3 号（2005 年 11 月）80-81 頁。
119) Reuland, *supra* note 117, p. 1209.

2. 国家実行
ａ．歴史的先例——*Virginius* 事件（1873 年）——
（ａ）事件の概要

　Virginius 事件は、公海上における自衛にかかわる古典的先例としてしばしば引用される事件である。*Virginius* は米国において登録された汽船であったが、本船の国籍登録は詐欺的行為によりなされたものであり、実際には、本船は、当時スペインの植民地であったキューバがスペインからの独立戦争（第一次独立戦争：1868 年～1878 年（いわゆる「キューバ 10 年戦争」））において、キューバの叛徒による管理の下で米国からキューバへ向けて人員及び武器の輸送に従事していた[120]。1873 年 10 月 31 日に、*Virginius* はスペイン軍艦 *Tornado* により公海上において拿捕され、キューバのサンチャゴに引致された。当地において、53 名の乗客及び英国人、米国人及びキューバ人からなる乗員は、簡易な軍法会議によって海賊の罪状の下で 52 名は銃殺刑に処せられ、残りは収監された[121]。なお、本船が従事していた行為は正確には海賊ではなく、1837 年に生起した *Caroline* 事件と同様に、一国内のある地域において反乱を起こしている叛徒への人員及び武器等の物資の輸送に該当する。

　本件により損害を被ったのは英国及び米国であるが、これら両国の主張は相当に異なっていた。まず、英国は、*Virginius* の拿捕及び引致は緊急状態における正当防衛として抗弁される余地があると判断し、公海上における本船の臨検、拿捕及び乗員の拘束については争わない姿勢を見せた。他方で、その後に行われた一部の乗員の処刑については急迫した危険はなかったと判断し、乗員に対して国内法及び関係する国際法に則り、通常の司法手続きを踏んだ正規の裁判が行われた場合には、処刑という結果にはならなかったものとして、これを非難した[122]。

---

120) *Id*., pp.1211-1222.
121) John Norton Moore, *A Digest of International Law*, Vol.2 (Government Printing Office, 1906), p.895.
122) Colombos, *supra* note 18 of Chapter 1, pp.289-290.

他方で、米国の態度はより強硬であり、米国は、スペインが Virginius を公海上で拿捕した行為そのものを問題とした。米国の主張の要旨は、平時の公海上に所在する米国国旗を掲げた船舶は米国の管轄権に服することから、米国船舶に対する強制力を用いた如何なる臨検、引致及び武力による威嚇も、米国の主権に対する侵害であるというものである[123]。また、仮に、Virginius がキューバの叛徒への人員及び武器等の物資輸送に従事していたという事実が存在したとしても、スペインには公海上において本船を拿捕する権利はなく、単にスペイン領水内において管轄権を行使することができるにすぎず、公海上において外国船である本船を拿捕することは違法であると、米国は主張した[124]。その上で、米国は、本船及び本船乗員のうち米国籍を有する者の自国への引渡し、米国に謝罪の意を表するためにサンチャゴ市内において米国国旗に対する敬礼の実施、並びに本件に関係するスペイン当局者の処罰を要求した[125]。

本件は、同年 11 月 29 日に米国とスペインとの間で解決のための取極が調印され、それに基づき、Virginius の米国への引渡し並びに米国籍の乗員及び乗客の帰還が合意された。なお、Virginius の国籍詐称について、米国は、「たとえ本船の国籍登録の際に詐欺的行為が行われたとしても、スペインにとって本船が外国船舶であることには変わりなく、故に、スペインが公海上において本船を拿捕する理由を構成しない」とした。その後、スペインは、船体の引渡しともに、米国籍の乗員及び乗客を帰還させ、また、1875 年 3 月には補償協定が成立しスペインが米国に 8 万ドルを支払った結果、本件は解決した[126]。

ちなみに、Virginius は、1973 年 12 月に米国に引き渡され、ウッドロー米海軍少佐（Lieutenant Commander D. C. Woodrow）指揮のもと、元の乗員を含む回航要員により米国へ向けて出帆した。しかしながら、本船は、米国への公

---

[123] Moore, *supra* note 121, p. 898.
[124] *Id*., p. 898：田岡前掲書注 109、53 頁。
[125] Moore, *supra* note 121, p. 898.
[126] 田岡前掲書注 109、53-54 頁。

海の途上で Tornado による拿捕の際に生じた船体の損傷が原因で浸水し、同年 12 月 26 日午前 4 時 17 分にノース・キャロライナ州ケープ・フィアー（Cape Fear）沖の大西洋において沈没した[127]。

(b) 法的論点

本件に関する法的論点の中核は、公海上においてスペイン軍艦 Tornado による Virginius の拿捕及び引致が正当なものであったのかという点に集約される。まず、拿捕及び引致の理由された Virginius が海賊行為に従事していたというスペインによる主張についてであるが、本船が従事していたのはキューバの叛徒への人員及び武器等の物資の輸送であり、公海上における私的目的のための他の船舶若しくはこの中にある人または財産に対する暴力行為ではない。したがって、スペインが、Virginius が海賊行為を行っていたとの理由により、外国船舶である本船の拿捕及び引致を正当化することは困難である。また、当時、スペインと米国との間では戦争状態は存在していないことから、公海上における Tornado による本船の拿捕及び引致は、捕獲法上の措置としても正当化されない[128]。

次に、Virginius の国籍登録が詐欺的行為によりなされたことから本船が国旗を濫用していたという点についてであるが、海洋法上、ある国の国旗を正当な権利なく掲げて公海を航行する船舶を拿捕して処罰できるのはもともとの旗国のみであることから、本件の場合には、処罰権限を有する旗国は米国でありスペインではない。また、国旗の確認のための近接権の行使はいずれの国の軍艦にも許容されているが、その結果、船舶がたとえ国旗を不正に使用している事実が判明しても、当該船舶が公海海上警察権行使の対象とされるような違法行為に従事していない限り、旗国以外の軍艦は当該旗国へ通報及び注意喚起のみが可能とされるにとどまる。したがって、Virginius が虚偽の国籍登録及び国旗の濫用を行っていたとしても、それは米国が管轄権を有

---

127) Richard H. Brandford, *The Virginius Affair*（Colorado Associated University Press, 1980）, pp. 112-114.
128) Moore, *supra* note 121, p.899.

する違法行為であり、スペイン軍艦 Tornado による公海上における拿捕及び引致は正当化されない[129]。

このような状況下にあって、Tornado による Virginius の拿捕及び引致の正当化を試みるならば、本船の拿捕及び引致は、平時の海洋法の下で認められている公海上における旗国の管轄権を排除するための措置としてなされたとみるべきであり、また、位田隆一は、かかる措置は何らかの違法性阻却事由である国際法規範の適用に対する合法性の抗弁（exception）[130]により正当化されるべきと主張する。この主張についてスペインの立場に立って検討すると、英国が主張したように、本件は、緊急の場合における自己保存権（necessity of self-preservation）の事例に該当し[131]、自己保存権の行使の一環として、国外からの危険が存在する場合に自国を防護するための措置が可能とされる余地が存在する[132]。即ち、スペインは、Virginius によりなされる自国の領域内における叛徒への支援がスペインの重大な法益侵害に該当し、このような援助を領域内のみにおいて阻止することは事実上困難であった[133]。つまり、本件の場合、公海上における外国船舶の拿捕及び拘留は旗国の法益を侵害する行為であるが、より重大な侵害が Virginius の行為によりスペインに対してなされる危険があるために、Virginius の行為を阻止するためには公海上における拿捕以外に他にとるべき方策がなかったという理由により、違法性を阻却することが可能であったように見受けられる[134]。よって、本件は公海上における自衛に関する古典的事例としてたびたび引用されるものの、その法的性格は緊急避難であり、自衛権とは別の概念である。ただし、スペインはそのような主張を行わず、Virginuis の拿捕及び引致を、海賊行為

---

129) Id., p.898.
130) 位田隆一「国際法における自衛概念―最近の国家実行からみる自衛概念の再検討への手がかり―」『法学論叢』第126巻第4・5・6号（1989年）、301頁。
131) Hersh Lauterpacht, International Law A Treaties by Oppenheim, Vol. I, Peace, 8th ed. (Longmans, 1955), p.301, n.1.
132) Id., pp.298-299.
133) 田岡前掲書注109、57頁。
134) 同上。

への対応としてその正当化を行ったのである[135]。

b．アルジェリア戦争におけるフランス海軍の活動（1954年～1962年）
（a）経　緯

 Virginius 事件で問題となった事項が、一層顕著な形で問題とされたのは、アルジェリア戦争においてであった。アルジェリア戦争とは、1954年から1962年にかけて戦われたアルジェリア人民のフランスの支配からの独立戦争または民族解放戦争であり、併せて、フランス本国と植民地との間の内戦としての性格を有する[136]。この戦争は、1954年に組織されたアルジェリア民族解放戦線（Front de Libération Nationale：以下「FLN」）が同年11月1日に一斉に蜂起したことに端を発し、FLNの軍事部門である国民解放軍（Armée du Libération Nationale：ALN）が設立されると、FLNは、アルジェリア駐留フランス軍に対する武力闘争を本格化させていった[137]。なお、フランス政府は、1999年まではこの戦争を同国が戦った戦争であるとは認定していなかったが、国内法の改正により、1999年に正式に「アルジェリア戦争」（Guerre d'Algérie）として記されることとなった[138]。

 フランス軍の活動は、同盟国である北大西洋条約機構（North Atlantic Treaty Organigation、以下「NATO」）諸国、とりわけ米国の支援が不可欠であったことから、FLN及びそれを支援するアラブ諸国は、米国及びその他のNATO諸国に対してフランスへの軍事的援助を自粛するように要請するとともに、FLNにより樹立されたアルジェリア共和国臨時政府（Gouvernement provisoire de la Republique Algerienne: GPRA）を国家として承認するように求めた。しかしながら、米国及びその他のNATO諸国は、本件に関し中立を含む如何なる法的立場も選択することなくフランスへの支援を継続し、他方

---

135) Lauterpacht, *supra* note 131, p.301, n.1.
136) Norton, *supra note* 219 of Chapter 1, p.272.
137) Martin S. Alexander and J. F. E. Keiger, "France and the Algerian War: Strategy, Operations and Diplomacy," *The Journal of Strategic Studies*, Vol.25, No.2 (2002), p.3.
138) *Id.*, p.1.

で、フランスも、本件を国際的武力紛争であると宣言することなく、それはあくまで国内問題であるとの姿勢を維持した[139]。

(b) 公海上における第三国船の拿捕

アルジェリア戦争において、フランス海軍 (Marine Nationale) は、1,500キロにわたるアルジェリア沿岸の沖合海域においてパトロールを実施し、海上を介したFLNに対する武器等の流入の阻止のための活動に従事した[140]。このオペレーションの開始時におけるフランス海軍の哨戒海域はアルジェリア沿岸にとどまっていたが、1956年3月19日の政令56/274 (Décret 56/274) 第4条により、関税法 (code des douanes) 第44条に規定される関税海域をアルジェリアから距岸27海里まで伸張させ、100トン未満の船舶はフランス海軍の検査の対象とするとされた[141]。加えて、同第5条は、艦艇のみならず航空機 (ヘリコプター) にも臨検の権利を付与した[142]。なお、本措置が発令されたのは領海条約が制定される以前の時期ではあるものの、本措置は接続水域の伸張に等しいと批判する議論も存在している[143]。

このような経緯により、1958年以降、アルジェリアへ向けて航行する100トン以上の船舶は停船の後にフランス海軍による乗船及び捜索を受けることとなり、この措置の大部分は、先に指定された関税海域内において実施された[144]。そして、捜索の結果、武器、弾薬及び爆薬類が発見された場合、それらの物資はアルジェリア駐留フランス軍に対して敵対的な目的において使

---

139) Norton, *supra* note 219 of Chapter 1, p. 273-274. See also Arthur Mark Weisburd, *Use of Force: The Practice of States since World War II* (Pennsylvania State University Press, 1997), p. 75.
140) Bernard Estival, "The French Navy and the Algerian War," *The Journal of Strategic Studies*, Vol. 25, No. 2 (2002), p. 80.
141) Décret 56/274, reprinted in *Journal Officiel de la Repblique Française* (19 mars, 1956), p. 2665.
142) *Id.*
143) O'Connell, *supra* note 23 of Chapter 1, p. 806.
144) Wolf Heintschel von Heinegg, *Visit, Search and Capture: The Effect of the United Nations Charter on the Law of Naval Warfare: Report and Commentaries of the Round Table Experts on International Humanitarian Law Applicable to Armed Conflict at Sea, Norwegian Navy School of Tactics, Norwegian Red Cross, International Institute of Humanitarian Law, Bergen, 20-24 September 1991* (Bochum: Universitätsverlag Dr. N. Brouchmeyer, 1992), p. 57.

第 2 章　平時の緊急状態における戦時状態の擬制による船舶の阻止

用されないことが明示的でない限り没収された[145]。船舶の検査にあたり、フランス海軍はおおむね紳士的に活動したとはされているが、このような検査活動は、関税海域のみならず遥か遠方の公海上においても大規模かつ広範囲に展開された[146]。船舶の検査に関する実績について当時公表された統計によると、1956 年 1 月から 1957 年 12 月の間、停船 4,755 隻、乗船及び捜索 1,330 隻、行き先変更 182 隻及び拿捕 1 隻[147]、さらに、1958 年 1 月から同年 12 月の間、停船 926 隻、乗船及び捜索 451 隻、行き先変更 39 隻という数値が示されている[148]。フランス海軍の措置の対象とされた船舶の旗国は、西ドイツ、ブルガリア、デンマーク、フィンランド、英国、ギリシャ、イタリア、パナマ、オランダ、ポルトガル、ルーマニア、チェコスロバキア及びユーゴスラビアと、極めて多岐にわたる[149]。これらの国の多くは、フランス海軍の活動はあくまで平時の活動であり、かかる状態においては、戦時における海上経済戦の一環として交戦国が実施する第三国船舶に対する大規模かつ広範囲な臨検は許容されないとして[150]、公海上におけるフランス海軍による乗船及び捜索を強く非難した[151]。また、何件かの事案はフランスの大審裁判所（Tribunal de grande instance）において訴訟となり、拿捕の合法性が争われた。しかしながら、裁判所は、フランス海軍の行為は国家の安全保障を追及するための政府の活動（un acte de Gouvernement）であるとして、裁判所

---

145) Id.
146) Daniel Patrick O'Connell, "International Law and Contemporary Naval Operations," *BYIL 1970* (Oxford University Press, 1971), p. 36.
147) *Irresponsabilité des autorités français à raison des measures de contrôe (arraisonnement, déroutement, visite) appliquée en haute mer aux navires de commerce étrangers au cours des opérations d'Algérie (Con. D'Etat, 30 mars 1966, Société Ignazio Messaina et Cie),* Sommaire, reprinted in *RGDIP*, tome 70, No. 4（1966）, p. 1058, n. 1.
148) Id.
149) O'Connell, *supra* note 146, p. 36.
150) Anna van Zwanenberg, "Interference with Ships on the High Seas," *ICLQ*, Vol. 10, Part 4 （1961）, p. 791.
151) D. R. Humphrey, "Belligerent Interdiction of Neutral Shipping in International Armed Conflict," *JCSL*, Vol. 2, No. 1（1997）, p. 30.

の管轄外であるとした[152]。

このような事態に対しては、フランス国内においても一部の論者により、「現在展開中である公海上における海軍の活動を公海の自由原則の例外的な措置として合法的に位置づけるのであれば、フランス政府は、FNL を交戦団体として承認することにより、公海上における外国船舶に対する乗船、捜索及び積み荷の拿捕にかかわる国際法上の根拠を確保するべきである」との指摘がなされていた[153]。しかしながら、他方では、外国船舶への乗船及び捜索等にかかわる事案のなかには、行政裁判として行政裁判所での審理を経てフランス国務院（Conseil d'Etat）において事件として争われたものも存在する。それは、1959 年 5 月 3 日に、フランス海軍駆逐艦 *Dupertit-Thouars*（D-625）が地中海においてイタリア商船 *Duzar* への乗船及び捜索を実施した事案であり[154]、本件では、乗船及び捜索の結果生じた船舶への損害について、フランス国防相が賠償の申し立てを却下したことから争われた[155]。

パリ行政裁判所（Tribunal Administratif de Paris）における下級審において *Duzar* の船主は、付託書の中で、公海条約第 22 条で確認されている公海の自由原則は公海上において船舶は旗国の管轄権のみに服することを旨とする旗国主義により成立しているものであり、故に、軍艦が外国船舶を臨検できるのは、当該外国船舶が他の国の旗を掲げているか、または当該外国船舶の旗を示すことを拒否したが、実際には当該軍艦と同一の国籍を有する場合であり、そのような状況にない場合において船舶書類を確認することや、船内の捜索及び行き先変更等の措置を講ずることは許容されないとする旨の申し立てを行った[156]。本申し立てに対して国防相は申述書を提出し、その中で

---

152) *Splosna-Plovba v. Administration des douanes*, Tribunal de grande instance de Bône (18 avril, 1961), reprinted in *JDI*, tome 57, No. 3 (1963), p. 1192.

153) *Irresponsabilité des autorités français à raison des measures de contrôe (arraisonnement, déroutement, visite) appliquée en haute mer aux navires de commerce étrangers au cours des opérations d'Algérie*, supra note 147, p. 1062.

154) *Ignazio Messina et Cte v. L'Etat (Ministre de armée)*, Tribunal Administratif de Paris (22 octobre, 1962), reprinted in *JDI*, tome 57, No. 3 (1963), pp. 1191-1194.

155) O'Connell, *supra* note 23 of Chapter 1, p. 805.

156) *Id*., p. 1192.

「海軍が受領した命令は、アルジェリアにおける作戦と緊密な連関を有しており、フランス国家の対外的な安全を確保するための警察的な活動（une opération du police）である。この活動は国際法により正当化されているものであり、かかる合法性は自衛の原則（principe de la légitime défense）により導かれる。故に、*Duzar* への乗船及び捜索は、上述したような性質によって行政裁判所の管轄外に位置するものであり、かかる行為が招来せしめる結果についてはフランス国家のみが責任を有するものである」との抗弁を行い[157]、海軍の活動は自衛権に基づくものである旨の主張を展開した[158]。

　上述の国防相による申述書を踏まえて裁判所は、*Duzar* への乗船及び捜索が自衛により正当化できるのかという点が本件の中核であると判断した。そして、裁判所は、国連憲章第51条は自衛権の行使について厳格な要件を課しており、それに鑑みた場合、海軍による外国船舶への乗船及び捜索は武力攻撃に対抗するための行動であるとは直ちには判断し難いとした[159]。その上で、裁判所は、なお問題とされるべきは、自衛権行使により国内の安全を脅かすような船舶を公海上で拿捕することが可能であるのか、換言すれば、歴史的事例である *Virginius* 事件で問題となった公海上における外国船舶への干渉が本件において許容されるのかという問題を想起するとともに、自衛権の概念は現代の軍事科学技術の進展に大きく影響を受けていることを看過できないことを付言した[160]。そして、1962年10月22日の判決において裁判所は、「フランス海軍の活動は、政府の権限の行使によるもの（se rapportent á l'exercise par le Gouvernement）であるとともに、アルジェリアにおけるフランス軍による軍事活動の目的を達成するため、また、国家の防衛（défense nationale）のために必要な活動であり、さらに、フランス国家と他の外国諸国との関係にも大きな影響を及ぼすものである。このような理由か

---

157) Mémoire du Ministre des armées, cited in *Ignazio Messina et Cie v.L'Etat (Ministre de armée)*, supra note 154, p. 1192.
158) Ronzitti, *supra* note 1, p. 152.
159) *Ignazio Messina et Cie v.L'Etat (Ministre de armée), supra* note 154, p. 1192.
160) *Id.*, p. 1194.

ら、当該裁判所は本件についての管轄権を有さないと判示した[161]。

さらに、1966年3月30日に下された本件の上告審の判決においてフランス国務院は、パリ行政裁判所の判決を否定しなかった。そして、そのように判断した理由として、国務院は、海軍が展開した公海上における外国船舶への乗船及び捜索は政府の権限によるものであるというパリ行政裁判所が示した判決をそのまま引用するのではなく、むしろ海軍の活動は軍事活動（opérations militaires）に該当し、フランス国内法にはそのような活動の妥当性を判断する特定の規則が存在せず（欠缺（lacunae））、裁判が不能（non liquet）であることを理由として掲げた[162]。

パリ行政裁判所が引用したとおり、アルジェリア戦争におけるフランス海軍の活動においては、Virginius 事件から80年以上経過した後、国家の安全を確保することを目的とした公海上における外国船舶に対する乗船及び捜索の是非が再び問題とされた。また、ここでいう国家の安全確保の目的とは、フランス本国政府に敵対する FLN に対する武器等の流入及び供給の遮断であり、そして、このような構図も Virginius 事件とほぼ共通するものである。Virginius 事件が伝統的国際法の下において生起したのに対し、本件は国連憲章下における事案であり、パリ行政裁判所がフランス海軍の活動は国連憲章第51条で確認されている自衛権によって正当化することの困難性を示したことは、注目に値する。しかしながら、行政裁判所及び国務院の双方とも、管轄権の限界を理由にそれ以上の判断を行わなかった。また、フランス海軍の措置の対象とされた船舶の旗国も、アルジェリア戦争は基本的にフランスの国内問題であるという姿勢を維持し、国際裁判による解決を追求することなく、むしろ外交的な問題解決を目指したのである[163]。

---

161) Id.
162) Laurent Lucchini, "Acres de contrainte exercés par la France en haute au cours des opérations en Algérie," AFDI, tome 12 (1966), p. 819.
163) O'Connell, supra note 146, p. 39

第 2 章　平時の緊急状態における戦時状態の擬制による船舶の阻止

c．キューバ隔離（政策）（1962 年）
（a）事象の概要

　キューバ隔離（政策）（Cuban Quarantine（Policy））（以下「隔離（政策）」）とは、1962 年 10 月、ソ連が米国を射程内に収める攻撃用核ミサイルを革命後のキューバに配備することを計画したことに対し、その撤去を求める米国とソ連が 13 日にわたり対立したいわゆるキューバ危機に際し、ミサイル及び同関連物資をキューバへ輸送するソ連船舶を海上において阻止せしめることを目的とした米海軍の活動である。なお、キューバ危機そのものについては既に一般に広く周知されているものと思料されることから、以下では、隔離（政策）に関する事実関係のみにつき、簡潔に紹介する。

　1962 年 10 月 14 日、米国の U-2 高高度偵察機が、ソ連が射程 1020 マイルのミサイルをキューバに設置しつつあることを確認した[164]。10 月 22 日、米国ケネディ（John F. Kennedy）大統領は、ソ連によるミサイルの設置は北半球全体の安全に対する脅威を構成するとともに、米州相互援助条約（以下「リオ条約」（1947 年））及び国連憲章に抵触するものであるとして非難し、ソ連に対しミサイルの設置の中止と既に設置済みのものについては速やかに撤去することを要求するとともに[165]、キューバに輸送されるミサイル及び同関連物資の海上輸送の阻止を目的とする厳格な隔離（政策）の実施を宣言した[166]。なお、「隔離（政策）」という文言の使用は、封鎖は戦時において交戦国によりなされる方法であることから、米国がとり行おうとしている行動はあくまで平時における措置であることを明示的にする同国の意図を示すも

164） Colonel John R. Wright Jr., U. S. Army, Cuba Intelligence Memorandum, prepared for a briefing given on September 28（material from the paper was included in the briefing given the Secretary of Defense and Joint Chiefs of Staff on October 1）, Top Secret Declassified, reprinted in Edward C. Keefer, et al eds., *Foreign Relations of the United States, 1961-1963*, Vol. XI, CUBAN MISSILE CRISIS AND AFTERMATH（United States Department of States, 1996）, Document 1.
165） Letter from President Kennedy to Chairman Khrushchev , October 22 1962, reprinted in Charles S. Sampson ed., *Foreign Relations of the United States, 1961-1963*, Vol. VI（United States Department of States, 1996）, Document 60.
166） *The New York Times*（23 October, 1962）.

のである[167]。この宣言に対し、フルシチョフ（Nikita Sergeyevich Khrushchev）ソ連閣僚会議議長（首相）は、米国が主張する隔離（政策）は国連憲章及び公海航行の自由に著しく抵触する国際法に違反する行為である旨反論した[168]。

翌日の10月23日、米国の主導により米州機構（Organization of American States：以下「OAS」）は緊急会合を開催し、10月23日にリオ条約第3条及び第6条から第8条に基づくOAS常設理事会決議を全会一致で採択した。OAS常設理事会は、キューバへの攻撃用核ミサイルの配備はリオ条約第6条に規定する事態[169]に該当するとの認識の下、加盟国に対し、キューバ政府が攻撃的な軍事物資を受領すること及び米州大陸の安全に対して脅威を及ぼすようなミサイルを設置することを阻止するため、軍隊の使用を含む必要なすべての手段（measures）を個別的あるいは集団的に講じることを勧告（recommend）した[170]。この決議を受けて、同日、キューバへ仕向けられた攻撃的な武器の海上輸送の阻止にかかわる連邦布告（Federal Register Proclamation）が発令された[171]。

本布告において、キューバへ向けてミサイルを海上輸送するソ連船舶を阻

---

167) Lenard C. Meeker, "Defensive Quarantine and the Law," *AJIL*, Vol. 57, No. 3 (1963), p. 517.
168) Chairman Khrushchev Letter to President Kennedy, October 23, 1962, LS NO. 45989, T-85/T-94, reprinted in *Foreign Relations of the United States, 1961-1963*, Vol. VI, supra note 165, Kennedy-Khrushchev Exchanges, Document 61.
169) リオ条約第6条は、武力攻撃以外の場合におけるOASによる措置として、「アメリカのいずれかの国の領域の不可侵若しくは領土保全またはその主権若しくは政治的独立が、武力攻撃でない侵略によって、大陸外若しくは大陸内の抗争によってまたはアメリカの平和を危うくするおそれのある他の何らかの事実若しくは事態によって影響を受ける場合には、協議機関は、侵略の場合にはその侵略の犠牲国を援助するためにとられなければならない措置、または如何なる場合でも共同防衛のため及び大陸の平和及び安全の維持のためにとるべき措置に合意するために、直ちに会合する」とする（下線強調追加）。
170) Meeker, *supra* note 167, p. 527.
171) Federal Register Proclamation 3504, Interdiction of the Delivery of Offensive Weapons to Cuba, by the President of the United States of America, reprinted in Thomas Mallison Jr., "Limited Naval Blockade or Quarantine Interdiction: National and Collective Defense Claims Valid under International Law," *George Washington Law Review*, Vol. 31, No. 2 (1962), pp. 396-398.

第 2 章　平時の緊急状態における戦時状態の擬制による船舶の阻止

止するための海域（阻止海域）（interception area）が設定され、それは、ハバナ及びキューバ島東端をそれぞれ中心として半径 500 海里の重なりあう二つの円で囲まれる海域で構成されていた[172]。また、阻止海域への進入を試みる船舶及び航空機は、国籍、積み荷及び寄港地を明示するとともに、米海軍部隊により指定された行き先へ向けて航行する旨の指示がなされた[173]。さらに、この指示に違背した船舶及び航空機は拿捕の後に拘留されるほか、禁止された物資をキューバへ向けて輸送していると疑われる船舶及び航空機は、自身の判断により、行き先変更の指示にしたがうか、あるいは拿捕の対象となるかを決定するとされた[174]。なお、行き先変更の指示に違背する船舶及び航空機に適切に対応するために必要な場合及び自衛の場合を除き、実力は行使されないものとされた[175]。他方で、フルシチョフ議長は、OSA 常任理事会決議の合法性を否定するとともに、隔離（政策）は公海航行の自由の侵害する侵略行為（act of aggression）であり、隔離（政策）の下でのソ連船舶への干渉は如何なる形態のものであっても断じて許容され得ないと強く反対した[176]。

米国は、安保理事会の常任理事国である英国及びフランスから隔離（政策）に対する理解と外交的支援を取り付けた後、10 月 24 日米国東部標準時 1000 時に、隔離（政策）を米海軍により開始せしめた[177]。隔離（政策）対し、ソ連は、隔離（政策）は封鎖あるいは海賊行為の取締りとはまったく異なる前例を見ない行為であり、キューバの平和と安全を著しく阻害するものとして厳しく非難した[178]。他方で、隔離（政策）の実施は、阻止海面に所在するソ

---

172) Id.
173) Id.
174) Id.
175) Id.
176) Letter from Chairman Khrushchev to President Kennedy, October 24, 1962, reprinted in *Foreign Relations of the United States, 1961-1963*, Vol. VI, supra note 165, Kennedy-Khrushchev Exchanges, Document 63.
177) Meeker, supra note 167, p. 528.
178) Id.

連海軍潜水艦への対応を除き[179]、強制的な手段が講じられることなくおおむね平穏に推移した。この間、キューバから出帆する8隻のソ連船舶が米海軍艦艇による監視の対象となったが、強制的な乗船は実施されることなく推移した[180]。その後、ソ連がミサイルと爆撃機をキューバから撤退させたため[181]、隔離（政策）は、11月21日に正式に終了した[182]。

(b) 海上阻止活動の先駆としての位置づけ

　隔離（政策）の構想の策定にあたり、当初、米国がその実施の形態として参照したのは、平時封鎖である[183]。また、学界においても、平時封鎖と隔離（政策）との類似性を指摘する議論が一定程度見られる[184]。しかしながら、米国大統領府の特別委員会（Executive Committee）は、平時封鎖の法理の隔離（政策）への準用にかかわる検討は行ったものの、実際に準用するには至らなかった[185]。仮に、平時封鎖の法理を隔離（政策）に準用した場合、海上阻止の対象となり得るのはキューバ船舶及び米国船舶となり、肝心のソ連船舶は阻止が可能な対象から外れることとなる[186]。したがって、特別委員会は、平時封鎖ではなくむしろ戦時禁制品制度の法理を準用し、輸送が禁止される物資をキューバへ仕向けされたミサイル及び同関連物資のみに限定した平時禁制品制度（pacific contraband）として、隔離（政策）におけるソ連

---

179) 隔離（政策）に参加した米海軍部隊は、第二次世界大戦における大西洋の戦い（Battle of the Atlantic/Atlantikschlacht）以来、はじめて爆雷（実包抜き）の使用による対潜戦を展開し、隔離海域に所在するソ連海軍潜水艦に対する浮上要求を実施した。Meeker, *supra* note 167, p.530, n.26.

180) Neil Alford Jr., *Modern Economic Warfare (Law and the Naval Participant)*, International Law Studies Vol.56（U. S. Government Printing Office, 1963）, p.273.

181) Letter from Chairman Khrushchev to President Kennedy, October 28, 1962, LS NO.46236 T-94/T-24, reprinted in *Foreign Relations of the United States, 1961-1963*, Vol.VI, *supra* note 165, Kennedy-Khrushchev Exchanges, Document 66.

182) Alford Jr., *supra* note 180, p.273.

183) Idem, "The Cuban Quarantine of 1962: An Inquiry into Paradox and Persuasion," *Virginia Journal of International Law*, Vol.6, No.1（1962）, pp.51-52.

184) E. g., Jones, *supra* note 342 of Chapter 1, p.770.

185) Alford Jr., *supra* note 180, p.272.

186) Quincy Wright, "The Cuban Quarantine," *AJIL*, Vol.57, No.3（1963）, p.555.

船舶の海上阻止を説明することとした[187]。そして、このような方法は、平時における戦時状態の擬制による措置であり[188]、たとえ、実力の行使が実際にはなされなかったとしても、国連憲章下においては個別国家が実施することは法的に困難な措置であることから、正当化のための何らかの抗弁が必要とされる。

　隔離（政策）の正当化事由につき、一部の論者からは、自衛権に根拠を求める主張がなされている。これらの主張の趣旨は、国連憲章第51条で確認されている自衛権は武力攻撃が発生してはじめて行使が可能となるとされているのに対し、自衛権には国連憲章上の自衛権のほか一般国際法上の自衛権が併存し、後者は武力攻撃以外の事態に対応するために援用が可能であることから、隔離（政策）は、そのような一般国際法上の自衛権により正当化される余地が存在するというものである[189]。しかしながら、仮に一般国際法上の自衛権による対応が理論的には可能であるとしても、公海上における自衛権行使による船舶の阻止は武力攻撃が実際に発生する以前の行動であることには変わりがないため、それは先制的自衛（pre-emptive self-defence）としての措置に該当することとなることから[190]、米国は、キューバに設置されるミサイルが急迫した武力攻撃を確実にもたらすという困難な立証を行う必要に迫られる[191]。もとより、当時においては未だ先制自衛という概念を巡る議論は今日のような展開を見せていなかったため、米国は、隔離（政策）の合法性の確保のためには、キューバへのミサイル設置と武力攻撃及び自衛権行使との連関につき困難な法的説明を行うよりも、地域的取極であるOSAの決議を得るほうが容易かつ説得力があると判断したようである[192]。

---

187) Alford Jr., *supra* note 180, p.273.
188) Bruce A. Clark, "Recent Evolutionary Trends Concerning Naval Interdiction of Seaborne Commerce as a Viable Sanctioning Device," *JAG Journal*, Vol.27, No.2 (1973), p.161.
189) E. g., Myers S. McDougal, "The Soviet-Cuban Quarantine and Self-Defense," *AJIL*, Vol.57, No.3 (1963), p.600: Mallison and Mallison, *supra* note 240 of Chapter 1, p.50.
190) Ronzitti, *supra* note 1, p.276.
191) *Id.*, p.276.
192) Michael Bothe, "Terrorism and the Legality of Pre-Emptive Force," *EJIL*, Vol.14, No.2 (2003), p.239.

また、事態のより政治的及び軍事的な側面に注目すると、当時、米国はソ連に指向したミサイルをトルコに設置するとともに、スコットランドを母港とする原子力潜水艦による北海の哨戒活動（Sierra Patrol）及び B-52 戦略爆撃機によるソ連近傍空域への飛行を定期的に実施していた[193]。仮に、米国が隔離（政策）を自衛権により正当化した場合には、上述した米国の活動に対してソ連が同様に自衛権を援用して対抗することが容易に予想された。このような情勢が存在したことから、米国は自衛権を行使して隔離（政策）を正当化することを躊躇したのである[194]。

さらに、活動の実体的な側面に注目した場合、隔離（政策）は米国の単独による活動の如き外観を有する。しかしながら、隔離（政策）の実施にあたり、米国は国連憲章第 8 章下の地域的取極である OAS 常任理事会の決議の採択に成功したことから、隔離（政策）は、法的には OAS の勧告に基づく加盟国による措置に該当する[195]。そして、ケネディ大統領が用いた「ソ連によるミサイルの設置は北半球全体の安全に対する脅威を構成する」という表現は、まさにこの点を強調するものである。つまり、隔離（政策）は、キューバへのミサイルの設置は地域国際社会に対する平和及び安全への脅威を構成するという地域的取極による認定の下、加盟国に対して具体的な措置の実施を求める勧告を根拠として特定の個別国家（米国）により実施されたものである[196]。このように考えると、隔離（政策）は、国連憲章第 53 条に根拠を置く加盟国の活動であると整理することが、ひとまずは妥当であろう[197]。

隔離（政策）においては、対象国（キューバ）へ仕向けられたミサイル及

---

193) Richard N. Gardner, "Neither Bush nor "Jurisprudes"," *AJIL*, Vol. 97, No. 3 (2003), p. 587.
194) *Id*.
195) Department of the State Memorandum: Legal Basis for the Quarantine of Cuba (23 October, 1963), reprinted in Abram Chayes, *The Cuban Quarantine* (Oxford University Press, 1974), p. 146.
196) Abram Chayes, "Law and the Quarantine of Cuba," *Foreign Affairs*, Vol. 41, No. 3 (1963), p. 554.
197) Fielding, *supra* note 18 of Introduction, p. 25.

び同関連物資という、海洋法では輸送が禁止されない特定物資を輸送する船舶の阻止が企図された。さらに、本事例においては、隔離(政策)の合法性の確保を目指したOAS常設理事会決議の採択を目的とした外交活動から米海軍部隊の迅速かつ広範囲な展開及び隔離(政策)の円滑な実施に至るまでの一連の米国の強力なイニシアティヴにつき、ソ連以外の国際社会は基本的にこれらを支持するか、少なくとも積極的に阻止しようとはせず、むしろ黙認していた[198]。このような経緯から、隔離(政策)は、当時絶頂期を迎えていた冷戦を背景として、平時の公海上において極めて限定された目的の範囲内における軍隊の使用にかかわる特殊な措置(exceptional measures)としてカテゴライズする議論も存在する[199]。このような議論を勘案すると、本件は、大国が、自国の安全にかかわる緊急事態に直面した場合において自国及び国際社会にとって死活的な利益を確保するために、実施が法的に困難と思われる活動を可能せしめるために行動した事例であるといえる[200]。加えて、隔離(政策)の *modus operadi* は、その後の海上阻止活動の現場の措置というテクニカルな部分の発展に多大の影響を及ぼしており、これらの事由から、隔離(政策)は海上阻止活動の先駆的な事例であると位置づけられているのである[201]。

第3節　小括と海上阻止活動の系譜への含意

第Ⅰ部においては、既存の国際法枠組みにおける船舶の阻止及び海上阻止活動の先駆的な事例についての検討として、まずは第1章において、平時の海洋法における公海海上警察権並びに戦時の海戦法規における捕獲及び封鎖

---

198) Horace B. Robertson Jr., "Interdiction of Iraqi Maritime Commerce in the 1990-1991 Persian Gulf Conflict," *ODIL*, Vol.22, No.3 (1991), pp.289-311.
199) Churchill and Lowe, *supra* note 2 of Introduction, p.217.
200) Wright, *supra* note 186, p.562.
201) Robertson Jr., *supra* note 198, p.296.

という既存の国際法における制度の範囲と限界についての検討を行った。その後、本章において、海上阻止活動の系譜が展開する以前の時代において、平時における戦時状態の擬制による措置が見られた事例である *Virginius* 事件、平時封鎖、アルジェリア戦争（非国際武力紛争）におけるフランス海軍による公海上における外国船舶への臨検及び捜索並びにキューバ隔離（政策）について、それぞれ検討を加えた。

平時の海洋法及び戦時の海戦法規の双方において臨検の対象とされる船舶の行為態様及び措置の範囲等については、それぞれ厳格な要件が課せられている。対して、海上阻止活動において対象とされる船舶は上述の既存の国際法が定める臨検の対象とされる行為に従事しているわけではなく、そのような船舶の海上阻止を既存の国際法の下での臨検として正当化することは困難である。つまり、既存の国際法の下での臨検の制度と海上阻止との間には、公海上において船舶を阻止するという外観並びに現場で用いられる措置の手順及び内容という運用面においては共通する部分が少なからず存在するものの、既存の国際法の下での臨検の制度と海上阻止はそれぞれに趣旨及び法的性格が根本的に異なる。つまり、序章において先行研究として取り扱ったパパスタヴリディスが提示するような、「海上阻止を海洋法及び海戦法規といった既存の国際法を根拠とする臨検と法的に同様の意味を有するものであり、臨検と海上阻止とを互換性のある行為として捉える」という整理は、適切ではあるとはいえない。

他方では、海上阻止活動の系譜が展開する以前の時代において、平時の海洋法に直接の根拠を見出せるというわけではなく、また、戦時の海戦法規によっても正当化することが困難であるにもかかわらず、公海上において、特定物資を輸送する船舶が阻止された事例が複数確認される。それらが、本章で取り扱ったアルジェリア戦争におけるフランス海軍の活動であり、米国によるキューバ隔離（政策）である。特に、アルジェリア戦争については、1950 年代から 1960 年代の当時においてさえも既に古典的な事象として認識されていた *Virginius* 事件において問題とされた非国際的武力紛争における外国船舶への干渉の可否が、およそ 1 世紀近い時間を経過した後に再び議論

となった事例である。そして、なお議論と検討の必要があるものの、第1章の末尾で紹介した Mavi Marmara 襲撃事案は非国際的武力紛争を背景とするものであると整理することが妥当であるならば、非国際的武力紛争における外国船舶への干渉の可否という問題は、海戦法規の再構成における応用的な問題を提示しているものと評価できる。そして、この問題は、本書第5章で取り扱うテロ対策海上阻止活動とも関連を有するものである。また、キューバ隔離（政策）は、国連海上阻止活動の先駆的なモデルとして海上阻止活動の系譜へと連接する事例である。これらに加えて、国連海上阻止活動と類似した構想が連盟の時代において既に存在していたという歴史的な事実は過少に評価されるべきではない。

　海上阻止活動は、1990年代のポスト冷戦期の時代における大規模な展開により衆目を集め、21世紀初頭の今日におけるポスト 9/11 の時代においては、大量破壊兵器の拡散対抗やテロ攻撃の未然防止といった 21 世紀初頭における今日的な目標を掲げて展開している。これら最近の海上阻止活動の展開状況が注目されるあまり、海上阻止活動は比較的新しい事象であると思われがちであるが、その背景には実は相当に長い歴史が存在するオペレーションなのである。以上に要約した第Ⅰ部での論述を踏まえ、第Ⅱ部では、海上阻止活動の系譜にしたがい、ポスト冷戦期における国連海上阻止活動、並びにポスト 9/11 の時代における大量破壊兵器拡散対抗のための海上阻止活動及びテロ対策海上阻止活動の各実行についての個別の検討を行うこととする。

第Ⅱ部

海上阻止のための規則の構築
―海上阻止活動の系譜―

第3章

海上阻止活動のプロトタイプ：安保理事会決議による今そこにある危機への対応──国連海上阻止活動──

　海上阻止活動の系譜に属する実行のうち、特に安保理事会決議に根拠を有するものは、国連海上阻止活動（UN-Mandated Maritime Interception/Interdiction Operations）と呼称されている[1]。本章における論述をやや先取りすると、国連海上阻止活動とは、国際の平和及び安全の維持または回復を目的として、安保理事会が課した禁輸を実効的ならしめるため、国連憲章第7章下または第8章下で採択された安保理事会決議における安保理事会の要請（call upon）または授権（authorize）に基づき、この要請または授権に応える意思と能力を有する特定の単独または複数の個別国家が、安保理事会決議で示された禁輸物資を禁輸対象国へ向けてあるいはそこから輸送している船舶を、主として公海上において阻止する活動であると総括される[2]。

　国連海上阻止活動は、国際の平和と安全の維持における安保理事会の果たす役割への期待が高まった1990年代のポスト冷戦期という時代に登場し、国際社会からの幅広い支持を背景に大規模かつ広範囲に展開した。また、21世紀に入った後はしばらくの間本活動の実行は見られていなかったが、2011年のリビアに対する国連安保理事会が決定した一連の措置において、同国に

---

1) Kraska and Pedrozo, *supra* note 56 of Introduction, p.903：吉田靖之「国連海上阻止活動の法的考察」『法学政治学論究』第43号（1999年）、1-2頁。
2) 吉田前掲論文注1、22頁。

対する武器の禁輸執行を目的として再び本活動がNATOにより展開された。このように、国連海上阻止活動は、2001年9月11日に生起した米国同時多発テロ攻撃以降のポスト9/11の時代においても、依然として国際の平和及び安全の維持または回復を目的とした活動としての一翼を占めている。

国連海上阻止活動の歴史は、既に生起した今そこにある危機への集団的な対応において、平時の海洋法及び戦時の海戦法規のいずれにも根拠を有さない活動が法的議論を惹起しつつも国際の平和と安全の維持及び回復のための手段として定着してゆく過程にほかならない。そして、このような経緯は、国連海上阻止活動は、1945年以降、公開の秩序維持の文脈において生じたダイナミックな動きの一つであると評価されている所以である[3]。

国連海上阻止活動の最盛期は1990年代であり、見方によっては本活動は既に歴史上の事象としても位置づけられることから、本活動を考察の主題として取り扱った先行研究は既に一定数存在する。それらについては適宜本書において引用することとするが、先行研究の多くは国連海上阻止活動の最盛期である1990年代に公表されたものである。例えば、序章で紹介したフィールディングによる先駆的な業績についても、それが公表されたのが1997年であることから、本業績は国連海上阻止活動を安保理事会の要請という新たな法的根拠に基づく特異な活動であると整理した上で、検討の対象を1990年代の実行のみに限定している[4]。また、その他の先行研究に目を転じても、特に日本国内のものについては、国連海上阻止活動に対する法的検討を論説の主題として掲げながらも、法的考察については同活動と公海海上警察権行使及び海上経済戦の措置との事項的な異同という程度にとどまるような検討のみに満足し、あとは専ら活動の概要及び技術的側面の紹介に始終しているという観すら受ける論調[5]も、若干ではあるが存在する。さらに、

---

3) Rothwell and Stephens, *supra* note 10 of Chapter 1, pp.258-284.
4) Fielding, *supra* note 18 of Introduction.
5) 例えば、安保公人「国連の禁輸執行と国際法―海上阻止行動の実像―」『新防衛論集』第22巻第1号(1994年7月)、43-64頁;同「国連決議に基づく禁輸執行―船舶検査活動に関する国際法と国家実行―」『防衛法研究』第22号(1998年)、79-107頁。

第3章　海上阻止活動のプロトタイプ

　国連海上阻止活動は国連安保理事会の要請または授権による加盟国の活動であることから、この点を重視することにより、国際組織論からのアプローチによる国連安保理事会の権能等に関する考察におけるアイテムの一つとして、国連海上阻止活動を取り扱う業績も確認される[6]。

　このように、国連海上阻止活動に関する先行研究の大部分は、それらが執筆された時代的な背景から、国連海上阻止活動をあくまで単独の特異な事象として捉え、その範囲に限定した検討のみにとどまっているのであり、海上阻止活動の系譜の展開という動態的な観点に立脚して執筆されたものは存在しない。海上阻止活動の系譜に位置する活動はそれぞれ個別の特徴を有するとともに、それらの間には法的な連続性は必ずしも確認されない。しかしながら、そのような状況にあっても、海上阻止活動の系譜に位置する活動が共通して有している重要な特徴は、国際の平和と安全に対する脅威への対応を目的として、海洋法及び海戦法規といった既存の国際法では実施が困難である特定物資の海上輸送の規制を可能ならしめるため、既存の国際法の枠外において新たな規則類が整備されているという事実である。また、海上阻止活動の系譜において、普遍的国際機構（国連）の要請に応える形で個別国家が実施している唯一の事例である国連海上阻止活動の場合、活動の法的基盤は安保理事会決議により整備された。そして、本来は安保理事会の専管事項である国連憲章第7章下の強制措置を安保理事会決議により個別国家に委ねるという方式は、国連海上阻止活動の展開時において最初に採用されたものである。さらに、海上阻止活動の系譜において、あたかも戦時禁制品制度の如く、海上輸送が規制される特定物資についての包括的なリストの作成が見られたのも国連海上阻止活動が最初の事例である。以上の理由により、既に一定数の先行研究が存在する国連海上阻止活動を海上阻止活動の系譜における始源として位置づけ、改めて本活動に検討を加える意義が見出せるのである。

6）E. g., Soons, *supra* note 20 of Introduction, pp. 307-324.

第Ⅱ部　海上阻止のための規則の構築

第 1 節　国連海上阻止活動の嚆矢――ベイラ・パトロール――

　国連海上阻止活動は、英国が当時植民地であった南ローデシア（現ジンバブエ）への原油の海上輸送の阻止を目的としたいわゆるベイラ・パトロール（The Beira Patrol）（1966 年～1975 年）を嚆矢とする。先述したように、国連海上阻止活動のすべての実行においては、国連安保理事会が課した禁輸の実効性確保を目的として海軍力を用いて禁輸違反船舶を阻止する活動が、国際法上禁止される武力行使との連関において問題となったため、活動の法的基盤及び国連憲章との整合性を図るために活動の根拠を構成する安保理事会決議が採択されたという経緯が存在する。これは、海上阻止活動の系譜において国連海上阻止活動のみが有する顕著な特徴であり、ベイラ・パトロールにおいてはじめて採用された方式である。

　なお、ベイラ・パトロールは冷戦期における国連海上阻止活動の唯一の実行であるために、後述するようなポスト冷戦期以降の実行とは様相が若干異なる事項をいくつか内包している。この点を重視することにより、ベイラ・パトロールは国連海上阻止活動の先例と位置づけることは適当ではないとの指摘も存在する[7]。しかしながら、ポスト冷戦期における国連海上阻止活動の一連の実行は、国際の平和と安全の維持及び回復に関する安保理事会の権能が創造的に展開することが期待された時代の潮流に乗じて連続した展開されたという時節的な側面を有することは否めない。他方で、ベイラ・パトロールは、冷戦期において海上阻止活動の展開が見られた唯一の事例であり、また、同種の活動はポスト冷戦期まで見られていない。そして、この間の約 30 年余りにおける国際社会及び国連安保理事会を取り巻く状況に大きな変化が生じたということには留意されるべきである。このような理由から、本書においては、ベイラ・パトロールが内包する 1990 年代における実行との相違点には十分に認識しつつも、本活動を国連海上阻止活動の嚆矢と

---

7)　McLaughlin, *supra* note 23 of Introduction, p.61.

第 3 章　海上阻止活動のプロトタイプ

して位置づけ、ポスト冷戦期における一連の実行とは独立した検討対象として取り扱うこととする。

1. ベイラ・パトロールの開始までの経緯

　1965 年 11 月 11 日、英国領南ローデシアにおいて、前年に同地域の白人農園主を中心に組織された右翼組織であるローデシア戦線（Rhodesian Front）の指導者であったスミス（Ian Smith）が南ローデシア植民地政府首相に就任し、宗主国英国からの一方的な独立を宣言した。このスミス政権による一方的な独立宣言を受けて安保理事会は、同年 11 月 12 日に安保理事会決議 216 を採択した。本決議において安保理事会は、スミス政権の一方的な独立宣言を非難し[8]、すべての国連加盟国に対し、この少数非合法政権を承認しないこと、及び同政権に対する如何なる援助も差し控えることを要請することを決定した[9]。その後、11 月 20 日に安保理事会は安保理事会決議 217 を採択し、南ローデシアの少数非合法政権による独立宣言に端を発した同地域における事態は極めて深刻であり、英国は直ちにこれを収拾すべきとするとともに、本事態は国際の平和と安全に対する脅威を構成すると決定し[10]、英国に対して、南ローデシアの略奪者（usurpers）による支配を排除し、非合法政権による統治を終了させるために必要なすべての措置をとることを要請した[11]。さらに安保理事会は、すべての国に対し、南ローデシアの少数非合法政権を援助するような行為、特に如何なる武器及び軍需物資の供給を差し控えること並びに石油及び石油製品の供給停止を含むすべての経済関係を断絶することを要請した[12]。

　安保理事会決議 217 の採択を受け、英国は空母 HMS *Eagle*（R-05）を含む軍艦 2 隻で構成される水上任務群を現地へ派遣し、モザンビーク海峡におい

---

8) UN DOC S/RES 216 (12 November, 1965), para. 1.
9) *Id*., para. 2.
10) UN DOC S/RES 217 (20 November, 1965), para. 1.
11) *Id*., para. 5.
12) *Id*., para. 8.

て南ローデシア向けの石油陸揚げ港であるポルトガル領モザンビークのベイラに出入りする船舶の監視に従事させた[13]。英国海軍のこの活動がベイラ・パトロールと呼称されているのは、石油陸揚げ港であるベイラという地名に由来する[14]。他方で、当時モザンビークを植民地としていたポルトガルは、モザンビーク海峡における英国海軍の艦艇及び航空機による監視行動は、ポルトガル領海を航行する船舶の航行を阻害するものとして抗議を行った[15]。この抗議に対して英国は、ベイラ・パトロールにおける英国海軍の活動はモザンビーク海峡における船舶の監視にとどまっており、通航船舶に対する如何なる干渉も行っていない旨を回答した[16]。実際に、英国海軍水上任務群はポルトガル領海を尊重し、ベイラ・パトロールの全期間を通じポルトガル領海内に進入することなく行動したとされている[17]。

かかる状況のなか、1966年4月、ギリシャ船籍タンカー *Joanna V* が南ローデシアに仕向けられた石油を陸揚げするためにベイラへ近接した際に、事態は急変した。4月4日、ベイラ・パトロールに従事していた HMS *Plymouth* (F-126) は、同船を公海上でインターセプトし、同船に対し立ち入り検査隊を派遣した[18]。しかし、安保理事会決議216及び217は、南ローデシアの非合法政権による統治を終了させるために必要なすべての措置をとることを要請したものの、公海上における外国船舶の阻止というような、英国及び同植民地である南ローデシア以外の国の法益を侵害するような行為を

---

13) Jack F. T. Bayliss, Captain, Royal Navy, Chief Naval Judge Advocate, United Kingdom, "The Law and Practice of the Maintenance of Maritime Embargoes and Blockade in the Context of UN Security Council Enforcement Measures," *Militair Rechtelijk Tidschrift*, Vol. 87, Afl.8 (1994), p. 253.
14) F. E. C.Gregory, "The Beira Patrol," *Journal of the Royal United Service Institution*, Vol. CXIV, No. 665 (December, 1965), p. 75.
15) Vera Gowlland-Debbas, *Collective Responses to Illegal Acts in International Law: United Nations Action in the Question of Southern Rhodesia* (Martinus Nijhoff Publishers, 1990), p. 402.
16) *Id.*
17) O'Connell, *supra* note 116 of Chapter 1, p. 137.
18) H. L. Cryer, "Legal Aspects of the "Joanna V" and "Manuela" Incidents, April 1966," *Australian Year Book of International Law 1966* (Butterworth, 1969), p. 86.

第 3 章　海上阻止活動のプロトタイプ

行うための権限までは付与していなかったことから、HMS *Plymouth* 艦長は *Joanna V* 船長に対してベイラ入港への針路変更を要請するにとどまらざるを得なかった[19]。このため、英国は、*Joanna V* の旗国であるギリシャに対して同船の針路変更を要請した[20]。これに対し、ギリシャは、自国船舶に対する外国からの干渉は受け入れがたいと回答しつつも[21]、*Joanna V* の船長に対しては、ベイラにおいて南ローデシアに仕向けられた石油の陸揚げを禁止するメッセージを送付した[22]。旗国であるギリシャからのこのような要求にもかかわらず、4月5日に *Joanna V* はベイラへ入港したため、ギリシャ政府は直ちに同船の船籍登録を抹消するとともに、船長のライセンスを剥奪した[23]。

Joanna V のベイラ入港阻止が失敗に終わったのとほぼ同時期に、さらに別のギリシャ船籍タンカー *Manuela* がベイラへ入港予定であることが明らかとなった[24]。ベイラへのさらなるタンカーの入港及び石油の陸揚げは極めて深刻かつ憂慮すべき事態であると判断した英国は、安保理事会に対し、南ローデシアの非合法政権へ仕向けられた石油の海上輸送阻止を目的として、国際法の許容する範囲内及び状況が求めるところに応じて実力の行使を含むすべての手段をとる（[T]o take within the law all steps, including the use of force as the situation may demand, to stop the arrival of ships taking oil to the régime）ことを可

---

19) Gregory, *supra* note 14, p.76.
20) Gowlland-Debbas, *supra* note 15, p.401.
21) *Id.*
22) *Id.*
23) *Id.*, p.402. なお、*Joanna V* は、ベイラに入港したものの石油陸揚げは実施しなかったようである。Cryer, *supra* note 18, p.86. ちなみに、*Joanna V* は、元々 *Arietta Venizelos* という船名で、1966年2月に約18,000トンの石油をロッテルダムに輸送するためイランを出帆した。本航海の途上で同船はパナマの企業に売却され、3月16日に寄港地ダカールにて船名を *Joanna V* と変更し、ダーバンへと向かった。上述した一連の事象はこの後に生起したものである。さらに、ギリシャ政府による船籍剥奪の後、*Joanna V* は再度パナマ船籍に復帰したが、4月12日にパナマ政府も同船の船籍を剥奪した。Gowlland-Debbas, *supra* note 15, p.402.
24) Gowlland-Debbas, *supra* note 15, p.401.

第Ⅱ部　海上阻止のための規則の構築

能せしめることを要求するとともに[25]、そのための決議案[26]を提出した。アジア・アフリカ諸国及び旧社会主義諸国は、タンカーのベイラ港への入港の阻止を図るという限定的な目的のために実力の行使を含む必要な措置の実施を許容することは、安保理事会決議の性格を過度に制限的ならしめるものであるとして、これを批判した[27]。むしろこれらの諸国は、国連の集団的措置に関する国連憲章の規定にしたがって、まずは安保理事会が南ローデシアの全般的な状況が国連憲章第39条に記される平和への脅威を構成すると決定し、その上で、既に採択されている安保理事会決議216及び217との十分な整合を図りつつ、国連憲章第42条に依拠した軍事的措置の実施が決定されるべきであると主張した[28]。

このような安保理事会による国連憲章第42条下の集団的措置の実施を求める諸国の主張に対しては、英国はもとより、アルゼンチン、中国、フランス、日本、オランダ、米国及びウルグアイが反対した。これらの諸国は、まず、南ローデシアの状況はすべて宗主国たる英国の責任に帰せられるべきものであることを確認し[29]、その上で、南ローデシアの状況は国連憲章第42条下の集団的措置の全面的な実施が必要とされるような事態であるとまでは直ちには判断できず、むしろ英国が個別（unilateral）に対処すべきレヴェルの問題であるという立場を維持した[30]。その上で、これらの諸国は、船舶の阻止について如何なる国際法が適用されるのかについては慎重に考慮されるべきであるとした上で[31]、船舶の阻止のための安保理事会からの権限の委譲は、石油タンカーのベイラへの入港の阻止という限定された目的の範囲内で、あくまで英国一国のみに対してなされるべきであると主張した[32]。

---

25) UN DOC S/PV.1276 (9 April, 1966), paras. 21, 26.
26) UN DOC S/7236/Rev.1 (8 April, 1966).
27) Gowlland-Debbas, *supra* note 15, p.404.
28) UN DOC S/PV.1277 (9 April, 1966), paras. 64, 65, 82, 127.
29) UN DOC S/PV.1276, *supra* note 25, paras. 66-67.
30) UN DOC S/PV.1277, *supra* note 28, para. 94.
31) UN DOC S/PV.1276, *supra* note 25, para. 69.
32) *Id.*, paras. 37: UN DOC S/PV.1277, *supra* note 28, paras. 15, 47-48, 74.

第 3 章　海上阻止活動のプロトタイプ

　このような安保理事会における議論を経て、1966 年 4 月 9 日、安保理事会決議 221 が採択された。本決議において安保理事会は、石油タンカーのベイラへの到着及び別の石油タンカーの同港の到着によって同港に陸揚げされた石油がポルトガルのパイプライン[33]によって南ローデシアへ供給される可能性を指摘する報告に重大な関心を示すとともに、かかる石油の供給は南ローデシアの少数非合法政権に対し同政権の延命のための多大なる支援となり得ることを考慮するとした[34]。そして、安保理事会は、そのような結果として生じる事態が平和に対する脅威を構成すると決定し[35]、まず、ポルトガルに対し、ベイラから南ローデシアへのパイプラインを介した石油の移動を許容しないこと、及び南ローデシア向けの石油を受領しないことを要請した[36]。次に、安保理事会は、すべての国に対し、ベイラを経由して南ローデシアへ仕向けられた石油を輸送していると合理的に推定される船舶の行き先変更を徹底することを要請し[37]、また、英国に対しては、南ローデシアへ仕向けられたと合理的に信じられる石油を輸送する船舶のベイラへの到着を、必要に応じて実力を行使して（by the use of force if necessary）阻止することを要請するとともに、Joanna V という船名の船舶がベイラで石油を陸揚げした場合には、同船がベイラから出港したところを直ちに拿捕し拘留する権限を付与するとした[38]。この安保理事会決議 221 の採択により、武力紛争を背景としない状況下において、安保理事会の要請または授権の下、同理事会が課した禁輸執行を実効的ならしめるため、安保理事会が決定した特定物資の海上輸送の規制を目的とした国連海上阻止活動がはじめて展開することとなったのである[39]。なお、1966 年 4 月 10 日、Manuela は、ベイラから約

---

33) 当時、同地に陸揚げされた石油は、南ローデシアに向けてポルトガル籍の Companhia do Pipeline Moçambique Rodésias 社のパイプラインにより南ローデシアに輸送されていた。
34) UN DOC S/RES 221（9 April, 1966), preambular.
35) Id., para. 1.
36) Id., paras. 2, 3.
37) Id., para. 4.
38) Id., para. 5.
39) Oscar Schachter, "United Nations Law in the Gulf Conflict," AJIL, Vol. 85, No. 3（1991), p. 454.

150 海里の海域で HMS *Berwick*（F-115）にインターセプトされた[40]。この措置に対して *Manuela* 船長は抵抗せず、HMS *Brewick* の指示にしたがい針路を変更し、南アフリカのダーバンへ向かった[41]。

2. 英国海軍水上任務群の展開

安保理事会決議 221 が採択されると、英国海軍は武器使用規則（Rules of Engagement：以下「ROE」）を変更し、ベイラ・パトロールにおける武器使用を許容した[42]。ベイラ・パトロールにおいて生起した唯一の武器使用は、HMS *Minerva*（F-45）が無害船舶リスト（innocent list）に記載されていないフランス船籍タンカー *Artois* を阻止した事象において生起した。1967 年 12

40）Cryer, *supra* note 18, p.91.
41）Gowlland-Debbas, *supra* note 15, p.402.
42）O'Connell, *supra* note 116 of Chapter 1, p.174. *Manuera* の海上阻止に関する ROE については、当初、英国当局の内部において若干の議論が見られた。安保理事会決議 217 の採択から決議 221 の採択時まで有効であった ROE では、ベイラ港へ向かう *Manuera* をインターセプトする場合、まずは行き先変更を指示することとされていた。この指示に同船がしたがわない場合、英国軍艦艦長は、徐々に烈度を上げるような手続きを踏襲し、これらには、船首前方の海面に向けた警告射撃及び訓練用火器による船体へ向けた射撃が含まれていた。さらに、必要とあれば、船長に行き先変更を指示するために立ち入り検査隊が同船に派遣されることとされていた。それでもなお同船が英国軍艦艦長の指示にしたがわない場合には、当該立ち入り検査隊は最小限の実力を行使して一時的に同船を管制下に置くとともに、同船をベイラ・パトロールの海域外へ離脱させることとされていた。また、不測の事態を回避するため、英国海軍中東方面派遣部隊指揮官（Flag Officer Middle East）は、上記の措置は英国政府が措置の実施に関する旗国からの同意を得た後に実施することを徹底した。Richard A Mobley, "The Beira Patrol: Britain's Broken Blockade against Rhodesia," *Naval War College Review*, Vol.55, No.1（2002）, p.71. このように、*Manuera* の海上阻止における実力の行使は、真にやむを得ない場合に、かつ最小限に抑制されるべきものとされていたが、ウイルソン（James Harold Wilson）英国首相は、なおも武器使用についての懸念を示した。この結果、先の ROE は一部改正されより抑制的な内容となり、*Manuera* が行き先変更に応じない場合、立ち入り検査隊は同船に対し旗国の名において進路変更を警告することとされた。この警告が効を奏しない場合には、船首前方への警告射撃が許容されることには変更はないが、同船を管制下に置く措置は削除された。そして、それでもなお *Manuera* が英国軍艦の指示にしたがわない場合には、英国軍艦はモザンビーク領海までタンカーをエスコートするにとどまると変更された。*Id*.

月 19 日、ベイラへ向けて航行中であった Artois を探知した HMS Minerva は、同船がベイラへ仕向けられた石油輸送に従事している疑いのない船舶に関するリストに記載されていなかったため、国防省に同船についての照会を行った。英国政府が Artois は南ローデシア向けの石油輸送に従事していないことから合法的にベイラへ入港できる旨を HMS Minerva 艦長に伝達したときには、既に HMS Minerva は Artois に向けて警告射撃を実施していた。しかし、Artois は本警告射撃を無視してそのままベイラへの向けての航行を継続した。なお、本事案において、船体そのものに指向された射撃は実施されていない[43]。

本事案が英国海軍は安保理事会決議 211 に違反する船舶への対応における武器使用について過度に抑制的であるという印象を国際社会に与えることにより、Artois と同様に英国海軍の警告を無視しベイラへ強行的に入港するような事態の再発を懸念した英国国防省は、ROE の再検討を行った。その結果、1968 年 3 月 21 日に、国防省から英国海軍極東方面派遣艦隊司令官（Commander in Chief Far East：1967 年に英国海軍中東方面派遣部隊指揮官からベイラ・パトロールの統制を移管）に、より緩和された新たな ROE が再度付与された。この改正 ROE の概要は、タンカーが行き先変更にかかわる命令を無視するとともに停船命令にもしたがわない場合、英国軍艦はまず船首前方へ向けた警告射撃を行うとともに当該船舶の後方から近接する。そして、同船がなおも停船命令にしたがわないのであれば実弾射撃を行う旨の警告を実施し、その後、当該船舶の煙突に向けた実弾射撃を行う。それでもなお効果なき場合には、当該船舶の約 1/2 海里の海面に爆雷を連続投下し、最終的には、当該船舶の船橋あるいは機関操縦室に向けた実射撃を停船するまで行うことまでが可能とされた[44]。この改正 ROE は極めて有効で、その後英国海軍水上任務群の指示に違反する船舶は皆無となった。

ベイラ・パトロールの責任海域は、海上交通量が 1 か月に 100 隻程度と比

---

43) O'Connell, *supra* note 116 of Chapter 1, p. 175.
44) Mobley, *supra* note 42, pp. 73-74.

較的少数にとどまる海域であり、また、本活動の対象も南ローデシアへ仕向けられた石油を輸送してベイラへ向かう石油タンカーという単一のカテゴリーに属する目標であった。このため、後に紹介する冷戦後に展開された一連の国連海上阻止活動と比較して、本活動の *modus operadi* はどちらかと言えば単純なものであった。それでも、ベイラ・パトロールの初期段階においては、2隻の空母（HMS *Ark Royal*（R-09）, HMS *Eagle*（R-05））がベイラ・パトロールに従事する英国海軍水上任務群に参加した。このうち、HMS *Eagle* は71日間責任海域に留まり、延べ1,000 sorties に及ぶ艦載機による哨戒を実施した[45]。その後、英国空軍の哨戒機がマダガスカルに常駐するようになると、ベイラ・パトロールに従事する英国海軍水上任務群は、基本的に2隻のフリゲートと補給艦等による兵力組成となった。

　1975年にポルトガル領モザンビークが独立すると、同年6月25日にベイラ・パトロールは約9年余にわたる活動を終了した。海上阻止の実績のみに着目すると、本活動の成果は多大であったとは言い難い。活動が開始された1966年から約2年間の間に、英国海軍は延べ48隻の艦艇を投入したものの、この間の阻止船舶は28隻にとどまる[46]。さらに、活動の最盛期であった1966年3月から1971年3月までの5年間の総計でも、海上阻止の対象とされた船舶は47隻にすぎない[47]。しかしながら、本活動の実績が低調であったことの主たる理由は、モザンビーク海峡における英国海軍水上任務群の常続的プレゼンスがベイラに向け航行する船舶のみならず付近海域を航行するすべての船舶に対する牽制となり、その結果、モザンビーク海峡を航行する船舶は英国海軍水上任務群によるチャレンジを回避するような針路を選択したためである[48]。

　ちなみに、ベイラ・パトロールが展開されていた1960年代から1970年代

---

[45] Adam B. Siegel, "Naval Force in Support of International Sanctions: The Beira Patrol," *Naval War College Review*, Vol.55, No.4（1992）, p.103.

[46] *Id.*

[47] Mobley, *supra* note 42, p.79.

[48] *Id.*, p.70.

第3章　海上阻止活動のプロトタイプ

半ばという時代においては、安保理事会決議に基づく船舶の阻止は極めて特殊な事象として一般に認識されており、それ故、本活動に対する国際社会一般の関心もそれほど高いものではなかった。それでもなお、後の一連の海上阻止活動の実行と同様に、最初の国連海上阻止活動の事例であるベイラ・パトロールの背後には、国際社会からの支持が存在していたのである[49]。

3. ベイラ・パトロールを巡る法的論点

第1章で検討したように、平時の海洋法の下で公海上における旗国の排他的な管轄権が排除されるのは、公海海上警察権行使のほか当該船舶が国家間の個別の合意によって定められている何らかの違法な行為に従事している場合に限定される。そのなかで、船舶が何がしかの輸送に従事していることを理由に臨検が許容されるのは奴隷の輸送に限定され[50]、その他の物資等の輸送規制はあくまで関係国の合意によるものとされている。さらに、法執行における実力の行使は、必要性及び比例性の原則に拘束される[51]。このような

---

49) Siegel, *supra* note 45, p.104.
50) 国連海洋法条約第110条第1項 (b)。なお、公海条約では、奴隷の運送については、「いずれの国も、自国の旗を掲げることを認めた船舶による奴隷の運送を防止し及び処罰するため、並びに奴隷の運送のために自国の旗が不法に使用されることを防止するため、実行的な措置をとるもの」(第13条) とされるにとどまり、臨検等の具体的な措置実施についての規定は存在しない。
51) S. S. *"I'm Alone" (Canada, United States)*, Award of June 30 1933 and January 5 1935, reprinted in *Reports of International Arbitral Awards*, Vol.3 (2006), p.1615: Investigation of certain incidents affecting the British trawler *Red Crusader*, Report of 23 March 1962 of the Commission of Enquiry established by the Government of the United Kingdom of Great Britain and Northern Ireland and the Government of the Kingdom of Denmark on 15 November 1961, Reprinted in *Reports of International Arbitral Awards*, Vol.29 (2012), p.538: *Fisheries Jurisdiction (Spain v. Canada), Jurisdiction of the Court, Judgment of 4 December 1998, ICJ Reports 1998*, paras.81-84: The *M/V 'Saiga' (No.2)* (Saint Vincent and the Grenadines v Guinea), ITLOS Judgment of 1 July 1999, paras.153-159. また、法執行活動における過度な実力の行使は、場合によっては軍事活動 (military action) による威嚇に相当し、国連憲章第2条第4項違反に該当するおそれも指摘されている。*Arbitral Trial Constituted Pursuant Article 287, and in Accordance with Annex VII of the United Nations Conventions on the Law of the Sea, In the Matter of an Arbitral Between Guiana and Suriname, Award of the Arbitral Tribunal* (17 September, 2007), para.445.

海洋法規則に鑑みた場合、南ローデシアへ仕向けられた石油を輸送するタンカーを公海上で阻止するという行為は、海洋法で確認されている公海海上警察権行使を超越するものであるということは、安保理事会決議211の採択時において既に認識されていた。

ベイラ・パトロールにおいて海上輸送の阻止の対象とされた石油という物資は、1990代における国連海上阻止活動の一連の実行における禁輸物資と同様、海洋法においては輸送が規制されているものではない。また、平時の公海上において外国船舶に対し干渉を行うことは、公海条約第2条及び国連海洋法条約第87条、並びに状況によっては国連憲章第2条4項に抵触する可能性がある[52]。安保理事会決議221において安保理事会が英国に要請した措置は、ギリシャ船籍タンカー *Joanna V* 及び *Manuela* という特定の外国船舶を、必要とあれば実力の行使を伴ってでも阻止するという強制的な性格を帯びるものであった[53]。安保理事会決議221の採択の過程における議論において英国政府は、個別国家が公海上で強制力を用いて外国商船を阻止することは国際法に抵触する行為であるとして、そのための明示の権限の付与を安保理事会に求めている[54]。つまり、南ローデシアにおける事態に見合った対応行動の一環としての外国船舶の阻止のための根拠が海洋法には見出せず、また、先に採択された安保理事会決議217は南ローデシアに対する経済関係の断絶等を要請してはいるものの、それらの要請は公海上における船舶の阻止までを許容するものではないと、英国は認識していた[55]。その上で、英国は、個別国家が自己の権限内においては実施が困難な公海上における船舶の阻止にかかわる権限の付与を安保理事会に求めたのである[56]。ちなみに、モザンビークの宗主国であったポルトガルは、安保委理事会に書簡を送付し、

---

52) E. g., Jones, *supra* note 342 of Chapter 1, p.761.
53) Gowlland-Debbas, *supra* note 15, p.408.
54) UN DOC S/PV.1276, *supra* note 25, para.21.
55) *Id*.
56) John W. Halderman, "Some Legal Aspects of Sanctions in the Rhodesia Case," *ICLQ*, Vol.17, Part 3 (1968), p.685.

第3章　海上阻止活動のプロトタイプ

安保理事会決議 221 により英国に対して要請された措置は公海条約第 3 条に記されている無海岸国の権利の権利を侵害し、そこへの海路を介した通商の自由原則を根本的に否定するものであると主張した[57]。このポルトガルの主張は、当時南ローデシアは独立国家ではなかったことに加え、本事例はそもそも公海条約第 3 条の適用が問題とされるような事態には該当しないということを考慮に入れても[58]、安保理事会が決議 221 により英国に要請した公海上における外国船舶の阻止は公海条約に抵触する行為であることについての諸国の懸念を示唆する一例といえる。なお、当時南ローデシアは英国の植民地であったことから、英国が当該地域を監視及び管理することには問題が生じない。しかしながら、英国が自国の植民地の監視や管理を理由として外国船舶を公海上で阻止するという行為までが許容されるのかということは、あくまで別の問題である。

　1990 年代に採択された一連の海上阻止活動を要請する安保理事会決議とは異なり、安保理事会決議 221 においては、英国に対する安保理事会からの権限の付与は安保理事会の国連憲章第 7 章下での行動に基づくものであることを明記する文言は見られない。さらに、安保理事会決議 221 に先立ち採択された決議 217 において要請された南ローデシアとの経済関係の断絶等の措置は、後に採択された安保理事会決議 232 により課せられたような国連憲章第 41 条を根拠とする非軍事的措置に該当するとは考えられていなかったことなど[59]、その後の国連海上阻止活動の実行と比較すると、南ローデシアの事例はやや異なる側面を有しているかの如き印象を与える[60]。しかしなが

---

57) UN DOC S/7271 (27 April, 1966), Letter from Portuguese Minister of Foreign Affairs to the Secretary-General, dated April 27, 1966.
58) Gowlland-Debbas, *supra* note 15, p.409, n.3
59) 安保理事会決議 232（1966 年 12 月 16 日）において安保理事会は、国連憲章第 39 条及び第 41 条にしたがって行動し（UN DOC S/RES 232 (16 December, 1966), Preambular)、南ローデシアの事態は国際の平和と安全に対する脅威を構成し (*Id.*, para.1.)、同地域に対する各種貿易の禁止を趣旨とする経済制裁を課している。*Id.*, para.2. なお、安保理事会決議 217 は、むしろ国連憲章第 6 章の射程に位置するという議論として、John F. L. Ross, *Neutrality and International Sanctions* (Preager Publisher, 1989), p.120.
60) 森川前掲論文第 2 章注 40、73 頁。

ら、安保理事会決議 221 で要請された、ギリシャ船籍タンカー *Joanna V* 及び *Manuela* という特定の外国船舶を必要とあれば実力の行使を伴ってでも阻止するという行為は、国連憲章第 7 章下の強制措置に該当する可能性を示唆しているようにも見受けられる。それでは、安保理事会決議 221 で英国に付与された海上阻止にかかわる権限は、国連憲章上どのように位置づけられるべきなのか。

まず、安保理事会決議 221 の根拠を国際の平和と安全を維持及び回復するための安保理事会の勧告権限に求める立場がある[61]。この立場は、安保理事会が国連憲章第 39 条に依拠して国際の平和と安全に対する脅威を決定したのち、同条に基づき同理事会が加盟国に対して必要な措置の実施を加盟国に勧告することが可能となることから、船舶の阻止に関する安保理事会の要請はこの勧告に該当すると主張する[62]。また、この立場によると、安保理事会と加盟国との間で国連憲章第 43 条の特別協定が締結されていない状況では、加盟国が自発的に提供する軍隊による軍事的措置の実施を安保理事会が勧告することも可能とされ[63]、かかる方式により組織されたのが安保理事会決議 83（1950 年）を根拠とするいわゆる朝鮮国連軍であるとされる[64]。つまり、この立場に立つと、国連憲章第 39 条の勧告による軍事力の使用を伴う国連の集団的措置というものが国連憲章上存在することとなる[65]。しかしながら、朝鮮国連軍はあくまで特殊な事例であり、元来この方法は軍隊の使用を伴う措置として国連憲章の起草者が想定したものではなく[66]、それ以降同種

---

61) 例えば、吉村祥子『国連非軍事的制裁の法的問題』（国際書院、2003 年）、115 頁。
62) 山本慎一「国連安保理による『授権』行為の憲章上の位置づけに関する一考察―多機能化する多国籍軍型軍事活動を例として―」、『外務省調査月報』2007／No.2（2007 年）、50-52 頁。
63) 神谷龍男『国際連合の安全保障・増補版』（有斐閣、1979 年）、50 頁。
64) 同、65 頁。
65) 高野雄一『国際法概論（補正版）下』（弘文社、1966 年）、342-343 頁。Cf., Kiyan Homi Kaikobad, "Self-Defence, Enforcement Action and the Gulf Wars," *BYIL 1992* (Clarendon Press, 1993), p.357.
66) Tarcisio Gazzini, *The Changing Rules on the Use of Force in International Law* (Manchester University Press, 2005), p.54.

の実行は存在しない。さらに、安保理事会決議 83 の採択はソ連の欠席のもと行われたことから、安保理事国の欠席と棄権とを同一視できるのかという問題と、そもそも安保理事会が勧告によって強制措置を発動できるのか疑問であるという問題等を指摘することにより、その合法性に疑問を投げかける議論が存在する[67]。

さらに、別の立場として、国連憲章第 39 条の勧告の制度趣旨は強制措置の勧告を企図したものではなく、むしろ、紛争の平和的解決の枠内での紛争当事国に対する勧告を想定したものであり[68]、故に、国連憲章第 39 条の勧告は集団的措置に関する同第 7 章よりも、むしろ紛争の平和的解決に関する同第 6 章に関連づけられるべきとの主張が存在する[69]。この立場に立つと、国連憲章第 39 条に基づく安保理事会の勧告はあくまで非拘束的な性格を帯びることから、勧告の名宛人以外の他の国が勧告の対象とされた当事国に対して強制的に干渉することは正当化できないこととなる[70]。

以上の議論をベイラ・パトロールにあてはめると、ギリシャは、安保理事会決議 221 の採択を受けて南ローデシアへ石油を輸送することを国内立法により明確に禁止していたことから、仮に安保理事会決議 221 の要請が第 39 条下の非拘束的な性格にとどまるとしても、ギリシャを旗国とするタンカーについては、旗国の同意が存在したことから英国海軍による阻止は可能であった。しかしながら、英国海軍による自国船舶への干渉に同意しない国を旗国とする船舶の阻止については非拘束的な勧告のみでは不十分であり、やはり国連憲章第 7 章下の強制措置に依拠せざるを得ないこととなる[71]。さらに、安保理事会決議 221 は、実質的には英国が個別に実施を要望していた活動につき安保理事会が英国を名宛人として要請したものであるとしても[72]、

---

67) 松井芳郎『湾岸戦争と国際連合』（日本評論社、1993 年）、75 頁。
68) Goodrich, Hambro and Simons, *supra* note 108 of Chapter 2, pp. 300-301.
69) Burns H. Weston, "Security Council Resolution 678 and Persian Gulf Decision Making: Precarious Legitimacy," *AJIL*, Vol. 85, No. 3 (1991), p. 521.
70) Jochen Abr Frowein, "Article 39," in Simma ed., *supra* note 96 of Chapter 2, p. 615.
71) *Id.*, p. 616.
72) Halderman, *supra* note 56, p. 687.

同決議の採択時における議論では、本決議は勧告的というよりもむしろ強制的な性格を帯びるというのが当時の安保理事国の認識であった[73]。よって、安保理事会決議221の根拠を第39条下の安保理事会の勧告権限に求めることは、いささか困難であると言わざるを得ない[74]。さらに、安保理事会決議221のパラグラフ1は国連憲章第39条の平和に対する脅威の認定であると考えられること、及び同パラグラフ5で示されている公海上での阻止対象は Joanna V に限らずベイラを経由して南ローデシアへ石油を輸送していると合理的に信じられるすべての船舶であること等を勘案すると、同決議は目的と対象を限定して安保理事会が加盟国に実力の行使を容認したものであると解釈できる[75]。よって、安保理事会決議221でなされた船舶の阻止にかかわる要請は、1990年代における他の海上阻止活動と同様、安保理事会の国連憲章第7章下における行動であったと理解して差し支えなきように思料される[76]。ただし、当時は、このような国連憲章の解釈を巡る論点が、必ずしも活発な法的議論を惹起せしめたというわけではなかった。

第2節 ポスト冷戦期における大規模な展開

海上阻止活動の系譜に位置する各実行は、それらの背景となる時代と密接な連関を有する。そして、国連海上阻止活動の場合、1992年に冷戦が終結したことに伴い、安保理事会が国際の平和と安全の維持に対してより積極的な役割を果たすことに対する期待が高まったポスト冷戦期という時代を背景

---

73) UN DOC S/PV.1276, *supra* note 25, pp.22-25 : UN DOC S/PV.1277, *supra* note 28, p.37.
74) 香西茂「平和維持活動の国連憲章上の根拠について」『法学論叢』第126巻4・5・6号(1989年)、14頁 : Gazzini, *supra* note 66, p.55.
75) 佐藤哲夫「冷戦後の国際連合憲章第七章に基づく安全保障理事会の活動―武力行使に関わる二つの事例をめぐって―」『一橋大学法学研究法学研究』第26号(1994年)、94頁。
76) Jerzy Ciechanski, "Enforcement Measures under Chapter VII of the UN Charter after the Cold War," *International Peacekeeping*, Vol.3, Issue 4 (1996), p.85 : Gowlland-Debbas, *supra* note 15, p.414.

第3章　海上阻止活動のプロトタイプ

として、その時代の潮流に乗じて展開した側面を有すると指摘される。

　かかる認識の下、本節においては、国連海上阻止活動が大規模かつ広範囲に展開した1990年代のポスト冷戦期及びその後の時代における実行につき概観する。なお、本節第4項で紹介するシエラ・レオーネの事象においては、船舶の阻止を授権する安保理事会決議は採択されたものの、実施の活動は確認されていないことを予め付言しておく。

1. 活動の標準的枠組みと手続きの構築——対イラク——

　対イラク海上阻止活動は、ポスト冷戦期における国連海上阻止活動の最初の本格的な展開であるとともに、本活動においてその後の活動における標準的枠組み及び手続きが確立したという意義を有する[77]。1990年7月31日、イラクとクウェート間で石油盗掘問題や領土問題を話し合うための交渉がジッタ（サウジアラビア）で開催された。本交渉は2日で決裂し、8月2日、イラクは暫定政府樹立を名目としてクウェートに侵攻し、翌日にはクウェート全土を制圧した[78]。同日、安保理事会は直ちに緊急会合を開催し、国連憲章第39条及び第40条下での行動としてイラクのクウェート侵攻を非難し、イラク軍のクウェートからの即時無条件での撤退及びイラク及びクウェート両国に対し紛争解決のための交渉に入ることの要請を趣旨とする決議660を採択した[79]。続く8月6日、安保理事会は決議661を採択し、イラクによるクウェートに対する武力攻撃に対応するための国連憲章第51条で確認されている固有の権利である個別的または集団的自衛権を確認し[80]、同第7章下の行動としてイラクに対する包括的禁輸を決定した[81]。なお、安保理事会決

---

77) Rothwell and Stephens *supra* note 10 of Chapter 1 : Rob McLaughlin, "United Nations Mandated Naval Operations in the Territorial Sea?," *ICLQ*, Vol. 51, Part 2 (2002), p. 261.
78) Department of Public Information, United Nations, *The United Nations and the Iraq-Kuwait Conflict 1990-1996*, The United Nations Blue Book Series, Vol. 9 (United Nations, 1996), pp. 8-9.
79) UN DOC S/RES 660 (2 August, 1990), paras. 1-3.
80) UN DOC S/RES 661 (6 August, 1990), Preambular.
81) *Id.*, paras. 3 (a)-(c).

議661は禁輸の根拠として国連憲章の特定の条文には言及していないが、同決議採択時の議論において第41条への言及があったこと[82]、同決議に先立ち採択された安保理事会決議660において第41条下の非軍事的措置の実施の前提的な要件である平和に対する脅威、平和の破壊または侵略行為の存在認定が安保理事会によりなされていること、具体的措置に言及したパラグラフ3及び4において「決定する」という文言が使用されていること、並びに要請された措置の内容から判断して、本禁輸は国連憲章第41条下の非軍事的措置に該当するものと判断される[83]。

安保理事会決議661の採択後の8月9日に、米国は集団的自衛権を行使し米軍部隊をペルシャ湾地域へ派遣した。自衛権行使に関する安保理事会への報告書において米国は、米軍部隊は国連憲章第51条で確認されている固有の権利である個別的及び集団的自衛権の行使として、クウェート及びサウジアラビアを含む諸国からの要請に応じ、それらの国に支援を与えるために派遣されると説明している[84]。また、米国にわずかに遅れて英国も、8月13日に自衛権行使を安保理事会に報告した[85]。この米英の集団的自衛権の行使は、国際社会からは概ね肯定的に受け入れられた。例えば8月10日に採択されたアラブ連盟の決議では、同連盟は米英の自衛権行使はイラク軍のクウェート領域からの至急の撤退とクウェートの主権回復をもたらすものと理解し、これらを支持する旨の認識が表明されている[86]。

集団的自衛権行使に対する国際社会からの支持を奇貨とした米国及び英国は、安保理事会決議661で決定された禁輸と個別国家による自衛権行使は併

---

82) UN DOC S/PV.2933 (6 August, 1990), pp.22-25.
83) Oscar Schachter, "Legal Aspects of the Gulf War of 1991 and Its Aftermath," in William Kaplan and Donald McRae eds., *Law, Policy and International Justice: Essays in Honour of Maxwell Cohen* (McGill-Queen's University Press, 1993), p.8; Helmut Freudenschuß, "Between Unilateralism and Collective Security: Authorizations of the Use of Force by the UN Security Council," *EJIL*, Vol.5, No.1 (1994), p.494.
84) UN DOC S/21492 (10 August, 1990).
85) UN DOC S/21501 (13 August, 1990).
86) Resolution 195 adopted at the Extraordinary Arab Summit (10 August, 1990), paras.3, 5.

存し得るとの認識の下[87]、湾岸地域諸国海軍及び同盟国海軍との協力の下、集団的自衛権行使の一環として、安保理事会決議 661 に違反して禁輸物資を輸送してイラク及びクウェートへ向かう、あるいはそこから出帆するイラク関連船舶のモニタリング等の活動を開始した[88]。当初、国際社会は、この活動を容認または黙認していたが、自国の経済に関係する船舶への干渉が行われることへの懸念が生ずると、特に米国とは必ずしも友好的な関係にない諸国は本活動を強く非難した[89]。加えて、デ・クエヤル(Javier Pérez de Cuéllar)国連事務総長は、米英の自衛権行使については一定の理解を示しつつも、海上において米英が行っている活動は封鎖に該当するとして、かかる行動は関係国の意思決定により実施されるものではなく、あくまで安保理事会の決定によってなされるべきとの意を表明した[90]。そして、このような主張にフランスやソ連といった安保理事会常任理事国も同調したため[91]、米英両国は、海上における自衛権行使による活動をひとまず棚上げして、イラク関連船舶への干渉は国連の権限下で実施されていることを示す追加的な根拠を構築することがより望ましいと判断し[92]、そのための安保理事会決議の採択に向けた努力を開始した[93]。なお、この米英による自衛権を援用した海上における活動については、いわゆるテロとの戦いにおける自衛権行使等との連関を有するため、後に第 5 章において再度言及することとする。

　8 月 25 日、安保理事会は決議 665 を採択し、クウェート政府に協力し湾岸地域に海軍部隊を派遣している国連加盟国に対し、船舶の積荷と行き先の確認及び安保理事会決議 661 の関連規定の厳格な履行確保のため、並びにイ

---

87) Ian Brownlie, *The Rule of Law in International Affairs* (Martinus Nijhoff Publishers, 1998), p. 199.
88) UN DOC S/21537 (16 August, 1990).
89) UN DOC S/21529 (15 August, 1990).
90) United Nations Press Release, 16 August, 1990.
91) Lawrence Freedman and Efraim Karsh, *The Gulf Conflict 1990-1991: Diplomacy and War in the New World Order* (Princeton University Press, 1992), p.145.
92) UN DOC S/PV.2938 (25 August, 1990), p.31.
93) Transcript of Press Conference given by the British Foreign Secretary, Mr. Douglas Hued, concerning the implementation of sanctions, [Extracts], 24 August, 1990.

ラクに出入りするすべての海上交通を停止するため、安保理事会の権限の下、「特定の事態に見合った必要な措置を用いる」（〔T〕o use such measures commensurate to the specific circumstances as may be necessary）ことを要請した[94]。この安保理事会の要請により、対イラク海上阻止活動が開始されることなった。また、安保理事会は、決議665の目的を達成するため、加盟国は軍事参謀委員会と協議し、そのメカニズムを使用することを併せて要求した[95]。なお、軍事参謀委員会への言及は、安保理事会決議665へのソ連の同意を得るための政治外交的な駆け引きと妥協の結果であり、実質的な意味合いを持たせようとするものではない[96]。このため、以後の国連海上阻止活動に関連する安保理事会決議においては、軍事参謀委員会への言及はなされていない。

安保理事会決議665に基づく対イラク海上阻止活動は、当初、封鎖であると一般的に認識されていた[97]。しかし、封鎖とは厳格な要件の充足が必要とされる海戦の方法であり、安保理事会による要請に基づく海上における禁輸執行を指す文言としては適切ではないと、本活動に参加する諸国は考えた。したがって、本活動を指す文言として、安保理事会においては使用されていなかった海上阻止活動（Maritime Interception/Interdiction Operations）という新たな名称が米国によってはじめて採用され[98]、以後定着してゆくこととなる。

米国国防省が議会に提出した湾岸戦争の遂行に関する報告書によると、対イラク海上阻止活動の現場における措置の手順は、およそ以下のとおりである。まず、イラクまたはクウェートに向かうと見られる船舶が発見された場合には、その船舶に対して仕向地、出航地、船籍及び積荷等に関する問い合

---

94) UN DOC S/RES 665 (25 August, 1990), para.1.
95) *Id*., para.4.
96) Freudenschuß, *supra* note 83, p.524.
97) Kraska and Pedrozo, *supra* note 56 of Introduction, p.909.
98) United States Department of Defense, *Conduct of the Persian Gulf War: Final Report to the Congress* (U. S. Government Printing Office, 1992), p.49: Neil Brown, "Legal Consideration in Relation to Maritime Operations against Iraq," in Raul Pedrozo ed., *The War in Iraq: A Legal Analysis*, International Law Studies, Vol.86 (Naval War College, 2010), p.128.

わせが行われる。当該船舶が禁輸物資の輸送に従事している嫌疑ある場合には、停船要求の後に立ち入り検査隊が乗船し、検査 (inspection)[99]を実施する。その結果、禁輸物資が発見された場合には、行き先変更が要求される[100]。停船及び立ち入り検査隊の検査にしたがわない船舶に対しては、真に必要とされる場合には警告射撃が実施されるほか、追加的な措置としてヘリコプターからの強制的な立ち入り検査隊の派出である takedown 等が実施された[101]。米国国防省によると、イラクのクウェート侵攻から 1991 年の湾岸戦争終了までの期間中、警告射撃受けた船舶及び takedown を受けた船舶は共に 11 隻とされているが、船体へ向けての実弾射撃は実施されていない[102]。また、検査に非協力的な船舶を別の港湾に引致する事案も、少数ながら生起している[103]。そして、このような措置及び手続が、以後の国連海上阻止活動の実行においても標準的に使用されることとなる。なお、これらの手順は、海戦法規における商船に対する措置を参考として策定されたものとされている[104]。

安保理事会決議 665 は、1991 年に湾岸戦争が終了した後も依然として効力を持ち続け、対イラク海上阻止活動も展開を継続した。そして、2003 年のイラク戦争を経て採択された安保理事会決議 1483 により対イラク禁輸が解除されると、約 13 年間にわたる対イラク海上阻止活動は終了した[105]。対イラク海上阻止活動の最終的な実績としては、問いかけ 42,409 隻、立ち入り検査 2,917 隻、行き先変更 2,299 隻という数値が米国により示されている[106]。

---

99) 対イラク海上阻止活動では、臨検（visit）なる文言は使用されていない。United States Department of Defense, *supra* note 98, pp. 51-52. また、このような事由は、他の海上阻止活動の実行においても同様である。
100) *Id.*, p. 60.
101) *Id.*, p. 53.
102) *Id.*, p. 60.
103) UN DOC S/21874 (15 October, 1990).
104) Richard Jaques ed., *Maritime Operational Zones* (Naval War College, 2006), p. 5-5： Heintchel von Heinegg, *supra* note 104 of Chapter 1, p. 289, n. 6.
105) UN DOC S/RES 1483 (22 May, 2003), para. 10.
106) Harold Kennedy, "U. S.-Led Coalition Seek to Block Weapon Shipment," *National Defense Magazine*, Article January 2004.

2. 領海への進入禁止と積み荷の没収——対セルビア・モンテネグロ——

1991 年 6 月末のスロベニア及びクロアチアのユーゴスラビア連邦からの脱退表明に端を発したユーゴスラビアの解体に伴う事態の深刻化を受けて[107]、同年 9 月 25 日、安保理事会は決議 713 を採択した。本決議において安保理事会は、国連憲章第 7 章及び第 8 章下の行動として、国連加盟国によるユーゴスラビア（いわゆる新ユーゴスラビア、以下「セルビア・モンテネグロ」）に対する武器及び軍用品の全面的禁輸を決定した[108]。次に、安保理事会は、1992 年 5 月 30 日に決議 757 を採択し、ボスニア・ヘルツェゴビナ及び旧ユーゴスラビアのその他の地域における事態は国際の平和と安全に対する脅威を構成すると決定し、国連憲章第 7 章下の行動として、すべての国に対して、セルビア・モンテネグロへの及びそこからの物資等の移動を禁止した[109]。さらに、安保理事会は、同年 11 月 16 日に決議 787 を採択し、国連憲章第 7 章及び第 8 章下の行動として、すべての国に対して個別に若しくは地域的機関または地域的取極を通じ、安保理事会の権限の下、輸送貨物の確認並びに決議 713 及び決議 757 の関連条項の厳格な履行確保のため、セルビア・モンテネグロに出入りするすべての船舶を停船させるために特定の事態に見合った必要な措置を用いることを要請した[110]。

安保理事会決議 787 の採択により、対セルビア・モンテネグロ海上阻止活動の実施が要請された。ここで要請された海上阻止活動の *modus operadi* は、対イラク海上阻止活動と同様である。また、安保理事会決議 665 と同様に、決議 787 でも禁輸対象国に出入りする船舶の阻止を指す文言として「特定の事態に見合った必要な措置を用いる」という表現が採用され、これが海上阻止活動の実施を意味する定型的な表現として定着してゆく。なお、安保理事会決議 787 の採択における議論では、安保理事会決議 713 及び 757 の履行確

---

107) Daniel Bethlehem and Marc Weller eds., *The 'Yugoslav' Crisis in International Law: General Issue, Part 1*（Cambridge University Press, 1997), pp.xxvii-xxx.
108) UN DOCS/RES 713（25 September, 1991), preambular and para.6.
109) UN DOCS/RES 757（30 May, 1992), preambular and paras.4(b),（c), 5, 7(b).
110) UN DOC S/RES 787（16 November, 1992), para.12.

保のためには停船を含む強制措置の実施にかかわる必要性を強調する見解や、かかる措置を歓迎する立場が支配的であった[111]。

　安保理事会決議787の採択以前の1992年6月に、北大西洋理事会（North Atlantic Council）は、6月6日現地時間0800時からNATOの任務にアドリア海におけるセルビア・モンテネグロに対する国連の禁輸執行の状況をモニターすることで合意し、6月15日までに11隻の水上艦艇及び航空機から構成されるNATO地中海派遣水上任務群（Standing NATO Naval Force in Mediterranean）をアドリア海に派遣することを決定した[112]。このNATO地中海派遣水上任務群による船舶のモニターが、Operation Maritime Monitorである[113]。また、NATOとは別の枠組みとして西欧同盟（Western Europe Union：以下「WEU」）も水上艦艇6隻からなる水上任務群を編成し、アドリア海南部のターラント（Taranto）海峡における船舶のモニターを開始した。このWEU水上任務群の行動が、Operation Sharp Vigilanceである[114]。なお、これらの活動においては、禁輸違反船舶が発見された場合、それが水上任務群の軍艦の旗国と同一国の船舶であった場合には阻止の対象とされたが、それ以外の国の船舶であった場合には、継続追尾及び旗国に対する注意喚起のみにとどまっている[115]。安保理事会決議787の採択後、Operation Maritime MonitorはOperation Maritime Guardへ、また、Operation Sharp VigilanceはOperation Sharp Fenceへ移行し、それぞれのオペレーションにおいては、安保理事会決議787で要請された海上阻止活動が職務範囲（mandate）に含まれた[116]。ちなみに、安保理事会決議787が採択される以前の段階では、

---

111) UN DOC S/PV.3135 (13 November, 1992), pp.8, 12.
112) Bundesministerium der Verteidgung, *Folgeoperation SFOR, Informatinen über die Beteilung der Bundeswehr an der Stabilisierung des Friedens im ehemaligen Jugoslawein* (Juli, 1998), p.17.
113) Operation Maritime MonitorはNATOの最初の域外行動である。Gregory L. Schulte, "Former Yugoslavia and the New NATO," *Survival*, Vol.39, No.1 (1997), p.20.
114) Politakis, *supra* note 90 of Chapter 2, p.184.
115) Soons, *supra* note 20 of Introduction, p.214, n.31 and the following text.
116) Tim Ripley, "Isolating Yugoslavia," *International Defence Review*, No.27 (October, 1994), p.75.

NATO 及び WEU の水上任務群が船舶のモニタリングを目的としてユーゴスラビア領海に自由に進入できるのか、及びユーゴスラビアを経由して別の国に仕向けられた物資についても禁輸の対象となるのかという問題が指摘されていた[117]。

対セルビア・モンテネグロ海上阻止活動は、1993年4月17日に採択された安保理事会決議820により強化された。本決議において安保理事会は、国連加盟国領域内で発見されたすべての船舶、艀、航空機及び貨物のうち、然るべき検査の後に決議713、757、787及び本決議に違反した疑いがある場合、または現に違反していることが判明した場合、加盟国は違反の事実認定の後に船舶等を引致し、必要とあれば積荷を没収することを決定し[118]、さらに、遭難の回避等の場合を除き、商業目的を帯びたすべての海上移動手段のユーゴスラビア領海への進入を禁止した[119]。このような高烈度の措置が要請された経緯の細部は必ずしも明らかではないが、安保理事会における議論を見る限り、かかる措置の実施に対する反対または強い懸念の表明は見られていない。ちなみに、1993年1月2日に国連とECにより、ボスニア・ヘルツェゴビナを十分割する和平案であるヴァンス・オーエン和平プラン（Vance-Owen Peace Plan）が提示されたが[120]、セルビア勢力が本和平案を拒否したことにより、再びユーゴスラビア各地で武力による熾烈な勢力闘争が生じた[121]。安保理事会決議820は、ヴァンス・オーエン和平プランを拒否したユーゴスラビアに対する圧力を強化することを第一義的な目的とするが[122]、禁輸が決定された以降の1992年から1993年にかけて一部の国による禁輸違反の事例が少なからず確認されたことが、本決議における強力な措置の実施

---

117) Politakis, *supra* note 90 of Chapter 2, p. 182.
118) UN DOC S/RES 820（17 April, 1993）, para. 25.
119) *Id*., para. 28.
120) Bethlehem and Weller eds., *supra* note 107, p. xlii.
121) *Id*., p. xliii.
122) UN DOC S/PV.3200（18 April, 1993）, p. 227.

が決定された遠因として存在した可能性が併せて指摘されている[123]。なお、中国は、安保理事会決議787の採択時と同様に本決議の採択を棄権しており、ロシアもこれに同調した[124]。

安保理事会決議820の採択を受けて、1993年6月、NATO及びWEUはそれぞれの活動を統合し、本決議の履行確保を職務範囲とした新たな作戦段階へと移行した[125]。これがNATO・WEU-led Operation Sharp Guardであり、NATO及びWEU合同海上作戦部隊である第440合同任務群（Combined Task Force 440：以下「CFT440」）により実施された[126]。CTF440は、ナポリに所在する南欧州連合海上作戦部隊指揮官（Allied Commander of Southern European Naval Force：COMNAVSOUTH）が指揮をとり[127]、本部隊には、カナダ、フランス、ドイツ、ギリシャ、イタリア、オランダ、ノルウェー、ポルトガル、スペイン、トルコ、英国及び米国の13か国から、延べ66隻の艦艇が派出された[128]。Operation Sharp Guardは、1995年12月14日にパリにおいてユーゴスラビアにおける紛争を終結させるためのボスニア・ヘルツェゴビナ和平一般枠組（General Framework Agreement for Peace in Bosnia and Herzegovina）（いわゆるデイトン和平合意（Dayton Agreement））が署名された後、1996年6月にセルビア・モンテネグロに対する禁輸が正式に解除されるまで継続した[129]。この間、問いかけを受けた船舶は約74,000隻にのぼり、そのうち、約6,000隻が公海上において停船の後に立ち入り検査を受けたほか、約1,400隻が加

---

[123] UN DOC S/PV.3135, *supra* note 111, para.11：UN DOC S/PV.3157（16 November, 1992), para.11.

[124] UN DOC S/PV.3200, *supra* note 122, pp.13, 21.

[125] Kathleen M. Reddy, *Operation Sharp Guard: Lessons Learned for the Policymaker and Commander*（U. S. Naval War College, 1993), p.6.

[126] *Id*.

[127] *Id*., p.8.

[128] Assembly of the Western European Union（AWEU）Facts-Sheet NATO-WEU Operation Sharp Guard, http://193.166.3.2/pub/doc/world/AWEU/General/sharp-guard0-facts, as of 29 February 2012.

[129] UN DOC S/1996/776（24 September, 1996), para.63：UN DOC S/RES 1074（1 October, 1996), para.2.

盟国港湾へ引致された[130]。なお、Operation Sharp Guard においては、安保理事会決議 820 に違反したとの理由による没収事案が実際に生起しているが、本件については本章第 3 節において詳細につき再度論述することとする。

3. ポスト冷戦期における最後の展開——対ハイチ——

対ハイチ海上阻止活動は、ハイチという国家の再建の一環としてなされた米国を中心とした禁輸執行である。同国では、1958 年以来デュヴァリエ (Jean-Claude Duvalier) 大統領による長期独裁政権が継続していた。しかし、1986 年に国家財政の破綻を契機としたクーデターによりデュヴァリエ大統領が追放されると、1987 年に新憲法が制定され、その後、1991 年には国連ハイチ選挙監視団 (United Nations Observer Group for Verification of Elections in Haiti: ONUVEH) の監視の下で実施された民主的な選挙によって選出された左派のアリスティド (Jean-Bertrand Aristide) が大統領に就任した[131]。しかし、同年 9 月のセドラ将軍 (General Joseph Raoul Cedras) によるクーデターによりアリスティド大統領が追放されると、民兵部隊であるハイチの進歩と発展のための戦線 (Front pour l'Avancement et le Progrès Haitien) は、アリスティッド支持派を多数殺害した[132]。ハイチにおける民主主義の回復に主導権を発揮していた OAS は、1991 年 6 月 5 日、域内で民主主義を中断せしめるような事態が生起した場合に必要な措置を講じる旨を内容とする決議 1080 を採択した[133]。そして、OAS は、ハイチの軍事政権に対してはアリスティド大統領の速やかな復帰を、また、すべての国に対してはハイチを外交上及び通商上孤立させることをそれぞれ要請するとともに、安保理事会に対しても同様の要請を行った[134]。

---

130) UK Ministry of Defence, D/Balkans/501/30/4 (15 July, 1998): Reddy, *supra* note 125, p.8.
131) United Nations, *The Blue-Helmets: A Review of United Nations Peace-Keeping*, 3rd ed. (United Nations Department of Public Information, 1996), p.613.
132) 日本国外務省「ハイチ共和国の基礎データ」、http://www.mofa.go.jp/mofaj/area/haiti/data.html, as of 29 February 2012.
133) OAS DOC AG/RES 1080 (XXI-O/91) (5 June, 1991).
134) Fielding, *supra* note 18 of Introduction, p.299.

他方で、国連事務総長は、本件に関し国連加盟国に支援を要請した国連総会決議47/20[135]を受け、安保理事会に対して必要な措置の実施を要請した[136]。さらに、OAS及びハイチ亡命政府は、安保理事会に対し石油の禁輸を主とするハイチに対する国際的な禁輸の実施を重ねて要請した[137]。これらの要請を受けた安保理事会は、1993年6月16日に決議841を採択し、ハイチにおける特異な事象は地域の国際の平和と安全に対する脅威を構成すると決定し[138]、国連憲章第7章下の行動として、6月23日から同国に対する禁輸を実施することを決定した[139]。

このような国際社会からの圧力を受けたセドラ将軍は、1993年7月3日に、アリスティド大統領の同年10月30日までの復帰と軍事政権幹部の10月15日までの辞任、クーデター指導者の恩赦及び国連の監督による軍と警察との分離等の10項目を内容とするガバナーズ・アイランド合意（Governors Island Agreement）に署名し[140]、その結果、安保理事会はハイチに対する禁輸を一時中断した[141]。しかしながら、ガバナーズ・アイランド合意後も、ハイチでは首都ポルトー・プランスを中心に軍事政権による暴力行為が続発したため[142]、安保理事会は、ガバナーズ・アイランド合意が履行されない場合には決議841で決定された禁輸を再開する意思を表明した[143]。その後、ハイチにおける事態が一向に好転しないことから、10月13日、安保理事会は決議873を採択し、国連憲章第7章下の行動として、10月18日米国東部標準時2359時からハイチに対する禁輸を再開することを決定した[144]。

---

135) UN DOC A/RES 47/20 (24 November, 1992), paras. 1-6.
136) UN DOC S/24340 (22 July, 1993).
137) UN DOC S/25958 (16 June, 1993).
138) UN DOC S/RES 841 (16 June, 1993), preambular.
139) Id., para. 3.
140) UN DOC S/26063 (3 July, 1993).
141) UN DOC S/RES 861 (27 August, 1993), para. 2.
142) UN DOC S/26573 (13 October, 1993): United Nations, supra note 131, p. 613.
143) UN DOC S/26460 (6 October, 1993).
144) UN DOC S/RES 873 (13 October, 1993), para. 1.

かかる経緯を経た後、1993 年 10 月 16 日に安保理事会は決議 875 を採択し、国連憲章第 7 章及び第 8 章下の行動として、加盟国は個別に若しくは地域的機関または地域的取極を通じ、安保理事会の権限の下、決議 841 及び決議 873 の厳格な履行確保を目的として、特に石油及び石油製品、武器及びその関連物資の輸送の有無並びにそれらの物資の仕向け地の確認のため、特定の事態に見合った必要な措置を用いることを要請した[145]。本要請により、対ハイチ海上阻止活動が展開することとなったが、安保理事会決議 875 においては、阻止の対象はハイチに向かうと思われる船舶に限定されていた。しかしながら、ハイチの軍事政権は依然として非協力的な態度を維持したことから、1994 年 5 月 6 日に安保理事会は決議 917 を採択し、国連憲章第 7 章及び第 8 章下の行動として、ハイチに出入りするすべての船舶を海上阻止活動の対象とした[146]。この対ハイチ海上阻止活動は、1994 年 9 月 29 日に採択された安保理事会決議 944 によりハイチに対する禁輸阻止が解除されるまで継続した[147]。

4. 活動未展開事例――対シエラ・レオーネ――

これまで概観してきたように、国連海上阻止活動は 1990 年代前半から同半ばのポスト冷戦期において連続して大規模な展開が見られてきた。そのような趨勢にあって、対シエラ・レオーネのケースは、海上阻止活動の実施を授権する安保理事会決議は採択されたものの、実際の展開は確認されていない唯一の事例である。

1991 年以降内戦状態が継続していたシエラ・レオーネにおいて 1996 年 11 月に和平が成立すると、西アフリカ諸国経済共同体(Economic Community of West African States:以下「ECOWAS」)は、西アフリカ諸国平和維持軍(Economic Community of West African States Monitoring Group:ECOMOG)を派遣

---

145) UN DOC S/RES 875 (16 October, 1993), paras.1, 2.
146) UN DOC S/RES 917 (6 May, 1994), paras.6 (a) (b), 7, 9.
147) UN DOC S/RES 944 (29 September, 1994), para.4.

し、同国における停戦監視に従事させた[148]。しかし、1997年5月に同国において生起したクーデターによりカバー（Alhadij Ahmad Tejan Kabbah）大統領が追放され軍事政権が成立すると、同年6月、アフリカ統一機構（Organization of African Unity: OAU）はこの軍事政権の不承認を確認するとともに、ECOWASに対して武力の行使を容認した[149]。このような情勢にあって、10月8日、安保理事会は決議1132を採択し、シエラ・レオーネに対する禁輸を決定した[150]。さらに、本決議において安保理事会は、国連憲章第8章下の行動として、民主的に選出されたシエラ・レオーネ政府に協力しているECOWASに対し、石油製品、武器及び関連するすべての物資の供給にかかわる本決議の関連条項の厳格な履行確保のため、必要とあれば、国際的な基準に則り船舶を停船させ、積荷及び行き先を検査するための権限を授権するとともに[151]、すべての国に対しECOWASに協力することを要請した[152]。

このような対シエラ・レオーネ海上阻止活動の *modus operadi* は、これまでの実行を通じて構築されてきた国連海上阻止活動の標準的な枠組み及び手続を踏襲するものである[153]。また、海上阻止活動がECOWASのみに対して授権されたのは、ナイジェリアが、シエラ・レオーネの問題は西アフリカにおける地域の問題であり[154]、このため、同国に対する海上阻止活動は、あ

---

148) Mitikishe Maxwell Khobe, Chief of Defence Staff, Republic of Sierra Leone, "The Evolution and Conduct of ECOMOG Operations in West Africa," http://www.iss.co.za/pubs/monographs/no44/ecomog.html, as of 25 February, 2011. なお、ECOMOGをECOWASの常設軍として位置づける等の内容を含む、地域安全保障に対するECOWASの取り組みを紹介するものとして、Ademola Abbas, "The New Collective Security Mechanism of ECOWAS: Innovations and Problem," *JCSL*, Vol.5, No.2 (2000), pp.211-229.
149) 樋山千冬「冷戦後の国連安保理決議に基づく『多国籍軍』」『レファレンス』平成15年3月号 (2003年)、31頁。
150) UN DOC S/RES 1132 (8 October, 1997), para.6.
151) *Id.*, para.8.
152) *Id.*
153) Soons, *supra* note 20 of Introduction, p.218.
154) Matthias Goldmann, "Sierra Leone: African Solutions to African Problem?," Armin von Bogdandy and Rüdiger Wolfrum eds., *Max Planck Yearbook of United Nations Law*, Vol.9 (2005), pp.475-476.

くまで本問題に深く関与している地域的取極により実施されることが望ましいと強く主張したことによる[155]。しかしながら、ECOWAS 加盟国には海上阻止活動という大規模な海上作戦を展開する能力を有する国が存在しなかったことから、本事例においては、海上阻止活動の展開及び船舶の阻止にかかわる実行は見られていない。

5. ポスト 9/11 の時代における展開——対リビア——

　ポスト冷戦後の時期において大規模かつ広範囲に展開した国連海上阻止活動は、21 世紀に入った後は暫くの間実行は見られなかったが、2011 年のリビアに対する国連安保理事会による一連の措置において、同国に対する武器の禁輸執行を目的として再度展開を見せた。そして、本実行は、国家対非国家という新たな紛争枠組みが出現するとともに、非国家主体によりもたらされることが想定される潜在的脅威への予防的な対処が重要視されているポスト 9/11 という時代においても、個別国家により生じせしめられた今そこにある危機への対応としての国連海上阻止活動が依然として有効な手段であることを示唆するものである。

　2011 年の初頭にチュニジアにおいて始まったアラブの春として一般的に認識されている民主化の動きは、その後、エジプト、イエメンに続きリビアにも波及した[156]。リビアのカダフィ政権が空軍力を用いてこの民主化運動を弾圧したため、同年 2 月 26 日、安保理事会は決議 1970 を採択した。本決議において安保理事会は、リビアにおける状況に重大な関心を払うとともに、文民に対する暴力と武力行使を非難し、国連憲章下における国際の平和と安全の維持に関する第一義的な責任を留意し、「国連憲章第 7 章下で行動し、第 41 条下の措置をとる」（〔A〕cting under Chapter VII of the Charter of the

---

155) UN DOC S/1997/695（8 September, 1997）: Cristine Gray, *International Law and the Use of Force*, 3rd revised ed.（Cambridge University Press, 2008), p.413.
156) 上田秀明「『保護する責任』の履行、リビアの事例」『産大法学』第 45 巻 3・4 号（2012 年）、807 頁。

United Nations, and taking measures under its Article 41) とした[157]。また、安保理事会は、カダフィ政権によって一般市民に対して行われている広範囲かつ組織的な攻撃は人道に対する罪と同様たり得ることを考慮し、国民を保護するリビア当局の責任を想起するとした上で、リビア当局に対して暴力の即時停止を求めるとともに、同国の状況を国際刑事裁判所 (International Criminal Court: ICC) の検察官に付託するとした[158]。同時に安保理事会は、リビアに対する武器禁輸を決定し[159]、すべての国、特にリビアの近隣諸国に対して、国内法及び関連する国際法、特に海洋法及び関連する民間航空協定に依拠し、自国領域内においてリビアへ仕向けられたあるいはそこから輸出された貨物に本決議パラグラフ9で決定された武器及び関連物資が含まれていないことを検査することを要請するとともに[160]、禁輸物資が発見された場合には当該物資を没収する権限を付与した[161]。

しかしながら、その後リビアにおける情勢が内乱状態へと急速に悪化したことから、同年3月17日、安保理事会は決議1973を採択し、「リビアにおける情勢は国際の平和と安全に対する脅威を継続的に構成していると決定」（[D]etermining that the situation in the Libyan Arab Jamahiriya continues to constitute a threat to international peace and security) し[162]、国連憲章第7章下の行動として、特定の加盟国 (Member State) に対してリビアの文民の保護のためにすべての必要な措置を用いることを授権した[163]。なお、一部には、安保理事会決議1973のこの部分は、安保理事会が一国内における過度な人権侵害と人権法の逸脱から生じる非人道的状況を改善するために、国際社会が介入して事態を改善させる責任を有するといういわゆる保護する責任 (Responsibility to

---

157) UN DOC S/RES 1970 (26 February, 2011), Preambular.
158) *Id*., para. 4.
159) *Id*., para. 10.
160) *Id*., para. 11.
161) *Id*., para. 12.
162) UN DOC S/RES 1973 (17 March, 2011), Preambular.
163) *Id*., para. 4.

Protect: R2P)[164]の概念のもと、国連憲章第7章下の武力の行使を含む措置をはじめて授権したものと解釈する議論も存在する[165]。

さらに、本決議において安保理事会は、飛行禁止区域の設定を授権するとともに[166]、先に採択された安保理事会決議1970においては容認されていなかった公海上における貨物検査を可能せしめた[167]。具体的には、安保理事会は安保理事会決議1970のパラグラフ11を改正し、船舶が輸送する貨物に禁輸物資が含まれると信じるに足る情報がもたらされた場合には、加盟国領域内に加えて公海上においても当該船舶に対する貨物検査を実施すること、及びすべての旗国に対してこの検査に協力することを要請するとともに、加盟国領域及び公海上において、「この検査を実行するために特定の事態に見合ったすべての措置を用いる」（〔T〕o use all measures commensurate to the specific circumstances to carry out such inspections）ことを特定の加盟国に要請した[168]。この安保理事会決議1873の文理解釈からは、本決議における「特定の事態に見合ったすべての措置を用いる」とは、武器禁輸の執行を目的とした公海上における船舶の阻止を指すものと解される。

安保理事会決議1973の採択により展開されたのが、NATOの主導による

---

164) Liliana L. Jubilut, "Has the 'Responsibility to Protect' Been a Change in Humanitarian Intervention?, An Analysis from the Crisis in Libya," *International Community Law Review*, Vol. 14, No. 4（2012）, p. 310.

165) Constantine Antonopolus, "The Legitimacy to Legitimise: The Security Council Action in Libya under Resolution 1973," *International Community Law Review*, Vol. 14, No. 4（2012）, p. 361: Peter Hilpold, "Intervening in the Name of Humanity: R2P and the Power of Ideas," *JCSL*, Vol. 17, Vol. 1（2012）, p. 76.

166) UN DOC S/RES 1973, *supra* note 162, para. 8. この飛行禁止区域の設定のために、当初有志連合各国が個別に展開した航空作戦が、Operation Odyssey Dawn（米）、Operation ELLAMY（英）、Operation MOBILE（カナダ）及び Opération Harmattan（フランス）である。

167) UN DOC S/RES 1973, *supra* note 162, para. 13: Martin D. Fink, "UN-Mandated Maritime Arms Embargo Operation in Operation Unified Protector," *Revue de Droit Militaire et Droit la Guerre*, Tome 50, N°.1-2（2011）, p. 251. Cf., Oliver Corten and Vaios Koutroulis, "The Legality of Military Support to Rebel in the Libyan War: Aspects of *jus contra bellum* and *jus in bello*," *JCSL*, Vol. 18, No. 1（2013）, pp. 66-77.

168) UN DOC S/RES 1973, *supra* note 162, para. 13: Fink, *supra* note 167, p. 248.

第 3 章　海上阻止活動のプロトタイプ

Operation Unified Protector である。Operation Unified Protector は、安保理事会決議 1970 及び 1973 を根拠とし、リビアにおける文民の保護、飛行禁止区域の設定、及び武器禁輸の執行を職務範囲とするオペレーションである[169]。これらのうち、武器禁輸の執行を目的とした海上阻止活動は、2011 年 3 月 23 日から同年 10 月 31 日までの約 7 か月間に 12 か国から派遣された艦艇から構成される NATO 水上任務群により実施され[170]、地中海を中心とした 61,000 平方海里の責任海域において展開した[171]。本活動の期間中、リビアへ向けて航行する船舶は、洋上を展開する NATO 水上任務群にその行き先及び積荷を通報することが求められた[172]。NATO 水上任務群は、禁輸物資を輸送していると信じるに足る合理的な理由（reasonable grounds to believe）がある船舶に対して無線通信による問いかけを行い、それでもなお積荷が禁輸に違反していないことを示す十分な情報が得られない場合には、当該船舶を停船させた後に乗船し、航海日誌、乗員名簿、船荷証券（bill of loading）及び積荷目録（cargo manifest）等の書類を検査する権限が付与されたほか、船舶が禁輸に抵触する武器及び同関連物資並びに傭兵を輸送していた場合には、それ以後の航海を禁止する権限も併せて付与された[173]。なお、本活動においては実力の行使も許容されたが、それはあくまで最終的な手段として留保された[174]。

　NATO の発表によると、この間の実績として、3,100 隻以上の船舶が停船させられ、そのうち約 300 隻が乗船及び立ち入り検査を受けたほか、11 隻がリビアへ仕向けられた禁輸物資を輸送していたとの理由により行き先変更

---

169) Allied Joint Force Command Naples, "Unified Protector", http://www.jcnaples.nato.int/Unified_Protector.aspx, as of 2 April, 2013.
170) ベルギー、ブルガリア、カナダ、フランス、ギリシャ、イタリア、オランダ、スペイン、ルーマニア、トルコ、英国、米国：NATO Public Diplomacy Division, *NATO Fact Sheet, Operation UNIFIED PROTECTOR: NATO-led Arms Embargo against Libya*（October, 2011）.
171) NATO Public Diplomacy Division, *NATO Fact Sheet, Operation UNIFIED PROTECTOR: Final Mission Status*（02 November, 2011）.
172) Kraska and Pedrozo, *supra* note 56 of Introduction, p.921.
173) *Id*.
174) *Id*.

を指示された[175]。この Operation Unified Protector における海上阻止活動は、安保理事会決議2009（2011年9月16日採択）により武器禁輸が解除されたことを受けて[176]、2011年10月31日に終了した[177]。

6. 実行のまとめ

これまで概観してきた国連海上阻止活動の実行は、それぞれの活動の背景となる情勢について完全に同一であるというわけではない。例えば、対イラクの事例においては、イラクに対する禁輸執行を決定した安保理事会決議661は、その前文でイラクの武力行使に対抗するための個別的または集団的自衛権を確認していることから、本決議は個別国家の自衛権行使には何らの制限も課していないとの解釈は排除されない。何故ならば、非軍事的措置たる禁輸執行を決定した安保理事会決議661において個別国家による自衛権行使が保存されている旨が記述されている意味は、「安保理事会が国際の平和及び安全の維持に必要な措置をとるまでの間」という国連憲章第51条の要件のみならず、第三国船舶への自衛権行使による措置も留保されていたものと解することは、同決議の文理解釈から完全には否定されないと考えられるからである。このような理由から、米英両国は、安保理事会の決定である禁輸執行と、個別国家の活動である自衛権行使による海上における活動とは併存し得ると判断したものと思料される。そして、このように考えると、対イラクの事案においては、もともと個別国家による自衛権行使の一環として国連海上阻止活動と類似した行動が想定されていたと推察することは不可能ではない。しかしながら、1990年代初頭においては、たとえ紅海、インド洋及びペルシャ湾という比較的限定された海域においてであっても、イラク関連船舶のうち、イラク以外の国を旗国とする船舶に対する自衛権の援用による干渉は困難であると認識されていた。このため、米英は、自衛権行使による海上における活動の合法性に関して時間をかけて国際社会を説得するより

---

175) NATO Public Diplomacy Division, *supra* note 171.
176) UN DOC S/RES 2009（16 September, 2011）, para.13.
177) NATO Public Diplomacy Division, *supra* note 171.

も、事態への迅速かつ効果的な対応のためには、イラクへのあるいはそこからの海上輸送を遮断せしめる権限を付与する新たな安保理事会決議を採択するほうより望ましいと判断したものと推認される[178]。

これに対して、対イラク以外の事例では、基本的に一国内における非国際的武力紛争が国連憲章第39条下における平和に対する脅威を構成すると認定されていることから、自衛権行使との連関は存在しない。なお、対リビアの事例においては、武器禁輸の実効性確保のための公海上における貨物検査とともに、リビアにおける文民の保護を目的とする限定的な軍事力の使用が授権されている。この点から、一部の論者からは、安保理事会決議1973の採択により、リビアに対して軍事行動を行ったNATO加盟国とリビアとの間には国際的武力紛争が存在していることから、安保理事会決議1973による授権によらずとも、海戦法規上の措置として公海上においてリビアへ向かう船舶の検査及び禁輸違反物資の没収は可能であったとする主張がなされている[179]。然るに、仮にOperation Unified Protectorという軍事作戦がリビアとNATOとの間での国際的武力紛争を背景としたものであったとしても[180]、そのことを理由としてNATO諸国海軍が海戦法規上の措置として第三国船舶に対する干渉を行うことを可能せしめるためには、リビアにおける文民の保護を目的として交戦国（NATO諸国）が第三国の海洋、特に公海の使用に関する権利及び利益を侵害してよいのかという問題が検討されるべき課題として指摘されよう。

ちなみに、国際的武力紛争が存在し、海戦法規または自衛権を援用して公海上における船舶への措置が可能であった状態にもかかわらず、安保理事会決議を根拠とする国連海上阻止活動が既に展開していたために、第三国船舶に対する措置については国連海上阻止活動の枠内による実施が選択された事例が存在する。例えば、イラクに対する事例においては、湾岸戦争はもとよ

---

178) Freedman and Karsh *supra* note 91, p.145.
179) Papastavridis, *supra* note 31 of Introduction, p.106.
180) Kubo Mačák and Noam Zamir, "The Applicability of International Humanitarian Law to the Conflict in Libya," *International Community Law Review*, Vol.14, No.4（2012）, p.436.

り 2003 年のイラク戦争という国際的武力紛争においても、従前の武力紛争であれば海戦法規上の措置として実施されていた交戦国による第三国船舶への措置は、一貫して安保理事会決議 665 に基づき実施された[181]。イラク戦争において米国は、当初、海戦法規に基づく捕獲権行使を主張し、戦時禁制品リストの作成及び捕獲審検所の設立等の準備に着手していた[182]。しかしながら、有力な有志連合国である英国及び豪州が、第三国船舶に対する措置は安保理事会決議 665 に依拠して実施したほうが国際社会の理解をより得やすく、また実施も容易である旨を強く主張したため、最終的には、第三国船舶への措置は安保理事会決議 665 の範囲内で行われることとなったという経緯が存在する[183]。また、このような事態の推移について、一部の議論においては、自衛権行使は必要性及び均衡性に拘束され、対象とされる船舶の範囲は相当に狭くなることから、イラクへ出入りする海上交通を効果的に遮断するためには、むしろ安保理事会決議 665 に依拠するほうが望ましいとされたと説明されている[184]。

このように、国連海上阻止活動の展開は、それぞれに異なる情勢を背景とする。しかしながら、実際の活動が展開されていないシエラ・レオーネのケースを除き、以下に記すような重要な共通点も併せて確認できる。まず、活動の前提として、いずれの事例においても安保理事会が国連憲章第 39 条に依拠した平和に対する脅威[185]または平和の破壊[186]の存在を認定し、その上で、加盟国に対する海上阻止活動の実施が要請されている。なお、その場合、国連憲章第 7 章が活動の根拠とされたほか[187]、対セルビア・モンテネ

---

181) McLaughlin, *supra* note 23 of Introduction, p.137.
182) Klein, *supra* note 30 of Introduction, p.289.
183) Brown, *supra* note 98, p.134.
184) *Id.*, p.133.
185) UN DOC S/RES 757, *supra* note 109, preambular : UN DOCS/RES 875, *supra* note 145, preambular : UN DOC S/RES 1973, *supra* note 162, preambular.
186) UN DOC S/RES 660, *supra* note 79, preambular.
187) UN DOC S/RES 665, *supra* note 94, para.1 : UN DOC S/RES 787, *supra* note 110, para.12 : UN DOC S/RES 875, *supra* note 145, preambular : UN DOC S/RES 1973, *supra* note 162, preambular.

グロ、対ハイチ及び対シエラ・レオーネの事例では国連憲章第 8 章への言及もなされている[188]。

次に、活動に対する安保理事会の関与の程度についてであるが、まず、いずれの事例においても、安保理事会は海上阻止を自ら集権的には実施していない。安保理事会は、国連憲章第 7 章及び第 8 章下の行動として加盟国に海上阻止活動を要請または授権するにとどまり[189]、実際の活動は一部の加盟国に委ねられている。なお、いずれの事例においても、活動に関する安保理事会への報告が要求されているものの[190]、ここでの報告とは、安保理事会が全般的な（overall）権限と支配を行使することができるようにするための報告[191]というところまでは意味せず、よって、海上阻止活動に参加する加盟国海軍部隊には安保理事会の集権的な指揮及び統制は及んでいないことが確認される[192]。この点を勘案すると、国連海上阻止活動は厳密に国連自身による活動とは言い難い側面を有するものの、他方で、安保理事会の要請または授権が個別国家の権限においては実施が困難な公海上における船舶の阻

---

[188] UN DOC S/RES 787, *supra* note 110, para. 12：UN DOC S/RES 875, *supra* note 145, preambular：UN DOC S/RES 1132, *supra* note 150.

[189] UN DOC S/RES 665, *supra* note 94, para. 1：UN DOC S/RES 787, *supra* note 110, para. 12：UN DOC S/RES 875, *supra* note 145, para. 1：UN DOC S/RES 917, *supra* note 146, para. 10：UN DOC S/RES 1132, *supra* note 150, para. 8：UN DOC S/RES 1973, *supra* note 162, para. 13.

[190] UN DOC S/RES 665, *supra* note 94, para. 4：UN DOC S/RES 787, *supra* note 110, para. 14：なお、対ハイチの事例においては国連事務総長への報告（UN DOC S/RES 917, *supra* note 146, para. 13.）及び対シエラ・レオーネの事例においては、安保理事会内部に設置された制裁委員会への報告が要求されている（UN DOC S/RES 1132, *supra* note 150, para. 9.）。さらに、対リビアの事例においては、安保理事会決議 1970 及び同 1973 の履行状況について、国事務総長が創設した Panel of Experts が把握するよう要求された。UN DOC S/RES 1973, *supra* note 162, para. 28.

[191] *Agim BEHRAMI and Bekir BEHRAMI v. France, and Ruzhdi SARAMATI v. France, Germany, Norway*, ECtHR, Grand Chamber Decision as to the Admissibility of Application No. 71412/01 and Application No. 78166/01, 2 May, 2007, para. 134：薬師寺公夫「国連の平和執行活動に従事する派遣国軍隊の行為の帰属―ベーラミ及びサラマチ事件とアル・ジェッタ事件判決の相克―」『立命館法學』2010 年第 5・6 号（2010 年）、1585 頁。

[192] Nigel D. White, "The UN Charter and Peacekeeping Forces：Constitutional Issues," *International Peacekeeping*, Vol. 3, issue 4（1996）, p. 54.

止という行為を可能せしめている側面は重要視されるべきである[193]。

さらに、現場の措置については、いずれの事例においても制裁対象国以外の船舶に対する停船命令に引き続き、検査と禁輸物資を輸送している場合においては行き先変更等の措置が講じられている。このような措置に非協力的な船舶に対しては、警告射撃や強行的な乗船が実施され、また、現場海面における検査が困難な場合には、適当な港湾への回航も併せて実施されている[194]。このような措置の手順等について参加国海軍部隊で公式に統一されたものは存在しないものの、海上阻止活動を主導する米国は、対象船舶に対する問い合わせ、船舶への立ち入り、検査、船体の一時的な支配、及び行き先変更等にかかわる一連の手順や立ち入り検査隊の装備等についての標準を定めている[195]。加えて、これまでの実行を概観する限り、国連海上阻止活動における実力の行使は最小限に抑制されているようである[196]。

他方で、阻止対象船舶の範囲については相違が見られている。対南ローデシア、対イラク及び対ハイチの各事例では、阻止対象は安保理事会決議で定められた禁輸物資を輸送している船舶に限定されたが[197]、対セルビア・モンテネグロの事例では包括的に全船舶が対象とされた[198]。また、対リビアの事例では、禁輸物資等を輸送していると信じるに足る合理的な理由のある船舶（及び航空機）が検査の対象とされている[199]。

以上の検討の結果、ポスト冷戦期以降における実行は、それぞれの背景情

---

193) Murphy *supra* note 59 of Chapter 2, p.224.
194) UN DOC S/21874, *supra* note 103 : Ministry of Defence, D/Balkans/501/30/4, *supra* note 130.
195) NTTP 3-07.11, *supra* note 8 of Introduction, paras. 5.1-8-5.
196) ちなみに、海上阻止活動における武器使用規則としては、Cole, et al eds., *supra* note 12 of Introduction, para. 3.5.c を参照。
197) UN DOC S/RES 221, *supra* note 34, paras. 4 and 5 : UN DOC S/RES 665, *supra* note 94, para. 1 : UN DOC S/RES 875, *supra* note 145, para. 2 : Daniel H. Joyner, "The Proliferation Security Initiative : Nonproliferation, Counterproliferation and International Law," *Yale Journal of International Law*, Vol. 30, No. 2 (2005), p.541 : Michael Byers, "Policing the High Seas : The Proliferation Security Initiative," *AJIL*, Vol. 98, No. 3 (2004), p.532.
198) UN DOC S/RES 787, *supra* note 110, para. 12.
199) UN DOC S/RES 1973, *supra* note 162, para. 13.

勢及び実施措置の細部には固有の特徴及び相違があり、それらが完全に同一の活動であるとまでは評価できない。しかしながら、いずれの実行においても公海上における海上交通の強制的な遮断が存在し、また、いくつかの興味深い共通点も指摘されることから、これまでの実行を検討する限り、そこには国連海上阻止活動という名の下に一括してカテゴライズすることが可能な活動が存在していることが確認できる。

第3節　国連海上阻止活動の国連憲章上の根拠

1. 安保理事会決議における定式

　安保理事会は、国連海上阻止活動の実施を要請する安保理事会決議において、公海上における船舶の海上阻止について、以下に引用するような定型的な表現を繰り返し使用している。

> "〔C〕all upon Member States…… to use such measures commensurate to the specific circumstances as may be necessary under the authority of the Security Council to halt inward and outward maritime shipping, in order to verify their cargos and destinations to ensure strict implementation of provisions related to such shipping laid down in resolution"[200]

　この表現から、海上阻止活動の目的は禁輸執行の厳格な履行確保に限定されており、また、そのために用いられる手段は、海上輸送される貨物及び輸送に従事する船舶の行き先の確認のための停船であることが明示に記されていることが確認される。なお、停船のために加盟国がとり行う措置につき、安保理事会決議においてはその細部にわたる具体的記述はなく、単に「事態

---

[200] UN DOC S/RES 665, *supra* note 94, para.1：UN DOC S/RES 787, *supra* note 110, para.12：UN DOC S/RES 875, *supra* note 145, para.1.

に見合った必要な措置」とされているにとどまる。したがって、安保理事会は、実施措置について加盟国の裁量の余地を多分に残しているようにも思われる。また、既に展開されている国連海上阻止活動をさらに強化する措置を追加する場合には、その旨を決定する新たな安保理事会決議が別途採択され、その中で強化される措置の具体的内容が個別具体的に列挙されている[201]。

なお、対リビア海上阻止活動の直接の根拠を構成する安保理事会決議1973のパラグラフ13において安保理事会は、リビアに対する武器禁輸の執行を目的として「公海上において特定の事態に見合ったすべての措置を用いること（〔T〕o use all measures commensurate to the specific circumstances to carry out such inspection）」を、特定の加盟国に授権している。この部分の「特定の事態に見合ったすべての措置を用いる」という表現は、1990年代における一連の海上阻止活動を要請した安保理事会決議と共通するものであるが、安保理事会決議1973においては、ポスト冷戦期における国連海上阻止活動の実行における関連安保理事会決議において見られていた「海上輸送される貨物及び輸送に従事する船舶の行き先の確認のための停船」という具体的事項に関する記述は見られていない。しかしながら、それに代わり、本決議では「禁輸品を輸送していると信じるに足る合理的な理由のある船舶（及び航空機）」という限定された対象に対して、「リビアに対する武器禁輸を目的とした貨物検査を、公海上を含む海域で実施する」と実施措置をより明確に表記することにより[202]、先に採択された一連の国連海上阻止活動を要請した安保理事会決議と同様に、船舶の阻止にかかわる安保理事会の意思を示している。

このように、国連海上阻止活動では、船舶の阻止の目的、手段及び対象が厳格に限定されており、これらが活動を要請する安保理事会決議において明確に記述されている。換言すれば、安保理事会が公海上における船舶の阻止

---

201) UN DOC S/RES 820, *supra* note 118, paras. 25, 28：UNDOC S/RES 917, *supra* note 146, paras. 6-10.
202) UN DOC S/RES 1973, *supra* note 162, para. 13.

第 3 章　海上阻止活動のプロトタイプ

の実施にかかわる要請に関する意思を決議において明示しない限り、国連加盟国は自国の裁量により海上阻止活動を実施することは不可能なのであり[203]、このような安保理事会の意思が明示されなかったが故に、禁輸そのものは決定されたものの海上阻止活動の展開は見られなかった事例として、ソマリアに対する武器禁輸の厳格な履行を要請した安保理事会決議 794 が存在する。本決議において安保理事会は、国連憲章第 7 章下の行動として決議 733 で課したソマリアに対する武器禁輸[204]の厳格な履行確保のため必要とされる手段の使用を要請したものの[205]、そのような手段に海上交通の遮断や船舶の検査を含めるという意思を示す文言は確認できない[206]。したがって、安保理事会決議 794 のみによっても国連海上阻止活動は可能であったとする主張が一部においては存在するものの[207]、実行においては、例えば 1993 年 2 月にギリシャ船 *Bana I* がソマリアへ仕向けられた武器を輸送してモンバサ（ケニア）に向かった事案において、ソマリア近海に展開していた米海軍部隊は本船を阻止の対象とはせず、旗国及び寄港地国に対して注意喚起を実施するにとどまっている[208]。

　船舶の阻止の要請にかかわる安保理事会の意思が明示されない限り、国連海上阻止活動は展開されていないという事実は、国連海上阻止活動の中核である公海上における船舶への強制的干渉は法的に重大な行為であることを示唆するものである[209]。しかしながら、安保理事会は、国連海上阻止活動の

---

203) ゲオルグ・ヴィッチェル（出口雅久、田口絵美訳）「公海上における海上部隊によるテロ対策・海賊対策活動について―『公海自由の原則』と安全とのはざまで」『立命館法学』第 326 号（2009 九年 4 号）、344 頁：Papastavridis, *supra* note 31 of Introduction, p. 107.
204) UN DOC S/RES 733 (23 January, 1992), para. 5.
205) UN DOC S/RES 794 (3 December, 1992), para. 10.
206) Klein, *supra* note 30 of Introduction, p. 278.
207) Wolf Heintchel von Heinegg, "The Legality of Maritime Interception/Interdiction Operations within the Framework of OPERATION ENDURING FREEDFOM," in Fred L. Borch and Paul S. Wilson eds., *International Law and the War on Terror*, International Law Studies, Vol. 79 (Naval War College, 2003), pp. 255, 263.
208) Soons, *supra* note 20 of Introduction, p. 214.
209) McLaughlin, *supra* note 23 of Introduction, p. 127.

要請は国連憲章第 7 章（及び第 8 章）の下での行動であるとするにとどまり、国連憲章において強制措置を規定する第 7 章下の個別の条項、具体的には国連憲章第 41 条または第 42 条のいずれに依拠したものであるのかについては明確にしていない。これまで論述してきたとおり、国連海上阻止活動は加盟国の軍隊（海軍）を用いた強制的な活動であるともに、要請されている措置の内容も、禁輸執行を目的とした公海上における貨物及び輸送に従事する船舶の行き先の確認を原則としつつも、状況によっては船舶及び積荷の没収や、禁輸対象国領海への進入禁止といった高烈度のものまで幅広い。もとより、現場における措置の烈度によって国連海上阻止活動の法的性格が左右されるということには必ずしもならない。とはいえ、国連憲章においては、強制措置は第 41 条と第 42 条とに区別されているという事実に鑑みると、これらの特定の条項に依拠しない限り実施できない措置というものがあり得ると考えられることから、この点についてさらに検討することとする。

2. 非軍事的措置の枠内における軍隊の使用の可否

まず、国連海上阻止活動は、国連憲章第 41 条下の非軍事的措置である経済制裁の一環である禁輸執行を目的とすることから、本活動は経済制裁の枠内における措置であると主張する立場が存在する[210]。この立場は、国連憲章第 41 条下の非軍事的措置の趣旨は制裁対象国と他国との間における経済関係の断絶であり、そのための具体的手段として制裁対象国と他国との間の通商の遮断を目的とした軍事力の使用というものは十分に想定され得るとする[211]。また、この立場は、国連海上阻止活動を要請した関連安保理事会決議において許容されている実力の行使は、封鎖や捕獲という戦争行為の一環としてではなく、あくまで経済制裁の一部分として正当化されるべきである

---

210) E.g., Soons, *supra* note 20 of Introduction, pp. 210-211：松井前掲書注 67、49 頁：Paul Szasz, "The Law of Economic Sanctions," in Michael M. Schmitt and Leslie C. Green eds., *The Law of Armed Conflict into the New Millennium*, International Law Studies Vol. 71（Naval War College, 1998）, p. 468：McLaughlin, *supra* note 23 of Introduction, p. 135.
211) E. g., Politakis, *supra* note 90 of Chapter 2, p. 206.

第3章　海上阻止活動のプロトタイプ

と主張する[212]。

　国連海上阻止活動の国連憲章上の位置づけという論点においては、上述の立場は国連憲章第41条を根拠とする説であるが、国連海上阻止活動の実行においても、このような第41条根拠説を裏づけると思われるような実行が確認できる。例えば、先に紹介した対セルビア・モンテネグロの事例では、安保理事会決議820に違反して禁輸物資の輸送に従事していた船舶及び積荷の没収事案が生起している。1994年4月、マルタ船籍の石油タンカー *Lido II* がアドリア海の公海上において CTF440 に阻止された後にイタリアのブリンディジに引致され、船体及び積荷であるガソリンが没収された。本没収事案は、安保理事会決議820の履行確保を目的として制定された欧州経済共同体（European Economic Community：以下「EEC」）規則（EEC Council Regulation No. 990/93：以下「EEC 規則 990/93」）[213]及びそれに基づくイタリア国内法[214]を根拠として実施されたものであり、本船の阻止及び引致並びに没収の直接の理由は、本船が安保理事会決議820パラグラフ28に違反してセルビア領海内への進入を図ったこととされた[215]。

　他方で、*Lido II* は EC 加盟国を旗国とする船舶ではなかったこと（マルタの EU 加盟は2004年5月1日）、及び本船の阻止は公海上において行われたことから、船舶及び積荷の所有者は、欧州司法裁判所（Court of Justice of the European Community（現在の Court of Justice of the European Union）：以下「ECJ」）

---

212) E. g., McLaughlin, *supra* note 23 of Introduction, p. 131.
213) European Economic Community (EEC) DOC Council Regulation No. 990/93 concerning trade between the European Community and the Federal Republic of Yugoslavia (Serbia and Montenegro) (26 April, 1993).
214) Dcree-Law No. 144 (15 May, 1993).
215) *Ebony Maritime SA and Loten Navigation Co. Ltd. v. Pretto della Provincia di Brindisi and Others (Sanctions against the Federal Republic of Yugoslavia – Conduct in International Waters – Confiscation of a vessel and its cargoes)*, Court of Justice of the European Community Judgment of 27 February 1997 in Case C-177/95 (27 February 1997), para. 39; Michael Dougan, "The Vicissitudes of Life at the Coalface : Remedies and Procedures for Enforcing Union Law before the National Court," in Paul Craig and de Gráinne Búrca eds., *The Evolution of EU Law* (Oxford University Press, 2011), p. 426.

にEEC規則990/93の本件への適用を不服とした訴えを起こした。この訴えに対してECJは、まず、EEC規則990/93第1条(c)項と同第9条の文言からは、引致及び没収に関する措置は船舶所有者の国籍に関係なくすべての船舶に適用されるという帰結が導出されるとした[216]。次に、ECJは、EEC規則990/93第1条(c)項の趣旨は、セルビア・モンテネグロへの禁輸措置を強化する安保理事会決議820の履行確保のため、商業目的を有するすべての船舶の同国領海への進入を禁止することであるから、セルビア・モンテネグロ領海への進入禁止を実効的ならしめるためには、実際に船舶が同国領海に進入した場合に加えて、当該船舶が未だ公海上に所在する段階においても同国領海への進入を阻止する必要があるとし[217]、さらに、EEC規則990/93第1条(d)項は、本規則により定められた禁輸違反が公海上でなされる場合についても確認しているとした[218]。

なお、本件以外に安保理事会決議820及びEEC規則990/93に違反したとの理由による差し押さえの妥当性が争われたその他の事件として、1993年5月28日にアイルランド政府が、トルコのボスポラス航空会社（Bosphorus Airline）がユーゴ航空（Yugosulav Airline）からリースを受けていた航空機を差し押さえた事件が存在する。本件については、旧ユーゴスラビア地域における戦争状態並びにボスニア・ヘルツェゴビナ共和国における人権及び国際人道法（戦争法）の甚だしい違反を終結させるという国際社会の一般的利益の確保という目的に照らし合わせた場合、アイルランド政府による航空機の差し置さえは比例性を欠くものではなく不適切ではないとの判断がECJにより示された[219]。しかしながら、原告はこのECJの判断を不服として、

---

216) *Ebony Maritime SA and Loten Navigation Co. Ltd. v. Pretto della Provincia di Brindisi and Others*, supra note 215, para. 17.

217) *Id*., paras. 24, 25.

218) *Id*., para. 26: Jean-Pierre Puissochet, "The Court of Justice and International Action by the European Community: The Example of the Embargo against the Former Yugoslavia," *Fordham International Law Journal*, Vol. 20, No. 5 (1997), pp. 1567-1568.

219) *Bosphorus Hava Yollari Turizm ve Ticaret AS v. Minister for Transport, Energy and Communication, Ireland and the Attorney-General* (Case C-84/95), Court of Justice of the European Community Judgment of 30 July 1996, para. 70.

1997年3月25日に、欧州人権条約第1議定書第1条違反の事実が存在するとして、本件を欧州人権裁判所（European Court of Human Rights：以下「ECtHR」）に申し立てた[220]。その後、2001年9月13日に本申し立てはECtHRにより受理可能と判断されたことから、本件はECtHR大法廷（Grand Chamber）へ回付された[221]。そして、ECtHR大法廷は、申し立ての対象となっているアイルランド政府による航空機の差し押さえという干渉は、EC法またはアイルランド国内法のいずれかに基づく裁量権の行使ではなく、アイルランドがEC法、特にEEC規則990/93第8条から生じる義務を履行した結果であると判断したのである[222]。

　一部の論者によると、対セルビア・モンテネグロの事例において見られた、商業目的を帯びたすべての海上移動手段の対象国領海への進入禁止や禁輸物資及び船舶の没収という高い烈度の措置は、安保理事会が加盟国に対し捕獲と同様の効果を有する措置を国連加盟国の領水内に限定して実施することを要請しているに等しいとされる[223]。しかしながら、当該措置は、安保理事会決議820で強化されたセルビア・モンテネグロへの経済制裁の実効性を確保する目的で整備されたEEC規則990/93及びその実施のために立法されたイタリア国内法に基づく法執行の一環として実施されており、没収にあたり捕獲審検所の設置は見られていない。つまり、*Lido II* の没収事案は軍隊（海軍）の使用を伴ったものではあるが、それは国際的武力紛争における交戦国による捕獲権行使として実施されたものではない。そして、このような実行を見る限りは、国連憲章第41条の範囲内における軍隊の使用というものが存在する余地があり得るようにも見受けられる。それでは、国連憲章上、第41条の枠内において国連海上阻止活動のような軍事力の使用を伴う措置は実施が可能であるのか。

220）*Case of Bosphorus Havca Yollari Tur i zm ve Ticaret Anonim Şirketi v. Ireland*, ECtHR Grand Chamber, Judgment of 30 June 2005, paras. 1-4.
221）*Id*., paras. 6, 7.
222）*Id*., para. 147-148.
223）McLaughlin, *supra* note 23 of Introduction, p. 143：Cf., 加藤陽「国連憲章第103条の法的構造（2・完）」『国際公共政策』第17巻第1号（2012年9月）、97頁。

国連憲章第41条は、安保理事会はその決定を実施するために兵力の使用を伴わない如何なる措置を使用すべきかを決定することができ、かつ、この措置を適用するように加盟国に要請することができるとする。第41条の文理解釈からは、同条の最も重要な特徴は本条下での措置には軍隊の使用が伴わないという点であるとされることから[224]、同条下での安保理事会の権限は、あくまで兵力の使用を伴わない措置の決定に限定されるべきものと思料される[225]。また、ダンバートン・オークス提案からサンフランシスコ会議にかけての一連の国連憲章の起草過程においても、第41条下における措置は軍隊の使用を伴わないものに限定され[226]、軍隊の使用を伴う措置はすべて第42条の範疇に含まれるものと整理された[227]。なお、ここで留意されるべきは、第42条の下における軍隊の使用とは、平和に対する脅威を構成するかまたは平和の破壊を行った国に対する直接的な軍事活動のみに限定されるものではなく、それ以外の形態による軍隊の使用も含まれるという点である[228]。つまり、平和の破壊国に対する武力行使としての軍事力の使用も、あるいはそこまでの烈度には至らない軍隊の展開もともに国連憲章第42条下の措置として実施されるべきであり、また、このように考えなければ、同第41条の非軍事的措置実施の条件のみの充足により軍事力の使用を伴う措置が実施可能となり、結果として軍事力使用を伴う措置の実施のための根拠が国連憲章上無制限に拡大することとなる[229]。

国連海上阻止活動の主たる担い手は加盟国海軍部隊であることから、本活動が軍隊の使用を伴う措置に該当することには疑問の余地がない[230]。そし

---

224) Jochen Abr. Frowein, "Article 41," in Simma ed., *supra* note 96 of Chapter 2, p. 624.
225) Lauterpacht, *supra* note 151 of Chapter 1, p. 167.
226) Russell, *supra* note 52 of Chapter 2, p. 466.
227) WD 428, CO/192, reprinted in *Documents of the United Nations Conference on International Organization San Francisco, 1945, Vol.XVII, Documents of the Coordinating Committee including Documents of the Advisory Committee of Jurist, Part 1*（United Nations, 1954）, pp. 204-205.
228) 藤田久一『国連法』（東京大学出版会、1998年）、333頁。
229) Jochen Abr. Frowein and Nico Kirsch, "Article 41", in Bruno Simma ed., *The Charter of the United Nations: A Commentary*, 2nd ed.（Oxford University Press, 2002）, p. 740.
230) Oscar Schachter, "Authorized Use of Force by the United Nations and Regional Organizations,"

て、ここで用いられている軍隊が従事している活動は、禁輸の実効性確保という目的に限定されたものである。他方で、国連海上阻止活動では最小限度の実力行使が認められているものの、その対象は必ずしも禁輸対象国を旗国とする船舶のみに限定されない[231]。例えば、対南ローデシアの事例において安保理事会は、英国に対し必要であれば実力を用いてタンカー *Joanna V* を拘束及び引致する権限を明確に付与していることから、かかる実力行使は、平和に対する脅威を生じせしめた南ローデシアに対してではなく、タンカーの旗国であるギリシャ等の第三国に指向されたものと理解される。また、その他の事例における安保理事会決議では、安保理事会の権限の下、特定の事態に見合った必要な措置を用いることが要請されている。このような表現は、海上阻止を第三国船舶に対して指向することが可能であるのかという点については明確性をやや欠くものの[232]、実行において主たる対象とされたのは、むしろ禁輸対象国以外の国を旗国とする船舶である[233]。つまり、国連海上阻止活動は、制裁対象国に対する禁輸の執行を目的とはするものの、主たる対象はむしろ禁輸対象国以外を旗国とする船舶であり、また、そうであるが故に、国連海上阻止活動の実施の要請にあたり、禁輸そのものの決定とは別個の安保理事会決議が採択されているのである。そして、このような理由から、国連海上阻止活動は禁輸そのものを決定した安保理事会決議の射程外に位置するものであると判断される[234]。

なお、この点につき藤田久一は、先の第41条根拠説が主張するような国連憲章第41条下の非軍事的措置の実効性確保を目的とした軍隊の使用というものは一応想定され得るとした上で、そのような場合においても、使用さ

---

  in Lori F. Damrosch and David J. Scheffer eds., *Law and Force in the New International Order*（Westview Press, 1991）, p.66.
231）香西茂「イラクに対する軍事行動の限界はどこまでか」『法学セミナー』第35巻11号（1990年）、30頁。
232）藤田前掲書注228、334頁。
233）Danesh Sarooshi, *The United Nations and the Development of Collective Security: The Delegation by the UN Security Council of Its Chapter VII Powers*（Clarendon Press, 1999）, p.195.
234）中谷和弘「イラクに対する経済制裁」『法学セミナー』第35巻11号（1990年）、27頁。

れる軍隊が平和の破壊国以外の国へ指向されることについてはなお慎重な検討が必要とされるべきと指摘する[235]。この藤田の指摘をさらに敷衍すると、国連海上阻止活動が禁輸の実効性確保を目的とするものであることについては疑問の余地なきものの[236]、軍事力を使用して公海上における船舶の阻止のためには、国連憲章第41条下の措置である禁輸そのものを決定した安保理事会決議とは別の根拠が国連憲章上必要とされることとなる[237]。

3. 軍事的措置と禁輸執行を目的とした軍隊の行動

次に、国連憲章第42条で規定されている加盟国軍隊の行動について検討する。国連憲章第42条は、「安全保障理事会は、第41条に定める措置では不十分であろうと認め、または不十分なことが判明したと認めるときには、国際の平和及び安全の維持または回復に必要な空軍、海軍または陸軍の行動をとることができる。この行動は、国際連合加盟国の空軍、海軍または陸軍による示威、封鎖その他の行動を含むことができる」とする（下線強調追加）。第42条第2文で言及されている加盟国軍隊による行動のうち、封鎖とは戦争法におけるテクニカルな意味ではなく、海上交通の効果的遮断が図られるという点を重視して理解されるべきとされている[238]。そうなると、国連海上阻止活動は、実力の行使の程度に注目すると国連憲章第42条の下での措置のスペクトラムに十分収まり得ることとなり、また、有力な論者もかかる認識を共有する[239]。

---

235) 藤田前掲書注228、333頁。
236) Ralph Zacklin, "Les Nations Unies et la crise du Golfe," in Stern, Brigitte ed., *Les aspects juridiques de la crise et de la gurre du Golfe* (Montchrestine, 1991), pp.67-68 : Nico Schrijver, "The Use of Economic Sanctions by the UN Security Council: An International Law Perspective," in Harry H. G. Post ed., *International Economic Law and Armed Conflict* (Martinus Nijhoff Publishers, 1994), p.154.
237) Rosalyn Higgins, *Problems and Process: International Law and How We Use It* (Clarendon Press, 1994), p.259.
238) Jochen Abr. Frowein and Nico Krisch, "Article 42", in Simma ed., *supra* note 229, p.755.
239) *Id*.：藤田前掲書注228、341頁：森川前掲論文第2章注40、109頁。Frowein and Krisch, *supra* note 238, p.757: Sarooshi, *supra* note 233, p.202: David Schweigman, *The Authority of the Security Council under Chapter VII of the UN Charter: Legal Limits and the Role*

なお、仮に国連海上阻止活動が国連憲章第42条に根拠を有するものであっても、安保理事会が第41条の非軍事的措置の効果を見極めずして第42条の行動を決定することは同条第1文の規定に鑑み時期尚早ではないかという指摘が存在する[240]。しかしながら、第42条第1文の「第41条に定める措置では不十分」という文言は、措置の対象となった国の状況が大幅に改善され、平和と安全に対する脅威をもはや構成し得なくなるため、あるいは平和の破壊または侵略行為を終了せしめるためにはなお不十分であるということであり、単に禁輸が効果を挙げただけでは、「第41条に定める措置では不十分」であるとはならないと理解することがより妥当である[241]。また、国連海上阻止活動の実施にかかわる要請は安保理事会の裁量内での決定事項であり、禁輸の効果を評価することとは全く別の行為であるとともに、そもそも国連憲章第41条の措置の実施が同第42条の措置実施のために前提的に必要であるとは、必ずしも認識されていない[242]。

さらに、国連海上阻止活動で用いられている軍隊は国連憲章第43条の特別協定によるものではないことから、同活動は同第42条には含まれないという議論が別途存在する[243]。この議論における論点は、第43条下の特別協定により供出された軍隊以外による集団的措置の実施は不可能であるのか[244]、及び国連の集団的措置に従事する軍隊はすべて軍事参謀委員会の戦略的指導[245]を受け、かつ、安保理事会の集権的権威に服さなければならないのかという点に収斂される。

---

　　　of the International Court of Justice（Kluwer Law International, 2001）, pp. 62, 83, 111, 146.
240) 松井前掲書注67、104-105頁。
241) 佐藤前掲論文注75、69頁。
242) Jochen Abr. Frowein, "Article 42", in Simma ed., *supra* note 96 of Chapter 2, p. 631.
243) Gazzini, *supra* note 66, pp. 55-56.
244) Freudenschuß, *supra* note 83, p. 492.
245) なお、第46条及び第47条の起草趣旨は、安保理事会を補佐する幕僚組織としての軍事参謀委員を設置することであり、同委員会の戦略的指導とは、安保理事会への支援にすぎないとする立場が存在する。Allan Pellet, "The Road to Hell is Paved with Good Intentions: The United Nations As Guarantor of International Peace and Security-A French Perspective-," in Christian Tomuschat ed., *The United Nations at Age of Fifty: A Legal Perspective*（Kluwer Law International, 1995）, p. 125.

国連憲章の文理解釈からは、まず、第42条第2文は第48条第1項の「国際の平和及び安全の維持のための安保理事会の決定を履行するのに必要な『行動』は安保理事会が定めるところにしたがって国際連合加盟国の全部または一部によってとられる」（括弧強調追加）という文言に対応するものとして捉えるならば、ここで言及されている「行動」とは軍事的行動に他ならないと考えられる[246]。次に、国連憲章には安保理事会が決定した軍事的措置のために加盟国が自国軍隊を自発的に提供することを排除するような条項は存在していない[247]。この点について有力な論者の説を参照すると、例えば、ケルゼン（Hans Kelsen）は、「国連憲章第39条、42条、47条及び48条の文言は、第43条の特別協定なき状況下において、安保理事会が加盟国の軍隊による軍事的措置の実施を決定する可能性を排除していない。さらに、国連憲章第39条及び第42条は、安保理事会の自由な使用（at the disposal of the Council）が可能な軍隊のほか[248]、安保理事会の指揮及び監督から独立した別個の軍隊の存在を否定しない。国連憲章第42条は軍隊の指揮及び監督が安保理事会により実施されることには言及せず、単に海、空及び地上兵力に言及しているにすぎない」との解釈論を展開し[249]、第43条の特別協定なくとも加盟国軍隊を用いた措置の実施は不可能ではないと主張する。このケルゼンの解釈論を妥当なものとして捉えると、国連憲章第43条の特別協定によらずとも、同第42条下の軍事的措置は加盟国が自主的に提供した軍隊に

---

246) Frowein, *supra* note 242, p.633 : Oscar Schachter, *International Law in Theory and Practice* (Martinus Nijhff Publishers, 1991), p.392.
247) David J. Scheffer, "Commentary on Collective Security," in Damrosch and Scheffer eds., *supra* note 230, pp.101-110.
248) Hans Kelsen, *The Law of the United Nations: A Critical Analysis of Its Fundamental Problems* (Stevens and Sons Limited, 1950), p.756.
249) *Id.* なお、第43条の特別協定が成立する以前の段階における国際の平和と安全の維持のために必要な行動にかかわる常任理事国の責任に関する条項として、第106条が存在する。しかしながら、同条の規定は明らかに暫定的な規定にすぎず、現実に第43条の特別協定が締結されることなく第42条に掲げる軍隊を用いた措置が採用されている以上、第106条で掲げられている暫定的期間は既に徒過しているものと考えるべきである。Halderman, *supra* note 56, p.985.

よっても実施が可能とされる[250]。そして、この点につき ICJ は、ある種の経費事件に関する勧告的意見（1962 年）において、国連憲章第 43 条の特別協定が未締結であることは安保理事会が国際の平和への脅威への対処を不可能とせしめ得ないと判断している[251]。さらに、現状においては、安保理事会は国連憲章第 43 条が定める特別協定をいずれの加盟国とも締結していないことから、安保理事会自身が自由に使用できる軍隊は存在しない。このため、現実には、軍隊の使用を伴う措置を実施するに当たり、安保理事会は加盟国に権限を委譲することにより各国軍隊に実際の行動に当たらせていることから、国連憲章第 43 条の特別協定を締結しない状況にあっても加盟国軍隊の使用による措置の実施という実行が既に定着しているといえる[252]。

このように、国連海上阻止活動は国連憲章第 42 条下の措置のスペクトラムに収まり得る活動であり、また、そこで用いられている軍隊は同第 43 条の特別協定によるものではないが、同時に、国連憲章に抵触するものでもないと考えると、国連海上阻止活動の根拠を第 42 条に求める立場は、先の第 41 条根拠説よりも妥当性を有するようにも見受けられる[253]。しかしながら、国連海上阻止活動で用いられている軍隊の直接の目的は、国連憲章第 42 条の条文が意味するようなものではなく、あくまで同第 41 条下の措置である禁輸執行の実効性の確保であることは看過できない。そうであるならば、国

---

250) Frowein, *supra* note 242, p. 633.
251) *Certain Expenses of the United Nations (Article 17, Paragraph 2, of the Charter), Advisory Opinion of 20 July 1962, ICJ Reports 1962*, p. 167.
252) Frowein and Kirsch, *supra* note 238, p. 758 : Cf., Thomas M. Frank and Faiza Patel, "UN Police Action in Lieu of War: "The Old Order Changeth"," *AJIL*, Vol. 85, No. 1 (1991), p. 66.
253) Tarcisio Gazzini, "NATO Coercive Military Activities in Yugoslav Crisis," *EJIL*, Vol. 12, No. 3 (2001), p. 392 : Klein, *supra* note 30 of Introduction, p. 276 : Robert Lavalle, "The Law of the Use of Force, under the Relevant Security Council Resolutions of 1990 and 1991, to Resolve the Persian Gulf Crisis," *Netherlands Yearbook of International Law*, Vol. 23 (1992), p. 22 : Cf., 藤井京子「海上阻止行動と国連憲章上の根拠」*NUCB Journal of Economics and Management*, Vol. 45 (2000), p. 165 : Schachter, *supra* note 246, p. 393.

連海上阻止活動が厳密な意味において国連憲章第 42 条下の措置であると宣言することにはなお慎重でなければならない[254]。むしろ、国連海上阻止活動は、国連憲章上の個別の条項に直接依拠する活動というよりも、むしろ、本活動においては、国連憲章第 42 条の下でのみ集結及び運用が可能な加盟国の軍隊が、国際の平和と安全の維持または回復を目標とする同第 41 条下での措置の実効性の確保を直接の目的として展開していることから、国連憲章第 41 条及び同第 42 条との適用区分が不明瞭となっているように見受けられる[255]。そして、このように考えると、国連海上阻止活動は、安保理事会の統制が一定程度確保されていることを前提として、安保理事会の要請による限定的な軍事的措置という新たな慣行により成立している措置であると捉えられる[256]。

もとより、将来における事態の推移によっては、安保理事会が国連憲章第 41 条の下で実力の行使を伴い公海上における強制的な停船及びそれに引き続く検査の実施を明示的に決定する可能性は完全には否定されない。しかしながら、少なくともこれまでの実行を基に検討する限り、上述したような、いわば国連憲章第 6 章半の平和維持活動ならぬ同第 41 条半の海上阻止活動という整理が恐らくは最も妥当なものと思われ、それ故に、国連海上阻止活動は国連憲章第 7 章下における安保理事会の要請という方式により実施されているものと思料される。

4. 安保理事会の要請

加盟国の軍隊を用いた活動を安保理事会の要請により実施するという方式は、国連海上阻止活動においてはじめて用いられたものであり、このことは、国連海上阻止活動が 21 世紀初頭の今日においてもなお注目されるべき活動

---

254) Rosalyn Higgins, "International Law and the Avoidance, Containment and Resolution of Disputes," in *RCADI*, Tome 70 (Martinus Nijhoff Publishers, 1991), p.329.
255) Benedetto Conforti, "Non-Coercive Sanctions in the United Nations Charter: Some Lessons from the Gulf War," *EJIL*, Vol.2, No.1 (1991), p.113.
256) 真山前掲論文序章注 58、127-128 頁。

であることの理由の一つである。森川幸一によれば、安保理事会の要請の意味するところは、国連加盟国が能力を有するにもかかわらず安保理事会の希望するような活動を実施しない場合に、安保理事会が当該活動の実施を加盟国に促すこととされており、仮に個別国家が本要請に応じない場合でも、国際法上の義務違反を構成し国家責任を生じせしめるには至らないとされる[257]。つまり、個別国家が自己の権限において実施できる活動の実施を安保理事会が促すというのが、一般的意味における要請である[258]。このような意味における要請により国連海上阻止活動が実施されているならば、本活動における中核的な措置である公海上における船舶の阻止は本来加盟国の権限内で実施可能な行為であり、特段の法的問題は生じない。

　しかしながら、国連海上阻止活動の実行に鑑みた場合、本活動においては、むしろ安保理事会の要請により加盟国に対して新たな権限が付与されることにより、加盟国の権限においては実施できない活動が可能となっているか、あるいは個別国家が実施することが国際法上禁止されている行為が、安保理事会の要請によってその禁止が解除されることにより実施が可能とされていると理解されるべきである。そうなると、安保理事会の要請により、本来個別国家が自己の権限においては行い得ない船舶の阻止という行為を可能せしめるため、加盟国に対する安保理事会の権限の委譲（delegation）が行われていることになる。そして、このように考えると、一連の国連海上阻止活動に関連する安保理事会決議での要請とは、例えば安保理事会がイラクに対するすべての必要な措置の実施を加盟国に容認した決議678等で用いられている授権（authorization）[259]と実質的には相違なきこととなる。そして、安保理事会の要請は授権と実質的に変わりがないという主張は、南ローデシアへの経済制裁につき検討した1960年代の業績において早くも確認される[260]。な

---

257) 森川幸一「海上暴力行為」山本編序章前掲注10、312頁。
258) Joyner, *supra* note 197, p.541 : Byers, *supra* note 197, p.532.
259) UN DOC S/RES 678 (29 November, 1990), para.2.
260) E. g., J. E. S. Fawcett, "Security Council Resolutions on Rhodesia," *BYIL 1965-1966* (Oxford University Press, 1968), p.118.

お、一部には、授権は委譲よりも限定された概念であり、安保理事会による権限の授権は権限の移譲に含まれるとする論調が存在する[261]。しかしながら、安保理事会の有する権限を加盟国に移譲させることにより、本来安保理事会が自ら実施すべき行為を加盟国に実施させるという実体的な側面をより重視した場合、授権または移譲のいずれの文言を使用してもさほどの相違は無きように思われる[262]。

佐藤哲夫が指摘するように、国連憲章を国際情勢に柔軟に対応することが可能な動的性質を有する国際組織法として扱う立場からは、安保理事会が権限を加盟国に委譲することができる機能は国連憲章上の文言としては同第42条には直接結びつけられていないものの、それは同条項の目的に合致し、安保理事会の強制的な権限を実効的ならしめるための機能的必要性に由来する黙示的権能であるとする主張がなされている[263]。黙示的権能とは、国際組織の設立文書に明示の規定なき状態にあっても、国際組織は自らの目的達成のために必要不可欠と思われる権限を付与されているとする理論である[264]。この理論は、国際組織の設立文書は国家間条約であるということを前提として、その上で、国際組織は通常の条約の解釈枠組みを規律する条約法に関するウィーン条約（以下「条約法条約」）(1969年) 条約第31条の枠組みには収まりきらない動的な展開を見せており、設立文書を解釈するための動態的な枠組みが構築されているとする考え方から生じているものである[265]。そして、このような考え方に基づき、ICJのある種の経費事件に関す

---

[261] 山本前掲論文注62、34頁。
[262] Erika De Wet, *The Chapter VII Powers of the United Nations Security Council* (Hart Publishing, 2004), p.260. なお、authorization を許可と捉える議論については、佐藤量介「個別国家間における多国籍軍設置・実施合意の法的問題：『委任関係的合意』モデルによる検討」『一橋法学』第7巻第3号 (2008年)、946頁注18参照。
[263] 佐藤哲夫「国際連合憲章第七章に基づく安全保障理事会の活動の正当性」『一橋大学研究年報法学研究』第34号 (2000年)、198-199頁。Frederic L. Kirgis, "The Security Council's First Fifty Years," *AJIL*, Vol.889, No.3 (1995), p.521.
[264] 香西茂『国連の平和維持活動』(有斐閣、1991年)、413頁。Robert Kolb, *Introduction au droit des Nations Unies* (Helbing Lichtenhahn, 2008), p.133.
[265] 佐藤前掲論文注75、90頁。

る勧告的意見においても、機構が国連の目的として明示されている事項の一つを達成するために適当であったことを正当化するための行動をとる場合には、当該行動はその国際組織の権限踰越（ultra vires）には当たらないという推定が働くとの判断が示されている[266]。また、このような基準にしたがうかぎり、国際組織の権限踰越を主張するためには、主張者側がかかる推定を退けるのに十分な根拠を提示する必要があるとされる[267]。

　しかしながら、他方においては、国連も国際組織である以上は、設立文書で定められた目的は同じく設立文書で定められた手段及び方法で達成されるのが原則であり、設立文書で禁止されていなければ目的に合致する限りは如何なる手段も行使可能と判断することは困難であるとの主張が存在する[268]。また、国連憲章においては、武力行使に関する手続き及び手段につき第7章において明文規定が置かれていることから、それらを無視して殊更に黙示的権能理論を援用することに疑問を提示する立場も別途存在する[269]。加えて、そもそもICJがある種の経費事件に関する勧告的意見において黙示的権能を認めた背景には、そこで問題とされたのが平和維持活動という非強制的な措置の実施を目的とし、かつ、受入国の同意を得て展開される軍事力であったことを勘案すると、強制的な措置の実施においても同様に黙示的権能理論を援用することにはなお慎重であるべきという森川幸一による指摘は特段の傾聴に値する[270]。さらに、安保理事会は、権限の委譲にあたり国連憲章第7章下の個別条項への言及を行っていないが、個別条項への言及がなされていないという事実は、それらが全く援用されていないということまでは必ずしも意味しない[271]。よって、上述した諸々の批判を勘案すると、安保理事会からの権限の委譲という論点に関しては、まずは国連憲章上の明文規定への

266）*ICJ Reports 1962, supra* note 251, p. 168.
267）森川前掲論文第2章注40、81頁。
268）松田竹男「国連のある種の経費事件」松井芳郎編集代表『判例国際法』（第2版）（東信堂、2006年）、595頁。
269）松井前掲書注67、88頁。
270）森川前掲論文第2章注40、81頁。
271）Sarooshi, *supra* note 233, p. 199.

連関が検討されるべきである。

　安保理事会による権限の委譲は、あくまでそれに応じる意思と能力のある一部の加盟国に対して実施されることから、必ずしも全加盟国が委譲による措置に参加する義務はない。これに対して、安保理事会の委譲による措置の対象とされた国に対しては、当該措置が安保理事会の決定による以上、それを甘受する義務が課せられる[272]。そして、実行を見る限りは、権限の委譲による措置には軍隊の使用を伴う強制的なものが多く存在している[273]。国連憲章においては、軍隊の使用を伴う強制措置は、本来は安保理事会の集権的な権威の下で実施されることが想定されていた。しかしながら、国連の歴史上、そのような方式が採用されたことはない。それでもなお安保理事会が軍隊の使用を伴う強制措置の実施が必要であると判断した場合、例えばシャクター（Oscar Schachter）によれば、安保理事会は自ら強制措置の実施が可能な程度の強い権限を有するのであるから、それとの比較においてより弱い権限[274]の行使として、自らに代えて加盟国にかかる強制措置の実行にあたらせることは可能であるとされる[275]。このシャクターの主張を妥当なものと捉えると、まず、国連憲章第39条及び同第42条が要求する条件が充足されたならば、軍事力の使用を伴う強制措置の実施については、安保理事会が自ら国連憲章第42条の措置の実施を決定し、同第43条下の特別協定により組織される加盟国から派出された軍隊を用いるという国連憲章が元来想定していた方式に加え、同理事会が加盟国から自主的に提供された軍隊に特定の任務と限定的な権限を付与して措置の実施にあたらせるという別の方式が、国連憲章上存在し得ることとなる[276]。

　次に、この別の方式による強制措置実施のために用いられる軍隊の組織及び編制は、安保理事会からの任意的な勧告によることが多いという指摘があ

---

[272] Frowein, *supra* note 242, p. 634.
[273] Sarooshi, *supra* note 233, p. 199 : Klein, *supra* note 30 of Introduction, p. 276.
[274] Schachter, *supra* note 230, p. 68.
[275] Schachter, *supra* note 39, p. 462 : Kelsen, *supra* note 248, p. 756.
[276] Frowein, *supra* note 242, p. 633.

る[277]。そして、安保理事会が加盟国に対して別の方式による強制措置への参加を促す任意的な勧告が即ち委譲であり、それは安保理事会が行う拘束力ある決定と、加盟国に義務を課すまでには至らない程度の勧告の中間に位置するとされる[278]。そして、国連海上阻止活動を要請した一連の安保理事会決議は、このような方式を踏襲したものであると推認される[279]。また、海軍力を大規模かつ広範囲に展開して公海上における船舶の阻止を受諾できる加盟国は相当に限定されることから、海上阻止活動の場合には、発動への参加にかかわる任意性が殊更に強調された結果、要請という文言が使用されたものと思料される[280]。

ちなみに、安保理事会の決定に依拠した国連憲章第7章下の権限の委譲という行為それ自体が国連の集団安全保障上の措置に該当し、加盟国に対する権限の委譲による強制措置の実施という方式も安保理事会の決定による場合と同様の効果を生じせしめるとする主張が存在する[281]。このような主張が法的に妥当であるのかについては更なる検討が必要であろうが、少なくとも権限の委譲そのものに関する決定は安保理事会において実施されていることから、安保理事会の権限の委譲による強制措置の実施という方式が国連の集団安全保障に関する機能の一部分を担っているという主張には、一定の妥当性を見出すことは可能であろう[282]。さらに、安保理事会の要請に応じて国連海上阻止活動に参加するか否かの判断はあくまで個々の加盟国に留保されているが、他方で、海上阻止活動の対象とされた国は、国連加盟国として本活動によりもたらされる結果を受忍しなければならない。そして、国連憲章

---

277) 尾崎重義「湾岸戦争と国連憲章―『新世界秩序』における国連の役割のケース・スタディとして―」『筑波法政』第15号（1992年3月）、54頁。
278) Frowein, *supra* note 242, p.634.
279) *Id.*
280) Joyner, *supra* note 197, p.541 : Byers, *supra* note 197, p.532.
281) Robin Rolf Churchill, "Conflicts Between UN Convention on the Law of the Sea and Their Possible Resolution," *Israel Yearbook on Human Rights*, Vol.38（2008）, p.188 : Schachter, *supra* note 230, pp.67-69.
282) 森川前掲論文第2章注40、80頁。

第25条の規定から、当該対象国は、仮に国連海上阻止活動によって損害を被ったとしても、本活動に参加した国に対して損害賠償の請求及び国家責任を追及することはできないと解される。

5. 制度化された恣意性

　国連海上阻止活動は、安保理事会決議で示された職務範囲内における個々の加盟国による活動であることから、国連憲章において本来想定されている軍隊の使用を伴う措置との比較において、その実施は分権的であるといえる[283]。他方で、国連海上阻止活動の実施の要請にかかわる決定は安保理事会の専管事項として集権的になされているものの、かかる決定は常任理事国という特権的地位を占める少数の主要国の自国利益確保に関する思惑に支配されていることから、必ずしも国際社会の共通の利益の確保が第一義的に考慮されるというわけではない[284]。このような状況にもかかわらず、安保理事会の意思決定には常任理事国の一致した賛同が必要とされている（国連憲章第27条第3項）。したがって、ある事項に関する安保理事会における決定が特定の常任理事国の思惑が強く反映されたものであったとしても、決定それ自体は、国連憲章で規定される正式な手続きを踏襲してなされた制度的なものとされる[285]。

　なお、上述したような状況は、国連海上阻止活動に限定されたものではなく、およそ国連の集団安全保障の実効性を確保するためには意思決定プロセスにおける少数の大国の関与及び措置の実施における有志連合国の参加が不可欠であるという現状に鑑みると[286]、国際の平和と安全の維持についての

---

283) Niels Blokker, "Is Authorization Authorized? Powers and Practice of the UN Security Council to Authorize the Use of Force by 'Coalition of the Able and Willing'," *EJIL*, Vol. 11, No. 3 (2000), p. 568.

284) *Id.*, pp. 250-251.

285) Cf., 西谷斉「単独行動主義と多国間主義の相互作用―拡散防止行動（PSI）が国際法秩序に与える影響を中心として―」『近畿大学法学』第56巻第2号（2008年）、51頁：Alan Boyle and Christine Chinkin, *The Making of International Law* (Oxford University Press, 2010), p. 109.

286) UN DOC S/PV.3046 (31 January, 1992), pp. 63-64.

責任を安保理事会の常任理事国という少数の主要国の利益に関連づけるという思考過程は極めて現実的なものである[287]。そして、その場合、措置の実効性を追求するあまり、安保理事会が行動をとり行うための意思決定プロセスにおいて、正当性（legitimacy）に対する配慮がやや欠落する場合があろうことは、一般的に想定される。安保理事会の行動の実効性を確保することを優先するあまり正当性を犠牲とするということは必ずしも正しい判断であるとは言い難いが[288]、一方では、正当性のみを追求し、その結果、実効性を相当程度犠牲にするということも、現実的かつ適切であるとは思われない[289]。

このように考えた場合、集団安全保障の実効性確保を目的として、安保理事会が集権的に判断した結果である行動としての同理事会の要請がなされた場合、本要請に応える能力と意思を有する特定の加盟国に同理事会が実力行使を含む権限を委譲し、それらの国が協同して活動するという分権的な方式は、国際の平和と安全に対する脅威への対処方策としての適合性、実施の可能性及び結果の受容性のいずれの事項も満足させるものであろうことは、完全には否定されない[290]。国連海上阻止活動においても、如何なる事態及びいずれの国家が活動の対象となるのかという判断は、米国をはじめとする安保理事会の常任理事国の思惑に強く左右されている。その証左として、これまで展開が見られた国連海上阻止活動の対象とされた国は、武力により他国を侵略した事実に疑問の余地のない国（イラク）、非国際的武力紛争状態が存在するものの、措置の対象とする決定に対して常任理事国が拒否権を行使することが想定されない国（セルビア・モンテネグロ及びリビア）、あるいは、

---

[287] 佐藤前掲論文注263、205頁。
[288] Cf., UN DOC S/PV.4716 (22 May, 2003), pp.11-12. 一部の議論においては、安保理事会の決定における手続きの正当性は、常任理事国の構成における偏りと代表性の欠如によりに挑戦を受けているとされる。西谷前掲論文注285、52頁注61：Ian Clark, *Legitimacy in International Society* (Oxford University Press, 2005), p.196.
[289] 佐藤前掲論文注263、236頁注59。David D. Caron, "The Legitimacy of the Collective Authority of the Security Council," *AJIL*, Vol.87, No.4 (1993), pp.566-567.
[290] Murphy, *supra* note 59 of Chapter 2, pp.261-262：佐藤前掲論文注263、235頁注58。

大多数の常任理事国の利益に影響を及ぼさないような国（ハイチ）である。また、ベイラ・パトロールの契機となった南ローデシアの独立は、元来、宗主国たる英国一国のみの問題であると認識された。つまり、これまでの実行を見る限り、国連海上阻止活動の対象とされた国及び事態の範囲はそれほど広いとはいえない。

　国連海上阻止活動をはじめとして、安保理事会による権限の委譲による措置が連続して実施されたポスト冷戦期という時代は、国際社会全体にかかわる利益の獲得という安保理事会の思惑と、かかる目的達成のために安保理事会が決定した活動に自国軍隊を参加させることにかかわる一部の大国の意思とが合致した時代であった[291]。しかしながら、そのような時代においてさえも、安保理事会からの権限の委譲による活動に参加する加盟国は、安保理事会の集権的な指揮権限に全面的に服するような形で自国軍隊を提供する意思は全く有していなかったのである[292]。

　さらに、安保理事会は、平和に対する脅威または平和の破壊等を判断する幅広い裁量的権限を有しているが、その裁量的権限故に、安保理事会の行動は選択的となりがちである[293]。また、安保理事会は、国連憲章第7章下での措置が必要となるような事態の存在認定について統一された基準を必ずしも有しているわけではないために、同種の事態が生起してもその都度異なった対応がなされる傾向が存在する。加えて、安保理事会の行動に関する決定においては国際法上の観点がやや欠落している傾向が一般的に認められ、そのために、安保理事会の行動は、既存の国際法に照らし合わせた合法性が常に確保されているとは限らない[294]。それにもかかわらず、安保理事会の決

---

291) Christopher Greenwood, "The United Nations as Guarantor of International Peace and Security: Past, Present and Future-A United Kingdom View-," in Tomuschat ed., *supra* note 245, p.68.
292) E. g., The Clinton Administration's Policy on ReformingMultilateral Peace Operations, by Madeleine Albright, Anthony Lake and Lieutenant General Wesley Clark, USA, reprinted in *DISAM Journal Summer 1994*（1994）, p.47.
293) Oscar Schachter, "The UN Legal Order: An Overview," in Christopher C. Joyner, ed., *The United Nations and International Law*（Cambridge University Press, 1997）, p.14.
294) UN DOC A/CN.4/469 and Add.1-2（9, 24 and 29 May, 1995.）, International Law Commission Seventh Report on State Responsibility, by Mr. Gaetano Arangio-Ruiz, Special

定は国連憲章に基づく制度的な決定であり、本決定を有権的に否定することは不可能である。したがって、安保理事会の決定が時として正当性に疑問があるとしても、少なくとも形式的な合法性は確保されているのである。

　このような、政治的主体（political organ）である安保理事会が帯びる固有の性質に起因する問題に加え、安保理事会が権限を委譲することによって加盟国軍隊による実力行使を伴う活動を決定するような場合には、ともすれば相反しがちである主要な加盟国の利益の調整という困難な問題が別途存在する。したがって、そのような場合における安保理事会の判断は、畢竟恣意的にならざるを得ない[295]。その結果、加盟国軍隊による実力行使を伴う活動の一つである国連海上阻止活動は、安保理事会の決定に基づくという制度的な合法性は確保されているものの、本質的な合法性については、それが常時完全に確保されているとは言い難い。このような理由により、国連海上阻止活動は、恣意性を相当程度帯びるものといえる。そして、かかる恣意性は、安保理事会の意思決定に対して強い影響を及ぼす主要な加盟国（安保理事会の常任理事国）の意向に、国連憲章第7章の強制力並びに第25条及び第103条がいうところの他の国際協定との優位性という法的な枠組みをはめ込んだいわば制度化された恣意性である[296]。そして、少なくとも現状においては、国際社会もこのような制度化された恣意性を完全には否定していない。

　国連海上阻止活動との連関において、かかる恣意性が顕在化した事例の一例として、1999年にNATOがコソヴォの空爆（Operation Allied Force）を実施した際に、併せてNATO加盟国による自国からのユーゴスラビアへの原油輸出禁止措置を講ずるとともに、アドリア海においてユーゴスラビアへ原油を輸送する船舶を臨検及び捜索し、同国に対する海上供給を強制的に遮断

Rapporteur, para. 97.

295) Thomas M. Frank, "The United Nations as a Guarantor of International Peace and Security : Past, Present and Future," in Tomuschat ed., *supra* note 245, p.32.

296) Cf., Rain Liivoja, "The Scope of the Supremacy Clause of the United Nations Charter," *ICLQ*, Vol.57（July 2008）, p612.

第Ⅱ部　海上阻止のための規則の構築

せしめることを企図した事例が挙げられる[297]。本事例においては、ロシア等が、このような活動は戦争行為に該当するとの懸念を表明し[298]、その結果、安保理事会が機能しなかったことから、NATO によるユーゴスラビアへの原油輸送船舶の海上阻止は実現されなかった[299]。このため、ユーゴスラビアへの原油輸送の阻止を目的とした国連海上阻止活動の実施が模索されたが、コソヴォ問題の処理を目的として採択された安保理事会決議1244では、安保理事会は NATO による空爆を追認し、また、コソヴォ治安維持部隊（Kosovo Force: KFOR）の設置を決定したものの[300]、ユーゴスラビアへの原油輸送阻止を目的とした第二次対ユーゴスラビア国連海上阻止活動の実施にかかわる要請はなされていない[301]。

第4節　新たな海上阻止活動への潮流

1. 海上阻止活動の系譜における始源としての意義

　国連海上阻止活動は、国際の平和と安全の維持及び回復にかかわる安保理事会の権能が創造的に展開するとの期待が高まったポスト冷戦期という時代を中心に大規模かつ広範囲に展開した。本活動は多大なる成果を上げたこと

---

297) George Walker, "Application of Law of Armed Conflict During Operation Allied Force: Maritime Interdiction and Prisoner of War Issues," in Andrew E. Wall ed., *Legal and Ethical Lessons of NATO's Kosovo Campaign*, International Law Studies, Vol.78 (Naval War College, 2002), pp.93-96.

298) Christopher Greenwood, "The Applicability of International Humanitarian Law and the Law of Neutrality to the Kosovo Campaign," in *idem, Essays on War in International Law* (Cameron May, 2006), p.652.

299) Statements Made by the Ministry of Foreign Affairs Spokesperson (Excerpts), Embassy of France Daily Briefing (Paris, 22 April, 1999).

300) UN DOC S/RES/1244 (10 June, 1999), para.5.

301) Cf., 村瀬信也「武力行使に関する国連憲章と一般国際法との適用関係―NATO のユーゴ空爆をめぐる議論を手掛かりとして―」『上智法学論集』第43巻3号（1999年12月）、37頁。

から、今日では国連により職務範囲が示された海上作戦（UN-mandated naval operations）の一つとしての地位を確立している[302]。また、これまで展開を見せた国連海上阻止活動は米国が主導したものであるが、本活動には米国と利害を異にすることの少なくないロシアも参加する等、参加国の範囲においては全世界的な展開を見せている[303]。さらに、海上阻止活動の系譜において、個別国家が普遍的国際機構（国連）の要請に応える形で展開した活動は国連海上阻止活動のみであることに加え、本活動においては、安保理事会が一部の加盟国に国連憲章第7章下の権限の一部を移譲して軍隊の使用を伴う活動に従事させる方式が採用された。国連の歴史においても、このような方式が採用されたのも国連海上阻止活動がはじめてであり、以後、そのような方式が、国連憲章第7章下の軍隊の使用を伴う措置の実施形態として定着してゆくこととなった[304]。

　国連海上阻止活動においては、海洋法及び海戦法規といった既存の海洋法においては許容されない乗船及び捜索を、国連憲章第7章下で採択された安保理事会決議という miracle formula により実施せしめることが可能とされた[305]。そして、21世紀においてもなお展開を見せている新たな海上阻止活動においても、根拠はそれぞれ異なるものの、同じく先述したような既存の国際法の枠外における規則類の整備による乗船及び捜索の実施という方策が採用されている。今日における新たな海上阻止活動と国連海上阻止活動との

---

302) Gilberto Carvalho De Oliviera, "Naval Peacekeeping and Piracy: Time for a Critical Turn in the Debate," *International Peacekeeping*, Vol. 19, No. 1（2012）, pp. 52-53: Robert Stephens Staley, *The Wave of the Future: The United Nations and Naval Peacekeeping*（Lynne Rienner Publishers, 1992）, p. 18.
303) Jeffry I. Sands, *Blue Hull: Multinational Naval Cooperation and the United Nations*（Center for Naval Analyses 1993）（CRM 93-40/July1993）, pp. 20-21.
304) 西浦直子「国連憲章第7章下における武力行使授権の問題点―学説の検証を中心として―」『社会科学ジャーナル』（国際基督教大学平和研究所）第68巻（2009年）、73頁。
305) Lieutenant Colonel Kenneth W. Watkin, "Naval Operations in the 1990s: A Legal Sea Change?," in Peter T. Haydon and Ann L. Griffiths eds., *Multinational Naval Forces: Proceedings of a Workshop Held by the Centre for Foreign Policy Studies, Dalhousie University, 13-15 July 1995*（Centre for Foreign Policy Studies, Dalhousie University, 1996）, p. 65.

間には、法的な意味における連続性は必ずしも確認できないが、当初は実施が困難と思われていた活動を可能せしめるような努力はまさしく国連海上阻止活動の展開を始源とすることは否定されない。そして、そのような意味において、海上阻止活動の系譜において、国連海上阻止活動は一層注目されるべきものである。

2. 今そこにある危機への対応から潜在的脅威に対する予防的展開への拡大

国連海上阻止活動は、個別国家による行動を原因とする、国際の平和と安全に対する既に顕在化した脅威により引き起こされた今そこにある危機へ対応する活動である。つまり、国連海上阻止活動は、伝統的な国家間の枠組みにおける平和と安全を確保するような活動であり、そのような意味において優れて20世紀スタイルの軍事活動であったといえる[306]。対して、21世紀の今日においては、公海上において生起する脅威を巡る状況が大きく異なっている。従前は、国際安全保障上の脅威としては、個別国家に指向される脅威というもののみが想定されており、国連海上阻止活動もそのための対処方策の一つであり、また、第2章において若干触れた自衛権にしても、あくまで個別国家の利益の獲得を目的して行使されるものであった。他方で、今日では、非国家主体により引き起こされることが想定される国際社会に共通する潜在的な脅威というものが公海上においても存在し[307]、それらの顕在化を防止するために予防的な対応を迅速に展開する必要性が従前にも増して強調されている[308]。

国連海上阻止活動は制度化された恣意性を帯びる活動である。しかしながら、本活動は安保理事会決議を根拠とすることから、恣意的であるとしても

---

[306] Matthew Happold, "Security Council Resolution 1373 and the Constitution of the United Nations," *Leiden Journal of International Law*, Vol.16, No.3（2003）, pp.598-600.

[307] Cf., William V. O'Brien, "Reprisals, Deterrence and Self-Defense in Counterterror Operations," *Virginia Journal of International Law*, Vol.30, No.2（1990）, p.472.

[308] Wolf Heintschel von Heinegg, "The United Nations Convention on the Law of the Sea and Maritime Security Operations," *German Yearbook of International Law*, Vol.48（2005）, p.170.

少なくとも制度的及び手段的な合法性については疑問の余地のない活動である。他方で、今日では、公海上における潜在的な脅威への予防的かつ迅速な対応の必要性が優先されるあまり、時として合法性を犠牲にしてまでも特定の個別国家、若しくは有志連合等の個別国家の集合体の意思決定による海上阻止活動が現実に実施される可能性が高いように見受けられる。そして、そのような活動の一例が、テロリスト及びテロ関連物資並びに大量破壊兵器の海上を介した輸送阻止を目的とする新たな海上阻止活動であり、具体的には、大量破壊兵器の拡散対抗を目的とする海上阻止活動及び既に長年にわたり継続的に展開を見せている米国を中心とする有志連合諸国によるテロ対策海上阻止活動である。

　国連海上阻止活動が既に生起した今そこにある危機に対応する事態対応型の活動であるのに対して、これらの新たな海上阻止活動は、むしろ国際の平和と安全に対する潜在的脅威の顕在化の防止を目的とする予防的な活動であるという点が、まずもって注目される。これに加えて、国連海上阻止活動の正当性は少なくとも制度的には確保されていたこととの比較において、上述の新たな海上阻止活動は、制度化されていない恣意性を帯びるという点は等閑視されるべきではない。

　国連海上阻止活動と同様に、これらの新たな海上阻止活動も、特定物資の海上輸送を時として実力を用いて強制的に規制するという海上阻止活動の系譜に属する活動としての基本的な性格には相違はない。しかしながら、国連海上阻止活動においては、海上輸送が規制される物資の範囲、現場でとられる具体的措置の範囲及び程度等に関する大枠の判断は安保理事会が行っている。翻って、新たな海上阻止活動においては、そのような判断は、非国家主体への大量破壊兵器の拡散対抗及び有志連合国と共同してテロとの戦いにかかわるイニシアティヴを主導する米国により、国連の集団安全保障上の措置としての性格を帯びない unilateral な行為としてなされることが多い。

　新たな海上阻止活動の実施にあたり、米国をはじめとする有志連合国は、国連海上阻止活動の *modus operadi* を基盤とし、現場における措置等はかなり慎重に実施しているようにも見受けられる。しかしながら、新たな海上阻

止活動としてカテゴライズされるオペレーションでは、安保理事会が採択した立法決議という危うい根拠に基づくものを除けば、安保理事会決議を根拠とするものではない[309]。さらに、それらのオペレーションにおいて展開されている乗船及び捜索のためのすべての根拠が既存の国際法に見出せない等、活動そのものの法的基盤につき疑問が全く存在しないというわけではない。他方で、21世紀の今日においては、公海上においても極めて多種多様な状況がほぼ同時に多数生起している。このような新たな海上阻止活動については、続く第4章において、活動の法的基盤の確保が安保理事会により立法的に採択された決議及び新たに起草された条約により実施された実行を、及び第5章においては、そのような努力すらなされていないまま展開を継続している実行について、さらに詳細にわたり考察することとする。

---

309) 一部の国家の主導によるこのようなオペレーションにおいて、安保理事会の許可、授権及びコントロールが全く問題とされていないことを指摘する議論として、例えば、佐藤哲夫『国連安全保障理事会と憲章第7章』（有斐閣、2015年）、358-359頁。

第4章

大量破壊兵器拡散対抗のための予防的展開

　海上阻止活動の系譜においては、公海上における海上阻止の法的基盤の確保のために、国際立法及び新条約の起草が行われた実行が存在し、それは、本章で取り扱う非国家主体に対する大量破壊兵器拡散対抗（counter-proliferation）を目的とする海上阻止活動である。本活動は、既に生起した今そこにある危機に対応するような国連海上阻止活動とは異なり、非国家主体と大量破壊兵器との連接により生起することが想定される潜在的な脅威に対して予防的に展開する点が顕著な特徴として挙げられる。ちなみに、拡散対抗という文言の意味するところは、従前の大量破壊兵器の不拡散（nonproliferation）における外交、軍備管理、輸出管理及び情報収集といった予防的措置に加え、不拡散が失敗した場合において実施される拡散の効果を軽減する措置を指す概念であり、最終的な手段として報復的な意味における軍事力の使用が想定されているのが大きな特徴であるとされる[1]。

　1991年12月のソ連の崩壊とその後の同国の不安定化により、同国が管理していた大量破壊兵器がいわゆるならず者国家（rogue state/rogue regime）や非国家主体に拡散するおそれが生じると、例えば1992年に発表された『国

---

1) Jeffrey A. Larsen and James M. Smith, *Historical Dictionary of Armed Control and Disarmament* (The Scarecrow Press Inc., 2005), p.67：青木節子「非国家主体に対する軍縮・不拡散」『世界法年報』第26号（2007年）、138-139頁。

際の平和と安全の維持に関する安保理事会の責任にかかわる安保理事会サミット声明』においても記されているように、大量破壊兵器の拡散から生じる脅威が主要な懸念事項として国際社会において強く認識されることとなった[2]。しかしながら、問題に構造的な変化が生じたのは、2001年9月11日に生起した米国同時多発テロ攻撃以降のいわゆるポスト9/11の時代に入ってからである[3]。それ以前の時代においては、大量破壊兵器の拡散は少数のいわゆるならず者国家を巡る問題の一環として認識されており、その意味においては、それは国家対国家という従前から存在する伝統的な構図における問題であった。しかしながら、ポスト9/11の時代においては、非国家主体、特にテロリスト集団と大量破壊兵器の連接から生じる新たな脅威への対応が、国際社会にとっての喫緊の課題として認識されることとなった[4]。その結果、ポスト9/11の時代には、国家対非国家という新たな紛争枠組みにおける潜在的な脅威というものが地上のみならず公海上においても存在することとなり、かかる脅威への対応において、緊急かつ予防的な活動の必要性が一層認識されることとなったのである[5]。

このような活動においては、軍事力、特に海軍力の使用ということも想定されるが、予防的な活動における海軍力の使用の根拠として、武力攻撃が生

---

2) UN DOC S/23500 (31 January, 1992), Security Council Summit Concerning the Council's Responsibility in the Maintenance of International Peace and Security, p.4. このことは、ソ連の崩壊により唯一の超大国となった米国のクリントン政権が1993年9月に公表したBottom up Reviewにおいて、冷戦後の世界における新たな危険の筆頭に大量破壊兵器の拡散が挙げられていることからも確認できる。Les Aspin, *Report on the Bottom-Up Review* (Department of Defense, October, 1993), p.2. つまり、ポスト冷戦期の時代における大量破壊兵器を巡る問題は、各個別国家が保有する兵器の削減という軍備管理／軍縮問題から、大量破壊兵器並びに同関連物資及び同関連技術の拡散懸念主体への不拡散へと重心が移動したのである。萬歳寛之「大量破壊兵器の不拡散に関する国際的規制」『駿河台法学』第19巻第2号（2006年）、125頁。
3) 森田章夫「国際テロと武力行使」『国際問題』No.516（2003年）、50頁。
4) 浅田正彦「安保理決議1540と国際立法―大量破壊兵器テロの新しい脅威をめぐって―」『国際問題』No.547（2005年）、35頁。
5) UN DOC A/59/565 (2 December, 2004), A more secured world: our shared responsibility, Report of the High-Level Panel on Threats, Challenges and Change, para.135.

第4章　大量破壊兵器拡散対抗のための予防的展開

起してはじめて援用が可能となる国連憲章第51条で確認されている自衛権を援用することは困難である[6]。他方で、非国家主体と大量破壊兵器の連接から生じる脅威は国際社会に共通する極めて深刻なものであり、例えば、核兵器の不拡散に関する条約（以下「NPT」）（1968年）第1条のいうところの核兵器国のみが関心を払えばよいというものではない[7]。また、大量破壊兵器は究極の危険な物資であるという点を重要視すると、それが拡散することから生じる脅威への対応において確保されるべき法益は、例えば一国の国内問題や人権侵害にとどまる麻薬の違法取引の取締や奴隷貿易の取締といった、従前から展開されている海上法執行活動が確保するものとは質的に異なる。

　従前、大量破壊兵器及び同関連物資の輸送自体を違法化するという国際的な合意は存在しておらず、また、既存の大量破壊兵器の規制に関連する条約は、大量破壊兵器の違法な取引及び輸送を犯罪化していない[8]。このため、非国家主体に対する大量破壊兵器の輸送に従事している船舶の阻止の正当化のためには、精緻な法的説明が別途必要となる[9]。このような事由から、公海上における大量破壊兵器拡散対抗においては、大量破壊兵器及び同関連物資という海洋法条約においては輸送が禁止または規制の対象とはされていない特定物資の輸送を規制するために安保理事会決議による国際立法が行われたほか、新たに条約が起草されたのである[10]。そして、特定物資の海上輸送を規制することを目的として右のようなイニシアティヴが展開されたのは、少なくとも本書の刊行の時点においては、海上阻止活動の系譜に位置する活動においては大量破壊兵器拡散対抗のための海上阻止活動のみである。以上

---

6) Michael Byers, "Terrorism, the Use of Force and International Law after 11 September," *ICLQ*, Vol.51, Part 2 (2002), pp.411-412.
7) UN DOC S/PV.4950 (22 April, 2004), p.2.
8) Ruth Wedgwood, "The Fall of Saddam Hussein: Security Council Mandates and Preemptive Self-Defense," *AJIL*, Vol.97, No.3 (2003), p.579.
9) Daniel H. Joyner, *International Law and the Proliferation of Weapons of Mass Destruction* (Oxford University Press, 2009), p.323.
10) Guilfoyle, *supra* note 29 of Introduction, p.235.

を踏まえ、本章においては、公海上における大量破壊兵器拡散対抗を目的とする海上阻止活動の法的基盤の確保のために如何なるイニシアティヴが展開してきたのか、また、その結果、如何なる規則類が形成されてきたのかという点を中心に論述してゆく。

第1節 拡散対抗にかかわる政治的意思の表明

1. 拡散防止構想の概要
a．G8グローバル・サミット・カナナスキス原則

大量破壊兵器の拡散に対する国際的な対応につき一定の指針を与えたのが、2002年6月27日の主要国首脳会議（G8サミット）（カナナスキス（カナダ））において採択されたG8グローバル・パートナーシップ：テロリストまたはテロリストを匿う者による大量破壊兵器または物質の取得を防止するための原則（以下「カナナスキス原則」）である[11]。本原則においてG8は、すべての国に対し、テロリストまたはテロリストを匿う者が大量破壊兵器及び同関連物資を取得または開発するのを防止するためのコミットメントに参加するよう呼びかけた。

カナナスキス原則の具体的内容は、大量破壊兵器または物質の拡散または違法な取得の防止を目的とする多国間条約及びその他の国際的手段の採択並びにこれらの実施のための機関を強化すること（パラグラフ1）、かかる品目の生産、使用、保管、国内及び国家間の移転において、その使途を明らかにし、または安全を確保するために、適切かつ効果的な措置及びかかる品目を貯蔵する施設の適切かつ効果的な物理的な防護措置を策定及び維持し、そのための十分な資源を欠く国に対し支援を行うこと（パラグラフ2、3）、かかる品目の違法な移転を探知し、抑止し、阻止するための効果的な国境管理、

---

11) The G8 Global Partnership: Principles to prevent terrorists, or those that harbor them, from gaining access to weapons or materials of mass destruction, Kananaski (Canada), 27 June, 2002.

法執行面の取組及び国際協力並びにかかる品目の追跡協力を通じ、かかる品目の不法移転を探知し、抑止し、阻止する能力を強化するための十分な資源または専門的知見を欠く国に対し支援を行うこと（パラグラフ4）、多国間の輸出管理品目リストに記載されている品目並びに本リストには記載されていないが、大量破壊兵器等の開発、生産及び使用に役立つ品目について、効果的な輸出及び中継貿易に対する国家による管理を策定及び維持するとともに、そのための法的及び制度的インフラの構築、実施の経験を欠くかまたは管理システムを策定する十分な資源を欠く国に対し支援を行うこと（パラグラフ5）、その総量を減らせばテロリストによる入手の脅威は低下するとの認識に基づき、大量破壊兵器及びその関連物資の移動阻止に関する国際協力及び能力の構築（パラグラフ6）である。

　これらの諸原則のうち、G8が特に強調しているのは、上記パラグラフ6に記されている大量破壊兵器及び同関連物資の移動阻止に関する国際協力及び能力の構築である。そして、そのような国際協力及び能力の構築は、必ずしも公海上におけるものに限定されていない。

b．So San 事件（2002年）――拡散防止構想の契機――

　カナナスキス原則の採択後間もなく生起したのが、*So San* 事件である。本件により、大量破壊兵器拡散対抗を図るには、カナナスキス原則パラグラフ6に記される「大量破壊兵器及びその関連物資の移動阻止に関する国際協力及び能力の構築」のみでは十分ではないという事実が表面化し、米国のブッシュ（George Bush）大統領（子）が提唱したPSIの契機となったものである。

　2002年11月、米国の情報当局は、*So San* なる船名の北朝鮮船舶が大量破壊兵器に関連する物資を輸送するために北朝鮮を出港した事実を把握した[12]。同年12月9日、有志連合海上作戦部隊（Combined Maritime Forces：以下「CMF」）隷下の第150合同任務群（Combined Task Force 150：以下「CTF150」）

---

12) Mark Valencia, *The Proliferation Security Initiative: Making Waves in Asia* (Routledge, 2005), p.35.

に配属されていたスペイン海軍ミサイルフリゲート *Navarra*（F-85）が、イエメン沖約 540 海里の北アラビア海において同船を発見した。当時、同船は、*So San* という船名を標榜していたものの、国旗は掲揚していなかった。*Navarra* による問いかけに対し、*So San* 船長は、本船はカンボジア船籍であり、ソマリアのソコトラ島へ向けてセメントを輸送中であると回答した。しかしながら、CMF からの船籍の確認及び乗船許可に関する問い合わせを受けたカンボジア政府は、*So San* なる船舶は同国では登録されておらず、本船の船名は *Pan Hope* である旨回答した。かかる状況の下、CTF150 は、*So San* には無国籍船の嫌疑があることから、国連海洋法条約第 110 条第 1 項（d）に基づく臨検が可能であると判断した。*So San* が *Navarra* の停船命令にしたがわなかったため、最終的にはスペイン海兵隊員 7 名によるヘリコプターからの強制的な乗船が実施された。本船の積荷目録にはセメント 4 万袋が記載されていたが、捜索の結果、積荷目録に記載されていないスカッド・ミサイル 15 基と同関連物資が多数発見され、これらはいずれもイエメンに仕向けられたものであった。米国の発表によると、*So San* が無国籍船である嫌疑があったことから、同船に対する臨検そのものは合法とされるものであるが、現状においては、イエメンが北朝鮮から合法的な契約に基づきミサイルを購入することを阻止する国際法規則が存在しないことから、12 月 11 日に本船は解放され、イエメンに向け航行を再開した[13]。

 So San 事件が示唆したのは、如何なる物資の輸送が公海上における安全保障上の脅威を構成するのかを正確に決定することの重要性と、そのような

---

13) John Ashley Roach, "Initiatives to Enhance Maritime Security at Sea," *Marine Policy*, Vol. 28, No. 1 (2004), p.53. 海洋法においては、ミサイルの輸送は臨検の事由に該当せず、また、ミサイルの輸送を規制または禁止する国際法規則は存在しない。ミサイル及び同関連技術の輸出管理を図る体制としては、1987 年 4 月 16 日に発足したミサイル技術管理レジーム（Missile Technology Control Regime：以下「MTCR」）が存在するが、MTCR は条約ではないためメンバー国に対してすら法的拘束力を有さない。浅田正彦「ミサイル関連の輸出関連レジーム」同編『兵器の拡散防止と輸出管理—制度と実践—』（東信堂、2004 年）、78 頁。このような理由により、最終的に *So San* が解放されたことから、本件は米国が PSI を提唱する直接の契機となったのである。

決定に依拠して展開されるべき海上阻止活動の法的基盤の確保に関する現行国際法の限界である[14]。これらを克服するために、まず米国は、拡散対抗に対するグローバルな合意の確保及び国際世論の形成という政策基盤を構築することを目指した。次に米国は、これらの政策基盤をより強固なものとするための法的基盤については、既存の関係する国際法そのものを多大の労力と長い時間を費やして変更するのではなく、普遍的な国際機構である国連、とりわけ安保理事会による立法と、それと並行して、既存の国際法の枠内において自らが拡散対抗を主導しやすい二国間条約規則の構築及びそれらの規則の多国間条約への導入を目指したのである。これらのうち、安保理事会による立法は、通常は採られることのない手段である。そして、そのような手段があえて採用されたという事実からは、大量破壊兵器拡散対抗に対する国際的な関心の高さがうかがえる。

c．PSI 阻止原則宣言（SIP）

米国のブッシュ政権は、北朝鮮及びイランをはじめとするいわゆる拡散懸念国等への及びそこからの大量破壊兵器及び同運搬手段の拡散を強く懸念しており、2002 年 9 月に公表された『米国の国家安全保障戦略』において、現代の最大の脅威は、イラン、イラク及び北朝鮮等のならず者国家及びテロリスト集団が大量破壊兵器を米国並びにその同盟国及び友好国に対して用いることであると認定した[15]。さらに、同年 12 月に公表された『大量破壊兵器と戦う国家戦略』において米国は、拡散対抗、不拡散及び大量破壊兵器の使用の結果に対する対処に関する包括的アプローチを提唱した[16]。その後、2003 年 5 月 31 日、ブッシュ大統領は、訪問先のポーランドのクラコフにおいて、平和に対する最大の脅威は大量破壊兵器の拡散であると再度言及し、PSI を発表した。この中でブッシュ大統領は、「大量破壊兵器及びその構成

---

14) Andrew Winner, "The Proliferation Security Initiative: The New Face of Interdiction," *Washington Quarterly*, Vol. 28, No. 2 (2005), p. 132.
15) *The National Security Strategy of the United States of America* (September, 2002), p. 15.
16) *National Strategy to Combat Weapons of Mass Destruction* (December, 2002), pp. 3-5.

品が輸送された場合には、当該物資を拿捕するための権限が付与されるべきであり、そのための新たな努力が PSI である」と表明した[17]。

PSI 第 1 回総会は、2003 年 6 月 12 日にマドリッドにおいて開催され、ブッシュ大統領の呼びかけに応じたコア・グループと呼称される 11 か国（オーストラリア、フランス、ドイツ、イタリア、日本、オランダ、ポーランド、ポルトガル、スペイン、英国、米国）[18]が、非国家主体への大量破壊兵器及びミサイルの拡散対抗のための具体的手段につき協議した[19]。その後、同年 7 月のブリスベーンでの第 2 回総会を経て[20]、9 月のパリにおける第 3 回総会において、PSI のメンバー国が活動において依拠すべき阻止原則宣言（Statement of Interdiction Principle：以下「SIP」）[21]が採択された。

SIP は、PSI 参加国は、国内法並びに国連安保理事会決議を含む関連する国際法及び国際的な枠組みにしたがい、大量破壊兵器等の拡散懸念国等への及びそこからの輸送を阻止するためのより調整され効果的な基礎を構築するために、本文書に記される阻止原則にコミットし、また、国際の平和と安全に対するかかる脅威に懸念を有するすべての国が同様に阻止原則にコミットするよう呼びかける（前文）。次に、SIP は、PSI 参加国は、単独または他国と協調して、拡散懸念国等への及び拡散懸念国等からの大量破壊兵器等の移転及び輸送を阻止するために効果的な措置をとるものとする（パラグラフ 1）。ちなみに、米国によると、ここで記されている拡散懸念国とは、具体的

---

17) Remarks by the President to the People of Poland May 31, 2003. http://georgewbush-whitehouse. archives.gov/news/releases/2003/05/20030531-3.html, as of 10 January 2011.
18) Proliferation Security Initiative: Chairman's Statement at the First Meeting, Madrid, Spain（12 June 2003), http://2001-2009.state.gov/t/isn/rls/other/25382.htm, as of 9 January, 2013.
19) *Id.*
20) 第 2 回総会では、PSI に対する集団的な政策的コミットメントの必要性等が確認された。Proliferation Security Initiative: Chairman's Statement at the Second Meeting, Brisbane, Australia（10 July 2003), http://2001-2009. state. gov/t/isn/rls/other/25377. htm, as of 9 January, 2013.
21) Interdiction Principle for the Proliferation Security Initiative（4 September, 2003）(*hereinafter* SIP).

には北朝鮮及びイランである[22]。さらに、SIP は、迅速な情報交換（パラグラフ 2）及び関連国内法の見直し（パラグラフ 3）について PSI 参加国の協力を促した後に、各国の国内法が許容する限りにおいて、国際法及び国際的な枠組みの下での義務に合致して大量破壊兵器等の拡散の阻止努力を支援するために、以下を含む具体的な行動を公海上及び領海内においてとるとしている。

　まず、公海上における措置については、SIP パラグラフ 4（b）において、PSI 参加国は、自国の発意若しくは他国の要請または理由の提示に基づき、自国籍船舶が拡散懸念国等との間で大量破壊兵器等を輸送していると疑うに足る合理的な理由がある場合には、内水、領海、及び他国の領海を越えた海域において乗船し検査を行うための措置をとり、確認された関連貨物を押収するとされる。次に、領海内の措置については、同パラグラフ 4（d）において、PSI 参加国は、国内法が許容する限りにおいて、国際法及び国際的な枠組みの下での義務に合致して、大量破壊兵器等の貨物に関する阻止努力を支援するために、以下を含む具体的な行動をとるとされる。それらは、船舶が拡散懸念国等へあるいはそこから大量破壊兵器等の物資を運搬していると合理的に疑われる場合、内水、領海、接続水域（宣言されている場合）において停船及び検査を行い、発見された関連貨物を押収すること（同（1）項）、大量破壊兵器等の貨物を運搬していると合理的に疑われ、その港、内水及び領海に入ろうとしまたは出ようとする船舶に対し、乗船及び検査を求め、関連物資の押収を行う等の条件を付与することである（同（2）項）。

　これらの規定は、PSI 参加国が公海上及び領海内等において大量破壊兵器及び同関連物資を輸送する船舶を阻止することを明確に記すものである[23]。しかしながら、PSI それ自体は活動であって、国際機構または国際組織では

---

22) Proliferation Security Initiative: Chairman's Statement at the Second Meeting, *supra* note 20.
23) William R. Hawkins, "Interdict WMD Smugglers at Sea," *USNI Proceedings*, Vol.130, No.12（December, 2004）, p.50: Aaron Dunne, *The Proliferation Security Initiative: Legal Consideration and Operational Realities*, SIPRI Policy Paper No.36（May, 2003）, pp.14-16.

ない[24]。加えて、SIP は大量破壊兵器及び同関連物資の移動の阻止のための国際協力に関する政治的コミットメントを示す声明であり法的な拘束力を有さないほか、公海上における大量破壊兵器の拡散対抗を図るための新たな法的基盤を創出し、既存の国際法枠組みにおいては実施できなかったことを可能ならしめるような新たな権限を PSI メンバー国に付与するというものでもない[25]。それでは、上記に紹介した船舶の阻止に関するこれらの規定は、関連する既存の国際法である海洋法に照らし合わせてどのように評価されるべきなのか。

2. 阻止原則宣言（SIP）における海上阻止
a．海洋法条約との関連
（a）公海上における海上阻止

第 1 章において既に検討したように、元来、海洋法は公海海上警察権行使としての船舶の干渉については非常に慎重であり、国連海洋法条約においても外国船舶に対する臨検が可能なのは、奴隷貿易（第 110 条第 1 項（a））、無国籍船（第 110 条第 1 項（d））及国旗の濫用（第 110 条第 1 項（e））の場合とされているほか、刑事裁判権行使まで可能なのは、海賊行為（第 105 条）、公海からの無許可放送（第 109 条）、及び領海の秩序維持のための警察権が公海に及ぶ場合の追跡権行使（第 111 条）に限定される。さらに、軍艦及び権限を有する政府公船が外国船舶に対して臨検が許容されるのは、特定犯罪の容疑が十分であり、かつ、国際法上許容される場合のみである[26]。つまり、公海海上警察権行使としての臨検制度とは、広大な公海上における違法行為

---

24) John Bolton, "The Bush Administration's Forward Strategy for Nonproliferation ," *Chicago Journal of International Law*, Vol.5（2005）, p.400: John Yoo and Glenn Sulmasy, "The Proliferation Security Initiative: A Model for International Cooperation," *Hofstra Law Review*, Vol.35, No.2（2006）, p.413.
25) Ahlström, *supra* note 7 of Introduction, p.758: 石川卓「大量破壊兵器拡散問題に対する米国の政策・動向」日本国際問題研究所・軍縮不拡散促進センター『大量破壊兵器拡散問題』（日本国際問題研究所、2004 年）、32 頁。
26) 山本前掲書第 1 章注 24、227 頁。

については旗国のみによる対応が常時可能というわけではないため、すべての違法行為への対応において刑事管轄権行使までが可能とはされないまでも、とりあえずは外国船舶に対する臨検を可能とし、その後は問題となる行為に従事している船舶に対して管轄権を有する旗国に通報するということを趣旨とする[27]。このように、既存の海洋法においては、船舶が大量破壊兵器等の輸送に従事しているという事実のみでは公海上における臨検の事由を構成しない。したがって、SIP は、主として自国領域内における大量破壊兵器及び同関連物資の輸送の阻止に重点を置き、輸送の阻止を公海上にまで拡大する場合には、対象とされる船舶は自国船舶に限定しているのである[28]。

ちなみに、SIP の起草時における米国の意図は、PSI の枠組み内における活動に公海上における大量破壊兵器及び同関連物資の輸送に従事する船舶の阻止を含ませようとするものであった[29]。このため、米国は、PSI 第1回総会において PSI 参加国に対して公海上における船舶の阻止の権限を付与することを含む SIP 草案を提出したが、このような提案に対しては、PSI 総会参加国から現行の国際法との抵触に関する懸念が強く示されたことから、上述したようなドラフティングとなったという経緯が存在する[30]。なお、実行から示唆される限り、米国は慣習法上の自衛権を援用することにより大量破壊兵器の違法な輸送に従事している船舶の阻止は可能であるとの見解を有しているようである[31]。

(b) 領海内における海上阻止

SIP パラグラフ 4d (1) 項において、PSI メンバー国が自国領海内等で行

---

27) 酒井他前掲書第1章注90、223-224頁：Rothwell and Stephens, *supra* note 10 of Chapter 1, 262-263.
28) Patricia Jimenez Kwast, "Maritime Interdictions of Weapons of Mass Destruction in an International Legal Perspective," *Netherlands Yearbook of International Law*, Vol. 38 (2007), pp. 189-190.
29) Joyner, *supra* note 197 of Chapter 3, p. 534 : Jack I. Garvey, "The International Institutional Imperative for Countering the Spread of Weapons of Mass Destruction : Assessing the Proliferation Security Initiative," *JCSL*, Vol. 10, No. 2 (2005), p. 134, n. 36.
30) 浅田前掲論文注13、97-98頁。
31) Garvey, *supra* note 29, p. 134, n. 36.

う活動において対象とされているのは、自国籍か外国籍かを問わず、大量破壊兵器等を運搬していると合理的に疑われる船舶である。他方で、SIPは、沿岸国が非国家主体に対する大量破壊兵器の輸送に従事している外国船舶に対してとり得る措置について直接の規定を有していない[32]。国連海洋法条約第19条第2項の無害でない通航のリストは、行為態様別規制によるものである[33]。したがって、領海内において大量破壊兵器の輸送に従事している外国船舶の航行の無害性を否定するためには、非国家主体に対する大量破壊兵器の拡散が国連海洋法条約第19条第1項第1文の「沿岸国の平和、秩序または安全を害」する行為に該当し、かかる行為に従事する船舶の通航が無害でないと見なされる（国連海洋法条約第25条第1項）ための合理的な理由が必要となる[34]。

有力な論者によると、国連海洋法条約第19条第1項第1文にいう「沿岸国の平和、秩序または安全」の維持に関しては、まず平和とは沿岸国の軍事的な安全を、次に安全とは沿岸国の非軍事的な社会経済面での安全を指すとされる[35]。この解釈を妥当なものとして捉えると、ある特定の仕向地国への大量破壊兵器の輸送のみが直ちに沿岸国の平和と安全を脅かすような行為に該当し、その結果、当該船舶の通航の無害性が直ちに否定されると考えることは困難である[36]。また、このことは、それ自体は何らの有害性を帯びない汎用品である大量破壊兵器関連物資の輸送について一層強く当てはまる。ただし、例外的な場合として、一部においては、国内法において拡散が懸念される主体と大量破壊兵器の拡散という行為に関する定義を厳密化して、そのような主体に対する大量破壊兵器の拡散が沿岸国の平和、秩序または安全を害する行為して明確に立法化し、さらに、通航の無害性は沿岸国の関係法令の遵守の有無により決定されるとする立場を選択するならば、大量破壊兵器

---

[32] Wolf Heintschel von Heinegg, "The Proliferation Security Initiative-Security vs. Freedom of Navigation?," *Israel Yearbook of Human Rights*, Vol. 35 (2005), p. 191.
[33] Ian Brownlie, *Principles of Public International Law*, 5th ed. (Clarendon Press, 1998), p. 193.
[34] *Id.*, p. 191.
[35] 山本前掲書第1章注24、128頁。
[36] Guilfoyle, *supra* note 29 of Introduction, p. 242.

を輸送する船舶の領海内通航を阻止する可能性が存在する余地があるとも議論されている[37]。しかしながら、このような議論を踏まえたとしても、無害通航権に関する沿岸国のスタンスが定まっていない場合には、大量破壊兵器の輸送に従事していると疑うに足りる船舶に対する乗船及び検査が実際にどの程度許容されるかについては、なお不明な部分が存在する[38]。

b．PSI の実績等

　PSI は、本章の冒頭で紹介した『国際の平和と安全の維持にかかわる安保理事会の責任に関する安保理事会サミットの声明』において記されている「大量破壊兵器の拡散防止のために諸国がより踏み込んだ措置を講ずることに関する要望」[39]に直接応える個別国家による活動である[40]。しかしながら、大量破壊兵器等の輸送に従事する船舶の公海上における阻止につき、SIP は何ら具体的な言及を行っていない。また、PSI は普遍的な国際機構による活動ではなく、あくまで米国のイニシアティヴに基づく有志連合の活動である[41]。これらの事由から、PSI が大量破壊兵器拡散対抗のために一定の効果を与え得ることは認めながらも、その活動の普遍性についての疑問[42]及び海洋法との抵触という問題が指摘されていることに加え[43]、PSI が米国という

37）青木前掲論文注1、144-145 頁。
38）奥脇直也「『海を護る―新しい安全保障の概念』旗国主義の変容と新しい海洋法秩序の形成」シップ・アンド・オーシャン財団『平成 15 年度新たな概念に基づく海洋の安全保障に関する調査報告書』（シップ・アンド・オーシャン財団、2006 年）、34 頁。Rüdiger Wolfrum, *Freedom of Navigation: New Challenges, Statement by the President of International Tribunal for the Law of the Sea*（International Tribunal for the Law of the Sea, 2009）, pp.7-9：山崎元泰「大量破壊兵器不拡散体制の隙間と PSI の意義」『早稲田政治經濟學雜誌』第 365 号（2006 年）、51 頁。
39）UN DOC S/23500, *supra* note 2, p.5.
40）Garvey, *supra* note 29, p.129.
41）Timothy C. Perry, "Blurring the Ocean Zones: The Effect of the Proliferation Security Initiative on the Customary International Law of the Sea," *ODIL*, Vol.37, No.1（2006）, p.39.
42）Joyner, *supra* note 197 of Chapter 3, p.545.
43）Song Yann-Huei, "The U. S. – Led Proliferation Security Initiative and UNCLOS: Legality, Implementation, and Assessment," *ODIL*, Vol.38, No.1-2（2007）, pp.110-113.

強大な国家により主導されている活動であることを重視することにより、米国の政策的意思の海洋法秩序への浸食を懸念する論調も見られる[44]。

PSI の実績として、まず、海上阻止訓練については、2003 年 9 月にオーストラリアにおいて実施されたのを契機としてこれまで数回にわたり実施され[45]、その中には、Team Samurai 04（2004 年）のように日本が主催したラウンドも存在する[46]。また、2012 年現在の PSI 参加国は、コア・グループを含めて 99 か国に上る[47]。しかしながら、これらのうち、実際に総会や訓練に参加している国はそれほど多くはない。次に、PSI の枠組みにおける船舶の阻止の実行につき、本イニシアティヴを主導する米国は、2006 年 6 月 23 日の SIP 採択 3 周年記念式典（クラコフ）において、2005 年 4 月から 2006 年 4 月にかけての 1 年間に少なくとも 24 件の大量破壊兵器及び同関連物資の輸送阻止に成功し、さらに、イランの核開発に供される重水関連機材やミサイルの輸出を阻止したとして、その成果を強調した[48]。しかしながら、PSI の成立以前との比較において、これらの成果がどの程度顕著な実績といえるのかについては定かではなく、また、これらの点につき米国も多くを明らかにしていない[49]。そのようななかで、比較的一般に周知されているのが、2003 年 10 月に生起した *BBC China* の阻止事案である。*BBC China* は、ドイツ法人が所有しアンティグア・バーブーダに船籍を有する商船であり、ウラン遠心分離器の部品をリビアへ向けて輸送しているとの米英の作戦情報により、ドイツ当局による乗船及び検査を受けた。船舶の所有者の同意の

---

44) Ticy V. Thomas, "The Proliferation Security Initiative: Towards Relegation of Navigational Freedom in UNCLOS?," *Chinese Journal of International Law*, Vol. 8, No. 3（2009）, p. 679.
45) Winner, *supra* note 14, p. 134.
46) 日本国外務省「拡散に対する安全保障構想（PSI）」、http://www.mofa.go.jp/mofaj/gaiko/fukaku_j/psi, as of 9 January, 2013.
47) Mary B. Nikitin, "Proliferation Security Initiative（PSI）," *CRS Report for Congress*, RL34327（15 June, 2012）, p. 12.
48) Sharon Squassoni, "Proliferation Security Initiative（PSI）," *CRS Report for Congress*, Order Code RS21881（14 September, 2006）, p. 3：青木前掲論文注 1、145 頁。
49) PSI における大量破壊兵器関連物資の押収事例については、例えば、Valencia, *supra* note 12, pp. 35-38 を参照。

下、ドイツ当局は本船をタラント（イタリア）に回航し、遠心分離器に使用可能なアルミ管を押収した[50]。本件は、リビアの核開発や、パキスタンの核技術者であるカーン（Abdul Quadeer Khan）を中心とする地下核ネットワーク（いわゆる「カーン・ネットワーク」）を露見せしめたことから、PSI が実際に機能し得ることを証明した事例であり、PSI における情報共有の重要性や既存の国際法の創造的な運用方法を示した成功例であると評価されている[51]。一方で、本件は PSI とはあくまで別個の事例であるとして、PSI の成功例としての評価に対して疑問を呈する議論も存在する[52]。

　このような情勢にあって、米国は、PSI の法的基盤の整備とともに、大量破壊兵器拡散対抗をより制度的に促進せしめるための法的環境の整備にかかわる主導を開始した。それらが、次節以降で検討の対象とする安保理事会決議 1540 の採択と、大量破壊兵器等を輸送する船舶の阻止にかかわる二国間及び多国間条約の締結である。PSI を強力に主導及び推進する米国の意図は、これら二つの異なる法的な軌道を同時並行的に推進し、非国家主体への大量破壊兵器拡散対抗という目的に収斂させることであった。

---

50) Andreas Persbo and Ian Davis, *Sailing into Uncharted Waters? The Proliferation Security Initiative and the Law of the Sea*（British American Security Information Council, 2004), p.62.
51) Douglas Guilfoyle, "Maritime Interdiction of Weapons of Mass Destruction," *JCSL*, Vol.12, No.1（2007), pp.20-21. PSI における情報の重要性に注目して論述している業績として、例えば、Craig H. Allen, "The Limits of Intelligence in Maritime Counterproliferation Operations," *Naval War College Review*, Vol.60. No.1（2007), pp.35-52. さらに、関連する事象として、2003 年 4 月上旬に、ドイツ情報当局は、フランス船籍の貨物船 *Ville de Virgo* がウラン濃縮装置に転用されるおそれがある英国製アルミ管約 22 トンの入ったコンテナを 4 月 3 日にハンブルグにおいて搭載し中国へと輸送中であるとの情報を入手した。ドイツ当局は、このアルミ管の輸送は北朝鮮への不正輸出の疑いがあるとして、フランス政府を通じてコンテナの引渡しを求め、その結果、本船は 4 月 12 日にアレキサンドリア（エジプト）でコンテナを降ろし、また、ドイツの企業経営者はドイツ検察当局に身柄を拘束された。Joby Warrick , "Ship seizure fuels fears North Korea in nuclear market," *The Washington Post, Reuters*（18 August, 2003). 村上暦造「停船命令〜近接権の性格を中心に〜」海上保安体制調査研究委員会中間報告書『平成 15 年度各国における海上保安体制の比較研究』（海上保安協会、2004 年）、9 頁。
52) Nikitin, *supra* note 47, p.5.

第2節　国際立法による海上阻止

1. 安保理事会決議 1540 の起草趣旨とその要旨
a．起草の趣旨

　安保理事会決議1540（2004年4月28日採択）は、2003年9月23日にブッシュ大統領が国連総会で行った演説を契機とする。本演説においてブッシュ大統領は、ならず者国家及び非国家主体が大量破壊兵器を入手することが国際の平和と安全に対する脅威を構成する旨を強調し、安保障理事会が大量破壊兵器の拡散を犯罪化すること、国際的な基準に適合した厳格な輸出管理を実施すること、及び軍事目的に転用されやすい物資の国内における安全を確保することを国連加盟国に要請することを趣旨とする新たな安保理事会決議が採択されるべきと主張した[53]。このブッシュ大統領の演説は、ほぼそのまま安保理事会決議1540の趣旨となり、本決議は、大量破壊兵器を開発または使用しようとする意図を有する非国家主体への如何なる支援も慎むことや、非国家主体が特にテロ目的のために大量破壊兵器を製造または使用することを禁止する国内立法措置を講じることを目的として起草された[54]。

　従前から、国際社会に重大かつ深刻な影響力を及ぼすような形態のテロ行為が生起し、または、既存のテロ行為が国境を越えて影響をもたらすごとに、国際社会はある特定のテロ行為を取り締まるための条約を策定するという対抗策を講じてきており、その具体的成果として、航空機内の犯罪防止条約（東京条約）（1963年）をはじめとする国際テロリズム関連条約が多数存在している[55]。これらの条約は、国連及びその専門機関によるテロ活動防止のた

---

[53] The White House, President Bush Addresses United Nations General Assembly, 23 September, 2003, http://www.whitehouse.gov/news/releases/2003/09/20030923-4.html, as of 24 December, 2012：坂元茂樹「PSI（拡散防止構想）と国際法」『ジュリスト』No.1279（2004年）、57頁：浅田前掲論文注4、48頁：青木前掲論文注1、145頁他参照。

[54] Craig H. Allen, "A Primer on the Nonproliferation Regime for Maritime Security Operations Force," *Naval Law Review*, Vol. 54 (2007), pp. 74-75.

めの活動における一つの定例的努力と評価されている[56]。

　しかしながら、国際テロリズム関連諸条約には、以下に記すような特徴と限界が存在する。まず、いずれの条約も、既に生起した犯罪に対する処罰という事後の対応をその趣旨とする[57]。このことは、大量破壊兵器と国際テロリズムとの連接によって生じる新たな脅威に適時適切かつ効果的に対応するためには脅威の顕在化防止のための予防的対応が肝要であるという現実に鑑みた場合、大きな制約であると指摘されている[58]。また、国際テロリズム関連諸条約では行為の実行者の処罰は締約国の国内立法によるとされているが、この手続きには多くの場合非常に時間がかかり、迅速な対応が困難である[59]。さらに、これらの条約の一部においては大量破壊兵器の移転についても犯罪化されているが、かかる犯罪化は締約国の国内法によるものとされるため、違法な大量破壊兵器の海上輸送の取締りは旗国主義の枠内での処理となり、大量破壊兵器の海上輸送を旗国以外の締約国により公海上において阻止するための根拠が存在していない[60]。以上の事由から、大量破壊兵器拡散対抗を主導する米国は、大量破壊兵器拡散対抗を目的とする公海上における船舶の阻止にかかわる法的基盤を創出するために、起草に時間がかかるのみならずその効果も限定的である条約よりも、公海上において船舶を阻止するための権限を国連加盟国に直ちに授権せしめるような安保理事会決議の採択

55）航空機不法奪取防止条約（ヘーグ条約）（1970年）、民間航空機不法行為防止条約（モントリオール条約）（1971年）、国際代表犯罪防止条約（1973年）、人質行為防止条約（1979年）、核物質防護条約（1980年）、空港不法暴力行為防止議定書（1988年）、海洋航行不法行為防止条約（SUA条約）（1988年）、プラスチック爆弾探知条約（1991年）、爆弾テロ防止条約（1997年）、テロリズムに対する資金供与の防止に関する国際条約（1999年）、核テロリズム防止条約（2005年）、2005年SUA条約議定書（2005年）、大陸棚プラットフォーム不法行為防止議定書（2005年）。
56）林司宜『現代国際法の生成と課題』（信山社、2008年）、333頁。
57）浅田前掲論文注4、45頁。
58）同「国連安保理の機能拡大とその正当性」村瀬信也編『国連安保理の機能変化』（東信堂、2009年）、26頁。
59）UN DOC S/PV.4950, *supra* note 7, p.11.
60）Allen, *supra* note 54, p.52.

を優先させたのである[61]。

b．決議の要旨

安保理事会決議1540は、米国、英国、フランス、ロシア、スペイン、ルーマニア及びフィリピンの7か国による共同提案であり[62]、大量破壊兵器及びそれらの運搬手段の拡散を防止するために追加的かつ効果的な措置をとることを具体的な内容とする[63]。本決議において安保理事会は、大量破壊兵器及びその運搬手段の拡散が国際の平和と安全に対する脅威を構成することを確認（affirm）した[64]。本決議のこの部分は、安保理事会の国連憲章第7章下の措置の前提である、同第39条下の平和に対する脅威の存在にかかわる決定に該当するものと解される[65]。その上で、安保理事会は、国連憲章第7章の下での行動として、大量破壊兵器及びその運搬手段の製造等を企てる非国家主体に対する如何なる形態の支援も提供することを差し控えること（パラグラフ1）、上述の非国家主体が特にテロを目的として大量破壊兵器及びその運搬手段を製造すること等を禁止する国内法を立法すること（パラグラフ2）（下線強調追加）、並びに大量破壊兵器及びその運搬手段の拡散を防止する国内管理体制を確立するための効果的な措置を採用し実施すること（パラグラフ3）を決定した。

安保理事会決議1540のこれらの部分は、国連憲章第7章下における決定事項であり、法的拘束力を有する。また、パラグラフ2において「特にテロを目的として」とされていることから、本決議における大量破壊兵器の拡散の禁止については、テロ目的以外のものを含む広い範囲をその対象としてい

---

61) Masahiko Asada, "Security Council Resolution 1540 to Combat WMD Terrorism: Effectiveness and Legitimacy in International Legislation," *JCSL*, Vol.13, No.3 (2008), p.313.
62) *Id*., p.313, n.32.
63) UN DOC S/RES 1540, *supra* note 27 of Introduction, Preambular.
64) *Id*.
65) Jack I. Garvey, "A New Architecture for the Non-Proliferation of Nuclear Weapons," *JCSL*, Vol.12, No.3 (2007), p.355. 同様に、イラクの大量破壊兵器問題に関する安保理事会決議1441では、大量破壊兵器の拡散が国際の平和と安全に対する脅威を構成する旨が認定されている。UN DOC S/RES 1441 (8 November, 2002), Preambular.

るものと解される[66]。さらに、パラグラフ3は、カナナスキス原則のパラグラフ2から5に対応するものであり[67]、非国家主体への大量破壊兵器拡散対抗にかかわる規則の普遍性を確保するとともに[68]、非国家主体に対する大量破壊兵器の拡散が生じせしめる潜在的脅威の顕在化を防止するための予防的措置を決定したものとして一層注目される[69]。

これらの決定に加え、安保理事会は、同理事会の仮手続規則28にしたがって、2年を超えない期間の間、すべての同理事会理事国により構成される同理事会の委員会（いわゆる1540委員会）を設置し、本委員会は本決議の実施状況について安全保障理事会に対して報告するとした（パラグラフ4）[70]。さらに、国内管理表の早期における作成（パラグラフ6）、本決議の規定の国内履行に関する支援（パラグラフ7）、大量破壊兵器の拡散を防止することを目的として自らが締約国となっている多数国間条約の普遍的な採択及びその完全な実施（パラグラフ8）、大量破壊兵器及びそれらの運搬手段の拡散による脅威に対応するよう不拡散に関する対話及び協力の促進に関する要請（パラグラフ9）、並びに大量破壊兵器、それらの運搬手段及び関連物資の不正取引を防止するための協力行動（パラグラフ10）が、併せて要請された。

2. 大量破壊兵器輸送船舶の海上阻止の妥当性

安保理事会決議1540は、国家間での大量破壊兵器の移転についてはその範囲に収めてはいないものの、加盟国に対して大量破壊兵器の非国家主体への拡散防止に関する国内法の整備を促すこととなった[71]。この関連において注目すべきは、国際社会の大半の国は拡散が問題となるような大量破壊兵器

---

66) Allen, *supra* note 24 of Introduction, p.45：林前掲書注56、353頁。
67) Guilfoyle, *supra* note 29 of Introduction, p.239.
68) Daniel H. Joyner, "Non-Proliferation Law and the United Nations System: Resolution 1540 and the Limits of the Power of the Security Council," *Leiden Journal of International Law*, Vol.20, No.2 (2007), p.508.
69) Asada, *supra* note 61, p.315.
70) 1540委員会の指導及び監督機能については、青木前掲論文注1、148-151頁参照。
71) Guilfoyle, *supra* note 29 of Introduction, p.238.

を開発または保有していないという現状にもかかわらず、安保理事会決議1540は大量破壊兵器を開発及び保有する一部の国からの拡散防止のための義務をすべての国に対して課している点である[72]。その一方で、安保理事会決議1540は、大量破壊兵器の輸送に従事しているか、あるいはそのような活動に従事していると疑うに足りる合理的理由ある船舶の公海上における海上阻止に関する規定が欠落している[73]。

安保理事会決議1540において、大量破壊兵器等の輸送に従事している船舶の海上阻止との連関を有するのはパラグラフ10である。パラグラフ10は、大量破壊兵器及びそれらの運搬手段及び関連物資の不正取引を防止するための協力を安保理事会が要請するものである。したがって、国連憲章第7章下における安保理事会の決定である本決議パラグラフ3までの事項とは異なり、パラグラフ10で記されている事項は、安保理事会が大量破壊兵器拡散対抗を目的とする協力を各国に促すような勧告的性格を帯びるにとどまり[74]、公海上における当該船舶の強制的な阻止を許容するものではない[75]。つまり、安保理事会決議1540は、米国が当初想定したような、PSIにおける強制的な乗船及び捜索の根拠を構成するには至っていない[76]。また、国連海洋法条約をはじめとする海洋法条約規則及び慣習法は、大量破壊兵器及び同関連物資の海上輸送を禁止または規制するような規定を有していないため、仮にある国の軍艦が大量破壊兵器等の輸送に従事していると疑うに足りる合理的理由のある別の国の船舶を公海上において阻止する場合には、旗国の許可が得られていることが前提となろう。

パラグラフ10がこのような内容となったのは、以下に記すような起草過程による。2003年10月の第1決議草案においては、「すべての国に対して、国内法及び国際法に依拠し、核兵器、生物兵器及び化学兵器並びにそれらの

---

72) UN DOC S/PV.4950, *supra* note 7, p.2.
73) Guilfoyle, *supra* note 29 of Introduction, p.218.
74) Joyner, *supra* note 197 of Chapter 3, p.541.
75) Byers, *supra* note 197 of Chapter 3, p.532.
76) Michael A. Becker, "The Shifting Public Order of the Oceans: Freedom of Navigation and the Interdiction of Ships at Sea," *Harvard International Law Journal*, Vol.46, No.1 (2005), p.218.

運搬手段の拡散を防止するために協力し、また必要な場合には海上交通を阻止することを要請する」というように、安保理事会が公海上における大量破壊兵器を輸送する船舶の阻止を要請する規定が置かれていた[77]。本規定は、2004年1月及び2月の時点での決議草案には未だ残されていたものの、2004年3月24日の第3決議草案においては、これまで大量破壊兵器を輸送する船舶の阻止に対して一貫して反対していた中国の賛同を得るために、英国及びフランスの提案により大量破壊兵器を輸送する船舶の阻止に関する要請にかかわる規定が削除され[78]、パラグラフ10に記されているような協力行動へと修正されたのである[79]。

3. 安保理事会決議 1540 の特徴

a．決議の立法的性格

　安保理事会は、国際の平和及び安全の維持に関し集権的かつ強大な権限を有する機関である[80]。また、安保理事会の決定は直ちにすべての国連加盟国を拘束することから、同理事会は国連の諸機関のなかでも特権的な地位を占める[81]。一般的な意味における安保理事会の決定事項とは、通常、国連憲章第39条下での平和に対する脅威、平和の破壊または侵略行為の存在の有無に関するものや、同憲章第41条及び第42条の集団的措置の実施に関するものであり、それらは一般的な法規範の定立という立法に関するものというよりも、むしろ執行に該当するものである[82]。そして、国連憲章第25条に依

---

77) Mersav Datan, "Security Council Resolution 1540: WMD and Non-State Trafficking," *Acronym Institute for Disarmament Diplomacy*, Issue 79 (28 May, 2005), http://www.acronym.org.uk/dd/dd79/79md.htm, as of 2 December, 2012.

78) Guilfoyle, *supra* note 51, p.15. Cf., Vasco Becker-Weinberg and Guglielmo Verdirame, "Proliferation of Weapons of Mass Destruction and Shipping Interdiction," in Weller, et al eds., *supra* note 63 of Introduction, p.1026.

79) Stefan Talmon, "The Security Council as World Legislative," *AJIL*, Vol.99, No.1 (2005), p.188.

80) 浅田前掲論文注58、4頁。

81) 藤田前掲書第1章注93、105頁：浅田前掲論文注58、3頁。

82) 植木俊哉「国際組織の国際法定立機能に関する一考察―『国際立法』概念の批判的検討を手がかりとして―」『法学』第52巻第5号（1988年）、910-911頁：藤田久一「国際立法について」『関西大学法學論集』第36巻第3・4・5合併号（1986年）、54頁。

拠して安保理事会が定めた個別かつ具体的な事項の執行のための手段が、安保理事会決議である[83]。

従前から存在する大量破壊兵器の規制にかかわる条約では、大量破壊兵器及び同関連物資並びに関連技術の開発、保有及び移動の禁止は、あくまで国家間での関係に限定されていた[84]。翻って、安保理事会決議1540パラグラフ1、2、及び3において安保理事会は、既存の条約では規制の対象とはされていなかった大量破壊兵器等の非国家主体に対する移転を禁止し、そのために国内法を整備して執行することを無制限に義務づけるために、すべての国連加盟国を直ちに拘束する国連憲章第7章下の権限を行使した[85]。つまり、安保理事会決議1540においては、安保理事会の国連憲章第7章下の行動として、非国家主体への大量破壊兵器の拡散により生じる脅威の顕在化を未然に防止するための予防的措置が決定され、さらに、この措置を実行するために、すべての国家を名宛人として時限的ではない一般的な行為規範を順守すべしとの義務が課せられているのである[86]。

なお、これらとの連関において、安保理事会決議1540の前文において、安保理事会が大量破壊兵器の拡散により脅威が構成されることを確認する（affirm）と記述されていることに留意する必要がある。国連憲章第39条では、安保理事会が平和に対する脅威、平和の破壊または侵略行為の存在を決定（determine）するとされていることと比較すると、先に引用した安保理事会決議1540の関連部分の記述はやや漠然としている。そして、このような記述は、安保理事会決議1540で確認されている脅威とは、国連憲章第7章下の措置を講ずるために採択される安保理事会決議において認定される個別具体的な事態における特定の脅威というよりも、むしろ大量破壊兵器の拡散という行為によりもたらされることが想定される一般的な脅威であると整理

83）森川幸一「国際連合の強制措置と法の支配（二・完）」『国際法外交雑誌』第94巻第4号（1995年）、52頁。
84）Allen, *supra* note 54, p.53.
85）Joyner, *supra* note 68, p.490：浅田前掲論文注4、48-49頁。
86）浅田前掲論文注4、49-50頁。

することが、ひとまずは妥当であろう[87]。

　一般的な行為規範の定立とは、本来、条約の締結により実施されるべきものであるが[88]、安保理事会決議 1540 は、従前から存在する軍備管理及び軍縮に関する条約規則を超越する義務をすべての国に対して付与した[89]。つまり、安保理事会 1540 は、本決議に普遍性を持たせようとする安保理事会の意思が、非国家主体への大量破壊兵器拡散対抗のための一般的な行為規範の定立という形で成就したものである[90]。そして、この一般的な行為規範の定立こそが安保理事会決議 1540 が他の安保理事会決議と区別される顕著な特徴であり、本決議が立法的であると評価される所以である[91]。つまり、安保理事会が通常採択するような特定の名宛人に対する個別的な決定に関する決議や、特定の状況における執行的な決定に関する決議は、一般的な意味において真に立法的であるとはいえないのである[92]。

　国連憲章第 7 章下で採択された安保理事会決議は、即時にすべての加盟国を法的に拘束することから、すべての国連加盟国が批准を終えた条約と同等の効力を有する[93]。したがって、安保理事会決議 1540 の起草過程において

---

[87] Garvey, *supra* note 65, p. 355.
[88] 青木前掲論文注 1、147 頁。
[89] 坂本一也「国連安保理事会による国際法の『立法』」『世界法年報』第 25 号（2006 年）、146 頁。
[90] 酒井他前掲書第 1 章注 90、158 頁。なお、安保理事会決議 1540 は従前から存在する軍備管理／軍縮関連条約の欠缺を補完する機能を帯びると評価する議論として、Mirko Sossai, "Disarmament and Non-Proliferation," in White and Henderson eds., *supra* note 30 of Chapter 1, p. 64.
[91] 浅田前掲論文注 4、50 頁：青木前掲論文注 1、145-147 頁：Talmon, *supra* note 79, p. 175：Joyner, *supra* note 68, p. 490：Guilfoyle, *supra* note 29 of Introduction, p. 238：Roberto R. Lavalle, "A Novel, If Awkward, Exercise in International Law-Making: Security Council Resolution 1540 (2004)," *Netherlands International Law Review*, Vol. 51, No. 3 (2004), p. 416, et seq.
[92] 小池徹「国際機関の決議の効力」皆川洸、山本草二編『演習国際法』（青林書院新社、1977 年）、50 頁。
[93] 浅田前掲論文注 4、45 頁： Thomas J. Biersteker, "The UN's Counter-Terrorism Efforts: Lessons for UNSCR 1540," in Oliver Bosch and Peter van Ham eds., *Global Non-Proliferation and Counter Terrorism: The Impact of UNSCR 1540* (Royal Institute of International Affairs, 2000), p. 38.

は、安保理事会が立法性を帯びるような決定を行う権限を有することについての疑問や、同理事会が立法性を帯びる決定を行うことは政府間の合意により作成される条約の起草と実施にかかわるメカニズムを阻害するおそれという点につき多くの懸念が示されている[94]。そして、その反射的な効果として、安保理事会決議1540の起草においては、透明性及び開放性の確保が強く求められた[95]。その結果、通常の安保理事会決議と比較して、安保理事会決議1540の起草及び採択には多大の時間と労力が費やされている。本決議の起草は2003年10月に開始され、本決議の起草にかかわる安保理事会非公式協議は4月8日、20日及び28日の3度にわたり開催された[96]。これらのうち、4月20日の非公式協議においては、決議草案を完成させることを目的として、51の加盟国の代表との間で公開討論が開催された[97]。このような煩雑な起草手続は、安保理事会決議1540は安保理事会による立法に該当することから、本決議は安保理国以外の国による幅広い合意を得て採択されることが望ましいと認識されたことによる[98]。

b．安保理事会決議による立法の先例

　安保理事会決議1540の採択以前にも、立法性を帯びる安保理事会決議の先例は、少なくとも国際テロリズムへの対応という領域においては既に存在しており、そのような実行は安保理事会決議1267（1999年10月15日）の採択に端を発すると言われている[99]。安保理事会決議1267は、タリバン及びアルカイダのメンバーやそれらの関連団体に対し、資産凍結などの制裁を科すことを目的とし[100]、そのために、加盟国が措置の実施状況を報告するた

---

94) 浅田前掲論文注4、53頁：UN DOC S/PV.4950, supra note 7, pp.23, 31, 32：UN DOC S/PV.4950（Resumption 1）（22 April, 2004), p.14.
95) Talmon, supra note 79, p.188.
96) UN DOC S/2004/505（21 June, 2004), para.36.
97) Talmon, supra note 79, p.188.
98) UN DOC S/PV.4950, supra note 7, p.7：Lavalle, supra note 91, pp.426-427.
99) Guilfoyle, supra note 51, p.14：酒井他前掲書第1章注90、656頁。
100) UN DOC S/RES 1267（15 October, 1999), para.4.

めの委員会(いわゆる 1267 委員会)が設置された[101]。

さらに、米国同時多発テロ攻撃後の実行としては、安保理事会決議 1373 (2001 年)[102]が挙げられている[103]。本決議において安保理事会は、テロへの資金提供の阻止(パラグラフ 1(a))、テロの計画、着手または実行の意思を有することの犯罪化(同(b))、テロリスト集団の資金凍結(同(c))、自国領域内において自国民がテロ関連行為に従事することの防止(同(d))、テロ関連情報の伝達阻止のために必要な手段を講じること(パラグラフ 2(b))、テロ関連行為のための safe haven の提供阻止(同(c))、テロリストの移動阻止のための適切な国境管理(同 2(g))、及びテロリスト個人及びネットワークの移動も監視を目的とする情報交換の促進、並びに武器、爆発物または大量破壊兵器のテロスト集団への移動阻止を決定した(パラグラフ 4)。

安保理事会決議 1373 は、米国同時多発テロ攻撃を受けて採択されたものであるが、その起草趣旨は、同攻撃への直接の対応というよりも、むしろテロ資金対策のための国際協力を強化するため、批准状況が緩慢であったテロリズムに対する資金供与の防止に関する国際条約(2002 年 4 月 10 日発効)[104]の速やかな批准を各国に求めるものであった[105]。つまり、安保理事会決議 1373 で安保理事会が要請しているのはある特定の事態への対処ではなく、テロ行為阻止のための一般的な協力である[106]。そして、この点により、安保理事会決議 1373 において安保理事会は、特定の事態に対応するための執行的機能ではなく、むしろ国際テロリズム一般に対処するための枠組みを立

---

101) *Id*., para.6.
102) UN DOC S/RES 1373 (28 September, 2001).
103) 青木前掲論文注 1、147 頁:浅田前掲論文注 58、22 頁:Talmon, *supra* note 79, p.176.
104) International Convention for the Suppression of the Financing Terrorism (adopted by the General Assembly of the United Nations in Resolution 54/109 of 9 December, 1999), reprinted in *ILM*, Vol.39, No.2 (2000), pp.270-280.
105) 森川幸一「国際平和協力外交の一断面―『海上阻止活動』への参加・協力を巡る法的諸問題―」金沢工業大学国際学研究所編『日本外交と国際関係』(内外出版、2009 年)、251 頁。
106) 浅田前掲論文注 4、53 頁。

法化する機能を果たしたと評価されている[107]。

c．安保理事会の立法機能

　安保理事会決議1540は、大量破壊兵器の拡散が脅威を構成することを確認している（前文）。この点につき、例えばシンマ（Bruno Simma）は、安保理事会は国際の平和と安全の維持または回復を目的とした個別的かつ具体的な事項の執行にあたる機関であるが故に、同理事会は一般的な事象が平和に対する脅威を構成すると認定することはできないと主張する[108]。他方で、国連憲章第25条により、安保理事会の決定はすべての国連加盟国を一方的に拘束し、加盟国に対してその履行義務を課すことになる。つまり、国連憲章第25条は、国連加盟国は国連憲章という条約を批准することにより、安保理事会がすべての加盟国を拘束する決定を行うことに同意していると解される[109]。また、国連憲章第103条に規定される加盟国が帯びる国連憲章上の義務の優先規定により、安保理事会の決定には、特にそれが同第7章下の行動としてなされた場合には、既存の条約規則よりも優先するという強力な権限が付与されている[110]。

---

107) Sandra Szurek, "La Lutte Internationale contre le terrorisme sous l'Empire Du Chapitre VII : Un Laboratoire Noitatif," *RGDIP*, Tome CIX (2005), p.9：古谷修一「国際テロリズムに対する国連安保理の対応―立法的・行政的機能の拡大―」村瀬編前掲書注58、49頁。

108) Bruno Simma, "From Bilateralism to Community Interest in International Law," *RCADI*, Tome 250 (1997), pp.276-277.

109) 浅田前掲論文注58、27頁。

110) UN DOC A/CN.4/L.682 (13 April, 2006), Fragmentation of International Law : Difficulties Arising from the Diversification and Expansion of International Law, Report of the Study Group of the International Law Commission, Finalized by Martti Koskenniemi, para.331：*Case Concerning Questions of Interpretation and Application of the 1971 Montreal Convention Arising from the Aerial Incident at Lockerbie (Libya Arab Jamahiriya v. United States of America), Request for the Indication on Provisional Measures, Order of 14 April 1992, ICJ Reports 1992,* para.40：酒井啓亘「国際司法裁判所における仮保全措置の目的の展開―最近の判例の検討を中心として―」『外務省調査月報』2001／No.2（2001年）、82頁。このほか、憲章第103条の二義的な効果として、憲章と抵触する義務の不履行から生じる国家責任の追及の遮断を主張する議論として、加藤陽「国連憲章第103条の法構造(1)」『国際公共政策研究』第16巻第2号（2012年3月）、134頁を参照。

第 4 章　大量破壊兵器拡散対抗のための予防的展開

　これらに加えて、国連憲章第 25 条が規定する安保理事会の決定の範囲は、同第 41 条及び第 42 条の集団的措置に関する事項のみに限定されない。国連憲章第 25 条の規定をそのように狭く解釈することは、国際の平和と安全の維持または回復にかかわる安保理事会の主要な責任に関する同憲章第 24 条の規定と抵触するほか、国連憲章の起草趣旨とも合致しない[111]。国連憲章第 25 条が国際の平和と安全の維持にかかわる安保理事会の主要な責任について規定する同第 24 条の直後に設置されていることから、国連憲章第 25 条が言及する安保理事会の決定は同第 7 章の集団的措置の実施に関するものを主とすることには議論の余地がない[112]。しかしながら、国連憲章第 25 条に規定される安保理事会の決定は、かかる集団的措置の実施のみを指すものではなく、如何なる決議がこの決定に該当するのかを判断するためには、問題とされる安保理事会決議の文言、決議の起草過程及び採択時における議論、援用された国連憲章の条項及び安保理事会決議がもたらす法的な帰結を決定づけるその他の事由を考慮し、事態毎に個別に判断されるべきとされる[113]。さらに、ある種の経費事件に関する勧告的意見において ICJ が指摘しているように、国連憲章には行為の有効性を判断する手続きは存在せず、第一義的には各機関が自身の管轄権にかかわる有効性の決定を行うとされる[114]。そして、安保理事会の決定を取り消すための手続き規則は国連憲章には存在しないことから、仮に安保理事会が立法性を帯びる決定を行ったとしても、そのような決定を国連憲章上違法であると判断することは極めて困難なのである。

　安保理事会が一般的な行為規範の定立に関する立法機能を有するのかにつ

---

111) Jost Delbrück, "Article 25," in Simma ed., *supra* note 96 of Chapter 2, p. 410.
112) *Legal Consequence for States of the Continued Presence of South Africa in Namibia (South West Africa) notwithstanding Security Council Resolution 276 (1970), Advisory Opinion of 21 June 1971, ICJ Reports 1971*, para. 113.
113) *Id.*, para. 114 : Rosalyn Higgins, "The Advisory Opinion on Namibia : Which UN Resolutions Are Binding under Article 25 of the Charter?," *ICLQ*, Vol. 21, Part 2（1972）, pp. 270 ff.
114) *ICJ Reports 1962, supra* note 251 of Chapter 3, p. 168：位田隆一「平和維持活動の法的性質と展開：国連経費事件」小寺彰、森川幸一、西村弓編『国際法判例百選・第 2 版』（有斐閣、2011 年）、88 頁。

いてはなお議論の余地があるものの[115]、例えば森川幸一は、安保理事会に対して国際社会の新たな基本法益の保護が期待されているような場合には、国連憲章の静的かつ教条的な解釈のみに依拠するわけにはゆかないと指摘する[116]。また、一部の学説においては、安保理事会の執行機能は、政治的な決定を法的に意義のある行動へと変革せしめ、その結果、政治的機関である安保理事会の決定に規範的権威を付与することがあり得るとの主張がなされている[117]。このような主張を考慮に入れると、安保理事会が正義と国際法の原則を逸脱しないという前提の下[118]、立法的な性格を帯びる安保理事会決議が、実体面において国際社会に共通する重大な利益にかかわるものであるとともに喫緊の問題への対処におけるものであり、さらに、これらの両方の意味において当該決議の採択手続きにおいて一層の正当性が確保されているという厳格な要件が充足される限り[119]、安保理事会が国連憲章第7章下の行動として立法的権限を行使し、決議により一般的かつ抽象的な義務を加盟国に課すことは、一定の状況下においては不可能ではないものと思料される[120]。なお、安保理事会による国際立法の妥当性という問題については、国連憲章を頂点とする国連法[121]と一般国際法との関係という一層困難な問題が根底に存在するため[122]、本書においては上述した程度の概括的な論述

---

115) 浅田前掲論文注58、25-27頁。
116) 森川幸一「国際連合の強制措置と法の支配 (一)」『国際法外交雑誌』第93巻第2号 (1994年)、24頁。
117) Vera Gowlland-Debbas, "The Function of the United Nations Security Council in the International Legal System," in Michael Byers ed., *The Role of Law in International Politics* (Oxford University Press, 2000), p.288：丸山政巳「国際連合安全保障理事会の憲章第7章に基づく国際法の執行・強制機能に関する序論的考察」『一橋論叢』第131巻第1号 (2004年)、72頁。
118) 佐藤前掲論文第3章注263、216頁：Cf., Asada, *supra* note 61, pp.325-326.
119) 浅田前掲論文注58、27-28頁。
120) *Procecutor v. Tadić, supra* note 4 of Introduction, paras.35, 39: Luis M. H. Martínez, "The Legislative Role of the Security Council in Its Fight Against Terrorism: Legal, Political and Practical Limits," *ICLQ*, Vol.57, Part 2 (2008), p.358: Talmon, *supra* note 79, p.182.
121) 国連法とは、一般的な国際会議体である国連の意思として定式化され、採択され、宣明される規範文書を指す。河西直也「国連法体系における国際立法の存在基盤」大沼保昭編『国際法、国際連合と日本』(弘文堂、1987年)、99頁。

にとどめ、それ以上の考察は行わない。

4. 安保理事会決議による大量破壊兵器拡散対抗の限界
　——北朝鮮への対応事例——

　従前、テロは個別国家がそれぞれの国内法で個別的に対応すべき犯罪と位置づけられていた。しかし、米国同時多発テロ攻撃以降、テロと武力紛争との境界が一層曖昧になっていること及びテロの国際化が進んだことにより、テロは国際社会共通の利益を害する犯罪行為であると認識されることとなった。安保理事会決議 1540 による非国家主体に対する大量破壊兵器の拡散対抗にかかわる一般的な行為規範の定立の実行は、国際テロへ対抗するために安保理事会からの要請に応えるような集団的な対応が強く求められているという情勢の変化にも、その理由の一端が求められるものと思料される。

　他方で、安保理事会決議 1540 は立法的性格を有するものであったため、海上阻止活動という特定の行動に関する規定を一般的な行為規範の一部として同決議に盛り込むことには成功していない。このことは、少なくとも現状においては、国際社会は安保理事会による立法を無条件に歓迎しているわけではないということが推認される[123]。これに加えて、少なくとも本書の刊行の時点においては、個別かつ具体的な事項を執行する手段である通常の安保理事会決議をもってしても、大量破壊兵器及び同関連物資の海上輸送の阻止を図るために旗国主義という従前からの個別的な対応の構図を変更せしめることは困難であることが強く示唆されているのである[124]。

　そのような状況を如実に示す例として、2006 年 10 月 9 日の北朝鮮による地下核実験の実施を受けて、10 月 14 日に採択された安保理事会決議 1718 が挙げられる。本決議において安保理事会は、北朝鮮の核実験の実施は地域内外の平和及び安定に対する最も重大な懸念である旨の意を表明し[125]、国

122）丸山前掲論文注 117、73 頁。
123）浅田前掲論文注 4、32 頁。
124）萬歳寛之「拡散に対する安全保障構想（PSI）に関する国際法上の評価」『早稲田大学社会安全政策研究所紀要』第 2 号（2009 年）、163 頁。

際の平和と安全に対する明白な脅威の存在を認定した[126]。その上で安保理事会は、国連憲章第7章の下、特に「第41条下の措置を講ずる」（[T]aking measures under its Article 41）とした[127]。具体的には、安保理事会は、すべての国連加盟国は、北朝鮮に対する自国の領域を介在した若しくは自国民によるか、または自国の旗を掲げる船舶または航空機の使用による武器、大量破壊兵器関連物資または奢侈品等の直接または間接の供給、販売若しくは移転を防止すること、自国民によるまたは自国の旗を掲げる船舶または航空機の使用による北朝鮮からのそのような品目（北朝鮮の領域を原産地とするものであるか否かを問わない）の調達を禁止することを決定した[128]。

　これらの措置は、安保理事会が国連憲章第7章、特に同第41条下の非軍事的措置の一環として、国連加盟国による自国船舶等を使用した北朝鮮向けの武器等の移動阻止を決定したものであり、法的拘束力を有する。これに対して、北朝鮮による大量破壊兵器及び運搬手段及び関連する物資の不正な取引の阻止については、安保理事会は、すべての加盟国は必要に応じ自国の権限及び国内法令にしたがい、かつ、国際法に適合する範囲内で協力的な行動（cooperative action）をとることを要請したにとどまる[129]。

　国連海上阻止活動の国連憲章上の根拠については、第3章で検討した第41条根拠説という主張が存在する。しかしながら、安保理事会決議1718には、公海上における海上阻止については何らの言及も行っていないことから、本決議のみでは北朝鮮からの核不拡散を目的として、公海上で貨物、仕向地及び出港地等を検査するための強制的な船舶検査を実施することは困難

---

125) UN DOC S/RES/1718（14 October, 2006), preambular, para. 3.
126) *Id*., preambular, para. 9.
127) *Id*., preambular.
128) *Id*., paras. 8 (a)(b). なお、アルゼンチン代表からは、「本決議パラグラフ8の記述は今回の特別の事例にのみ適用されるものであり、安保理事会がデュアル・ユースに供される技術及び物資のコントロールについて恒久的に立法化したものではないと理解する」との宣言がなされた。UN DOC S/PV.5551（14 October, 2006), p. 6.
129) UN DOC S/RES/1718, *supra* note 125, para. 8 (f).

第 4 章　大量破壊兵器拡散対抗のための予防的展開

であると考えることが妥当である[130]。また、実行においても、本決議のみを根拠とした公海上における船舶検査の事例は見られていない。ちなみに、日本国外務省及び同海上保安庁は、安保理事会決議 1718 で安保理事会が要請した措置は公海上において実力を行使して船舶の阻止を行うような行動ではなく、むしろ国内法の執行の一環としての活動であるとしながらも、軍隊に相当する組織が国内法の執行に従事することは排除されないという認識を示した[131]。なお、安保理事会決議 1718 による措置が国連憲章第 41 条の範囲に限定されたのは、中国が北朝鮮からのあるいはそこに向かう船舶に対する貨物の検査については断固として容認できないと強く主張したという事由による[132]。

　その後、2009 年に北朝鮮が実施した第 2 回目の地下核実験を受けて採択された安保理事会決議 1874 においては、安保理事会は再度国連憲章第 7 章

---

[130] 真山全「貨物検査の実施、明確な根拠が必要」『日経新聞』2006 年 11 月 6 日夕刊：市川とみ子「大量破壊兵器の不拡散と国連安保理の役割」村瀬信也編『国連安保理の機能変化』（東信堂、2009 年）、68 頁： Richard Bond, *The Proliferation Security Initiative: Targeting Iran and North Korea?*, British American Security Information Council Basic Papers, Occasional Papers on International Security Policy, No.53（January 2009）, p.9: Zou Keyuan, "Maritime Enforcement of United Nations Security Council Resolutions: Use of Force and Coercive Measures," *The International Journal of Marine and Coastal Law*, Vol.26（2011）, p. 257. このように、安保理事会決議 1718 の下での公海上における船舶への乗船及び捜索には、旗国の許可が必要とされる。しかしながら、一方では、旗国はかかる許可を与える義務を帯びるものではないと理解されている。森川幸一「大量破壊兵器の拡散防止に係る執行」海上保安体制調査員会委員会報告書『海洋権益の確保に係る国際紛争事例研究』（海上保安協会、2009 年）、32 頁。また、他方で、安保理事会決議 1718 に記されている協力的な行動は国連憲章第 7 章の下で要請されたものであるという点のみを殊更に重視することにより、本決議のみによって公海上における強制的な船舶の検査が可能であることを示唆する論調として、安保公人「北の船舶検査、実効性のある措置が必要」『読売新聞』2006 年 11 月 1 日。

[131] 小松一郎外務省国際法局長国会答弁、『第 165 国会参議院国土交通委員会会議事録』（2008 年 12 月 14 日）、7 頁。ただし、当時の日本では、海上保安庁等によるそのような活動の根拠をなす国内法が未整備であったために、対北朝鮮船舶検査の実施のための立法化の試みがなされ、また、実際に法案も起草されたが、本法律案は 2009 年の自民党から民主党への政権交代に伴う政局により廃案となった。

[132] S/PV.5551, *supra* note 128, p.4.

の下で行動し、同憲章第 41 条に基づく措置として安保理事会決議 1718 で決定した制裁措置を拡大することを決定した[133]。その上で、安保理事会は、本決議及び同決議 1718 の関連部分により、供給、販売、移転または輸出が禁止されている品目を含むと信じる合理的根拠があることを示す情報を当該国が有する場合には、これらの規定の厳格な履行を確保する目的で、自国の法的権限及び国内法令にしたがい、かつ国際法に適合する範囲内で、海港及び空港を含む自国の領域内で、北朝鮮への及びそこからのすべての貨物を検査することを要請した[134]。また、公海上における貨物検査につき安保理事会は、すべての加盟国に対し、当該船舶が輸送する貨物が安保理事会決議 1718 及び本決議の関連規定により、供給、販売、移転または輸出が禁止されている品目を含むと信じる合理的根拠があることを示す情報を有する場合には、これらの規定の厳格な履行確保を目的として、旗国の許可を得て公海上で船舶を検査する（inspect）ことを要請した[135]。

　安保理事会決議 1874 のこの部分は、旗国の許可を得て実施する船舶への乗船及び搜索という海洋法の枠内における措置である。他方で、本決議において安保理事会は、船舶の旗国が公海上の検査を許可しない場合には、旗国は当該船舶に対して適切及び好都合な港に航行するよう指示することを決定している[136]。この決定は、公海上における停船及び貨物の検査という強制的な措置を直接的に要請または授権するまでには至っていないものの、加盟国は自国の港湾において安保理事会決議 1718 により北朝鮮への輸送が禁止される物資を輸送していると疑われる船舶を検査する義務を有することから[137]、加盟国による検査の実施と禁輸物資が発見された場合における各国国内法による拿捕等の処置が期待されているものと解される[138]。

133）UN DOC S/RES 1874（12 June, 2009), paras.9-10.
134) *Id*., para.11.
135) *Id*., para.12.
136) *Id*., para.13.
137) *Id*., para.11.
138) *Id*., para.14. なお、北朝鮮による核実験は今回で 2 回目であることから、日本は、安保理事会決議 1874 の実効性を確保することを目的として、特別の措置として実施される

第 4 章　大量破壊兵器拡散対抗のための予防的展開

　つまり、安保理事会決議 1874 においては、公海上における船舶の阻止は直接的には要請されていないものの、それに代わりほぼ同様の効果を有する措置が要請されているのである[139]。そして、安保理事会決議 1874 におけるこのような方法は、国連憲章第 41 条下においては軍隊の使用を伴わない措置のみが実施可能であるという制限により公海上における船舶の阻止が困難な状態下における禁輸執行の実効性確保を目的とした海上における措置の最大限度を示すものである。ただし、このような方法が採用されたのは、安保理事会決議 1874 のみであり、その後、2013 年 2 月 12 日に北朝鮮が第 3 回目の地下核実験を強行した結果、同国に対する制裁措置をさらに強化するために採択された安保理事会決議 2094 においては、上述したような方法は用いられていない。

　北朝鮮特定貨物の検査等にかかわる行政上の措置について定める国際連合安全保障理事会決議第 1874 号等を踏まえ我が国が実施する貨物検査等に関する特別措置法（平成 22 年（2010 年）6 月 4 日法律第 43 号）（以下、「貨物検査特別措置法」）を策定した。貨物検査特別措置法は、まず、安保理事会決議 1874 により北朝鮮への輸出の禁止及び輸入の禁止が決定された核関連、ミサイル関連その他の大量破壊兵器関連物資、武器及びその他の物資を北朝鮮特定貨物とした上で（第 2 条第 1 項）、以下に記すような措置を講ずるとしている。①海上保安庁長官または税関長は、船舶が北朝鮮特定貨物を積載している等と認めるに足る相当な理由があるときには、海上保安官または税関職員に検査をさせることができる（第 3 条）。②海上保安庁長官または税関長は、検査の結果、北朝鮮特定貨物があることを確認したとき等において、海上保安庁長官にあっては当該船舶の船長等に対し、また、税関長にあってはその所有者または占有者に対し、その提出を命ずることができる（第 4 条）。③海上保安庁長官または税関長は、提出を受けた北朝鮮特定貨物を保管しなければならないこととされるとともに、提出貨物の公告、返還、売却及び破棄することができる（第 5 条）。④海上保安庁長官は、一定の事由があるときは、当該船舶の船長等に対し、当該船舶をその指示する港等の検査等に適した場所に回航すべきことを命ずることができる（第 6 条）。⑤外国の当局による公海上における日本船舶に対する検査について我が国が同意しないときには、外務大臣は、国土交通大臣に対し、速やかにその旨を通知しなければならない。国土交通大臣は、当該日本船舶の船長等に対し、日本または外国の当局による検査を受けるために当該日本船舶をその指定する港に回航すべきことを命ずる（第 7 条）。⑥公海上における外国船舶に対する検査、提出命令及び回航命令は、それぞれ旗国の同意がなければこれらを実施することはできない（第 8 条）。⑦内水等における検査を忌避した者並びに提出命令及び回航命令にしたがわなかった者には、罰則を科すこととする（第 13 条、第 14 条）。

139）Klein, *supra* note 30 of Introduction, p. 279：Papastavridis, *supra* note 31 of Introduction, p. 111.

安保理事会決議 2094 において同理事会は、先行する決議と同様、国際の平和と安全に対する脅威の継続的な存在を認定し[140]、国連憲章第 7 章の下で行動し、同第 41 条に基づく措置として、北朝鮮から出港したあるいは同国に仕向けられた船舶が安保理事会決議 1718 をはじめとする関連する安保理事会決議が指定した禁輸物資を輸送していると信じるに足る合理的理由のある場合には、その有無を確認するための検査を行うことを決定した[141]。安保理事会決議 1874 では要請にとどまっていた貨物の検査が、本決議では安保理事会の決定事項として義務化されたことは注目すべき進展である。しかしながら、当該検査はあくまで加盟国の領域内において旗国の許可により実施されるものであり、公海上における強制的な検査の実施についての言及はなされていない[142]。そして、このことは、同じく大量破壊兵器の拡散防止にかかわる対イランへの禁輸執行に関連する一連の安保理事会決議（決議 1747 及び 1929 等）においても同様である[143]。

ちなみに、2009 年 10 月に、イランに対する大量破壊兵器及び同関連物資の供給を遮断することを決定した安保理事会決議 1747（2007 年 3 月 24 日）パラグラフ 13 に違反してイランへ向けて大量破壊兵器関連物資を輸送していたとの嫌疑により、米海軍艦艇がドイツ船舶 *Hansa India* を紅海においてインターセプトした後、回航先のマルタにおいてドイツの関税当局が違反物資を没収したという事案が生起している[144]。本事案に先立ち、米国は旗国のドイツからインターセプトにかかわる事前の許可を得ていなかったものの、細部は不明ながら、米国との同盟関係等に鑑み、ドイツは米海軍の行動

---

140) UN DOC S/RES 2094（7 March, 2013）, Preambular.
141) *Id.*, para. 16.
142) *Id.*, para. 17.
143) UN DOC S/RES 1747（24 March, 2007）, paras. 2, 5：UN DOC S/RES/1929（9 June, 2010）, paras. 14, 15.
144) Jochen Abr. Frowein, "Policing the Oceans-New Issue," in Holger P. Hestermeyer, et al eds., *Coexistence, Cooperation and Solidarity, Liber Amicorum Rüdiger Wolfrum*, Vol. 2（Martinus Hijhoff Publishers, 2012）, p. 1150.

第 4 章　大量破壊兵器拡散対抗のための予防的展開

には外交的な異議は唱えなかったという経緯が存在する[145]。

　このように、少なくともこれまでの実行を見る限りは、立法的性格を帯びる安保理事会決議 1540 のみにとどまらず、執行的性格を有する通常の安保理事会決議によっても、大量破壊兵器の拡散対抗を目的とした海上阻止を公海上において実施するような権限を加盟国に付与することには成功していない。このことは、第 3 章で言及した安保理事会の決定が帯びる恣意性が極めて顕著な形で具現化した結果である。そして、このような事由により、米国は、大量破壊兵器拡散対抗を目的とした海上阻止にかかわる二国間及び多国間条約における締結を強力に推進することにより、安保理事会決議 1540 では成就し得なかった PSI の法的基盤の構築を主導してゆくのである[146]。

---

[145] 本事象が生起した当時は、ドイツ国内法には安保理事会決議により課せられたイランに対する制裁に違反して同国へ禁止された物資を輸送する自国船舶を取り締まる法令は存在しておらす、このようなドイツの国内事情も、米国に対する抗議等が見られなかった一因として指摘されている。Idem, "The Security Council and the Security at the Seas," in Holger Hestermeyer, Nele Matz-Lück, Anja Seibert-Fohr and Silja Vöneley eds., *Law of the Sea in Dialogue*（Springer, 2011）, pp. 179-180, 187-188. なお、同種のものとして、2009 年 11 月 4 日に、アンティグア・バーブーダ船籍貨物船 *Francop*（ドイツ法人所有）がイスラエルとレバノン国内のシーア派系非国家軍事組織ヒズボラとの間の紛争（イスラエル・レバノン紛争）（2006 年 7 月 12 日〜2006 年 9 月 10 日）の解決に向けて採択された安保理事会決議 1701 に違背して、ヒズボラへ仕向けられた武器 500 トンを輸送しているとの情報を入手したとの理由により、イスラエル軍が、Operation Four Species という名の下に同船をイスラエルの距岸約 86 海里の公海上において阻止した事案が存在する。http://www. haaretz. com/news/report-u-s-stopped-israel-from-attacking-hezbollah-arms-ship-1. 4638, as of 7 April, 2014: UN DOC S/RES 1701（11 August, 2006）, para. 8. 本件においても、旗国であるアンティグア・バーブーダ及び船舶の所有者の国籍国であるドイツのいずれもイスラエルに対する抗議を行っていない。Cf., Papastavridis, *supra* note 31 of Introduction, p. 109.

[146] Hiroyuki Banzai, "The Proliferation Security Initiative and International Law of the Sea: A Japanese Lawyer's Perspective," *Journal of East Asia and International Law*, Vlo. 3, No. 1（2010）, p. 19.

第3節 大量破壊兵器拡散対抗のための新たな条約の起草
　　　——PSI 二国間乗船合意と 2005 年 SUA 条約議定書——

1. PSI 二国間乗船合意——2005 年 SUA 条約議定書の先駆——
ａ．締結の趣旨等

　2003 年 10 月 9 日のロンドンにおける PSI 総会において、米国は、大量破壊兵器拡散対抗のための PSI 二国間乗船合意を締結することを提案した[147]。PSI 二国間乗船合意は、米国が幾つかの国と既に締結している麻薬の違法取引の取締りのための二国間乗船合意をモデルとし[148]、SIP に則り大量破壊兵器及び同関連物資の輸送を迅速かつ効果的に阻止することを主たる目的とする[149]。また、PSI 二国間乗船合意は、SIP パラグラフ 4（c）に記される「自国船舶が大量破壊兵器及び同関連物資の輸送に従事していることが判明した場合、適切と認められる状況下においては、当該船舶への外国による乗船及び捜索並びに大量破壊兵器及び同関連物資の拿捕にかかわる権限の授権につき真剣に検討する」という事項[150]を具体的な行動として具現化したものである[151]。

　PSI 二国間乗船合意を米国との間で締結している国は、リベリア（2004 年）[152]、パナマ（2004 年）[153]、マーシャル諸島（2004 年）[154]、クロアチア（2005

---

147) John Ashley Roach, "Proliferation Security Initiative (PSI): Countering Proliferation by Sea," in Myron H. Nordquist, John Norton Moore and Kuen-chen Fu eds., *Recent Developments in the Law of the Sea and China* (Martinus Nijhoff Publishers, 2006), p.353.
148) Guilfoyle, *supra* note 29 of Introduction, p.89.
149) Roach, *supra* note 147, p.353.
150) SIP, *supra* note 21, para.4(c).
151) Roach, *supra* note 147, p.353.
152) Agreement Between the Government of the United States of America and the Government of the Republic of Liberia Concerning Cooperation to Suppress the Proliferation of Weapons of Mass Destruction, Their Delivery Systems, and Related Materials by Sea, signed at Washington, 11 February 2004 (*hereinafter* Liberian PSI Agreement).
153) Amendment to the Supplementary Arrangement Between the Government of the United States of America and the Government of the Republic of Panama to the Arrangement Between the

第4章 大量破壊兵器拡散対抗のための予防的展開

年)[155]、キプロス(2005年)[156]、ベリーズ(2005年)[157]、マルタ(2007年)[158]、モンゴル(2007年)[159]、バハマ(2008年)(未発効)[160]、アンティグア・バーブーダ[161](2010年)、セントビンセント及びグレナディーン諸島[162](2010年)

Government of the United States of America and the Government of Panama for Support and Assistance from the United States Coast Guard for the National Maritime Service of the Ministry of Government and Justice, signed at Washington, 12 May 2004 (*hereinafter* Panamanian PSI Agreement).

154) Agreement Between the Government of the United States of America and the Government of the Republic of Marshall Islands Concerning Cooperation to Suppress the Proliferation of Weapons of Mass Destruction, Their Delivery Systems, and Related Materials by Sea, signed at Honolulu, 13 August 2004 (*hereinafter* Marshall Islands PSI Agreement).

155) Agreement Between the Government of the United States and the Government of Croatia Concerning Cooperation to Suppress the Proliferation of Weapons of Mass Destruction, Their Delivery Systems, and Related Materials by Sea, signed at Washington, 1 June 2005 (*hereinafter* Croatian PSI Agreement).

156) Agreement Between the Government of the United States of America and the Republic of Cyprus Concerning Cooperation to Suppress the Proliferation of Weapons of Mass Destruction, Their Delivery Systems, and Related Materials by Sea, signed at Washington, 25 July 2005 (*hereinafter* Cypriot PSI Agreement).

157) Agreement Between the Government of the United States of America and the Government of Belize Concerning Cooperation to Suppress the Proliferation of Weapons of Mass Destruction, Their Delivery Systems, and Related Materials by Sea, signed at Washington, 4 August 2005 (*hereinafter* Belizean PSI Agreement).

158) Agreement Between the Government of the United States of America and the Government of the Republic of the Malta Concerning Cooperation to Suppress the Proliferation of Weapons of Mass Destruction, Their Delivery Systems, and Related Materials by Sea, signed at Washington, 15 March 2007 (*hereinafter* Maltese PSI Agreement).

159) Agreement Between the Government of the United States and the Government of the Mongolia Concerning Cooperation to Suppress the Proliferation of Weapons of Mass Destruction, Their Delivery Systems, and Related Materials by Sea, signed at Washington, 23 October 2007 (*hereinafter* Mongolian PSI Agreement).

160) Agreement Between the Government of the United States of America and the Government of the Commonwealth of the Bahamas Concerning Cooperation to Suppress the Proliferation of Weapons of Mass Destruction, Their Delivery Systems, and Related Materials by Sea, signed at Nassau, 11 August 2008 (*hereinafter* Bahamas PSI Agreement).

161) Agreement Between the Government of the United States of America and the Government of the Antigua and Barbuda Concerning Cooperation to Suppress the Proliferation of Weapons of Mass Destruction, Their Delivery Systems, and Related Materials by Sea, signed at St. John, Antigua, 26 April 2010 (*hereinafter* Antigua and Barbuda PSI Agreement).

の11か国である。なお、大量破壊兵器拡散対抗のためにかかる二国間乗船合意を締結しているのは、PSIメンバー国では米国のみであるが[163]、英国はベリーズと同様の協定の締結を検討した経緯が存在する[164]。

PSI二国間乗船合意の基本枠組みはモデル化及びパターン化されており、次項で検討するような若干の違いは指摘されるものの、締約国の如何にかかわらず規定されている事項及びその内容に大幅な相違は見られない[165]。なお、パナマ合意については、既に両国との間で締結されていた違法な麻薬取引や違法操業等の取締りに関する海上における法執行に関する二国間協定（2002年）[166]を改正したものである。したがって、その書きぶりは他の国との間でのPSI二国間乗船合意とはやや異なるものの、規定されている事項及び内容は基本的に同じである。

b．対象船舶及び実施措置等

まず、いずれのPSI二国間乗船合意においても、冒頭で大量破壊兵器とその関連物資につき、それぞれ「核、化学及び生物兵器」[167]及び「大量破壊兵

---

162) Agreement Between the Government of the United States of America and the Government of Saint Vincent and the Grenadines Cooperation to Suppress the Proliferation of Weapons of Mass Destruction, Their Delivery Systems, and Related Materials by Sea, signed at Kingstown, 11 May 2010 (*hereinafter* Saint Vincent and the Grenadines PSI Agreement).
163) Guilfoyle, *supra* note 29 of Introduction, p.246.
164) UN DOC S/AC.44/2004/(02)/7/Add.1 (30 August, 2005).
165) Roach, *supra* note 147, p.360.
166) Supplementary Arrangement Between the Government of the United States of America and the Government of the Republic of Panama to the Arrangement Between the Government of the United States of America and the Government of Panama for Support and Assistance from the United States Coast Guard for the National Maritime Service of the Ministry of Government and Justice, signed at Panama City (5 February 2002) (*hereinafter* Panamanian Supplementary Arrangement).
167) Liberian PSI Agreement, *supra* note 152, Art. 1, para. 2 : Panamanian PSI Agreement, *supra* note 153, Art. 1, para. 2 (v) : Marshall Islands PSI Agreement, *supra* note 154, Art. 1, para. 4 : Croatian PSI Agreement, *supra* note 155, Art. 1, para. 2 : Cypriot PSI Agreement, *supra* note 156, Art. 1, para. 2 : Belizean PSI Agreement, *supra* note 157, Art. 1, para. 2 : Maltese PSI Agreement, *supra* note 158, Art. 2, para. 2 : Mongolian PSI Agreement, *supra* note 159, Art. 1, para. 2 : Bahamas PSI Agreement, *supra* note 160, Art. 1, para. 2 : Antigua and Barbuda PSI Agreement, *supra* note 161,

第4章　大量破壊兵器拡散対抗のための予防的展開

器の開発、製造、実用化及び運搬に関連した物資、装備並びに技術であり、タイプの如何を問わない」[168]と定義されている。ただし、関連物資のなかで汎用品がどの程度それに含まれるかは、それぞれの国の裁量によるところが大きいとされる[169]。また、「海上における拡散」とは、「大量破壊兵器、同関連物資及びその運搬手段を、拡散が懸念される非国家主体へまたはそこから、船舶により不法に輸送すること」であると定義されている[170]。

　以上の定義を踏まえ、次に、阻止の対象とされる船舶として3種類の嫌疑船（suspect ships）が掲げられている。それらは、まず、無国籍船及び無国籍であることが推定される嫌疑船であり、すべてのPSI二国間乗船合意に共通して阻止の対象とされている[171]。これに加えて、いくつかの国との間では、いずれか一の締約国の船籍を標榜する嫌疑船（パナマ、クロアチア、キプロス、ベリーズ、マルタ、モンゴル、アンティグア・バーブーダ、セントビンセント及

Art. 1, para. 2：Saint Vincent and the Grenadines PSI Agreement, *supra* note 162, Art. 1, para. 2.
168) Liberian PSI Agreement, *supra* note 152, Art. 1, para. 3：Panamanian PSI Agreement, *supra* note 153, Art. 1, para. 2 (w)：Marshall Islands PSI Agreement, *supra* note 154, Art. 1, para. 5：Croatian PSI Agreement, *supra* note 155, Art. 1, para. 3：Cypriot PSI Agreement, *supra* note 156, Art. 1, para. 3：Belizean PSI Agreement, *supra* note 157, Art. 1, para. 3：Maltese PSI Agreement, *supra* note 158, Art. 2, para. 3：Mongolian PSI Agreement, *supra* note 159, Art. 1, para. 3：Bahamas PSI Agreement, *supra* note 160, Art. 1, para. 3：Antigua and Barbuda PSI Agreement, *supra* note 161, Art. 1, para. 3：Saint Vincent and the Grenadines PSI Agreement, *supra* note 162, Art. 1, para. 3.
169) Becker, *supra* note 76, p.225.
170) Liberian PSI Agreement, *supra* note 152, Art. 1, para. 1：Panamanian PSI Agreement, *supra* note 153, Art. 1, para. 2 (u)：Marshall Islands PSI Agreement, *supra* note 154, Art. 1, para. 3：Croatian PSI Agreement, *supra* note 155, Art. 1, para. 1：Cypriot PSI Agreement, *supra* note 156, Art. 1, para. 1：Belizean PSI Agreement, *supra* note 157, Art. 1, para. 1：Maltese PSI Agreement, *supra* note 158, Art. 2, para. 1：Mongolian PSI Agreement, *supra* note 159, Art. 1, para. 1：Bahamas PSI Agreement, *supra* note 160, Art. 1, para. 2：Antigua and Barbuda PSI Agreement, *supra* note 161, Art. 1, para. 1：Saint Vincent and the Grenadines PSI Agreement, *supra* note 162, Art. 1, para. 1.
171) Liberian PSI Agreement, *supra* note 152, Art. 3：Panamanian PSI Agreement, *supra* note 153, Art. 1, para. 2：Marshall Islands PSI Agreement, *supra* note 154, Art. 3：Croatian PSI Agreement, *supra* note 155, Art. 3, para. 1：Cypriot PSI Agreement, *supra* note 156, Art. 3, para. 1：Belizean PSI Agreement, *supra* note 157, Art. 3：Maltese PSI Agreement, *supra* note 158, Art. 3, para. 1：Mongolian PSI Agreement, *supra* note 159, Art. 3：Bahamas PSI Agreement, *supra* note 160, Art. 3：Antigua and Barbuda PSI Agreement, *supra* note 161, Art. 3：Saint Vincent and the Grenadines PSI Agreement, *supra* note 162, Art. 3.

びグレナディーン諸島)[172]及びいずれか一の締約国で船舶登録された嫌疑船（リベリア、マーシャル諸島、キプロス、マルタ、アンティグア・バーブーダ、セントビンセント及びグレナディーン諸島)[173]が阻止の対象とされている。なお、バハマとの合意では、無国籍船及び無国籍であると推定される嫌疑船のみが対象とされ、締約国の船籍を標榜する、あるいは締約国で登録された嫌疑船は対象とされていない[174]。

PSI 二国間乗船合意においては、乗船及び捜索のための権利及び義務は相互的であり、乗船等の措置は、第三国の内水、領海及び群島水域を含まない公海上[175]において以下のとおり実施される。まず、いずれか一の締約国（the requesting Party：要請国）の治安当局が他の締約国（the requested Party：被要請

---

[172] Panamanian PSI Agreement, *supra* note 153, Art. 2, para. (b)：Croatian PSI Agreement, *supra* note 155, Art. 3, para. 1：Cypriot PSI Agreement, *supra* note 156, Art. 3, para. 1：Belizean PSI Agreement, *supra* note 157, Art. 3：Maltese PSI Agreement, *supra* note 158, Art. 3, para. 1：Mongolian PSI Agreement, *supra* note 159, Art. 3：Antigua and Barbuda PSI Agreement, *supra* note 161, Art. 3, para. (a)：Saint Vincent and the Grenadines PSI Agreement, *supra* note 162, Art. 3, para. (a).

[173] Liberian PSI Agreement, *supra* note 152, Art. 3：Marshall Islands PSI Agreement, *supra* note 154, Art. 3：Cypriot PSI Agreement, *supra* note 156, Art. 3, para. 1：Maltese PSI Agreement, *supra* note 158, Art. 3, para. 1：Antigua and Barbuda PSI Agreement, *supra* note 161, Art. 3, para. (b)：Saint Vincent and the Grenadines PSI Agreement, *supra* note 162, Art. 3, para. (b). 船舶登録に関する規定がこれらの国にとどまっている主たる理由は、船舶登録とは国が船舶に対する行政監督権を行使するための制度であり、船籍が確認できればとりあえず PSI 二国間乗船合意の目的は達成されるという理由によるものとされている。Roach, *supra* note 147, p. 389.

[174] Bahamas PSI Agreement, *supra* note 160, Art. 2, para. 1.

[175] PSI 二国間乗船合意の原文では、これらの海域は国際水域（international waters）とされている。E.g., Liberian PSI Agreement, *supra* note 152, Art. 1, para. 9. 坂元茂樹の整理によると、国際水域とは、米国が採用している海洋に関する観念であり、米国は、海洋空間を内水及び領海、群島水域といった沿岸国の管轄権が及ぶ海域と、それ以外のすべての海域（接続水域、EEZ、公海）とに二分し、後者を特に国際水域と呼称している。Thomas and Duncan, *supra* note 31 of Chapter 1, para. 1.5. 海洋の航行及び海軍の活動の自由を極めて重視する米国は、国際水域においては公海の自由のすべてが完全に適用されると考えており、この思考に依拠し、EEZ の存在は米海軍の活動に対して何らの制限をも課すものではないと内部に対し指導している。坂元茂樹「排他的経済水域における軍事活動」秋山昌廣、栗林忠男編『海の国際秩序と海洋政策』（東信堂、2006 年）、101 頁。

第4章　大量破壊兵器拡散対抗のための予防的展開

国）の船籍を標榜する船舶を嫌疑船であると疑う時は、被要請国の当局を通じて当該嫌疑船の船籍確認を要請することができる[176]。次に、本要請を受けた被要請国は、嫌疑船の船籍に関する確認を行う[177]。そして、被要請国は、当該嫌疑船が自国船籍であることが確認された場合には、乗船及び捜索を自国の治安部隊により実施するか[178]、要請国の治安部隊による実施を許可するか[179]、要請国及び被要請国共同で実施するか[180]、または乗船及び捜

---

[176] Liberian PSI Agreement, *supra* note 152, Art. 4, para. 1: Panamanian Supplementary Arrangement, *supra* note 166, Art. 10: Marshall Islands PSI Agreement, *supra* note 154, Art. 4, para. 1: Croatian PSI Agreement, *supra* note 155, Art. 4, para. 2: Cypriot PSI Agreement, *supra* note 156, Art. 4, para. 1: Belizean PSI Agreement, *supra* note 157, Art. 4, para. 1: Maltese PSI Agreement, *supra* note 158, Art. 5, para. 1: Mongolian PSI Agreement, *supra* note 159, Art. 4, para. 1: Bahamas PSI Agreement, *supra* note 160, Art. 4, para. 1: Antigua and Barbuda PSI Agreement, *supra* note 161, Art. 4, para. 1: Saint Vincent and the Grenadines PSI Agreement, *supra* note 162, Art. 3, para. 1.

[177] Liberian PSI Agreement, *supra* note 152, Art. 4, para. 1. a: Panamanian Supplementary Arrangement, *supra* note 166, Art. 10, para. 1.a: Marshall Islands PSI Agreement, *supra* note 154, Art. 4, para. 1.a: Croatian PSI Agreement, *supra* note 155, Art. 4, para. 2.a: Cypriot PSI Agreement, *supra* note 156, Art. 4, para. 1.a: Belizean PSI Agreement, *supra* note 157, Art. 4, para. 1.a: Maltese PSI Agreement, *supra* note 158, Art. 5, para. 1.a: Mongolian PSI Agreement, *supra* note 159, Art. 4, para. 1.a: Bahamas PSI Agreement, *supra* note 160, Art. 4, para. 1.a: Antigua and Barbuda PSI Agreement, *supra* note 161, Art. 4, para. 1.a: Saint Vincent and the Grenadines PSI Agreement, *supra* note 162, Art. 4, para. 1.a.

[178] Liberian PSI Agreement, *supra* note 152, Art. 4, para. 3. a (i): Panamanian Supplementary Arrangement, *supra* note 166, Art. 10, para. 3.a: Marshall Islands PSI Agreement, *supra* note 154, Art. 4, para. 1.a (i): Croatian PSI Agreement, *supra* note 155, Art. 4, para. 3.a (i): Cypriot PSI Agreement, *supra* note 156, Art. 4, para. 3.a (i): Belizean PSI Agreement, *supra* note 157, Art. 4, para. 3. b (i): Maltese PSI Agreement, *supra* note 158, Art. 5, para. 3. a (i): Mongolian PSI Agreement, *supra* note 159, Art. 4, para. 3.a (i): Bahamas PSI Agreement, *supra* note 160, Art. 4, para. 3. a (i): Antigua and Barbuda PSI Agreement, *supra* note 161, Art. 4, para. 3.a (i): Saint Vincent and the Grenadines PSI Agreement, *supra* note 162, Art. 4, para. 3.a (i).

[179] Liberian PSI Agreement, *supra* note 152, Art. 4, para. 3. a (ii): Panamanian Supplementary Arrangement, *supra* note 166, Art. 10, para. 3.b: Marshall Islands PSI Agreement, *supra* note 154, Art. 4, para. 1.a (ii): Croatian PSI Agreement, *supra* note 155, Art. 4, para. 3.a (ii): Cypriot PSI Agreement, *supra* note 156, Art. 4, para. 3.a (ii): Belizean PSI Agreement, *supra* note 157, Art. 4, para. 3. b (ii): Maltese PSI Agreement, *supra* note 158, Art. 5, para. 3. a (ii): Mongolian PSI Agreement, *supra* note 159, Art. 4, para. 3.a (ii): Bahamas PSI Agreement, *supra* note 160, Art. 4, para. 3, a (ii): Antigua and Barbuda PSI Agreement, *supra* note 161, Art. 4, para. 3.a (ii): Saint Vincent and the Grenadines PSI Agreement, *supra* note 162, Art. 4, para. 3.a (ii).

索のための許可を拒否することができる[181]。なお、ベリーズとの合意においてのみ、船籍が確認されなかった場合における被要請国による船籍の否定が記されている[182]。しかしながら、たとえこのような規定が存在しなくとも、ベリーズ以外の国と米国との間でのPSI二国間乗船合意においては、当該嫌疑船の船籍にかかわる判断は、最終的には被要請国に留保されているということには変わりない。

また、海上における拡散の証拠が発見された場合には、被要請国の権限を有する当局からの指示あるまでの間、要請国は当該船舶と乗員を拘束することが許可される[183]。さらに、クロアチア、キプロス、ベリーズ及びマルタとの合意においては、被要請国が乗船の許可を与えるにあたり、要請国が乗船するために信頼に足る情報を提供すること、及び乗船の前に被要請国が追

---

180) Liberian PSI Agreement, *supra* note 152, Art.4, para.3.a(iii): Panamanian Supplementary Arrangement, *supra* note 166, Art.10, para.3.c: Marshall Islands PSI Agreement, *supra* note 154, Art.4, para.1.a(iii): Croatian PSI Agreement, *supra* note 155, Art.4, para.3.a(iii): Cypriot PSI Agreement, *supra* note 156, Art.4, para.3.a(iii): Belizean PSI Agreement, *supra* note 157, Art.4, para.3.b(iii): Maltese PSI Agreement, *supra* note 158, Art.5, para.3.a(iii): Mongolian PSI Agreement, *supra* note 159, Art.4, para.3.a(iii): Bahamas PSI Agreement, *supra* note 160, Art.4, para.3.a(iii): Antigua and Barbuda PSI Agreement, *supra* note 161, Art.4, para.3.a(iii): Saint Vincent and the Grenadines PSI Agreement, *supra* note 162, Art.4, para.3.a(iii).

181) Liberian PSI Agreement, *supra* note 152, Art.4, para.3.a(iv): Panamanian Supplementary Arrangement, *supra* note 166, Art.10, para.3.d: Marshall Islands PSI Agreement, *supra* note 154, Art.4, para.1.a(iv): Croatian PSI Agreement, *supra* note 155, Art.4, para.3.a(iv): Cypriot PSI Agreement, *supra* note 156, Art.4, para.3.a(iv): Belizean PSI Agreement, *supra* note 157, Art.4, para.3.b(iv): Maltese PSI Agreement, *supra* note 158, Art.5, para.3.a(iv): Mongolian PSI Agreement, *supra* note 159, Art.4, para.3.a(iv): Bahamas PSI Agreement, *supra* note 160, Art.4, para.3.a(iv): Antigua and Barbuda PSI Agreement, *supra* note 161, Art.4, para.3.a(iv): Saint Vincent and the Grenadines PSI Agreement, *supra* note 162, Art.4, para.3.a(iv).

182) Belizean PSI Agreement, *supra* note 157, Art.4, para.3.a.

183) Liberian PSI Agreement, *supra* note 152, Art.4, para.1.b(ii): Panamanian Supplementary Arrangement, *supra* note 166, Art.10, para.1.b(ii): Marshall Islands PSI Agreement, *supra* note 154, Art.4, para.1.b(ii): Croatian PSI Agreement, *supra* note 155, Art.4, para.2.b(ii): Cypriot PSI Agreement, *supra* note 156, Art.4, para.1.b(ii): Belizean PSI Agreement, *supra* note 157, Art.4, para.1.b(ii): Maltese PSI Agreement, *supra* note 158, Art.5, para.1.b(ii): Mongolian PSI Agreement, *supra* note 159, Art.4, para.1.b(ii): Bahamas PSI Agreement, *supra* note 160, Art.4, para.1.a, b(ii): Antigua and Barbuda PSI Agreement, *supra* note 161, Art.4, para.1.b(ii): Saint Vincent and the Grenadines PSI Agreement, *supra* note 162, Art.4, para.1.b(ii).

加情報の要求を行うことを許容する規定が、それぞれ設けられている[184]。

c．制限時間ルールと乗船に関する見做許可規定

PSI 二国間合意においては、前項で紹介した要請国（乗船国）による確認がなされた場合、被要請国（旗国）は一定時間内に回答する義務を負う[185]。これは、乗船及び捜索に関する制限時間ルールであり、制限時間は 2 時間（リベリア、パナマ、ベリーズ、モンゴル、バハマ、アンティグア・バーブーダ、セントビンセント及びグレナディーン諸島）[186]及び 4 時間（マーシャル諸島、クロアチア、キプロス、マルタ）[187]に二分されている。

旗国以外の国の艦船が条約上の権限に基づき公海上に所在する船舶への乗船及び捜索を行うという規則それ自体には特段の新奇性はなく、このような権利を締約国に付与する主要な多国間条約の一例としては、既に分布範囲が排他的経済水域の内外に存在する魚類源（ストラドリング魚類資源）及び高度回遊性魚類資源の保存及び管理に関する 1982 年 12 月 10 日の海洋法に関する国際連合条約の規定の実施のための協定（以下「国連公海漁業協定」）（1995 年）が存在している[188]。他方で、より一層重要と思われるのが、制限時間内に被要請国からの回答が得られなかった場合の措置であり、それは、5 か国との合意（リベリア、パナマ、マーシャル諸島、モンゴル、アンティグア・バーブーダ）において、制限時間内に回答なき場合には乗船に関する被要請

---

184) Croatian PSI Agreement, *supra* note 155, Art. 4, para. 3.c : Cypriot PSI Agreement, *supra* note 156, Art. 4, para. 3.d : Belizean PSI Agreement, *supra* note 157, Art. 4, para. 3.d : Maltese PSI Agreement, *supra* note 158, Art. 5, para. 3.d.
185) Roach, *supra* note 147, pp. 354-355.
186) Liberian PSI Agreement, *supra* note 152, Art. 4, para. 3.c (i) : Panamanian Supplementary Arrangement, *supra* note 166, Art. 10, para. 4 : Belizean PSI Agreement, *supra* note 157, Art. 4, para. 3.e (i) : Mongolian PSI Agreement, *supra* note 159, Art. 4, para. 4 : Bahamas PSI Agreement, *supra* note 160, Art. 4, para. 3.b : Antigua and Barbuda PSI Agreement, *supra* note 161, Art. 4, para. 3.c : Saint Vincent and the Grenadines PSI Agreement, *supra* note 162, Art. 4, para. 3.c.
187) Marshall Islands PSI Agreement, *supra* note 154, Art. 4, para. 3.c : Croatian PSI Agreement, *supra* note 155, Art. 4, para. 3.b : Cypriot PSI Agreement, *supra* note 156, Art. 4, para. 3.b : Maltese PSI Agreement, *supra* note 158, Art. 5, para. 3.b.
188) 国連公海漁業協定第 20 条。

国の許可を擬制するような規則が設けられている[189]。

なお、同様の規定を有するベリーズとの合意における手続きは、やや慎重である。ベリーズとの合意では、要請国による確認が送付されてから4時間以内に回答なき場合には、要請国は今一度被要請国に回答なき理由につき確認することとされ[190]、それでもなお回答が得られない場合には、要請国は当該嫌疑船の船籍確認を目的とした書類の検査のために乗船することができるとされている[191]。そして、このような手続きの後に当該嫌疑船が被要請国と同一の船籍を有すると判明した場合には、要請国は、当該嫌疑船が海上における拡散に従事していることの有無を判断するために、乗員への質問及び船内の捜索を実施する許可を得たと見なされる[192]。

また、上述したような乗船に関する被要請国の許可を擬制する直接の規定は有さないものの、キプロス及びマルタとの合意においては、被要請国は、制限時間内に要請国からの回答を行わない場合において、要請国による乗船に反対しない旨の国内立法を行うこと[193]、及び当該嫌疑船が自国の船籍を有することを否定する旨の規定[194]が存在する。これらの規定では、乗船に関する被要請国の許可を擬制するような表現は慎重に回避されているものの、実際にはほぼ同様の効果を有するものと思料される[195]。さらに、セントビンセント及びグレナディーン諸島との合意においては、キプロス及びマ

---

189) Liberian PSI Agreement, *supra* note 152, Art. 4, para. 3. c (i): Panamanian Supplementary Arrangement, *supra* note 166, Art. 10, para. 6.a: Marshall Islands PSI Agreement, *supra* note 154, Art. 4, para. 3.c: Mongolian PSI Agreement, *supra* note 159, Art. 4, para. 3.c (i): Antigua and Barbuda PSI Agreement, *supra* note 161, Art. 4, para. 3.d: Byers, *supra* note 197 of Chapter 3, p. 530.

190) Belizean PSI Agreement, *supra* note 157, Art. 4, para. 3.e(i).

191) *Id.*, Art. 4, para. 3.e(ii).

192) *Id.*, Art. 4, para. 3.e(iii).

193) Cypriot PSI Agreement, *supra* note 156, Art. 4, para. 3.c(i): Maltese PSI Agreement, *supra* note 158, Art. 5, para. 3.c(i).

194) Cypriot PSI Agreement, *supra* note 156, Art. 4, para. 3.c(ii): Maltese PSI Agreement, *supra* note 158, Art. 5, para. 3.c(ii).

195) Guilfoyle, *supra* note 29 of Introduction, p. 251.

第4章　大量破壊兵器拡散対抗のための予防的展開

ルタとの合意と同様に、要請国による乗船に反対しない旨の国内立法を行うこと[196]、及び当該嫌疑船が自国の船籍を有することを否定する旨の規定[197]と併せて、対象船舶の国籍にする回答が被要請国から制限時間内に行われない場合には、要請国はその理由を確認することが求められているほか[198]、この確認を実施する手段を確立することが困難な場合には、要請国は対象船舶に乗船し船舶書類の確認することができると規定されている[199]。

他方で、クロアチアとの合意においては、上述したような乗船に関する被要請国の許可を擬制するような規定は一切存在しない。同国との合意においては、制限時間を超過してもなお被要請国が回答を行わない場合においても、被要請国から明示の許可なき限り、乗船及び捜索を実施することはできないとされる[200]。また、バハマとの合意においては、制限時間を超過しても被要請国から回答なき場合に関する規定は設けられていない。

なお、すべてのPSI二国間乗船合意においては、乗船及び捜索の結果、拡散が懸念される大量破壊兵器及び同関連物資が発見された場合においては、旗国（被要請国）による拿捕、没収、逮捕及び訴追等にかかわる管轄権が優先することを確認している[201]。しかしながら、いくつかの合意においては、協議の上、他国の管轄権行使のために旗国が管轄権を放棄（waive）する（リベリア、パナマ、マーシャル諸島、クロアチア、モンゴル、アンティグア・バー

---

196) Saint Vincent and the Grenadines PSI Agreement, *supra* note 162, Art. 4, para. 3.c(i).
197) *Id.*, Art. 4, para. 3.c(ii).
198) *Id.*, Art. 4, para. 3.d(i).
199) *Id.*, Art. 4, para. 3.d(ii).
200) Croatian PSI Agreement, *supra* note 155, Art. 4, para. 4.d.
201) Liberian PSI Agreement, *supra* note 152, Art. 5, para. 1: Panamanian Supplementary Arrangement, *supra* note 166, Art. 11, para. 2: Marshall Islands PSI Agreement, *supra* note 154, Art. 5, para. 1: Croatian PSI Agreement, *supra* note 155, Art. 5, para. 1: Cypriot PSI Agreement, *supra* note 156, Art. 5, para. 1: Belizean PSI Agreement, *supra* note 157, Art. 5, para. 1: Maltese PSI Agreement, *supra* note 158, Art. 6, para. 2: Mongolian PSI Agreement, *supra* note 159, Art. 5, para. 1: Bahamas PSI Agreement, *supra* note 160, Art. 5, para. 1: Antigua and Barbuda PSI Agreement, *supra* note 161, Art. 5, para. 1: Saint Vincent and the Grenadines PSI Agreement, *supra* note 162, Art. 5, para. 1.

ブーダ、セントビンセント及びグレナディーン諸島)²⁰²⁾、あるいは、放棄はしないものの他国の管轄権を優先させる（キプロス、マルタ）規定が設置されている²⁰³⁾。

d．PSI 二国間乗船合意の意義

PSI 二国間合意は、次節で紹介する多国間条約である 2005 年 SUA 条約議定書と併せて、米国による拡散対抗、とりわけ PSI の国際法上の根拠を確保するための努力の成果である。また、これらの合意は、大量破壊兵器拡散対抗のために有力な外交的及び法的手段であるとともに、米国が各締約国に対して安全保障上のスポンサー・シップを提供するための政策的手段であるという側面を併せ持つ²⁰⁴⁾。

PSI 二国間合意が拡散対抗を目的とした活動において適用された事例して、2011 年に生起した *Light* 事件が挙げられる。2011 年 5 月、貨物船 *Light*（ベリーズ船籍、中国の法人が所有及び運航）が北朝鮮からミャンマーに向けて安保理事会決議 1874²⁰⁵⁾によって移動が禁止さている軍事物資を輸送しているとの作戦情報を入手した米国政府は、旗国であるベリーズ政府に対して PSI 二国間乗船合意に基づき *Light* に対する乗船検査の許可を要請した。ベリーズ政府は乗船にかかわる許可を即断し、5 月 26 日、*Light* を追尾してい

---

202) Liberian PSI Agreement, *supra* note 152, Art. 5, para. 1: Panamanian Supplementary Arrangement, *supra* note 166, Art. 11, para. 2: Marshall Islands PSI Agreement, *supra* note 154, Art. 5, para. 1: Croatian PSI Agreement, *supra* note 155, Art. 5, para. 1: Mongolian PSI Agreement, *supra* note 159, Art. 5, para. 1: Antigua and Barbuda PSI Agreement, *supra* note 161, Art. 5, para. 1: Saint Vincent and the Grenadines PSI Agreement, *supra* note 162, Art. 5, para. 1.
203) Cypriot PSI Agreement, *supra* note 156, Art. 5, para. 1: Maltese PSI Agreement, *supra* note 158, Art. 6, para. 2.
204) Guilfoyle, *supra* note 29 of Introduction, p. 247.
205) 安保理事会決議 1874 は、2009 年に北朝鮮が行った核実験（第 2 回目）を受け、安保理事会が国連憲章第 41 条に基づく措置として、加盟国に対して本決議及び先に採択された決議 1718 で記されている物資の北朝鮮への輸出を禁止するために必要な国内措置をとり行うとともに、船舶が当該物資を輸送していると疑うに足る合理的理由がある場合には、旗国の許可を得て公海上において当該船舶を検査することを要請することを趣旨とする。UNDOC S/RES 1874, *supra* note 133, paras. 9-10.

第 4 章　大量破壊兵器拡散対抗のための予防的展開

た米海軍ミサイル駆逐艦 USS *McCampbell*（DDG-85）が、上海沖にて同船船長（北朝鮮人）に対して 4 回にわたり乗船にかかわる同意を要請した。しかし、本船船長は乗船にかかわる同意を拒否するとともに、行き先等に関する問いかけに対しては、同船は工業化学製品を北朝鮮からバングラディッシュへ向けて輸送中である旨を回答した[206]。旗国ベリーズから乗船にかかわる許可を得ていたため、船長の同意の有無にかかわらず、米国が *Light* への乗船及び捜索を実施することは法的には可能であった。しかしながら、外交上及び政策上の配慮から、米国は *Light* への乗船及び捜索を強行することなく、USS *McCampbell* 及び航空機により同船を監視下に置くにとどめた。他方、本件につき米国から通報を受けたシンガポール及びマレーシアは、*Light* 船長からなされていた寄港及び港湾における同船への給油の実施に関する許可申請を却下し、両国とも同船が自国領水に進入すれば直ちに拘束する旨を回答した[207]。このような経緯を経て、USS *McCampbell* の監視の下、*Light* は進路を変更して北朝鮮に帰投した[208]。

　なお、PSI 二国間乗船合意における乗船及び捜索にかかわる締約国の権利及び義務は相互的とはされているものの、米国との間で PSI 二国間乗船合意を締結した国の法執行当局者が、米国籍の船舶に対し大量破壊兵器の輸送に従事しているとの嫌疑があることを理由に乗船及び捜索を行うことは一般的に想定されない。したがって、乗船及び捜索等を行うのは、米国の海軍あるいは沿岸警備隊の艦船に事実上限定されている。このことから、米国をハブとして形成されている PSI 二国間乗船合意は、大量破壊兵器拡散対抗を主導する米国が、自己の意図に基づき公海上において乗船を行うことを可能せしめる意図の表れであり、また、安保理事会決議 1540 では実現できなかった事項を条約規則により補完しようとする米国の意欲を示すものであるとも評

---

[206] Euan Graham, "Maritime Counter-Proliferation: The Case of MV Light," *RSIS Commentaries*, No. 96/2011（29 June, 2011）.
[207] *Id.*
[208] "US Navy 'stopped North Korean vessel bound for Burma'," BBC News Asia-Pacific, 13 June 2011, Last Posted at 1053.

価される。そして、このような米国の意図は、いくつかの国との合意において、乗船に関する被要請国の許可を擬制するような規則が設置されていることに如実に表れている。

その後、米国は、このような PSI 二国間乗船合意で形成された二国間における条約規則を多数国間条約に導入することによってさらなる一般化を進めるべく、PSI 二国間乗船合意を基とした多数間条約の締結を主導した[209]。これが、次項で検討する 2005 年 SUA 条約議定書である。

2. 2005 年 SUA 条約議定書──乗船及び捜索にかかわる多数国間条約──
a. 条約の起草趣旨──海上テロへの対処における現行条約の限界──

大量破壊兵器拡散対抗を目的とした多数国間条約の締結は、2001 年に開始された国際海事機関（International Maritime Organization：以下「IMO」）による海洋航行の安全に対する不法な行為の防止に関する条約（海洋航行不法行為防止条約：以下「SUA 条約」）（1988 年）の改正により実施された[210]。SUA 条約とは、1985 年 10 月 7 日に、乗客を装ってイタリア船籍の客船 *Achille Lauro* に乗船していたパレスチナ解放戦線（Palestine Liberation Front: PLF）の構成員 4 人が、乗客を人質にしてイスラエルに捕らえられているパレスチナ・ゲリラ 50 名の釈放を要求して公海上において同船を奪取し、ユダヤ系米国人乗客 1 名を殺害したいわゆる *Achille Lauro* 事件を契機に起草されたものである[211]。本事件は、公海上において生起したものであるが、パレスチナ・ゲリラによる *Achille Lauro* の奪取という行為は公海条約第 15 条で確認されている海賊行為には該当しないため[212]、公海上における船舶の奪取と

---

209) 萬歳前掲論文注 124、157 頁。
210) Allen, *supra* note 24 of Introduction, p. 132.
211) Christopher Joyner, "The 1988 IMO Convention on the Safety of Maritime Navigation: Towards a Legal Remedy for Terrorism," *German Yearbook of International Law*, Vol. 31 (1988), p. 230.
212) George R. Constantinople, "Towards a New Definition of Piracy: The *Achille Lauro* Incident," *Virginia Journal of International Law*, Vol. 26, No. 3 (1986), pp. 748-751.

第4章　大量破壊兵器拡散対抗のための予防的展開

いう行為に対する管轄権行使が問題となった[213]。そして、このような問題の解決を強く主張する国際世論[214]の高まりを受けて、SUA 条約の起草が開始されたのである。

SUA 条約は、船舶の奪取及び破壊等、海洋航行の安全に対する不法な行為の犯人または容疑者に対する司法管轄権を締約国に設定するとともに[215]、犯人または容疑者を関係国に引き渡すか、または訴追のために事件を自国の当局に付託するか（aut dedere aut judicare）のいずれかを行うことを義務づけた[216]。また、条約が適用される犯罪の範囲をできるだけ拡大するために、SUA 条約では、殺人や教唆といった特定の犯罪行為の類型や目的に言及することをあえて回避し[217]、むしろテロの一環として実施されることが多いと想定される船舶の破壊及び海洋航行に関する施設の破壊等の犯罪行為その

---

213) Achille Lauro 事件が生起する以前においては、海上犯罪に関する国際法規則は、海洋を公海と領海との二分的に把握することを前提として、それらのうち公海においては、海賊行為等を除く行為に対しては旗国主義の下での取締り及び処罰を実施する構造となっていた。Churchill and Lowe, supra note 2 of Introduction, pp. 209-220: Gregory V. Gooding, "Fighting Terrorism in 1980's: The Interception of the Achille Lauro Hijackers," Yale Journal of International Law, Vol. 12, No. 1 (1987), pp. 158-161: Leslie C. Green, "Terrorism and the Law of the Sea," in Yoram Dinstein ed., International Law at Time of Perplexity, Essays in Honour of Shabtai Rosenne (Martinus Nijhoff Publishers, 1989), pp. 267-270: Gerald P. McGinley, "The Achille Lauro Affair-Implications for International Law," Tennessee Law Review, Vol. 52, No. 2 (1985), pp. 707-716: Don C. Piper, "Introductory Note, Documents Concerning the Achille Lauro Affair and Cooperation in Combating International Terrorism," ILM, Vol. 24, No. 6 (1985), p. 1509: 山本草二『国際刑事法』（三省堂、1991 年）、39-49 頁。

214) E. g., UN DOC S/17554 (9 October, 1985): UN DOC A/RES 40/61 (9 December, 1985): Max Mejiia and P. K. Mukherjee, "The SUA Convention 2005: A Critical Evaluation of Its Effectiveness in Suppressing Maritime Criminal Acts," Journal of International Maritime Law, Vol. 12 (2006), p. 177.

215) Helmut Tuerk, "Combating Terrorism at Sea: The Suppression of Unlawful Acts Against the Safety of Maritime Navigation," in in Nordquist, et al eds., supra note 147, pp. 54-55.

216) Tullio Treves, "The Rome Convention for the Suppression of Unlawful Acts Against the Safety of Maritime Navigation," in Natalino Rontitti, ed., Maritime Terrorism and International Law (Martinus Nijhoff Publisher, 1990), p. 71.

217) Malvina Halberstam, "Terrorism on the High Seas: The Achille Lauro, Piracy and the IMO Convention on Maritime Safety," AJIL, Vol. 82, No. 2 (1988), pp. 293-294.

ものを明確に規定している点が大きな特徴である（SUA 条約第 3 条）[218]。SUA 条約は、1988 年 3 月に最終条文案が採択され、1988 年 3 月に署名のために開放された後、1992 年 3 月に発効した[219]。

しかしながら、海上におけるテロの未然防止という観点に立脚した場合、SUA 条約には以下に示すような限界が指摘されている。まず、本条約が適用されるのは、原則として船舶内での行為に対してであり、船舶への外部からの攻撃や、船舶を武器として使用した海上テロは想定されていない。次に、SUA 条約は、既に生起した不法行為の発生後における対応策が中心であり、公海上において潜在的に所在する脅威の顕在化の防止のためには、同条約は締約国に対し犯罪の自国領域内における準備を防止するためにあらゆる実行可能な措置をとること、及び情報交換等の協力を求めているにとどまっている（第 13 条）。さらに、公海上の船舶に対する捜査及び取締りに関しては、旗国のみが排他的管轄権を有するとされ、外国による法執行活動は排除されている（第 9 条）[220]。これらの限界のため、公海上において生起するテロを防止するとともにこれに効果的に対応するためには、SUA 条約を改正する必要が生じたのである。

b．国際海事機関（IMO）による SUA 条約の改正

SUA 条約の改正作業は、IMO において実施された。IMO が SUA 条約改正においてイニシアティヴを発揮した直接の理由は、米国同時多発テロ攻撃後に採択された国連総会決議 56/1 において、総会が同テロ攻撃を強く非難し実行犯に対する法の執行とともに将来におけるテロの再発防止を強く求め

---

218) Glen Plant, "The Convention for the Suppression of Unlawful Acts against the Safety of Maritime Navigation," *ICLQ*, Vol. 39, part 1 (1990), pp. 41-42：酒井啓亘「アキレ・ラウロ号事件と海上テロ行為」栗林忠男・杉原高嶺編『現代海洋法の潮流第 2 巻・海洋法の主要事例とその影響』（有信堂、2007 年）、140 頁。
219) Francesco Francioni, "Maritime Terrorism and International Law: The Rome Convention of 1988," *German Yearbook of International Law*, Vol. 31 (1988), p. 266：村上暦造「現代の海上犯罪とその取締り」国際法学会編『日本と国際法の 100 年第 1 巻・海』（三省堂、2001 年）、152 頁。
220) 林前掲書注 56、348 頁。

たこと[221]、及び安保理事会決議 1368 において安保理事会が、「テロリズムと戦うために必要なすべての手段をとる用意がある」という表現により、対テロ関連条約の順守、批准及び新たな条約の立法を要請したことである[222]。また、国際社会においても、国家は海上テロを犯罪とし、そのような行為に従事する者を訴追するための国内立法化を図るとともに、船舶及び海上インフラに対する破壊、並びに国際的な航行に供されている海峡の閉鎖及び環境破壊を企図している疑いのある船舶を停船させ、船体や積荷を押収するとともに、乗船者を拘束する権限を有するべきであるというような、海上テロの未然防止のための実効的な措置の実施を求める世論が存在していた[223]。

米国同時多発テロ攻撃の直後、オニール（William A. O'Neil）IMO 事務総長は、各国代表と協議し、海上における違法行為に対処することを趣旨とする SUA 条約を改正及び拡大し、海上テロの脅威から海上交通並びに船舶乗員及び乗客を防護する条約に改定するための検討を行うことを確認した[224]。その後、IMO 総会は、2001 年の第 22 回総会において決議 924（22）を採択し、SUA 条約の改正及び他の安全措置の実施する必要性、並びにその他の安全上の措置の必要性について検討するよう、IMO 法律委員会（Legal Committee：以下「LEG」）に要請した[225]。本要請を受けて、LEG は、2002 年の第 84 期会合から SUA 条約の改正に関する検討を開始した[226]。

LEG 第 84 期会合において米国は、SUA 条約の改正案を提起するとともに、65 か国及び 7 機関から構成されるコレスポンデンス・グループ

---

221) UN DOC A/RES 56/1（12 September, 2001）, paras.1, 4.
222) UN DOC S/RES 1368（12 September, 2001）, para.5.
223) José Luis Jesus, "Protection of Foreign Ships against Piracy and Terrorism at Sea: Legal Aspects," *The International Journal of Marine and Coastal Law*, Vol.18, No.3（2003）, p.396.
224) Hartmut G. Hesse, "Maritime Security in a Multilateral Context: IMO Activities to Enhance Maritime Security," *International Journal of Marine and Coastal Law*, Vol.18, No.3（2003）, p.329. Cf., IMO DOC LEG/83/14（23 October, 2001）, para.175-179.
225) IMO DOC RES.A.924（22）（20 November 2001）.
226) LEG における SUA 条約の改正作業の全般的な進捗の概要については、Christopher Young, "Balancing Maritime Security and Freedom of Navigation on the High Seas: A Study of Multilateral Negotiation Process in Action," *University of Queensland Law Journal*, Vol.24, No.2（2005）, pp.355-414 を参照。

(Correspondence Group) の設置を提案し、自らがコーディネイターを務めることをコミットした[227]。このような一連の過程において、LEG は、テロが発生した後の段階における実行行為者である犯人の起訴及び処罰を確保することを主たる目的とする SUA 条約を、テロ行為の発生そのものを未然に防止あるいは回避するためのものに改正する必要があると判断し[228]、同条約における対象犯罪の拡大並びに管轄権及び犯罪人引き渡しに関する規則強化の必要性を確認した[229]。

なお、IMO の内部においては、船舶の航行安全確保を主たる目的とする SUA 条約を改正することによって非国家主体に対する大量破壊兵器拡散対抗のための法的なツールを整備することに対する疑問や、そのような条約を起草する場としての IMO 及び LEG の妥当性に対する疑義の念が存在していた[230]。しかしながら、IMO 総会決議 924 (22) で実施の必要性につき検討することを要請されている「その他の安全上の措置」には、大量破壊兵器拡散対抗のための措置も含まれるという広範な合意が IMO においては存在していた[231]。そして、なによりも、SUA 条約の改正の背景には、非国家主体

---

227) IMO DOC LEG 84/14 (22 May, 2002), para.68: Brad J. Kieserman, "Preventing and Defeating Terrorism at Sea: Practical Considerations for Implementation of the Draft Protocol to the Convention for the Suppression of Unlawful Acts Against the Safety of Maritime Navigation (SUA)," in Nordquist, et al eds., *supra* note 147, p 436.
228) IMO DOC LEG 84/6 (13 March, 2002), paras.1-3, 7: 坂元前掲論文注 53、59 頁、注 24。なお、SUA 条約は大陸棚における固定式プラットフォームに対する行為にも影響を及ぼすため、大陸棚プラットフォーム不法行為防止議定書に対する改正作業も併せて実施された。ただし、大陸棚プラットフォーム不法行為防止議定書は海上阻止との連関を有するものではないため、本書における論述から割愛する。
229) IMO DOC LEG 84/6, *supra* note 228, para.13: 田中裕美子「海上テロに対する実効的処罰の確保と国家管轄権の配分方式―SUA 条約に対してその改正案が及ぼす影響―」『海洋政策研究』第 2 号 (2005 年 8 月)、136 頁。
230) IMO DOC LEG 88/13 (18 May, 2004), para.41: 特に、NPT の非締約国たる SUA 条約締約国からは、このような規定は NPT 非締約国を不当に差別するものという懸念が示された。Rosalie Balkin, "The International Maritime Organization and Maritime Security," *Tulane Maritime Law Journal*, Vol.30, No.1-2 (2006), pp.27-28: 森川前掲論文注 130、32 頁。
231) IMO DOC LEG 88/13, *Supra* note 230, para.43: IMO DOC LEG 89/16 (4 November, 2004), para.84.

への大量破壊兵器拡散対抗を主導する米国の強い意志が存在した。安保理事会決議 1540 によって大量破壊兵器を輸送する船舶の海上阻止のための根拠を創出することに成功し得なかったことへの反省として、SUA 条約の改正にあたり米国は、犯罪とされるべき行為に大量破壊兵器や船舶等を利用したテロ行為を加えること、及び大量破壊兵器及び同関連物資の輸送を犯罪化するという対象犯罪の拡大に加え[232]、そのような違法行為の公海上における取締りを目的とした他国による乗船を円滑にさせるための法的メカニズムを条約改正の主たる眼目とし[233]、改正作業を始終強力に主導したのである。

 SUA 条約の改正作業は、LEG における 7 回の会議とワーキング・グループ（SUA W/G）による中間会合における 2 回の審議を経た後、2005 年 10 月 13 日の外交会議において起草委員会の最終草案が纏められて終了した[234]。そして、同年 11 月 1 日に、IMO 総会は、2005 年 SUA 条約議定書の条文を採択した[235]（2010 年 7 月 28 日発効）。2005 年 SUA 条約議定書においては、先に引用した SUA 条約の改正にあたり米国が有していた眼目が、船舶を用いた特定の行為の犯罪化、大量破壊兵器及び同関連物資並びに人の輸送の犯罪化及び大量破壊兵器の輸送に従事する嫌疑ある船舶への乗船及び捜索として結実した[236]。以下においては、2005 年 SUA 条約議定書における対象犯罪の拡大の成果である新たに犯罪とされた行為に関する規定（第 3 条の 2）につき概観した後、本議定書の中核的な部分である公海上における大量破壊兵器の輸送に従事する嫌疑ある船舶への乗船及び捜索（第 8 条の 2）につき検討する。なお、以降の論述において引用する条文番号は、特段の注釈なき限り 2005 年 SUA 条約議定書のものである。

---

232) IMO DOC LEG 84/14, *supra* note 227, para. 70.
233) 林前掲書注 56、349 頁。
234) IMO DOC LEG/CONF.15/DC/1（13 October, 2005）.
235) IMO DOC LEG/CONF.15/21（1 November, 2005）, Protocol of 2005 to the Convention for the Suppression of Unlawful Acts against the Safety of Maritime Navigation, adopted at London, IMO.
236) 坂元茂樹「臨検・捜索―SUA 条約改正案を素材に」海上保安体制調査研究委員会報告書『各国における海上保安法制の比較研究』（海上保安協会、2005 年）、52 頁。

c．船舶を用いた特定の行為並びに大量破壊兵器及び同関連物資等の輸送の犯罪化

2005 年 SUA 条約議定書においては、SUA 条約第 3 条にて対象とされる犯罪（offense）[237]に加え、新たに船舶（ship）[238]を用いた行為並びに船舶による特定物資の輸送及び不法かつ故意に行う船舶による人の輸送が、新設された第 3 条の 2 において犯罪とされた[239]。

(a) 船舶を用いた特定の行為の犯罪化

第 3 条の 2 第 1 項 (a) においては、以下のような行為を不法かつ故意に行うことは、それが<u>性質上または状況上、住民を威嚇し、または何らかの行為を行うこと、あるいは行わないことを政府及び国際機関に対して強要することを目的とする場合には</u>条約上の犯罪とされた（下線強調追加）。それらは、死、重大な傷害または損害を引き起こし、または引き起こすおそれがある方法で、爆発性の物質、放射性物質または生物兵器、化学兵器、核兵器（以下、2005 年 SUA 条約議定書の表記にしたがい「BCN 兵器」）を船内に対しま

---

[237] SUA 条約第 3 条では、不法かつ故意に行う次の行為は犯罪とされている。暴力、暴力による脅迫その他の威嚇手段を用いて船舶を奪取しまたは管理する行為（第 1 項 (a)）、船舶内の人に対する暴力行為（当該船舶の安全な航行を損なうおそれがあるものに限る）（同 (b)）、船舶を破損し、または船舶若しくはその積荷に対し当該船舶の安全な航行を損なうおそれがある損害を与える行為（同 (c)）、手段の如何を問わず、船舶に当該船舶を破壊するような装置若しくは物質若しくは当該船舶若しくはその積荷にその安全な航行を損ない若しくは損なうおそれのある損害を与えるような装置若しくは物質を置き、またはそのような装置若しくは物質が置かれるようにする行為（同 (d)）、海洋航行に関する施設を破壊し若しくは著しく損傷し、またはその運用を著しく妨害する行為（船舶の安全な航行を損なうおそれがあるものに限る）（同 (e)）、虚偽と知っている情報を通報し、それにより船舶の安全な航行を損なう行為（同 (f)）、1 項 (a) から (f) までに定める犯罪及びその未遂に関連して人に障害を与えまたは人を殺害する行為（同 (g)）。さらに、同条第 2 項では、第 1 項に定める犯罪の未遂、教唆及びそのほかの当該犯罪に加担する行為並びにこれらの犯罪を行うとの脅迫（船舶の安全な航行を損なうおそれがあるものに限る）についても同様に犯罪とされた。

[238] 本条約上、船舶とは、海底に恒久的に取りつけられていないすべての形式の船をいい、動的に支持される機器、潜水船その他の浮遊機器を含むとされている（第 1 条第 1 項 (a)）。

[239] 田中裕美子「テロリズムの国際規制における海洋の役割と機能」秋山昌廣、栗林忠男編著『海の国際秩序と海洋政策』（東信堂、2006 年）、142 頁。

たは船内において使用し、若しくは船舶から排出する行為（第3条の2第1項（a）（ⅰ））、死、重大な傷害または損害を引き起こし、若しくは引き起こすおそれがある量または含有率で、油、液化天然ガスまたはその他の危険物質若しくは有害物質を船舶から排出する行為（同（ⅱ））、死、重大な傷害または損害を引き起こす方法で船舶を使用する行為（同（ⅲ））、及びこれらの犯罪を行うと脅迫することである（同（ⅳ））。さらに、第3条の2及び第3条の3で規定される犯罪の未遂、犯罪への加担及び寄与についても、同様に犯罪とされている（第3条の4）。

　第3条の2第1項（a）（ⅰ）から（ⅳ）において犯罪とされているすべての行為には、「行為の目的が、その性質上または状況上、住民を威嚇し、または何らかの行為を行うこと若しくは行わないことを政府及び国際機関に対して強要することである場合」という犯罪構成要件が挿入されている[240]。このことは、船舶から排出される物質がたとえ第3条の2第1項（a）で規定されるような危険なものを含むとしても、それらが排出される原因としては例えば海難事故などによる油の流出なども想定されることから、海洋汚染防止関連条約[241]と整合を図るため、船舶からの物質の排出について先述した犯罪構成要件を設けることにより、単なる海難事故と区別する必要があるとされたことによる[242]。

　また、第3条の2第1項（a）（ⅲ）では、死、重大な傷害または損害を引き起こす方法で船舶を使用する行為が犯罪とされているが、本条項が想定するのは、2000年10月12日にアデン（イエメン）に停泊中の米海軍ミサイル駆逐艦USS Cole（DDG-67）が大量の爆弾を積んだ小型ボートによる自爆攻撃を受け、多数の乗員が死傷した事件である[243]。本件により、テロリストが船舶そのものを手段及び武器として用いて攻撃を行ういわゆる海上テロと

---

240) IMO DOC LEG 87/17（23 October, 2003）,para.95.
241) 例えば、1973年の船舶による汚染の防止のための国際条約に関する1978年の議定書（1978年）（MARPOL73/78条約）。
242) IMO DOC LEG 87/17, *supra* note 240, para.94: 田中前掲論文注229、137-138頁。
243) Kraska and Pedrozo, *supra* note 56 of Introduction, pp.743-745.

いう犯罪が現実のものとなった[244]。その結果、2005 年 SUA 条約議定書が対象とする犯罪は、SUA 条約が定める従前の航行の安全（safety of navigation）に対するものに加え、新たに船舶を武器として用いた海上テロといった航行に関する安全保障（security of navigation）に対する犯罪を加える必要性が一層強く認識されたのである[245]。

(b) 大量破壊兵器及び同関連物資等の輸送の犯罪化

2005 年 SUA 条約議定書において輸送とは、「人または物品の移動を開始し、若しくは取り計らい、またはその移動についての実質的な管理（意思決定の権限を含む）を遂行すること」と定義されている（第 2 条 (b)）。その上で、本議定書は、第 3 条の 2 第 1 項 (b) において、以下に掲げる特定物資の輸送を不法かつ故意に行うことを条約上の犯罪とした。それらは、爆発性の物質または放射性物質（第 3 条の 2 第 1 項 (b) (i)）（但書省略）、BCN 兵器（同 (ii)）（但書省略）、原料物質、特殊核分裂性物質または特殊核分裂性物質の処理、使用または生産のために特に設計され、若しくは作成された設備若しくは資材（同 (iii)）（但書省略）、装置、物質若しくはソフトウエアまたは関連技術であって、BCN 兵器の設計、製造または運搬に大きく寄与するもの（同 (iv)）（但書省略）である。なお、本条約の武力紛争時に各国軍艦または補助艦艇（naval auxiliary）が従事する核弾頭等の大量破壊兵器の海上輸送への適用は除外されている（第 2 条の 2 第 2 項）[246]。

---

244) Klein, *supra* note 30 of Introduction, p. 306.
245) IMO DOC LEG 86/15（2 May, 2003）, paras. 50-54： IMO DOC LEG 84/14（7 May, 2002）, Annex 2,Terms of Reference for the Correspondence Group Regarding the 1988 SUA Convention and the SUA Protocol, para. 2 (b)：田中前掲論文注 229、137 頁。
246) IMO DOC LEG 86/5（26 February, 2003）, pp. 14-15： IMO DOC LEG 85/11（5 November, 2002）, paras. 94, 98：坂元前掲論文注 236、58 頁。補助艦艇とは、軍により所有されているか、またはその排他的な支配下にあるもので、国連海洋法条約第 29 条にいう軍艦を除くものをいう。ちなみに、諸国の海軍の間で補助艦艇のカテゴリーに属する船舶の大規模な集団は、米国の Military Sea Lift Command（MSLC）及び英国の Royal Fleet Auxiliary Service/Royal Maritime Auxiliary Service が運航する全ての補助艦艇が挙げられる。これらの船舶は政府の非商業的役務に使用されている船舶であり、軍艦には該当しないものの、他方で、免除を享有するという点は軍艦と同様である。

第 4 章　大量破壊兵器拡散対抗のための予防的展開

　大量破壊兵器及び同関連物資の輸送の犯罪化に関する条文の起草過程における議論では、例えば船舶の乗員といった、物資の移動に対する実質的な管理の遂行に責任を有さない個人に刑事責任を問うことは本議定書の趣旨ではないという理由から[247]、犯罪とされる輸送においては、「輸送が禁止される物資に対する実質的な管理」が特に重視されるべきであることが強調された[248]。加えて、2005 年 SUA 条約議定書では、輸送が禁止される大量破壊兵器及び同関連物資についても定義が置かれており、それらは BCN 兵器及びその他の核爆発装置であるとされる（第 1 条 1 項（d）（e））。このような定義が設置されたのは、輸送が禁止される大量破壊兵器が条約上明確に定義されなければ、後述するように、大量破壊兵器等の輸送に従事しているとの嫌疑ある船舶に対する乗船にかかわる規則が濫用されることに懸念が存在したことによる[249]。当初、BCN 兵器を禁止される大量破壊兵器として挿入することには、他の関連条約との間で解釈上の混乱が生じるとの懸念が指摘されていた[250]。このような解釈上の混乱を回避するため、大量破壊兵器の定義は、生物兵器については細菌兵器（生物兵器）及び毒素兵器の開発、生産及び貯蔵の禁止並びに破棄に関する条約（生物兵器禁止条約（以下「BWC」））（1972年）第 1 条、及び化学兵器については化学兵器の開発、生産、貯蔵及び使用の禁止並びに破棄に関する条約（化学兵器禁止条約（以下「CWC」））（1993 年）第 2 条 1 項の定義がそのまま用いられることとなった[251]。なお、生物兵器及び化学兵器と異なり、核兵器はその保有及び輸送が国際法上禁じられているわけではなく、さらに、核関連物資についても NPT 第 5 条により平和利

---

247) IMO DOC LEG 87/5/2（11 September, 2003）, para. 15.
248) IMO DOC 88/3（13 February, 2004）, p. 6, n. 13.
249) IMO DOC LEG 88/3/1（19 March, 2004）, para. 13：坂元前掲論文注 236、53 頁。
250) IMO DOC LEG 88/3, *supra* note 248, p. 7.
251) *Id.*, Annex 1, p. 2, n. 2. なお、核兵器の原料物質及び特殊核分裂性物質については、第 1 条 2 項（b）で、「1956 年 10 月 26 日にニューヨークにおいて採択された国際原子力機関（IAEA）憲章においてこれらの用語に与えられた意味を有する」と定義されている。IMO DOC LEG SUA WG.2/2/2（3 December, 2004）, Annex 2, p. 2：坂元前掲論文注 236、68 頁、注 31。

用が認められている。このため、第2条の2第3項で、「この条約の如何なる規定も、NPT、BWC及びCWCに基づいて各締約国が有する権利、義務及び責任に影響を与えるものではない」旨がわざわざ確認されている[252]。加えて、第3条の2第1項（b）で輸送が禁止されている汎用品についても、NPTに鑑み合法とされる輸送に該当するのであれば、本改正議定書上の犯罪とはならないとされている（第3条の2第2項柱書）。

次に、人の輸送については、本条約で規定される犯罪または付属書に掲げる諸条約に定める<u>犯罪を構成する行為を行ったと知りながら、かつ、その者が刑事訴追を免れることを援助することを意図した場合に限り</u>、そのような人を不法かつ故意に船舶により輸送することは犯罪とされている（第3条の3）（下線強調追加）。第3条の3の起草過程においては、自然人のみならず国際法人格を有するその他の主体についても人の範疇に含まれるとするような提案も存在したが、そうなると、他の国際テロリズム関連条約との整合性を図る必要性が生じること、及びこの種の問題はむしろ各国国内法に委ねられるべきという理由から、かかる提案は否定された[253]。なお、人の輸送については、単に疑いが存在するだけでは不十分であり、「犯罪を構成する行為を行ったと知りながら、かつ、その者が刑事訴追を免れることを援助することを意図した場合に限り」という主観性の高い基準が犯罪構成要件として規定されていることから、運用上の効果に対する疑問が指摘されている[254]。

（c）大量破壊兵器の輸送等に従事する嫌疑ある船舶への乗船及び捜索

2005年SUA条約議定書は、第8条の2において、第3条、第3条の2、第3条の3または第3条の4に定める犯罪の実行に関与しているか、またはまさに関与しようとしていると疑うに足りる合理的理由（reasonable grounds to suspect）[255]のある船舶への許可方式による乗船及び捜索を実施するため、

---

252) IMO DOC LEG/SUA/WG.2/WP16（4 February, 2005）, para. 32.
253) IMO DOC LEG/SUA/WG.1/WP.10/Add.2（16 July, 2004）, para. 103.
254) Id.
255) 米国が最初に提出した当初提案（IMO DOC LEG/85/4（17 August, 2002））においては、乗船及び捜索の対象とされる船舶は、「（関与していると）合理的に<u>疑われる</u>（"reasonably <u>suspected</u> of being involved in,…）」とされていた。IMO DOC LEG 85/4, Annex

乗船及び捜索を希望する国が対象とされる船舶の旗国の許可を得た上で、当該船舶を停船させ、乗船及び捜索を実施し、大量破壊兵器等の輸送の有無を確認する一連の手順を規定する。

この規定は、公海上に所在する船舶に対し、外国による管轄権の設定及び行使を可能せしめるものであり、2005年SUA条約議定書の最大の特徴である[256]。これらの規定の必要性については起草作業の早い段階から合意が存在していたものの、条文として確立させてゆくためには相当な時間がかけられ、慎重に起草された[257]。

(d) 協力義務に関する規定

第8条の2は、まず、締約国は国際法にしたがい本議定書の対象となる不法な行為を防止及び抑止するため可能な限り最大限の協力を行うものとし、

1, Draft Consolidated text of Article 1 to 16 of the Convention for the Suppression of Unlawful Acts against the Safety of Maritime Navigation, Done at Rome on 10 March 1988, As Modified by the Proposed Protocol, Submitted by the United States, p.8. これが、米国による修正提案（IMO DOC LEG 86/5, *supra* note 246：当初提案と再修正提案の間に出され、以後の米国提案の基盤を確立したもの）では、「信じるに足りる合理的理由（"reasonable grounds to believe that…"」に変更された。*Id*, Annex 2, p.7. この修正提案は、国連海洋法条約第108条2項（麻薬または向精神薬の不正取引に関する協力）においては、「(麻薬または向精神薬の不正取引を行っていると) 信ずるに足りる」とされていることとの整合性を図った結果である。しかし、改正作業が本格化した後の米国による再修正提案（IMO DOC LEG 87/5/1 (8 August, 2003)）では、「信じるに足りる合理的理由（reasonable grounds to believe）」から再び「疑うに足りる合理的理由（reasonable grounds to suspect）」に回帰した。IMO DOC LEG 87/5/1, Annex 1, p.8.このような再修正が行われた主たる理由は、先の修正に際して参照された国連海洋法条約の第108条には乗船に関する規定はなく、同条項下の措置は不正取引の防止に関する協力にとどまっているのに対し、対象船舶への乗船及び捜索に関する規定を有する麻薬及び向精神薬の不正取引の防止に関する国際連合条約の第17条2項及び3項、並びに国際組織犯罪防止条約密入国議定書の第8条では、「疑うに足りる」とされていることとの整合性を図った結果である。これは、2005年SUA条約改正議定書では、船舶に対する乗船及び捜索に関する規定は、同様の規定を有する条約との整合性を図ることが望ましいとされたことによる。IMO DOC LEG 87/5/1, Annex 1, p.8, n.36: IMO DOC LEG 88/3, Annex 1, p.9: IMO DOC LEG/SUA WG.1/2/6 (12 July, 2004), Annex 1, p.11.

256) LEG 89/16, *supra* note 231, para. 59.
257) Roach, *supra* note 13, p.59.

本条に基づく要請に対しできる限り速やかに回答するとする（第8条の2第1項）。そして、可能な場合には、上記の要請には、疑いがある船舶の名称、IMO 船舶識別番号、船籍港、出発港及び目的港並びにその他の関連する情報を含むものとする（同第2項）[258]。続いて、締約国は、本条項に基づき、公海上において行われる乗船及び捜索に伴う危険及び困難を考慮するとともに、次の寄港地またはその他の場所において、関係締約国間で合意された他の適当な措置を一層安全にとることができるか否かについて考慮する（同第3項）。

さらに、締約国は、自国を旗国とする船舶に対して、本議定書の関係条項（第3条、第3条の2、第3条の3または第3条の4：以下同様）に定める犯罪が行われて間がなく、現に行われており、またはまさに行われようとしていると疑うに足りる合理的な理由を有する場合には、当該犯罪を防止し、または防止するに当たり、他の締約国の援助を要請することができる（同第4項）。そして、要請を受けた締約国は、その用いることができる手段の範囲内で援助を行うよう最善の努力を払うものとされている（同）。ちなみに、このような協力に関する義務規定は SUA 条約には存在しておらず、大量破壊兵器及び同関連物資の輸送に従事している船舶に対する公海上における乗船及び捜索の前提となるものである。

(ｅ) **乗船及び捜索にかかわる旗国への要請**

次に、一の締約国から他の締約国への要請による乗船及び捜索につき規定するのが第8条の2第5項であり、この規定こそが PSI を実効的ならしめる

---

[258] 第8条の2第2項に記される疑いのある船舶に関する情報には、当該船舶に対して疑いを有するのかという理由（the basis for the suspicion）（IMO DOC LEG/SUA/WG.1/2/1 (30 June, 2004), p.2.）に関するものは含まれていない。Klein, *supra* note 30 of Introduction, p.177.この点に関してフランスが the basis for the suspicion についての情報を含めたドラフトを提案したが、該当部分は削除された。IMO DOC LEG/SUA/WG.1/2/1, p.2. その後、インドも同様の提案を行ったが（IMO DOC LEG 90/4/5 (17 March, 2005), para,12.)、第8条の2第5項の措置はかかる情報を前提として想定されていることを理由として、条文には盛り込まれることはなかった。IMO DOC LEG 90/15 (9 May, 2005), para.66.ちなみに、米国が締結している PSI 二国間乗船合意においては、上述したような情報の伝達が含まれている。

法的ツールの骨幹である。第5項は、まず、締約国（「要請国」）（the requesting party）の法執行官たる公務員または権限を有するその他の公務員が、すべての国の領海の外側において、他の締約国（「当事国」）（the first party）の旗を掲げ、または登録標識を表示する船舶に遭遇する場合であって、要請国が当該船舶または船舶内の人が本議定書の関係条項に定める犯罪の実行に関与して間がなく、現に関与しており、またはまさに関与しようとしていると疑うに足りる合理的な理由を有する場合において要請国が乗船を希望するときはいつでも（第5項柱書）、第1項及び第2項の規定にしたがい、当事国（被要請国）による船籍についての主張の確認を要請することができるとする（第5項 (a)）。

そして、当該船舶の船籍が確認された場合には、要請国は、当事国（この段階に至ったならば、船籍表示国たる当事国は旗国と同義となるため、以下「旗国」）に対し、乗船することの許可及び当該船舶について適当な措置をとることの許可を要請することができる（第5項 (b)）。この適当な措置には、本議定書の関係条項に定める犯罪が行われて間がなく、現に行われており、またはまさに行われようとしている可能性について判断するために行われる船舶、積荷及び船舶内の人の停止、乗船及び捜索並びに船舶内の人に対して質問をすることを含めることができる（同）。

(ｆ) 旗国（被要請国）による措置

第8条の2第5項 (b) による要請を受けた被要請国は、次に掲げる選択肢のうち、いずれかの措置をとることができるとされている。それらは、①要請国が乗船及び適当な措置をとるための許可の付与（旗国の許可に基づく要請国による乗船）、②自国の法執行関係公務員等による乗船及び捜索の実施（旗国自らによる乗船）、③要請国と共同しての乗船及び捜索（旗国と要請国との共同による乗船及び捜索）、④乗船及び捜索にかかわる許可の拒否である（第8条の2第5項 (c)）。

このように、2005年SUA条約議定書における乗船及び捜索は、旗国自身によるもののほか、旗国の許可に基づき旗国以外の締約国の法執行当局者によるものが存在する。このような規定は、麻薬及び向精神薬の不正取引の防

止に関する国際連合条約の第17条の規定[259]を参考として[260]、それを一層洗練化させるべく起草された[261]。そして、旗国の許可に基づき外国の法執行当局者により行われる乗船及び搜索については、さらに以下に記すように細分化される。

まず、旗国による事前の許可によるものである。これは、締約国が、条約の批准書、受諾書、承認書及び加入書の寄託時またはその後に、旗国として臨検を望む他の締約国に対して予め乗船及び搜索並びに船内の人に対して質問することが許可されていることをIMO事務局長に通告する（選択条項受諾宣言）ことにより（第8条の2第5項（e））、他の締約国が乗船及び搜索を行うという、いわゆるオプト・イン（opt-in）方式によるものである。かかる通告がなされている場合には、他の締約国は旗国に改めて許可を要請することなく大量破壊兵器の輸送の嫌疑等がある船舶への乗船が可能となる。

次に、乗船及び検査の必要が生じた場合においてその都度なされる許可の要請による乗船及び搜索である。この場合、被要請国の回答は4時間以内に実施されるべしとの制限時間が設定されており、一般に4時間ルールと呼称されているものである[262]。なお、ここで注意を要するのは、PSI二国間乗船

---

259)「締約国は、国際法に基づく航行の自由を行使する船舶であって他の締約国の旗を掲げまたは登録標識を表示するものが不正取引に関与していると疑うに足りる合理的な理由を有する場合には、その旨を旗国に通報し及び登録の確認を要請することができるものとし、これが確認されたときは、当該船舶について適当な措置をとることの許可を旗国に要請することができる」（第3項）。また、「旗国は、第3項の要請を行った締約国に対し、第3項の規定、これらの締約国の間において効力を有する条約または当該締約国間の別段の合意がされた協定、若しくは取極にしたがい、特に、次のことについて許可を与えることができる。(a)当該船舶に乗船すること、(b)当該船舶を搜索すること、(c)不正取引にかかわっていることの証拠が発見された場合には、当該船舶並びにその乗船者及び積荷について適当な措置をとること」（第4項）。

260) Fabio Spadi, "Bolstering the Proliferation Security Initiative at Sea: A Comparative Analysis of Ship-Boarding as a Bilateral and Multilateral Implementing Mechanism," *Nordic Journal of International Law*, Vol.75, No.2 (2006), p.272.

261) Roach, *supra* note 13, p.60.

262) 4時間ルールによる乗船及び搜索につき、国際海運界会議所（International Chamber of Shipping）等の国際海事組織は、SUA条約は乗船及び搜索についてはあくまで旗国主義の枠内におけるものとされていることから、新たな規定の創出のためには明確な根拠が

合意とは異なり、2005年SUA条約議定書においては、制限時間内に旗国からの回答がないという事実をもって乗船許可と見はなすというような旗国の許可を擬制するような規定は設けられていないという点である。本議定書においては、オプト・イン方式の乗船と同様に、議定書の批准または加入に際して、あるいはその後にでも、自国船籍の船舶への乗船を求める他の締約国は、一義国（被要請国）が船舶の船籍確認の要請を受領後4時間以内に回答を得られない場合には、自国船舶に対する乗船及び捜索が許可される旨をIMO事務局長に通報することができるとされている（第8条の2第5項(d)）。

このように、4時間ルールによる乗船及び捜索とは、要請による乗船及び捜索の場面において旗国が4時間以内に不同意または態度を明らかにしない場合には、当事国が予め事前通知により旗国管轄権を明確かつ積極的に放棄している場合にのみ乗船及び捜索が可能というものであり[263]、無回答という不作為によって旗国の許可が擬制されることはない。そして、このような事由から、2005年SUA条約議定書の公海上における外国船舶への乗船及び捜索に関する手続は、あくまで海洋法の枠内に位置するものであると評価されているのである[264]。

必要であるとする慎重な見解を寄せている。IMO DOC LEG/88/3/3（19 March, 2004), paras.2-4. 国際海事機関によると、現場と旗国との間での時刻帯の相違等から4時間という時間は旗国の意思確認のためには十分ではなく（Id., para.9.)、さらに、積荷が第3条及び第3条の2で設けられた犯罪との関連を有するとの判断基準が不明確であると主張した（Id., para.10.)。そして、国際海事機関は、乗船及び捜索に関する旗国の許可をより重要視した独自の提案を行っている。IMO DOC LEG 88/3/4（19 March, 2004), Annex, pp.1-2. 坂元前掲論文注236、60頁注29。

263）IMO DOC LEG/SUA/WG.1/2（30 June, 2004), para.13.
264）Ted L. McDorman, "Maritime Terrorism and the International Law of Boarding of Vessels at Sea: A Brief Assessment of the New Developments," in David D. Caron and Harry N. Scheiber eds., *The Oceans in the Nuclear Age*（Martinus Nijhoff Publishers, 2010), p.253: Natalie Klein "The Right of Visit and the 2005 SUA Protocol on the Suppression of Unlawful Acts against the Safety of Maritime Navigation," *Denver Journal of International Law and Policy*, Vol.35, No.2（2007), p.318.

(g) 旗国の許可の擬制を巡る議論

　4時間ルール及びオプト・イン方式のいずれによる乗船及び捜索も、あくまで旗国の裁量の範囲内に位置するものであり、他国が旗国の管轄権を一方的に排除することを可能しせめるような強制的な性格は有さない。しかしながら、これは2004年のLEG第89会期以降の議論において段階的に整理されたものであり、それ以前の段階では、むしろ旗国の事前承認なくして乗船が可能とされるという、いわゆるオプト・アウト（opt-out）方式の導入が活発に議論されていた[265]。さらに、起草過程の初期の段階においては、PSI二国間乗船合意と同様、被要請国からの船舶の船籍等に関する回答が4時間を経過してもなされない場合には、要請国は当該船舶に乗船し、第3条に規定する行為の実施を確認するために積荷及び乗員の捜索並びに乗員に対する質問を行うことができることとすべしとする積極的な提案が米国により行われていた[266]。この提案の意図するところは、PSI二国間乗船合意における旗国の権利の擬制による乗船及び捜索のためのメカニズムを、SUA条約の改定作業に持ち込もうというものである[267]。しかしながら、このような米国提案による旗国の権利の擬制による乗船及び検査は濫用される危険があり、また、そもそもそのような行為は現行の国際法（海洋法）に抵触するという批判のほか、この規定を逆手にとったテロ組織が外国の海上法執行機関になりすまして船舶を襲撃するという懸念が示された[268]。

　それでもなお米国は、旗国の権利の擬制による乗船及び捜索の導入に関する強硬な姿勢を維持した。米国は、その後提出した再修正提案[269]において、被要請国から4時間以内に回答なき場合においては、要請国は当該船舶に乗船し、第3条に規定する行為の実施を確認するために積荷及び乗員の捜索並びに乗員に対する質問を行うことに加え、船籍の確認のために船舶書類を捜

---

265) IMO DOC LEG 88/13, *supra* note 230, para. 73: Spadi, *supra* note 260, pp. 273-274.
266) IMO DOC LEG 85/4, Annex 1, *supra* note 255, p. 8: 林前掲書注56、354頁。
267) Byers, *supra* note 197 of Chapter 3, p. 539.
268) IMO DOC LEG 85/11, *supra* note 246, paras. 89-90.
269) IMO DOC LEG 87/5/1, *supra* note 255.

索することができるとする一文を追加した[270]。さらに米国は、「『合意は拘束する』（pacta sunt servanda）（条約法条約第 26 条）という条約法上の原則論から、被要請国は要請に対しては誠実に回答する条約締約国としての義務を一般的に負っている。したがって、被要請国がかかる条約上の義務を十分に理解した上で、それでもなお回答を行わない状況においては、乗船及び捜索に関する『黙示の許可』というものが締約国の義務から導出される」と主張した[271]。

　しかしながら、米国のこのような主張に対しても、各国代表から強固な反論が噴出した。まず、乗船及び捜索に関する黙示の許可については、そのような旗国の権利を擬制することを可能せしめる権原（title）につき不明確であると指摘された[272]。また、米国再修正案のテキストは、旗国が当該船舶の船籍を確認することと、旗国が他国に自国船舶に対する乗船及び捜索を許可することは、明確に異なる行為であることが認識されていないと指摘された[273]。加えて、条約締約国の義務から乗船及び捜索にかかわる黙示の許可を導き出すという理屈は一種の詭弁であり、被要請国による回答には一定の時間を要することは十分に考慮されるべきとしても、乗船のためにはあくまで旗国の明示の許可が必要である旨が重ねて強調された[274]。このように、2005 年 SUA 条約議定書においては、条約の起草に関係した諸国の合意として、旗国主義が厳然と維持されているのである[275]。

270） *Id*., Annex 1, *supra* note 255, p. 9.
271） IMO DOC LEG/SUA/WG.1/2/6, *supra* note 255, p. 13.
272） IMO DOC LEG 87/17 *supra* note 240, para. 117.
273） *Id*.
274） IMO DOC LEG/89/16, *supra* note 231, paras. 48, 118.
275） 奥脇前掲論文第 1 章注 97、27 頁。つまり、2005 年 SUA 条約議定書は、第 8 条の 2 第 8 項の「旗国は、拿捕、没収、逮捕、訴追といった措置について、第 6 条に基づき管轄権を有する他の国が管轄権を行使することに同意することができる」という規定に典型的に見られるように、原則として旗国主義を堅持したうえで、旗国の管轄権が及ばない部分について非旗国の管轄権による補塡が可能となるメカニズムを構築しているのである。瀬田真『海洋ガバナンスの国際法：普遍的管轄権を手掛かりとして』（三省堂、2016 年）、139 頁。

(h) 管轄権の配分及び実力の行使

2005年SUA条約議定書第8条の2第6項では、犯罪の根拠となる物品が発見された場合には、要請国による船舶、積荷及び乗員の抑留（detain）も可能とされている。これは、同条第5項の乗船及び捜索と並び重要な点であり、条文では、第8条の2の規定に従って行われた乗船の結果として、第3条、第3条の2、第3条の3または第3条の4に定める犯罪の証拠が発見された場合には、旗国は、要請国に対し、処分に関する旗国からの指示が受領されるまでの間、船舶、積荷及び船舶内の人を抑留する許可を与えることができるとされている。さらに、大量破壊兵器の拡散対抗をより一層実効的ならしめるために、本議定書では、輸送が犯罪とされる物質の没収[276]に関する規定が設置されている。

まず、第8条の2第8項には、抑留された船舶、積荷またはその他の物品及び船舶内の人に対する管轄権（押収、没収、逮捕及び訴追を含む）は旗国による行使が優先する旨の規定が置かれている。ただし、旗国は、自国の憲法及び法律にしたがい、第6条の規定に基づく裁判権を有する他の国による権利の行使に同意することができるとされている。本条項は、旗国の第一義的な権利を認めつつも、旗国が管轄権を自主的に放棄し、他国の法執行機関に司法的な管轄権を行使する余地を認めているものである[277]。

2005年SUA条約議定書第8条2項に規定された乗船及び捜索手続きに依拠して締約国が行使できる権限は、第一義的には停船、乗船、捜索及び質問といった行政的な事項に属するものである。他方で、本議定書はSUA条約の改正であるため、締約国はいくつかの司法的な管轄権を設定する義務及び権利を有する。これらは、SUA条約第6条で規定される義務的な管轄権の設定と、自国民や自国政府機関に対する犯罪が行われた場合における任意的

---

276) 海上における違法行為の取締りを目的とする条約においては、取締りの対象とされる物品の没収を許容する規定そのものには特段の新奇性はなく、同様の規定は、例えば麻薬及び向精神薬の不正取引の防止に関する国際連合条約第5条においても確認できる。
277) 坂元前掲論文注236、61頁。

な管轄権の設定に関するものに分類される[278]。そして、2005年SUA条約議定書第8条の2第8項は、乗船後の旗国の優先的管轄権を確認しており、このことは、自国船舶に対する乗船及び捜索を予め許可した場合にも変わりはない[279]。そうなると、第8条の2第8項但書が記すような旗国の許可による締約国の司法的な管轄権の行使は、まず、当該締約国が第8条の2第6項に基づき、旗国政府から対象船舶、容疑者及び物品の抑留にかかわる行政的な管轄権の行使が許可され、その上で、第8条の2第8項但書の「旗国は、自国の憲法及び法律にしたがい、第6条の規定に基づく裁判権を有する他の国による権利の行使に同意することができる」という規定に基づき、逮捕や訴追にかかわる司法的な管轄権行使を事後的に許可された場合に可能とされる[280]。また、このような場合については、第8条の2第8項但書を制限的に解釈すると、締約国（乗船国）が実行犯の国籍に基づく属人主義によるか、あるいは当該犯罪が締約国に指向されたことのいずれかの理由により、当該締約国（乗船国）自ら実行犯を訴追できる場合にのみ、旗国は管轄権を放棄することができるという別の解釈が生じる余地が存在し得ることが指摘されている[281]。

次に、実力の行使について規定するのは第8条の2第9項である。本項は、「この条の規定に基づいて認められた措置をとる場合において、自国の公務員及び船舶内の人の安全を確保するために必要なときまたは公務員が認められた措置をとるに当たって妨害されたときを除く他、武力の行使を避けなければならない。この条の規定に基づく如何なる武力の行使も、状況により必要、かつ、合理的な武力の最小限度を超えてはならない」とする。2005年SUA条約議定書における実力の行使は、国際の法規及び慣例に則り実施

---

278) この条項は、日本の提案により起草された。IMO DOC SUA/CONF/CW/WP.19（3 March, 1988）.
279) IMO DOC LEG/SUA/WG.1/2, *supra* note 263, para.16 : IMO DOC LEG/SUA/WG.1/2/6, *supra* note 255.
280) 西村弓「公海上の船舶内での行為に対する裁判官管轄権」『海洋権益の確保に係る国際紛争事例研究（第3号）』（海上保安協会、2011年）、38頁。
281) Guilfoyle, *supra* note 29 of Introduction, p.256.

されることを大原則とすることが確認された[282]。そして、実際の条文規定は、大量破壊兵器拡散防止の必要性と外国船舶への干渉の許容性との間でのバランスを図ることが重視され、海上における実力行使について類似した規定を有する国連公海漁業協定第22条1項や、国際海洋法裁判所（International Tribunal for the Law of the Sea : ITLOS）の *Saiga* 事件（No.2）（1999年）本案判決の該当する部分[283]等を参照して起草された[284]。なお、これに加え、2005年SUA条約議定書は、各種の保障措置についての規定を有するが（第8条の2第10項）、これらについての詳述は割愛する。

第4節　海上阻止にかかわる一般的規範定立の困難性

1. 国際立法及び条約による規則構築の成果と限界

国連海上阻止活動が対象としていたのはあくまで個別国家であったが、国際テロリスト集団と大量破壊兵器の連接により生じる新たな脅威への対処という文脈においては、いささか事情が異なる。国際テロリスト集団の多くは、いわゆる破たん国家を拠点としており、そのような国家においては政府のガバナンスが十分に、あるいは全く機能していないが故に、当該国家の領域内に所在する私人の集団である国際テロリスト集団が生み出す脅威を効果的に阻止あるいは抑制することに完全に成功しているとは言い難い。よって、本来は領域国政府が責任をもって取り締まるべき私人による害悪ある行為が、大量破壊兵器の拡散と相まって新たな脅威として国際社会へと浸透しているというのが現実である。

新たな脅威への対応においては、伝統的な国家間協力枠組みを超越した、普遍的な国際機構である国連、とりわけ安保理事会を中核としたより集権的

---

282) IMO DOC LEG 84/4 (17 August, 2002), Annex 1, para. 8.
283) *The M/V "Saiga" (No.2) Case*, *supra* note 51 of Chapter 3, paras. 153-162.
284) IMO DOC LEG 87/5/2, *supra* note 247, para. 12 : IMO DOC LEG/SUA/WG.1/2, *supra* note 263, para. 17.

及び強制的な制度の必要性が一般的に指摘されるところである[285]。そして、国連安保理事会の機能が、本来の執行的機能から国際テロリズムの問題に関する政策立案から法規範の形成に至るものへと拡大し、さらに、法規範を基盤として、具体的な政策を実施するような行政的な機能も含まれるようになっている。このような情勢の変化を反映し、非国家主体への大量破壊兵器拡散対抗を巡るイニシアティヴにおいては、海上阻止活動の系譜上はじめて海上阻止を目的とする国際立法及び新条約の起草が行われた。

　これらのうち、まず、安保理事会決議1540は、それは国際立法としての性格を色濃く帯びるが故に、非国家主体への大量破壊兵器拡散対抗を目的とする海上阻止活動という個別具体的な活動を盛り込むことには成功しなかった。しかしながら、公海上における大量破壊兵器の輸送阻止が安保理事会決議によって図られなかったのは、同決議1540のみにとどまらない。本章でも引用した安保理事会決議1718においても、安保理事会は、北朝鮮による核実験の実施が地域内外の平和及び安定にもたらす危険に対し最も重大な懸念を表明するとともに、国際の平和と安全に対する明白な脅威の存在を認定したにもかかわらず、中国等の強い反対により、公海上における大量破壊兵器の海上輸送阻止を目的とする対北朝鮮国連海上阻止活動の展開には至らなかったのである。このことは、国連安保理事会決議を根拠とする海上阻止活動は、制度化された恣意性を帯びる安保理事会決議により展開が決定される活動であり、全ての常任理事国が反対する余地のない今そこにある危機に迅速に対処するための事態対処型の活動としては有用であるものの、常任理事国の意思が必ずしも統一され得ないような潜在的な脅威に備えるための予防的な活動としては限界があり、このような形態の活動による大量破壊兵器拡散対抗の困難性を示唆しているようにも思われる。そして、安保理事会決議をもってしても大量破壊兵器の拡散を阻止することを目的として公海上において強制措置を講じることが困難な現状にあっては、個別国家群による自発的な行動がとりあえずは有用であることは国際社会において広く認識されて

285）古谷前掲論文注107、42頁。

いるところである[286]。例えば、日本の海洋基本計画（2013年4月26日閣議決定）が、「海上でのテロ行為の防止及び海上輸送による大量破壊兵器の拡散の防止に関し、公海上における船舶上での大量破壊兵器の使用や船舶によるこれらの兵器の輸送等の抑止・取締方法について、国際的な動向を踏まえつつ検討を行う」[287]としていることは、そのような諸国の認識の一端を示すものである。

　2005年SUA条約議定書の起草は、大量破壊兵器拡散対抗を目的とする海上阻止活動における乗船及び捜索に関する根拠を、多国間条約により創出しようとする意欲的な試みであった。しかしながら、その帰結は、締約国（旗国）が自国船舶に対する外国による乗船及び捜索を予め許可するか、または乗船にかかわる要請がなされた場合にその都度これを許可するかの違いはあるものの、乗船及び捜索はあくまで旗国の許可が前提とされている[288]。したがって、公海上に所在する船舶に対する乗船及び捜索については、2005年SUA条約議定書は、国連海洋法条約第92条及び公海条約第6条に規定される自国船舶に対する旗国の排他的管轄権の行使にかかわる権能[289]を確認するものにすぎず、新たな臨検及び捜索の事由を創出したものではない。つまり、2005年SUA条約議定書は、旗国主義の排他性の射程を相対化し、大量破壊兵器拡散対抗の実効性の確保とその向上を図ることにとどまっているのである[290]。

286）The Council of European Union, *EU Strategy against Proliferation of Weapons of Mass Destruction*, Council Common Position No. 2003/805/CFSP (2003), p. 12.
287）「海洋基本計画」第2部5（1）ウ項。
288）Maximilian Nalirsch and Horian Prill, "The Proliferation Security Initiative and the 2005 Protocol to the SUA Convention," *ZaöRV*, Band 67 (2007), p. 238.
289）*United States v. Albert Green, et al., 671 F. 2d 46* (1st Cir, 1982), paras.11-12.
290）鶴田順「改正SUA条約とその日本における実施—『船舶検査手続』と『大量破壊兵器等の輸送』に着目して—」杉原高嶺、栗林忠男編『現代海洋法の潮流第3巻・日本における海洋法の主要課題』（有信堂、2010年）、151頁。他方で、2005年SUA条約議定書によって、関係する旗国に対して、場合によっては旗国主義への固執を弱める一つの政治的圧力が作用することを期待する議論も存在する。林司宜、島田征夫、古賀衛『国際海洋法〔第2版〕』（有信堂、2016年）、154頁。

2. PSI の法的評価

　PSI の実効性について法的に最終的な評価を下すことは、実効性を検証するに足る十分な実行が未蓄積であることから、本書の刊行の時点ではいささか時期尚早である。他方では、少なくとも以下に記す事項について確認することは可能であると思料される。

　国際法（海洋法）の本体に変化がなく、特に予見される将来において旗国主義が修正されることはほとんど期待できないことから、拡散対抗を目的とした船舶の阻止を巡る国際法上の制約は PSI 登場以前と全く変化していない。したがって、これまでの実行を見る限りは、PSI においては旗国主義との整合性を図りつつ[291]、有志連合の内部において大量破壊兵器の輸送に従事している船舶を執行の対象とした規則を海洋法とは別に新たに整備し、それを政策的な基盤を通じて普遍化及び一般化してゆくというのが、PSI を主導する米国の意図であると推察される。特に、PSI 二国間合意については、米国との間で本合意を締結している国の多くはいわゆる便宜置籍国であり、そのような国に船籍登録されている船舶は相当な数に上ることから、かかる条約の集積により、大量破壊兵器を輸送する船舶に対する共通した乗船の権利が事実上形成されている。そして、この事実を重視する立場からは、PSI と 19 世紀における奴隷貿易の禁止にかかわる英国の実行との類似性も指摘されるところである[292]。

　PSI は、公海上における乗船及び捜索を実施する実際上の必要性が国際法に先行している事例である。つまり、武力紛争が存在せず、安保理事会決議も採択されていない状況においては、海洋法の下では何らかの物を輸送するという理由のみで船舶への乗船及び捜索が許容されるのは奴隷輸送の場合に

---

291) Cf., Jinyuan Su, "The Proliferation Security Initiative (PSI) and Interdiction at Sea : A Chinese Perspective," *ODIL*, Vol. 43, No. 1 (2012), p. 112.
292) 坂元茂樹「船舶に対する臨検及び捜索―拡散安全イニシアティヴ（PSI）との関連で―」海上保安体制調査員委員会中間報告書『各国における海上保安法制の比較研究』（海上保安協会、2006 年）、40 頁。なお、18 世紀に英国が奴隷取引を海賊行為に含めて捉えようとしていた実行について、石井由梨佳「国際法上の海賊行為」鶴田順編『海賊対処法の研究』（有信堂、2016 年）、121-122 頁参照。

第Ⅱ部　海上阻止のための規則の構築

限定されており、大量破壊兵器の輸送という事由のみでは停船命令の実施すら許容され得ない。したがって、大量破壊兵器の拡散対抗のためには、立法的性格を帯びた安保理事会決議の採択（安保理事会決議 1540）と新条約（2005年 SUA 条約議定書）の起草がなされた。しかしながら、安保理事会決議 1540 においては、決議起草の最大の目的とされた公海上における大量破壊兵器の輸送に従事する船舶への強制措置の実施は許容されておらず、また、新条約についても、それは SUA 条約という元来は大量破壊兵器とは直接の連関を有さない条約に新たに議定書を追加するという、やや便宜的な手法により実施された。そして、これらの経緯は、たとえ大量破壊兵器という極めて特殊な性格を帯びる物資といえども、海洋法の下ではその輸送を阻止することが困難であることに起因する。

とはいえ、PSI に関しては一応なりとも安保理事会決議と条約が存在することから、これらを特別法として航行の自由に関する一般法に優先すると解釈することにより、大量破壊兵器の拡散対抗を目的とする乗船及び捜索の合法性は担保されることとなった。換言すると、PSI もあくまで旗国主義の枠内においてそれとの整合を図るために各種の方策が対処療法的に講じられたのであり、一部の論者が示唆するような「公海上に所在する船舶に対する実力行使にかかわる国際法の地殻変動的な変革」[293]がもたらされたというわけではない。しかしながら、他方では、2005 年 SUA 条約議定書において導入された乗船にかかわる 4 時間ルールによる乗船の方式が、麻薬及び向精神薬の不正取引の防止に関する国際連合条約第 17 条の規定の運用への適用が提案及び検討されている等[294]、PSI において採用された公海上における乗船及び捜索の方式の一部は大量破壊兵器の拡散対抗以外の領域へと拡大する傾向

---

293) Mark R. Shulman, "The Proliferation Security Initiative and the Evolution of the Law on the Use of Force," *Houston Journal of International Law*, Vol. 28, No. 3 (2006), p. 776.
294) UN DOC E/CN.7/1995/13（6 March, 1995）: Office contre la drogue at le crime, Nations Unies, *Guide Pratique, Pour les autorités nationales compétentes designees conformément à l'article 17 de la Convention des Nations Unies contre le illicite de stupéfiants et de substances psychotropes de 1988*（Nations Unies, 2004), p. 23.

が確認される。これは、PSI における乗船の方式を一般化させようとする米国の努力の成果の一部とも考えられ、今後の動向が一層注目されるところである。

3. 旗国主義の壁とテロとの戦いを背景とする海上阻止活動の展開

　旗国主義の例外としての臨検は、公海の秩序維持という国際社会に共通する利益を保護することを目的とする[295]。ただし、その対象となる具体的な行為は国連海洋法条約第 110 条に限定列挙されているものにとどまっており、大量破壊兵器の海上輸送はそれらには含まれていない。他方で、実務上の要求から国連海洋法条約第 110 条には含まれていないある特定の対象行為を犯罪であるとの性質認定を行い、かかる行為を行っていると疑うに足る合理的理由がある場合に船舶への乗船を容認する特別条約が存在する。そのような例としては、先に引用した麻薬及び向精神薬の不正取引の防止に関する国際連合条約が挙げられ、第 17 条に関連措置についての規定が確認される。しかしながら、同条で用いられている文言は「乗船」（board）であり、海洋法上の文言である「臨検」（visit）という文言の使用は慎重に回避されているほか、とられる措置も旗国の許可を前提とする条約上の執行措置にとどまる[296]。

　麻薬及び向精神薬の不正取引の防止に関する国際連合条約において執行の対象とされているのが麻薬の不正な取引という本質的に違法な行為であるのに対し、PSI に関連する条約では、大量破壊兵器という特定物資の海上輸送というそれ自体は違法性を帯びない行為が対象とされている。つまり、PSI は奴隷以外の特定物資の海上輸送を犯罪化した初の事例（活動）であり、このことは強調されるべきである。しかしながら、そもそも PSI メンバー国が自国船舶を大量破壊兵器の拡散の用に供することはまず考えられず、また仮にそのような事態が生じたとしても、公海上における乗船の許可要請が拒否

295）坂元前掲論文注 292、30 頁。
296）坂元前掲論文注 236、35 頁。

されることは想定され得ず、このことは先に紹介した実行においてはいずれの旗国も PSI メンバー国であったことを見ても明らかである。むしろ、今後さらなる検討が必要とされるべきは、PSI に非協力的な国及び拡散懸念国を旗国とする船舶への対応である。かかる諸国が自国船舶に対する乗船を許容することはおよそ考えにくく、このような船舶へ乗船を試みる場合、最終的には nonconsensual boarding とならざるを得ないが、そのような乗船を海洋法の下で正当化することは極めて困難である。

このように、国際社会は公海上における船舶に対する強制的干渉を伴う活動に対しては極めて慎重であり、また、かかる行為の実施に関連する海洋法規則も非常に制限的である。そして、このことは、大量破壊兵器拡散対抗という国際社会に共通した重要な利益の確保を目的とする活動においてもいささかの相違もないことから、非国家主体へ仕向けられた大量破壊兵器の輸送に従事する船舶の海上阻止は困難に直面しており、また、かかる困難性こそが拡散対抗を目的とする海上阻止活動にとっての本質的な課題である。

これらを要するに、繰り返しになるが、特定物資の海上輸送の規制にかかわる国際法は PSI が登場する以前から基本的に変化しておらず、また、予見される将来においても大幅に変更または修正される見込みはない。よって、大量破壊兵器拡散対抗を目的とした海上阻止活動を国際安全保障上の措置として国際社会に定着させることを目的として本イニシアティヴを主導する米国等の努力の方向性は、強引な手段を用いて関係する既存の国際法を直ちに変更せしめるようなものではなく、政治的活動及び国家実行を積み重ねることにより、既存の国際法を前提としながらも旗国主義の例外を追加することにより、本活動を国際社会に定着せしめることを目指しているように見受けられる。そして、このような米国の努力の過程においては、既存の国際法とのせめぎ合いが生じている。このことは、換言すると、新たな法規範が生じる場合における既存の国際法との摩擦であり、このような摩擦は、海洋法における臨検及び捜索にかかわる規則形成の歴史においても複数確認される。

国連海上阻止活動は、禁輸物資を輸送する船舶の公海上における強制的な阻止という点では極めて大きな成果を挙げている。国連海上阻止活動は、国

第 4 章　大量破壊兵器拡散対抗のための予防的展開

連安保理事会決議に基づき、現に生起している国際的または非国際的武力紛争という今そこにある危機に対応するための活動であり、国際社会もかかる活動を原則として支持してきた。しかしながら、国連海上阻止活動において輸送が規制された特定物資とは、安保理事会決議で指定された禁輸品や武器等という、いわば通常型の物資であった。他方で、そのような通常型の物資に比べると究極的に危険な物資であり、それ故に極めて特殊な性格を有する大量破壊兵器については、たとえ非国家主体への拡散対抗の措置という特定かつ限定された目的のためであったとしても、許容される措置の程度は2005 年 SUA 条約議定書や、それよりも多少は強制的な要素を含むとしても、せいぜい PSI 二国間乗船合意のレヴェルにとどまっている。つまり、非国家主体に対する大量破壊兵器拡散対抗においては、海賊取締りのような普遍的管轄権はもとより、奴隷取引の防止のように、とりあえず臨検まではいずれの国に対しても認めるというレヴェルにすら至っていない[297]。そして、このことは、旗国主義に象徴されるような、公海における航行の自由にかかわる海洋法規則の変更が如何に困難であるかを如実に示すものである[298]。

　これまで本書において検討してきたのは、主として平時を背景とした海上阻止活動である。他方で、21 世紀初頭のポスト 9/11 の時代においては、核兵器及びその他の大量破壊兵器が非国家主体と連接すること等により生じる脅威が潜在的に存在しているということが一層強く認識されている。加えて、この時代においては、いわゆるテロとの戦いを背景とした平時と戦時との区別が一層曖昧となっている。かかる情勢を踏まえ、ポスト 9/11 の時代においては、上述したような潜在的な脅威の顕在化の防止を目的として、安保理事会決議に基礎づけられることなく、また、海洋法及び海戦法規という既存の国際法にも完全に根拠を有さないまま、大規模、広範囲かつ長期間に

---

297) Joyner, *supra* note 197 of Chapter 3, p. 544.
298) なお、大量破壊兵器拡散対抗を pre-emptive self-defence の理論により説明しようとする議論も、一部においては存在している。*Idem*, "The Implications of the Proliferation of Weapons of Mass Destruction for the Prohibition of the Use of Force," in Weller, et al eds., *supra* note 63 of Introduction, pp. 1052, 1056.

わたり展開している海上阻止活動の実行が存在する。そのような活動が、次章で取り扱うテロ対策海上阻止活動なのである。

　もとより、海上阻止活動の系譜に属する実行においては、程度の差こそ見られるものの、いずれも *Jus ad Bellum*、*Jus in Bello* 及び海洋法条約にまたがる難問が存在している。テロ対策海上阻止活動においてはそのような傾向が一層顕著であるとともに、本活動はこれまで本書において論述してきた海上阻止にかかわるほとんどすべての論点を含むものである。他方で、上述したように、テロ対策海上阻止活動は、その法的基盤についてはいまだ不明確な部分を少なからず内包しつつも、公海上における新たな脅威に予防的に対処するという、極めて政策指向的な様相を見せつつ展開している活動である。このような極めて今日的かつ顕著な特徴を有するテロ対策海上阻止活動については、本書における論述の総括的な検討として、次章においてさらに詳述することとする。

第5章

テロ攻撃未然防止のための予防的展開
――テロ対策海上阻止活動――

第1節 テロ対策海上阻止活動を巡る論点

1. 21世紀初頭における海上作戦の趨勢と新たな海上阻止活動

　海上阻止活動という文言は、元来、国連海上阻止活動を指すものとして認識されていた[1]。国連海上阻止活動は、ポスト冷戦期において安保理事会が課した禁輸の実効性の確保を目的とする海軍力の新たな使用という側面が脚光を浴びた実行であった。その後、情勢の推移に伴い、国連海上阻止活動の展開は長らく低調となっていたところであったが[2]、2011年3月から10月にかけてNATOの主導の下で実施されたOperation Unified Protectorにおいて、リビアに対する武器禁輸を目的とした海上阻止活動が、再び大規模かつ広範囲な展開を見せた（第3章第2節）。他方で、21世紀初頭の今日における海軍が従事する海上作戦の形態に鑑みた場合、フォークランド（マルビナス）戦争やイラン・イラク戦争で見られたような、一国の正規海軍が洋上において敵海上兵力の撃破に従事するという従来型の海上戦闘（conventional war-fighting）を展開する可能性はそれほど高くはない。その反面、主要国海

---

1) NWP1-14M, *supra* note 11 of Introduction, para.4.4.4：Allen, *supra* note 24 of Introduction, p. 84：吉田前掲論文第3章注1、1-2頁。
2) Gary Willson, "The Legal, Military and Political Consequences of the 'Coalition of Willing' Approach to UN Military Enforcement Action," *JCSL*, Vol.12, No.2（2007）, pp.316-317.

軍は、海洋を介したテロリスト及びテロ関連物資の移動阻止、大量破壊兵器及び同関連物資の拡散対抗、違法な麻薬取引の取締り及び海賊対処活動等により多くの努力を傾注している。そして、これらの洋上オペレーションにおいて実施されているような、一定の強制力を用いて公海上において船舶を停船させた後に船内を捜索し、輸送の規制の対象となる特定物資が発見された場合には、それらを押収することを目的とする海上阻止活動は、伝統的な海上阻止活動である国連海上阻止活動から発展した新たな海上阻止活動として整理される。

冷戦終焉後に連続して展開した伝統的な海上阻止活動である国連海上阻止活動は、国際の平和と安全に対する脅威という今そこにある危機という既に生起した事態へ対処する活動である。他方で、新たな海上阻止活動は、むしろ国際の平和と安全に対する潜在的な脅威の顕在化阻止を主たる目的とした予防的な活動であるという点が特徴として指摘されている[3]。また、新たな海上阻止活動は、国連海上阻止活動との比較において対象とする船舶のカテゴリーを大幅に拡張し[4]、より多数の国から派遣された海上部隊の参加を得て大規模なオペレーションへと広がりを見せている[5]。そして、このような状態は、米国主導の多国籍海軍部隊であるCMFが、国際テロ組織アル・カイダ（Al-Qaeda）等へのテロリスト及びテロ関連物資等の輸送に従事している嫌疑ある船舶を対象としたテロ対策海上阻止活動[6]を大規模かつ広範に展開した帰結である。

2. テロ対策海上阻止活動の展開とその法的根拠に関する疑問

CMFは、現在、海上における治安維持及び航行安全確保という幅広い目

---

3) Heintschel von Heinegg, *supra* note 308 of Chapter 3, p. 170.
4) Heintschel von Heinegg, *supra* note 6 of Introduction, pp. 375-376.
5) Sandra L. Hodgekingson, Edward Cook, Thomas Fichter, Christian Fleming, Jonathan Shapiro, Jon Mellis, Brandon Boutelle, Stephan Sarnoski and Gregory P. Noone, "Challenges to Maritime Interception Operations in the War on Terror: Bridging the Gap," *American University International Law Review*, Vol. 22, No. 4 (2007), p. 587.
6) 森川前掲論文第4章注105、243-281頁。

第 5 章　テロ攻撃未然防止のための予防的展開

的を掲げ、海上警備活動（Maritime Security Operations：以下「MSO」）という名目の下、様々な目的及び法的根拠を有する船舶の阻止を総合的かつ広範囲に展開している。然るに、それらの中核はあくまでテロ対策海上阻止活動であり、本活動は、2001 年に開始されて以来現在に至るまで継続的に展開されており、既に数千隻の船舶が洋上における措置の対象とされている。また、長期間にわたるテロ対策海上阻止活動の段階には、国際的武力紛争と関連したと考えられるものとそうではないものがあり、また、それらの根拠も様々であるが、米国をはじめとする有志連合国は、それらを一括してテロ対策海上阻止活動と呼称している。

　国際的武力紛争が存在しない状況下においては、テロ対策海上阻止活動が対象とする船舶のすべてが国連海洋法条約第 110 条に規定される違法行為に従事しているというわけではない。他方で、テロ対策海上阻止活動への参加国は、個々のオペレーションの円滑な遂行や参加部隊の安全確保等の理由により、事実関係の詳細や船舶に対する立ち入り、捜索、積荷の没収及び乗員の拘束等に関する措置の法的根拠を明確かつ具体的に説明せず、あくまで国際法に依拠して行動していると述べるに留まる[7]。ちなみに、テロ対策海上阻止活動における海上阻止は、原則として船長の同意（master's consent）を得て実施されているようであるが[8]、船長の同意のみで立ち入り検査までを含む海上阻止が可能となるという考え方は主に米国が主張するところである[9]。

　公海上における旗国主義を排除するためには、海洋法の下で認められている事由による他は旗国の許可を得る必要があるが、船長個人の同意はそのような許可にかかわる旗国の意思を反映するものではなく、旗国主義を排除するための十分な根拠を構成するとは直ちには判断し難い[10]。なお、仮に旗国

---

7) Syrigos, *supra* note 100 of Chapter 2, p. 182.
8) Andrew Murdoch, "Forcible Interdiction of Ships Transporting Terrorists," *Revue de Droit Militarie et de Droit de la Guerre*, Tone 48（2009）, p. 308.
9) NWP1-14M, *supra* note 11 of Introduction, para. 3.11.2.5.2.
10) Cf., *Case of Medvedyev and Others v. France*, ECtHR Grand Chamber, Judgment of 29 March 2010, paras. 93-95. なお、CMF の活動において旗国の許可なき海上阻止がどの程度実施されているかを示す公刊資料は、著者が調査した範囲では存在が確認できていない。

の許可なき状態で海上阻止が行われたとしても、そのことにより自らの国際法上の権利侵害が生じたとの問題提起がいずれの国からも現実になされなければ、国際法上の深刻な問題は存在しないという議論も成立するかもしれない。しかしながら、(国際的)武力紛争状態が存在しない状況下においては、外国船舶への停船要求すら重大な結果を招来するということは等閑視されるべきではない[11]。そして、この点に注目することにより、諸国の海軍において海上作戦に関する国際法を担当する法務官 (navy judge advocate general) といった実務レヴェルにおける専門家の一部からも、テロ対策海上阻止活動の法的根拠に関する限界が指摘されているところである[12]。

3. テロ対策海上阻止活動に関する先行研究とその限界

 CMF が展開しているオペレーションは、国連、特に香西茂が指摘するような、安保理事会の集権的な権威の下での軍事的な強制行動である国際警察行動 (international police action) に従事する国連警察軍 (United Nations Police Force)[13] による活動には該当しない。CMF は、米国が主導する有志連合国海軍部隊、すなわち多国籍軍であり、そのオペレーションはあくまで個別国家による活動 (unilateral action) である。つまり、個別国家の集合体にすぎない CMF という組織が国際社会に共通する公共財的な利益を確保するために、公海を中心とする広大な海域において、船舶への乗船及び捜索を伴う活動を大規模かつ広範囲に展開しているというのが現状である。

 既に第 3 章において論述したとおり、海上阻止活動は、既存の国際法に海上阻止の根拠を見出せないことから、活動が想起された当初においては、特異かつ例外的な活動として認識されていた。そして、これまで展開した国連海上阻止活動及び拡散対抗を目的とした海上阻止活動においては、それぞれ関係国により海上阻止の根拠を構築する努力がなされ、その結果、海上阻止

---

11) 真山前掲論文序章注 58、114 頁。
12) E. g., Murdoch, *supra* note 8, p. 322.
13) 香西茂「国連軍」田岡良一先生還暦記念論文集編集委員会編『国際連合の研究第一巻』(有斐閣、1962 年)、89 頁。

の根拠として、安保理事会決議、国際立法、二国間乗船合意及び多数国間条約が採択または整備されてきた。そして、海上阻止活動の系譜におけるこのような経緯は、当初はあくまで特異かつ例外的な事象として認識されていた活動が、海上阻止のための特別な規則類が新たに整備されることにより、国際の平和の維持または回復のための手段として定着してゆく過程（現象）にほかならない。

　このような過程を経て、国連海上阻止活動及び拡散対抗を目的とした海上阻止活動については、現在では制度的な正当性はいずれも確保されている。そして、それらの正当性を確保するために規則類は、多くの法的議論と困難を乗り越えて整備されたものである。他方で、テロ対策海上阻止活動においては、上述したような海上阻止の法的基盤が完全に確保されているというわけではなく、なによりも、国連海上阻止活動や拡散対抗を目的とした海上阻止活動において見られた合法性の確保にかかわる努力の過程を十全に経ることなく活動の展開が先行しているようにすら見受けられる。このような問題に加え、テロ対策海上阻止活動は多数の国家に影響を及ぼすものであることから、それを取り上げて法的に検討する必要性は十分に認められるところである。

　2001年9月11日に生起したいわゆる米国同時多発テロ攻撃以降、非国家主体に対する国家による武力行使や自衛権行使の可能性を考察の主題として取り扱った論説は、国際法に関するものに限定しても極めて多数にのぼる[14]。しかしながら、これらの業績における主要な論点は *jus ad bellum* に関

---

14) 本論点を取り扱った主要な業績は、本章で引用するものの他にも、以下に紹介するようなものが一例として挙げられる。浅田正彦「国際法における先制的自衛権の位相―ブッシュ・ドクトリンを契機として―」村瀬信也編『二一世紀国際法の課題』（有信堂、2006年）、287-342頁：新井京「テロリズムと武力紛争法」『国際法外交雑誌』第101巻第3号（2002年11月）、123-145頁：植木俊哉「低水準（低強度）敵対行為と自衛権」『国際問題』（電子版）No.556（2006年）、25-32頁：同「低水準敵対行為と自衛権」村瀬編前掲書第2章注102、113-139頁：同「国際テロリズムと国際法法理」『国際法外交雑誌』第105巻第4号（2007年）1-20頁：大江博「武力行使の法理―近年の事例からみた自衛権、集団安全保障、人道的介入の位置づけ」島田征夫、杉山晋輔、林司宣編集代表『国際紛争の多様化と法的処理』（信山社、2007年）、275-311頁：折田正樹「武力行使に関

第Ⅱ部　海上阻止のための規則の構築

する国連の法的枠組みの有効性―対アフガニスタン軍事作戦とイラク戦争の場合」『外務省調査月報』、2006年 No.3、41-60頁：中谷和弘「集団的自衛権と国際法」村瀬編前掲書第2章注102、29-58頁：西井正弘「大規模国際テロと国際法」『国際問題』No.505（2002年）、2-20頁：根本和幸「国際法上の自衛権行使における必要性・均衡性の意義（一）（二・完）」『上智法学論集』第50巻第1号（2006年）、7-100頁（一）：同第50巻第2号（2006年）、31-68頁（二・完）：萬浪学「テロ対策特措法と同法に基づく活動について」『国際法外交雑誌』第101巻第3号（2002年11月）、46-70頁：藤田久一「九・一一大規模テロと諸国の反応―国際法秩序の危機か変容か」『国際問題』No.505（2002年）、21-35頁：古谷修一「自衛と域外法執行措置」村瀬編前掲書第2章注102、165-200頁：真山全「国連の軍事的活動に対する武力紛争法の適用―武力紛争の事実主義的認識とその限界―」安藤仁介、中村道、位田隆一編『二一世紀の国際機構：課題と展望』（東信堂、2004年）、307-335頁：宮内靖彦「『非国家的行為体への自衛権』論の問題点」『国際問題』（電子版）No.556（2006年）、5-14頁：村瀬信也「自衛権の新展開」『国際問題』No.556電子版（2006年）、1-5頁：松井芳郎「国際法における武力規制の構造―討論のための概念整理」『ジュリスト』No.1343（2007年）、10-16頁：森川幸一「国連安全保障理事会決議への日本の対応」『ジュリスト』No.1232（2002年）、45-53頁：同「『対テロ戦争』への国際人道法の適用―『テロリスト』の取扱いをめぐる米国での議論と日本の捕虜制度を中心に」『ジュリスト』No.1299（2005年）、73-83頁：森田桂子「自衛権と海上中立」村瀬編前掲書第2章注102、225-248頁：Louis René Beres, "The Legal Meaning of Terrorism for Military Commander," *Connecticut Journal of International Law*, Vol.11, No.1 (1995), pp.1-27: Yoram Dinstein, "The Gulf War: 1990-2004 (And Still Continuing)," in Thomas McK. Sparks and Glenn M. Sulmasy eds., *International Law Challenges: Homeland Security and Combating Terrorism*, International Law Studies, Vol.81 (Naval War College, 2006), pp.337-350: Tarcisio Gazzini, "The Rules on the Use of Force at the Beginning of the XXI Century," *JCSL*, Vol.11, No.3 (2006), pp.319-342: Terry D. Gill, "The Temporal Dimension of Self-Defence: Anticipation, Pre-emption, Prevention and Immediacy," *JCSL*, Vol.11, No.3 (2006), pp.361-370: Michael J. Glemmon, "The Fog of Law: Self-Defense, Inherence, and Incoherence in Article 51 of the United Nations Charter," *Harvard Journal of Law and Public Policy*, Vol.25, No.2 (2002), pp.539-558: Christopher Greenwood, "War, Terrorism and International Law," in *idem*, *supra* note 298 of Chapter 3, pp.409-432: Robert McLaughlin, "The Legal Regime Applicable to Use of Lethal Force When Operating under a United Nations Security Council Chapter VII Mandate Authorising 'All Necessary Means'," *JCSL*, Vol.12, No.3 (2007), pp.389-418: Christopher Müller, "The Right of Self-Defense in the Global Fight against Terrorism," in Sparks and Sulmasy eds., op.cit., pp.351-366: Erick Myjer and Nigel D. White, "The Twin Towers Attack: an Unlimited Right to Self-Defence?," *JCSL*, Vol.7, No.1 (2002), pp.5-18: Joseph L. Nimmich and Dana A. Goward, "Maritime Domain Awareness: The Key to Maritime Security," in Michael D. Carsten ed., *Global Legal Challenges: Command of the Commons, Strategic Communications and Natural Disasters*, International Law Studies, Vol.83 (Naval War College, 2007), pp.57-65: Alexander Oarkhelashvili, "Overlap and Convergence: The Interaction Between *Jus ad Bellum* and *Jus in Bello*," *JCSL*, Vol.12, No.1 (2007), pp.157-198: Allan Pellet, "Brief Remarks on the Unilateral Use of Force," *EJIL*, Vol.11, No.2

するものであり、海上阻止活動そのものを法的検討の主題としたものは極めて少数にとどまる。

そのような趨勢にあって、テロ対策海上阻止活動に主眼を置いたほとんど唯一の先行研究として、ハインチェル・フォン・ハイネク（Wolf Heintschel von Heinegg）による、不朽の自由作戦における海上コンポーネント（Operation Enduring Freedom Maritime Component）について検討を加えた業績が挙げられる[15]。本業績においてハインチェル・フォン・ハイネクは、テロ対策海上阻止活動は国連憲章第51条で確認されている自衛権及び関連する一連の国連安保理事会決議という複数の法的根拠を有する可能性のある活動であると主張する[16]。しかしながら、このハインチェル・フォン・ハイネクの主張は、関連する国連安保理事会決議をやや目的論的に解釈しているとの印象が否めない。さらに、ハインチェル・フォン・ハイネクは、米英によるアフガニスタンへの武力行使（国際的武力紛争）終了後の段階において展開されている海上阻止の合法性について、まず、テロとの戦いの遂行のために自衛権は引き続き行使可能であるとし、その上で、自衛権行使に関する必要性及び均衡性の範囲内においてさらなるテロ行為を未然に防止することを目的とした船舶の阻止は可能であると主張する[17]。ハインチェル・フォン・ハイネク自身

(2000), pp. 385-392: Natalino Ronzitti, "The Expanding Law of Self-Defence," *JCSL*, Vol. 11, No. 3 (2006), pp. 343-360: Erick Rosand, "The UN-Led Multilateral Institutional Response to Jihadist Terrorism: Is a Global Counterterrorism Body Needed?," *JCSL*, Vol. 11, No. 3 (2006), pp. 399-428: Niaz A. Shah, "Self-Defence, Anticipatory Self-Defence and Pre-Emption: International Law's Response to Terrorism," *JCSL*, Vol. 12, No. 1 (2007), pp. 95-126: Michael Schmitt, "The Legality of Operation Iraqi Freedom under International Law," in Sparks and Sulmasy eds., op. cit., pp. 367-392: Curtis A. Ward, "Building Capacity to Combat International Terrorism: The Role of the United Nations Security Council," *JCSL*, Vol. 8, No. 2 (2003), pp. 289-306: Jan Wouters and Frederik Naert, "Shockwaves through International Law after 11 September: Finding the Right Responses to the Challenges of International Terrorism," in Cyrille Fijnaut, Jan Wouters and Frederik Naert eds., *Legal Instruments in Fight against International Terrorism* (Martinus Nijhoff Publishers, 2004), pp. 411-546.

15) Heintschel von Heinegg, *supra* note 207 of Chapter 3.
16) *Id.*, pp. 261-262.
17) *Id.*, p. 266.

も、このような理論構成は従前いずれの国際法学者によっても展開されなかった特異なものであるとしているが、他方で、テロ対策海上阻止活動の合法性にそのものついては、いずれの国からも異議が唱えられていないことから現実的な問題は生じていないと主張する[18]。いずれの国からも活動に対する異議が唱えられてないことと活動の法的根拠の確保とは全く異なる次元における議論であるが、そのことはひとまずは措く。他方で、米英によるアフガニスタンへの武力行使が終了した後は、厳密な意味（strictu sensu）における武力紛争は存在しないことはハインチェル・フォン・ハイネクも認めるところであり、かかる状態において如何なる根拠に基づき自衛権行使が可能となるのかという極めて根本的かつ重要な点につき、ハインチェル・フォン・ハイネクが十分な回答を提示しているとは判断し難い[19]。

また、海上阻止に関する包括的な先行研究においても、まず、クラインは、テロ対策海上阻止活動の根拠につき、それは第一義的には米国同時多発テロ攻撃に対応する自衛権行使であるとはしながらも、その詳細についてはなお不明確であると述べるにとどまる[20]。また、パパスタヴリディスはテロ対策海上阻止活動について直接的には言及しておらず、さらに、ギルフォイルは、海洋法上の法執行活動の一局面における船舶の阻止（臨検）に該当するもののみを取り扱っており[21]、それ以外の海戦法規上の措置や安保理事会決議に基づき実施される船舶の阻止を検討の対象から除外している[22]。さらに、日本国内の学界に目を転じても、テロ対策海上阻止活動についての先行研究は、主として日本の国内法体制との関係においてその国際法及び国内法上の問題点を検討した森川幸一の業績がわずかに存在するのみである[23]。このよ

---

18) Id.
19) Id., pp. 268-269.
20) Klein *supra* note 30 of Introduction, p. 274.
21) Guilfoyle, *supra* note 29 of Introduction, p. 339.
22) Id., p. 6. なお、ギルフォイルが触れていない国連海上阻止活動における補償及び損害賠償については、Philipp Wendel, *State Responsibility for Interference with the Freedom of Navigation in Public International Law*（Springer, 2007）, pp. 244-248 を参照。
23) 森川前掲論文第 4 章注 105。

うに、テロ対策海上阻止活動に関する先行研究は、本書の刊行の時点においては質量ともに極めて限定的である。以上紹介したような先行研究業績の限界等を踏まえ、以下本章においては、テロ対策海上阻止活動について、それが既存の国際法によってどの程度説明または正当化することができるのか、さらに、参加国が如何なる認識をもって実施しているのかという点に主眼を置き検討する。

　大量破壊兵器の拡散対抗を目的とする海上阻止活動の合法性の確保にかかわる過程においては、乗船及び捜索にかかわる旗国の見做許可を条約化しようとした米国と、乗船及び捜索についてはあくまで既存の国際法の枠内において実施されるべきであるとするその他の諸国との間で、ダイナミックなせめぎ合いが生じていた。その結果、安保理事会による立法並びに二国間及び多数国間条約により、かかる活動の根拠を構成する規則類が整備された。また、国連海上阻止活動の合法性の確保は、安保理事会の国連憲章第7章下の行動として採択された同理事会決議という miracle formula によりなされている。この miracle formula は、既存の国際法によっては実施が困難な特定物資の海上輸送の規制を国連憲章上制度化し、海上阻止の法的根拠を構成するものである。これに対して、テロ対策海上阻止活動は、海洋法及び海戦法規といった既存の国際法のいずれにも基礎づけられない活動であるにもかかわらず、本活動においては海上阻止の必要性が殊更に優先され、その結果、実行が先行的に積み重なっている。従前の海上阻止活動においては、いずれも海洋法及び海戦法規といった既存の国際法そのものは変更されることなく、その枠外において新たな規則類が整備されてきた。対して、テロ対策海上阻止活動においては、本活動は既存の国際法とは相当に整合しないにもかかわらず、新たな規則類の策定は見られていない。

　このように、テロ対策海上阻止活動においては、国際法とそれに先行する実行との乖離が一層拡大している。然るに、かかる現状が特段に問題視されることなく、テロ対策海上阻止活動は整斉と実行されている。そして、法的な観点からは、テロ対策海上阻止活動については、国際法と実行との整合性をいずれかの時点でとる必要が生じるであろうことが推認され、また、既存

第Ⅱ部　海上阻止のための規則の構築

の国際法と実行との乖離の幅が広ければ広いほど、影響を受けるか、あるいは変更がなされる規則類は一層広範囲なものに及ぶであろうことが一般的に想定される。

第2節　有志連合海上作戦部隊（CMF）の概要

　CMF 及びその隷下でテロ対策海上阻止活動を担当する CTF150 については、それらの名称については報道等においても度々言及されるところであるが、実態及びオペレーションの実情について広く一般に周知徹底されているとは判断し難い。よって、テロ対策海上阻止活動に関する法的検討に先立ち、まずはこれらにつき概観することとする。

1. 組織編制及び任務
　CMF は、米海軍第 5 艦隊（U. S. Fifth Fleet）及び米中央軍海軍部隊（U. S. Naval Force Central Command: NAVCENT）に所属する米海軍部隊を中心に、30 余りの有志連合国から派出された艦艇及び人員により構成される多国籍海軍部隊である。CMF は、紅海、アデン湾、オマーン湾、ホルムズ海峡、ペルシャ湾及びインド洋の一部を含む約 250 万平方海里を責任海域とし、各種の海上作戦に従事している[24]。CMF の前身は、湾岸戦争（1990 年～1991 年）の開始前後に米国主導により組織された多国籍軍海上作戦部隊（Coalition Maritime Force Component Command：以下「CMFCC」）である。CMFCC は、米英による対アフガニスタン武力行使（2001 年）及びイラク戦争（2003 年）の双方において多種多様な海上作戦に従事した[25]。その後、CMFCC は、参加

---

[24] UN DOC S/2009/590（13 November, 2009）, Report of the Secretary-General Pursuant to Security Council Resolution 1846, pp. 5-6.
[25] Royal Navy, United Kingdom Maritime Component Commander（UKMCC）, http://www.royalnavy. mod. uk/operations-and-support/operations/united-kingdom-component-command-ukmcc, as of 10 June, 2010.

第 5 章　テロ攻撃未然防止のための予防的展開

国数の増加及び任務の拡大等を伴いつつ発展し、2004 年から 2005 年頃に部隊の名称が CMF へと変更され、現在に至っている[26)]。なお、細部は不明ながらも、各有志連合国から派出された艦艇及び人員は、派遣期間が終了するまでは、CMF 司令官（米海軍第 5 艦隊司令官／米中央軍海軍部隊が兼務）の作戦統制（operational control）を受けているようである。

　CMF には、3 個の合同任務群（Combined Task Force：以下「CTF」）が設置されており、それらは、主として MSO 及びその一環としてのテロ対策海上阻止活動に従事する CTF150、CMF の責任海域全域において海賊対処活動に専従する CTF151 並びにペルシャ湾及びホルムズ海峡での警戒監視に当たる CTF152 である[27)]。なお、CTF151 が設置される以前は、CMF による海賊対処活動は CTF150 が担当していた。2008 年に顕在化したソマリア沖アデン湾における海賊による脅威の急激な深刻化に伴い[28)]、同年 6 月にかかる脅威への対応を目的とした安保理事会決議 1816[29)]が採択されると、CTF150 は、同年 8 月 22 日に責任海域内に海上哨戒エリア（Maritime Security Patrol Area：MSPA）を設定し、当該海域内において海賊対処を目的としたパトロールを開始した[30)]。この間、海賊に対する武器の使用を伴う事案も生起しており、そのような事例として、同年 11 月 12 日に、CTF150 指揮下の HMS *Cumberland*（F-85）が海賊行為に従事している嫌疑ある船舶からの銃撃を受け、自艦防御のために応戦した結果、海賊 2 名が死亡するという事象が生起している[31)]。

　しかしながら、海賊対処活動は CTF150 の職務範囲とはされておらず、

---

26) Id.
27) なお、CMF は明示的にはしていないものの、CTF152 のオペレーションの主たる目的は、イランの動向の把握であるとされる。
28) Geiß and Petrig, *supra* note 62 of Chapter 1, esp. pp. 17-36.
29) UN DOC S/RES 1816（2 June, 2008）.
30) U. S. Naval Force Central Command Public Affairs Press Release, "Maritime Security Area to be Established"（Release #105-08）（22 August, 2008）.
31) BBC, "Navy shoots pirate suspects dead," BBC News 26 November 2008, http://news.bbc.co.uk/2/south_asia/7749486.stm, as of 21 October 2009.

CTF150への艦艇の派遣に関する national mandate をあくまでテロ対策海上阻止活動への参加に限定するドイツ等の一部有志連合国はこの点を問題視した。これらの諸国によると、CTF150がテロ対策海上阻止活動以外の活動に従事することは各国の national mandate との間に齟齬が生じ、国内法上の制約により CTF150への艦艇の派遣が困難となるというものであった[32]。この結果、2009年1月1日、CMF は、CTF150を本来の任務であるテロ対策海上阻止活動を中核とする MSO に専従させるとともに、新たに海賊対処を任務とする CTF151を創設した。CTF151の職務範囲は、2008年に相次いで採択されたソマリア沖アデン湾海賊対処に関連する国連安保理事会決議（安保理事会決議1816、1838、1844、1846、1851）[33]であり、また、具体的なオペレーションは、海賊行為の抑止、海賊行為に従事している嫌疑ある船舶への臨検及び捜索並びに海賊により拿捕された船舶の継続的な監視及び情報収集等である[34]。

　ちなみに、CMF は米国の主導による部隊ではあるものの、その職務範囲は米海軍のそれとは異なり、また、共通した ROE も有さない。さらに、CMF への部隊提供及び個々のオペレーションへの参加にかかわる判断は、あくまでそれぞれの部隊派出国に留保されている。つまり、CMF においては、各国部隊がそれらの派出元の有志連合国がそれぞれ個別に定める national mandate、ROE 及び国内法に依拠して、個々の有志連合国が可能な

---

32) Guilfoyle, *supra* note 29 of Introduction, p. 71.
33) これらの安保理事会決議を中心とするソマリア沖アデン湾における海賊対処の法的側面について簡潔に纏めたものとして、さしあたり James G. Dalton, John Ashley Roach and John Daley, "Introductory Note to United Nations Security Council : Piracy and Armed Robbery at Sea-Resolution 1816, 1846 and 1851," *ILM*, vol.48, No.1（2009）, pp. 129-132：山田哲也「ソマリア沖『海賊』問題と国連─『安保理の機能変化』論との関わりで─」『国際法外交雑誌』第112巻第1号（2013年）、30-55頁。
34) Combined Maritime Forces, "Combined Task Force 151," http://www.cusnc.navy.mil/command/ctf151.html, as of 04 July 2009 : Commander, Combined Maritime Force Public Affairs, "New Counter-Piracy Task Established"（Jan 8 2009）, http://www.cusnc.navy.mil, as of 10 Jan 2009.

貢献を主体的に行うという原則によりオペレーションが展開されているのである[35]。

2. 主要オペレーション
――テロリスト及びテロ関連物資の海上移動の阻止――
a．不朽の自由作戦（OEF）の開始

2001年9月11日に生起した米国同時多発テロ攻撃は、国連憲章第51条のいう武力攻撃に該当する事態であると広く国際社会に認識された[36]。安保理事会は、決議1368及び同1373を採択し、テロ行為が国際の平和と安全を脅かす場合にはあらゆる手段を用いてこれに対応する必要性を強調するとともに、国連憲章第51条の下で確認されている固有の権利である個別的及び集団的自衛権を確認した[37]。これらの決議の採択後の2001年10月7日に、

---

35) このため、例えばCTF151が展開している海賊対処活動においても、現場で対処した軍艦の旗国によっては、海賊実行犯を拘束及び引致した後に訴追するのか、あるいはそれらを現場で武装解除した後に解放するのかというように、異なる対応が見られている。Kees Homan and Susanne Kamerling, "Operational Challenges to Counterpiracy Operations off the Coast of Somalia," in Bibi van Ginkel and Frans-Paul van der Putten eds., *The International Response to Somali Piracy: Challenges and Opportunities*（Martinus Nijhoff Publishes, 2010), p.79. なお、海賊という従前においては個別国家が各個に対応していた国際法上の犯罪への対処が、今日では有志連合による多国間海軍協力の一環としての行動として展開されていることは注目に値する。そして、このことは、特に2001年9月11日に生起したいわゆる米国同時多発テロ攻撃以降は、海上安全保障に関連する問題の対処においては個別国家による対応から国際的な協力体制へと移行しているという一般的な傾向に鑑みると（Klein, *supra* note 30 of Chapter 1, p.5.)、むしろ自然な流れであるともいえる。林司宜「海上におけるセキュリティ問題と国際的法執行制度」『早稲田大学社会科学研究所紀要』第3号（2010年）、129頁。

36) Jack M. Beard, "America's New War on Terror: The Case for Self-Defense under International Law," *Harvard Journal of Law and Public Policy*, Vol.25, No.2 (2002), p.559.

37) UN DOC S/RES 1368, *supra* note 222 of Chapter 4 ; UN DOC S/RES 1373, *supra* note 102 of Chapter 4. その後、安保理事会は、米国同時多発テロ攻撃以降生起したテロ攻撃事案に際して、国際テロリズムは国際の平和と安全に対する脅威である旨を一貫して認定している。UN DOC S/RES 1438（14 October, 2002）; UN DOC S/RES 1440（24 October, 2002）; UN DOC S/RES 1450（13 December, 2002）; UN DOC S/RES 1465（13 February, 2003）; UN DOC S/RES 1516（20 November, 2003）; UN DOC S/RES 1530（11 March, 2004）; UN DOC S/RES 1611（7 July, 2005）; UN DOC S/RES 1618（4 August, 2005）.

米国は、同国と他の諸国は固有の権利である個別的及び集団的自衛権を行使して、アフガニスタンに対する武力行使を伴う軍事行動を開始したことを安保理事会に報告した[38]。本書簡において米国は、アフガニスタンへの武力行使の理由として、「タリバン政権がアフガニスタン領域をアル・カイダの作戦基地として使用することを容認する政策を変更することを拒否していること、及びアル・カイダがアフガニスタン領域でテロ分子を訓練し、また、アフガニスタン領域からテロ分子を支援しているため」と主張している[39]。さらに、英国も、米国とともに個別的及び集団的自衛権を行使したことを安保理事会に同様に報告している[40]。

この米英両国による対アフガニスタン武力行使に端を発する一連のテロとの戦い (war on terror) が、不朽の自由作戦 (Operation Enduring Freedom:以下「OEF」) である。OEF の初期の段階において米軍は、アフガニスタンの反政府勢力である北部同盟と共同して活動し、また、この段階における OEF はアフガニスタンに対して自衛権を行使した米国及び英国のみが参加していた軍事行動であり[41]、国際的武力紛争に該当する。そして、その後、多くの国が OEF へ参加及び支援を行ったため、OEF は米国が推進するテロとの戦いにおいて政治的な正当性を帯びる活動となった[42]。

なお、本書の刊行の時点においては、このアフガニスタンへの武力行使は、自国の領域を国際テロ組織 (アル・カイダ) の使用に供している政府 (アフガニスタン・タリバン政権) に対する自衛権行使が、国際社会において広く

---

38) UN DOC S/2001/946 (7 October, 2001), Letter dated 7 October 2001 from the Permanent Representative of the United States of America to the United Nations addressed to the President of the Security Council.
39) Id.
40) UN DOC S/2001/947 (7 October, 2001), Letter dated 7 October 2001 from the Chargé d'affairs a.i. of the Permanent Mission of the United Kingdom of Great Britain and Northern Ireland to the United Nations addressed to the President of the Security Council.
41) Gray, *supra* note 155 of Chapter 3, pp. 203-204.
42) *Id.*, p. 206.

認められたおそらくは唯一の事例である[43]。つまり、たとえ OEF の主要な目的が同時多発テロの首謀者であるウサマ・ビン・ラディン（Usāma bin Lādin）等のアル・カイダのテロリストを捕捉するものであったとしても、米英の武力行使はアル・カイダという非国家主体のみを対象としたものではなく[44]、アフガニスタン国家も同様にその対象とされた[45]。他方で、海上においては、米海軍 USS *Carl Vinson*（CVN-70）空母打撃群（Carrier Strike Group：CSG）（米第 5 艦隊における部隊区分は TF50）が、OEF 開始から数か月にわたり北アラビア海から主として空母艦載機によるアフガニスタン攻撃等の作戦に従事した[46]。この対アフガニスタン武力行使と並行して開始された、アフガニスタン領域へのあるいはそこからのテロリスト及びテロ関連物資の海上移動の阻止を目的とするインド洋におけるオペレーションが、不朽の自由作戦海上阻止活動（OEF-Maritime Interception Operations：以下「OEF-MIO」）である[47]。

ちなみに、アル・カイダ等のテロ組織へ仕向けられたテロ関連物資及びテロリストの海上移動の阻止は、インド洋における CTF150 による OEF-MIO に先立ち地中海において NATO により先鞭がつけられている。米国同時多発テロ攻撃の翌日の 2001 年 9 月 12 日に、北大西洋理事会は、米国同時多発テロ攻撃は NATO 加盟国すべてに対する武力攻撃であり、北大西洋条約（以

---

43) Kimberley N. Trapp, "Back to Basics: Necessity, Proportionality and the Right of Self-Defence against Non-State Terrorist Actors," *ICLQ*, Vol. 56, Part 1（2007）, pp. 152, 155.
44) 川岸伸「非国家主体と国際法上の自衛権（二）」『法学論叢』第 168 巻第 2 号（2010 年）、24 頁。
45) Oliber Corten et François Dubuisson, "Operation Liberté Immuable: une extension abusive du concept de légitime défensé," *RGDIP*, Tome 196（2002）, pp. 71-72: Dire Tlade, "The Nonconsenting Innocent State: The Problem with Bethlehem's Principle 12," *AJIL*, Vol. 107, No. 3（2013）, p. 574.
46) U. S. Department of Defense, Network Centric Operations（*hereinafter* DOD, NCO）Case Study, "Task Force 50 During Operation ENDURING FREEDOM," Abridged Report（Version 1）, p. 3. http://www. carlisle. army.mil/DIME/documents/TF_50_OEF%5B1%5D.pdf, as of 30 October, 2010.
47) 日本国外務省「補給支援活動～テロとの闘い」、http://www.mofa.go.jp/mofaj/press/pr/wakaru/topics/vol10, as of 30 August, 2013.

下「NATO条約」)第5条による対応の範囲内の事態と見なされるとの声明を発表した[48]。本声明を受けて、同年10月6日、NATO常設海上作戦部隊(Standing NATO Maritime Group: SNMG)は、東地中海において通航船舶のモニターを開始した[49]。本オペレーションが、NATO Operation Active Endeavour(以下「OAE」)であり、約1か月後、北大西洋理事会は、OAE参加部隊の職務範囲に船舶の阻止、立ち入り及び捜索を追加した[50]。

OAEは、NATOの歴史上初の集団的自衛権行使によるオペレーションであり[51]、その後、2004年には、本オペレーションは地中海全域へと拡大される等、極めて大規模に展開している。また、OAEの実績の一部として、2003年4月から2005年1月の間、約59,000隻の船舶に問いかけが実施され、そのうち80隻に対して立ち入り検査が実施されたと公表されている[52]。さらに、OAEにおける船舶への立ち入りは、旗国の許可または船長の同意を得て実施されたようである[53]。

b．第150合同任務群(CTF150)とそのオペレーション

(a) 部隊の創設と不朽の自由作戦海上阻止活動(OEF-MIO)の開始

CTF150は、元来、米海軍第5艦隊隷下の米海軍部隊であったが、OEFの開始前後にCMFCCの指揮下において海上におけるテロとの戦いを主たる任務とする多国籍海軍部隊として再編された[54]。CTF150は、これまで20か

---

48) Statement by the North Atlantic Council, NATO Press Release (12 September, 2001). なお、OASも米国同時多発テロ攻撃はすべての米州諸国に対する攻撃とみなす旨を宣言した。OAS DOC OEA/Ser. F/II. 24/. RC. 24/RES. 1/01 rev. 1 corr. 1 (21 September, 2001), Preambular.
49) NATO Briefing "Active Endeavour, NATO Naval Operation Proliferation Security Initiative," December, 2003.
50) Id.
51) NATO Briefing, "NATO and the fight against terrorism," March, 2005.
52) NATO Briefing, "Response to terrorism: Active operation against terrorism, strengthening cooperation and capabilities," NATO Public Diplomacy Division, Brussels, March, 2005.
53) Kwast, *supra* note 37 of Introduction, p.67.
54) Combined Maritime Forces, "CTF150," http://www.cusnc.navy.mil/command.CTF150. html, as of 16 December, 2009. なお、日本国防衛省の発表資料では、CTF150は、2001年10月7

国以上の有志連合国から部隊等の参加を得ているほか、部隊の指揮もこれらの参加各国が輪番で担当している[55]。CTF150 の職務範囲は、かつては安保理事会決議 1368、1373 及び 1378 の枠内とされていたが[56]、現在では、同部隊は、MSO の一環としてテロリストの捕捉、テロリスト・ネットワークのモニター、武器及び麻薬の密輸の取締り並びに人身売買等の取締り等の幅広い活動に従事している[57]。

　CTF150 は、米英によるアフガニスタンへの武力行使の開始後間もなく、TF50 によるアフガニスタン攻撃と並行して OEF-MIO を開始した[58]。なお、CTF150 の活動の初期段階では、テロ関連物資といった物の海上移動阻止のみが OEF-MIO とされ、アル・カイダ幹部等のテロリストといった人の海上移動の阻止は OEF-Leadership Interception/Interdiction Operations（OEF-LIO）と呼称され、OEF-MIO とは区別されていた[59]。その後、すべての海上阻止活動が MSO に統合された後は、人及び物といった阻止対象の区分は撤廃された[60]。ちなみに、日本においては、OEF-MIO 並びにその後のテロリスト及びテロ関連物資の海上移動の阻止を目的とする活動は、今日に至るまで一貫してテロ対策海上阻止活動と呼称されているが、CMF 及びそれを主導する米国並びにその他の有志連合国の間では、本オペレーションの呼称については変遷があった。インド洋におけるオペレーションの開始直後には、この活動は、伝統的な海上阻止活動である国連海上阻止活動が対象としていた物に加え、新たに人も阻止対象とすることから、拡大海上阻止活動（Expanded-

---

　　日の英米による対アフガニスタン武力行使開始直後に創設されたとされている。http://www.mod.go.jp/j/sankou/report/2007/pdf/1106_9.pdf, as of 4 July, 2009.
55) Combined Maritime Forces, "CTF 150," *supra* note 54.
56) *Id*.
57) *Id*.
58) DOD, NCO Case Study: "Task Force 50 During Operation Enduring Freedom," *supra* note 46, p.4. なお本資料によると、TF50 もテロリスト及びテロ関連物資等の海上移動阻止に従事したとされている。*Id*., p.2.
59) Hodgekingson, et al, *supra* note 5, p.622.
60) Kwast, *supra* note 28 of Chapter 4, p.235, n.415.

Maritime Interception/Interdiction Operations: E-MIO)[61] と呼称されていた時期もあった。なお、E-MIO という概念は、米海軍のオペレーションに関連する文書において現在でも確認でき、それは、米国国防長官による承認の下、米国に対する急迫した脅威を及ぼす人及び物資の洋上阻止を目的とするオペレーションであるとされている[62]。

(b) 不朽の自由作戦海上阻止活動 (OEF-MIO) の展開と海上警備活動 (MSO) への移行

OEF-MIO は、極めて大規模かつ広範囲に展開を見せた。例えば、2001 年 10 月から 2003 年 10 月までの間、1,100 隻以上の船舶が CTF150 の海上阻止の対象となった[63]。なお、第 4 章で引用した PSI の契機となった *So-San* 事件も、OEF-MIO の成果の一つとして位置づけられている[64]。

OEF-MIO のこの期間における海上阻止に関しては、特にカナダ海軍の活動実績が顕著であり、立ち入り検査の半数以上が同海軍艦艇によるものであった[65]。カナダは、2001 年 10 月から 2003 年 10 月までの 3 年間、OEF-MIO への貢献として Operation Apollo と称する海上作戦を展開しており、その中で、海軍は 21,800 隻以上の船舶に対して無線による問いかけを実施した[66]。カナダは、OEF-MIO への参加のための根拠として、NATO 条約第 5 条及び国連憲章第 51 条で確認されている自衛権並びに国連安保理事会決議 1368 及び同 1373 を掲げている[67]。カナダの認識では、同国はアフガニスタン地上領域のみならず洋上においてもアフガニスタン・タリバン政権との(国際的) 武力紛争状態にあり、加えて、タリバン政権またはアル・カイダ

---

61) Hodgekingson, et al, *supra* note 5, p.587.
62) NTTP 3-07.11,*supra* note 8 of Introduction, para.1.5.6.
63) Kwast, *supra* note 28 of Chapter 4, p.235, n.416.
64) Roach, *supra* note 13 of Chapter 4, pp.53-54.
65) Office of Public Affairs Facts Sheet, *International Contribution to the War against Terrorism*(May 22, 2002), p.2.
66) Department of National Defence, *The Canadian Forces' Contribution to the International Campaign Against Terrorism, October 2001-October 2003*(BG-02.001p)(7 January, 2004).
67) *Id.*

第 5 章　テロ攻撃未然防止のための予防的展開

に支援を与える船舶への対応については、サンレモ・マニュアルが適用される事態であると認識していたようである[68]。

その後、テロリスト及びテロ関連物資の海上移動阻止をより効果的に実施するためには地上におけるオペレーションとの綿密な連携が不可欠であるとの理由から、2002 年 10 月以降、OEF-MIO は北東アフリカ地域における OEF である OEF-Horn of Africa（以下「HoA」）（OEF-HoA）に統括された[69]。さらに正確な時期は不明ながらも、2003 年頃には OEF-MIO は MSO に統合された。米国の定義によると、MSO とは平時における包括的な海上治安維持活動を示す概念とされており[70]、より具体的には、対テロ活動、違法な麻薬取引、武器取引及びその他の形態による国境を越える犯罪の取締り、大量破壊兵器拡散対抗、海洋環境の破壊行為の阻止、海洋を介した違法移民の取締り及び海賊対処活動等という、それぞれ異なる法的根拠を有する諸活動を

---

68) Jean-Guy Perron, Lieutenant Colonel, Assistant Judge Advocate General, National Capital Region, Ottawa, "Panel Ⅲ: Commentary-Maritime & Coalition Operations," in Borch and Wilson eds., *supra* note 207 of Chapter 3, pp. 309-310.なお、武力紛争を背景としない OEF-MIO の段階においても、海上阻止におけるテクニカルな部分は、サンレモ・マニュアルの関連規定を準用して実際されている場合があるとする論者も存在する。Heintschel von Heinegg, *supra* note 104 of Chapter 1, pp. 269-270, 289, n. 6.
69) 2008 年 10 月に米アフリカ軍（US AFRICOM）が創設されるまで（"DoD Establishing U. S. Africa Command," http://defenselink.mil/News/Newsarticle.aspx?id=2940, as of 11 August, 2008)、本オペレーションの戦域は米欧州軍（US EUCOM）の管轄にあった。"EUCOM: Operations and Initiatives," http://www.mil/english/Operations/main.asp, as of 11 August, 2008.
70) U. S. Department of Homeland Defense, *The National Strategy for Maritime Security* (September, 2005), pp. 3-6.なお、MSO には以下に記すような目的（goal）があり、それらは、認知（awareness：MDA の強化）、防護（prevention：国内的及び国際的の両面にわたる効果的な海上警備体制の構築）、防止（protection：港湾、海岸及び領海以遠の海域における軍民双方によるオペレーショナル・プレゼンスの強化）、対応（response：事象生起時における迅速かつ効果的な対応）、回復（recovery：テロリズム、自然災害等への対処後の速やかな即応体制の回復）である。United States Congress House of Representatives Select Committee on Homeland Security, Subcommittee on Infrastructure and Border Security, *Maritime Security Operations within the Department of Homeland Security* (U.S. Government Printing Office, 2005), p. 11.

含むとされる[71]。また、CMF は、MSO においては時として臨検、立ち入り検査、船舶書類の検査、船内の捜索及び船舶及び積荷の没収という強制的な措置を伴う場合があるとしているが[72]、これらの措置は有志連合諸国の安全保障及び自衛を理由として実施される同様の措置とは趣旨が異なると整理されている[73]。

OEF-MIO が MSO に統合された結果、CTF-150 が措置の対象とする船舶の範囲は飛躍的に拡大し、テロリスト及びテロ関連物資の輸送確認のための無線による問いかけや立ち入り検査が、従前にも増して極めて大規模かつ広範に実施された。具体的には、2005 年の 1 年間だけでも、①ペルシャ湾北部海域：無線による問いかけ 17,000 回以上・立ち入り検査 8,000 回以上、②同南部海域：無線による問いかけ 2,000 回以上・立ち入り検査 700 回以上、③ HoA 海域：無線による問いかけ 32,000 回以上・立ち入り検査 200 回以上、④北アラビア海：無線による問いかけ 62,000 回以上・立ち入り検査 1,400 回以上という活動実績が米軍により示されている[74]。このほか、CTF150 の指揮下の有志連合国の艦艇により、麻薬、アルコール類及び武器といったテロリストの資金源となり得る大量の物資が押収されており、その成果を示す一例として、日本国防衛省の資料によると、2008 年における麻薬の年間押収量は 53 トン以上、及び 2009 年上半期のそれは 22 トン以上という数値が提示されている[75]。

---

71) *Naval Operations Concept 2010*, *supra* note 44 of Introduction, p.35.
72) Combined Maritime Forces, "Combined Maritime Forces," http://www.cusnc.mil/mission.rhumblines.html, as of 4 July, 2009.
73) Cf., Craig H. Allen, "Limits on the Use of Force in Maritime Operations in Support of WMD Counter-Proliferation Initiatives," *Israel Yearbook on Human Rights*, Vol.35 (2005), p.125.
74) CNSL Staff, *COMNAVSURFOR Brief to NDIA Delivering Operational Readiness* (30 November, 2005), http://ndia.org/Content/ContentGroups/Divisions1/Undersea_ Warfare/601 A_Devering_Operational_Readiness.pdf, as of 1 August, 2008.
75) 防衛省統合幕僚監部、「インド洋における補給支援活動」、http://www.mod.go.jo/jso/oef_jisseki.htm, as of 13 March, 2011.

第 5 章　テロ攻撃未然防止のための予防的展開

第 3 節　テロ対策海上阻止活動の根拠
　　　　　——参加国による主張——

1．検討の枠組

　テロ対策海上阻止活動は、アル・カイダ等の国際テロ組織へのテロリスト及びテロ関連物資等の輸送に従事している嫌疑ある船舶に対し、公海上における停船命令及び立ち入り検査等を伴う海上阻止を行うことを趣旨とする。本活動の担い手である CMF は、テロ対策海上活動を担当する CTF150 の職務範囲は安保理事会決議 1368、1373 及び 1378 の枠内としていたことから[76]、まずはこれらの安保理事会決議において安保理事会が海上阻止活動の実施を要請または授権しているのかについて検討することとする。

　一般論として、仮に、安保理事会決議がテロ対策海上阻止活動における海上阻止の根拠を構成するならば、テロ対策海上阻止活動は安保理事会決議を根拠とする国連海上阻止活動の一環であると整理されることから、以後のテロ対策海上阻止活動の合法性に関する検討の必要性は希薄となる。この論点についての結論をやや先取りすると、テロ対策海上阻止活動の根拠を安保理事会決議のみに求めることは困難であり、そのため、参加国が主張する活動の根拠についての別途検討が必要となる。

　テロ対策海上阻止活動は、2001 年 10 月に開始されて以来、本書の刊行の時点においてもなお継続している極めて長期間にわたり展開されているオペレーションであり、背景となる情勢もそれぞれの期間によって異なる。よって、以後本章では、論説の便宜上、テロ対策海上阻止活動の期間（phase）を以下のように分類する。まず、米英によるアフガニスタンへの武力行使という国際的武力紛争が継続していた期間であり、この期間における海上阻止は OEF-MIO として実施されており、その根拠は自衛権行使であると参加国

---

76) Combined Maritime Forces, "CTF 150," *supra* note 54.

は主張している[77]。よって、この期間においては、自衛権行使による船舶の阻止の是非が問題となる。次に、本章第4節において、米英によるアフガニスタンへの武力行使が終了した以降の期間におけるテロ対策海上阻止活動の合法性について検討する。この期間においては、米英によるアフガニスタンへの武力行使の終了により国際的武力紛争は終了したものの、テロとの闘いという非国際的武力紛争は依然として継続している。したがって、そのような状況下における海上阻止は、海洋法及び海戦法規に照らし合わせて検討すると、第2章において検討したアルジェリア戦争におけるフランス海軍の活動と類似した性格となる。

ちなみに、テロ対策海上阻止活動は一貫して武力紛争を背景とするものであると考えると、米英によるアフガニスタンへの武力行使の終了を基準として活動の期間を区分する必要は希薄であるということになるかもしれない。しかしながら、英米によるアフガニスタンへの武力行使は、アル・カイダという非国家主体を対象としたものというよりも、むしろ非国家主体が為した違法な行為の責任をアフガニスタン・タリバン政権に帰属させることにより、アフガニスタン国家を対象とした自衛権行使により正当化された。したがって、この自衛権行使における海上阻止は、まずは国際的武力紛争における国家対国家という伝統的な紛争の構図によって捉えられるべきである。これに対して、当該武力行使が終了した後は、紛争の枠組みが国家対非国家というポスト9/11の時代に出現した新たな枠組みへと移行した。そして、このような枠組みにおいて展開されている海上阻止は、先述したようにアルジェリア戦争におけるフランス海軍の活動と類似した性格となることから、このことが法的に如何なる影響を生じせしめるのかにつき別途検討することが必要となろう。

2. 安保理事会の要請または授権

伝統的な海上阻止活動である国連海上阻止活動が対象とする船舶の多く

---

77) UN DOC S/2001/946, *supra* note 38; UN DOC S/2001/947, *supra* note 40.

は、行為の事実的側面のみに着目すると合法的な契約に基づく貨物の輸送に従事しているに過ぎず、公海海上警察権行使の対象とはならない。そうなると、武力紛争の存在しない状況においては、そのような船舶への軍事力による航行の妨害という行為そのものに違法性が見出せる[78]。したがって、船舶の阻止のための根拠が別途必要となるが、国連海上阻止活動の場合、この根拠を構成するのが安保理事会決議である。国連海上阻止活動の展開にあたり、安保理事会は、まず、平和に対する脅威、平和の破壊または侵略行為の存在を決定し、その上で、措置対象国への禁輸物資の海上輸送阻止を目的として、原則として国連憲章第7章の下の行動として「特定の事態に見合った必要な措置を用いる」ことを関連する決議において明確に要請してきた[79]。この要請は、海洋法の規定を超越する権限を加盟国に付与するという安保理事会の意思の現れであり、換言すれば、安保理事会が関連決議においてそのような明確な表現を用いない場合には、海上阻止活動の展開は意図されていないこととなる。

　国連海上阻止活動の場合と同様に、テロ対策海上阻止活動が対象とする船舶の多くは公海海上警察権行使の対象とはならず、船舶の阻止のためには根拠が別途必要となる。そして、国連安保理事会がテロリスト及びテロ関連物資の海上移動の阻止を加盟国に要請または授権をしていたとすれば、国連海上阻止活動の場合と同様の理論構成により安保理事会決議を根拠とする船舶の阻止が可能となる[80]。ちなみに、要請という表現は、安保理事会の求めに応じないことが国際法上の義務違反を構成し、国家責任を生じせしめるという意味での義務づけとまでは至らないとしても、かかる活動への参加が強く求められているものと解される[81]。これに対して、授権とは、安保理事会が

---

78) Douglas Guilfoyle, "Interdicting Vessels to Enforce the Common Interest: Maritime Countermeasures and the Use of Force," *ICLQ*, Vol.56, Part 1 (2007), p.80.
79) E.g., UN DOC S/RES 665 *supra* note 94 of Chapter 3, para.1 : UN DOC S/RES 787, *supra* note 110 of Chapter 3, para.12 : UN DOC S/RES 875, *supra* note 145 of Chapter 3, para.1.
80) Brown, *supra* note 98 of Chapter 3, p.133.
81) 森川前掲論文第3章注257、312頁。

国連憲章第 7 章下での行動にあたり、安保理事会が有する国連憲章第 7 章下の権限の一部をある特定の加盟国に移譲することにより具体的行動にあたらせるということを意味する[82]。

CMF は、テロ対策海上阻止活動に関する職務範囲は、国連安保理事会決議 1368、1373 及び 1378 であるとしていた[83]。これらの安保理事会決議のうち、決議 1368 は、テロ行為の実行者、組織者及び支援者を法の下で厳正に裁くという特定の目的を掲げつつも、そのための具体的方策は提示せず、国際社会の一致協力につき一般的に表現しているにすぎない[84]。また、安保理事会決議 1378 は、米英による武力行使終了後のアフガニスタンへの支援を国連加盟国に要請することを趣旨とする[85]。このように、これらの安保理事会決議はテロ対策海上阻止活動の中核的要素である公海上における船舶の阻止について何ら言及していないことから、残る安保理事会決議 1373 につき検討を加える。

a．安保理事会決議 1373

安保理事会は、決議 1373 においてテロが国際の平和と安全に対する脅威を構成することを明らかにし、国連憲章第 7 章下の行動として、すべての国に対し、テロ攻撃の阻止及びその実行者の抑圧のために二国間及び多国間取極を通じて協力を要請するとともに、以下の措置（steps）の実施を強く要請した。それらは、テロへの資金提供の阻止[86]、テロの計画、着手及び実行の意思を有することの犯罪化[87]、テロリスト集団の資金凍結[88]、自国領域内において自国民がテロ関連行為に従事することの防止[89]、テロ関連情報の伝達

---

82) Schachter, *supra* note 39 of Chapter 3, p. 462.
83) Combined Maritime Forces, "CTF150," *supra* note 54.
84) UN DOC S/RES 1368, *supra* note 222 of Chapter 4：森川前掲論文第 4 章注 105、248 頁。
85) UN DOC S/RES 1378 (14 November 2001), para. 1.
86) UN DOC S/RES 1373, *supra* note 102 of Chapter 4, para. 1(a).
87) *Id*., para. 1(b).
88) *Id*., para. 1(c).
89) *Id*., para. 1(d).

阻止のために必要な手段を講じること[90]、テロ関連行為のための safe haven の提供阻止[91]、テロリストの移動阻止のための適切な国境管理[92]、テロリスト個人及びネットワークの移動を監視するための情報交換の促進と、武器、爆発物及び大量破壊兵器のテロリスト集団への移動阻止である[93]。さらに、安保理事会は、国連加盟国に対してテロリストへの資金供与の禁止及びあらゆるテロ支援行為の禁止を決定するとともに、テロを犯罪とする国内立法を行うこと、司法共助及びテロ行為処罰などに関する国際協力の促進等を要請した[94]。

　安保理事会決議 1373 が国連憲章第 7 章下で採択されたという事実と、これらの措置の中に武器、爆発物及び大量破壊兵器のテロリスト集団への移動阻止が含まれていることから（パラグラフ 4）、同決議は国家が故意に自国民並びに自国船舶及び航空機をテロリスト及び将来のテロ攻撃に使用されるおそれのある特定物資の輸送に従事せしめてはならないということを黙示的に要請していると解釈し、「国家は安保理事会決議 1373 に違反して自国民並びに自国船舶及び航空機を上記活動に故意に従事せしめた場合、当該国家は強制措置の対象となる」と主張する立場がある（下線強調追加）[95]。また、この立場は、自国船舶を使用したテロリスト及びテロ関連物資輸送について旗国が承知していない場合にも、第三国がそのような輸送に関連する船舶運航情報を有している場合には、当該船舶は第三国による阻止の対象となり得ると主張する[96]。

　しかしながら、安保理事会が決議 1373 において二国間及び多国間の取極

---

90) *Id.*, para. 2(b).
91) *Id.*, para. 2(c).
92) *Id.*, para. 2(g).
93) *Id.*, para. 4.
94) *Id.*, paras. 3, 4. これらの措置に加えて、テロ対策委員会が安保理事会内に設置され、その任務は安保理事会決議 1373 の履行状況のモニタリング、安保理事会への報告及び対テロ能力向上のための支援の実施とされた。*Id.*, para. 6.
95) Heintschel von Heinegg, *supra* note 207 of Chapter 3, pp. 261-262.
96) *Id.*, p. 262.

を通じた協力を要請した事項は、司法共助及びテロ行為処罰などに関する国際協力の促進等であり、その他は、テロ行為を犯罪として国内法上確立させることというような、いずれも各国国内問題に属する事項である。加えて、国家が故意に自国船舶等をテロリストの輸送に使用させたとしても、その行為のみで直ちに公海上に所在する船舶を国連の強制措置の対象とするような安保理事会の意思は、少なくとも決議1373の文理解釈からは読み取れない[97]。また、安保理事会決議1373に違反して自国民並びに自国船舶及び航空機を上記の活動に故意に従事せしめた国家は強制措置の対象となると主張する立場と類似した議論として、安保理事会決議1373とその履行を各国に要望した同決議1377を根拠として、テロリスト及びテロ関連物資の移動阻止を目的とした船舶の阻止が安保理事会により要請または授権されたとする主張がある。かかる主張を展開するヴォルフラム(Rüdiger Wolfrum)は、「安保理事会決議1373によって、国連加盟国はテロ抑圧に関して国連憲章上の義務を負うことから、同決議はテロ関連物資の輸送阻止のための法的根拠を構成する。よって、テロ関連物資輸送に従事しているとの嫌疑を帯びる船舶の阻止とは、国連憲章、特に第7章下の安保理事会の決定にしたがう(国連憲章第25条下の)加盟国の義務の遂行に他ならない」としている(括弧内補足追加)[98]。さらに、バイヤース(Michael Byers)も、決議1373パラグラフ2(b)項の「テロ行為の実施を阻止するために必要な手段を講じる」([T]ake the necessary steps to prevent the commission of terrorist acts) という文言に注目し、本決議はテロ行為を防止するための船舶の阻止を黙示的に授権していると解釈する[99]。

しかしながら、安保理事会決議1373の起草趣旨は、テロ資金対策のための国際協力を強化するため当時未発効であったテロリズムに対する資金供与

---

97) 森川幸一「海上テロリズム行為の未然防止措置」海上保安協会編『海洋法の執行と適用をめぐる国際紛争事例研究』(海上保安協会、2008年)、36頁。
98) Rüdiger Wolfrum, "Fighting Terrorism at Sea: Options and Limitations under International Law," in Myron Nordquist, Rüdiger Wolfrum, John Norton Moore and Ronán Long eds., *Legal Challenges in Maritime Security* (Martinus Nijhoff Publishers, 2008), p.1-40.
99) Byers, *supra* note 6 of Chapter 4, pp.401-402.

の防止に関する国際条約[100]の速やかな締結を各国に求めるものであった[101]。つまり、決議1373において安保理事会が要請しているのは、あくまでテロ行為阻止のための一般的協力であり、同決議からはテロ対策海上阻止活動という個別具体的な活動の実施にかかわる職務範囲を加盟国に付与するような安保理事会の意思は確認できない[102]。むしろ、安保理事会決議1373は、従来のテロ関係条約では不十分であった部分を補足するような包括的な事項を国連加盟国に対して義務づける立法的な性格を有する[103]。

b．その他の関連安保理事会決議

次に、安保理事会決議1373以外の決議につき検討する。まず、安保理事会決議1377は、「テロリズムと戦うための地球規模での努力」を宣言し[104]、また、同決議1390は、海上を介したテロリスト及びテロ関連物資の輸送阻止につき、決議1373の内容を再度引用している[105]。さらに、決議1776において安保理事会は、有志連合による海上阻止活動についての謝意（appreciation）を表明している[106]。なお、ロシアは、有志連合の活動は国連の枠組みの外側に位置するものであり、安保理事会決議において殊更これに言及することは適切ではないとして、本決議の採択を棄権した[107]。

これらの安保理事会決議において安保理事会は、国際テロリズムの抑圧及び実行犯の処罰を目的とした国連全加盟国の参加による国際的コラボレー

---

100) International Convention for the Suppression of the Financing Terrorism, *supra* note 104 of Chapter 4, pp. 270-280.
101) Paul Szasz, "The Security Council Starts Legislating," *AJIL*, Vol. 96, No. 4 (2002), p. 903：森川前掲論文第4章注105、251頁：青木前掲論文第4章注1、147頁：浅田前掲論文第4章注58、23頁。
102) Jost Delbrück, "The Fight against Global Terrorism: Self-Defence or Collective Security as International Police Action?," *German Yearbook of International Law*, Vol. 44 (2001), p. 17.
103) 佐藤哲夫「国連安保理事会機能の創造的展開―湾岸戦争から9・11テロまでを中心に―」『国際法外交雑誌』第101巻第3号（2002年11月）、41頁。
104) UN DOC S/RES 1377 (12 November, 2001), preambular.
105) UN DOC S/RES 1390 (28 January, 2002), paras. 2 (b), (c).
106) UN DOC S/RES 1776 (19 September, 2007), preambular.
107) UN DOC S/PV.5744 (19 September, 2007).

ションと、国連憲章及び国際法に依拠した持続的かつ包括的アプローチの必要性を繰り返し強調している[108]。これらの安保理事会決議の文理解釈からは、CMFを中心とする有志連合による海上阻止活動は、国連憲章の趣旨に則った国際テロリズム抑圧を目的とした多数の国による貢献であること、及び安保理事会はかかる貢献を評価していることは確認できる[109]。その一方で、テロリストの移動阻止との連関を有すると思われる一連の安保理事会決議において安保理事会が決定または要請している事項は、加盟国が自国船舶をテロリスト及びテロ関連物資輸送の供に用いることの回避及び厳格な国境管理を行うことにとどまる[110]。よって、先に引用した国連加盟国の参加による国際的コラボレーションが、安保理事会の要請または授権による船舶の阻止を行うことを職務範囲として編制されるものであるとは直ちには判断できない[111]。以上の検討の結果、関連する安保理事会決議はテロ対策海上阻止活動の根拠としては不十分であり、国連海上阻止活動と同様に、テロ対策海上阻止活動が安保理事会決議を根拠とするものであると判断するには、なお慎重でなければならない[112]。

3. 自衛権行使と海上阻止

a．exceptional rights としての主張

米国同時多発テロ攻撃は、国家によって実行された武力攻撃ではなかったが、国際社会に対し国際テロという新たな脅威を強く認識させるものであった[113]。従来、国家による武力攻撃が生起しなければ自衛権の援用は不可能

---

108) E.g., UN DOC S/RES 1377, *supra* note 104, Annex.
109) E.g., UN DOC S/RES 1776, *supra* note 106, preambular.
110) UN DOC S/RES 1617 (29 July, 2005), para.1 (c) : UN DOC S/RES 1624 (14 September, 2005), para.2.
111) UN DOC S/PV.5744, *supra* note 107, p.2.
112) Christopher Greenwood, "International Law and the 'War against Terrorism'," *International Affairs*, Vol.78, No.2 (2002), p.309.
113) Michael Howard, ""9/11" and After," *Naval War College Review*, Vol.LV, No.4 (2002), p.12 : 浅田正彦「同時多発テロ事件と国際法上の自衛権」『法学セミナー』2002年3月号、34頁。

であるという見解が支配的であった[114]。しかしながら、アル・カイダという私人の集団によって実行された米国同時多発テロ攻撃は、国家による武力攻撃と同等の程度及び烈度を有していたものと、一般的に認識された[115]。さらに、米英がアフガニスタンに対して自衛権を行使した2001年10月当時、アフガニスタンの事実上の政府であったタリバン政権は、同政権が支配する領域内に本拠を有するアル・カイダの存在を容認するとともに、領域内に所在するテロリストの取締り及び引渡し等について国家としての責任を全く果たしていない状況にあった[116]。よって、「安保理事会決議1368及び1373は、国連憲章においては固有の権利である自衛権が認められているという事実を確認するのみにとどまる」と主張する立場が存在する一方で[117]、さらなるテロ攻撃を防止するため、アル・カイダの拠点攻撃の一環としてタリバン政権（アフガニスタン国家）に対し米英が武力行使を行ったことについて、国連をはじめとする国際社会は、基本的にそれを支持するか、少なくとも積極的に反対はしていなかったように思われる[118]。OEFの全局面が国

---

114) Christopher Greenwood, "The Relationship between Jus ad Bellum and Jus in Bello," in *idem*, *supra* note 298 of Chapter 3, p. 16.
115) E. g., Statement by the North Atlantic Council, *supra* note 48.
116) Theresa Reinold, "State Weakness, Irregular Warfare, and the Right to Self-Defense Post 9/11," *AJIL*, Vol. 105, No. 2（2011）, p. 245.
117) E.g.,松田竹男「国際テロリズムと自衛権―集団安全保障との関わりの中で―」『国際法外交雑誌』第101巻第3号（2002年11月）、15頁。この立場は、米英の対アフガニスタン武力行使について、米国同時多発テロはそもそも私人の集団によってなされたものであるから自衛権行使の対象たる国際法上の行為に該当せず、また、米英による自衛権行使もアル・カイダによる新たなテロ行為を抑止するための先制自衛に該当する等、米英の自衛権行使の問題点を指摘するとともに、米英が行った自衛権行使についての安保理事会への報告（UN DOC S/2001/946, *supra* note 38, UN DOC S/2001/947, *supra* note 40.）も、自衛権行使の報告としては不十分であると主張する。同、2-5、8-12、18-19頁。
118) UN DOC SC/7167, AFG/152（8 October, 2001）；浅田前掲論文注113、35頁；Thomas M. Franck, "Terrorism and the Right of Self Defense," *AJIL*, Vol. 95, No. 4（2001）, p. 839；Muge Kinacioglu, "A Response to Amos Guiora : Reassessing the Parameters of Use of Force in the Age of Terrorism," *JCSL*, Vol. 13, No. 1（2008）, p. 39；Sean D. Murphy, "Terrorism and the Concept of "Armed Attack" in Article 51 of the U. N. Charter," *Harvard International Law Journal*, Vol. 43, No. 1（2002）, pp. 47-48.

際的武力紛争に該当するのかという事項は別途検討が必要な論点ではあるが、米英によるアフガニスタンへの自衛権行使が国際的武力紛争を生じせしめ[119]、少なくともそれが継続していた期間は武力紛争法が適用されるような事態であったことには、ほぼ議論の余地がない[120]。

武力紛争時においては、軍艦以外の商船に対しても非常に幅広い干渉の形態が交戦国に対して認められており、それらは海戦法規により規律される[121]。また、国連憲章の下で戦われてきた海戦においても海戦法規の適用が見られた実行が存在していることから、現代においても、海戦法規、特にその範疇に含まれる伝統的規則は効力を失ったというわけではない。しかしながら、近年では法上の戦争状態が存在しない事実上の戦争において、自衛権を根拠とする海上経済戦の措置の実施が従前よりも公然と主張されるようになってきており[122]、そのような過程において、武力紛争の非当事国の船舶への措置の実施につき、海戦法規の下で戦われた武力紛争とは異なる見解及び実行が蓄積されつつあるように見受けられる。

この点に関連しては、イラン・イラク戦争時の 1986 年に、英国商船 *Barber Perseus* が公海上においてイラン海軍により停船させられ臨検を受けた事象に際して、英国外務省が発表した声明が注目される。英国外務省は、武力紛争当事国による自衛権を援用しての非当事国の船舶への措置につき、まず、公海上の航行自由原則への支持を表明し、その上で「国連憲章第 51 条下において、イランのように武力紛争に関与する国家は、外国船舶が紛争

---

119) 藤田前掲書第 1 章注 93、288 頁。Cf., Military Order of November 13, 2001, section 1. Para. (a).
120) Christopher Greenwood, "International Law and the Pre-emptive Use of Force: Afghanistan, Al-Qaida and Iraq," in in *idem*, *supra* note 298 of Chapter 3, p. 684: Wolf Heintschel von Heinegg, "Security at Sea: Legal Restraints or Lack of Political Will? Comments on the Keynote Address by Admiral Hock," in Nordquist et al eds., *supra* note 98, p. 143.
121) Lauterpacht, *supra* note 151 of Chapter 1, pp. 457-458.
122) Klein, *supra* note 30 of Introduction, p. 273: George K. Walker, "*Guerre de Course* in the Charter Era: The Tanker War, 1980-1988," in Elleman and Paine eds., *supra* note 105 of Chapter 1, p. 245.

第5章　テロ攻撃未然防止のための予防的展開

において利用されるであろう武器（arms）を敵国に運んでいると疑うに足りる合理的な根拠がある場合には、固有の権利である自衛権を行使して当該外国船舶を停船させ搜索する権利を有する。この権利は、exceptional right である」とした（下線強調追加）[123]。さらに、英国と同様にオランダも、「国際法の下、交戦国は他の交戦国の港への及びそこからの船舶の航行を制限する措置をとることができる。この措置は、必然的に対象船舶の旗国である国の権利に影響する」と主張している[124]。

　自衛権行使によるとはいえ、非当事国の船舶への措置はあくまで exceptional right であることから、海戦法規の下で許容されている海上経済戦措置と同等の措置が同程度において可能とされるというわけではない[125]。実際に、自衛権行使による海上経済戦を目的とした非当事国の船舶に対する措置について英国は、外国船舶が自衛権行使による臨検及び搜索の対象となるのは、当該外国船舶が武器及び軍事物資を輸送している場合に限定され、広範囲な戦時禁制品リストを作成して包括的に捕獲権を行使することまでが許容されているわけではないとした[126]。さらに、措置の実施に関する地理的範囲も、自衛権行使にかかわる必要性及び均衡性原則に支配された。例えば、自衛権を根拠とするフォークランド（マルビナス）戦争において英国は、主戦場であったフォークランド島周辺海域から遠方の北大西洋及び太平洋海域で発見されたアルゼンチンに仕向けられた貨物を輸送する武力紛争の非当事国（フランス）を旗国とする商船については、一切の措置をとることなく自由な航行を許容した[127]。海戦法規の下では、このような商船は少なくと

---

123) Answer by the Secretary of State for Foreign and Commonwealth Affairs, House of Commons Debate, Vol.90, Col.426 (28 January, 1986), reprinted in De Guttry and Ronzitti eds., *supra* note 228 of Chapter 1, p.268. See also George K. Walker, *The Tanker War 1980-88: Law and Policy*, International Law Studies, Vol.74 (Naval War College, 2000), p.57.
124) UN DOC S/PV.2546 (1 June, 1984), para.31 ; Walker, *supra* note 122, p.244.
125) Christopher Greenwood, "Comments," in Ige F. Dekker and Harry H. G. Post eds., *The Gulf War of 1980-1988* (Martinus Nijhoff Publishers, 1992), p.215.
126) 新井前掲論文第1章注149、403頁。
127) Churchill and Lowe, *supra* note 2 of Introduction, p.217.

も交戦国による捕獲権行使の対象となるが、英国は、主戦場から遠方の海域において発見された武力紛争の非当事国であるフランスを旗国とする商船を捕獲することは自衛権行使にかかわる必要性及び均衡性に鑑み困難であると判断し[128]、当該商船を自衛権行使による措置の範囲外としたのである[129]。

また、自国船舶による海上輸送を阻害される武力紛争の非当事国の立場に立つと、当該非当事国が自衛権を行使している国が違法な武力攻撃による犠牲となっているという認識を共有していない限り自国の船舶に対する干渉を受忍する必然性はないものと考えることは、むしろ自然かつ妥当であろう[130]。すなわち、自衛権行使による海上経済戦において対象とされ得る商船の範囲は、従前における二元論の下で戦われた海戦におけるものよりも相当に狭くなるのである[131]。

国連憲章下においては、武力紛争の当事国が行う自衛権行使による非当事国の船舶への措置は、非当事国の船舶を阻止する必要性が存在すること、及びそこでとられる措置の均衡性が確保されていることが必要となる。つまり、自衛権援用による非当事国の船舶への措置は、海戦法規上の措置である捕獲や封鎖と運用面においては同様であったとしても、その許容性は、自衛権行使のための必要性や均衡性に基づき、あくまで相対的に位置づけられているのである。なお、この点につき、日本の武力攻撃事態における外国軍用品等の海上輸送の規制に関する法律（以下「海上輸送規制法」）（平成16年6月18日法律第116号）では、安保理事会決議が採択されない場合における非当事国の船舶に対する措置の実施や、具体的な措置として船体に対する射撃等も想定されている。海上輸送規制法が規定するこれらの措置は自衛権が根拠とされているものと考えられることから[132]、同法における自衛権行使に

---

128) Ministry of Defence, *supra* note 110 of Chapter 1, pp. 348-349.
129) Answer by the Secretary of State for Defence, House of Commons Debate, Vol. 32, Col. 583 (22 November, 1982), reprinted in *BYIL 1982* (Oxford University Press, 1983), p. 469.
130) 松井前掲書第3章注67、58頁。
131) Cf., Doswald-Beck, *supra* note 235 of Chapter 1, p. 267.
132) 森川幸一「武力攻撃事態海上輸送規制法と国際法」『ジュリスト』No. 1279（2004年）、15頁。

よる海上経済戦についての思考は、先に引用した英国の主張と同様であると判断できる。同法は、*jus ad bellum* の変化あるいは中立法の現状のみに重点を置いて策定されたものではないのかもしれないが、自衛権行使による海上経済戦措置の実施につき結果として英国の主張と同様であるということは無視できるものではない。

b．対アフガニスタン武力行使の期間中における海上阻止の妥当性

　現代の武力紛争においては、中立は武力紛争の非当事国にとって義務的な立場ではなく、安保理事会決議による強制措置の実施にかかわる決定なき限り、武力紛争の非当事国は中立の立場を選択することが可能とされている[133]。この点を踏まえ、次に、米英によるアフガニスタンへの武力行使という国際的武力紛争における船舶の阻止について検討する。

　まず、米英によるアフガニスタンへの武力行使と、この期間におけるOEF-MIO の展開においてアフガニスタンへテロリスト及び同関連物資を輸送しているとの嫌疑あることを理由とする船舶の阻止にかかわる構図について再度整理しておく。米国は、2001 年 9 月 11 日に生起した同国に対する同時多発テロ攻撃を受け、アフガニスタン・タリバン政権がアフガニスタン領域をアル・カイダの作戦基地として使用することを容認する政策を変更することを拒否すること、及びアル・カイダがアフガニスタン領域でテロ分子を訓練し、アフガニスタン領域からテロ分子を支援しているため、同国と他の諸国は固有の権利である個別的及び集団的自衛権を行使して、アフガニスタンに対する武力行使を伴う軍事行動を開始したことを安保理事会に報告している[134]。同様に、英国も、米国とともにアフガニスタンに対して個別的及び集団的自衛権を行使したことを安保理事会に報告した[135]。なお、この米

---

133) 真山全「海上経済戦における中立法規の適用について」『世界法年報』第 8 号（1988 年）、26-28 頁。
134) UN DOC S/2001/946 *supra* note 38.
135) UN DOC S/2001/947, *supra* note 40.

英の自衛権行使については、それが将来において予見されるテロを防止するための先制自衛に該当すること[136)]、または、そもそもアル・カイダという私人の行為をアフガニスタン国家に帰属させることは不適当であることを理由として、米英のアフガニスタン攻撃を批判するとともに、その法的妥当性に疑問を提示する議論[137)]も存在している。

他方で、米英は、両国のアフガニスタンに対する武力行使の根拠は、あくまで2001年9月11日に生起した米国に対する武力攻撃に対抗するための個別的及び集団自衛権であると主張しており[138)]、このことを肯定的に評価する学説は少なくない[139)]。対して、海上における戦いに目を転じた場合、米英のアフガニスタンに対する武力行使期間中の海上作戦における目標（objectives）として、アフガニスタンの海軍艦艇及び同国を旗国とする商船というものは想定し得ないと判断して差し支えない。そうであるならば、米英のアフガニスタンに対する武力行使期間中において、アフガニスタンへテロリスト及びテロ関連物資の輸送に従事する船舶は、武力紛争の非当事国を旗国とする船舶（以下「非当事国船舶」）ということになる。

このような状況において、米英が非当事国船舶に対して行う干渉については、以下に示すような二とおりの説明による正当化が想定される。まず、非当事国船舶への干渉を自衛権行使として正当化することであるが、この場合、非当事国は米国に対するテロ攻撃には責任を有していない。したがって、そのような非当事国を旗国とする船舶への干渉は、自衛権行使の一環としては、英国が主張するところの交戦国による exceptional right の行使とし

---

136) 松田前掲論文注117、18-19頁。
137) 松井芳郎『テロ、戦争、自衛―米国等のアフガニスタン攻撃を考える―』（東信堂、2002年）、33-34頁。
138) なお、2001年9月11日のテロ攻撃の直接の被害国となった米国と同様、英国も、自衛権行使にかかわる安保理事会への報告において、国連憲章第51条で確認されている「固有の権利である『個別的』及び集団的自衛権」（the inherent right of individual and collective self-defence）（強調追加）を行使したとしている。UN DOC S/2000/947, *supra* note 40.
139) E. g., Jutta Brunnée and Stephen Toope, "The Use of Force: International Law After Iraq," *ICLQ*, Vol.53, Part 4 (2004), p.795.

て例外的に行われることとなる。次に、対抗措置（countermeasures）による干渉というものが理論的には挙げられる。対抗措置とは伝統的に復仇と呼称されていたものであり[140]、現在では第三国に対して指向することはできないとされる[141]。さらに、国家責任条文上、国連憲章第2条第4項に違背する武力行使を伴う対抗措置は禁止されている[142]。以上を念頭に置き、米英が対抗措置として非当事国船舶に対する干渉を行う場合には、非当事国船舶が従事しているアフガニスタンへの物資輸送を米英に対する先行違法行為として捉え、かかる違法行為に対応する行為として、対抗措置として当該船舶に干渉するという理論構成となる。

しかしながら、米英は、アフガニスタンへの武力行使において、対抗措置の法理の援用は行っておらず、あくまで自衛権行使を主張している。そして、その場合、非当事国船舶の阻止を自衛権行使の一環として行うためには、まずは、非当事国船舶の運航が米国を攻撃したアフガニスタンへの支援を構成しているか、または、少なくともそのような船舶の運航がアフガニスタンと密接に関連する行動を構成しているという理由により、当該非当事国船舶の旗国が（米英から見た）違法行為に従事していることを米英が立証する必要がある[143]。その上で、非当事国船舶に対する臨検は、先述した

---

140) James Crawford, *The International Law Commission's Article on States Responsibility: Introduction, Text and Commentaries* (Cambridge University Press, 2002), p.281.ただし、復仇とは異なり、対抗措置の場合には措置の前提たる先行行為の違法性が裁判所により決定されるまでの間、被侵害国が暫定措置（provisional measures）をとることが認められている。「国際違法行為に対する国家責任に関する条文」（以下「国家責任条文」）第52条第3項（b）。これは、社会の現実的要求に鑑みた一種の要件緩和規定である。*Id.*, p.299. さらに、対抗措置の目的は、国家責任条文第2部に規定される範囲内に限定される（国家責任条文第49条第1項）。

141) Crawford, supra note 140, p.283. Cf., *Case Concerning the Gabčíkovo-Nagymaros Project (Hungary v. Slovakia), Judgment of 25 September 1997, ICJ Reports 1997*, para.85.

142) 国家責任条文第50条1項（a）。なお、この点につき、国際司法裁判所は明確な判断を保留している。*ICJ Reports 1986, supra* note 113 of Chapter 2, para.249.

143) 真山全「自衛権行使における武力紛争法の適用」『国際問題』（電子版）No.556（2006年）、41-42頁。

exceptional rights の行使として行われることとなる。そして、これらの手順が踏襲されたのちに、次に問題となるのは、自衛権行使により阻止が許容される非当事国船舶の範囲である[144]。

米国同時多発テロ攻撃の実行犯とされたアル・カイダとアフガニスタン政府（タリバン政権）との間に十分な連関が認められ、さらに、他にとるべき手段なき場合には、米英による対アフガニスタン軍事作戦を自衛権行使により正当化することは不可能ではない[145]。他方で、国連憲章の下では、武力紛争の当事国と非当事国との法的関係も一層複雑なものとなってきている。特に、海上における武力行使との関連では、交戦国による非当事国の船舶に対する措置が自衛権行使として正当化されるのであれば、それは国連憲章第51条の範囲内において実施されることとなる[146]。そして、国連憲章の下で戦われる武力紛争においては、海戦法規上の措置である封鎖や捕獲のように、武力紛争の非当事者の権利を侵害する行為は自衛権行使としては許容されないとする見解が存在する[147]。この点につき、国家責任条文第21条のコメンタリーは、injured state による自衛権行使は、原則として先行違法行為を為した attacking state に指向されるべきものとしながらも、ある特定の状況においては、自衛権行使が attacking state 以外の国に及ぼす影響を完全には否定していない[148]。そうであるならば、米英による対アフガニスタン武力行使が継続していた期間中における自衛権行使による非当事国船舶の阻止は、アフガニスタン（タリバン政権）またはアル・カイダが行う違法な武力攻撃への加担に対応する措置として、必要性及び均衡性の範囲内で、exceptional right としてかろうじて正当化される可能性が存在し得る。しかし

---

144) Cf., Christian J. Tams, "The Use of Force against Terrorist," *EJIL*, Vol. 20, No. 2 (2009), pp. 367–368.

145) Greenwood, *supra* note 120, pp. 683–684.

146) Dieter Fleck, "Rules of Engagement for Maritime Force and the Limitation of the Use of Force under the UN Charter," *German Yearbook of International Law*, Vol. 31 (1998), p. 174.

147) 杉原高嶺、水上千之、臼杵知史、吉井淳、加藤信行、高田映『現代国際法講義』（第3版）（有斐閣、2002年）、324頁。

148) Crawford, *supra* note 140, p. 167.

ながら、そのような場合においても、軍需物資を含むとはいえ、事象としては単なる物資の輸送というそれ自体は武力の行使や武力攻撃に該当しない行為を行っているにすぎない非当事国船舶が、当該輸送の実施により敵国の武力紛争の遂行との連関を有すると立証することは容易ではないものと思料される[149]。

c．自衛権行使と武力紛争非当事国船舶に対する措置
（a）OEF-MIO における参加国の認識

　それでは、テロ対策海上阻止活動の参加国は、自衛権行使による非当事国船舶に対する措置につき如何なる認識を有していたのか。まず、米国は、船舶の阻止のための根拠として、海洋法上の臨検、安保理事会決議、条約、旗国の許可または船長の同意及び海戦法規上の措置実施を含む交戦国の権利（right of belligerency）行使を例示的に列挙する[150]。これらのうち、特に交戦国の権利の行使としての臨検について米国は、その法的基盤は国連憲章第51条で確認されている個別的及び集団的自衛権であり、この考え方は広く一般に受け入れられていると主張する[151]。

　そもそも OEF-MIO が開始された時点において、米国は、アル・カイダのメンバーが乗船した船舶がパキスタンを出港して北アフリカを目指して航行中であるとの作戦情報を入手した際に、自衛権行使の一環として自国に対する急迫不正の脅威をもたらすテロリストの移動を海上において阻止する権利を有すると判断している[152]。このように、米国は、テロとの闘いは自衛権行使により開始され、さらに、かかる自衛権行使はアフガニスタンへの武力行使が終了した後も依然として継続中であると主張している。このような、テロとの闘いにおける（海上における）実力行使を自衛権で正当化する主張

149）真山前掲論文注143、42頁。
150）NWP1-14M, *supra* note 11 of Introduction, paras. 4.4.4.1.1-9.
151）Kenneth O'Rourke, Commander, U. S. Navy, Judge Advocate General Corps, Deputy Judge Advocate for US Central Command, "Panel 3 : Commentary-Maritime & Coalition Operations," in Borch and Wilson eds., *supra* note 207 of Chapter 3, p. 298.
152）*Id.*, p. 297.

との連関では、イラン・イラク戦争期間中に採択された安保理事会決議552において、安保理事会が、公海航行の自由を確認しつつも[153]、交戦国が自衛権を根拠として臨検及び捜索を行う権利については明示的に否定しなかったことが想起される[154]。このことは、既に1980年代において、先に紹介した英国と同様、安保理事会もまた交戦国が自衛権を根拠とした捕獲権を行使し得る可能性があるという認識を有していたことを示唆するものである[155]。そして、交戦国の権利行使としての臨検の法的基盤は自衛権であるとする先の米国の主張を考慮に入れると、今日では、捕獲権行使の法的基盤の海戦法規から自衛権への移行が一層進捗していることがうかがえ、非常に興味深い。

　学説レヴェルにおいては、アフガニスタン領域（地上）における英米の軍事作戦は国連憲章第51条で確認されている個別的及び集団的自衛権に根拠を有する行動であり、武力紛争法により律せられるものであるとの主張が存在する[156]。そして、このような主張に同調する論者は、海上における軍事作戦であるOEF-MIOについても、少なくともアフガニスタンへの武力行使が継続していた期間においては、アフガニスタン領域における米英の軍事作戦同様、それは個別的及び集団的自衛権行使による行動であり、また、本行動は国際的武力紛争を背景とすることから[157]、武力紛争法が適用されるとする[158]。これらの論者の立場に立つと、国際的武力紛争である米英によるアフガニスタンへの武力行使が継続していた期間は、テロ関連物資等を輸送している船舶がアル・カイダのテロ遂行との十分な連関性を有すると証明さ

---

153) UN DOC S/RES.552, *supra* note 148 of Chapter 1, paras. 1 and 4.
154) UNDOC S/PV.2556, *supra* note 230 of Chapter 1, p.13 ; S/PV.2750, *supra* note 230 of Chapter 1, pp.14-15, 19 and 33.
155) Ronzitti, *supra* note 142 of Chapter 1, p.9.
156) E. g., Robert Cryer, "The Fine Art of Friendship : Jus in Bello in Afghanistan," *JCSL*, Vol.7, No. 1（April, 2002）, p.42.
157) Douglas Guilfoyle, "The Proliferation Security Initiative : Interdicting Vessels in International Waters to Prevent the Spread of Weapons of Mass Destruction?," *Melbourne University Law Review*, Vol.29, No.3（2005）, pp.762-763：藤田前掲書第1章注93、288頁。
158) Heintschel von Heinegg, *supra* note 207 of Chapter 3. p.268.

れた場合には、当該船舶は武力紛争時において武力紛争当事国の戦争遂行努力のために兵員、武器及び弾薬等の物資輸送に従事している武力紛争の非当事国船舶と同様の行為態様を帯びると考えることは、不可能ではない[159]。そして、このように考えると、米英によるアフガニスタンへの武力行使という国際的武力紛争が継続していた期間においては、アフガニスタン・タリバン政権またはアル・カイダへ仕向けられたテロリスト及びテロ関連物資及びを輸送する船舶に対する臨検を自衛権行使により正当化することは、完全には否定されないこととなる[160]。

なお、米国議会（下院）においては、主として本土防衛（homeland security）上の観点から、アル・カイダの指導者であるウサマ・ビン・ラディンは多数の船舶を所有していることから、それらの船舶がテロリスト及びテロ関連物資の輸送に使用される可能性を排除すべきとの論調が見られた[161]。しかしながら、船舶の所有者が米国同時多発テロの首謀者であるとされたウサマ・ビン・ラディンであるという事実のみでは、旗国主義の排除のための十分な根拠を構成し得ない。他方で、先述したように、アフガニスタンへの武力行使においては、アフガニスタンの海軍艦艇及び同国を旗国とする商船というものは想定し得ないことから、仮にアル・カイダのテロリストが洋上に所在したとしても、それらの者は、公海上または武力紛争の非当事国の領海内のいずれかの海域に所在する非当事国船舶内に位置することとなる。また、アフガニスタン領域内のテロリストへ仕向けられたテロ関連物資の海上輸送も、同様に非当事国船舶によりなされることとなる。よって、アフガニスタンに仕向けられたテロ関連物資等の海上輸送を阻止するためには、非当事国船舶を阻止する必要がある。

---

159) Greenwood, *supra* note 112, p.313 : Byers, *supra* note 6 of Chapter 4, pp.409-410 : Frederic L. Kirgis, "Israel's Military Campaign Against Terrorism," *ASIL Insight*, December 2001, http://www.asil org/insight. htm, as of 13 November, 2005.
160) Byers, *supra* note 6 of Chapter 4, pp.409-410.
161) *Maritime Security Operations within the Department of Homeland Security*, *supra* note 70, pp. 36-37.

第Ⅱ部　海上阻止のための規則の構築

　この点について実行を概観する限り、有志連合国の中には、OEF-MIO における非当事国船舶の阻止には慎重かつ抑制的な態度を維持した国が一定数存在する。例えばカナダは、タリバン政権及びアル・カイダに支援を与えるとの嫌疑ある船舶については海戦法規を根拠とする対応が可能であると認識しつつも、それ以外の船舶に対する措置は、国連海洋法条約第 110 条の援用による臨検に該当すると主張する[162]。また英国も、2001 年 12 月 21 日に、生物化学兵器で武装しているテロリストを輸送している嫌疑のある *Nisha*（パナマ船籍）なる船名の船舶が英仏海峡を航行中であるとの作戦情報に基づき、本船を追尾していた HMS *Shutherland*（F-81）から派出された特殊舟艇部隊（Special Boat Service: SBS）により当該船舶を英国本土近傍の公海上において阻止し、同国の港湾に引致した[163]。本実行において英国は、船舶の阻止のための根拠を国連憲章第 51 条に求めつつも、並行して当該船舶の旗国であるパナマの許可を得ている[164]。

　このように、アフガニスタンへの武力行使の期間中における船舶の阻止の実行からは、OEF-MIO が国際的武力紛争に関連づけられる活動であるとしても、海戦法規の下で許容される非当事国船舶への措置の全面的な実施が可能であるとは必ずしも統一的には認識されていなかったようである[165]。そして、このことは、自衛権行使による武力紛争においては非当事国船舶への措置実施についても自衛権行使に関する制限が及ぶという、一部の有志連合国の認識が反映されているものと思料される。

(b) 自衛権行使による非当事国船舶に対する措置への支持

　1980 年代においては、例えばイラン・イラク戦争中における英国の主張

---

162) Perron, *supra* note 68, pp. 309-310.
163) Special Boat Service: Information on the SBS, "Incident on the High Seas: The M/V Nisha," http://www.specialboatservice.co.uk/raid-on-mv-nisha.php, as of 27 April, 2013.
164) Neil Brown, Commander, Royal Navy, Judge Advocate, Liaison Officer for U. S. Central Command, "Panel 3: Commentary-Maritime & Coalition Operations," in Borch and Wilson eds., *supra* note 207 of Chapter 3, pp. 305-306.
165) *Id.*, p. 237.

第 5 章　テロ攻撃未然防止のための予防的展開

に見られるように、自衛権による非当事国船舶に対する臨検等の措置は、これを主張する英国によってさえも exceptional right であるとされた。なお、この場合における exceptional right の意味するところは、非当事国船舶に対する臨検等の措置を自衛権行使として実施するならば、必要性及び均衡性の原則から、極めて例外的な程度においてのみ可能とされるものと理解される。さらに、1990 年代に入って以降も、例えば、イラクのクウェート侵攻から湾岸戦争における敵対行為の終了までの期間は国際的武力紛争を背景とすることから、この期間においては、第 3 章において若干触れたように、自衛権を援用して海上において「イラク関連船舶」への措置を伴うモニタリング活動が米英海軍により展開された[166]。このような米英の海上における活動が、安保理事会が既に集団的措置である禁輸を開始している状況下において個別国家による自衛権行使が可能とされるのか、及び武力紛争において武力紛争の非当事国の公海の自由航行に関する権利を交戦国が自衛権行使によりどの程度侵害することが可能なのかという論点につき、国際的な議論を惹起せしめた。そして、これらの点について明確な回答がなされなかったことから、事態は安保理事会決議による対イラク国連海上阻止活動の実施にかかわる要請へと推移していったのである。

　つまり、海上阻止活動の中核的要素である公海上における船舶の阻止の法的基盤を巡る議論は、もともとはかかる活動は自衛権行使により可能であるかという論点に端を発している。そして、以上に記した一連の経緯は、1990 年代初頭における自衛権行使による船舶の阻止にかかわる国際社会の認識の一端を示唆するものであるため、21 世紀初頭のポスト 9/11 の時代における状況との比較において、当時の情勢及び各国の認識についてより詳細に見てゆく必要がある。

　安保理事会決議 661 の採択後、クウェート政府は、同国への支援を表明している国に対し、国連憲章第 51 条で確認されている固有の権利である個別的及び集団的自衛権を行使し、安保理事会決議 661 の履行確保のために必要

---

[166] UN DOC S/21537, *supra* note 88 of Chapter 3.

な手段を講じるよう要請した[167]。そして、本要請を受諾して実際に行動したのが米英の2か国であり[168]、船舶のモニタリング活動もクウェート政府からの要請に基づく自衛権行使の一環として実施された。米国によると、モニタリング活動の目的は、安保理事会決議661で課せられた禁輸の実効性確保であるとされる[169]。そして、1990年8月16日から、米海軍部隊は、ホルムズ海峡、チラン海峡及びペルシャ湾の各海域における公海上において、イラク及びクウェートの港湾に出入りするすべての船舶をイラク関連船舶とし、それらを行き先の確認や状況によっては乗船及び捜索の対象とした[170]。また米国と同様、英国も安保理事会が課したイラクに対する禁輸の実効性確保のための必要な措置をとる必要があると判断した[171]。英国は、イラン・イラク戦争当時から湾岸海域におけるプレゼンスの維持のために水上任務群を同地域に派遣し、英国商船の航行安全確保を目的とした公海上における哨戒を任務とするアルミラ・パトロール (The Armilla Patrol) という海上作戦を展開していた[172]。このような経緯から、英国は、米国と同様に固有の権利である個別的及び集団的自衛権を行使し、禁輸の実効性を確保する必要があると認識していたのである[173]。

このように、米英両国は、イラク関連船舶は同国が実施したクウェートへ

---

167) UN DOC S/21498 (12 August, 1990).
168) Marc Weller, "The United Nations and the *Jus ad Bellum*," in Peter Rowe ed., *The Gulf War 1990-91 in International and English Law* (Routledge, 1993), p.33.
169) United States Department of Defense Press Release concerning naval interdiction (16 August, 1990), reprinted in E. Lauterpacht, C. Greenwood, Mark Weller and Daniel Bethlehem, eds., *The Kuwait Crisis: Basic Documents* (Grotius Publications Limited, 1991), p.247.
170) Special Warning No.80, issued by the United States Department of the Navy (17 August, 1991), reprinted in Lauerpacht, et al eds., *supra* note 169, p.248, para.2.
171) Transcript of a Press Conference Given by the British Foreign and Commonwealth Minister of State, Mr. William Waldegrave (13 August, 1990): UN DOC S/PV. 2934 (9 August, 1990), p. 18.
172) Shaun Lyons, "Naval Operations in the Gulf," in Rowe ed., *supra* note 168, p.155: Walker, *supra* note 122, p.241.
173) Transcript of a Press Conference Given by the British Foreign and Commonwealth Minister of State, *supra* note 171.

の違法な武力攻撃への直接的な連関を有すると見なすことにより、これらの船舶への措置は自衛権行使により可能であると認識していたようである。ただし、自衛権行使による措置の範囲及び程度については、両国の間で認識の相違が相当程度存在する。まず米国は、イラン・イラク戦争当時において、国連憲章下の時代にあっても武力紛争が存在する場合には封鎖や捕獲といった海戦法規に基づく措置が可能となるという立場を明確にしている[174]。その上で、米国は、安保理事会決議661による禁輸の決定後における自衛権行使の可否に関し、個別国家による自衛権行使は安保理事会が必要な措置をとるまでの間行使が可能であるという国連憲章第51条の文言を、個別国家による自衛権行使が可能とされるのは、あくまで安保理事会が決定した集団的措置が国際の平和と安全の維持及び回復のために実際に効力を発揮した時点までであり、安保理事会が集団的措置の実施を決定した時点ではないと解釈しているのである[175]。このような解釈に依拠して米国は、たとえ安保理事会決議661の採択により国連憲章第41条の下の措置である禁輸が開始されていたとしても、本措置の効果は未だ確定的ではなく、また、自国とイラクとの間には国際的武力紛争が存在していたことから、交戦国の権利行使の一環として、イラク関連船舶に対し海戦法規を根拠とする臨検及び搜索が可能であると主張していた[176]。さらに米国は、海上におけるイラク関連船舶の措置を表す文言として、"interdiction"という特別な用語を周到に使用している。このような特別な文言の使用は、海上における活動はイラク関連船舶のみを対象としていることから封鎖には該当せず、自衛権の範囲内で実施可能な範囲に位置するという米国の意図を示すものと認識された[177]。

他方で、米国は、海上における活動の対象船舶が米海軍部隊の指示に違反

---

174) Statement by Principal Deputy Press Secretary of the President, 13 January 1986, reprinted in De Guttry, and Ronzitti eds., *supra* note 228 of Chapter 1, p. 188.
175) Eugene V. Rostow, "Until What? Enforcement Action of Collective Self Defense?," *AJIL*, Vol. 85, No. 3 (1991), p. 511 : Tom Ruys, *'Armed Attack' and Article 51 of the UN Charter: Evolutions in Customary Law and Practice* (Cambridge University Press, 2010), pp. 80-81.
176) Lyons, *supra* note 172, p. 160.
177) *Id*., p. 158.

した行動をとった場合には、必要最小限の実力の行使を招く場合があるとして、米海軍による海上における活動を阻害する船舶は敵対的意図（hostile intent）を有すると判断される旨を明らかにしている[178]。米国は、実力の行使は真に必要とされる場合に限定され、かつ、それは事態に見合った程度に留まる旨を安保理事会に対して報告しているものの[179]、海上における活動においては船舶に対する強制的干渉が想定されており、また実際に、イラク船籍船舶に対する武器使用にかかわる事案も生起している[180]。

このような米国の積極的な姿勢に対して、英国の態度はより抑制的であった。まず英国は、湾岸地域への英国軍の展開はクウェート政府の要請によるものであり、その場合に実施が可能な措置は、あくまで禁輸の実効性確保を目的とするものにとどまるものと理解していた[181]。次に、英国は、イラク関連船舶への対応を表す文言として一貫して"monitoring"を使用し、強制的な性格を連想させる"interdiction"という文言の使用を慎重に回避している[182]。このような英国の態度の背景には、英国は集団的自衛権を行使したものの、同国が交戦国としての行動を全面的に開始するという意味における武力紛争状態は未だ存在していないこと、及びクウェート政府が英国に要請したのはあくまで安保理事会決議661で決定された禁輸の実効性を確保するための援助であって、それは同決議の範囲内に厳格に制限されるべきものという認識が存在していた[183]。その結果、英国海軍の活動は文字どおり船舶のモニタリングのみに留まり、英国海軍部隊による実力の行使は一切見られておらず、また、警告射撃すら実施されていない[184]。

---

178) Special Warning No. 80, *supra* note 170, paras. 6, 7.
179) United States Department of Defense Press Release, *supra* note 169.
180) Robertson Jr., *supra* note 198 of Chapter 2, p. 295.: Tom Delery, "Away, the Boarding Party!," *USNI Proceedings*, Vol. 117, No. 5 (1991), p. 67: Staley, *supra* note 302 of Chapter 3, pp. 37-38.
181) Transcript of a Press Conference Given by the British Foreign Commonwealth Minister of State, *supra* note 171.
182) Lyons, *supra* note 172, p. 146.
183) Transcript of a Press Conference Given by the British Foreign Commonwealth Minister of State, *supra* note 171.
184) Lyons, *supra* note 172, p. 160.

安保理事会決議 661 でなされた国連憲章第 41 条下の措置の実施にかかわる安保理事会の決定が直接の目的とするのは、イラク軍のクウェート領域内からの撤退とクウェートの主権の回復である。しかし、米国寄りの立場を選択した場合、安保理事会決議 661 の採択がイラク軍の撤退に直ちに作用するというわけではなく、その結果、同決議の採択によって米英の自衛権行使が自動的に停止されるわけではないと考えることは不可能ではない[185]。さらに、安保理事会決議 661 の前文において安保理事会は、イラクによるクウェートに対する武力攻撃に対応する固有の権利である個別的及び集団的自衛権を確認するとともに、禁輸はクウェート正当政府への支援を禁止するものでないとし、それと並行しての個別国家による自衛権行使とクウェートへの支援の実施は排除されない旨を確認している[186]。そして、シャクターはこの点を特に重視し、安保理事会決議 661 は安保理事会がある特定の状況下における自衛権行使を確認した最初の事例であり、国連の集団的措置と個別国家による自衛権行使が併存し得ることの証左であると主張する[187]。また実際に、米国のブッシュ（George Bush）大統領（父）は、安保理事会のみが封鎖の実施を決定することが可能であるとするデ・クエヤル国連事務総長の見解には留意しつつも、同事務総長は個別国家による自衛権行使について何ら否定的な見解を述べていないと反論した[188]。このように、米国は、海上における活動は自衛権行使による措置の一環として実施が可能であると考えており、英国も、最終的にはこの主張に同調したのである[189]。

　なお、このような個別的（unilateral）な海上阻止活動に関連して、真山全は、「第二次世界大戦以降戦われた事実上の戦争において非当事国船舶を対象とする捕獲や封鎖が可能とされるならば、安保理事会決議に基づかない個別国

---

185) Schachter, *supra* note 83 of Chapter 3, p. 21.
186) UN DOC S/RES 661, *supra* note 80 of Chapter 3, preamblar.
187) Schachter, *supra* note 39 of Chapter 3, p. 457 : *Idem*, *supra* note 83 of Chapter 3, p. 12.
188) Press Conference of the President of the United States [Extracts], 15 August, 1990.
189) Transcript of Press Conference given by the British Foreign Secretary, Mr. Douglas Hued, concerning the implementation of sanctions, [Extracts], *supra* note 93 of Chapter 3.

家による国連海上阻止活動と類似した措置も、それらが封鎖や捕獲との比較において実力行使の程度が同等かそれ以下であればその武力紛争中の実施は完全には排除されない」と主張する[190]。この真山の主張を妥当なものとして捉えるならば、米英の海上における個別的な活動は、自衛権行使にかかわる必要性及び均衡性の要件を充足する限りは完全に否定されないものと思料される。しかしながら、1990年代初頭においては、国際社会が自衛権を援用した船舶の干渉を受容する機運は未だ低調であった。よって、海上における活動の合法性につき精緻かつ正確に説明することにより本活動に対する国際社会の理解と支持を得るためには多大の労力と時間を要することから、米英両国はイラク関連船舶への迅速かつ広範囲な干渉が可能となる安保理事会決議665の採択へ向けた努力を開始したのである[191]。

このように、自衛権行使による非当事国船舶の阻止については、従前、諸国は極めて慎重な姿勢を維持していた。かかる経緯に鑑みると、OEF-MIOにおいては、事実関係の詳細につきなお不明な部分が存在し、また、たとえ一部のオペレーションでは旗国の許可または船長の同意というさらに周到な措置を伴ったとしても、実際に自衛権行使による非当事国船舶の阻止が一定程度展開され、また、かかるオペレーションに対する特段の反対も見られなかったという事実には隔世の感すら感じられる。そして、このことは、自衛権行使による非当事国船舶への措置は、exceptional rightでありながらも今日においては国際社会からの支持を受け一般的な慣行として定着しつつあることを示唆しているようでもあり、大変に興味深い[192]。

---

190) 真山前掲論文序章注58、117頁。
191) なお、対イラク海上阻止活動は、2003年5月22日に採択された安保理事会決議1483が対イラク禁輸措置を解除したことにより終了した。UN DOC S/RES 1483, *supra* note 105 of Chapter 3, para. 10.
192) Klein, *supra* note 30 of Introduction, p. 274.

第4節 テロ対策海上阻止活動の現状

　本節では、対アフガニスタン武力行使終了後の期間におけるテロ対策海上阻止活動について検討する。この期間においては、米英のアフガニスタンに対する武力行使による国際的武力紛争は既に終了しているものの、米国が主導するテロとの闘いという非国際的武力紛争は依然として継続している。テロとの闘いは *jus ad bellum* 上の困難な問題を数多く内包するものであるが、それらは本書における主要な関心事項ではない。むしろ、テロとの闘いという非国際的武力紛争において、公海上においてテロスト及びテロ関連物資の輸送に従事する船舶の海上阻止が如何に正当化されるのかという点が一層注目される。

1. テロとの戦いにおける自衛権行使の継続──米国の認識──

　米英による対アフガニスタン武力行使が終了し、2002年6月にロヤジルカによるアフガニスタン・カルザイ新政権が成立した後も、テロ対策海上阻止活動は依然として継続中であるが、活動の根拠については必ずしも明確にはされていない[193]。かかる状況をして、例えばハインチェル・フォン・ハイネクは、米英による対アフガニスタン武力行使が終了した後は、米国同時多発テロ攻撃の責任のアフガニスタン・タリバン政権への帰属を理由とする自衛権行使はもはや困難になったと総括する[194]。その上で、ハインチェル・フォン・ハイネクは、アフガニスタンへの武力行使が終了した後には、厳密な意味での武力紛争は存在しないと認識しつつも、潜在的なテロ攻撃の脅威

---

193) Jon M. Van Dyke, "The Disappearing Right to Navigational Freedom in the Exclusive Economic Zone," *Marine Policy*, Vol.29, No.2 (March, 2005), p.118.
194) Wolf Heintschel von Heinegg, "Legality of Maritime Interception Operations within the Framework of Operation Enduring Freedom," in Michael Bothe, Mary Ellen and Natalino Ronzitti eds., *Redefining Sovereignty; The Use of Force after the Cold War* (Transnational Publishers Inc, 2005), p.370.

及び危険は依然として高いと評価し[195]、自衛権をやや柔軟に解釈することにより、OEF で行使された自衛権はかかる潜在的なテロ攻撃もその対象とすると主張する[196]。

　米国が自衛権行使を国連に報告した文書を検討すると、米国が行使したのは、①米国同時多発テロ攻撃を計画、実行及び支援した者、並びに②アル・カイダ等の将来においても同様のテロ攻撃を実行する疑いのある者の双方に指向される自衛権であることがうかがえる[197]。つまり、米国は、これら二つの異なる文脈において自衛権を行使しており[198]、これらを併せたものが米国の主張するテロとの戦いにおける自衛権行使なのである[199]。このように考えると、カルザイ政権が成立した段階で、①のアフガニスタン国家との関係における自衛権行使は終了したが、②のアル・カイダ等との関係における自衛権行使は未だ継続中と考えることは不可能ではない。つまり、ハインチェル・フォン・ハイネクの主張と同様に、米国は、対アフガニスタン武力行使が終了した後も依然としてテロとの戦いを遂行していることから[200]、アフガニスタンに所在するテロリスト集団へのテロ関連物資の輸送やそれらの者の資金源となる麻薬の密輸を阻止することは自衛権行使として正当化されると認識しているようである[201]。なお、参考事項として、ハインチェル・フォン・ハイネクが唱えるような自衛権を柔軟に解釈する立場を採用する見

---

195) *Idem*, "Current Legal Issues in Maritime Operations: Maritime Interception Operations in the Global War on Terrorism, Exclusion Zones, Hospital Ships and Maritime Neutrality," in Richard B. Jaques ed., *Issues in International Law and Military Operations*, International Law Studies, Vol. 80 (Naval War College, 2006), p. 208.
196) *Id.*, p. 212. Cf., Mary Ellen O'Connell, "Evidence of Terror," *JCSL*, Vol. 7, No. 1 (2002), p. 29.
197) UN DOC SC/7167, AFG/152, *supra* note 118.
198) UN DOC S/2001/946, *supra* note 38.
199) Frederik Naert, "The Impact of the Fight against International Terrorism on the *Jus ad Bellum* after 11 September," *Katholieke Universiteit Leuven Institute for International Law Working Paper*, No. 68 (January, 2005), p. 14：森川前掲論文第 4 章注 105、73-83 頁。
200) Remarks by the President at 2002 Graduation Exercise of the United States Military Academy, West Point, New York, June 1 2002, http://www.mtholyoke.edu/acad/intrel/bush/wesrpoint.html, as of 31 August, 2010.
201) 森川前掲論文注 97、37 頁。

解とは別に、武力攻撃に至らない程度の敵対的な軍事行動に対しては、限定された範囲内において均衡性及び必要性の原則に厳格にしたがった自衛権とは別の対応が可能とする主張が別途存在していることを付言しておく[202]。

このように、米国はテロとの闘いは非国際的武力紛争であると認識しているように見受けられるが、このような米国の認識そのものについての是非は本書における論述の範囲外であるので、それに対する検討については割愛する。一方では、2011年5月2日に米海軍特殊部隊(Navy Seals)がパキスタン領域内にてウサマ・ビン・ラディンの targeted killing を行った際に、ホルダー(Eric H. Holder)米司法長官が当該行為をアル・カイダとの武力紛争における国家の自衛(national self-defence)である旨の声明を発表したが[203]、本声明は、上述した米国の認識を裏づけるものである。そして、かかる情勢下において展開されているテロ対策海上阻止活動は、アルジェリア戦争という

---

202) E.g., Separate Opinion of Judge Simma, *ICJ Judgment of 6 November 2003, Case Concerning Oil Platforms (Islamic Republic of Iran v. United States of America), Judgment of 6 November 2003, ICJ Reports 2003*, pp. 174-175. 紙幅の都合上、本書においてはかかる主張に対するこれ以上の詳細な検討は割愛するものの、支配的見解においては、国連憲章第51条で確認されている自衛権は武力攻撃に対してのみ行使が可能であり、また、国連憲章第2条第4項は、個別国家に対して自衛権以外に個別的に武力を行使できる例外を許容していないとされている。そして、ICJ及び仲裁裁判所等の有権的解釈においても、個別国家による他国の違法行為を武力行使により終了せしめるような強力的な自助(self help)は禁止されている。さらに、今日においてしばしば使用されている強力的な復仇(対抗措置)は、武力の使用を伴わない限りにおいて許容されるにすぎない。Albrecht Randezhofer and George Nolte, "Article 51," in Bruno Simma et al eds, *The Charter of the United Nations A Commentary*, 3rd ed. (Oxford University Press, 2012), p. 1406.

203) "AG concerned over revenge for bin Laden," http://newyork.onpolitix.com/news/46936/ag-concerned-over-revenge-for-bin-laden, as of 24 May, 2011: John R. Crook, "Contemporary Practice of the United States Relating to International Law," *AJIL*, Vol. 106, (2012), pp. 673-676: UN DOC SC 10239, Security Council presidential Statement, Welcoming End of Osama bin Laden's Ability to perpetrate Terrorist Acts, Urges States to Remain Vigilant (2 May, 2011). Cf., John R. Crook, "Contemporary Practice of the United States Relating to International Law," *AJIL*, Vol. 104 (2010), pp. 276-277: *Idem*, "Contemporary Practice of the United States Relating to International Law," *AJIL*, Vol. 105 (2011), pp. 602-605. なお、このような米国の実行に関し、*jus ad bellum* 及び *jus in bello* 等にかかわる論点が指摘されている。Christian Schaller, "Using Force Against Terrorist 'Outside Areas of Active Hostilities' – The Obama Approach and Bin Laden Raid Revisited," *JCSL*, Vol. 20, No. 2 (2015), pp. 218-226.

非国際的武力紛争におけるフランス海軍の活動と類似した活動がインド洋において展開されていると考えることは、完全には排除されないであろう。

2. 対アフガニスタン武力行使の終了と海上警備活動 (MSO) への移行

　米英によるアフガニスタンへの武力行使という国際的武力紛争が継続していた期間中は、自衛権行使にかかわる必要性及び均衡性の範囲内で許容される措置を最大限実施することは不可能ではなかったと思われる[204]。しかし、米英によるアフガニスタンへの武力行使が終了し、背景としての国際的武力紛争がもはや存在しない状態下においては、いささか状況が異なる。かかる状態において、なお自衛権行使の一環としてテロ関連物資等の輸送に従事している嫌疑ある船舶の阻止を継続的かつ強制的に実施するためには、テロとの闘いは非国際的武力紛争に該当し、かかる状況にあっては非国家主体に対する自衛権行使は依然として継続するという、上述した米国のような立場を選択する必要がある[205]。

　この関連において極めて興味深いのは、対アフガニスタン武力行使終了後の2002年1月に、パレスチナ当局への武器輸送に従事していたとの理由により、イスラエルがイラク船籍の貨物船 *Karin-A* を公海上で拿捕した事例である。イスラエルは、本事例は切迫したテロの脅威に対抗するためテロ全般に対する自衛権を確認した安保理事会決議1373に根拠を有する行動であると主張した。このイスラエルの主張は、テロとの闘いという非国際的武力紛争においては、非国家主体に対する自衛権行使は継続するとする先の米国の立場と同様の思考に依拠するものである。しかしながら、かかる主張を唱えるイスラエルに対する国際社会の反応は極めて冷淡であり、イスラエルの立場を支持する国は、米国を含め皆無であった[206]。

　2006年にアフガニスタンで新たにカルザイ政権が成立した後も、同政権

---

204) Greenwood, *supra* note 120, p. 684.
205) Kwast, *supra* note 37 of Introduction, p. 68.
206) Byers, *supra* note 197 of Chapter 3, pp. 533-534.

の了承の下、アフガニスタン国内に展開する OEF 地上軍部隊は、同国南部及び東部のパキスタン国境付近等を中心としたアル・カイダ及びタリバン勢力の掃討作戦に従事している[207]。アフガニスタン政府の承認と安保理事会決議に基づき、OEF 地上軍部隊がアフガニスタン領域内においてアル・カイダ及びタリバン勢力の掃討に従事することには、特段の法的問題はない[208]。他方で、米国が主張するテロとの戦いの一環としての自衛を理由とする公海上における船舶の阻止は、海賊や奴隷取引取締りにおける海上法執行活動の場合[209]とは根拠を全く異にし、公海海上警察権と同等に扱うことはできない。

その後、安保理事会は決議 1390 を採択し、カルザイ政権成立後のアル・カイダやタリバン勢力の掃討作戦の効率化を目的として、加盟国に自国船舶等を使用したテロリストへの武器、弾薬及び装備品等の供給禁止を改めて決定した[210]。しかし、安保理事会決議 1390 は、公海上における船舶の阻止には何らの言及をも行っていない。さらに、テロリストまたはテロ関連物資の輸送の阻止は公海海上警察権行使の対象とはされておらず、加えて、かかる活動に関する特別の合意等も存在しない。いわゆる平時においては、公海上における船舶の阻止は、場合によっては国際法上の武力の行使に該当する可能性も否定できないことから[211]、旗国以外の国による船舶の阻止には、相応の法的根拠が必要となる。

関連する国連安保理事会決議が船舶の阻止のための十分な法的基盤を構成し得ず、加えて、安保理事会決議 1368 及び 1373 で言及された国連憲章第 51 条で確認されている自衛権を船舶の阻止のための根拠として継続的に援用することは、時間の経過に伴う脅威の急迫性の減衰により困難となっ

---

207) Grey, *supra* note 155 of Chapter 3, p. 168.
208) *Id.*, p. 170.
209) 薬師寺前掲論文第 1 章注 34、223-225 頁。
210) UN DOC S/RES 1390, *supra* note 105, paras. 1(b), (c).
211) Guilfoyle, *supra* note 78, p. 82.

た[212]。そして、実行を見る限りは、明示的な表明はなされてはいないものの、CMF 及びそれを主導する米国は、仮に「アル・カイダ等の非国家主体との関係における自衛権行使の継続」という立場を選択したとしても、この段階に至ったならば、自衛権に根拠を求めて公海上において船舶の阻止を実施することには相当程度無理があることにつき、十分承知していたものと推察される。そして、この点に関し、米英による対アフガニスタン武力行使が終了した後のテロ対策海上阻止活動の目的は、日本国外務省の説明によると「アル・カイダ及びその関連組織がインド洋にてテロリスト及び関連物資の海上移動を図ること及びテロ活動の実施を、阻止あるいは抑止すること」とされていることは留意されるべきである[213]。つまり、日本国外務省による説明を念頭に置くと、アフガニスタンへの武力行使が継続していた期間中の船舶の阻止が国際的武力紛争を背景とした自衛権行使による措置であったのに対し、テロとの闘いという非国際的武力紛争における船舶の阻止という論点の存在には十分留意しつつも、その後もなお継続している同様の活動は、むしろ MSO の一環としてテロリスト及びテロ支援物資等の海上移動阻止をより大規模、包括的かつ広範囲に実施することを目的とする法執行としての性格を帯びる活動[214]へと移行したもの考えられる[215]。

---

212) Tom Ruys, "The Meaning of "Force" and the Boundaries of the *Jus ad Bellum*: Are "Minimal" Uses of Force Excluded from UN Charter Article 2(4) ?," *AJIL*, Vol.108 (2014), pp.205-206: Kwast, *supra* note 28 of Chapter 4, p.238: Klein, *supra* note 30 of Introduction, p.308：Tams, *supra* note 144, p.378.
213) http://www.mofa.go.jp/mofaj/gaiko.terro/katsudou05_1.html, as of 4 October 2007.
214) 村瀬信也「国際法における国家管轄権の域外執行―国際テロリズムへの対応―」『上智法学論集』第 49 巻、3・4 号 (2006 年)、144 頁：小寺彰「給油問題に国連決議不要」『日本経済新聞』2007 年 10 月 9 日。
215) 日本のテロ対策海上阻止活動に対する補給支援活動の実施に関する特別措置法 (補給支援特措法)(平成 20 年 1 月 16 日法律第 1 号) によると、テロ対策海上阻止活動は、「諸外国の軍隊等が行っているテロ攻撃による脅威の除去に務めることにより、国際連合の目的達成に寄与する諸活動のうち、テロリスト、武器等の移動を国際協調の下に阻止及び抑止するため、インド洋を航行する船舶に対して検査、確認その他必要な措置をとる活動」とされている (第 3 条 1 項)。

3. 海上警備活動（MSO）における海上阻止

　以上がアフガニスタンへの武力行使とテロ対策海上阻止活動を巡る検討である。ここで、改めて一般論に立ち返ると、武力紛争が存在しない状況下における船舶の阻止のための事由は、国連海洋法条約の関係規定による場合及び国連海洋法条約以外の二国間または多国間の条約若しくは合意等による場合に限定される。MSO には、IUU 漁業を除くほとんどすべての海上における違法行為への対応のほか、大量破壊兵器拡散対抗のための活動等も含まれている[216]。他方で、テロ対策海上阻止活動の対象とされる船舶は公海海上警察権行使の対象ではなく、また、その行為態様のすべてが国連海洋法条約第 110 条第 1 項に該当するとは一般的に想定し難い。さらに、CMF が MSO をオペレーションの中枢に据えた結果、テロリストのみならず、武器、麻薬及び違法難民といった極めて広範囲な物資がテロ関連物資として海上阻止活動の対象となり、これはあたかも包括的戦時禁制品リストを彷彿させるものである。そして、かかる物資及び人の海上移動阻止を国連海洋法条約の規定のみに依拠して実施することは不可能であるため、CMF 及びそれを主導する米国は、国連海洋法条約のみならず、例えば麻薬取締や大量破壊兵器拡散対抗にかかわる既存の関連する二国間及び多国間条約を可能な限り援用し、海上阻止活動を展開しているようである。

　しかしながら、これらの人及び物資の移動阻止に関する法的根拠は、安保理事会決議で指定された禁輸物資の輸送阻止を行う国連海上阻止活動と比較すると制限的である。まず、武器の輸送そのものは違法ではなく、また、大量破壊兵器を除く特定あるいは全般的な武器の違法取引を禁止する条約は存在しない。次に、麻薬の違法取引取締りについては、国連海洋法条約は「すべての国は、公海上の船舶が国際条約に違反して麻薬及び向精神薬の不正取引を行うことを防止するために協力する」（第 108 条）とするにとどまる。このような活動を実際に取り締まるための条約としては、麻薬及び向精神薬の不正取引の防止に関する国際連合条約が存在する。本条約第 17 条第 3 項

---

216) *The National Strategy for Maritime Security*, supra note 70, pp. 3-6.

では、締約国が他の締約国の旗を掲げまたは登録標識を表示するものが不正取引に関与していると疑うに足りる合理的な理由を有する場合には、旗国に通報し及び登録の確認を要請し、これが確認されたときは、当該船舶について適当な措置をとることの許可を旗国に要請することができるとされる。そして、旗国は、かかる要請を行った締約国に対し、当該船舶への乗船、捜索及び不正取引にかかわっていることの証拠が発見された場合には、当該船舶並びにその乗船者及び積荷について適当な措置をとることについて許可を与えることができるとされている（同条4項）。ちなみに、カリブ海地域における海上及び空域を介した麻薬及び向精神薬の違法な取引防止のための協力に関する合意（2003年）[217]では、麻薬及び向精神薬の取締りを目的として締約国領海内における第三国による法執行を容認する規定（同第8条（1）項）を設けており、注目される。さらに、このような他国領海内における外国艦船による法執行活動を許容しようとする動きは、船舶に対する武装強盗（armed robbery against ships）対処に関しても確認できる[218]。

次に、人の輸送及び移動が違法とされるのは、海洋法では奴隷貿易のみに限定される（国連海洋法条約第110条）。また、テロリストという属性を帯びるという事実のみを根拠として海上において人を拘束する慣習法及び海洋法条約規則は存在せず、テロリストが海上を移動中であるという事実それ自体は違法性を帯びるものではない。この点に鑑み、2005年SUA条約議定書は、同議定書第7条に列挙されているテロ取締に関係する諸条約に定める犯罪を構成する行為を行った人の輸送行為を犯罪とした（第3条第2項）（第4章第3節参照）。しかしながら、2005年SUA条約議定書は、現に移動している人そのものを直接取り締まるものではない。また、移民の密入国取締りにしては、国際組織犯罪防止条約密入国議定書が、締約国相互による船舶への乗船及び捜索を認めている。国際組織犯罪防止条約密入国議定書では、締約国は

---

217) The 2003 Agreement Concerning Cooperation in Suppressing Illicit Maritime and Air Trafficking in Narcotic Drugs and Psychotropic Substances in the Caribbean Area, concluded at San Josê, 10 April 2003.
218) IMO DOC A/22/Res.922（29 November, 2001）.

他の締約国の国旗を掲げまたは登録標識を表示する船舶が移民の海路による密入国に関与していると疑うに足る合理的な理由を有する場合には、その旨を旗国に通報し及び登録の確認を要請することができ、これが確認されたときは当該船舶について適当な措置をとる許可を旗国に要請することができるとされる（第8条第1項）。そして、旗国は、要請を行った国に対し、当該船舶への乗船及び捜索の許可と、当該船舶が移民の海路による密入国に関与していることの証拠が発見された場合には当該船舶並びにその乗船者及び積荷について適切な措置をとることについて許可を与えることができるとされる（第8条第2項）。さらに、同趣の条約として人身取引防止議定書が存在するが、本条約には公海上の船舶に対する立ち入り及び捜索に関する特段の規定は設けられていない。このほか、米国がハイチ、キューバ、ドミニカ、バハマ等のカリブ海諸国との間で密入国取締りを目的とした二国間協定を締結している[219]。なお、EUにおいては、2004年に、域内への違法難民の密入国の阻止を主たる目的とした欧州対外国境管理協力機関（Frontieres Exterieures: FRONTEX）という機構が設立された[220]。FRONTEXの枠内における違法難民阻止活動は海上においても実施されており、それらは公海上での活動のみならず、二国間協定による他国の領海内における違法難民の取締りを目的とした船舶の阻止も展開されている[221]。

　MSOとは、法的根拠はそれぞれ異なるものの、いずれも船舶の阻止という共通した機能を有する諸活動を海上における秩序維持及び航行の自由と安全確保という共通目的の下に統合した包括的な概念である。そして、MSOにおける船舶の阻止は、多くの場合関係する条約または二国間協定によるものである。海賊対処を目的とした海洋法上の普遍的管轄権をMSOが対象と

---

219) Efthymios Papastavridis, "Interception of Human Beings on the High Seas: A Contemporary Analysis Under International Law," *Syracuse Journal of International Law and Commerce*, Vol. 36, No.2（2009）, pp.179-181.
220) "FRONTEX," http://www.frontex.europa.eu, as of 6 August, 2011.
221) Papastavridis, *supra* note 31 of Introduction, pp.88-90. なお、違法難民の海上阻止については、Natalie Klein, "A Case for Harmonizing Laws on Maritime Interceptions of Irregular Migrants," *ICLQ*, Vol.63, Part 4（2014）, pp.787-814 を参照。

するその他の違法行為へ拡張することは困難であること、及び、例えば MSO における船舶の阻止にかかわる権限を包括的に付与する国連安保理事会決議といった、海上阻止活動の実施のための単一の法的根拠が存在しない現状では、CMF 及びこれを主導する米国は、当面の間、関係するすべての条約を最大限援用して MSO に従事するものと推察される。

　しかしながら、条約はあくまで当事国間でのみ効力を有する合意にすぎないことに加え、MSO が対象とするすべての違法行為の根拠がそのような合意文書に完全に見出せるというわけでもない。このような状況下においてなおも船舶の阻止を行うためには旗国の許可が必要となるが、その場合においても、CMF の説明によると、多くの場合において、旗国の許可ではなく船長の同意を得るにとどまっている。また、状況によっては、船長の同意すら得られない場合も一般的には想定されるが、このような状況において船舶の阻止を強行するには、細部についてはなおも不明ながらも、最終的には無国籍船に対する臨検（国連海洋法条約第 110 条第 1 項（d））として処理されざるを得ないと推察するのが一応妥当な帰結である。したがって、CMF が展開している新たな海上阻止活動は一定の法的根拠を有する活動であることは事実であるが、活動のすべての局面において既存の国際法に根拠が求められ得るというわけではなく、また、既存の一般法に対する特別の規則類が別途整備されているというわけでもない。つまり、テロ対策海上阻止活動においては、既存の国際法とそれに先行する実行との乖離が一層拡大しているのである。

4．一方的措置としての対抗可能性
ａ．一方的行為と一方的措置の法理
　ところで、これまで検討してきた状況を勘案すると、本書の刊行の時点において、あくまで一つの発想としてではあるが、テロ対策海上阻止活動を国家の一方的措置（unilateral measures）として位置づけることにより本活動が対抗可能性を帯びるのではないかという論点が想起される。国家等による一方的措置の対抗可能性という論点については学界でも未だ決着がついておら

ず、また、本書において本論点についての確定的な結論を導き出すことは、著者の能力を超える。したがって、本書においては、とりあえずの問題提起のみを行い、本論点に関するさらなる検討は、可能であれば稿を改めて行うこととしたい。

　超国家的な立法機関を有さない国際社会においては、新たに生じた事態に適切に対応することができる法を欠くような事象がしばしば生起した場合において、かかる事態と国際法との齟齬を埋めるには関係国間での国際法により規律される合意[222]によることが一般的に望ましいとされる。他方で、かかる合意によらずして、個別国家が国内法や宣言によって行動し、その効果を他の国家にも及ぼそうとするような事例がしばしば見られており、そのような行為は一方的行為（unilateral act）の一つとして論じられてきた[223]。一方的行為とは、国際法関係に影響を及ぼす国家の単独の言動である[224]。厳密な意味における一方的行為（unilateral acts *stricto sensu*）とは、国際法上の義務を生じさせる意図をもって国により表明される宣言の定式をとるものであり[225]、具体的には、承認、無主地先占、宣戦布告、多国間条約への加入及び留保、ICJ の強制的管轄受諾宣言、約束、放棄並びに通告が挙げられる。一方的行為のうち、特に他国の行動も規律するような管轄権の一方的な行使については、それは基盤となる国際法規則の適用にすぎないため、それらの規則が定める要件と方式に合致し、またその範囲内において法的効力を発し、さらに、そのような行為を行った国家は以後その行為によって法的に拘束されるというのが通説的な理解である[226]。

---

222) この合意のうち、文書の形式によるものが条約である。条約法条約第 2 条第 1 項（a）。
223) 竹内真理「国際法における一方的行為の法的評価（一）」『法学論叢』第 150 巻第 6 号（2002 年）、65-66 頁。
224) 柴田明穂「一方的行為」香西茂、武本正幸、坂元茂樹編著『プラクティス国際法』（東信堂、1998 年）、6 頁。
225) International Law Commission, Text of the Guiding Principles applicable to unilateral, declarations of States capable of creating legal obligations adopted by the Commission, in UN DOC A/61/10, Report of the International Law Commission fifty-eighth session (1 May-9 June and 3 July-11 August 2006), p.370.
226) Brownlie, *supra* note 33 of Chapter 4, p.645.

一方的行為に関連する国際裁判においては、そのような行為が行為の対象とされた以外の国（第三国）に対して如何なる効果を及ぼし得るのかが争点とされてきた。そして、かかる訴訟において裁判所は、一方的行為が第三国に対して対抗性（opposabilité）を主張できるのか否かを示すことによる紛争の解決を図ってきた[227]。対抗性とは、法律要素の直接当事者と第三国との関係を示す概念であり、より具体的には、既に生じている権利関係を第三国に主張できる力であると、一般的に理解されている[228]。そして、関連する個々の紛争においては、一方的行為が争われている法律要素に関する直接の当事者あるいは主体でない国家への対抗可能性が請求目的となっており[229]、そのような国家とは、条約の非当事国[230]、一方的行為の主体でない国[231]及び国際組織の非加盟国[232]である[233]。

さらに、近年においては、国際関係の急激な変化と進展に鑑み、実定国際法の妥当性を疑いその欠缺に着目し、これを補完し国際社会の一般的利益の保護と国際公序の維持及び回復を目的とした急迫性を帯びる行為である一方的措置という概念が、山本草二及び村瀬信也により主張されている。まず、山本によると、一方的措置とは、国際社会の一般法益と公序の回復を目的として、国際関係の緊急性により関係国の合意を待つまでの余裕がないという理由により、一切の交渉を排除して一方的かつ強圧的な手段により自国の国

---

[227] 江藤淳一「国際法における対抗性の概念」『東洋法学』第 36 巻第 1 号（1992 年）、88 頁。
[228] 同上。
[229] 郭舜「国家による一方的措置の法構造―合意、合法性、正当性をめぐる一試論―」『本郷法政紀要』No.13（2004 年）、44 頁。
[230] *North Sea Continental Shelf Cases (Federal Republic of Germany v. Denmark; Federal Republic of Gernamy v. Netherlands),, Judgment of 20 February 1969, ICJ Reports 1969*, p.3.
[231] *Fisheries Case (United Kingdom v. Norway), Judgment of 18 December, 1951, ICJ Reports 1951*, p.116: *Nottebohm Case (Lichtenstein v. Guatemala) (second phase), Judgment of 6 April, 1955, ICJ Reports 1955*, p.4: *Fisheries Jurisdiction (United Kingdom v. Iceland), Judgment of 25 July ICJ Reports 1974*, p.3: *Fisheries Jurisdiction (Federal Republic of Germany v. Iceland), Judgment of 25 July 1974, ICJ Reports 1974*, p.175.
[232] *ICJ Reports 1971, supra* note 112 of Chapter 4, p.16.
[233] 江藤前掲論文注 227、121 頁。

際法上の権利を保障するため、法を超える均衡（equity praeter legem）[234]に基づく対抗性を担保するというものである[235]。一方的措置は、一般国際法の下での要件と法的効果が特定されていないという点で一方的行為とは異なるとされ[236]、それは既存の国際法を改廃し新たな国際法規の形成を促すとともに、政治的な力関係に基づく緊張によりその拘束性を確保するとされている[237]。また、村瀬によると、一方的措置において対抗性が問題となるのは、関連する適用法規が必ずしも確立しておらず、法が欠缺ないしは不明確、ないしは発展の途上にある場合とされている[238]。

一方的措置に該当する具体的事例としては、湾岸戦争[239]をはじめとする国連憲章第7章下の安保理事会の授権[240]に基づく多国籍軍の展開が挙げられている[241]。そのように整理する理由として村瀬は、平和維持活動（peacekeeping operations）が国連憲章の解釈論の枠内で捉えられるのに対し、安保理事会の授権による多国籍軍の展開は、国連憲章の個々の条文規定に即して捉えることは困難であり、また、解釈によってかかる多国籍軍の展開を国連憲章に位置づけようとする主張も実定法の解釈論としての基盤を獲得していないと主張する[242]。このような理由により、村瀬は、多国籍軍の展開は法的に曖昧かつ不確実であると判断されることから、安保理事会による国

---

[234] 均衡とは、法規範が必ずしも明確ではない場合において正義にしたがった判断を正当化し、それがあくまでも法的な判断であることを説明するために用いられる概念である。Robert Jennings and Arthur Watts eds., *Oppenheim's International Law, 9th ed., Vol.1, Peace* (Longmans, 1992), pp.43-44. なお、法を超える均衡とは、法の欠缺を埋めるための補完的な均衡であるとされている。*CaseConcerning the Frontier Dispute (Burkina Faso v. Republic of Mali), Judgment of 22 December 1986, ICJ Reports 1986*, para.28.

[235] 山本草二「一方的国内措置の国際法形成機能」『上智法學論集』第33巻第2・3号（1990年）、48-49頁。

[236] 同上、51頁。

[237] 同上、66-68頁。

[238] 村瀬信也「国際組織の一方的措置と対抗力：国連憲章第7章の下における軍事的措置の容認をめぐって」『上智法學論集』第42巻第1号（1998年）、10頁。

[239] 山本前掲論文注235、47頁。

[240] 村瀬の表現では「容認」。村瀬前掲論文注238、21頁。

[241] 同上、19-30頁。

[242] 同上、27頁。

連憲章第 7 章下の権限の授権という行為を国際組織の一方的措置として捉え、その法的効果を合法あるいは違法という基準ではなく、対抗可能性という基準において評価する[243]。なお、このような村瀬の整理を妥当なものとすると、国連海上阻止活動も一方的措置に該当する可能性がある。また、関連する議論として、PSI は「既存の法を変革することを指向する集団（有志連合国）の一方的行為」に該当すると主張する立場も存在する[244]。

b．テロ対策海上阻止活動と対抗可能性

以上のような整理を前提として、村瀬は、大陸棚や直線基線という第二次世界大戦後に制定された海洋法上の諸制度も、当初は一国の一方的国内措置に端を発すると主張する[245]。海洋法の歴史を紐解くと、村瀬が指摘するように、特に第二次世界大戦後の海洋法の展開においては、当初は例外的あるいは違法性を帯びると評価された事象が、最終的には国際社会において妥当性を一般的に獲得することにより新たな法の形成へと成就したような事例も一定数存在する。そして、そのような例としては、大陸棚[246]、漁業水域[247]、

---

243) 同上。
244) 西谷前掲論文第 3 章注 285、63 頁。
245) 村瀬信也『国際立法』（東信堂、2002 年）、483 頁。
246) E.g., Truman Proclamation of 28 September, 1945, cited in UN DOC A/CN.4/557（26 May, 2005）, paras. 127-137.
247) 例えば、カナダの沿岸漁業保護法（1994 年 5 月 12 日制定）（Loi sur la protection des pêches côtières, L. R. C. (1985), ch.C-33, Á jour au 12 juin 2014, Derniére modification de l juillet, 2007). ちなみに、ノルウェーが一方的行為として直線基線を設定してその内側海域を内水とした実行の是非が争われたノルウェー漁業事件（1951 年）（*ICJ Reports 1951*, *supra* note 231）について奥脇直也は、ノルウェーによる直線基線の設定は国際法上の特殊な行為であるとしながらも、本件は基線の設定に関する一般国際法上の関連規則を抽出し、直線基線はかかる一般国際法規則の特殊な場合への適用であると主張している。奥脇直也「過程としての国際法―実証主義国際法論における法の変化と時間の制御―」『世界法年報』第 22 号（2002 年）、75 頁。その上で、奥脇は、特定の直線基線の設定が基線の設定にかかわる一般国際法上の要件（海岸線の一般的方向、内水として取り込まれる海域の本土との一体性及び密接な結合、長期にわたる一般的慣行により確立される沿岸社会にとって重要な経済的利益等）を充足させていることから、具体的に設定された直線基線が関係国に対抗可能であると整理する。同上、75 頁。そして、奥脇は、本件においては直線基線の設定にかかわる規則が一般国際法上存在しておらず、そのような

直線基線[248]及びその他の海洋法に関連する規則[249]が挙げられる。これらの制度及び規則の成立過程においては、当初は既存の国際法から逸脱するような形で諸国が管轄権の拡大を行い、それが必ずしも合意を得ないようなまま実効性を有しつつ国際社会に定着してきたという実行が確認できる[250]。そして、これらの実行について、例えばオコンネルは、それらは既存の海洋法規則から逸脱するものであったにもかかわらず諸国の黙認（acquiescence）[251]によって主張が認められ、かつ、法が発展してきたと評価する[252]。このオコンネルによる評価を勘案すると、先に記した村瀬の主張は、上述したよう

意味において法の欠缺により特定の直線基線の設定が対抗力を有するとICJが結論づけているわけではなく、むしろノルウェーの一方的国内措置としての直線基線の設定という行為は、先の要件を充足したうえでなお残される選択肢のいずれか一つを選択する国家の裁量の範囲内にとどまり、その裁量の範囲内において原告である英国に対抗可能であると主張する。同上。また、そうでなければ、既成事実を事後的に合理化及び正当化することにより、既存規則の機能を全面的に否定する危険性があると、奥脇は指摘する。同上。

248) *ICJ Reports 1951*、*supra* note 231, p. 139.
249) 例えば、エジプトによるスエズ運河自由航行に関する宣言（1957年4月24日）（UN DOC A/3576-S/3818, Letter from the Minister for Foreign Affairs to the Secretary-General transmitting the declaration of the Egyptian Government, dated 24 April, 1957, concerning the Suez Canal and the arrangement for its operation, cited in UN DOC A/CN.4/557, *supra* note 246, paras. 55-69)、カナダの北極海水域汚染保護法（1970年6月26日）（Loi sur la prevention de la pollution des eaux arctiques, L. R. C.（1985), ch.A-12, Á jour au 12 juin 2014, Derniére modification de 1 avril, 2014)、英国の航行水域における石油法（1971年4月8日）(Prevention of Oil Pollution Act 1971)。
250) 江藤前掲論文注227、107頁。
251) ICJは、「黙認は相手が同意と解釈し得る単独行為によって表示された黙示による一般的承認（tacit general recognition）に等しい」とする。*Delimitation of the Maritime Boundary in the Gulf of Maine Area (Canada v. United States of America), Judgment of 12 October,1984, ICJ Reports 1984,* para. 130. なお、諸国家の一般的承認とは、言葉による明確な承認に加え、ある国の権利主張に対して黙認を保っていることも、当該行為が自国に対抗可能となる場合がある。*ICJ Reports 1951*、*supra* note 231, pp. 138-139：*Case concerning the Temple of Preah Vihear (Cambodia* v. *Thailand), Judgment of 15 June 1962, ICJ Reports 1962,* pp. 30-31. Cf., 中谷和弘「言葉による一方的行為の国際法上の評価（1）」『国家学会雑誌』第105巻1・2号（1992年）、3頁。
252) Daniel Patrick O'Connell,（edited by Ian A. Shearer), *The International Law of the Sea*, Vol. 1 (Clarendon Press, 1984), p. 537.

な海洋法に関連する制度が一部の国により主張された当初は、多くの国はかかる制度を既存の海洋法に抵触する違法な行為であると非難したものの、一定の範囲の関連する国家の間で対抗性が認められるようになり、その後、慣習法の発展や条約化によって合法的な制度として定着していったことから、これらの制度は国際社会の現実に鑑みた国際法の不備を補完するという急迫した要請に応えるための新たな国際立法定式であるとさえ特徴づけられると再整理される[253]。

　山本及び村瀬による一方的措置に関する主張をテロ対策海上阻止活動にあてはめてみると、まず、テロ対策海上阻止活動は、テロリストによる海洋の使用を阻止することにより公海上の秩序維持を図るという国際社会の一般法益と公序の回復を目的とするものである。次に、本活動は、一般国際法の下での要件と法的効果が特定されておらず、また、米国という大国が国際社会において政治的な力を最大限発揮して主導している事例である。さらに、本活動は、米国及び有志連合国が諸国の合意を得ずして実施している活動であることに加え[254]、活動がよって立つべき法的基盤は必ずしも強固ではない。このような事由を勘案すると、テロ対策海上阻止活動が一方的国内措置としての要件を充足し対抗可能性を帯びることは完全には否定できないようにも見受けられる。

　他方では、山本及び村瀬が主張する一方的国内措置の法理については、一部において以下に紹介するような問題点が指摘されている。まず、山本及び村瀬は、一方的国内措置は国際社会の一般法益の回復にかかわる急迫性が諸国家の合意を凌駕すると主張するが、彼達の主張においては、そのような急迫性から生ずる要求が主権国家が並列的に存在する国際社会において上位の地位を占めるのかという論点については必ずしも実証的に論じられていな

---

253) Cf., 村瀬前掲書注245、483頁。
254) なお、この点については本活動に明示に反対する国も存在しないことから、黙示による合意が存在するとみなすことも不可能ではないかもしれない。

い[255]。加えて、一方的国内措置が国際社会の一般的利益に応じるという理由で実施され、それが実効性を有するようになれば対抗性を具備するようになると主張されているが、他方で、国際社会の一般的利益との整合性にかかわる判断は行為主体国に留保されていることから、行為主体国が大国である場合、かかる判断は当該国の意思及び思惑に強く影響され、結果として事実行為と法的行為との区別が曖昧になり、かつ、大国による権力を背景とした支配を強め国際法の否定につながりかねないとの懸念が指摘されるところである[256]。

確かに、実行（practice）とそれを支える法的信念（opinio juris sive necessitatis）[257]の蓄積による慣習法の成立過程においても、いわゆる大国が自国の政策を事実として定着させ、それらの積み重ねにより慣習法が形成されてきたという側面が存在することは否定できない[258]。さらに、一方的国内措置が関係国に対する対抗性を獲得し、他の国家もそれに追従するようであれば、このような措置を契機として慣習法が形成される可能性も併せて指摘されよう[259]。しかしながら、一方的国内措置については未だ学界における議論の帰結を見ていないこと、及び先に引用したようなそれに対する反論等を勘案すると、テロ対策海上阻止活動が一方的国内措置に該当して対抗可能性を有するのかという論点についてはなお慎重なる検討が必要であると思料される。

---

255) 村上太郎「『他者規律的』一方的行為の国際法上の対抗力」『一橋論叢』第124巻第1号（2000年）、104頁。
256) 同上。
257) 国際裁判においては、法的信念の確認部分は義務意識（la conscience d'un devoir）あるいは法的義務（obligation juridique）であるとの見解が示されている *Affaire du Lotus, supra* note 2 of Introduction, p.28 : *CJ Reports 1969, supra* note 230, para.74.
258) 郭前掲論文注229、41頁。
259) 柴田前掲論文注224、8頁。

第1節 総 括

1. 本書における論述のまとめ

本書において考察の対象とした海上阻止活動とは、国際の平和と安全に対する脅威が顕在的または潜在的に存在する場合において、かかる脅威への対応の一環として公海上において特定物資の輸送に従事する船舶を阻止し、当該物資の海上輸送を規制する軍事活動である。海上阻止活動において規制の対象とされる特定物資は、海洋法及び海戦法規といった既存の国際法では海上輸送が禁止されていないものであり、それ故に、それぞれの活動の展開に際しては、対象とされる特定物資の海上輸送を規制のため新たな規則類がその都度整備されてきた。

歴史上、海上阻止活動としてカテゴライズされる実行は一定数存在するが、それらの背景となる情勢、目的及び法的根拠につき一部重複する部分は存在するものの、原則として各実行には連続性は見られない。しかしながら、いずれの実行においても、活動が計画された当初は、公海上における乗船及び捜索の根拠について既存の国際法では説明することが困難であったため、それらは特異かつ例外的な事象であると一般的に認識されたという点は共通する。したがって、海上阻止活動の展開の歴史においては、個々の活動における海上阻止の法的基盤を確保するための新たな規則類の整備のため、極めて精緻な作業が関係国によりなされてきた。その結果、海上阻止活動を統一的に規律するような共通の規則類というものは存在しないものの、海上阻止活動の根拠を確保する規則類は複数確認できることから、そこには海上阻止活動の系譜というものが存在している。

海上阻止活動の系譜とは、当初はあくまで特異かつ例外的な事象であると認識されていた活動が、海上阻止のための規則類が新たに整備されることに

より国際の平和と安全の維持または回復のための手段として定着してゆく過程（現象）に他ならない。そして、本書の刊行の時点において、この系譜の最右翼に位置しているのが、国連安保理事会決議を根拠とせず、かつ海洋法及び海戦法規によっても基礎づけられていないテロ対策海上阻止活動である。テロ対策海上阻止活動においては、海上輸送の規制の対象とされるテロリスト及びテロ関連物資の海上輸送の阻止並びに公海上における乗船及び捜索の法的根拠の確保のために新たな規則類が整備されたというわけではなく、また、海洋法及び海戦法規という既存の国際法も変化していない。それにもかかわらず、本活動は既に10年以上の長きにわたり継続的に展開しており、本活動に対する特段の反対も見られていない。このような意味において、テロ対策海上阻止活動は、海上阻止活動の系譜に位置する実行のなかでも極めて異彩を放つ活動なのである。

　それでは、このような活動が既存の国際法によってどの程度説明ないしは正当化することができるのか、及び法的に疑問のある活動が国際社会において容認されているという現実は、既存の規則を超越して新たな規範が形成される途上にあることを示唆しているではないかというのが、本書の執筆にあたり著者が有していた問題意識であった。さらに、先行研究としたギルフォイル[1]、クライン[2]及びパパスタヴリディス[3]のいずれの著作においても、テロ対策海上阻止活動はあくまで付随的な扱いにとどまっていることから、上述したような問題意識に基づいた海上阻止活動の研究には、一定の学術的価値が見出せる。

　本書においては、海上阻止活動の系譜に沿って、国連海上阻止活動をはじめとする海上阻止活動の各実行において海上阻止活動の根拠となる規則類の成立過程について詳細に検討した。そして、そのためには、まずは海洋法及び海戦法規といった既存の国際法で説明がつく船舶の阻止を検討の対象から除外し、本書における論述の範囲を提示する必要があり、そのような作業を

---

1) Guilfoyle, *supra* note 29 of Introduction.
2) Klein, *supra* note 30 of Introduction.
3) Papastavridis, *supra* note 31 of Introduction.

終章

行ったのが第Ⅰ部第 1 章における論述である。

　海上阻止活動の中核的措置である海上阻止を正当化するために、平時の海洋法の枠内における臨検の制度を適用することは制度趣旨からも限界がある。また、戦時の海戦法規における海上経済戦の措置である捕獲及び封鎖と海上阻止活動は、ともに海上交通の遮断という強制的な要素を含むことは共通するものの、それらの法的性格には際立った相違が存在し、関連性は認められない。このため、たとえ国際的武力紛争を背景として展開した海上阻止活動においても、関係する諸国は、本活動を捕獲や封鎖といった戦時における交戦国の行動の一部として正当化することはなかったのである[4]。

　他方で、海上阻止活動の系譜が展開する以前の時代においては、国家が緊急的な事態に直面した場合に、公海上において海洋法及び海戦法規という既存の国際法のいずれにも基礎づけられないような船舶の阻止が行われた事例が複数存在している。それらを検討したのが第 2 章であり、関連する事例としては、まず、19 世紀において当時の欧州列強により多用された平時封鎖と、キューバ独立戦争における *Virginius* 事件が挙げられる。これらのうち、特に *Virginius* 事件は、緊急事態に直面した国家が公海上において外国船舶に対して臨検を行った古典的事例である。また、国際連盟の時代においては、連盟規約に違反して戦争に訴えたる国に対する経済封鎖を実効的ならしめるための手段として、平時封鎖が検討された経緯が存在する[5]。

　次に、海上阻止活動が内包する普遍的な論点との連関において一層注目されるのが、アルジェリア戦争におけるフランス海軍の活動及びキューバ隔離（政策）における米海軍の活動である。前者については、非国際的武力紛争（内戦）を背景とした公海上における外国船舶の阻止が裁判で争われた経緯が存在したものの、フランス国務院は最終的な判断を下すことを回避した[6]。また、本実行においては、*Virginius* 事件において紛争の原因となった非国際的武力紛争における外国船舶への干渉の可否という問題が、一世紀近い時間

---

[4] Heintschel von Heinegg, *supra* note 104 of Chapter 1, p. 270.
[5] LoN DOC C. 241. M. 116, *supra* note 5 of Chapter 2, p. 8.
[6] Lucchini, *supra* note 162 of Chapter 2, p. 819.

を経過して顕著な実行として生じたものであることが特に注目される。次に、キューバ隔離（政策）においては、キューバへ向けてミサイル及び同関連物資を輸送するソ連船舶の阻止を平時の海洋法または自衛権により正当化することがいずれも困難であったため、そのような船舶の阻止は最終的には国連憲章第53条の下での地域的取極の勧告に基づき実施された[7]。このような実施の形態は後の国連海上阻止活動と類似することから、本実行は後の国連海上阻止活動の原型となった活動として位置づけられる所以である。

これらの実行においては、海上阻止の合法性の根拠となる新たな規則類を整備するような動きは確認されていないことに加え、既存の国際法そのものには変化は見られていない。そして、このような事由は、以後の海上阻止活動の実行においても同様である。以上のような第Ⅰ部での検討の結果、海上阻止活動の系譜が展開する以前から先駆的な事例が存在していたことが明らかとなった。

次に、個別の実行について検討を行ったのが第Ⅱ部であり、具体的な検討の素材として取り扱ったのが、安保理事会決議に根拠を有する国連海上阻止活動（第3章）、国際立法及び条約規則に基礎づけられる大量破壊兵器拡散対抗のための海上阻止活動（第4章）並びにテロ対策海上阻止活動（第5章）である。これらのうち、まず、国連海上阻止活動においては、国連（安保理事会）が決定した禁輸執行を目的として、国連憲章第7章下で採択された安保理事会決議における同理事会の要請または授権により、加盟国に禁輸の対象とされる特定物資を輸送する船舶の海上阻止を行う権限が付与された。

安保理事会が国連海上阻止活動を要請した一連の安保理事会決議においては、活動の国連憲章上の直接の根拠には言及がなされていない。しかしながら、国連憲章の解釈からは、本活動は、安保理事会の統制が一定程度確保されていることを前提として、安保理事会の要請による限定的な軍事的措置という新たな慣行と位置づけられる[8]。安保理事会決議そのものは海上阻止活

---

7) Meeker, *supra* note 167 of Chapter 2, p. 528.
8) 真山前掲論文序章注58、127-128頁。

動の系譜が展開する以前から存在しているものではあるが、安保理事会が国連憲章第 7 章下の権限の一部を加盟国に移譲して軍隊の使用を伴う活動に従事せしめる miracle formula という方式は国連海上阻止活動から採用され、以後国連の軍隊の使用を伴う措置実施のためのフォーマットとして定着していった。そして、かかる事由こそが、国連海上阻止活動は海上阻止活動の系譜における始源的実行であると評価される所以である[9]。

　他方で、国連海上阻止活動は、国連憲章第 39 条下における国際の平和に対する脅威の存在にかかわる安保理事会の認定を前提とした同第 7 章の下で採択された安保理事会決議に基礎づけられていることからも明白なように、国際社会において既に生起した今そこにある危機への対処を趣旨とする事態対応型の活動であり、その意味においては、優れて 20 世紀的な性格を帯びるオペレーションであった。しかしながら、2001 年 9 月 11 日に生起した米国同時多発テロ攻撃以降のいわゆるポスト 9/11 の時代においては、国際テロ組織という私人による国家に対する武力攻撃が現実に可能であることが明らかになったこと、及び非国家主体、特にテロリスト集団と大量破壊兵器の連接により生じる新たな脅威が現実のものとして広く一般に認識されるようになった。そして、そのような脅威への具体的な対応として、公海上においても緊急かつ予防的な活動の必要性が一層強く求められており、そのような活動の一例が、大量破壊兵器拡散対抗を目的とする海上阻止活動及び長年にわたり継続して展開を見せている米国を中心とする有志連合によるテロ対策海上阻止活動である。本書においては、これらの海上阻止活動を新たな海上阻止活動として位置づけたが、それは主として以下に記すような理由による。

　まず、国連海上阻止活動が既に生起した今そこにある危機に対応する事態対応型の活動であるのに対して、新たな海上阻止活動は、むしろ国際の平和と安全に対する潜在的脅威の顕在化の防止を目的とする予防的な活動である。次に、国連海上阻止活動は安保理事会決議を根拠としていることから、

---

9) Rothwell and Stephans, *supra* note 10 of Chapter 1, p. 276.

少なくとも制度的な合法性については疑問の余地はない。他方で、新たな海上阻止活動においては、公海上における潜在的な脅威への予防的かつ迅速な対応の必要性が優先されるあまり、時として合法性を犠牲にしてまでも特定の個別国家または有志連合等の個別国家の集合体の意思決定のみによる海上阻止活動が現実に実施されるような可能性が高いように見受けられる。そして、かかる活動の制度的な正当性に関する説明が十分に尽くされているとは、現時点においては判断がし難い。

　以上のような認識に基づき、新たな海上阻止活動について検討を行ったのが、第4章及び第5章である。まず、大量破壊兵器拡散対抗のための海上阻止活動については、非国家主体や拡散懸念国への大量破壊兵器の海上輸送の阻止（拡散対抗）が模索され、その具体的活動が米国が主導する PSI である。しかしながら、PSI はあくまで行動であり、設立文書に基礎づけられる国際組織または機構ではなく[10]、さらに、大量破壊兵器の海上輸送を規制する規則類も存在しなかったことから、公海上における大量破壊兵器の輸送の阻止のためには、何らかの法的基盤を別途構築することが必要とされた。このため、安保理事会決議による国際立法と新条約の起草による限定的な手当がなされた。

　以上に記した、国連海上阻止活動及び大量破壊兵器拡散対抗を目的とした海上阻止活動は、いずれも既存の国際法の枠外において新たな規則類が整備されたことから、制度的には疑問の余地のない活動となった。他方で、テロ対策海上阻止活動については、既存の国際法には変化が見られていないという点は従前の実行と同様であるものの、活動の根拠となる特別な規則類が制定されたというわけではない。つまり、テロ対策海上阻止活動においては、活動の根拠を構成する規則類の整備が十分になされないまま実行のみが先行しており、本活動の法的基盤が盤石であるとは判断し得ないのである。

　本書においては、テロ対策海上阻止活動について可能な限り実証的に検討したが、本活動及びそれが発展した MSO を可能せしめている法的基盤につ

---

10) Bolton, *supra* note 24 of Chapter 4, p.400.

き完全に明らかになったというわけではない。よって、テロ対策海上阻止活動においては、既存の国際法との整合が十全になされているとは言い難い。また一方で、テロ対策海上阻止活動の国際的武力紛争を背景とする期間においては、テロ攻撃への対応における自衛権行使との連関において、従前においては国際社会が極めて消極的かつ慎重であった自衛権行使による武力紛争非当事国の船舶に対する措置が受け入れられつつあるという傾向が確認されるという、別の論点も指摘されるところである。

2. 海上阻止活動が内包する普遍的論点

以上に記した本書における検討の総括として、以下に記す点を指摘しておきたい。まず、海上阻止活動の法的基盤を包括的かつ画一的に確保することは極めて困難であるという点である。その証左として、これまでの海上阻止活動の実行を見る限り、国際的に危機的な事態が生起したとしても、事態に対する行動はあくまで対処療法的な対応に始終している。また、潜在的な脅威への予防的な対応を目的とする海上阻止活動の一つである大量破壊兵器拡散対抗の場合、阻止の対象とされる物資は予め2005年SUA条約議定書等の条約により厳格に指定され、他の目的を帯びる海上阻止活動にそのまま直接的に転用できるというものでない。つまり、パパスタヴリディスが想定した「海上阻止活動を包括的に規律する法」（law of interception/interdiction）[11]というものは、少なくとも本書の刊行の時点においては存在していない。すなわち、たとえ締約国という一部の国のみを拘束する条約というような当事者が比較的限定された枠組みにおいてさえも、公海上における船舶の阻止に関する国際法の大幅な変更は望めず、また、活動にかかわる明確な合法性の確保無きまま現実のみが先行しているという状況にあっては、少なくとも予見される将来において、海上阻止活動を統一的に規律するような法規則類の形成を期待するということは、現実的な姿勢であるとはいえないのである。他方で、このような海上阻止に関する規則類の整備の遅れにより、現実に必要と

---

11) Papastavridis, *supra* note 31 of Introduction, p.3.

されている海上阻止の必要性との矛盾が一層顕著な形で出現する可能性が併せて指摘されるところである。

次に、海上阻止活動は、一見すると、1960年代に開始されたベイラ・パトロールの嚆矢として、ポスト冷戦期の時代である1990年代に登場した国連海上阻止活動を始源とする比較的新しいオペレーションであるように見受けられるが、そこで問題とされている事項それ自体は、実は意外と古い歴史を有するという点である。すなわち、歴史上、国際的に危機的な事態が生起した場合に、既存の国際法では輸送が禁止されていない特定物資の輸送を公海上において強制的に規制した事例が幾つか存在している。これらの事例における海上阻止は、その時々の国際法による説明が困難であったため、合法性につき疑問が投げかけられ、特異かつ例外的なものとして認識された。また、これらの事例において海上阻止を展開した国はいわゆる大国であったことから、活動に対する国際社会の反発ないしは非難には限界があった。

そのような事例の典型的な例として、キューバ隔離（政策）が挙げられる。本事例においては、米国という大国が、安全保障上の緊急的な事態に直面し、自国及び国際社会にとって死活的に重要な利益を獲得するために行動した。対して、今日においては、米国は、テロとの闘いという名目の下で、キューバ隔離（政策）とは比較にならないような規模での海上阻止活動を主導している。ここで注目されるべきは、キューバ危機におけるソ連のミサイルの設置もアル・カイダによる米国同時多発テロのいずれの事例も、米国にとってはいわば国家的な緊急事態であり、それぞれにおいて海上阻止活動が展開されたという事実である。つまり、海上阻止活動は古くて新しい問題であり、今後も類似した活動が展開される可能性は十分に指摘されるところである。

さらに、海上阻止活動の系譜及びその先駆的な関連事象においては、同種の問題が時代を経て繰り返し論点として挙げられているという点も無視できない。例えば、海上阻止活動の先駆的事例における歴史的先例である*Virginius*事件において問題となった、緊急事態において国家（スペイン）が公海上で行った外国船舶への干渉の是非という問題が、ほぼ一世紀を経たアルジェリア戦争という非国際的武力紛争においてフランス海軍が展開した外

国船舶への臨検の妥当性という形で顕在化した。また、本書においてはやや簡潔に触れたのみにとどまったが、同様の問題は、アフガニスタンへの武力行使という国際的武力紛争が終了した後のテロとの闘いという非国際的武力紛争における海上阻止の法的性格を巡る普遍的な論点として、*Virginius* 事件から約一世紀半を経た 21 世紀の今日においても依然として存在しているのである。

第2節　公海上の秩序維持にかかわる新たな動向

1. 特定物資の海上輸送規制にかかわる国際法の限界

　テロ対策海上阻止活動は、海洋法、*jus ad bellum* 及び *jus in bello* のいずれにおいても確固たる法的基盤を見出せない活動であるにもかかわらず、テロへの対応という目的を掲げて本書刊行の現在においても長期間にわたり大規模かつ広範囲に展開している。このような状況は、公海上における秩序維持または航行安全の確保というそれ自体は国際社会の誰もが異を唱えにくい目的を達成するために、米国をはじめとする有志連合が、まず、オペレーションの背景の一つである安保理事会決議 1373 が国連憲章第 7 章の下で採択されたことを奇貨として捉え、その上で、海上阻止のための根拠である関係各規則類を、状況によってはやや拡大解釈して実施している結果であるものと思料される[12]。また、この点に関連し、今日では、テロとの戦いまたは大量破壊兵器の拡散防止というような国際社会の共通利益と直接結びつくような題目を掲げていれば、個別国家による武力行使への批判がなくなるという政治的傾向が存在するという懸念が、一部の議論において示されている[13]。さら

---

12) ちなみに、日本国政府は、テロ対策海上阻止活動における船舶の海上阻止は、基本的には旗国の許可が前提とされていると認識している。第 165 回国会国土交通委員会政府参考人小松一郎外務省国際法局長答弁、『参議院会議録情報第 165 回国会国土交通委員会第 7 号』（2006 年 12 月 14 日）。

13) Andrew Garwood-Gowers, "Israel's Airstrike on Syria's Al-Kibar Facility: A Test Case for the Doctrine of Pre-emptive Self-Defence?," *JCSL*, Vol.16, No.2 (2011), pp.289-290.

に、他方では、国際社会は、自国船舶が対象とならない限り、海上阻止活動という公海上に所在する船舶への強制的干渉行為を伴う活動が法的根拠を完全に明示的にされないまま大規模に展開されているという事実を黙認するか、または容認しているようにすら見受けられる。ちなみに、テロ対策海上阻止活動の法的性格はあくまで国際法の下で理論的に判断されるべきであり、国際社会の世論によって左右されるものではないことを、念のために付言しておく。

　海上阻止活動を巡る議論は、1990年8月に生起したイラクのクウェート侵攻を端緒として、もともとは自衛権から本格的に開始された。その後、実行の積み重ねと国際社会における情勢の変化により、海上阻止活動を巡る議論も変遷を重ねてきた。そして、2001年のアフガニスタンに対する米英による武力行使が終了した以降しばらくの間は、辛うじて非国際的武力紛争状態が活動の背景として存在していたものの、本書の刊行の時点においては、本活動を巡る法的論点は、武力紛争が存在しない状況下において、既存の国際法では輸送が禁止されていない特定物資の輸送を公海上において如何に規制せしめるのかという点に収斂している。そして、これはハインチェル・フォン・ハイネクが主張するような「テロとの戦いの継続による武力紛争概念の拡大」[14]、または米国が主張する「平時における自衛概念の拡大」[15]という文脈において解決が図られるべき問題ではない。そのような論調は、例えば実務家のなかでも特に米国寄りの立場を無条件で支持する者や、そのような政策を安易に正当化しようとする一部の研究者には歓迎されるものであるかもしれないが、現実には、そのような理解は広く国際社会に共有されているというわけではない。さらに、武力紛争概念や平時における自衛概念の拡大という主張は、PSIをはじめとする大量破壊兵器の拡散対抗を目的とする海上阻止活動の根拠を構築する作業において、関係国の間ではそもそも当初から議論の対象とすらなっていない。

---

14) Heitschel von Heinegg, *supra* note 207 of Chapter 3, p. 266.
15) 森川前掲論文第5章注97、37頁。

海上阻止活動を統一的に規律する法というものが存在せず、また、予見される将来においてもそのようなものが構築されることが期待できない現状にあっては、個々の海上阻止活動の根拠を創出するためには、例えば2005年SUA条約議定書やPSI二国間乗船協定のように、特別な条約規則の整備による対処療法的な対応を積み重ねているのが現状である。それでもなお海上阻止のための根拠に窮する場合には、詳細はなお不明ながらも、船長の同意により旗国の許可を擬制するか、または無国籍船を理由とする乗船（国連海洋法条約第110条第1項（d））で処理しているように見受けられる。

2. 新たな法規範形成への創造的展開

　テロ対策海上阻止活動においては、旗国主義を尊重する考え方と現実のオペレーションとの間の距離が一層拡大しているにもかかわらず、国際社会からの強い非難に遭遇することなくオペレーションが展開している。従前までの海上阻止活動においては、既存の国際法の枠外において新たな規則類が形成されていったものの、最終的には海洋法及び海戦法規といった既存の国際法との整合性が一定程度図られてきたか、あるいは、少なくとも抵触は見られてこなかった。しかしながら、テロ対策海上阻止活動においては、活動の根拠となる特別な規則類が積み上げられることはなく、また、既存の国際法も変更されていないことから、従前からの旗国主義との乖離は一層拡大している。そして、このことは、海洋法の一大原則である航行の自由が意外にも脆弱な一面を有することを示唆するものである。

　また、他方で、テロ対策海上阻止活動は大規模、広範囲かつ長期間にわたり継続的に展開していることから、平時における海上作戦として既に国際社会に定着した観がある。その反面、本活動の法的基盤にはなおも不明確な部分が存在している。この点につき、活動の法的基盤が完全に確保されていないという点をあえて問題視して既存の国際法に鑑み本活動は違法であると処理するのか、あるいは、むしろ国際社会からの明示的及び黙示的な反対が見られていないという点を重視することにより、現在は新たな法規範が形成されつつある過程であると考えるかによって、海上阻止活動が有する国際法の

一般的な理論への含意に関する評価が大きく異なってくる。そして、この問いに対する確定的な回答を導き出すことは本書の刊行の時点では困難であると言わざるを得ず、これは海上阻止活動に関する法的考察の一つの限界を示すものであろう。

　このように、海上阻止活動を巡る法的な環境は、一種の手詰まり状態にあるような観を呈しているが、このような状況を生じせしめているのは、公海上における脅威への対応に関する情勢の大きな変化である。まず、海上阻止活動である国連海上阻止活動の大規模な展開が見られたポスト冷戦期においては、紛争の構図はあくまで国家対国家であった。そして、国連海上阻止活動が対処した今そこにある危機は、この国家対国家の枠内における事象であったため、事後的な対処でも十分に効果的であった。これに対して、ポスト9/11の時代における今日では、国家対非国家という対立の構図が公海上においても存在している[16]。そして、そのような対立の構図からは、国際テロリズム及び大量破壊兵器の拡散といったような[17]、領域的、事項的及び時間的側面が拡大した新たな脅威というものが出現している[18]。つまり、ポスト9/11の時代においては、国際社会における脅威とは、国家間の紛争、特に武力紛争から生じるものに限定されないのである[19]。そして、かかる脅威に対しては、従前、国家に対して機能してきた抑止はほとんど機能しないことから、脅威が顕在化する以前に海上部隊を予防的かつ常時継続的に展開させる必要性がある。

　次に、今日では、たとえ国際的武力紛争が存在していない状態においても、

---

16) Reinold, *supra* note 116 of Chapter 5, p.245：Daniel Bethlehem, "Self-Defense Against an Imminent or Actual Armed Attack by Nonstate Actors," *AJIL*, Vol.106, No.4（2012）, p.774：Cf., Carsten Stahn, "International Law at a Crossroads?," *ZaöRV*, Band.62（2002）, pp.211-238.
17) UN DOC S/RES 1377 *supra* note 104 of Chapter 5, Annex II, paras.3-6.
18) 酒井啓亘「『平和に対する脅威』概念の機能的展開とその意義―〈9.11〉事件への国連安保理の対応を手掛かりに」日本国際連合学会編『国際社会の新たな脅威と国連』（国際書院、2003年）、47頁：Karel Wellens, "The UN Security Council and New Threats to the Peace: Back to the Future," *JCSL*, Vol.8, No.1（2003）, 21-28.
19) 酒井前掲論文注18、49頁。

例えば海上におけるテロに代表されるような、従来型の海上における犯罪には該当しない多種多様な潜在的かつ複合的な脅威が、国際社会に共通する懸念として出現している。従前においては、国際的に危機的な事態が生起した場合において出現した脅威への対処においては、特定の国の利益の確保を契機として、まずは安保理事会が脅威の認定を行い、その後に、国家が個別的及び集団的に対処するというものであった。このことと比較すると、上述した公海上における脅威の変化は、公海上における対応行動という文脈における一種の範例の変更である可能性がある。もとより、今日においても、従前からの対処療法的な措置が必要とされるような脅威は少なからず存在しており、その代表例が、公海上における伝統的な脅威であるソマリア沖アデン湾における海賊である。これらへの対処においては、安保理事会決議1816によるいわゆる逆追跡（reverse-hot pursuit）の決定や[20]、CMF（CTF-151）、NATO及び欧州連合水上任務軍（EUNAVFOR）[21]といった多国籍海軍部隊による大規模なオペレーションの展開という、従前までの海賊対処には見られなかった新たな動きも存在している[22]。しかしながら、海賊対処のための公海上における措置そのものは、あくまで既存の国際法である海洋法の枠内において可能であり、また、実際に現場海域においては、海洋法に則り対処行動が整斉と行われているようである[23]。したがって、ソマリア沖海賊対処は、海上における法執行活動にかかわる実務上の観点からは注目すべき事象ではあるが、海上阻止活動とは異なり、新たな脅威に対処することを目的として、新たな規則類に依拠して展開している活動であるとはいえない。

これに対して、CMFが展開しているテロ対策海上阻止活動や大量破壊兵器拡散対抗のための海上阻止活動は、潜在的かつ複合的な脅威が顕在化する

---

20) UNDOC S/RES 1816, *supra* note 29 of Chapter 5, para.7(a).
21) European Union Committee, 12th Report of Session 2009-10, *Combating Somali Piracy: the EU's Naval Operation Alatanta, Report with Evidence* (14 April, 2010), pp.1-11.
22) Douglas Guilfoyle, "Piracy off Somalia: UN Security Council Resolution 1816 and IMO Regional Counter-Piracy Efforts," *ICLQ*, Vol.57, Part 3 (2008), pp.694-699.
23) *Idem*, "Counter-Piracy Law Enforcement and Human Rights," *ICLQ*, Vol.59, Part 1 (2010), p.142.

ことを防止するための予防的な活動である。CMFの活動については、すべての海上阻止の場面において法的根拠となる規則類が整備されているというわけではない。それにもかかわらず、CMFの活動に関しては、政策、実務及び学界のそれぞれのレヴェルにおける国際社会からの声高な非難が見られていないという事実こそが、逆に国際的及び非国際的武力紛争なき状態における海上阻止にかかわる問題の困難性を一層鮮明に際立たせている。

　このような事実の背景には、CMFが展開している海上阻止活動は、従前から存在する麻薬の違法取引や奴隷貿易の取締りという海洋法上の法執行活動との比較において、その目的として確保されるべき法益が著しく異なるという事由が存在する。真山全が指摘するように、麻薬の違法取引や奴隷貿易はそれぞれに深刻な問題ではあるが、国際的テロ組織をはじめとする非国家主体によるテロ攻撃や、そのような行為に使用されるおそれのある大量破壊兵器の拡散は今や国際社会に共通する懸念事項であり[24]、海上法執行活動が対象とする事象とは国際社会全体に及ぼす脅威の深刻度が格段に異なる。このような脅威への対応としては、本来は国連安保理事会による集団的措置や安保理事会の要請または授権による国連海上阻止活動が展開されて然るべきであろうが、実際には、事態への対応における迅速性及び柔軟性並びに機動力において遥かに凌駕するCMFという有志連合国海軍部隊による個別的な活動による対処となっている。そして、CF150やCTF151の活動に対しては、国連安保理事会等の場において米国と利害が対立することの多い中国やロシアですら協力しており[25]、このことは幾重にも強調されて然るべきである。

　他方で、大量破壊兵器拡散対抗についての国際社会の思惑は、必ずしも一

---

[24] 真山全「武力攻撃の発生と自衛権行使」『国際安全保障』第31巻第4号（2004年）、19-20頁。

[25] 中国及びロシアはCMFには参加していないが、CMF及びEUNAVFORが共催している、ソマリア沖アデン湾における海賊対処にかかわる政策及び戦術的論点について検討を行うSHADE (Shared Awareness and Deconfliction) Meetingには、継続的に参加している。James Kraska, *Contemporary Maritime Piracy: International Law, Strategy and Diplomacy at Sea* (Praeger, 2011), pp. 98-99.

様ではない。米国が主導する PSI に対して中国及びロシアは反対しており、その結果、国連安保理事会決議という miracle formula を以てしても、乗船及び捜索のための根拠が創出されることはなかった。加えて、2005 年 SUA 条約議定書も、米国が当初目論んだような乗船に関する旗国の許可を擬制するような規定にはなっていない[26]。また、このことは、北朝鮮やイランを対象とした大量破壊兵器の拡散防止を目的とした安保理事会決議が、公海上における乗船及び捜索については、国連海上阻止活動を要請した同決議と比較してより慎重な内容となっていることを見ても一層明らかである[27]。つまり、海上輸送の規制の対象となる特定物資が大量破壊兵器という究極の危険な物資である場合には、海上阻止活動は円滑な展開を見せていない。

　このような状況それ自体が誠に興味深い論点ではあるが、かかる状況を生じせしめている真の理由はなお不明である。ただし、あくまで一般的な観点からは、そもそも大量破壊兵器の拡散によりもたらされる国際社会に対する脅威の概念それ自体が自明のものではなく、大量破壊兵器の拡散が脅威であると見なしている国もあり、そのようには捉えない国もあるということ、また、大量破壊兵器の拡散が脅威であると見なしている国にとっても、潜在的な脅威の深刻さの度合いがそれぞれに異なるということ、さらに、このような活動を主導する米国に全面的に賛同するというわけではない国が一定数存在しているという諸点が指摘される。そして、このような状況にあって、大量破壊兵器輸送の犯罪化に成功した PSI 二国間乗船合意及び 2005 年 SUA 条約議定書という条約規則への参加国が、国際社会において今後どこまで拡大してゆくのかが、まずもって注目されるところである。

　海上阻止活動というオペレーションは、時代の変遷とその間での情勢の変化を経て、国際社会一般に定着してきた。そして、その歴史は、既存の国際法に法的基盤を見出せないことから特異かつ例外的なものであると認識され

---

26) Byers, *supra* note 197 of Chapter 3, p. 539.
27) UN DOC S/RES 1718, *supra* note 125 of Chapter 4, para. 8（f）: UN DOC S/RES 1874, *supra* note 133 of Chapter 4, paras. 11 12: UN DOC S/RES 1747, *supra* note 143 of Chapter 4, paras. 2, 5: UN DOC 1929, *supra* note 143 of Chapter 4, paras. 14, 15.

ていた事象が、既存の国際法の外側において新たな規則類が整備されつつ、国際の平和と安全の維持のための手段として当たり前に定着してゆく過程(現象)に他ならない。この関連において、大量破壊兵器拡散対抗を目的とする海上阻止活動の根拠の創出のための安保理事会による国際立法や新条約の起草という実行を指して、それらは19世紀末に進捗した奴隷貿易の廃止と共通する部分が存在することを指摘する議論も存在する[28]。英国が自国の経済的利益の確保を主たる理由及び動機として廃止が主導された奴隷貿易と、現在懸念されている国際社会に共通する公海上における潜在的な脅威への対処の方策の一環である海上阻止活動とを同列に論じることの適否についてはひとまずは措くとしても、二国間及び多国間条約の整備により一応の法的枠組みが構築されている大量破壊兵器拡散対抗とは異なり、CMFが展開するテロ対策海上阻止活動は、その法的基盤に一部曖昧な部分をなおも残存しているという事実は看過できるものではない。しかしながら、本活動は既に国際社会に定着しており、なおかつ、基本的に国際社会からの広範囲な支持を得ているということは、もはや否定しえない事実として存在している。

21世紀初頭の今日において法的な疑問をなおも残しながら国際の平和と安全に対する潜在的脅威の顕在化の阻止を主たる目的として予防的に展開しているテロ対策海上阻止活動は、海洋秩序の安定化のための国際社会に共通する利益を確保するグローバルな活動[29]という側面を有する。それでは、本書において繰り返して指摘した、テロ対策海上阻止活動が既存の国際法に基

---

28) E. g., Byers, *supra* note 197 of Chapter 3, pp. 534-535. なお、英国の視点に立って奴隷貿易の廃止に至る過程について考察した業績として、Jean Allain, "The Nineteenth Century Law of the Sea and the British Abolition of the Slave Trade," *BYIL 2007* (Oxford University Press, 2008), pp. 342-388. また、英米二国間関係における奴隷貿易に従事する船舶への乗船及び捜索の規則の整備に関する経緯を考察した業績として、Hugh G. Soulsby, *The Right of Search and the Slave Trade in Anglo-American Relations 1814-1862* (The Johns Hopkins Press, 1933), 185pp. Cf., Louis B. Sohn, "Peaetime Use of Force on the High Seas," in Robertson ed., *supra* note 280 of Chapter 1, pp. 39-59.

29) Craig H. Allen "Legal Interoperability Issues in International Cooperation Measures to Secure the Maritime Commons," in William B. Ruger Chair of National Security Economic Papers, *Economics and Maritime Security: Implications for the 21st Century,* No. 2 (Naval War College, 2006), p. 114.

礎づけられることなく、また、新たな規則類の積み上げもなされないまま長期間にわたり継続的に展開しているという事実は、大陸棚、直線基線、EEZ及び漁業水域等の海洋法上の諸制度の形成過程に類似するものとして整理され得るのか。上述の海洋法上の諸制度は、それらが主張されはじめた当時にあっては既存の国際法との衝突が生じたものの、結果として既存の国際法を超越して現在では海洋法上の制度として確立しているものであり、その限りにおいては、海上阻止活動はこれらの制度と類似する側面を有するであろうことは直ちには否定されない。他方で、これらの制度の形成過程は、海洋法の内部における既存規則と新たな動向との衝突であるが、海上阻止活動においては海洋法とその外側で生じた新動向との調整という側面が存在することには改めて留意されなければならない。つまり、海上阻止活動の展開のための原動力とは、大量破壊兵器の拡散対抗やテロの未然防止といった国際社会の平和と安全の維持にかかわる要請であり、海洋法と抵触する実行が大規模かつ広範囲に展開しているのは、むしろ海洋法の外側にある要因に依拠しているのである。このような事由こそが、海上阻止活動の展開過程と上述したような海洋法上の諸制度の形成過程との相違を一層際立たせている点であり、また、特にテロ対策海上阻止活動が国際社会の一般利益の保護と国際秩序の維持及び回復を目的とする急迫性の高い一方的措置として対抗性を有するのかという別の論点が生じ得る所以でもある。

　海上阻止活動の系譜に属する活動には法的な連続性はなく、これまでのすべての実行を統一的に規律する共通した規則類というものは存在していない。海上阻止活動の系譜においては、それぞれの活動が想起された事象に対応するため、海上阻止活動の合法性を確保するための新たな規則類が個別に整備されてきた。しかしながら、たとえ個々の事象への対応がそれぞれ対処療法的なものであっても、実行の積み重ねによりそれらが十全に蓄積されたならば、やがては隙のない一連の規則体系が構築されてゆくであろうことは、完全には否定されない[30]。それでは、テロ対策海上阻止活動の大規模、

---

30) Cf., 林前掲論文第5章注35、129頁。

広範囲かつ長期間にわたる実行は、そのような新たな法規範が形成されつつある創造的な展開を示唆するものとして捉えてよいのか[31]。この疑問について国際法の観点から最終的な評価を下すためには、今しばらく国家実行が蓄積される状況を慎重に見極めつつ、さらなる継続的な考察が必要であろう。

---

31) Cf., Jon D. Peppetti, "Building the Global Maritime Security Network: A Multinational Legal Structure to Combat Transnational Threats," *Naval Law Review*, Vol. 55 (2008), pp. 81-85.

あとがき

　海上阻止活動とはなにか。そして、それは実定国際法上如何に位置づけられるものなのか。

　本書に通底するこの問題（意識）は、著者が防衛大学校総合安全保障研究科（修士課程）（第1期）（1997年3月入学／1999年3月修了）における修士論文のテーマとして国連海上阻止活動を取り扱って以来、国際法を勉強するうえで常に関心事項として存在していたものである。本書は、上述した問題に一定の回答を示すべく執筆された。なお、本書は、著者が平成25年度（2013年度）に大阪大学大学院法学研究科に提出した博士学位論文に加筆及び修正を加えたものである。また、本書の刊行にあたっては、公益財団法人末延財団から平成28年度（2016年度）出版刊行助成の交付を受けている。

　1997年3月の総合安全保障研究科（修士課程）の開設に伴い、防衛大学校に着任されたばかりの気鋭の国際法学者である真山全先生（防衛大学校助教授／後に教授（当時））を指導教官として仰ぎ、著者が国連海上阻止活動を修士論文のテーマとして選択した直接の理由は、本活動の法的考察が学問上大きな意義を有するということに加え、海上自衛官である著者の職業的関心によるところが大きい。したがって、海上阻止活動に対する著者の関心は、当初は優れて operational-oriented なものであった。

　著者が1999年2月に提出した修士論文は、本書第3章における検討の基となったものである。その後、ある経緯により修士論文を一読された森川幸一先生から、著者の修士論文においては、安保理事会が国連憲章上有する権限を国連加盟国に移譲することに関する国連法の検討や、安保理事会の要請及び授権という行為は国連憲章の解釈論から如何に説明及び評価されるのかといった、国際法の一般的問題にかかわる論点について十分に認識されていないとの指摘を賜った。この森川先生による指摘は、著者にとっていつかは回答しなければならない重い課題として、20年余りの長きにわたり存在し続けていた。また、修士論文の副査を務められた青木節子先生（防衛大学校

助教授（当時））からは、（国連）海上阻止活動はテクニカルな事項のみならず広く国際法上の一般的な問題への連関を数多く有するテーマであるので、以後も継続して勉強するようにといった趣旨のアドバイスを頂いた。今となって考えると、青木先生によるこのアドバイスが有する含意は、まさしく本書において著者が達成を目指した目標の一つであり、大変に示唆に富むものである。ちなみに、著者が後に大阪大学大学院法学研究科博士後期課程に進学した後も、阪大における指導教員でもある真山先生からも、博士論文の要訣として先の青木先生のアドバイスと同趣旨の指導を複数回受けている。

しかしながら、今以上に不勉強であった著者にとっては、青木先生のアドバイスの意味するところを正しく理解することが困難であったことに加え、その当時においては、海上阻止活動の実行は国連海上阻止活動のみに限定されていた。したがって、防衛大学校における研修を修了し海上自衛隊における勤務に復帰した後も、職務の傍ら学会に属し国際法の勉強は継続してはいたものの、森川先生の指摘や青木先生のアドバイスを踏まえて海上阻止活動について更なる検討を行う糸口は容易には見出せ得なかった。

その後、月日は流れて21世紀に入り、米国同時多発テロ攻撃以降のポスト9/11の時代を迎えると、テロ対策海上阻止活動、PSI、イラク戦争、ソマリア沖海賊対処活動、リビア内戦（Operation Unified Protector）といったような、主要国海軍が公海上において大規模かつ広範囲に部隊を展開させる事例が連続して生起した。これらの事例は、それぞれが歴史の一幕を形成する程度の一大事件であり、そのなかでも著者が特に強く興味を惹かれたのは、テロ対策海上阻止活動であった。その理由は、本書でも指摘したように、必ずしも法的根拠が明確ではないと認識されている公海上における船舶の阻止が、国際社会からの強い反対もないまま、長期間、大規模かつ広範に展開しているという点に帰せられる。

同じく海上阻止活動の系譜に位置するPSIについては、本書において引用したような多数の先行研究が存在することと比較して、テロ対策海上阻止活動を検討の主題に据えた論説はほとんど皆無であった。このため、まずは背景的な事項として、いわゆるテロとの闘いにおける米国の自衛権行使の評価について真山先生や森川先生と何度も議論を交わした。他方で、日本に居な

がらにしてはテロ対策海上阻止活動について入手できる情報は絶対的に不足しており、法的検討のための論点の抽出はおろか、オペレーションの実像を描き出すことすら困難な状況であった。

　このような半ば手詰まり状態のなか、転機となったのがバーレーンにおける防衛駐在官としての勤務（2008年〜2009年）である。バーレーンはテロ対策海上阻止活動の最前線であり、CMF司令部が所在する地である。防衛駐在官としての過酷な勤務を通じて、CMFが展開するオペレーション、とりわけテロ対策海上阻止活動について、日本においては決して触れることのできなかった米海軍第5艦隊及びCMFの部隊運用並びに有志連合各国の思惑等に関する多くの貴重な情報に直接触れることができた。さらに、CMF法務官との定期的な意見交換を通じて、テロ対策海上阻止活動が内包する国際法上の論点及びその検討の方向性といった事項について、極めて大雑把ではあるものの、徐々に具体的構想が固まっていった。

　著者のバーレーンにおける勤務は比較的短期間ではあったが、彼の地における経験がなければ博士学位論文及び本書は完成し得なかったと断言しても過言ではない。なお、現地で触れた情報の多くはいずれも厳重な保全の対象となるのものであり、そのまま論文に引用できる類のものではない。したがって、後に数多くの一般刊行物並びに学術書及び公表論文等にあたることにより、これらをすべて引用可能な一般情報に転換したことは言うまでもない。

　バーレーンから帰国した後の2009年7月21日（火）、防衛大学校から大阪大学に異動されていた真山先生の招聘により、大阪大学大学院国際公共政策研究科国連政策研究センター主催のセミナーにおいて、「有志連合海上作戦部隊（CMF）と国際法」と題する報告を行う機会を得た。ちなみに、著者が大阪大学（待兼山）に足を踏み入れたのは、これまでの半生においてこの時が最初である。

　その後、本報告をベースとして論文を執筆したが、それは本書の中核部分である第5章の基となったものである。そして、本論文の執筆作業の過程において、テロ対策海上阻止活動を考察の中核として、修士論文で取り扱った国連海上阻止活動及びその後の新たな展開である海上における大量破壊兵器

の拡散対抗（PSI）を検討の素材として、「海上阻止活動の系譜」を描き出すような博士学位論文の執筆が明確な目標となっていった。

　博士学位論文の構想は、およそ以下のとおりである。まず、論文の縦軸は公海上における船舶阻止活動である。これらには、平時海洋法における海賊、麻薬取締り、違法漁業の監視及び取締りといった従前からの海上法執行活動と、海戦法規（*jus in bello* at sea）を根拠する交戦国による措置が、法的に既に確立されているものとして想定される。したがって、まずはこれらを確認した後に排除してゆく。また、国連安保理事会による船舶阻止（国連海上阻止活動）及び新規条約による船舶阻止（PSI）も、現在においては確固たる法的根拠を有する活動であるので、同様に排除される。そして、このような作業を経てもなおも残るのが、法的根拠についてはよくわからないまま極めて長期間にわたり大規模かつ広範囲に展開しているテロ対策海上阻止活動である。

　テロ対策海上阻止活動については、法的根拠が明示的ではないのでとりあえずは違法であるという評価が可能となる。しかしながら、違法と評価される活動が短期間かつ小規模にとどまっているのであれば、例外的な単発の事象としてあえてこれを無視するという選択肢もあり得るが、テロ対策海上阻止活動は無視できない程度のスケールで展開している。さらに、本活動の背景には国際社会の容認または黙認が存在するほか、そこには *jus ad bellum*、*jus in bello*、海洋法及びその他の国際法の一般的問題に跨る数多くの難問が内包されているように見受けられる。

　次に、縦軸で示した諸活動への理論的分析を論文の横軸として、判例、学説、国家実行という国際法のマテリアルを横断的に駆使することにより、概念を丁寧に整理し、確固たる法的根拠に基づいた議論を展開する実証的かつ動態的な論考を行うこととした。以上のような構想を真山先生との度重なる議論を通じて練り上げていったのが、2009年から2010年にかけてである。

　博士学位論文を執筆するためには、いずれかの大学院博士後期課程に進学し、この人こそはと思う先生の指導を受けるというのが一般的な方法である。著者の場合、修士課程における指導教官であり、以後も一貫して私淑していた真山先生の指導を受けるべく、待兼山の大阪大学を進学先として選択

したのは必然であった。著者が居住及び勤務する首都圏から通学するには待兼山はいささか遠方ではあるが、諸般の事情さえ許せば通学できない距離ではない。幸いなことに、職務に支障をきたさず、かつ、全て自己責任によることを条件として、当時勤務していた部署の上司の理解と承諾を得ることができ、そのうえで、組織内における所要の手続きを踏襲して、平成23年度（2011年度）大阪大学大学院法学研究科博士後期課程入学試験を受験し、無事合格することができた。なお、合格発表の2011年3月11日（金）は、奇しくも東日本大震災が発災した当日である。

　冒頭に掲げた問題意識に基づき、上述した構想の下で書き上げたのが本書の基となった博士学位論文であり、その中で自分なりの「海上阻止活動を巡る世界観」を描き出したつもりではある。他方で、先述した森川先生による指摘や青木先生のアドバイスに対し十分な回答を提示できているのかについては、いささか心もとない。これらについては、読者諸氏の判断に委ねることといたしたい。

　よく言われることではあるが、研究は地道かつ孤独な作業ではあるものの、決して一人のみでできるものではない。学界の多くの先輩方と同様、著者の場合も本書の刊行に至るまで実にたくさんの方々からご指導、ご助力を賜った。紙幅の許す範囲においてお礼を申し上げさせていただきたい。
　まずは、防衛大学校における修士課程から一貫して20年以上にわたり継続してご指導を賜っている真山全先生には、衷心より幾重にも特段の御礼を申し上げたい。著者を国際法の世界に導いてくださったのが真山先生であり、そのことにより、プロフェッショナルとしての帰属先である海上自衛隊に加え、国際法学徒としての別の世界を持つことができた。著者は海上自衛隊において国際法を主務とする者ではないことから、修士課程を修了した後の国際法の勉強は、いわば「夜の仕事」として専ら勤務外の時間に行ってきた。したがって、一般の院生と比べて勉強の進捗及びモチベーションの維持にはどうしても限界があり、真山先生の誠意ある厳しい指導及び忍耐と寛容がなければ、著者はとっくの昔に国際法の勉強を投げ出していたであろう。また、著者が創り上げてきた「海上阻止活動を巡る世界観」は、これまでの

真山先生との夥しい議論のなかで形成されてきたものである。さらに、修士1学年の2月に、真山先生と米海軍大学（米国ロードアイランド州ニューポート）及びコロンビア大学（同ニューヨーク）に約2週間の調査旅行に出かけたことも良き思い出である。真山先生に賜った学恩の大きさは容易に言い表されるものではなく、また、果たして自分がそれに十分に応えられているのかについても甚だ疑問ではあるが、これまで賜った学恩に少しでも応えられるよう、以後も学業に精励してゆく所存である。

次に、著者が修士課程修了直後から今日までの長きにわたりご指導いただいている森川幸一先生には、機会あるごとに安全保障に関する国際法上の論点のみならず、広く国際法の一般的論点についてもご指導を頂いた。加えて、先生が主催される海洋を巡る問題等に関する研究会にも招聘くださり報告の機会を頂戴する等、格別のご配慮を賜った。さらに、本書第5章におけるテロとの闘いに関する検討は、$jus\ ad\ bellum$ に関する第一人者である森川先生を過日専修大学神田学舎の研究室に個別に訪ね、特にご教示頂いた事項に負うところが大きい。

青木節子先生には、著者が修士論文に加筆及び修正を施した論文を『法学政治学論究』（慶應義塾大学大学院法学研究科）第43号（1999年）に発表する際に大変にお世話になった。一般の大学院とは異なり、防衛大学校総合安全保障研究科は教官以外の者が論説を発表できる紀要等を有さないことから、研究科を修了した者が修士論文を発表できるメディアは相当に限定される。そのような状況にあって、青木先生のご尽力により名の通った雑誌に初論文を掲載できたことは、以後の勉強への大きな弾みとなった。また、著者が国際法学会に入会するために必要な学会理事の推薦状を入手するにあたり、奥脇直也先生をご紹介頂いたのも青木先生である。

博士学位論文の副査でもある和仁健太郎先生には、国際判例の読み方等について厳しくも丁寧にご指導頂いたほか、首都圏の国際法研究者及び院生が集まる国際判例事例研究会への入会を勧めてくださった。さらに、著者の素朴かつ拙い質問にも丁寧に対応して頂いたほか、先生から紹介された文献及び論文の講読は、著者が国際法学徒としての幅を広げるきっかけとなった。

関西学界の錚々たるメンバーで構成される国際法研究会の諸先生方には、

あとがき

　研究会における報告及び質疑応答を通じて貴重なご指導及びご示唆を数多く賜った。本研究会における報告は大変に厳しいものであったが、あれだけのメンバーを前にして自分が勉強した成果を正々堂々と報告できるということは、まさに「学生の特権」というほかはない。

　その他、著者が国際法の勉強を志して以来存じ上げお世話になっている学会の諸先生方には、著者の拙い論文を読んでいただき、その都度有益な指摘を頂戴したほか、折に触れて様々な質問にお答えただいた。あまりにも多人数にわたるため個別に触れることはできないが、坂元茂樹先生については特にお名前をお出しして御礼申し上げたい。大阪大学大学院に進学する以前から、坂元先生には著者が執筆した論文をいつも丁寧に読んでいただき、示唆に富むコメントを毎回頂戴している。論文は他者による評価を期待して書くものではないが、他方で、頂戴できるコメントは大変に有難いものである。特に、学界の中枢で活躍されている坂元先生から頂戴する貴重なコメントは、著者のような初学者にとっては大きな励みとなった。

　著者が大阪大学大学院に在籍したのは、2011年4月から2014年3月までの3年間であるが、長距離通学を行っていたため、待兼山で過ごした時間は必ずしも長いものではなかった。そのようななかにあって、同時期に阪大大学院に在籍していた院生諸氏との議論及び遣り取りは、待兼山における「充実した厳しい日々」にあって大変に貴重なものであった。先に記したとおり、研究は地道かつ孤独な作業である。また、そうであるが故に、仲間は絶対的に必要である。さらに、時には真山先生を先頭に、共に待兼山から阪大坂をくだり石橋の街へ繰り出したことも、待兼山における「学生」としての思い出の断片である。仲宗根卓さん、越智萌さん、山下渉さん、鳥谷部壌さん、松山沙織さんには、特にお名前をお出しして感謝の念をお伝えしたい。

　大阪大学出版会編集長の岩谷美也子氏には、本書出版の企画段階からお世話になり、要所で適切なアドバイスと励ましを賜った。また、本書の刊行のための出版助成にかかわる煩雑な手続きについても、全面的に支援して頂いた。

　著者が所属する海上自衛隊の上司、先輩、同僚及び後輩の諸官には、職務の合間に待兼山へ遠距離通学して勉強することについて、実に寛大な理解と

協力を賜った。海上自衛隊においては、著者のように国際法を主務としない者にとって博士後期課程レベルにおける国際法の勉強は必要とはされていないという事実に鑑みると、組織の下した英断に敬意と感謝の念を表する次第である。

　最後に、著者のような年代の社会人は、職務以外の時間はできるだけ家族のために割くべきものと一般的に思料されるところ、博士後期課程への進学という一見無謀とも思える試みを許容し、「待兼山への冒険旅行」を応援してくれた家族及び両親に感謝したい。

　以上に記した以外に、紙幅の都合というありがちな都合のために触れることのできなかった方を含め、これまでお世話になったすべての方々及び団体にこの場を借りて厚く御礼申し上げたい。

　　　　　　　　　　　　　　　　二ヶ領用水の川面を眺めながら
　　　　　　　　　　　　　　　　　　　　　　　　吉田靖之

条約一覧

1856 年
- Déclaration réglant divers points de droit maritime, Paris, signee le 16 avril, 1856, et entreé en vigueur 16 avril, 1856, *Nouveau Recueil Général*, 1ᵉ Sér., Vol. 15, pp. 791-792.　55
　Article 2　67,　Article 3　67,　Article 4　80

1871 年
- Treaty Between Her Majesty and the United States of America, signed at Washington, 8 May, 1871, retried and ratified exchanged 17 June, 1871.　55

1884 年
- Convention for the Protection of Submarine Telegraph Cables, signed at Paris, 14 March, 1884, entered into force 1 May, 1888, 1 UN Regislative Series, *Law and Regulations of the Regime of the High Seas* 262.　41,　Article 10　41

1890 年
- Acte general de la conference de Brussels qui s'est tenue début 1890, signée le 2 juillet, 1890.　20

1907 年
- Convention VI relative au régime des navires de commerce ennemis au début hostilités, La Haye, signée le 18 octobre, 1907, entreé en vigueur 26 janvrier, 1910, *Deuxième Conférence Internationale de la Parix, Actes et Documents*, Tome 1 (La Haye, 1908), pp. 644-646.　55
- Convention VII relative á la transformation des navires de commerce en bâtiments de guerre, La Haye, signée le 18 octobre, 1907, entreé en vigueur 26 janvrier, 1910, *Deuxième Conférence Internationale de la Parix, Actes et Documents*, Tome 1 (La Haye, 1908), pp. 647-649.　55
- Convention VIII relative á la pose mines sous-marines automatiques de contacts, La Haye, signée le 18 octobre, 1907, entreé en vigueur 26 janvire, 1910, *Deuxième Conférence Internationale de la Parix, Actes et Documents*, Tome 1 (La Haye, 1908), pp. 650-653.　55
　Article 2　82
- Convention IX concernant le bombardment par les forces navales en temp de guerre, La Haye, signée le 18 octobre, 1907, entreé en vigueur 26 janvire, 1910, *Deuxième Conférence Internationale de la Parix, Actes et Documents*, Tome 1 (La Haye, 1908), pp. 654-657.　55
- Convention XI relative á certaines restrictions á l'exercice du droit capture dans le guerre maritime, La Haye, signée le 18 octobre, 1907, entreé en vigueur 26 janvire, 1910, *Deuxième Conférence Internationale de la Parix, Actes et Documents*, Tome 1 (La Haye, 1908), pp. 664-667.　55
- Convention XIII concernant les droits et les devoirs des Puisssances neutres en cas de guerre maritime, La Haye, signée le 18 octobre, 1907, entreé en vigueur 26 janvire, 1910, *Deuxième Conférence Internationale de la Parix, Actes et Documents*, Tome 1 (La Haye, 1908), pp. 680-686.　55
　Article 6　67,　Article 7　68,　Article 12　112,　Article 17　112,　Article 19　112,　Article 20　112

1909 年
- London Declaration Concerning the Laws of Naval War, Signed at London, 26 February, 1909, the conditions for entry into force were never fulfilled, *American Journal of International Law*, Vol. 3 (1909), Supplement, pp. 179-220.　56
　Article 1　81,　Article 2　81,　Article 3　81,　Article 4　83,　Article 5　81,　Article 6　83, Article 7　83,　Article 8　83,　Article 9　83,　Article 11　83,　Article 12　84,　Article 13　84, Article 14　84,　Article 16　84,　Article 17　84,　Article 18　81,　Article 20　84,　Article 21　67, 84,　Article 22　71,　Article 23　71, 72,　Article 24　71,　Article 25　71,　Article 27　72,

Article 30　72,　Article 36　72,　Article 37　72,　Article 38　71,　Article 48　73,　Article 58　67,　Article 64　85

1919 年

・Pacte de la Société des Nations, signée le 10 janvier, 1919, entreé en vigueur 10 janvire, 1920.　114

Article 11（1）　115, 116,　Article 12　120, 122,　Article 12（1）　115, 117,　Article 13　116, 120, 122,　Article 13（2）　115,　Article 15　116, 117, 120, 122,　Article 16　116, 117, 121, 122, 123, 124, 126,　Article 16（1）　117, 118, 120,　Article 16（2）　118, 120, 125,　Article 17（1）　117,　Article 17（3）　117

1924 年

・Convention between the United Kingdom and the United States Respecting the Regulation of the Liquor Traffic, signed at Washington, 23 January, 1924, entered into force 22 May, 1924, 27 LNTS 182.　41

1925 年

・Accords de Locarno : trairé entre l'Allemagne, la Belgique, la France, la Grande-Britague et l'Italie, signée le 16 octobre, 1925.　132

1926 年

・Slavery Conventions, adopted in Geneva, 25 September, 1926, entered into force 9 March, 1927, 60 LNTS 253.　20

1928 年

・General Treaty for Renunciation of War as an Intsrument of National Policy, signed at Paris, 27 August, 1928, entered into force 24 july, 1929, 94 LNTS 57.　132

1936 年

・1936 London Procès-Verbal Relating to the Rules of Submarine Warfare Set Forth in Part Ⅳ of the Treaty of London of 22 April 1930, signed at London, 6 November, 1936, entered into force 6 November, 1936, 183 LNTS 353-357.　56

Article 2　73

1945 年

・Charter of the United Nations, open for signature 26 June, 1945, entered into force 24 October, 1945.　5

Article 2（4）　170, 335, 349,　Article 24　251,　Article 25　219, 245, 250, 251,　Article 27（3）　216,　Article 39　164, 172-175, 193, 208, 214, 242, 245, 369,　Article 40　175,　Article 41　176, 188, 200, 203, 204, 206, 207, 210, 245, 251, 254, 256, 258, 343, 345,　Article 42　119, 164, 200, 204, 206-210, 212, 214, 245, 251,　Article 43　172, 207-209, 214,　Article 46　207,　Article 47　207, 208,　Article 48　208,　Article 51　133, 144, 149, 175, 176, 192, 313, 318, 330, 334, 336, 337, 340, 343, 349, 351,　Article 53　150,　Article 103　219, 250,　Article 106　208

1947 年

・Inter-America Treaty of Reciprocal Assistance, signed at Washington, 2 September, 1947, entered into force 3 December, 1948, 2 UNTS 2394.　145

Article 3　146,　Article 6　146,　Article 8　146

1949 年

・North Atlantic Treaty, signed at Washington, 4 April, 1949, entered into force 24 August, 1949, 34 UNTS 243.　315-316

Article 5　316, 318

・1949 Geneva Convention Ⅱ for the Amelioration of the Condition of Wounded, Sick and Shipwrecked Members of Armed Forces at Sea of August 12, 1949, signed at Geneva, 12 August ,1949, entered into force 21 October, 1950, 75 UNTS 85.　57

Article 13（5）　59

・1949 Geneva Convention Ⅲ Relative to the Treatment of Prisoners of War of August 12, 1949, signed at

条約一覧

Geneva, 12 August, 1949, entered into force 21 October, 1950, 75 UNTS 135. 57
Article 4（5） 59

1953 年
・Protocol Amending the Slavery Convention Signed on 25 September 1926, approved by United Nations General Assembly Resolution 794 of 23 October, 1953, entered into force 7 December ,1953, 182 UNTS 51. 20

1956 年
・Supplementary Convention on the Abolition of Slavery, the Slave Trade, and Institutions and Practices to Slavery, signed at Geneva, 30 April, 1956, entered into force 30 April ,1957, 266 UNTS 3. 20

1958 年
・1958 Convention on the High Seas, adopted at Geneva, 29 April, 1958, entered into force 3 January, 1963, 450 UNTS 11. 1
Article 1 34, Article 2 170, Article 3 171, Article 6 1, 294, Article 15 272, Article 22 2, 142, Article 22（1） 42
・1958 Convention on the Territorial Sea and Contiguous Zone, adopted at Geneva, 29 April, 1958, entered into force 10 September, 1964, 516 UNTS 205. 34
・1958 Convention on the Continental Shelf, adopted at Geneva, 29 April, 1958, entered into force 10 June, 1964, 499 UNTS 311. 34
・1958 Convention on Fishing and Conservation of the Living Resources of the High Seas, adopted at Geneva, 29 April, 1958, entered into force 20 March, 1996, 559 UNTS 285. 34

1963 年
・Convention on Offences and Certain Other Acts Committed On Board Aircraft, signed at Tokyo, 14 September, 1963, entered into force 4 December, 1969, 704 UNTS 220. 240

1965 年
・Accord européen la répression des emissions de radiodiffusion effectuées par des stations hors des territoires nationaux、signée le 22 janvier, 1965, à Strasbourg, entreé en vigueur 10 octobre, 1969, 643 UNTS 239. 48

1968 年
・Treaty on the Non-Proliferation of Nuclear Weapons, signed at London, Moscow, Washington, 1 July, 1971, entered into force 5 March, 1970, 729 UNTS 161. 227
Article 1 227, Article 5 281

1969 年
・Vienna Convention on the Law of Treaties, signed at Vienna, 23 May, 1969, entered into force 27 January, 1980, 1155 UNTS 331. 212
Article 2（1）(a) 357, Article 26 289, Article 31 212
・1969 International Convention Relating to Intervening on the High Seas In Cases Of Oil Pollution Casualties, adopted at Brussels, 29 November, 1969, entered into force 14 October, 1972, 955 UNTS 115. 134

1970 年
・Convention for the Suppression of Unlawful Seizure of Aircraft, signed at the Hague, 16 December, 1970, entered into force 14 October, 1971, 860 UNTS 106. 241

1971 年
・Convention for the Suppression of Unlawful Acts against the Safety of Civil Aviation（with Final Act of the International Conference on Air Law Held under the Auspicious of the International Civil Aviation Organization at Montreal in September 1971）, concluded at Montreal, 23 September, 1971, entered into force 26 January, 1973, 974 UNTS 178. 241

1972 年
- The Convention on the Prohibition of the Development, Production and Stockpiling of Bacteriological (Biological) and Toxin Weapons and on their Destruction, signed at London, Moscow, Washington, 10 April, 1972, entered into force 26 March, 1975, 1015 UNTS 163.   281
  Article 1   281

1973 年
- Convention for the Prevention and Punishment of Crimes against Internationally Protected Persons, Including Diplomatic Agents, adopted by United Nations General Assembly, 14 December, 1973, entered into force 20 February, 1977, 1035 UNTS 167.   241

1977 年
- 1977 Geneva Protocol I Additional to the Geneva Conventions of 12 August 1949, and Relating to the Protection of Victims of International Armed Conflicts, signed at Bern, 12 December, 1977, entered into force 7 December, 1978, 1125 UNTS 3.   57
  Article 51 (1)   59, Article 52 (1)   59, Article 52 (2)   62, Article 54 (1)   104

1978 年
- Protocol of 1978 Relating to the International Convention for the Prevention of Pollution from Ships, 1973 (with Annexes, Final Act and International Convention of 1973), concluded at London, 17 February, 1978, entered into force 2 October, 1983, 1340 UNTS 64.   279

1979 年
- International Convention against the Taking of Hostages, adopted by United Nations General Assembly, 17 December, 1979, entered into force 3 June, 1983, 1316 UNTS 205.   241

1980 年
- Convention on the Physical Protection of Nuclear Material, signed at Vienna and New York, 3 March, 1980, entered into force 8 February, 1981, 33 UNTS 4224.   241

1982 年
- United Nations Conventions on the Law of the Sea, signed at Montego Bay, 10 December, 1982, entered into force 16 November, 1992, 1833 UNTS 3.   1
  Article 19 (1)   236, Article 19 (2)   236, Article 25 (1)   236, Article 29   44, 280, Article 56   35, Article 58   35, Article 86   35, Article 87 (1)   33, Article 91 (1)   49, Article 92   43, 294, Article 92 (1)   39, Article 92 (2)   48, Article 94 (2)(b)   39, Article 99   47, Article 100   44, Article 101   44, Article 102   44, 46, Article 103   44, Article 104   44, Article 105   44, 46, 234, Article 106   44, Article 107   44, Article 108   42, Article 108 (2)   43, 283, 353, Article 109   43, 234, Article 109 (3)   48, 50, Article 109 (4)   48, Article 110   2, 41-44, 49, Article 110 (1)   44, 297, 353, 354, Article 110 (1)(a)   44, 234, Article 110 (1)(b)   47, 169, Article 110 (1)(c)   48, Article 110 (1)(d)   48, 234, 356, Article 110 (1)(e)   48, 234, Article 110 (2)   49, Article 111   41, 234

1988 年
- Protocol for the Suppression of Unlawful Acts of Violence at Airports Serving International Civil Aviation, Supplementary to the Convention for the Suppression of Unlawful Acts against the Safety of Civil Aviation, Done at Montreal on 23 September, 1971, Signed at Montreal, 24 February, 1988, entered into force 6 August, 1989, 729 UNTS 474.   241
- 1988 Protocol for the Suppression of Unlawful Acts of Violence at Airports Serving International Civil Aviation, Supplementary to the Convention for the Suppression of Unlawful Acts Against the Safety of Civil Aviation, adopted on 24 February, 1988 in Montreal, entered into force 6 August, 1989, ICAO Doc. 9518/1589 UNTS 474/[1990] ATS 37/27.   241
- Convention for Suppression of Unlawful Acts against the Safety of Maritime Navigation, concluded at

Rome, 10 March, 1988, entered into force 1 March, 1992, 1678 UNTS 221. 241, 272
Article 3　273-274, 278, 354,　Article 6　290,　Article 9　274,　Article 13　274
・United Nations Convention against Illicit Traffic in Narcotic Drugs and Psychotropic Substances, adopted at Vienna, 19 December, 1988, entered into force 11 November, 1990, 1582 UNTS 164.　20
Article 5　290,　Article 17　297,　Article 17（2）　283, 286,　Article 17（3）　283,　Article 17（4）　286

1991 年
・Convention on the Marking of Plastic Explosives for the Purpose of Detection, signed at Montreal, 1 March, 1991, entered into force 21 June, 1998.　241

1993 年
・Convention on the Prohibition of the Development, Production, Stockpiling and Use of Chemical Weapons and on their Destruction, signed at Paris, 30 November, 1993, entered into force 29 April, 1997, 1974 UNTS 45.　281
Article 2　281

1995 年
・Agreement for the Implementation of the Provisions of the United Nations Conventions on the Law of the Sea of 10 December 1982 Relating to the Conservation and Management of Straddling Fish Stocks and Highly Migratory Fish Stocks, signed at New York, 19 November, 1995, entered into force 1 May, 2000, 2136 UNTS 81.　20
Article 20　267,　Article 20（6）　41,　Article 20（7）　41, 267,　Article 22（1）　292

1997 年
・International Convention for the Suppression of Terrorist Bombings, signed at New York, 15 December, 1997, entered into force 23 May, 2001, 2149 UNTS 284.　241

1999 年
・International Convention for the Suppression of the Financing of Terrorism, adopted at New York, 9 December, 1999, entered into force 10 April, 2002, 39 *ILM* 270（2000）.　241, 249, 327

2000 年
・2000 Protocol to Prevent, Suppress and Punish Trafficking in Persons, Especially Women and Children, Supplementing the United Nations Convention against Transnational Organized Crime, adopted at New York, 15 November, 2000, entered into force 25 December, 2003, 40 *ILM* 353（2001）.　20, 355
・International Convention for the Suppression of the Financing Terrorism（adopted by the General Assembly of the United Nations in Resolution 54/109 of 9 December, 1999), reprinted in *ILM*, Vol.39, No.2（2000）, pp.270-280. 249, 326
・Protocol against the Smuggling of Migrants by Land, Sea and Air, Supplementing the United Nations Convention against Transnational Organized Crime, Adopted at New York, 11 December, 2000, entered into force 28 Januray, 2008, 40 *ILM* 384（2001）.　20
Article 8　283,　Article 8(1)　355,　Article 8(2)　355

2002 年
・Supplementary Arrangement Between the Government of the United States of America and the Government of the Republic of Panama to the Arrangement Between the Government of the United States of America and the Government of Panama for Support and Assistance from the United States Coast Guard for the National Maritime Service of the Ministry of Government and Justice, signed at Panama City ,5 February, 2002, entered into force 5 February, 2003.　262
Article 10　265,　Article 10（1）(a)　265,　Article 10（1）(b)　266,　Article 10（3）(a)　266,　Article 10（3）(b)　265,　Article 10（3）(c)　266,　Article 10（3）(d)　266,　Article 10（4）　267,　Article 10（6）(a)　268,　Article 11（2）　269, 270

2003 年
- The 2003 Agreement Concerning Cooperation in Suppressing Illicit Maritime and Air Trafficking in Narcotic Drugs and Psychotropic Substances in the Caribbean Area, concluded at San Josè, 10 April, 2003, not yet in force.　354
  Article 8　354

2004 年
- Agreement Between the Government of the United States of America and the Government of the Republic of Liberia Concerning Cooperation to Suppress the Proliferation of Weapons of Mass Destruction, Their Delivery Systems, and Related Materials by Sea, signed at Washington, 11 February, 2004, entered into force 8 December, 2004.　260
  Article 1（1）　263,　Article 1（2）　262,　Article 1（3）　263,　Article 3　263, 264,　Article 4（1）　265,　Article 4（1）(b)　266,　Article 4（3）(a)　265, 266,　Article 4（3）(c)　267, 268,　Article 5（1）　269, 270
- Amendment to the Supplementary Arrangement Between the Government of the United States of America and the Government of the Republic of Panama to the Arrangement Between the Government of the United States of America and the Government of Panama for Support and Assistance from the United States Coast Guard for the National Maritime Service of the Ministry of Government and Justice, signed at Washington, 12 May, 2004, entered into force 1 December, 2004.　261
  Article 1（2）(v)　262,　Article 1（2）(w)　263,　Article 1（2）(u)　263,　Article 2（b）　264
- Agreement Between the Government of the United States of America and the Government of the Republic of Marshall Islands Concerning Cooperation to Suppress the Proliferation of Weapons of Mass Destruction, Their Delivery Systems, and Related Materials by Sea, signed at Honolulu, 13 August, 2004, entered into force 24 November, 2004.　261
  Article 1（3）　263,　Article 1（4）　262,　Article 1（5）　263,　Article 3　263, 264,　Article 4（1）　265,　Article 4（1）(a)　265, 266,　Article 4（1）(b)　266,　Article 4（3）(c)　267, 268,　Article 5（1）　270

2005 年
- International Convention for the Suppression of acts of Nuclear Terrorism, adopted at New York, 13 April, 2005, entered into force 7 July 2007.　241
- Agreement Between the Government of the United States and the Government of Croatia Concerning Cooperation to Suppress the Proliferation of Weapons of Mass Destruction, Their Delivery Systems, and Related Materials by Sea, signed at Washington, 1 June, 2005, entered into force 6 March, 2007.　261,
  Article 1　263,　Article 1（2）　262,　Article 1（3）　263,　Article 3（1）　264,　Article 4（2）　265　Article 4（2）(a)　265,　Article 4（2）(b)　266,　Article 4（3）(a)　265, 266,　Article 4（3）(b)　267,　Article 4（3）(c)　267,　Article 4（4）(d)　269,　Article 5（1）　269, 270
- Agreement Between the Government of the United States of America and the Republic of Cyprus Concerning Cooperation to Suppress the Proliferation of Weapons of Mass Destruction, Their Delivery Systems, and Related Materials by Sea, signed at Washington, 25 July, 2005, entered into force 12 January, 2006.　261
  Article 1（1）　263,　Article 1（2）　262,　Article 1（3）　263,　Article 3（1）　263, 264,　Article 4（1）　265,　Article 4（1）(a)　265,　Article 4（1）(b)　266,　Article 4（3）(a)　265, 266,　Article 4（3）(b)　267,　Article 4（3）(c)　268,　Article 4（3）(d)　267,　Article 5（1）　269, 270
- Agreement Between the Government of the United States of America and the Government of Belize Concerning Cooperation to Suppress the Proliferation of Weapons of Mass Destruction, Their Delivery Systems, and Related Materials by Sea, signed at Washington, 4 August, 2005, entered into force 19 October, 2005.　261

Article 1（1） 263, Article 1（2） 262, Article 1（3） 263, Article 3 263, 264, Article 4（1） 265, Article 4（1）(a) 265, 266, Article 4（1）(b) 266, Article 4（3）(b) 265, 266, Article 4（3）(e) 267, 268, Article 5（1） 269
- Protocol of 2005 to the Convention for the Suppression of Unlawful Acts against the Safety of Maritime Navigation, adopted at London, IMO, 1 November, 2005, entered into force 28 July, 2010, IMO DOC LEG/CONF.15/21. 12, 241
Article 1（1）(d) 281, Article 1（1）(e) 281, Article 2（2）(b) 280, Article 2 bis（2） 280, Article 3 282, 284, 290, Article 3 bis 282, 284, 290, Article 3 bis（1）(a) 278, 279, Article 3 bis（1）(b) 280, Article 3 bis（2） 277, 282, Article 3 bis（3） 282, Article 3 ter 279, 282, 284, 290, Article 3 quarter 279, 284, 290, Article 6 290, 291, Article 8 bis 282, 283, 290, Article 8 bis（1） 284, Article 8 bis（2） 284, Article 8 bis（2）(e) 286, Article 8 bis（5）(b) 285, Article 8 bis（5）(c) 285, Article 8 bis（5）(d) 287, Article 8 bis（6） 290, Article 8 bis（8） 291, Article 8 bis（9） 291, Article 8 bis（10） 292
- Protocol for the Suppression of Unlawful Acts against the Safety of Fixed Platforms Located on the Continental Shelf, adopted at IMO of London, 1 November, 2005, entered into force 28 July, 2010, IMO DOCLEG/CONF.15/22. 241, 276

2007 年
- Agreement Between the Government of the United States of America and the Government of the Republic of the Malta Concerning Cooperation to Suppress the Proliferation of Weapons of Mass Destruction, Their Delivery Systems, and Related Materials by Sea, signed at Washington, 15 March, 2007, entered into force 19 December, 2007. 261
Article 2（1） 263, Article 2（2） 262, Article 2（3） 263, Article 3（1） 263, 264, Article 5（1） 265, Article 5（1）(a) 265, Article 5（1）(b) 266, Article 5（3）(a) 265, 266, Article 5（3）(b) 267, Article 5（3）(c) 268, Article 5（3）(d) 267, Article 6（2） 269, 270
- Agreement Between the Government of the United States and the Government of the Mongolia Concerning Cooperation to Suppress the Proliferation of Weapons of Mass Destruction, Their Delivery Systems, and Related Materials by Sea, signed at Washington, 23 October, 2007, entered into force 20 February, 2008. 261
Article 1（1） 263, Article 1（2） 263, Article 1（3） 263, Article 3 263, 266, Article 4（1） 265, Article 4（1）(a) 265, Article 4（1）(b) 266, Article 4（3）(a) 265, 266, Article 4（4） 267, Article 5（1） 269, 270

2008 年
- Agreement Between the Government of the United States of America and the Government of the Commonwealth of the Bahamas Concerning Cooperation to Suppress the Proliferation of Weapons of Mass Destruction, Their Delivery Systems, and Related Materials by Sea, signed at Nassau, 11 August, 2008, entered into force upon the exchange of notes indicating that the necessary internal procedures of each party haver been completed. 261
Article 1（2） 263, Article 1（3） 263, Article 2（1） 264, Article 3 263, Article 4（1） 265, Article 4（1）(a) 265, 266, Article 4（1）(b) 266, Article 4（3）(a) 265, 266, Article 4（3）(b) 267, Article 5（1） 269

2010 年
- Agreement Between the Government of the United States of America and the Government of the Antigua and Barbuda Concerning Cooperation to Suppress the Proliferation of Weapons of Mass Destruction, Their Delivery Systems, and Related Materials by Sea, signed at St. John, Antigua, 26 April, 2010, entered into force 27 September, 2010. 262
Article 1（1） 263, Article 1（2） 263, Article 1（3） 263, Article 3 263, Article 3（a） 264,

Article 3 (b) 264, Article 4 (1) 265, Article 4 (1)(a) 265, Article 4 (1)(b) 266, Article 4 (3)(a) 265, 266, Article 4 (3)(c) 267, Article 4 (3)(d) 268, Article 5 (1) 270

- Agreement Between the Government of the United States of America and the Government of Saint Vincent and the Grenadines Cooperation to Suppress the Proliferation of Weapons of Mass Destruction, Their Delivery Systems, and Related Materials by Sea, signed at Kingstown, 11 May, 2010, entered into force 11 May, 2010. 262

Article 1 (1) 263, Article 1 (2) 263, Article 1 (3) 263, Article 3 263, Article 3 (a) 264, Article 3 (b) 264, Article 3 (1) 265, Article 4 (1)(a) 265, Article 4 (1)(b) 267, Article 4 (3)(a) 265, 266, Article 4 (3)(c) 267, 268, Article 5 (1) 269, 270

判例一覧

<国際判例等>

- *Affaire du Lotus*, PCIJ Ser.A, No.10(7 September 1927), p.4. 1, 39, 363
- *S. S. "I'm Alone" (Canada, United States)*, Award of June 30 1933 and January 5 1935, reprinted in *Reports of International Arbitral Awards*, Vol.3 (2006), pp.1609-1618. 169
- *Trial of the Major War Criminals before the International Military Tribunal Nuremberg 14 November 1945-1 October 1946* (Published at Nuremberg, Germany, 1947), x + 367pp. 92
- *Fisheries Case (United Kingdom v. Norway)*, Judgment of 18 December 1951, ICJ Reports 1951, p.116. 358, 360, 361
- *Nottebohm Case (Lichtenstein v. Guatemala) (second phase)*, Judgment of 6 April, 1955, ICJ Reports 1955, p.4. 358
- Investigation of certain incidents affecting the British trawler *Red Crusader*, Report of 23 March 1962 of the Commission of Enquiry established by the Government of the United Kingdom of Great Britain and Northern Ireland and the Government of the Kingdom of Denmark on 15 November 1961, reprinted in *Reports of International Arbitral Awards*, Vol.29 (2012), pp.521-539. 169
- *Case Concerning the Temple of Preah Vihear (Cambodia v. Thailand)*, Judgment of 15 June 1962, ICJ Reports 1962, p.6. 361
- *Certain Expenses of the United Nations (Article 17, Paragraph 2, of the Charter)*, Advisory Opinion of 20 July 1962, ICJ Reports 1962, p.151. 209, 213, 251
- *North Sea Continental Shelf Cases (Federal Republic of Germany v. Denmark; Federal Republic of Gernamy v. Netherlands)*, Judgment of 20 February 1969, ICJ Reports 1969, p.3. 358
- *Legal Consequence for States of the Continued Presence of South Africa in Namibia (South West Africa) notwithstanding Security Council Resolution 276 (1970)*, Advisory Opinion of 21 June 1971, ICJ Reports 1971, p.16. 251, 358
- *Fisheries Jurisdiction (United Kingdom v. Iceland)*, Judgment of 25 July ICJ Reports 1974, p.3. 358
- *Fisheries Jurisdiction (Federal Republic of Germany v. Iceland)*, Judgment of 25 July 1974, ICJ Reports 1974, p.175. 358
- *Delimitation of the Maritime Boundary in the Gulf of Maine Area (Canada v. United States of America)*, Judgment of 12 October, 1984, ICJ Reports 1984, p.246. 361
- *Military and Paramilitary Activities in and against Nicaragua (Nicaragua v. United States of America)*, Judgment of 27 June 1986, ICJ Reports 1986, p.14. 133, 335
- *Case Concerning the Frontier Dispute (Burkina Faso v. Republic of Mali)*, Judgment of 22 December 1986, ICJ Reports 1986, p.554. 359
- *Case Concerning Questions of Interpretation and Application of the 1971 Montreal Convention Arising from the Aerial Incident at Lockerbie (Libya Arab Jamahiriya v. United States of America)*, Request for the Indication on Provisional Measures, Order of 14 April 1992, ICJ Reports 1992, p.114. 250
- *The Prosecutor v. Tadić*, ICTY Case No.IT-94-1-AR72, Appeal on Jurisdiction (2 October 1995). 1, 252
- *Legality of the Treat or Use of Nuclear Weapons*, Advisory Opinion of 8 July 1996, ICJ Reports 1996, p.66. 76, 133
- *Bosphorus Hava Yollari Turizm ve Ticaret AS v. Minister for Transport, Energy and Communication, Ireland and the Attorney-General* (Case C-84/95), Court of Justice of the European Community Judgment of 30 July 1996. 202
- *Ebony Maritime SA and Loten Navigation Co. Ltd. v. Pretto della Provincia di Brindisi and Others (Sanctions against the Federal Republic of Yugoslavia – Conduct in International Waters – Confiscation of a*

vessel and its cargoes), Court of Justice of the European Community Judgment of 27 February 1997 in Case C-177/95 (27 February 1997). 201, 202
- *Case Concerning the Gabčíkovo-Nagymaros Project (Hungary v. Slovakia), Judgment of 25 September 1997, ICJ Reports 1997*, p. 7. 335
- *Fisheries Jurisdiction (Spain v. Canada), Jurisdiction of the Court, Judgment of 4 December 1998, ICJ Reports 1998*, p. 432. 169
- *The M/V "Saiga" (No.2) (Saint Vincent and the Grenadines v. Guinea)*, International Tribunal of the Law of the Sea, Judgment of 1 July 1999. 169, 292
- *Case Concerning Oil Platforms (Islamic Republic of Iran v. United States of America), Judgment of 6 November 2003, ICJ Reports 2003*, p. 161. 349
- *Case of Bosphorus Havca Yollari Tur i zm ve Ticaret Anonim Şirketi v. Ireland*, European Court of Human Rights Grand Chamber, Judgment of 30 June 2005. 203
- *Agim BEHRAMI and Bekir BEHRAMI v. France, and Ruzhdi SARAMATI v. France, Germany, Norway*, European Court of Human Rights, Grand Chamber Decision as to the Admissibility of Application No. 71412/01 and Application No. 78166/01, 2 May 2007. 195
- *Arbitral Trial Constituted Pursuant Article 287, and in Accordance with Annex VII of the United Nations Conventions on the Law of the Sea, In the Matter of an Arbitral Between Guiana and Suriname, Award of the Arbitral Tribunal* (17 September 2007). 169
- *Case of Medvedyev and Others v. France*, European Court of Human Rights Grand Chamber, Judgment of 29 March 2010. 303

＜国内判例等＞
〔米国〕
- *The Antelope, the Vice-Consuls of Spain and Portugal, Libelants, Report of the Decisions of the Supreme Court of the United States*, February Term, 1825, Vol. 23, reprinted in Williams, Stephens, K. ed., *Cases Argued Decided in the Supreme Court of the United States, 9, 10, 11, 12 Wheaton, Book 6*, LAW ED. (The Lawyers Co-operative Publishing Company, 1926), pp. 268-285. 38, 43
- *The Mariana Flora, the Vice-Council of Portugal, Claimant, Report of the Decisions of the Supreme Court of the United States*, February Term, 1826, Vol. 24, reprinted in Williams, Stephens, K. ed., *Cases Argued Decided in the Supreme Court of the United States, 9, 10, 11, 12 Wheaton, Book 7*, LAW ED. (The Lawyers Co-operative Publishing Company, 1926), pp. 405-418. 38, 40
- *United States v. Albert Green, et al., 671 F. 2d 46* (1st Cir, 1982). 294

〔英国〕
- Dodson, John, *A Report of the Case of the Louis, Forest, Master* (J. Buttterworth and Son, 1817), 85pp. 37

〔フランス〕
- *Splosna-Plovba v. Administration des douanes*, Tribunal de grande instance de Bône (18 avril 1961), reprinted in *Journal du Droit International*, tome 57, No. 3 (1963), pp. 1190-1194. 142
- *Ignazio Messina et Cie v. L'Etat (Ministre de armée)*, Tribunal Administratif de Paris (22 octobre 1962), reprinted in *Journal du Droit International*, tome 57, No. 3 (1963), pp. 1191-1194. 142, 143
- *Irresponsabilité des autorités français à raison des measures de contrôe (arraisonnement, déroutement, visite) appliquée en haute mer aux navires de commerce étrangers au cours des opérations d'Algérie (Con. D'Etat, 30 mars 1966, Société Ignazio Messaina et Cie)*, Sommaire, *Revue Générale de Droit International Public*, tome 70, No. 4 (1966), pp. 1056-1062. 141, 142

〔ベルギー〕
- *Castle John and Nederlandse Stichting Sirius v. NV Mabeco and NV Parfin*, Court of Cssation, Belgium, (19 December 1986), reprinted in *International Law Reports*, Vol. 77 (1988), pp. 537-541. 46

主要参考文献

I 公刊資料
【国際組織関連文書】
〔国際連合〕
(総会)
➤決議
- UN DOC A/RES 40/61(9 December, 1985).
- UN DOC A/RES 47/20(24 November, 1992).
- UN DOC A/RES 56/1(12 September, 2001).

➤その他の文書
- UN DOC A/CN.4/SERE.A/1956/Add.1(November, 1956).
- Reports of the International Laws Commission to the General Assembly, Document A/3159, Reports of the International Law Commission covering the work of its eighth session, 23 April-4 July, 1956, reprinted in *Yearbook of the International Law Commission 1956*, Vol. II (United Nations, 1957), pp.253-303.
- UN DOC A/3576-S/3818, Letter from the Minister for Foreign Affairs to the Secretary-General transmitting the declaration of the Egyptian Government, dated 24 April, 1957, concerning the Suez Canal and the arrangement for its operation, cited in UN DOC A/CN.4/557, paras.55-69.
- UN DOC A/CN.4/469 and Add.1-2 (9, 24 and 29 May, 1995), International Law Commission Seventh Report on State Responsibility, by Mr. Gaetano Arangio-Ruiz, Special Rapporteur.
- UN DOC A/59/565 (2 December, 2004), A more secured world: our shared responsibility, Report of the High-level Panel on Threats, Challenges and Change.
- UN DOC A/CN.4/L.682 (13 April, 2006), Fragmentation of International Law: Difficulties Arising from the Diversification and Expansion of International Law, Report of the Study Group of the International Law Commission, Finalized by Martti Koskenniemi.
- International Law Commission, Text of the Guiding Principles applicable to unilateral, declarations of States capable of creating legal obligations adopted by the Commission, in UN DOC A/61/10, Report of the International Law Commission fifty-eighth session (1 May-9 June and 3 July-11 August 2006), pp. 369-381.
- UN DOC A/63/63 (10 March, 2008), Oceans and the Law of the Sea, Report of the Secretary-General.
- UN DOC A/HRC/15/21 (27 September, 2010), Report of the international fact-finding mission to investigate violations of international law, including international humanitarian and human rights law, resulting from the Israel attacks on the flotilla of ships carrying humanitarian assistance.

(安保理事会)
➤決議
- UN DOC S/RES 216(12 November, 1965).
- UN DOC S/RES 217(20 November, 1965).
- UN DOC S/RES 221(9 April, 1966).
- UN DOC S/RES 232(16 December, 1966).
- UN DOC S/RES 552(1 June, 1984).
- UN DOC S/RES 660(2 August, 1990).
- UN DOC S/RES 661(6 August, 1990).
- UN DOC S/RES 665(25 August, 1990).
- UN DOC S/RES 678(29 November, 1990).
- UN DOC S/RES 713(25 September, 1991).
- UN DOC S/RES 733(23 January, 1992).

- UN DOC S/RES 757 (30 May, 1992).
- UN DOC S/RES 787 (16 November, 1992).
- UN DOC S/RES 794 (3 December, 1992).
- UN DOC S/RES 820 (17 April, 1993).
- UN DOC S/RES 841 (16 June, 1993).
- UN DOC S/RES 861 (27 August, 1993).
- UN DOC S/RES 873 (13 October, 1993).
- UN DOC S/RES 875 (16 October, 1993).
- UN DOC S/RES 917 (6 May, 1994).
- UN DOC S/RES 944 (29 September, 1994).
- UN DOC S/RES 1074 (1 October, 1996).
- UN DOC S/RES 1132 (8 October, 1997).
- UN DOC S/RES 1193 (28 August, 1998).
- UN DOC S/RES/1214 (8 December, 1998).
- UN DOC S/RES/1244 (10 June, 1999).
- UN DOC S/RES 1267 (15 October, 1999).
- UN DOC S/RES 1333 (19 December, 2000).
- UN DOC S/RES 1368 (12 September, 2001).
- UN DOC S/RES 1377 (12 November, 2001).
- UN DOC S/RES 1378 (14 November, 2001).
- UN DOC S/RES 1390 (28 January, 2002).
- UN DOC S/RES 1438 (14 October, 2002).
- UN DOC S/RES 1440 (24 October, 2002).
- UN DOC S/RES 1441 (8 November, 2002).
- UN DOC S/RES 1450 (13 December, 2002).
- UN DOC S/RES 1465 (13 February, 2003).
- UN DOC S/RES 1483 (22 May, 2003).
- UN DOC S/RES 1516 (20 November, 2003).
- UN DOC S/RES 1530 (11 March, 2004).
- UN DOC S/RES 1540 (28 April, 2004).
- UN DOC S/RES 1611 (7 July, 2005).
- UN DOC S/RES 1617 (29 July, 2005).
- UN DOC S/RES 1618 (4 August, 2005).
- UN DOC S/RES 1624 (14 September, 2005).
- UN DOC S/RES 1701 (11 August, 2006).
- UN DOC S/RES/1718 (14 October, 2006).
- UN DOC S/RES 1747 (24 March, 2007).
- UN DOC S/RES 1776 (19 September, 2007).
- UN DOC S/RES 1816 (2 June, 2008).
- UN DOC S/RES 1844 (20 November, 2008).
- UN DOC S/RES 1846 (2 December, 2008).
- UN DOC S/RES 1851 (2 December, 2008).
- UN DOC S/RES 1874 (12 June, 2009).
- UN DOC S/RES 1929 (9 June, 2010).
- UN DOC S/RES 1970 (26 February, 2011).
- UN DOC S/RES 1973 (17 March, 2011).

主要参考文献

- UN DOC S/RES 2009（16 September, 2011）.
- UN DOC S/RES 2036（22 Februry, 2012）.
- UN DOC S/RES 2094（7 March, 2013）.
- UN DOC S/RES 2182（24 October, 2014）.

➣ 逐語議事録
- UN DOC S/PV.1276（9 April, 1966）.
- UN DOC S/PV.1277（9 April, 1966）.
- UN DOC S/PV.2546（1 June, 1984）.
- UN DOC S/PV.2556（1 June, 1984）.
- UN DOC S/PV.2750（20 July, 1984）.
- UN DOC S/PV.2933（6 August, 1990）.
- UN DOC S/PV.2934（9 August, 1990）.
- UN DOC S/PV.2938（25 August, 1990）.
- UN DOC S/PV.3046（31 January, 1992）.
- UN DOC S/PV.3135（13 November, 1992）.
- UN DOC S/PV.3157（16 November, 1992）.
- UN DOC S/PV.3200（18 April, 1993）.
- UN DOC S/PV.4716（22 May, 2003）.
- UN DOC S/PV.4950（22 April, 2004）.
- UN DOC S/PV.4950（Resumption 1）（22 April, 2004）.
- UN DOC S/PV.5551（14 October, 2006）.
- UN DOC S/PV.5744（19 September, 2007）.

➣ その他の文書
- UN DOC S/7236/Rev.1（8 April, 1966）.
- UN DOC S/7271（27 April, 1966）, Letter from Portuguese Minister of Foreign Affairs to the Secretary-General, dated April 27, 1966.
- UN DOC S/14637（21 August, 1981）, Letter Dated 19 August 1981 from the Permanent Representative of Iraq to the United Nations addressed to the President of the Security Council, Annex.
- UN DOC S/17554（9 October, 1985）.
- UN DOC S/21492（10 August, 1990）.
- UN DOC S/21498（12 August, 1990）.
- UN DOC S/21501（13 August, 1990）.
- UN DOC S/21529（15 August, 1990）.
- UN DOC S/21537（16 August, 1990）.
- UN DOC S/21874（15 October, 1990）.
- UN DOC S/23500（31 January, 1992）, Security Council Summit Concerning the Council's Responsibility in the Maintenance of International Peace and Security.
- UN DOC S/25958（16 June, 1993）.
- UN DOC S/26063（3 July, 1993）.
- UN DOC S/24340（22 July, 1993）.
- UN DOC S/26460（6 October, 1993）.
- UN DOC S/26573（13 October, 1993）.
- UN DOC S/1996/776（24 September, 1996）.
- UN DOC S/1997/695（8 September, 1997）.
- UN DOC S/2001/946（7 October, 2001）, Letter dated 7 October 2001 from the Permanent Representative of the United States of America to the United Nations addressed to the President of the Security Council.

- UN DOC S/2001/947（7 October, 2001）, Letter dated 7 October 2001 from the Chargé d'affairs a.i. of the Permanent Mission of the United Kingdom of Great Britain and Northern Ireland to the United Nations addressed to the President of the Security Council.
- UN DOC SC/7167, AFG/152（8 October, 2001）.
- UN DOC S/2004/505（21 June, 2004）.
- UN DOC S/AC.44/2004/（02）/7/Add.1（30 August, 2005）.
- UN DOC S/2009/590（13 November, 2009）, Report of the Secretary‒General Pursuant to Security Council Resolution 1846, pp. 5‒6.
- UN DOC SC 10239, Security Council presidential Statement, Welcoming End of Osama bin Laden's Ability to perpetrate Terrorist Acts, Urges States to Remain Vigilant（2 May, 2011）.

〔その他の国連文書〕
- WD 428, CO/192, reprinted in *Documents of the United Nations Conference on International Organization San Francisco,1945, Vol.XVII, Documents of the Coordinating Committee including Documents of the Advisory Committee of Jurist, Part 1*（United Nations, 1954）, pp. 201‒211.
- United Nations Press Release, 16 August, 1990.
- UN DOC E/CN.7/1995/13（6 March, 1995）.
- *Report of the Secretary-General's Panel of Inquiry on the 31 May 2010 Flotilla Incident*（*Palmer Report*）（September, 2011）.

〔国際連盟〕
- LoN DOC A. 115. 11. 1921（21 September, 1921）, Report of the Third Committee of the Second Assembly.
- Resolution Regarding the Economic Weapon, Adopted by the Assembly on October 4, 1921, reprinted in *Resolutions and Recommendations Adopted by the Assembly during Its Second Session, September 5th to October 5th, 1921*（1921）, pp. 23‒26.
- LoN DOC C. 241. M. 116.（17 May, 1927）, Legal Position Arising from the Enforcement in Time of Peace of the Measures of Economic Pressure Indicated in Article 16 of the Covenant, Particularly by a Maritime Blockade, Report by the Secretary General, AnnexⅡ, "A Memorandum on Pacific Blockade up to the Time of the Foundation of the League,"（addressed by Giraud, M., a secretariat）, 12pp.
- Matsuda's Draft Provisions for the Suppression of Piracy, League of Nations Document C. 196. M. 70. 1927 V., reprinted in *Supplement to the American Journal of International Law*, Vol. 26, No. 4（1932）, pp. 873‒885.

〔国際海事機関〕
- IMO DOC SUA/CONF/CW/WP.19（3 March, 1988）.
- IMO DOC LEG/83/14（23 October, 2001）.
- IMO DOC RES.A.924（22）（20 November, 2001）.
- IMO DOC A/22/Res.922（29 November, 2001）.
- IMO DOC LEG 84/6（13 March, 2002）.
- IMO DOC LEG 84/14（7 May, 2002）, Annex 2, Terms of Reference for the Correspondence Group Regarding the 1988 SUA Convention and the SUA Protocol.
- IMO DOC LEG 84/14（22 May, 2002）.
- IMO DOC LEG 84/4（17 August, 2002）.
- IMO DOC LEG/85/4（17 August, 2002）, Annex I, Draft Consolidated Text of Article 1 to 16 of the Convention for the Suppression of Unlawful Acts against the Safety of Maritime Navigation, Done at Rome on 10 March 1988, As Modified by the Proposed Protocol, Submitted by the United States.
- IMO DOC LEG 85/11（5 November, 2002）.
- IMO DOC LEG 86/5（26 February, 2003）.

- IMO DOC LEG 86/15（2 May, 2003）.
- IMO DOC LEG 87/5/1（8 August, 2003）.
- IMO DOC LEG 87/17（23 October, 2003）.
- IMO DOC LEG 87/5/2（11 September, 2003）.
- IMO DOC LEG 88/3（13 February, 2004）.
- IMO DOC LEG 88/3/1（19 March, 2004）.
- IMO DOC LEG/88/3/3（19 March, 2004）.
- IMO DOC LEG 88/3/4（19 March, 2004）.
- IMO DOC LEG 88/13（18 May, 2004）.
- IMO DOC LEG/SUA/WG.1/2（30 June, 2004）.
- IMO DOC LEG/SUA/WG.1/2/1（30 June, 2004）.
- IMO DOC LEG/SUA WG.1/2/6（12 July, 2004）, Annex 1.
- IMO DOC LEG/SUA/WG.1/WP.10/Add.2（16 July, 2004）.
- IMO DOC LEG 89/16（4 November, 2004）.
- IMO DOC LEG SUA WG2/2/2（3 December, 2004）, Annex 2.
- IMO DOC LEG/SUA/WG.2/WP16（4 February, 2005）.
- IMO DOC LEG 90/4/5（17 March, 2005）.
- IMO DOC LEG 90/15（9 May, 2005）.
- IMO DOC LEG/CONF.15/DC/1（13 October, 2005）.
- IMO DOC LEG/CONF. 15/21（1 November, 2005）, Protocol of 2005 to the Convention for the Suppression of Unlawful Acts against the Safety of Maritime Navigation.

〔北大西洋条約機構〕
- Statement by the North Atlantic Council, NATO Press Release 124（12 September, 2001）.
- NATO Briefing "Active Endeavour, NATO Naval Operation Proliferation Security Initiative," December, 2003.
- NATO Briefing, "NATO and the fight against terrorism," March, 2005.
- NATO Briefing, "Response to terrorism: Active operation against terrorism, strengthening cooperation and capabilities," NATO Public Diplomacy Division, Brussels, March, 2005.
- NATO Public Diplomacy Division, *NATO Fact Sheet, Operation UNIFIED PROTECTOR: NATO-led Arms Embargo against Libya*（October, 2011）.
- NATO Public Diplomacy Division, *NATO Fact Sheet, Operation UNIFIED PROTECTOR: Final Mission Status*（02 November, 2011）.
- Allied Joint Force Command Naples, "Unified Protector", http://www. jcnaples. nato. int/Unified_ Protector.aspx, as of 2 April, 2013.

〔その他〕
- Resolution 195 adopted at the Extraordinary Arab Summit（10 August, 1990）.
- OAS DOC AG/RES 1080（XXI-O/91）（5 June, 1991）.
- European Economic Community（EEC）DOC Council Regulation No. 990/93 concerning trade between the European Community and the Federal Republic of Yugoslavia（Serbia and Montenegro）（26 April, 1993）.
- Assembly of the Western European Union（AWEU）Facts-Sheet NATO-WEU Operation Sharp Guard, http://193.166.3.2/pub/doc/world/AWEU/General/sharp-guard0-facts, as of 29 February, 2012.
- OAS DOC OEA/Ser.F/II.24/. RC.24/RES. 1/01 rev. 1 corr. 1（21 September, 2001）.
- The Council of European Union, *EU Strategy against Proliferation of Weapons of Mass Destruction*, Council Common Position No. 2003/805/CFSP（2003）.
- European Union Committee, 12th Report of Session 2009-10, *Combating Somali Piracy: the EU's Naval*

Operation Alatanta, Report with Evidence（14 April, 2010）.
- UNIFIL, "UNIFIL Maritime Task Force," http://unifil.unmissions.org/Default.aspx?tabid=11584&language=en-US, as of 15 May, 2013.

【各国政府等関連文書】
〔米国〕
➢政府・大統領府・議会
- U. S. Department of States, The United States Government's First Memorandum on the Status of Armed Merchant Vessels（19 September, 1914）.
- U. S. Department of States, The United States Government's Second Memorandum on the Status of Armed Merchant Vessels（16 March, 1916）.
- Truman Proclamation of 28 September, 1945, cited in UN DOC A/CN.4/557（26 May, 2005）, paras. 127-137.
- Colonel John R. Wright Jr., U. S. Army, Cuba Intelligence Memorandum, prepared for a briefing given on September 28 (material from the paper was included in the briefing given the Secretary of Defense and Joint Chiefs of Staff on October 1), Top Secret Declassified, reprinted in keefer, Edward C., et al eds., *Foreign Relations of the United States, 1961-1963*, Vol. XI, CUBAN MISSILE CRISIS AND AFTERMATH (United States Department of States, 1996), Document 1.
- Letter from President Kennedy to Chairman Khrushchev, October 22, 1962, reprinted in Sampson, Charles S., ed., *Foreign Relations of the United States, 1961-1963*, Vol. VI (United States Department of States, 1996), Document 60.
- Chairman Khrushchev Letter to President Kennedy, October 23, 1962, LS NO. 45989, T-85/T-94, reprinted in Sampson, Charles S., *Foreign Relations of the United States, 1961-1963*, Vol. VI (United States Department of States, 1996), Kennedy-Khrushchev Exchanges, Document 61.
- Department of the State Memorandum: Legal Basis for the Quarantine of Cuba (23 October, 1963), reprinted in Chayes, Abram, *The Cuban Quarantine* (Oxford University Press, 1974), p. 141-148.
- Letter from Chairman Khrushchev to President Kennedy, October 24, 1962, reprinted in Sampson, Charles S. eds., *Foreign Relations of the United States, 1961-1963*, Vol. VI (United States Department of States, 1996), Kennedy-Khrushchev Exchanges, Document 63.
- Letter from Chairman Khrushchev to President Kennedy, October 28, 1962, LS NO.46236 T-94/T-24, reprinted in Sampson, Charles S. eds., *Foreign Relations of the United States, 1961-1963*, Vol. VI (United States Department of States, 1996), Kennedy-Khrushchev Exchanges, Document 66.
- Federal Register Proclamation 3504, Interdiction of the Delivery of Offensive Weapons to Cuba, by the President of the United States of America, reprinted in Mallison, Thomas Jr., "Limited Naval Blockade or Quarantine Interdiction: National and Collective Defense Claims Valid under International Law," *George Washington Law Review*, Vol. 31, No. 2 (1962), pp. 396-398.
- Decree No. 81/NG of April 1965, reprinted in *International Legal Materials*, Vol. 4, No. 3 (1965), p. 461.
- Statement by Principal Deputy Secretary of the President (13 January, 1986).
- Statement by Principal Deputy Press Secretary of the President, 13 January 1986, reprinted in De Guttry, Andrea and Ronzitti, Natalino eds., *The Iran –Iraq War (1980-1988) and the Law of Naval Warfare* (Grotius Publications Limited, 1993), p. 188.
- Press Conference of the President of the United States [Extracts], 15 August, 1990.
- The Clinton Administration's Policy on Reforming Multilateral Peace Operations, by Albright, Madeleine K., Lake, Anthony, and. Lieutenant General Clark, Wesley, USA, reprinted in *DISAM Journal Summer 1994* (1994), pp. 42-54.
- U. S. Department of Transportation, United States Coast Guard, *Maritime Law Enforcement Manual* (COMDIST M16247.1A) (January 13, 1999).

- Military Order of November 13, 2001.
- Remarks by the President at 2002 Graduation Exercise of the United States Military Academy, West Point, New York, June 1 2002, http://www.mtholyoke.edu/acad/intrel/bush/wesrpoint.html, as of 31 August, 2010.
- *The National Security Strategy of the United States of America*（September, 2002）.
- *National Strategy to Combat Weapons of Mass Destruction*（December, 2002）.
- Remarks by the President to the People of Poland, May 31, 2003, http://georgewbush-whitehouse.archives.gov/news/releases/2003/05/20030531-3.html, as of 10 January 2011.
- U. S. Department of Homeland Defense, *The National Strategy for Maritime Security*（September, 2005）.
- The White House, President Bush Addresses United Nations General Assembly, 23 September, 2003, http://www.whitehouse.gov/news/releases/2003/09/20030923-4.html, as of 24 December, 2012.
- United States Congress House of Representatives Select Committee on Homeland Security, Subcommittee on Infrastructure and Border Security, *Maritime Security Operations within the Department of Homeland Security*（U.S. Government Printing Office, 2005）.

➤国防総省・各軍等

- United States Department of Defense Press Release concerning naval interdiction（16 August, 1990）, reprinted in Lauterpacht, E., Greenwood, C., Weller, Mark and Bethlehem, Daniel eds., *The Kuwait Crisis: Basic Documents*（Grotius Publications Limited, 1991）, p. 247.
- Special Warning No. 80, issued by the United States Department of the Navy（17 August, 1991）, reprinted in Lauterpacht, E., Greenwood, C., Weller, Mark and Bethlehem, Daniel eds., *The Kuwait Crisis: Basic Documents*（Grotius Publications Limited, 1991）, p. 248.
- United States Department of Defense, *Conduct of the Persian Gulf War: Final Report to the Congress*（U. S. Government Printing Office, 1992）, xxxi＋824pp.
- Navy Warfare Development Command, *Maritime Interdiction Force Procedures: Multi-National Maritime Manual*（EXTAC 1012）（October, 1996）, XI＋62pp.
- Department of the Navy, Office of the Chief of Naval Operations and Headquarters, U. S. Coast Guard, *Maritime Interception Operations*（NTTP 3-07.11）（Edition November, 2003）.
- CNSL Staff, *COMNAVSURFOR Brief to NDIA Delivering Operational Readiness*（30 November, 2005）, http://ndia.org/Content/ContentGroups/Divisions1/Undersea_Warfare/601A_Devering_Operational_Readiness.pdf, as of 1 August, 2008.
- Department of the Navy, Office of the Chief of Naval Operations, Headquarters, U. S. Marine Corps, Department of Homeland Security and U. S. Coast Guard, *The Commander's Handbook on the Law of Naval Operations*（Edition July, 2007）.
- U. S. Naval Force Central Command Public Affairs Press Release, "Maritime Security Area to be Established"（Release #105-08）（22 August, 2008）.
- "DoD Establishing U. S. Africa Command," http://defenselink.mil/News/Newsarticle.aspx?id-2940, as of 11 August, 2008.
- "EUCOM: Operations and Initiatives," http://www.mil/english/Operations/main.asp, as of 11 August, 2008.
- Department of Defense, *Quadrennial Defense Report February 2010*（QDR 2010）（1 February, 2010）.
- U. S. Department of Defense, Network Centric Operations Case Study, "Task Force 50 During Operation ENDURING FREEDOM," Abridged Report（Version 1）, p. 3. http://www.carlise.army.mil/DIME/documents/TF_50_OEF%5B1%5D.pdf, as of 30 October, 2010.
- Department of the Navy, Office of the Chief of Naval Operations, Headquarters, U. S. Marine Corps, Department of Homeland Security and U. S. Coast Guard, *Naval Operations Concepts 2010: Implementing the Maritime Strategy*（2010）.

〔英国〕
➤政府・議会
- Maritime Orders in Council at the Court of Buckingham Palace, the 11th day of March 1915, reprinted in Bell, Archibald Colguhoun, *A History of the Blockade of Germany and of the Countries Associatecd with Her in the Great War, Austria-Hungary, Bulgaria and Tuekey 1914-1918* (The Naval and Military Press Ltd. In association with the Imperial War Museum, 2013, originally published in 1937 by HM Stationary Office), pp. 714-715.
- Maritime Orders in Council at the Court of Buckingham Palace, the 16th February 1917, reprinted in Bell, Archibald Colguhoun, *A History of the Blockade of Germany and of the Countries Associatecd with Her in the Great War, Austria-Hungary, Bulgaria and Tuekey 1914-1918* (The Naval and Military Press Ltd. In association with the Imperial War Museum, 2013, originally published in 1937 by HM Stationary Office), p. 719.
- *Parliamentary Debates, Official Report, House of Commons 5th Ser.*, Vol. 360 B (1939-1940) (His Majesty's Stationary Office, 1940).
- Prevention of Oil Pollution Act 1971.
- *House of Commons, Official Report, Parliamentary Debates* (Hansard), Vol. 21, No. 95 (6 April, 1982).
- *House of Commons, Official Report, Parliamentary Debates* (Hansard), Vol. 22, No. 105 (27 April, 1982).
- Answer by the Secretary of State for Defence, House of Commons Debate, Vol. 32, Col. 583 (22 November, 1982), reprinted in *British Year Book of International Law 1982* (Oxford University Press, 1983), p. 469.
- Statement by the Assistant Secretary of State for Near Eastern and Southern Asian Affairs before the Subcommittee on Europe and the Middle East of House of Foreign Affairs (28 January, 1986).
- Transcript of a Press Conference Given by the British Foreign and Commonwealth Minister of State, Mr. William Waldegrave (13 August, 1990).
- Transcript of Press Conference given by the British Foreign Secretary, Mr. Douglas Hued, concerning the implementation of sanctions, [Extracts], 24 August, 1990.

➤国防省・各軍等
- Admiralty War Staff, Trade Division, British Instructions for Defensively-Armed Merchant Ships (20 October, 1915).
- Answer by the Secretary of State for Foreign and Commonwealth Affairs, House of Commons Debate, Vol. 90, Col. 426 (28 January, 1986), reprinted in De Guttry, Andrea and Ronzitti, Natalino eds., *The Iran–Iraq War (1980-1988) and the Law of Naval Warfare* (Grotius Publications Limited, 1993), p. 268.
- Ministry of Defence, D/Balkans/501/30/4 (15 July, 1998).
- Ministry of Defence, *The Manual of the Law of Armed Conflict* (Oxford University Press, 2004), lv + 611pp.
- Royal Navy, United Kingdom Maritime Component Commander (UKMCC), http://www.royalnavy.mod.uk/operations-and-support/operations/united-kingdom-component-command-ukmcc, as of 10 June, 2010.
- Special Boat Service: Information on the SBS, "Incident on the High Seas: The M/V Nisha," http://www.specialboatservice.co.uk/raid-on-mv-nisha.php, as of 27 April, 2013.

〔ドイツ〕
- Bundesministerium der Verteidigung Abteilung Verwaltung und Rechtg II 3, *Humanitäres Völkerrecht in bewaffneten konflikten -Handbuch-* (1992), 158pp.
- Bundesministerium der Verteidgung, *Folgeoperation SFOR, Informatinen über die Beteiligung der Bundeswehr an der Stabilisirung des Friedens im ehemaligen Jugoslawein* (Juli, 1998).

〔フランス〕
- Décret 56-274, reprinted in *Journal Officiel de la Repblique Française* (19 mars, 1956), p. 2665.

・Mémoire du Ministre des armées, cited in *Ignazio Messina et Cie v.L'Etat (Ministre de armée), Tribunal Administratif de* Paris（22 octobre, 1962）, reprinted in *Journal du Droit International*, tome 57（1963）, p. 1192.
・Statements Made by the Ministry of Foreign Affairs Spokesperson（Excerpts）, Embassy of France Daily Briefing（Paris, 22 April, 1999）.
・Ministére de la défense secrétariat général pour l'administration, *Manuel de droit des conflicts armés*（2000）,97pp.
〔イタリア〕
・Dcree-Law No.144（15 May, 1993）.
〔カナダ〕
・Office of the Judge Advocate General, *The Law of Armed Conflict at the Operational and Tactical Level*（B-GG-005-027/AF021）（2001）.
・Office of Public Affairs Facts Sheet, *International Contribution to the War against Terrorism*（May 22, 2002）.
・Department of National Defence, *The Canadian Forces' Contribution to the International Campaign Against Terrorism, October 2001-October 2003*（BG-02.001p）（7 January, 2004）.
・Loi sur la protection des pêches côtières, L. R. C.（1985）, ch.C-33, Á jour au 12 juin 2014, Derniére modification de l juillet, 2007）.
・Loi sur la prevention de la pollution des eaux arctiques, L. R. C.（1985）, ch.A-12, Á jour au 12 juin 2014, Derniére modification de l avril, 2014.
〔インド〕
・The Naval and Aircraft Prize Act, 1971, reprinted in *Indian Journal of International Law*, Vol.12, No.3（1972）, pp.412-420.
〔イスラエル〕
・Tuekel Commission, The Public Commission to Examine the Maritime Incident of 31 May, 2010.
〔トルコ〕
・Turkish National Commission of Inquiry, Report of the Israel Attack on the Humanitarian Aid Convoy to Gaza on 31 May 2010（February, 2011）.
〔日本〕
・第165回国会国土交通員会政府参考人小松一郎外務省国際法局長答弁、『参議院会議録情報第165回国会国土交通委員会第7号』（2006年12月14日）。
・『第165国会参議院国土交通委員会議事録』（2008年12月14日）。
・「国際連合安全保障理事会決議第千八百七十四号等を踏まえ我が国が実施する貨物検査等に関する特別措置法」（2010年6月4日法律第43号）（「貨物検査特別措置法」）
・「海洋基本計画」（2013年4月26日閣議決定）
【有志連合海上作戦部隊】
・Combined Maritime Forces, "Combined Task Force 151," http://www.cusnc.navy.mil/command/ctf151.html, as of 04 Jul, 2009.
・Commander, Combined Maritime Force Public Affairs, "New Counter-Piracy Task Established"（Jan 8 2009）, http://www.cusnc.navy.mil, as of 10 Jan, 2009.
・Combined Maritime Forces, "CTF150," http://www.cusnc.navy.mil/command.CTF150.html, as of 16 December, 2009.
・Combined Maritime Forces, "Combined Maritime Forces," http://www.cusnc.mil/mission.rhumblines.html, as of 4 July, 2009.
【非政府団体等】
・Oxford Manual on Naval War（1913）, reprinted in, Rontizzi, Natalino ed., *The Law of Naval Warfare: A*

- *Collection of Agreement and Documents with Commentaries*（Martinus Nijhoff Publishers, 1988）, pp. 277-341（with commentaries by Verri, Pietro）.
- Draft Convention and Comment of Piracy Prepared by the Research in International Law of Harvard Law School, with a Collection of Piracy Law of Various Countries, reprinted in *Supplement to the American Journal of International Law*, Vol. 26, No. 4（October, 1932）, pp. 739-872.
- *International Law Association Report of the Sixty-seventh Conference Held at Helsinki, Finland*（12 to 17 August, 1996）（International Law Association, 1996）, 720pp.
- Declaration sur la piraterie, Institut de droit international Session de Naples, 2009, reprinted in *Institut de droit international Annuaire*, Vol. 73, tomes 1 et 2（A. Pedone, 2009）, pp. 584-586.

【大量破壊兵器拡散対抗関連文書】
- The G8 Global Partnership: Principles to prevent terrorists, or those that harbor them, from gaining access to weapons or materials of mass destruction, Kananaski（Canada）, 27 June, 2002.
- Proliferation Security Initiative: Chairman's Statement at the First Meeting, Madrid, Spain（12 June, 2003）.
- Proliferation Security Initiative: Chairman's Statement at the Second Meeting, Brisbane, Australia（10 July, 2003）.
- Interdiction Principle for the Proliferation Security Initiative（4 September, 2003）.

Ⅱ　著作・論文
【外国語文献】
〈著作〉
- Allen, Craig H., *Maritime Counterproliferation Operations and the Rule of Law*（Praeger Security International, 2007）, xi + 253pp.
- Arend, Anthony Clark, *Legal Rules and International Society*（Oxford University Press, 1999）, ix + 208pp.
- Arend, Anthony Clark and Beck, Robert, *International Law and the Use of Force*（Routlege, 1993）, xi + 272pp.
- Aspen Strategy Group, *The United States and the Use of Force in the Post-Cold War Era*（Aspen Institute, 1995）, xxix + 289pp.
- Aspin, Les, *Report on the Bottom-Up Review*（Department of Defense, October, 1993）, vii + 109pp.
- Barker, J. Craig, *International Law and International Relations*（Continuun, 2000）, xvi + 192pp.
- Bassiouni, Mahmoud Cherif, *International Terrorism: Multilateral Conventions (1937-2001)*（Transnational Publishers 2002）, xvii + 608pp.
- Baxter, Richard R., *The Law of International Waterways: With Particular Regard to Interoceanic Canals*（Harvard University Press, 1964）, vii + 371pp.
- Best, Geoffrey, *War & Law since 1945*（Oxford University Press, 1994）, xiv + 434pp.
- Bethlehem, Daniel and Weller, Marc eds., *The 'Yugoslav' Crisis in International Law: General Issue, Part I*（Cambridge University Press, 1997）, lvii + 711pp.
- Bond, Richard, *The Proliferation Security Initiative: Targeting Iran and North Korea?*, British American Security Information Council Basic Papers, Occasional Papers on International Security Policy, No. 53（January, 2009）, 10pp.
- Boothby, William, *Weapons and the Law of Armed Conflict*（Oxford University Press, 2009）, xlviii + 412pp.
- —, *The Law of Targeting*（Oxford University Press, 2012）, xlvi + 603pp.
- Bothe, Michael, et al eds., *New Rules for Victims of Armed Conflicts: Commentary on Two 1977 Protocols Additional to the Geneva Conventions of 1949*（Nijhoff, 1982）, xxi + 746pp.
- Bowett, Derek William, *Self-Defence in International Law*（Fredrick A. Praeger, 1958）, xv + 294pp.
- Boyle, Alan and Chinkin, Christine, *The Making of International Law*（Oxford University Press, 2010）,

xxx + 338pp.
- Brandford, Richard H., *The Virginius Affair* (Colorado Associated University Press, 1980), xvii + 180pp.
- Brierly, James Leslie (Waldock, Humphrey ed.), *The Law of Nations*, 6th ed. (Oxford University Press, 1963), xv + 442pp.
- Brittin, Burdick H., *International Law for Seagoing Officers*, 5th ed. (United States Naval Institute Press, 1986), xii + 503pp.
- Brownlie, Ian, *International Law and the Use of Force by States* (Clarendon Press, 1963), xxviii + 532pp.
- —, *The Rule of Law in International Affairs* (Martinus Nijhoff Publishers, 1998), xix + 242pp.
- —, *Principles of Public International Law*, 5th ed. (Clarendon Press, 1998), xlviii + 743pp.
- Busuttil, James J., *Naval Weapons System and the Contemporary Law of War* (Clarendon Press, 1998), xx + 249pp.
- Cagle, Malcom W. and Manson, Frank A., *The Sea War in Korea* (Naval Institute Press, 1957), xix + 555pp.
- Chadwick, Elizabeth, *Traditional Neutrality Revisited* (Kluwer Law International, 2002), x + 280pp.
- Chesterman, Simon, *Just War or Just Peace? Humaniarian Intervention and International Law* (Oxford University Press, 2001), xxviii + 295pp.
- Churchill, Robin Rolf and Lowe, Alan Vaughan, *The Law of the Sea*, 3rd ed. (Manchester University Press, 1999), xlix + 494pp.
- Clark, Ian, *Legitimacy in International Society* (Oxford University Press, 2005), vii + 278pp.
- Cole, Alan, et al eds., *San Remo Handbook on Rules of Engagement* (International Institute of Humanitarian Law, 2009), xiii + 85pp.
- Colombos, Constantine John, *A Treaty on the Law of Prize* (Longmans, Green and Co., LTD, 1949), xiii + 421pp.
- —, *The International Law of the Sea*, 5th ed. (Longmans, 1962), xix + 836pp.
- Crawford, James, *The International Law Commission's Article on States Responsibility: Introduction, Text and Commentaries* (Cambridge University Press, 2002), xxxiii + 387pp.
- Deane, H. Bargrave, *Law of Blockade: Its History and Probable Future* (Wildy and Sons, 1870), 55pp.
- De Guttry, Andrea and Ronzitti, Natalino eds., *The Iran –Iraq War (1980-1988) and the Law of Naval Warfare* (Grotius Publications Limited, 1993), xxiv + 573pp.
- Department of Public Information, United Nations, *The United Nations and the Iraq-Kuwait Conflict 1990-1996*, The United Nations Blue Book Series, Vol.9 (United Nations, 1996), 844pp.
- Detter, Ingrid, *The Law of War*, 2nd ed. (Cambridge University Press, 2000), xxix + 516pp.
- De Wet, Erika, *The Chapter Ⅶ Powers of the United Nations Security Council* (Hart Publishing, 2004), xviii + 413pp.
- Dorman, Andrew, Smith, Lawrence Mark and Uttley, Matthew R. eds., *The Changing Face of Maritime Power* (St. Martin's Press, 1999), xi + 198pp.
- Doswald-Beck, Louise ed., *San Remo Manual on International Law Applicable to Armed Conflict at Sea* (Cambridge University Press, 1995), ix + 257pp.
- Duffy, James P., *The Sinking of the LACONIA and the U-Boat War: Disaster in the Mid-Atlantic* (University of Nebraska Press, 2013), x + 129pp.
- Dunne, Aaron, *The Proliferation Security Initiative: Legal Consideration and Operational Realities*, SIPRI Policy Paper No.36 (May, 2003), viii + 49pp.
- Durch, William J. ed., *The Evolution of Peacekeeping* (St. Martin's Press, 1993), xiv + 509pp.
- —ed., *UN Peacekeeping, American Politics, and the Uncivil War of the 1990s* (St. Martin's Press, 1996), x + 502pp.
- Durham, Hellen and McCormack, Timothy L. H. eds., *The Changing Face of Conflict and the Efficacy of*

International Humanitarian Law (Kluwer Law International, 1999), xxvi + 225pp.
- Elleman, Bruce A., *High Seas Buffer: The Taiwan Patrol Force 1950-1979*, Naval War College Newport Papers, Vol. 38 (Naval War College, 2012), xiv + 171pp.
- Erickson, Richard J., *Legitimate Use of Force against State-Sponsored International Terrorism* (University Press of the Pacific, 2002), xi + 267pp.
- Excerpts from the Judgment of the International Military Tribunal, Nürnberg, 30 September - 1 October, 1946, reprinted in Naval War College, *International Law Documents 1946-1947*, Vol.45 (U. S. Government Printing Office, 1948), pp. 241-308.
- Fielding, Louis E., *Maritime Interception and U. N. Sanction* (Austin and Winfield Publishers, 1997), xxix + 368pp.
- Fleck, Dieter ed., *The Gladisch Committee on the Law of Naval Warfare: A German Effort to Develop International Law During World War II* (Universitätsverlag Dr. N. Brouchmeyer, 1990), iii + 136pp.
- —ed., *The Handbook of International Humanitarian Law*, 2nd ed. (Oxford University Press, 2008), xxviii + 657pp.
- Freedman, Lawrence and Karsh, Efraim, *The Gulf Conflict 1990-1991: Diplomacy and War in the New World Order* (Princeton University Press, 1992), xxxv + 504pp.
- García, Manuel R., *International Responsibility for Hostile Acts of Private Persons against Foreign States* (Martinus Nijhoff, 1962), xvii + 207pp.
- Gazzini, Tarcisio, *The Changing Rules on the Use of Force in International Law* (Manchester University Press, 2005), xiii + 266pp.
- Geiß, Robin, and Petrig, Anna, *Piracy and Armed Robbery at Sea: The Legal Framework for Counter-Piracy Operations in Somalia and the Gulf of Aden* (Oxford University Press, 2011), xviii + 321pp.
- Goodrich, Leland M., *The United Nations* (Thomas Y. Crowell Company, 1959), x + 419pp.
- Goodrich, Leland M., Hambro, Edvard and Simons, Anne Patricia, *Charter of the United Nations Commentary and Documents*, 3rd and Revised Ed. (Colombia University Press, 1969), xxii + 732pp.
- Gowlland-Debbas, Vera, *Collective Responses to Illegal Acts in International Law: United Nations Action in the Question of Southern Rhodesia* (Martinus Nijhoff Publishers, 1990), 753pp.
- Gray, Cristine, *International Law and the Use of Force*, 3rd revised ed. (Cambridge University Press, 2008), xvii + 455pp.
- Green, Leslie C., *The Contemporary Law of Armed Conflict*, 2nd ed. (Manchester University Press, 2000), xx + 393pp.
- Greenwood, Christopher, *Essays on War in International Law* (Cameron May, 2006), 701 pp.
- Grewe, Wilhelm G. *The Epochs of International Law* (translated and revised by Michael Byers) (Walter de Gruyter, 2000), xxii + 780pp.
- Guilfoyle, Douglas, *Shipping Interdiction and the Law of the Sea* (Cambridge University Press, 2009), lv + 374pp.
- Hall, John Ashley, *The Law of Naval Warfare* (Chapman and Hall, LTD., 1921), vii + 398pp.
- Hall, William Edward, *A Treaties on International Law*, 3rd ed. (Clarendon Press, 1890), xxvii + 788pp.
- Haywood, Robert and Spivak, Roberta, *Maritime Piracy* (Routledge, 2012), xxiii + 155pp.
- Heintschel von Heinegg, Wolf, *Seekriegsrecht und Neutralität im Seekrieg* (Duncker und Humbolt, 1995), 637pp.
- —ed., *The Military Objective and the Principle of Distinctin in the Law of Naval Warfare: Report and Commentaries of the Round Table Experts on International Humanitarian Law Applicable to Armed Conflict at Sea, Ruhr-Universität Bochum 10-14 November 1989* (Universitätsverlag Dr. N. Brouchmeyer, 1991), vi + 177pp.
- —ed., *Visit, Search and Capture: The Effect of the United Nations Charter on the Law of Naval Warfare:*

- *Report and Commentaries of the Round Table Experts on International Humanitarian Law Applicable to Armed Conflict at Sea, Norwegian Navy School of Tactics, Norwegian Red Cross, International Institute of Humanitarian Law, Bergen, 20-24 September 1991*（Universitätsverlag Dr. N. Brouchmeyer, 1992), IV + 210pp.
- —ed., *Means and Methods of Combat in Naval Warfare: Report and Commentaries of the Round Table Experts on International Humanitarian Law Applicable to Armed Conflict at Sea, 19-23 October 1990*（Universitätsverlag Dr. N. Brouchmeyer, 1992), V + 136pp.
- —ed., *Regions of Operations of Naval Warfare: Report and Commentaries of the Round Table Experts on International Humanitarian Law Applicable to Armed Conflict at Sea, Canadian Ministry of Defence Canadian Red Cross Ottawa 25-28 September 1992*（Universitätsverlag Dr. N. Brouchmeyer, 1995), iv + 149pp.
- Higgins, Pearce A., *Defensively-Armed Merchant Ships and Submarine Warfare*（Stevens and Sons Limited, 1917), 56pp.
- Higgins, Rosalyn, *Problems and Process: International Law and How We Use It*（Clarendon Press, 1994), xxvii + 274pp.
- Hilderbrand, Ronbert C., *Dumbarton Oak: The Origins of the United Nations and the Search for Postwar Security*（The University of North Carolina Press, 1990), x + 320pp.
- Hogan, Albert E., *Pacific Blockade*（Clarendon Press, 1908), 183pp.
- Holland, Thomas Erskine, *A Manual of Naval Prize Law*（Her Majesty's Stationary Office, 1888), xiii + 161pp.
- Institute de droit international, *Annuaire de L'institute de droit international*, neuvième année（P. Weissenbruch, 1888), 454pp.
- Jaques, Richard ed., *Maritime Operational Zones*（Naval War College, 2006), xxx + 270pp.
- Jennings, Robert and Watts, Arthur, eds., *Oppenheim's International Law, 9th ed., Vol.1, Peace*（Longmans, 1992), lxxxvi + 544pp. with index（33pp.）
- Jia, Bing Bing, *The Regime of Straits in International Law*（Clarendon Press, 1998), lviii + 253pp.
- Johnston, Derek and Valencia, Mark eds. *Piracy in Southeast Asia: Status, Issues, and Responses*（IIAS/ISEAS, 2005), xx + 174pp.
- Jones, John R. W. D., *The Practice of the International Criminal Tribunals for Former Yugoslavia and Rwanda*（Transnational Publishers, 1998), xi + 353pp.
- Joyner, Daniel H., *International Law and the Proliferation of Weapons of Mass Destruction*（Oxford University Press, 2009), xxiv + 378pp.
- Kalshoven, Frits, *Belligerent Reprisals*（Martinus Nijhoff Publishers, 1971), xxv + 389pp.
- Kelly, Michael J., *Peace Operations: Tackling the Military Legal and Policy Challenges*（Australian Government Publishing Service, 1997), xviii + 460pp.
- —, *Restoring and Maintaining Order in Complex Peace Operations: The Search for a Legal Framework*（Kluwer Law International, 1999), xxvii + 311pp.
- Kelsen, Hans, *The Law of the United Nations: A Critical Analysis of Its Fundamental Problems*（Stevens and Sons Limited, 1950), xvii + 903pp.
- —, *Collective Security under International Law*, International Law Studies, Vol.49（U. S. Government Printing Office, 1957), vi + 275pp.
- —, *Law and Peace in International Relations: The Oliver Wendell Holmes Lectures, 1940-41*（William S. Hein and Co., Inc, 1997), xi + 181pp.
- Klein, Natalie, *Dispute Settlement in the UN Convention on the Law of the Sea*（Cambridge University Press, 2005), xxxiii + 456pp.
- —, *Maritime Security and the Law of the Sea*（Oxford University Press, 2011), xxvi + 350pp.

- Klein, Natalie, Mossop, Joanna and Rothwell, Donald eds., *Maritime Security: International Law and Policy Perspectives from Australia and New Zealand* (Routlege, 2010), xxiv + 277pp.
- Kraska, James, *Contemporary Maritime Piracy: International Law, Strategy and Diplomacy at Sea* (Praeger, 2011), xxii + 253pp.
- —, *Maritime Power and the Law of the Sea: Expeditionary Operations in World Politic* (Oxford University Press, 2011), xix + 464pp.
- Kraska, James and Pedrozo, Raul, *International Maritime Security Law* (Martinus Nijhoff Publishers, 2013), xxv + 939pp.
- Kolb, Robert, *Introduction au droit des Nations Unies* (Helbing Lichtenhahn, 2008), xii + 350pp.
- Larsen, Jeffrey A. and Smith, James M., *Historical Dictionary of Armed Control and Disarmament* (The Scarecrow Press Inc., 2005), viii + 362pp.
- Lauterpacht, Hersch, *International Law A Treaties by Oppenheim, Vol.I, Peace*, 8th ed. (Longmans, 1955), lv + 1972pp.
- —, *International Law A Treaties by Oppenheim, Vol.II, Disputes, War and Neutrality*, 7th ed. (Longmans, 1952), liii + 941pp.
- Levie, Howard S., *Mine Warfare at Sea* (Martinus Nijhoff Publishers, 1992), 216pp.
- Luard, Evan, *A History of the United Nations*, Vol.1 (MacMillan, 1982), 404pp.
- Lubell, Noam, *Extraterritorial Use of Force Against Non-State Actors* (Oxford University Press, 2010), xix + 288pp.
- Magire, Peter, *Law and War: An American Story* (Columbia University Press, 2001), xii + 446pp.
- McCoubrey, Hilaire and White, Nigel D., *International Law and Armed Conflict* (Dartmouth Publishing Company Limited, 1992), xii + 371pp.
- McLaughlin, Robert, *United Nations Peace Operations in the Territorial Sea* (Martinus Nijhoff Publishers, 2009), xiv + 260pp.
- McVey, Philip M., *Terrorism and Local Law Enforcement* (Chrles C Thomas Publisher LTD., 1997), xii + 173pp.
- Melzer, Nils, *Targeted Killing in International Law* (Oxford University Press, 2008), liv + 468pp.
- Moore, John Norton, *A Digest of International Law*, Vol.2 (U. S. Government Printing Office, 1906), 1123pp.
- Naert, Frederik, "The Impact of the Fight against International Terrorism on the *Jus ad Bellum* after 11 September," *Katholieke Universiteit Leuven Institute for International Law Working Paper*, No.68 (January, 2005), 44pp.
- Nandan, Stya, N. and Rosenne, Shabtai eds., *United Nations Conventions on the Law of the Sea 1982 A Commentary*, Vol. III (Martinus Nijhoff Publishers, 1995), xlv + 687pp.
- Nikitin, Mary B., "Proliferation Security Initiative (PSI)," *CRS Report for Congress*, RL34327 (15 June, 2012), 13pp.
- O'Connell, Daniel Patrick, *The Influence of Law on Sea Power* (Manchester University Press, 1975), xi + 204pp.
- —, (edited by Ian A. Shearer), *The International Law of the Sea*, Vol.1 and 2 (Clarendon Press, 1984), xxvi + 1195pp.
- Office contre la drogue at le crime, Nations Unies, *Guide Pratique, Pour les autorités nationales compétentes designees conformément à l'article 17 de la Convention des Nations Unies contre le illicite de stupéfiants et de substances psychotropes de 1988* (Nations Unies, 2004), iv + 198pp.
- Ong-Webb, Graham Gerad ed., *Piracy, Maritime Terrorism and Securing the Malacca Straits* (IIAS/ISEAS, 2006), xxviii + 226pp.
- Osborne, Eric, *Britain's Economic Blockade of Germany 1914-1919* (Routlege, 2013), viii + 215pp.

- Papastavridis, Efthymios, *The Interception of Vessels on the High Seas: Contemporary Challenges to the Legal Order of the Oceans*（Hart Publishing, 2013）, xxxiii + 367pp.
- Parmelee, Maurice, *Blockade and Sea Power: The Blockade 1914-1919, and Its Significance for World State*（Thomas Y. Crowell Company Publishers, 1924）, 449pp.
- Persbo, Andreas and Davis, Ian, *Sailing into Uncharted Waters? The Proliferation Security Initiative and the Law of the Sea*（British American Security Information Council, 2004）, 124pp.
- Politakis, George P., *Modern Aspects of the Laws of Naval Warfare and Maritime Neutrality*（Kegan Paul International, 1998）, xvi + 678pp.
- Prugh, George, *Law at War: Vietnam 1964-1973*（United States Department of the Army, 1975）, xi + 161pp.
- Ragazzi, Maurizio, *The Concept of International Obligation Erga Omnes*（Clarendon Press, 1997）, xiv + 264pp.
- Reddy, Kathleen M., *Operation Sharp Guard: Lessons Learned for the Policymaker and Commander*（U. S. Naval War College, 13 July, 1993）, 26pp.
- Reisman, William Michael and Baker, James E., *Regulating Covert Action*（Yale University Press, 1992）, vi + 250pp.
- Roberts, Adam and Kingsbury, Benedict eds., *United Nations, Divided World*, 2nd ed.（Clarendon Press, 1993）, xvi + 589pp.
- Roberts, Adam and Guelff, Richard, eds., *Documents on the Law of War*, 3rd ed.（Oxford University Press, 2000）, xiv + 765pp.
- Robertson, Horace Jr. B., *The "New" Law of the Sea and the Law of Armed Conflict at Sea*, The Newport Papers # 3（1992）, vii + 52pp.
- Ronzitti, Natalino ed., *The Law of Naval Warfare; A Collection of Agreements and Documents with Commentaries*（Martinus Nijhoff Publishers, 1988）, xviii + 888pp.
- Ross, John F. L., *Neutrality and International Sanctions*（Preager Publisher, 1989）, xiv + 248pp.
- Rothwell, Donald and Stephens, Tim, *The International Law of the Sea*（Hart Publishing, 2011）, xlv + 500pp.
- Rubin, Alford P., *The Law of Piracy*, 2nd ed.（Transnational Publishers, 1998）, xv + 485pp.
- Russell, Ruth B.（Assisted by Muther, Jannette）, *A History of the United Nations Charter: The Role of the United States 1940-1945*（Brookings Institution, 1958）, xviii + 1140pp.
- Ruys, Tom, *'Armed Attack' and Article 51 of the UN Charter: Evolutions in Customary Law and Practice*（Cambridge University Press, 2010）, xxx + 585pp.
- Sands, Jeffry I., *Blue Hull: Multinational Naval Cooperation and the United Nations*（Center for Naval Analyses 1993）（CRM 93-40/July1993）, xi + 65pp（with appendix）.
- Sarooshi, Danesh, *The United Nations and the Development of Collective Security: The Delegation by the UN Security Council of Its Chapter VII Powers*（Clarendon Press, 1999）, pxxii + 311pp.
- Schachter, Oscar, *International Law in Theory and Practice*（Martinus Nijhff Publishers, 1991）, xii + 431pp.
- Schweigman, David, *The Authority of the Security Council under Chapter VII of the UN Charter: Legal Limits and the Role of the International Court of Justice*（Kluwer Law International, 2001）,xviii + 354pp.
- Scott, James Brown ed., *The Declaration of London February 26, 1909*（Oxford University Press, 1919）, xiii + 268pp.
- Sharma, Surya P., *The Indo-Pakistan Maritime Conflict, 1965*（Academic Books Limited, 1970）, xii + 130pp.
- Shaw, Malcolm N., *International law*, 4th ed.（Cambridge University Press, 1997）, xlvi + 939pp.
- Simma, Bruno ed., *The Charter of the United Nations A Commentary*（Oxford University Press, 1995）, xlix

+ 1258pp.
- ―ed., *The Charter of the United Nations A Commentary*, 2nd ed.（Oxford University Press, 2002）, lxiv + 1405pp.
- ―, et al eds., *The Charter of the United Nations A Commentary*, 3rd ed.（Oxford University Press, 2012）, clxix + 2405pp.
- Smith, Herbert A., *The Law and Custom of the Sea*, 3rd ed.（Stevens and Sons, 1959）, xiv + 291pp.
- Soulsby, Hugh G., *The Right of Search and the Slave Trade in Anglo-American Relations 1814-1862*（The Johns Hopkins Press, 1933）, 185pp.
- Squassoni, Sharon, "Proliferation Security Initiative（PSI），" *CRS Report for Congress*, Order Code RS21881（14 September, 2006）, 4pp.
- Staley, Robert Stephens, *The Wave of the Future: The United Nations and Naval Peacekeeping*（Lynne Rienner Publishers, 1992）, 63pp.
- Thomas, A. R., and Duncan, James C. eds., *Annotated Supplement to the Commander's Handbook on the Law of Naval Operations*, International Law Studies, Vol. 73（Naval War College, 1999）, xxxviii + 526pp.
- Tucker, Robert W., *The law of War and Neutrality at Sea*, International Law Studies, Vol. 50（U. S. Government Printing Office, 1950）, viii + 448pp.
- Turner, Christopher R., *The Naval Blockade 1914-1918*（Phillip Allan and Co., LTD, 1930）, xii + 324pp.
- United Nations, *The Blue-Helmets: A Review of United Nations Peace-Keeping*, 3rd ed.（United Nations Department of Public Information, 1996）, xvi + 808pp.
- Valencia, Mark, *The Proliferation Security Initiative: Making Waves in Asia*（Routledge, 2005）, 93pp.
- Walker, George K., *The Tanker War 1980-88: Law and Policy*, International Law Studies, Vol. 74（Naval War College, 2000）, xiv + 640pp.
- Walters, F. P., *A History of the League of Nations*（Oxford University Press, 1952）, xv + 833pp.
- Weisburd, Arthur Mark, *Use of Force: The Practice of States since World War II*（Pennsylvania State University Press, 1997）, xvii + 396pp.
- Wendel, Philipp, *State Responsibility for Interference with the Freedom of Navigation in Public International Law*（Springer, 2007）, xvi + 286pp.
- Wolfrum, Rüdiger, *Freedom of Navigation: New Challenges, Statement by the President of International Tribunal for the Law of the Sea*（International Tribunal for the Law of the Sea, 2009）, 11pp.
- Woodward, Sandy（with Robinson, Patrick）, *One Hundred Days: The Memoirs of the Falklands Battle Group Commander*（Naval Institute Press, 1992）, xxiii + 360pp.
- Zimmern, Alfred, *The League of Nations and the Rule of Law 1918-1935*（MacMillan and Co. Ltd., 1936）, xi + 527pp.

<論文>
- Abbas, Ademola, "The New Collective Security Mechanism of Ecowas: Innovations and Problem," *Journal of Conflict and Security Law*, Vol. 5, No. 2（2000）, pp. 211-229.
- Ahlströn, Christer, "The Proliferation Security Initiative: International Law Aspects of the Statement of Interdiction Principles," *SIPRI Yearbook 2005*（Stockholm International Peace Research Institute, 2005）, pp. 741-767.
- Akzin, Benjamin, "Neutral Convoys in Law and Practice," *Michigan Law Review*, Vol. 40, No. 1（1941）, pp. 1-23.
- Alexander, Martin S. and Keiger, J. F. E., "France and the Algerian War: Strategy, Operations and Diplomacy," *The Journal of Strategic Studies*, Vol. 25, No. 2（2002）, pp. 1-32.
- Alford, Neil Jr., "The Cuban Quarantine of 1962: An Inquiry into Paradox and Persuasion," *Virginia Journal of International Law*, Vol. 6, No. 1（1962）, pp. 35-73.
- Allain, Jean, "The Nineteenth Century Law of the Sea and the British Abolition of the Slave Trade," *British*

Year Book of International Law 2007 (Oxford University Press, 2008), pp. 342-388.
- Allen, Craig H., "Doctrine of Hot Pursuit: A Functional Interpretation Adaptable to Emerging Maritime Law Enforcement Technologies and Practice," *Ocean Development and International Law*, Vol. 20, No. 4 (1989), pp. 309-341.
- —, "Limits on the Use of Force in Maritime Operations in Support of WMD Counter - Proliferation Initiatives," *Israel Yearbook on Human Rights*, Vol. 35 (2005), pp. 115-180.
- —, "Legal Interoperability Issues in International Cooperation Measures to Secure the Maritime Commons," in William B. Ruger Chair of National Security Economic Papers, *Economics and Maritime Security: Implications for the 21st Century, No.2* (Naval War College, 2006), pp. 113-130.
- —, "A Primer on the Nonproliferation Regime for Maritime Security Operations Force," *Naval Law Review*, Vol. 54 (2007), pp. 51-77.
- —, "The Limits of Intelligence in Maritime Counterproliferation Operations," *Naval War College Review*, Vol. 60. No. 1 (2007), pp. 35-52.
- Amin, S. H., "The Iran-Iraq War: Legal Implications," *Marine Policy*, Vol. 6 (1982), pp. 193-218.
- Antonopolus, Constantine, "The Legitimacy to Legitimise: The Security Council Action in Libya under Resolution 1973," *International Community Law Review*, Vol. 14, No. 4 (2012), pp. 359-379.
- Asada, Masahiko, "Security Council Resolution 1540 to Combat WMD Terrorism: Effectiveness and Legitimacy in International Legislation," *Journal of Conflict and Security Law*, Vol. 13, No. 3 (2008), pp. 303-332.
- Bahar, Michael, "Attaining Optimal Deterrence at Sea: A Legal and Strategic Theory for Naval Anti-Piracy Operations," *Vanderbilt Journal of Transnational Law*, Vol. 40, No. 1 (2007), pp. 1-85.
- Balkin, Rosalie, "The International Maritime Organization and Maritime Security," *Tulane Maritime Law Journal*, Vol. 30, No. 1-2 (2006), pp. 1-34.
- Banzai, Hiroyuki, "The Proliferation Security Initiative and International Law of the Sea: A Japanese Lawyer's Perspective," *Journal of East Asia and International Law*, Vlo. 3, No. 1 (2010), pp. 7-28.
- Barston, R. P. and Birnie, P. W., "The Falkland Islands/Isas Malvinas Conflict: A Question of Zones," *Marine Policy*, Vol. 7, No. 1 (1983), pp. 14-24.
- Bayliss, Jack F. T., Captain, Royal Navy, Chief Naval Judge Advocate, United Kingdom, "The Law and Practice of the Maintenance of Maritime Embargoes and Blockade in the Context of UN Security Council Enforcement Measures," *Militair Rechtelijk Tidschrift*, Vol. 87, Afl.8 (1994), pp. 251-256.
- —, "Remarks on Development in the Law of Naval Operations," in American Society of International Law ed., *Contemporary International Law Issues: Opportunities at a Time of Momentous Change* (Martinus Nijhoff Publishers, 1994), pp. 339-342.
- Beard, Jack M., "America's New War on Terror: The Case for Self-Defense under International Law," *Harvard Journal of Law and Public Policy*, Vol. 25, No. 2 (2002), pp. 559-590.
- Becker, Michael A., "The Shifting Public Order of the Oceans: Freedom of Navigation and the Interdiction of Ships at Sea," *Harvard International Law Journal*, Vol. 46, No. 1 (2005), pp. 131-230.
- Becker-Weinberg, Vasco and Verdirame, Guglielmo, "Proliferation of Weapons of Mass Destruction and Shipping Interdiction," in Mark Weller, et al eds., *The Oxford handbook of the Use of Force in International Law* (Oxford University Press, 2015), pp. 1017-1033.
- Beckman, Robert and Davenport, Tara, "Maritime Terrorism and the Law of the Sea: Basic Principles and New Challenges," in Nordquist, Nyron H., More, John Norton, Soons, Alfred H. and Kim, Hak-So eds., *The Law of the Sea Convention: US Accession and Globalization* (Martinus NIjhoff Publishers, 2012), pp. 229-557.
- Bennett, Harry, "The 1942 Laconia Order: The Murder of Shipwrecked Survivors and the Allied Pursuit of Justice 1945-46," *Law, Crime and History*, Vol. 1 (2011), pp. 16-34.

- Beres, Louis René, "The Legal Meaning of Terrorism for Military Commander," *Connecticut Journal of International Law*, Vol. 11, No. 1 (1995), pp. 1-27.
- Bertram, Anton, "The Economic Weapon as a Form of Peaceful Pressure," *Transaction of the Grotius Society*, Vol. 17 (Sweet and Maxwell Limited, 1932), pp. 139-174.
- Bethlehem, Daniel, "Self-Defense Against an Imminent or Actual Armed Attack by Nonstate Actors," *American Journal of International Law*, Vol. 106, No. 4 (2012), pp. 769-777.
- Biersteker, Thomas J., "The UN's Counter-Terrorism Efforts: Lessons for UNSCR 1540," in Bosch, Oliver and van Ham, Peter eds., *Global Non-Proliferation and Counter Terrorism: The Impact of UNSCR 1540* (Royal Institute of International Affairs, 2000), pp. 24-40.
- Blokker, Niels, "Is Authorization Authorized? Powers and Practice of the UN Security Council to Authorize the Use of Force by 'Coalition of the Able and Willing'," *European Journal of International Law*, Vol. 11, No. 3 (2000), pp. 541-568.
- Boczak, Boleslaw Adam, "Law of Warfare at Sea and Neutrality: Lessons from the Gulf War," *Ocean Development and International Law*, Vol. 20, No. 3 (1989), pp. 239-271.
- Bolton, John, "The Bush Administration's Forward Strategy for Nonproliferation," *Chicago Journal of International Law*, Vol. 5 (2005), pp. 395-404.
- Borchard, Edwin, "Was Norway Delinquent in the Altmark Case?," *American Journal of International Law*, Vol. 34, No. 2 (1940), pp. 289-294.
- Bothe, Michael, "Terrorism and the Legality of Pre-Emptive Force," *European Journal of International Law*, Vol. 14, No. 2 (2003), pp. 227-240.
- Brigety, Reuben II, E., "Chapter 6: Human Rights in Armed Conflict," in SHINODA, Hideaki, and Jeong, Ho-Won eds., *Conflict and Human Security: A Search for New Approaches of Peace-Building*, the Institute for Peace Science Hiroshima University (IPSHU) English Research Report Series No. 19 (IPSHU, 2004), pp. 136-151.
- Brock, John R. "Legality of Warning Areas as Used by the United States," *JAG Journal*, Vol. 21, No. 1 (1967), pp. 69-72.
- Brown, Neil, Commander, Royal Navy, Judge Advocate, Liaison Officer for U. S. Central Command, "Panel III: Commentary - Maritime & Coalition Operations," in Borch, Fred L. and Wilson, Paul S. ed., *International Law and the War on Terror*, International Law Studies, Vol. 79 (Naval War College, 2003), pp. 301-307.
- —, "Legal Consideration in Relation to Maritime Operations against Iraq," in Pedrozo, Raul ed., *The War in Iraq: A Legal Analysis*, International Law Studies, Vol. 86 (Naval War College, 2010), pp. 127-137.
- Brown, Thomas Jr. D., "World War Prize Law Applied in a Limited War Situation: Egyptian Restrictions on Neutral Shipping With Israel," *Minnesota Law Review*, Vol. 50, No. 5 (1965-1966), pp. 849-873.
- Brunnée, Jutta and Toope, Stephen, "The Use of Force: International Law After Iraq," *International and Comparative Law Quarterly*, Vol. 53, Part 4 (2004), pp. 785-806.
- Byers, Michael, "Terrorism, the Use of Force and International Law after 11 September," *International and Comparative Law Quarterly*, Vol. 51, Part 2 (2002), pp. 401-414.
- —, "Policing the High Seas: The Proliferation Security Initiative," *American Journal of International Law*, Vol. 98, No. 3 (2004), pp. 526-545.
- Caron, David D., "The Legitimacy of the Collective Authority of the Security Council," *American Journal of International Law*, Vol. 87, No. 4 (1993), pp. 552-588.
- Chan, Kenneth, "State Failure and the Changing Face of the Jus ad Bellum," *Journal of Conflict and Security Law*, Vol. 18, No. 3 (2013), pp. 395-426.
- Chayes, Abram, "Law and the Quarantine of Cuba," *Foreign Affairs*, Vol. 41, No. 3 (1963), pp. 550-557.
- Churchill, Robin Rolf, "Conflicts Between UN Convention on the Law of the Sea and Their Possible

- Resolution," *Israel Yearbook on Human Rights*, Vol. 38 (2008), pp. 185-198.
- Ciechanski, Jerzy, "Enforcement Measures under Chapter VII of the UN Charter after the Cold War," *International Peacekeeping*, Vol. 3, No. 4 (1996), pp. 82-104.
- Clark, Bruce A., "Recent Evolutionary Trends Concerning Naval Interdiction of Seaborne Commerce as a Viable Sanctioning Device," *JAG Journal*, Vol. 27, No. 2 (1973), p. 161. pp. 160-168.
- Conforti, Benedetto, "Non-Coercive Sanctions in the United Nations Charter: Some Lessons from the Gulf War," *European Journal of International Law*, Vol. 2, No. 1 (1991), pp. 110-113.
- Constantinople, George R., "Towards a New Definition of Piracy: The *Achille Lauro* Incident," *Virginia Journal of International Law*, Vol. 26, No. 3 (1986), pp. 723-753.
- Corten, Oliber et Dubuisson, François, "Operation Liberté Immuable: une extension abusive du concept de légitime défensé," *Revue Générale de Droit International Public*, Tome 196 (2002), pp. 51-77.
- Corten, Oliver and Koutroulis, Vaios, "The Legality of Military Support to Rebel in the Libyan War: Aspects of *jus contra bellum* and *jus in bello*," *Journal of Conflict and Security Law*, Vol. 18, No. 1 (2013), pp. 59-93.
- Crook, John R., "Contemporary Practice of the United States Relating to International Law," *American Journal of International Law*, Vol. 104, No. 2 (2010), pp. 271-281.
- —, "Contemporary Practice of the United States Relating to International Law," *American Journal of International Law*, Vol. 105, No. 3 (2011), pp. 568-611.
- —, "Contemporary Practice of the United States Relating to International Law," *American Journal of International Law*, Vol. 106, No. 3 (2012), pp. 643-685.
- Cryer, H. L., "Legal Aspects of the "Joanna V" and "Manuela" Incidents, April 1966," *Australian Year Book of International Law 1966* (Butterworth, 1969), pp85-98.
- Cryer, Robert, "The Fine Art of Friendship: Jus in Bello in Afghanistan," *Journal of Conflict and Security Law*, Vol. 7, No. 1 (April, 2002), pp. 37-83.
- Dalton, James G., Roach, John Ashley and Daley, John, "Introductory Note to United Nations Security Council: Piracy and Armed Robbery at Sea-Resolution 1816, 1846 and 1851," *International Legal Materials*, vol. 48, No. 1 (2009), pp. 129-132.
- Datan, Mersav, "Security Council Resolution 1540: WMD and Non-State Trafficking," *Acronym Institute for Disarmament Diplomacy*, Issue 79 (28 May, 2005), http://www.acronym.org.uk/dd/dd79/79md.htm, as of 2 December, 2012.
- De Fiedorowicz, George, "Historical Survey of the Application of Sanctions," *Transactions of the Grotius Society*, Vol. 22 (1936), pp. 117-131.
- Delbrück, Jost, "Article 25," in Simma, Bruno ed., *The Charter of the United Nations A Commentary* (Oxford University Press, 1995), pp. 621-628.
- —, "The Fight against Global Terrorism: Self-Defence or Collective Security as International Police Action?," *German Yearbook of International Law*, Vol. 44 (2001), pp. 9-24.
- Delery, Tom, "Away, the Boarding Party!," *USNI Proceedings*, Vol. 117, No. 5 (1991), pp. 65-71.
- De Oliveira, Gilberto Carvalho, "Naval Peacekeeping and Piracy: Time for a Critical Turn in the Debate," *International Peacekeeping*, Vol. 19, No. 1 (2012), pp. 48-61.
- Dinstein, Yoram, "The Laws of Neutrality," *Israel Yearbook on Human Rights*, Vol. 14 (Tel Aviv University, 1984), pp. 80-110.
- —, "The Gulf War: 1990-2004 (And Still Continuing)," in Sparks, Thomas McK. and Sulmasy, Glenn M. eds., *International Law Challenges: Homeland Security and Combating Terrorism*, International Law Studies, Vol. 81 (Naval War College, 2006), pp. 337-350.
- Doswald-Beck, Louise, "The International Law of Naval Armed Conflicts: The Need for Reform," *Italian Yearbook of International Law*, Vol. 3 (1986-1987), pp. 251-282.

- —, "The San Remo Manual on International Law Applicable to Armed Conflict at Sea," *American Journal of International Law*, Vol. 89, No. 1 (1995), pp. 192-213.
- —, "Vessels, Aircraft and Persons Entitled to Protected During Armed Conflict at Sea," *British Year Book of International Law 1994* (Oxford University Press, 1995), pp. 211-301.
- Dougan, Michael, "The Vicissitudes of Life at the Coalface: Remedies and Procedures for Enforcing Union Law before the National Court," in Craig, Paul and de Búrca, Gráinne eds., *The Evolution of EU Law* (Oxford University Press, 2011), pp. 407-439.
- Downey, William Jr. Gerald, "Captured Enemy Property: Booty of War and Seized Enemy Property," *American Journal of International Law*, Vol. 44, No. 2 (1950), pp. 488-504.
- Elleman, Bruce A., "The Nationalists' Blockade of the PRC, 1949-58" in Elleman, Bruce A. and Paine, S. C. M. eds., *Naval Blockades and Seapower: Strategies and Counter-Strategies, 1805-2005* (Routledge, 2006), pp. 133-143.
- Estival, Bernard, "The French Navy and the Algerian War," *The Journal of Strategic Studies*, Vol. 25, No. 2 (2002), pp. 79-94.
- Fawcett, J. E. S., "Security Council Resolutions on Rhodesia," *British Year Book of International Law 1965-1966* (Oxford University Press, 1968), pp. 103-121.
- Fenrick, William J., "Legal Limits on the Use of Force by Canadian Warships Engaged in Law Enforcement," *Canadian Yearbook of International Law*, Vol. 18 (1980), pp. 113-145.
- —, "The Exclusion Zone Device in the Law of Naval Warfare," *Canadian Yearbook of International Law*, Vol. 24 (1986), pp. 91-126.
- —, "Legal Aspects of Targeting in the Law of Naval Warfare," *Canadian Yearbook of International Law*, Vol. 29 (UBC Press, 1991), pp. 238-282.
- Fielding, Louis E., "Maritime Interception: Centerpiece of Economic Sanctions in the New World Order," *Louisiana Law Review*, Vol. 53, No. 4 (1993), pp. 1191-1241.
- Fink, Martin D., "Contemporary Views on the Lawfulness of Naval Blockades", *Aegean Review of the Law of the Sea and Maritime Law*, Vol. 1 (2011), pp. 191-215.
- —, "UN-Mandated Maritime Arms Embargo Operations in Operation Unified Protector," *Revue Droit Militarie et de Droit de la Guerre*, Tone 50, No. 1-2 (2011), pp. 237-260.
- Fitzmaurice, G. G., "Some Aspects of Modern Contraband Control and the Law of Prize," *British Year Book of International Law 1945* (Oxford University Press, 1946), pp. 73-95.
- Fleck, Dieter, "Rules of Engagement for Maritime Force and the Limitation of the Use of Force under the UN Charter," *German Yearbook of International Law*, Vol. 31 (1998), pp. 165-186.
- Francioni, Francesco, "Peacetime Use of Force, Military Activities, and the New Law of the Sea," *Cornell International Law Journal*, Vol. 18 (1985), pp. 203-226.
- —, Maritime Terrorism and International Law: The Rome Convention of 1988," *German Yearbook of International Law*, Vol. 31 (1988), pp. 263-288.
- Frank, Thomas M., "The United Nations as a Guarantor of International Peace and Security: Past, Present and Future," in Tomuschat, Christian, ed., *The United Nations at Age of Fifty: A Legal Perspective* (Kluwer Law International, 1995), pp. 25-38.
- —, "Terrorism and the Right of Self Defense," *American Journal of International Law*, Vol. 95, No. 4 (2001), pp. 839-843.
- Frank, Thomas M. and Patel, Faiza, "UN Police Action in Lieu of War: "The Old Order Changeth"," *American Journal of International Law*, Vol. 85, No. 1 (1991), p. 63-74.
- Frank, Willard Jr. C., "Multilateral Naval Cooperation in the Spanish Civil War, 1936," *Naval War College Review*, Vol. XLVII (1994), pp. 72-100.
- Fraunces, Michael G., "The International Law of Blockade: New Guiding Principles in Contemporary

- State Practice," *The Yale Law Journal*, Vol. 101, No. 4 (1992), pp. 893-918.
- Freudenschuß, Helmut, "Between Unilateralism and Collective Security: Authorizations of the Use of Force by the UN Security Council," *European Journal of International Law*, Vol. 5, No. 1 (1994),492-531.
- Frowein, Jochen Abr., "Article 39," in Simma, Bruno ed., *The Charter of the United Nations: A Commentary* (Oxford University Press, 1995). pp. 605-616.
- —, "Article 41," in Simma, Bruno ed. *The Charter of the United Nations: A Commentary* (Oxford University Press, 1995), pp. 621-628.
- —, "Article 42", in Simma, Bruno ed., *The Charter of the United Nations: A Commentary* (Oxford University Press, 1995). pp. 628-636.
- —, "The Security Council and the Security at the Seas," in Hestermeyer, Holger, Matz-Lück, Nele, Seibert-Fohr, Anja and Vöneley, Silja eds., *Law of the Sea in Dialogue* (Springer, 2011), pp. 179-189.
- —, "Policing the Oceans-New Issue," in Hestermeyer, Holger P. et al eds., *Coexistence, Cooperation and Solidarity, Liber Amicorum Rüdiger Wolfrum*, Vol. 2 (Martinus Hijhoff Publishers, 2012), p. 1150.
- Frowein, Jochen Abr. and Kirsch, Nico, "Article 41", in Simma, Bruno ed., *The Charter of the United Nations: A Commentary*, 2n ed. (Oxford University Press, 2002), pp. 735-749.
- —, "Article 42", in Simma, Bruno ed., *The Charter of the United Nations: A Commentary*, 2nd ed. (Oxford University Press, 2002), pp. 749-759.
- Gardner, Richard N., "Neither Bush nor "Jurisprudes"," *American Journal of International Law*, Vol. 97, No. 3 (2003), pp. 585-590.
- Garvey, Jack I., "The International Institutional Imperative for Countering the Spread of Weapons of Mass Destruction: Assessing the Proliferation Security Initiative," *Journal of Conflict and Security Law*, Vol. 10, No. 2 (2005), pp. 125-147.
- —, "A New Architecture for the Non-Proliferation of Nuclear Weapons," *Journal of Conflict and Security Law*, Vol. 12, No. 3 (2007), pp. 339-357.
- Garwood-Gowers, Andrew, "Israel's Airstrike on Syria's Al-Kibar Facility: A Test Case for the Doctrine of Pre-emptive Self-Defence?," *Journal of Conflict and Security Law*, Vol. 16, No. 2 (2011), pp. 263-291.
- Gathii, James Thuo, "Kenya's Piracy Prosecutions," *American Journal of International Law*, Vol. 104, No. 3 (2010), pp. 416-436.
- Gazzini, Tarcisio, "NATO Coercive Military Activities in Yugoslav Crisis," *European Journal of International Law*, Vol. 12, No. 3 (2001), pp. 391-435.
- —, "The Rules on the Use of Force at the Beginning of the XXI Century," *Journal of Conflict and Security Law*, Vol. 11, No. 3 (2006), pp. 319-342.
- Gill, Terry D., "The Temporal Dimension of Self-Defence: Anticipation, Pre-emption, Prevention and Immediacy," *Journal of Conflict and Security Law*, Vol. 11, No. 3 (2006), pp. 361-370.
- Glemmon, Michael J., "The Fog of Law: Self-Defense, Inherence, and Incoherence in Article 51 of the United Nations Charter," *Harvard Journal of Law and Public Policy*, Vol. 25, No. 2 (2002), pp. 539-558.
- Goldie, L. F.E., "Maritime War Zones and Exclusion Zones," in Robertson, Horace Jr. B., ed., *The Law of Naval Operations*, International Law Studies, Vol. 64 (Naval War College, 1991), pp. 156-204.
- Goldmann, Matthias, "Sierra Leone: African Solutions to African Problem?," von Bogdandy, Armin and Wolfrum, Rüdiger eds., *Max Planck Yearbook of United Nations Law*, Vol. 9 (2005), pp. 457-515.
- Goldrick, James, "In Command in the Gulf," *United States Naval Institute Proceedings*, Vol. 128, No. 12 (December, 2002), pp. 38-41.
- Gooding, Gregory V., "Fighting Terrorism in 1980's: The Interception of the *Achille Lauro* Hijackers," *Yale Journal of International Law*, Vol. 12, No. 1 (1987), pp. 158-179.
- Gowlland-Debbas, Vera, "The Function of the United Nations Security Council in the International Legal System," in Byers, Michael, ed., *The Role of Law in International Politics* (Oxford University Press, 2000),

pp. 277-313.
- —, "The Limits of Unilateral Enforcement of Community Objectives in the Framework of UN Peace Maintenance," *European Journal of International Law*, Vol. 11 (2000), pp. 361-383.
- Graham, Euan, "Maritime Counter-Proliferation: The Case of MV Light," *RSIS Commentaries*, No. 96/2011 (29 June, 2011).
- Green, James A., "The Oil Platform Case: An Error in Judgment," *Journal of Conflict and Security Law*, Vol. 9 (2004), pp. 357-386.
- Green, Leslie C., "Terrorism and the Law of the Sea," in Dinstein, Yoram ed., *International Law at Time of Perplexity, Essays in Honour of Shabtai Rosenne* (Martinus Nijhoff Publishers, 1989), pp. 249-271.
- Greenwood, Christopher, "The Concept of War in Modern International Law," *International and Comparative Law Quarterly*, Vol. 36, Part 2 (1987), pp. 283-306.
- —, "Comments," in Dekker, Ige F. and Post, Harry H. G. eds., *The Gulf War of 1980-1988* (Martinus Nijhoff Publishers, 1992), pp. 212-216.
- —, "The United Nations as Guarantor of International Peace and Security: Past, Present and Future –A United Kingdom View-," in Tomuschat, Christian, ed., *The United Nations at Age of Fifty: A Legal Perspective* (Kluwer Law International, 1995), pp. 59-75.
- —, "International Law and the 'War against Terrorism'," *International Affairs*, Vol. 78, No. 2 (2002), pp. 301-317.
- —, "The Applicability of International Humanitarian Law and the Law of Neutrality to the Kosovo Campaign," in idem, *Essays on War in International Law* (Cameron May, 2006), pp. 631-666.
- —, "The Relationship between Jus ad Bellum and Jus in Bello," in *idem, Essays on War in International Law* (Cameron May, 2006), pp13-31.
- —, "War, Terrorism and International Law," in *idem, Essays on War in International Law* (Cameron May, 2006), pp. 409-432.
- —, "New World Order or Old? The Invasion of Kuwait and the Rule of Law," in *idem, Essays on War in International Law* (Cameron May, 2006), pp. 517-554.
- —, "International Law and the Pre-emptive Use of Force: Afghanistan, Al-Qaida and Iraq," in in *idem, Essays on War in International Law* (Cameron May, 2006), pp. 667-700.
- Gregory, F. E. C., "The Beira Patrol," *Journal of the Royal United Service Institution*, Vol. CXIV, No. 665 (December, 1965), pp. 75-77.
- Guilfoyle, Douglas, "The Proliferation Security Initiative: Interdicting Vessels in International Waters to Prevent the Spread of Weapons of Mass Destruction?," *Melbourne University Law Review*, Vol. 29, No. 3 (2005), pp. 733-764.
- —, "Maritime Interdiction of Weapons of Mass Destruction," *Journal of Conflict and Security Law*, Vol. 12, No. 1 (2007), pp. 1-35.
- —, "Interdicting Vessels to Enforce the Common Interest: Maritime Countermeasures and the Use of Force," *International and Comparative Law Quarterly*, Vol. 56, Part 1 (2007), pp. 69-82.
- —, "Piracy off Somalia: UN Security Council Resolution 1816 and IMO Regional Counter-Piracy Efforts," *International and Comparative Law Quarterly*, Vol. 57, Part 3 (2008), pp. 690-699.
- —, "The *Mavi Marmara* Incident and Blockade in Armed Conflict," *British Year Book of International Law 2010* (Oxford University Press, 2010), pp. 171-223.
- —, "Counter-Piracy Law Enforcement and Human Rights," *International and Comparative Law Quarterly*, Vol. 59, Part 1 (2010), pp. 141-169.
- —, Written evidence from Dr. Douglas Guilfoyle, "Legal Issues to Counter-Piracy Operations off the Coast of Somalia," in House of Commons Foreign Affairs Committee, *Piracy off the Coast of Somalia, Tenth Report of Session 2010-12* (HC1318) (5 January, 2012), Ev. 81-84.

- Halberstam, Malvina, "Terrorism on the High Seas: The Achille Lauro, Piracy and the IMO Convention on Maritime Safety," *American Journal of International Law*, Vol. 82, No. 2 (1988), pp. 269-310.
- Halderman, John W., "Legal Basis for United Nations Forces," *American Journal of International Law*, Vol. 56, No. 4 (1962), pp. 971-996.
- Halpen, Paul, "World War I: The Blockade," in Elleman, Bruce A. and Paine, S. C. M. eds., *Naval Blockade and Seapower: Strategies and Counter-Strategies 1805-2005* (Routledge, 2007), pp. 91-103.
- —, ""Handelskrieg mit U-Booten": The German Submarine Offensive in World War I," in Elleman, Bruce A. and Paine, S. C. M. eds., *Commerce Raiding: Historical Case Studies, 1775-2009*, Naval War College Newport Papers, Vol. 40 (2013), pp. 135-150.
- Hanseler, Sean P., "Self-Defense in the Maritime Environment under the New Standing Rules of Engagement/Standing Rules for the Use of Force (SROE/SRUF)," *Naval Law Review*, Vol. 53 (2006), pp. 211-228.
- Happold, Matthew, "Security Council Resolution 1373 and the Constitution of the United Nations," *Leiden Journal of International Law*, Vol. 16, No. 3 (2003), pp. 593-610.
- Hawkins, William R., "Interdict WMD Smugglers at Sea," *United States Naval Institute Proceedings*, Vol. 130, No. 12 (December, 2004), pp. 49-52.
- Heintschel von Heinegg, Wolf, "Visit, Search, Diversion and Capture in Naval Warfare: Part I, The Traditional Law," *Canadian Yearbook of International Law*, Vol. 29 (1991), pp. 283-329.
- —, "The Current State of International Prize Law," in Post, Harry H. G. ed., *International Economic Law and Armed Conflict* (Martinus Nijhoff Publishers, 1994), pp. 5-34.
- —, "The Legality of Maritime Interception/Interdiction Operations within the Framework of OPERATION ENDURING FREEDFOM," in Borch, Fred L. and Wilson, Paul S. eds., *International Law and the War on Terror*, International Law Studies, Vol. 79 (Naval War College, 2003), pp. 255-273.
- —, "Legality of Maritime Interception Operations within the Framework of Operation Enduring Freedom," in Bothe, Michael, O'Connell, Mary Ellen and Ronzitti, Natalino eds., *Redefining Sovereignty: The Use of Force after the Cold War* (Transnational Publishers Inc, 2005), pp. 365-385.
- —, "The United Nations Convention on the Law of the Sea and Maritime Security Operations," *German Yearbook of International Law*, Vol. 48 (2005), pp. 151-185.
- —, "The Proliferation Security Initiative – Security vs. Freedom of Navigation?," *Israel Yearbook of Human Rights*, Vol. 35 (2005), pp. 181-204.
- —, "The Current State of the Law of Naval Warfare: A Fresh Look at the *San Remo Manual*," in Helm, Anthony M. ed., *The Law of War in the 21st Century: Weapons and the Use of Force*, International Law Studies, Vol. 82 (Naval War College, 2006), pp. 269-296.
- —, "Naval Blockade and International Law," in Elleman, Bruce A. and Paine, S. C. M. eds., *Naval Blockades and Seapower: Strategies and Counter-Strategies, 1805-2005* (Routledge, 2006), pp. 10-22.
- —, "Current Legal Issues in Maritime Operations: Maritime Interception Operations in the Global War on Terrorism, Exclusion Zones, Hospital Ships and Maritime Neutrality," in Jaques, Richard B. ed., *Issues in International Law and Military Operations*, International Law Studies, Vol. 80 (Naval War College, 2006), pp. 207-233.
- —, "Security at Sea: Legal Restraints or Lack of Political Will? Comments on the Keynote Address by Admiral Hock," in Nordquist, Myron, Wolfrum, Rüdiger, Moore, John Norton and Ronán, Long eds., *Legal Challenges in Maritime Security* (Martinus Nijhoff Publishers, 2008), pp. 133-148.
- —, "Chapter 20: Maritime Interception/Interdiction Operations," in Terry, D. Gill and Fleck, Dieter eds., *The Handbook of the Law of Military Operations* (Oxford University Press, 2011), pp. 375-393.

- —, "Aerial Blockades and Zones," *Israel Yearbook of Human Rights*, Vol. 43 (2013), pp. 263-295.
- —, "Blockades and Interdictions," in Mark Weller, et al eds., *The Oxford handbook of the Use of Force in International Law* (Oxford University Press, 2015), pp. 925-946.
- Hesse, Hartmut G., "Maritime Security in a Multilateral Context: IMO Activities to Enhance Maritime Security," *International Journal of Marine and Coastal Law*, Vol. 18, No. 3 (2003), pp. 327-340.
- Higgins, Pearce A., "Armed Merchant Ships," *American Journal of International Law*, Vol. 8, No. 4 (1914), pp. 705-722.
- —, "Submarine Cables and International Law," *British Year Book of International Law 1921-1922* (Oxford University Press, 1921), pp. 27-36.
- Higgins, Rosalyn, "The Advisory Opinion on Namibia: Which UN Resolutions Are Binding under Article 25 of the Charter?," *International and Comparative Law Quarterly*, Vol. 21, Part 2 (1972), pp. 270-286.
- —, "International Law and the Avoidance, Containment and Resolution of Disputes," in *Recueil des Cours (Académie de Droit International de La Haye)*, Tome 70 (Martinus Nijhoff Publishers, 1991), pp. 9-341.
- Hilpold, Peter, "Intervening in the Name of Humanity: R2P and the Power of Ideas," *Journal of Conflict and Security Law*, Vol. 17, No. 1 (2012), pp. 49-79.
- Hodgekingson, Sandra L., Cook, Edward, Fichter, Thomas, Fleming, Christian, Shapiro, Jonathan, Mellis, John, Boutelle, Brandon, Sarnoski, Stephan, and Noone, Gregory P., "Challenges to Maritime Interception Operations in the War on Terror: Bridging the Gap," *American University International Law Review*, Vol. 22, No. 4 (2007), pp. 583-671.
- Holwitt, Joel, "Unrestricted Submarine Victory: The U. S. Submarine Campaign against Japan," in Elleman, Bruce A. and Paine, S. C. M. eds., *Commerce Raiding: Historical Case Studies, 1775-2009*, Naval War College Newport Papers, Vol. 40 (2013), pp. 225-238.
- Homan, Kees and Kamerling, Susanne, "Operational Challenges to Counterpiracy Operations off the Coast of Somalia," in van Ginkel, Bibi and van der Putten, Frans-Paul eds., *The International Response to Somali Piracy: Challenges and Opportunities* (Martinus Nijhoff Publishes, 2010), pp. 65-103.
- Howard, Michael, ""9/11" and After," *Naval War College Review*, Vol. LV, No. 4 (2002), pp. 11-21.
- Humphrey, D. R., "Belligerent Interdiction of Neutral Shipping in International Armed Conflict," *Journal of Conflict and Security Law*, Vol. 2, No. 1 (1997), pp. 23-44.
- Hunnings, March N., "Pirate Broadcast in European Waters," *International and Comparative Quarterly*, Vol. 14, Part 2 (1965), pp. 410-436.
- Jenkins, Maxwell, "Air Attacks on Neutral Shipping in the Persian Gulf: The Legitimacy of the Iraqi Exclusion Zone and Iranian Reprisals," *Boston College International and Comparative Law Review*, Vol. 8, No. 2 (1985), pp. 517-549.
- Jesus, José Luis, "Protection of Foreign Ships against Piracy and Terrorism at Sea: Legal Aspects," *The International Journal of Marine and Coastal Law*, Vol. 18, No. 3 (2003), pp. 363-400.
- Jones, Thomas David, "The International Law of Maritime Blockade-A Measure of Naval Economic Interdiction," *Howard Law Journal*, Vol. 26, No. 3 (1983), pp. 759-779.
- Joyner, Christopher C, "The 1988 IMO Convention on the Safety of Maritime Navigation: Towards a Legal Remedy for Terrorism," *German Yearbook of International Law*, Vol. 31 (1988), pp. 230-262.
- —, "Sanctions, Compliance and International Law: Reflections on United Nations' Experience Against Iraq," *Virginia Journal of International Law*, Vol. 32, No. 1 (1991), pp. 1-46.
- Joyner, Daniel H., "The Proliferation Security Initiative: Nonproliferation, Counterproliferation, and International Law," *Yale Journal of International Law*, Vol. 30, No. 2 (2005), pp. 507-548.
- —, "Non-Proliferation Law and the United Nations System: Resolution 1540 and the Limits of the Power of the Security Council," *Leiden Journal of International Law*, Vol. 20, No. 2 (2007), pp. 439-518.

- —, "The Implications of the Proliferation of Weapons of Mass Destruction for the Prohibition of the Use of Force," in Mark Weller, et al eds., *The Oxford handbook of the Use of Force in International Law* (Oxford University Press, 2015).
- Jubilut, Liliana L., "Has the 'Responsibility to Protect' Been a Change in Humanitarian Intervention?, An Analysis from the Crisis in Libya," *International Community Law Review*, Vol. 14, No. 4 (2012), pp. 309-335.
- Kaikobad, Kiyan Homi, "Self-Defence, Enforcement Action and the Gulf Wars," *British Year Book of International Law 1992* (Clarendon Press, 1993), pp. 299-366.
- Kalshoven, Frits, "Commentary on the 1909 London Declaration," in Ronzitti, Natalino ed., *The Law of Naval Warfare: A Collection of Agreements and Documents with Commentaries* (Martinus Nijhoff Publishers, 1988), pp. 257-275.
- —, "Commentary No. 17: Merchant Vessels as Legitimate Military Objectives," in Heintchel von Heinegg, Wolf ed., *The Military Objective and the Principle of Distinction in the Law of Naval Warfare, Report and Commentaries of the Round-Table Experts on International Humanitarian Law Applicable to Armed Conflict at Sea* (UVB-Universitätsverlag Dr. N. Brouchmeyer, 1991), VI + 177pp.
- Kaul, Ravi, "The Indo-Pakistan War and the Changing Balance of Power in Indian Ocean," *United States Naval Institute Proceedings*, Vol. 99, No. 843 (1973), pp. 172-195.
- Kennedy, Harold, "U. S. – Led Coalition Seek to Block Weapon Shipment," *National Defense Magazine*, Article January 2004.
- Keyuan, Zou, "Maritime Enforcement of United Nations Security Council Resolutions: Use of Force and Coercive Measures," *The International Journal of Marine and Coastal Law*, Vol. 26 (2011), pp. 235-261.
- Khobe, Mitikishe Maxwell, Chief of Defence Staff, Republic of Sierra Leone, "The Evolution and Conduct of ECOMOG Operations in West Africa," http://www.iss.co.za/pubs/monographs/no44/ecomog.html, as of 25 February, 2011.
- Kieserman, Brad J., "Preventing and Defeating Terrorism at Sea: Practical Considerations for Implementation of the Draft Protocol to the Convention for the Suppression of Unlawful Acts Against the Safety of Maritime Navigation (SUA)," in Nordquist, Myron, Moore, John Norton. and Fu, Kuen-Chen eds., *Recent Developments in the Law of the Sea and China* (Martinus Nijhoff Publisers, 2006), pp. 425-458.
- Kinacioglu, Muge, "A Response to Amos Guiora: Reassessing the Parameters of Use of Force in the Age of Terrorism," *Journal of Conflict and Security Law*, Vol. 13, No. 1 (2008), pp. 33-48.
- Kirgis, Frederic L., "The Security Council's First Fifty Years," *American Journal of International Law*, Vol. 889, No. 3 (1995), pp. 506-539.
- —, "Israel's Military Campaign Against Terrorism," *ASIL Insight*, December 2001, http://www.asil org/insight htm, as of 13 November, 2005.
- Klein, Natalie, "Legal Implications of Australia's Maritime Identification System," *International and Comparative Law Quarterly*, Vol. 55, Part 2 (2006), pp. 337-368.
- —, "The Right of Visit and the 2005 SUA Protocol on the Suppression of Unlawful Acts against the Safety of Maritime Navigation," *Denver Journal of International Law and Policy*, Vol. 35, No. 2 (2007), pp. 287-332.
- —, "A Case for Harmonizing Laws on Maritime Interceptions of Irregular Migrants," *International and Comparative Law Quarterly*, Vol. 63. Part 4 (2014), pp. 787-814.
- König, Doris, "The Enforcement of the International Law of the Sea by Coastal and Port States," *Zeitsxhrift für ausländisches öffentliches Recht und Völkerrecht*, Band 52 (2002), pp. 1-15.
- Kontorovich, Eugnen and Art, Steven, "An Empirical Examination of Universal Jurisdiction of Piracy," *American Journal of International Law*, Vol. 104、No. 3 (2010), pp. 436-453.

- Kraska, James, "The Law of the Sea Convention: A National Security Success-Global Strategic Mobility through the Rule of Law," *George Washington International Law Review*, Vol. 39 (2007), pp. 543-572.
- —, "Broken Taillight at Sea: The Peacetime International Law of Visit, Board, Search, and Seizure," *Ocean and Coastal Law Journal*, Vol. 16, No. 1 (2010), pp. 1-46.
- —, "Book Review: *Shipping Interdiction and the Law of the Sea*, by Douglas Guilfoyle," *American Journal of International Law*, Vol. 105, No. 3 (2011), pp. 638-643.
- —, "Rule Selection in the Case of Israel's Naval Blockade of Gaza: Law of Naval Warfare or Law of the Sea?," *Yearbook of International Humanitarian Law*, Vol. 13 (Cambridge University Press, 2011), pp. 367-395.
- —, "Brandishing "legal Tools "in the Fight against Maritime Piracy," in Nordquist, Nyron H., More, John Norton, Soons, Alfred H. and Kim, Hak-So eds., *The Law of the Sea Convention: US Accession and Globalization* (Martinus Nijhoff Publishers, 2012), pp. 256-303.
- —, "Putting Your Head in the Tiger's Mouth: Submarine Espionage in Territorial Waters," *Columbia Journal of Transnational Law*, Vol. 54, Issue 1 (2015), pp. 164-247.
- Kwast, Patricia Jimenez, "Maritime Interdiction of Weapons of Mass Destruction in an International Legal Perspective," *Netherlands Yearbook of International Law*, Vol. 38 (2007), pp. 163-241.
- —, "Maritime Law Enforcement and the Use of Force: Reflections on the Categorisation of Forcible Action at Sea in the Light of Guyana/Suriname Award," *Journal of Conflict and Security Law*, Vol. 13, No. 1 (2008), pp. 49-91.
- Laursen, Andreas, "The Judgment by the International Court of Justice in the Oil Platform Case," *Nordic Journal of International Law*, Vol. 73, No. 1 (2004), pp. 135-160.
- Lavalle, Robert, "The Law of the Use of Force, under the Relevant Security Council Resolutions of 1990 and 1991, to Resolve the Persian Gulf Crisis," *Netherlands Yearbook of International Law*, Vol. 23 (1992), pp. 3-64.
- —, "A Novel, If Awkward, Exercise in International Law-Making: Security Council Resolution 1540 (2004)," *Netherlands International Law Review*, Vol. 51, No. 3 (2004), pp. 411-437.
- Leanza, Umberto, "Maritime Scientific Research and the Right to Lay Submarine Cables and Piplines," in Gutiérrez, Norman A. Matinez ed., *Serving the Rule of International Maritime Law, Essays in Hournour of Professor David Joseph Attard* (Routlege, 2010), pp. 129-135.
- Leckow, Ross, "The Iran-Iraq Conflict in the Gulf: The Law of War Zones," *International and Comparative Quarterly*, Vol. 37, Part 3 (1988), pp. 629-644.
- Leiner, Frrederick C., "Maritime Security Zones: Prohibited Yet Perpetuated," *Virginia Journal of International Law*, Vol. 24 (1984), pp. 967-992.
- Levie, Howard S., "Means and Methods of Combat at Sea," *Syracuse Journal of International Law and Commerce*, Vol. 14, No. 4 (1988), pp. 727-739.
- —, "Commentary on the 1907 Hague Convention Ⅷ Relative to the Laying of Automatic Submarine Contact Mines," in Ronzitti, Natalino ed., *The Law of Naval Warfare; A Collection of Agreements and Documents with Commentaries* (Martinus Nijhoff Publishers, 1988), pp. 140-148.
- —, "Submarine Warfare: With Emphasis on the 1936 London Protocol," in Grunawalt, Richard ed., *Targeting Enemy Merchant Shipping*, International Law Studies, Vol. 65 (Naval War College, 1993), pp. 28-71.
- Liivoja, Rain, "The Scope of the Supremacy Clause of the United Nations Charter," *International and Comparative law Quarterly*, Vol. 57, Part 3 (July 2008), pp. 583-612.
- Lowe, Alan Vaughan, "Self-Defence at Sea," in Butler, W. E. ed., *The Non-Use of Force in International Law* (Martinus Nijhoff Publishers, 1989), pp. 185-202.
- Lucchini, Laurent, "Acres de contrainte excercés par la France en haute au cours des opérations en Algérie,"

Annuaires Français de Droit International, tome 12 (1966), pp. 805-821.
- Lyons, Shaun, "Naval Operations in the Gulf," in Rowe, Peter, ed., *The Gulf War 1990-91 in International and English Law* (Routledge, 1993), pp. 155-170.
- Mačák, Kubo and Zamir, Noam, "The Applicability of International Humanitarian Law to the Conflict in Libya," *International Community Law Review,* Vol. 14, No. 4 (2012), pp. 4403-4436.
- Malkin, H. W., "Blockade in Modern Condition," *British Year Book of International Law 1922-23 Issue 3* (Oxford University Press, 1924), pp. 87-98.
- Mallison, Sally V. and Mallison, Thomas Jr., "International Law of Naval Blockade," *United States Naval Institute Proceedings,* Vol. 102, No. 2 (1976), pp. 45-53.
- —, "Naval Targeting: Lawful Objects of Attack," in Robertson, Horace Jr. B., ed., *The Law of Naval Operations,* International Law Studies, Vol. 64 (Naval War College, 1991), pp. 241-299.
- —, "The Naval Practice of Belligerents in World War II: Legal Criteria and Development," in Grunawalt, Richard ed., *Targeting Enemy Merchant Shipping,* International Law Studies, Vol. 65 (Naval War College, 1993), pp. 87-103.
- Mallison, Thomas Jr., "Limited Naval Blockade or Quarantine Interdiction: National and Collective Defense Claims Valid under International Law," *George Washington Law Review,* Vol. 31, No. 2 (1962), pp. 335-398.
- Martínez, Luis, M. H., "The Legislative Role of the Security Council in Its Fight Against Terrorism: Legal, Political and Practical Limits," *International and Comparative Law Quarterly,* Vol. 57, Part 2 (2008), pp. 333-360.
- McDorman, Ted L., "Maritime Terrorism and the International Law of Boarding of Vessels at Sea: A Brief Assessment of the New Developments," in Caron, David D. and Scheiber, Harry N eds., *The Oceans in the Nuclear Age* (Martinus Nijhoff Publishers, 2010), pp. 239-264.
- McDougal, Myers S., "The Soviet-Cuban Quarantine and Self-Defense," *American Journal of International Law,* Vol. 57, No. 3 (1963), pp. 597-604.
- McGinley, Gerald P., "The Achille Lauro Affair-Implications for International Law," *Tennessee law Review,* Vol. 52, No. 2 (1985), pp. 691-738.
- McLaughlin, Robert, "United Nations Mandated Naval Operations in the Territorial Sea?," *International and Comparative Law Quarterly,* Vol. 51, Part 2 (2002), pp. 249-278.
- —, "The Legal Regime Applicable to Use of Lethal Force When Operating under a United Nations Security Council Chapter VII Mandate Authorising 'All Necessary Means'," *Journal of Conflict and Security Law,* Vol. 12, No. 3 (2007), pp. 389-418.
- McNulty, James F., "Blockade: Evolution and Expectation," *Naval War College Review,* Vol. 19, No. 2 (1966), pp. 65-98.
- Meeker, Lenard C., "Defensive Quarantine and the Law," *American Journal of International Law,* Vol. 57, No. 3 (1963), pp. 515-524.
- Mejiia, Max and Mukherjee, P. K. "The SUA Convention 2005: A Critical Evaluation of Its Effectiveness in Suppressing Maritime Criminal Acts," *Journal of International Maritime Law,* Vol. 12 (2006), pp. 170-191.
- Michaelsen, Christopher, "Maritime Exclusion Zone in Time of Armed Conflict at Sea: Legal Controversies still Unresolved," *Journal of Conflict and Security Law,* Vol. 8, No. 2 (2003), pp. 363-390.
- Mobley, Richard A, "The Beira Patrol: Britain's Broken Blockade against Rhodesia," *Naval War College Review,* Vol. 55, No. 1 (2002), pp. 63-84.
- Moos, Malcolm, "The Navicert in World War II," *American Journal of International Law,* Vol. 38, No. 1 (1944), pp. 115-119.
- Morabito, Robert E., "Maritime Interdiction: Evolution of a Strategy," *Ocean Development and*

International Law, Vo. 22, No. 3 (1991), pp. 301-311.
- Muir, Malcom J., "A Failed Blockade: Air and Sea Power in Korea, 1950-53," in Elleman, Bruce A. and Paine, S. C. M. eds., *Naval Blockade and Seapower: Strategies and Counter-Strategies 1805-2005* (Routledge, 2007), pp. 145-155.
- Müller, Christopher, "The Right of Self-Defense in the Global Fight against Terrorism," in Sparks, Thomas McK. and Sulmasy, Glenn M. eds., *International Law Challenges: Homeland Security and Combating Terrorism*, International Law Studies, Vol. 81 (Naval War College, 2006), pp. 351-366.
- Munich, Joby Warrick, "Ship seizure fuels fears North Korea in nuclear market", *The Washington Post, Reuters* (18 August, 2003).
- Murdoch, Andrew, "Forcible Interdiction of Ships Transporting Terrorists," *Revue de Droit Militarie et de Droit de la Guerre*, Tone 48/3-4 (2009), pp. 287-328.
- Murphy, Sean D., "The Security Council, Legitimacy, and the Concept of Collective Security After the Cold War," *Columbia Journal of Transnational Law*, Vol. 32, No. 2 (1994), pp. 201-288.
- —, "Terrorism and the Concept of "Armed Attack" in Article 51 of the U. N. Charter," *Harvard International Law Journal*, Vol. 43, No. 1 (2002), pp. 41-51.
- Myers, Denys, P., "The Legal Basis of the Rules of Blockade in the Declaration of London," *American Journal of International Law*, Vol. 4, No. 3 (1910), pp. 571-595.
- Myjer, Erick and White, Nigel D., "The Twin Towers Attack: an Unlimited Right to Self-Defence?," *Journal of Conflict and Security Law*, Vol. 7, No. 1 (2002), pp. 5-18.
- Nalirsch, Maximilian and Prill, Horian, "The Proliferation Security Initiative and the 2005 Protocol to the SUA Convention," *Zeitschrift für ausländisches öffentliches Recht unt Völkerrecht*, Vol. 67, Band 67 (2007), pp. 229-240.
- Nimmich, Joseph L. and Goward, Dana A., "Maritime Domain Awareness: The Key to Maritime Security," in Carsten, Michael D. ed., *Global Legal Challenges: Command of the Commons, Strategic Communications and Natural Disasters*, International Law Studies, Vol. 83 (Naval War College, 2007), pp. 57-65.
- Norton, Patrick M. "Between the Ideology and Reality: The Shadow of the Law of Neutrality," *Harvard International Law Journal*, Vol. 17 (1976), pp. 249-311.
- O'Brien, William V., "Reprisals, Deterrence and Self-Defense in Counterterror Operations," *Virginia Journal of International Law*, Vol. 30, No. 2 (1990), pp. 421-478.
- O'Connell, Daniel Patrick, "International Law and Contemporary Naval Operations," *British Year Book of International Law 1970* (Oxford University Press, 1971), pp. 19-85.
- —, "The Legality of Naval Cruise Missile," *American Journal of International Law*, Vol. 66, No. 5 (1972), pp. 785-794.
- —, "Limited War at Sea since 1945," in Howard, Michael ed., *Restraints on War: Studies in the Limitation of Armed Conflict* (Oxford University Press, 1979), pp. 123-134.
- O'Connell, Mary Ellen, "Evidence of Terror," *Journal of Conflict and Security Law*, Vol. 7, No. 1 (2002), pp. 19-36.
- —, "The Prohibition of the Use of Force," in White, Nigel D. and Henderson, Christian eds., *Research Handbook on International Conflict and Security Law* (Edward Elger, 2013), pp. 89-119.
- Offer, Avner, "Morality and Admiralty: 'Jacky' Fisher Economic Warfare and the Law of War," *Journal of Contemporary History*, Vol. 23, No. 1 (1988), pp. 99-118.
- Orakhelashvili, Alexander, "Overlap and Convergence: The Interaction Between *Jus ad Bellum* and *Jus in Bello*," *Journal of Conflict and Security Law*, Vol. 12, No. 1 (2007), pp. 157-198.
- O'Rourke, Kenneth, Commander, U. S. Navy, Judge Advocate General Corps, Deputy Judge Advocate for US Central Command, "Panel Ⅲ: Commentary-Maritime & Coalition Operations," in Borch, Fred L. and

- Wilson, Paul S. ed., *International Law and the War on Terror*, International Law Studies, Vol. 79 (Naval War College, 2003), pp. 297-299.
- Papastavridis, Efthymios, "Interception of Human Beings on the High Seas: A Contemporary Analysis Under International Law," *Syracuse Journal of International Law and Commerce*, Vol. 36, No. 2 (2009), pp. 145-228.
- ——, "'Fortress Europe' and FRONTEX: Within or Without International Law?," *Nordic Journal of International Law*, Vol. 79, No. 1 (2010), pp. 75-111.
- Pellet, Allan, "The Road to Hell is Paved with Good Intentions: The United Nations As Guarantor of International Peace and Security–A French Perspective-," in Tomuschat, Christian, ed,, *The United Nations at Age of Fifty: A Legal Perspective* (Kluwer Law International, 1995), pp. 113-133.
- ——, "Brief Remarks on the Unilateral Use of Force," *European Journal of International Law*, Vol. 11, No. 2 (2000), pp. 385-392.
- Peppetti, Jon D., "Building the Global Maritime Security Network: A Multinational Legal Structure to Combat Transnational Threats," *Naval Law Review*, Vol. 55 (2008), pp. 73-156.
- Perron, Jean-Guy, Lieutenant Colonel, Assistant Judge Advocate General, National Capital Region, Ottawa, "Panel Ⅲ: Commentary - Maritime & Coalition Operations," in Borch, Fred L. and Wilson, Paul S. ed., *International Law and the War on Terror*, International Law Studies, Vol. 79 (Naval War College, 2003), pp. 309-311.
- Perry, Timothy C., "Blurring the Ocean Zones: The Effect of the Proliferation Security Initiative on the Customary International Law of the Sea," *Ocean Development and International Law*, Vol. 37, No. 1 (2006), pp. 33-53.
- Piper, Don C., "Introductory Note, Documents Concerning the Achille Lauro Affair and Cooperation in Combating International Terrorism," *International Legal Materials*, Vol. 24, No. 6 (1985), pp. 1509-1511.
- Pirtle, Charles E., "Military Use of Ocean Space and the Law of the Sea in the New Millennium," *Ocean Development and International Law*, Vol. 31, No. 1-2 (2000), pp. 7-45.
- Plant Glen, "The Convention for the Suppression of Unlawful Acts against the Safety of Maritime Navigation," *International and Comparative Law Quarterly*, Vol. 39, Part 1 (1990), pp. 27-56.
- Politakis, George P., "Waging War at Sea: The Legality of War Zones," *Netherlands International Law Review*, Vol. 38, No. 2 (1991), pp. 125-172.
- ——, "UN-Mandated Naval Operations and the Notion of Pacific Blockade: Comments on Some Recent Developments," *African Journal of International and Comparative Law*, Vol. 6, No. 2 (1994), pp. 173-208.
- ——, "From Action Sanctions to Action: U. S. Naval Deployment, 'Non-Belligerency,' and 'Defensive Reprisals' in the Final Year of Iran-Iraq War," *Ocean Development and International Law*, Vol. 25, No. 1 (1994), pp. 31-60.
- Puissochet, Jean-Pierre, "The Court of Justice and International Action by the European Community: The Example of the Embargo against the Former Yugoslavia," *Fordham International Law Journal*, Vol. 20, No. 5 (1997), pp. 1556-1576.
- Randelzhofer, Albrecht, "Article 51," in Simma, Bruno ed., *The Charter of the United Nations A Commentary* (Oxford University Press, 1995), pp. 662-678.
- Randelzhofer, Albrecht and Nolte, George, "Article 51," in Simma, Bruno et al eds., *The Charter of the United nations A Commentary*, 3rd ed. (Oxford University Press, 2012), pp. 1397-1428.
- Reinold, Theresa, "State Weakness, Irregular Warfare, and the Right to Self-Defense Post 9/11," *American Journal of International Law*, Vol. 105, No. 2 (2011), pp. 244-286.
- Reuland, Robert C., "Interference with Non-National ships on the High Seas: Peacetime Exceptions to the Exclusively Rule of Flag-State Jurisdiction," *Vanderbilt Journal of Transnational Law*, Vol. 22, No. 5

(1989), pp. 1161-1299.
- ―, "The Customary Right of Hot Pursuit Onto the High Seas: Annotations to Article 111 of the Law of the Sea Convention," *Virginia Journal of International Law*, Vol. 33, No. 3 (1993), pp. 557-589.
- Richardson, Elliot L., "Power, Mobility and the Law of the Sea," *Foreign Affairs*, Vol. 58, No. 4 (1980), pp. 902-919.
- Ripley, Tim, "Isolating Yugoslavia," *International Defence Review*, No. 27 (October, 1994), pp. 75-79.
- Roach, John Ashley, "Missile on Target: Targeting and Defense Zone in the Tanker War," *Virginia Journal of International Law*, Vol. 31, No. 4 (1991), pp. 593-610.
- ―, "The Law of Naval Warfare at the Turn of Two Centuries," *American Journal of International Law*, Vol. 94, No. 1 (2000), pp. 64-77.
- ―, "Initiatives to Enhance Maritime Security at Sea," *Marine Policy*, Vol. 28, No. 1 (2004), pp. 41-66.
- ―, "Proliferation Security Initiative (PSI): Countering Proliferation by Sea," in Nordquist, Myron H., Moore, John Norton and Fu, Kuen-Chen eds., *Recent Developments in the Law of the Sea and China* (Martinus Nijhoff Publishers, 2006), pp. 351-424.
- ―, "Countering Piracy off Somalia: International Law and International Institutions," *American Journal of International Law*, Vol. 104, No. 3 (2010), pp. 397-416.
- Robertson, Horace Jr. B., "Interdiction of Iraqi Maritime Commerce in the 1990-1991 Persian Gulf Conflict," *Ocean Development and International Law*, Vol. 22, No. 3 (1991), pp. 289-311.
- ―, "The Principle of Military Objective in the Law of Armed Conflict," in Schmitt, Michael N. ed., *The Law of Military Operations, Liber Amicorum Professor Jack Grunawalt*, International Law Studies Vol. 72 (Naval War College, 1998), pp. 197-223.
- Ronzitti, Natalino, "The Crisis of the Traditional Law Regulating International Armed Conflict at Sea and the Need for Its Revision," in *idem* ed., *The Law of Naval Warfare; A Collection of Agreements and Documents with Commentaries* (Martinus Nijhoff Publishers, 1988), pp. 1-58.
- ―, "The Right of Self-Defense at Sea and Its Impact on the Law of Naval Warfare," in Institute of Public International Law and International Relations of Thessalonik, *Thesaurus Acroasium*, Vol. 17 (Institute of Public International Law and International Relations of Thessalonik, 1991), pp. 261-294.
- ―, "The Expanding Law of Self-Defence," *Journal of Conflict and Security Law*, Vol. 11, No. 3 (2006), pp. 343-360.
- Rosand, Erick, "The UN-Led Multilateral Institutional Response to Jihadist Terrorism: Is a Global Counterterrorism Body Needed?," *Journal of Conflict and Security Law*, Vol. 11, No. 3 (2006), pp. 399-428.
- Rostow, Eugene V., "Until What? Enforcement Action of Collective Self Defense?," *American Journal of International Law*, Vol. 85, No. 3 (1991), pp. 506-516.
- Russo, Francis Jr. V., "Neutrality at Sea in Transition: State Practice in the Gulf War as Emerging International Customary Law," *Ocean Development and International Law*, Vol. 19, No. 5 (1988), pp. 381-399.
- Ruys, Tom, "The Meaning of 'Force' and the Boundaries of the *Jus ad Bellum*: Are 'Minimal' Uses of Force Excluded from UN Charter Article 2(4)?," *American Journal of International Law*, Vol. 108, No. 2 (2014), pp. 159-210.
- Sanger, Andrew, "The Contemporary Law of Blockade and the Gaza Freedom Flotilla," *Yearbook of International Humanitarian Law*, Vol. 13 (Cambridge University Press, 2010), pp. 397-446.
- Schachter, Oscar, "United Nations Law in the Gulf Conflict," *American Journal of International Law*, Vol. 85, No. 3 (1991), pp. 452-473.
- ―, "Authorized Use of Force by the United Nations and Regional Organizations," in Damrosch, Lori F. and Scheffer, David J. eds., *Law and Force in the New International Order* (Westview Press, 1991), pp.

65-100.
- ——, "Legal Aspects of the Gulf War of 1991 and Its Aftermath," in Kaplan, William and McRae, Donald eds., *Law, Policy and International Justice: Essays in Honour of Maxwell Cohen* (McGill-Queen's University Press, 1993), pp. 5-40.
- ——, "The UN Legal Order: An Overview," in Joyner, Christopher C. ed., *The United Nations and International Law* (Cambridge University Press, 1997), pp. 3-26.
- Schaller, Christian, "Using Force Against Terrorist 'Outside Areas of Active Hostilities' - The Obama Approach and Bin Laden Raid Revisited," *Journal of Conflict and Security Law*, Vol. 20, No. 2 (2015), pp. 195-227.
- Scheffer, David J., "Commentary on Collective Security," in Damrosch Lori F. and Scheffer, David J. eds., *Law and Force in the New International Order* (Westview Press, 1991), pp. 101-110.
- Schindler, Dietrich, "Commentary on the 1907 Hague Convention VIII Concerning the Rights and Duties of Neutral Powers in Naval War," in Rontizzi, Natalino ed., *The Law of Naval Warfare: A Collection of Agreement and Documents with Commentaries* (Martinus Nijhoff Publishers, 1988), pp. 211-222.
- Schmitt, Michael N., "Aerial Blockade in Historical, Legal and Practical Perspective," *U. S. Air Force Academy Legal Studies*, Vol. 21, No. 2 (1991), pp. 22-86.
- ——, "The Legality of Operation Iraqi Freedom under International Law," in Sparks, Thomas McK. and Sulmasy, Glenn M. eds., *International Law Challenges: Homeland Security and Combating Terrorism*, International Law Studies, Vol. 81 (Naval War College, 2006) pp. 367-392.
- Schreadley, R. L., "The Naval War in Vietnam, 1950-1970," *United States Naval Institute Proceedings*, Vol. 98, No. 819 (1971), pp. 182-209.
- Schrijver, Nico, "The Use of Economic Sanctions by the UN Security Council: An International Law Perspective," in Post, Harry H. G. ed., *International Economic Law and Armed Conflict* (Martinus Nijhoff Publishers, 1994), pp. 123-161.
- Schulte, Gregory L., "Former Yugoslavia and the New NATO," *Survival*, Vol. 39, No. 1 (1997), pp. 19-42.
- Scobbie, Ian, "Gaza," in Wilmshurst, Elizabeth ed., *International Law and the Classification of Conflicts* (Oxford University Press, 2012), pp. 280-316.
- Scott, Karen N., "Book Reviews: Shipping Interdiction and the Law of the Sea by Douglas Guilfoyle," *New Zealand Yearbook of International Law*, Vol. 7 (2009), pp. 438-441.
- Shah, Niaz A. "Self-Defence, Anticipatory Self-defence and Pre-emption: International Law's Response to Terrorism," *Journal of Conflict and Security Law*, Vol. 12, No. 1 (2007), pp. 95-126.
- Shearer, Ian A., "Problems of Jurisdiction and Law Enforcement against Delinquent Vessels," *International and Comparative Law Quarterly*, Vol. 35, Part 2 (1986), pp. 320-343.
- Shulman, Mark R., "The Proliferation Security Initiative and the Evolution of the Law on the Use of Force," *Houston Journal of International Law*, Vol. 28, No. 3 (2006), pp. 771-828.
- Siegel, Adam B., "Naval Force in Support of International Sanctions: The Beira Patrol," *Naval War College Review*, Vol. 55, No. 4 (1992), pp. 102-104.
- Simma, Bruno, "From Bilateralism to Community Interest in International Law," *Recueil des Cours (Académie de Droit International de La Haye)*, Tome 250 (1997), pp. 217-384.
- Sivakumaran, Sandesh, "Exclusion Zones in the Law of Armed Conflict at Sea: Evolution in Law and Practice," *International Law Studies*, Vol. 92 (Naval War College, 2016), pp. 153-203.
- Smith, Richard W., "The Q-Ships - Cause and Effect," *United States Naval Institute Proceedings*, Vol. 79, No. 5 (1953), pp. 533-540.
- Sohn, Louis B, "Interdiction of Vessels on the High Seas," *International Lawyer*, Vol. 18 (1984), pp. 411-419.
- ——, "Peaetime Use of Force on the High Seas," in Robertson, Horace Jr. B., ed., *The Law of Naval*

Operations, International Law Studies, Vol. 64 (Naval War College, 1991), pp. 38-90.
· Soons, Alfred H. A., "A 'New' Exceptions to the Freedom of the High Seas: The Authority of the U. N. Security Council," in Gill, Terry D. and Heere, Wybo P. eds., *Reflections and Practice of International Law, Essays in Hounour of Leo J. Bouchez* (Martinus Nijhoff Publishers, 2000), pp. 205-221.
· Sossai, Mirko, "Disarmament and Non-Proliferation," in White, Nigel D. and Henderson, Christian eds., *Research Handbook on International Conflict and Security Law* (Edward Elger, 2013), pp. 41-66.
· Spadi, Fabio, "Bolstering the Proliferation Security Initiative at Sea: A Comparative Analysis of Ship-Boarding as a Bilateral and Multilateral Implementing Mechanism," *Nordic Journal of International Law*, Vol. 75, No. 2 (2006), pp. 249-278.
· Stahn, Carsten, "International Law at a Crossroads?," *Zeitschrift für ausländisches öffentliches Recht und Völkerrecht*, Band. 62 (2002), pp. 184-255.
· Su, Jinyuan, "The Proliferation Security Initiative (PSI) and Interdiction at Sea: A Chinese Perspective," *Ocean Development and International Law*, Vol. 43, No. 1 (2012), pp. 96-118.
· Swayze, Frank B., "Traditional Principle of Blockade in Modern Practice: United States Mining of Internal and Territorial Waters of North Vietnam," *JAG Journal*, Vol. 29, No. 2 (1977), pp. 143-174.
· Syrigos, Angelos M., "Developments on the Interdiction of Vessels on the High Seas," in Strati, Anastasia, Gavouneli, Maria and Skourtos, Nikolaos eds., *Unsolved Issues and New Challenges to the Law of the Sea* (Martinus Nijhoff Publishers, 2006), pp. 149-201.
· Szasz, Paul, "The Law of Economic Sanctions," in Schmitt, Michael N. and Green, Leslie C. eds., *The Law of Armed Conflict into the New Millennium*, International Law Studies Vol. 71 (Naval War College, 1998), pp. 455-481.
· ─, "The Security Council Starts Legislating," *American Journal of International Law*, Vol. 96, No. 4 (2002), p. 901-905.
· Szurek, Sandra, "La Lutte Internationale contre le terrorisme sous l'Empire Du Chapitre Ⅶ: Un Laboratoire Noitatif," *Revue Générale de Droit International Public*, Tome CIX (2005), pp. 5-49.
· Talmon, Stefan, "The Security Council as World Legislature," *American Journal of International Law*, Vol. 99, No. 1 (2005), pp. 175-193.
· Tams, Christian J., "The Use of Force against Terrorist," *European Journal of International Law*, Vol. 20, No. 2 (2009), pp. 359-397.
· ─, "League of Nations," in Wolfrum, Rüdiger ed., The *Max Planck Encyclopedia of Public International Law*, Vol. Ⅵ (Oxford University Press, 2012), pp. 760-772.
· Thomas, Ticy V., "The Proliferation Security Initiative: Towards Relegation of Navigational Freedom in UNCLOS?," *Chinese Journal of International Law*, Vol. 8, No. 3 (2009), pp. 657-680.
· Thomas, Walter R., "Pacific Blockade: A Lost Opportunity of the 1930's?," in Lillich, Richard B. and Moore, John Norton eds., *Reading in International Law from the Naval War College Review 1947-1977*, International Law Studies Vol. 62 (Naval War College, 1980), pp. 197-200.
· Till, Geoffrey, "Naval Blockade and Economic Warfare in the Europe War, 1939-45," in Elleman, Bruce A. and Paine, S. C. M. eds., *Naval Blockade and Seapower: Strategies and Counter-Strategies 1805-2005* (Routledge, 2007), pp. 117-130.
· Tlade, Dire, "The Nonconsenting Innocent State: The Problem with Bethlehem's Principle 12," *American Journal of International Law*, Vol. 107, No. 3 (2013), pp. 570-576.
· Trapp, Kimberley N., "Back to Basics: Necessity, Proportionality and the Right of Self-Defence against Non-State Terrorist Actors," *International and Comparative Law Quarterly*, Vol. 56, Part 1 (2007), pp. 141-156.
· Treves, Tullio, "The Rome Convention for the Suppression of Unlawful acts Against the Safety of Maritime Navigation," in Rontitti, Natalino ed., *Maritime Terrorism and International Law* (Martinus

Nijhoff Publisher, 1990), pp. 69-90.
- Tucker, Spencer C. "Naval Blockade during the Vietnam War," in Elleman, Bruce A. and Paine, S. C. M. eds., *Naval Blockades and Seapower: Strategies and Counter-Strategies, 1805-2005* (Routledge, 2006), pp. 169-179.
- —, "CSS Alabama and Confederate Commerce Raiders during the U. S. Civil War," in Elleman, Bruce A. and Paine, S. C. M. eds., *Commerce Raiding: Historical Case Studies, 1775-2009*, Naval War College Newport Papers, Vol. 40 (2013), pp. 73-88.
- Tuerk, Helmut, "Combating Terrorism at Sea: The Suppression of Unlawful Acts Against the Safety of Maritime Navigation," in in Nordquist, Myron H., Moore, John N. and Fu, Kuen-Chen eds., *Recent Developments in the Law of the Sea and China* (Martinus Nijhoff Publisers, 2006), pp. 41-78.
- Van Dyke, Jon M., "The Disappearing Right to Navigational Freedom in the Exclusive Economic Zone," *Marine Policy*, Vol. 29, No. 2 (2005), pp. 107-121.
- van Zwanenberg, Anna, "Interference with Ships on the High Seas," *International and Comparative Law Quarterly*, Vol. 10, Part 4 (1961), pp. 785-817.
- Walker, George, "Application of Law of Armed Conflict During Operation Allied Force: Maritime Interdiction and Prisoner of War Issues," in Wall, Andrew E. ed., *Legal and Ethical Lessons of NATO's Kosovo Campaign*, International Law Studies, Vol. 78 (Naval War College, 2002), pp. 85-105.
- —, "*Guerre de Course* in the Charter Era: The Tanker War, 1980-1988," in Elleman, Bruce A. and Paine, S. C. M. eds., *Commerce Raiding: Historical Case Studies, 1775-2009*, Naval War College Newport Papers, Vol. 40 (2013), pp. 239-252.
- Ward, Curtis A., "Building Capacity to Combat International Terrorism: The Role of the United Nations Security Council," *Journal of Conflict and Security Law*, Vol. 8, No. 2 (2003), pp. 289-306.
- Watkin, Kenneth W., Lieutenant Colonel, "Naval Operations in the 1990s: A Legal Sea Change?," in Haydon, Peter T. and Griffiths, Ann L. eds, *Multinational Naval Forces: Proceedings of a Workshop Held by the Centre for Foreign Policy Studies, Dalhousie University, 13-15 July 1995* (Centre for Foreign Policy Studies, Dalhousie University, 1996), pp. 51-69.
- Weber, Ludwig, "Blockade, Pacific," in Max Planck Institute for Comparative Public Law and International Law under the Direction of Rudolf Bernhardt, *Encyclopedia of Public International Law, Vol. 3, Use of Force, War and Neutrality, Peace Treaties* (North-Holland Publishing Company, 1992), pp. 51-53.
- Wedgwood, Ruth, "Unilateral Action in the UN Sytem," *European Journal of International Law*, Vol. 11, No. 2 (2000), pp. 349-359.
- —, "The Fall of Saddam Hussein: Security Council Mandates and Preemptive Self-Defense," *American Journal of International Law*, Vol. 97, No. 3 (2003), pp. 576-583.
- Wellens, Karel, "The UN Security Council and New Threats to the Peace: Back to the Future," *Journal of Conflict and Security Law*, Vol. 8, No. 1 (2003), pp. 15-70.
- Weller, Marc, "The United Nations and the *Jus ad Bellum*," in Rowe, Peter, ed., *The Gulf War 1990-91 in International and English Law* (Routledge, 1993), pp. 29-54.
- Weston, Burns H., "Security Council Resolution 678 and Persian Gulf Decision Making: Precarious Legitimacy," *American Journal of International Law*, Vol. 85, No. 3 (1991), pp516-535.
- White, Nigel D., "The UN Charter and Peacekeeping Forces: Constitutional Issues," *International Peacekeeping*, Vol. 3, Issue 4 (1996), pp. 43-63.
- Williams, John Fischer, "Sanctions under the Covenant," *British Year Book of International Law*, Vol. 17 (1936), pp. 130-149.
- Willson, Gary, "The Legal, Military and Political Consequences of the 'Coalition of Willing' Approach to UN Military Enforcement Action," *Journal of Conflict and Security Law*, Vol. 12, No. 2 (2007), pp.

- Winner, Andrew, "The Proliferation Security Initiative: The New Face of Interdiction," *Washington Quarterly*, Vol.28, No.2（2005）, pp.129-143.
- Wolfrum, Rüdiger, "Fighting Terrorism at Sea: Options and Limitations under International Law," in Nordquist, Myron, Wolfrum, Rüdiger , Moore, John Norton and Ronán, Long eds., *Legal Challenges in Maritime Security*（Martinus Nijhoff Publishers, 2008）, pp.36-37.
- Wouters, Jan and Naert, Frederik, "Shockwaves through International Law after 11 September: Finding the Right Responses to the Challenges of International Terrorism," in Fijnaut, Cyrille, Wouters, Jan and Naert, Frederik eds., *Legal Instruments in Fight against International Terrorism*（Martinus Nijhoff Publishers, 2004）, pp.411-546.
- Wright, Quincy, "The Cuban Quarantine," *American Journal of International Law*, Vol.57, No.3（1963）, pp.546-565.
- Yann-Huei, Song, "The U. S. - Led Proliferation Security Initiative and UNCLOS: Legality, Implementation, and Assessment," *Ocean Development and International Law*, Vol.38, No.1-2（2007）, pp.101-145.
- Yoo, John and Sulmasy, Glenn, "The Proliferation Security Initiative: A Model for International Cooperation," *Hofstra Law Review*, Vol.35, No.2（2006）, pp.405-416.
- Young, Christopher, "Balancing Maritime Security and Freedom of Navigation on the High Seas: A Study of Multilateral Negotiation Process in Action," *University of Queensland Law Journal*, Vol.24, No.2（2005）, pp.355-414.
- Zacklin, Ralph, "Les Nations Unies et la crise du Golfe," in Stern, Brigitte ed., *Les aspects juridiques de la crise et de la gurre du Golfe*（Montchrestine, 1991）, pp.57-76.
- Zeigler, Richard, "A UBI SUNUS? QUO VADIMUS?: Changing the Course of Maritime Interception Operations," *Naval Law Review*, Vol.43, No.1（1996）, pp.1-55.
- Zumwalt, Elmo R., "Blockade and Geopolitics," *Comparative Strategy*, Vol.4（1983）, pp.169-184.

【日本語文献】
〈著作〉
- 飯田忠雄『海賊行為の法律的研究』（有信堂、1967年）、10＋466頁。
- 石本泰雄『中立制度の史的研究』（有斐閣、1958年）、228頁。
- 江藤淳一『国際法における欠缺補充の法理』（有斐閣、2012年）、ix＋322頁。
- 小田滋『註釈国連海洋法条約・上巻』（有斐閣、1985年）、viii＋340頁。
- 神谷龍男『国際連合の安全保障・増補版』（有斐閣、1979年）、341頁。
- 香西茂『国連の平和維持活動』（有斐閣、1991年）、ix＋512頁。
- 酒井啓亘、寺谷広司、西村弓、濱本正太郎『国際法』（有斐閣、2011年）、xxxix＋795頁。
- 佐藤哲夫『国連安全保障理事会と憲章第7章』（有斐閣、2015年）、xvi＋396頁。
- 信夫淳平『戰時國際法提要上卷』（照林堂、1943年）、14＋927頁。
- ─『戰時國際法提要下卷』（照林堂、1944年）、58＋973頁。
- ─『海上國際法論』（有斐閣、1957年）、427頁。
- 庄司克宏『EU法・基礎編』（岩波書店、2003年）、xxiii＋201頁。
- ─『EU法・政策編』（岩波書店、2003年）、xxiii＋200頁。
- 杉原高嶺『海洋法と通航権』（日本海洋協会、1991年）、240頁。
- 杉原高嶺、水上千之、臼杵知史、吉井淳、加藤信行、高田映『現代国際法講義』（第3版）（有斐閣、2002年）、546頁。
- 瀬田真『海洋ガバナンスの国際法：普遍的管轄権を手掛かりとして』（三省堂、2016年）、viii＋263頁。
- 田岡良一『國際法學大綱・下巻』（巖松堂書店、1944年）、481頁。

- ――『国際法Ⅲ〔新版〕』（有斐閣、1973 年）、397 頁。
- ――『国際法上の自衛権・補訂版』（勁草書房、1981 年）、379 頁。
- 高野雄一『国際法概論（補正版）下』（弘文社、1966 年）、536 頁。
- ――『集団安保と自衛権』（東信堂、1999 年）、x + 329 頁。
- 高林秀雄『国連海洋法条約の成果と課題』（東信堂、1996 年）、ix + 278 頁。
- 立作太郎『國際聯盟規約論』（國際聯盟協會、1932 年）、400 頁。
- 田畑茂二郎『国際法新講（下）』（東信堂、1991 年）、vi + 312 頁注。
- 筒井若水『国連体制と自衛権』（東京大学出版会、1992 年）、viii + 237 頁。
- 日本海洋協会編『国連海洋法条約の研究』（日本海洋協会、1990 年）、ii + 522 頁。
- 林司宣『現代国際法の生成と課題』（信山社、2008 年）、xv + 386 頁。
- 林司宣、島田征夫、古賀衞『国際海洋法〔第 2 版〕』（有斐堂、2016 年）、vii + 199 頁。
- 藤田久一『国連法』（東京大学出版会、1998 年）、xii + 471 頁。
- ――『国際人道法・再増補』（有信堂、2003 年）、328 頁。
- 前原光雄『捕獲法の研究』（慶應義塾大学法学研究会、1967 年）、176 頁 + 資料 90 頁。
- 松井芳郎『湾岸戦争と国際連合』（日本評論社、1993 年）、251 頁。
- ――『テロ、戦争、自衛―米国等のアフガニスタン攻撃を考える―』（東信堂、2002 年）、iv + 96 頁。
- 村瀬信也『国際立法』（東信堂、2002 年）、xxviii + 748 頁。
- 村瀬信也、洪恵子編『国際刑事裁判所：最も重大な国際犯罪を裁く』（東信堂、2008 年）、viii + 360 頁。
- 森肇志『自衛権の基層―国連憲章に至る歴史的展開―』（東京大学出版会、2009 年）、v + 326 頁。
- 山本草二『国際法』（有斐閣、1985 年）、609 頁。
- ――『国際刑事法』（三省堂、1991 年）、x + 357 頁。
- ――『海洋法』（三省堂、1992 年）、viii + 280 頁。
- 山本吉宣『「帝国」の政治学―冷戦後の国際システムとアメリカ―』（東信堂、2006 年）、viii + 441 頁。
- 吉村祥子『国連非軍事的制裁の法的問題』（国際書院、2003 年）、436 頁。
- 和仁健太郎『伝統的中立制度の法的性格―戦争に巻き込まれない権利とその要件―』（東京大学出版会、2010 年）、vi + 298 頁。

〈論文〉
- 青木節子「非国家主体に対する軍縮・不拡散」『世界法年報』第 26 号（2007 年）、134-166 頁。
- 浅田正彦「同時多発テロ事件と国際法上の自衛権」『法学セミナー』2002 年 3 月号、34-39 頁。
- ――「ミサイル関連の輸出関連レジーム」同編『兵器の拡散防止と輸出管理―制度と実践―』（東信堂、2004 年）、77-108 頁。
- ――「安保理決議 1540 と国際立法―大量破壊兵器テロの新しい脅威をめぐって―」『国際問題』No. 547（2005 年）、35-64 頁。
- ――「国際法における先制的自衛権の位相―ブッシュ・ドクトリンを契機として―」村瀬信也編『二一世紀国際法の課題』（有信堂、2006 年）、287-342 頁。
- ――「国連安保理の機能拡大とその正当性」村瀬信也編『国連安保理の機能変化』（東信堂、2009 年）、3-40 頁。
- 安保公人「国連の禁輸執行と国際法―海上阻止行動の実像―」『新防衛論集』第 22 巻第 1 号（1994 年 7 月）、43-64 頁。
- ――「海戦法規の国際的再構築―1994 年のサンレモ・マニュアル―」『波濤』第 117 号（1995 年）、88-112 頁。
- ――「国際法と軍事力」防衛大学校防衛学研究会編『軍事学入門』（かや書房、1999 年）、52-74 頁。
- ――「国連決議に基づく禁輸執行―船舶検査活動に関する国際法と国家実行―」『防衛法研究』第 22 号（1998 年）、79-107 頁。

- ――「北の船舶検査、実効性のある措置が必要」『読売新聞』2006 年 11 月 1 日。
- 新井京「イラン・イラク戦争における海上経済戦―その国際法上の意味―」『京都学園法学』第 2・3 号（2000 年 3 月）、387-431 頁。
- ――「テロリズムと武力紛争法」『国際法外交雑誌』第 101 巻第 3 号（2002 年 11 月）、123-145 頁。
- ――「封鎖法の現代的『変容』―排除水域と飢餓封鎖の問題を中心に―」村瀬信也、真山全編『武力紛争法の国際法』（東信堂、2004 年）、486-509 頁。
- ――「国連憲章下における海上経済戦」松井芳郎、木棚照一、薬師寺公夫、山形英郎編『グローバル化する世界と法の課題』（東信堂、2006 年）、127-159 頁。
- 安藤仁介「フォークランド（マルビナス）諸島の領有権と国際法」『国際法外交雑誌』第 83 巻第 5 号（1984 年 12 月）、26-64 頁。
- 石川卓「大量破壊兵器拡散問題に対する米国の政策・動向」日本国際問題研究所・軍縮不拡散促進センター『大量破壊兵器拡散問題』（日本国際問題研究所、2004 年）、19-34 頁。
- 石井由梨佳「国際法上の海賊行為」鶴田順編『海賊対処法の研究』（有信堂、2016 年）、113-126 頁。
- 位田隆一「国際法における自衛概念―最近の国家実行からみる自衛概念の再検討への手がかり―」『法学論叢』第 126 巻第 4・5・6 号（1989 年）、296-313 頁。
- ――「平和維持活動の法的性質と展開：国連経費事件」小寺彰、森川幸一、西村弓編『国際法判例百選・第 2 版』（有斐閣、2011 年）、88-89 頁。
- 市川とみ子「大量破壊兵器の不拡散と国連安保理の役割」村瀬信也編『国連安保理の機能変化』（東信堂、2009 年）、57-78 頁。
- 稲本守「欧州私掠船と海賊―その歴史的考察」『東京海洋大学研究報告』第 5 号（2009 年）、45-54 頁。
- 岩月直樹「伝統的復仇概念の法的基礎とその変容―国際紛争処理における復仇の正当性―」『立教法学』第 67 号（2005 年）、23-83 頁。
- ――「現代国際法における対抗措置の法的性質―国際紛争処理の法構造に照らした対抗措置の正当性根拠と制度的機能に関する一考察―」『国際法外交雑誌』第 107 巻第 2 号（2008 年）、72-105 頁。
- 植木俊哉「国際組織の国際法定立機能に関する一考察―『国際立法』概念の批判的検討を手がかりとして―」『法学』第 52 巻第 5 号（1988 年）、886-926 頁。
- ――「低水準（低強度）敵対行為と自衛権」『国際問題』No.556（電子版）（2006 年）、25-32 頁。
- ――「低水準敵対行為と自衛権」村瀬信也編『自衛権の現代的展開』（東信堂、2007 年）、113-130 頁。
- ――「国際テロリズムと国際法法理」『国際法外交雑誌』第 105 巻 4 号（2007 年）、1-20 頁。
- 上田秀明「『保護する責任』の履行、リビアの事例」『産大法学』第 45 巻 3・4 号（2012 年）、812-803 頁。
- 江藤淳一「国際法における対抗性の概念」『東洋法学』第 36 巻第 1 号（1992 年）、87-151 頁。
- 大江博「武力行使の法理―近年の事例からみた自衛権、集団安全保障、人道的介入の位置づけ」島田征夫、杉山晋輔、林司宜編集代表『国際紛争の多様化と法的処理』（信山社、2007 年）、275-311 頁。
- 奥脇直也「過程としての国際法―実証主義国際法論における法の変化と時間の制御―」『世界法年報』第 22 号（2002 年）、62-94 頁。
- ――「『海を護る―新しい安全保障の概念』旗国主義の変容と新しい海洋法秩序の形成」シップ・アンド・オーシャン財団『平成 15 年度新たな概念に基づく海洋の安全保障に関する調査報告書』（シップ・アンド・オーシャン財団、2006 年）、29-48 頁。
- ――「海上テロリズムと海賊」『国際問題』No.583（2009 年）、20-33 頁。
- 尾崎重義「湾岸戦争と国連憲章―『新世界秩序』における国連の役割のケース・スタディとし

て—」『筑波法政』第 15 号（1992 年 3 月）、1-78 頁。
- 折田正樹「武力行使に関する国連の法的枠組みの有効性—対アフガニスタン軍事作戦とイラク戦争の場合」『外務省調査月報』、2006 年 No.3、41-60 頁。
- 郭舜「国家による一方的措置の法構造—合意、合法性、正当性をめぐる一試論—」『本郷法政紀要』No.13（2004 年）、39-81 頁。
- 河西直也「国連法体系における国際立法の存在基盤」大沼保昭編『高野雄一先生古稀記念論文集・国際法、国際連合と日本』（弘文堂）、1987 年）、77-121 頁。
- —「現代国際法における合意基盤の二層性—国連システムにおける規範形成と秩序形成—」『立教法学』第 33 号（1989 年）、98-138 頁。
- 加藤陽「国連憲章第 103 条の法的構造（1）・（2・完）」『国際公共政策』第 16 巻 2 号（2012 年 3 月）（1）、121-134 頁：同第 17 巻第 1 号（2112 年 9 月）（2・完）、87-100 頁。
- 川岸伸「非国家主体と国際法上の自衛権（一）・（二）・（三・完）」『法学論叢』第 167 巻第 4 号（2010 年）（一）、101-125 頁：同第 168 巻第 2 号（2010 年）（二）、18-41 頁：同第 168 巻第 4 号（2011 年）（三・完）、44-66 頁。
- 菅野直之「19 世紀後半から 20 世紀初頭の国際法における『海賊行為』概念」『国際関係論研究』第 29 号（2012 年 9 月）、50-80 頁。
- 黒神直純「国連組織における法秩序の展開」『国際法外交雑誌』第 115 巻第 2 号（2016 年）、27-53 頁。
- ゲオルグ・ヴィッチェル（出口雅久、田口絵美訳）「公海上における海上部隊によるテロ対策・海賊対策活動について—『公海自由の原則』と安全とのはざまで」『立命館法学』第 326 号（2009 年 4 号）、337-347 頁。
- 小池徹「国際機関の決議の効力」皆川洸、山本草二編『演習国際法』（青林書院新社、1977 年）、47-55 頁。
- 香西茂「国連軍」田岡良一先生還暦記念論文集編集委員会編『国際連合の研究・第一巻』（有斐閣、1962 年）、88-127 頁。
- —「レインボウ・ウォリヤー号事件と国連事務総長の裁定」『法学論叢』第 125 巻第 1 号（1989 年）、1-30 頁。
- —「平和維持活動の国連憲章上の根拠について」『法学論叢』第 126 巻 4・5・6 号（1989 年）、1-31 頁。
- —「イラクに対する軍事行動の限界はどこまでか」『法学セミナー』第 35 巻 11 号（1990 年）、28-31 頁。
- 古賀衛「公海制度と船舶の地位」林久茂、山手治之、香西茂編『高林秀雄先生還暦記念・海洋法の新秩序』（東信堂、1993 年）、197-224 頁。
- 小寺彰「給油問題に国連決議不要」『日本経済新聞』2007 年 10 月 9 日。
- —「領海外沿岸海域における執行措置」山本草二編集代表『海上保安法制—海洋法と国内法の交錯—』（三省堂、2009 年）、156-198 頁。
- 酒井啓亘「国際司法裁判所における仮保全措置の目的の展開—最近の判例の検討を中心として—」『外務省調査月報』2001／No.2（2001 年）、43-91 頁。
- —「『平和に対する脅威』概念の機能的展開とその意義—〈9.11〉事件への国連安保理の対応を手掛かりに」日本国際連合学会編『国際社会の新たな脅威と国連』（国際書院、2003 年）39-61 頁。
- —「アキレ・ラウロ号事件と海上テロ行為」栗林忠男・杉原高嶺編『現代海洋法の潮流第 2 巻・海洋法の主要事例とその影響』（有信堂、2007 年）、128-158 頁。
- —「ソマリア沖における『海賊』の取締りと国連安保理決議」坂元茂樹編『藤田久一先生古稀記念・国際立法の最前線』（有信堂、2009 年）、209-249 頁。
- 坂本一也「国連安保理事会による国際法の『立法』」『世界法年報』第 25 号（2006 年）、

138-162 頁。
- 坂元茂樹「PSI（拡散防止構想）と国際法」『ジュリスト』No.1279（2004 年）、52-62 頁。
- ――「臨検・捜索―SUA 条約改正案を素材に」海上保安体制調査研究委員会報告書『各国における海上保安法制の比較研究』（海上保安協会、2005 年）、32-47 頁。
- ――「船舶に対する臨検及び捜索―拡散安全イニシアティヴ（PSI）との関連で―」海上保安体制調査委員会中間報告書『各国における海上保安法制の比較研究』（海上保安協会、2006 年）、29-45 頁。
- ――「排他的経済水域における軍事活動」秋山昌廣、栗林忠男編『海の国際秩序と海洋政策』（東信堂、2006 年）、93-122 頁。
- ――「普遍的管轄権の陥穽―ソマリア沖海賊の処罰をめぐって―」松田竹男、薬師寺公夫、坂元茂樹編集代表『現代国際法の思想と構造Ⅱ―環境、海洋、紛争、展望―』（東信堂、2012 年）、156-192 頁。
- 佐藤哲夫「冷戦後の国際連合憲章第七章に基づく安全保障理事会の活動―武力行使に関わる二つの事例をめぐって―」『一橋大学法学研究法学研究』第 26 号（1994 年）、53-167 頁。
- ――「国際連合憲章第七章に基づく安全保障理事会の活動の正当性」『一橋大学研究年報法学研究』第 34 号（2000 年）、175-242 頁。
- ――「国連安保理事会機能の創造的展開―湾岸戦争から 9・11 テロまでを中心に―」『国際法外交雑誌』第 101 巻第 3 号（2002 年 11 月）、21-45 頁。
- 佐藤量介「個別国家間における多国籍軍設置・実施合意の法的問題：『委任関係の合意』モデルによる検討」『一橋法学』第 7 巻第 3 号（2008 年）、943-1012 頁。
- 柴田明穂「一方的行為」香西茂、武本正幸、坂元茂樹編著『プラクティス国際法』（東信堂、1998 年）、6-8 頁。
- 鈴木六郎「聯盟規約上の經濟封鎖について」『國際知識』第 20 巻 5 号（1932 年）、41-54 頁。
- 田岡良一「連盟規約第十六條の歴史と國際連合の將來」田岡良一、田畑茂二郎、加藤新平編『恒藤博士還暦記念法理学及國際法論集』（有斐閣、1949 年）、303-342 頁。
- 高野雄一「戰時封鎖制度論（一）・（二）・（三）・（四）・（五）・（六）・（七）・（八）・（九）」『国際法外交雑誌』第 43 巻第 1 号（1944 年 1 月）（一）、20-71 頁：同第 43 巻第 2 号（1944 年 2 月）（二）、30-61 頁：同第 43 巻第 3 号（1944 年 3 月）（三）、28-54 頁：第 43 巻第 4 号（1944 年 4 月）（四）、59-82 頁：同第 43 巻第 5 号（1944 年 5 月）（五）、23-67 頁：同第 43 巻第 6 号（1944 年 6 月）（六）、12-52 頁：同第 43 巻第 8 号（1944 年 8 月）（七）、21-46 頁：同第 43 巻第 10 号（1944 年 10 月）（八）、30-44 頁：同第 43 巻第 12 号（1944 年 12 月）（九）、1-35 頁。
- 高梨正夫「ナヴィサート・システム」『国際法外交雑誌』第 53 巻第 3 号（1954 年）、167-182 頁。
- 竹内真理「国際法における一方的行為の法的評価（一）（二・完）」『法学論叢』第 150 巻第 6 号（2002 年）、（一）65-84 頁：同第 151 巻第 4 号（2002 年）（二・完）、95-111 頁。
- 立作太郎「國際法上の封鎖と聯盟規約上の所謂經濟封鎖」『国際法外交雑誌』第 31 巻第 1 号（1932 年）、1-30 頁。
- ――「捕獲を行ふ官憲及び捕獲の行はるる場所」『国際法外交雑誌』第 41 巻第 4 号（1942 年）、70-77 頁。
- 田中利幸「海上での犯罪規制と関連国内法の改正」日本海洋協会編『海洋法条約体制の進展と国内措置』（日本海洋協会、1997 年）、3-21 頁。
- 田中裕美子「海上テロに対する実効的処罰の確保と国家管轄権の配分方式―SUA 条約に対してその改正案が及ぼす影響―」『海洋政策研究』第 2 号（2005 年 8 月）、123-152 頁。
- ――「テロリズムの国際規制における海洋の役割と機能」秋山昌廣、栗林忠男編著『海の国際秩序と海洋政策』（東信堂、2006 年）、123-154 頁。
- 鶴田順「改正 SUA 条約とその日本における実施―『船舶検査手続』と『大量破壊兵器等の輸送』に着目して―」杉原高嶺、栗林忠男編『現代海洋法の潮流第 3 巻・日本における海洋法の主要

課題』（有信堂、2010 年）、131-161 頁。
- 中谷和弘「イラクに対する経済制裁」『法学セミナー』第 35 巻 11 号（1990 年）、24-27 頁。
- ――「言葉による一方的行為の国際法上の評価（1）・（2）・（3 完）」『国家学会雑誌』第 105 巻 1・2 号（1992 年）、1-61 頁（1）：同第 106 巻第 3・4 号（1993 年）（2）、69-124 頁：同第 111 巻第 1・2 号（1998 年）（3・完）、1-59 頁。
- ――「集団的自衛権と国際法」村瀬信也編『自衛権の現代的展開』（東信堂、2007 年）、29-58 頁。
- 中西杏実「20 世紀初頭イギリスにおける海戦法政策」『国際関係論研究』第 28 号（2011 年）、1-30 頁。
- 西井正弘「大規模国際テロと国際法」『国際問題』No.505（2002 年）、2-20 頁。
- 西浦直子「国連憲章第 7 章下における武力行使授権の問題点―学説の検証を中心として―」『社会科学ジャーナル』（国際基督教大学平和研究所）第 68 巻（2009 年）、73-91 頁。
- 西嶋美智子「戦間期の『戦争違法化』と自衛権」『九大法学』第 103 号（2011 年）、171-215 頁。
- 西田充「拡散に対する安全保障構想（PSI）」『外務省調査月報』2007 年 No.1（2007 年）、31-67 頁。
- 西谷斉「単独行動主義と多国間主義の相互作用―拡散防止行動（PSI）が国際法秩序に与える影響を中心として―」『近畿大学法学』第 56 巻第 2 号（2008 年）、27-71 頁。
- 西村弓「マラッカ海峡及びソマリア沖の海賊・海上武装強盗問題」『国際問題』No.583（2009 年）、5-19 頁。
- ――「公海上の船舶内での行為に対する裁判官管轄権」『海洋権益の確保に係る国際紛争事例研究（第 3 号）』（海上保安協会、2011 年）、33-43 頁。
- ――「海洋安全保障と国際法」日本国際問題研究所平成 23 年度海洋安全保障研究会プロジェクト『守る海、繋ぐ海、恵む海』（日本国際問題研究所、2011 年）、91-104 頁。
- 西本健太郎「海洋管轄権の歴史的展開（一）・（二）・（三）・（四）・（五・完）」『国家学会雑誌』第 125 巻第 5・6 号（2012 年）（一）、159-209 頁：同第 125 巻第 7・8 号（2012 年）（二）、283-337 頁：同第 125 巻第 9・10 号（2012 年）（三）、413-477 頁：同第 125 巻第 11・12 号（2012 年）（四）、551-609 頁：同第 126 巻 1・2 号（2013 年）（五・完）、55-111 頁。
- 沼田良亨「海上における阻止活動の新展開：合法性根拠の追求を中心として」横浜国立大学国際社会科学研究科博士論文（学術）、甲第 1144 号（2009 年 3 月 26 日）。
- 根本和幸「国際法上の自衛権行使における必要性・均衡性の意義（一）・（二・完）」『上智法学論集』第 50 巻第 1 号（2006 年）（一）、7-100 頁：同第 50 巻第 2 号（2006 年）（二・完）、31-68 頁。
- 林久茂「国連海洋法条約の成立と概要」、林久茂、山手治之、香西茂編『高林秀雄先生還暦記念・海洋法の新秩序』（東信堂、1993 年）、3-37 頁。
- 林司宜「公海上の船舶に対する旗国以外の国による取締り――一九九五年越境分布資源協定による展開―」『早稲田法學』第 75 巻第 2 号（2000）年、105-148 頁。
- ――「海上におけるセキュリティ問題と国際的法執行制度」『早稲田大学社会科学研究所紀要』第 3 号（2010 年）、109-134 頁。
- 萬歳寛之「大量破壊兵器の不拡散に関する国際的規制」『駿河台法学』第 19 巻第 2 号（2006 年）、172-123 頁。
- ――「拡散に対する安全保障構想（PSI）に関する国際法上の評価」『早稲田大学社会安全政策研究所紀要』第 2 号（2009 年）、145-168 頁。
- 萬浪学「テロ対策特措法と同法に基づく活動について」『国際法外交雑誌』第 101 巻第 3 号（2002 年 11 月）、46-70 頁。
- 樋山千冬「冷戦後の国連安保理決議に基づく『多国籍軍』」『レファレンス』平成 15 年 3 月号（2003 年）、28-46 頁。
- 広見正行「国連憲章における休戦協定の機能変化―朝鮮休戦協定を素材として」『上智法學論集』第 57 巻第 4 号（2014 年）、293-321 頁。

- 藤井京子「海上阻止行動と国連憲章上の根拠」*NUCB Journal of Economics and Management*, Vol. 45（2000）, pp153-169.
- 藤田久一「国際立法について」『関西大学法學論集』第 36 巻第 3・4・5 合併号（1986 年）、39-78 頁。
- ――「九・一一大規模テロと諸国の反応―国際法秩序の危機か変容か」『国際問題』No.505（2002 年）、21-35 頁。
- 古谷修一「自衛と域外法執行措置」村瀬信也編『自衛権の現代的展開』（東信堂、2007 年）、165-200 頁。
- ――「国際テロリズムに対する国連安保理の対応―立法的・行政的機能の拡大―」村瀬信也編『国連安保理の機能変化』（東信堂、2009 年）、41-55 頁。
- 前原光雄「船舶の敵性に關するフランス主義」『国際法外交雑誌』第 43 巻第 4 号（1944 年）、1-22 頁。
- 松井芳郎「国際法における武力規制の構造―討論のための概念整理」『ジュリスト』No.1343（2007 年）、10-16 頁。
- 松田竹男「国際テロリズムと自衛権―集団安全保障との関わりの中で―」『国際法外交雑誌』第 101 巻第 3 号（2002 年 11 月）、1-20 頁。
- ――「国連のある種の経費事件」松井芳郎編集代表『判例国際法』（第二版）（東信堂、2006 年）、592-596 頁。
- 真山全「第二次大戦後の武力紛争における第三国船舶の捕獲（一）・（二・完）」『法学論叢』第 118 巻第 1 号（1985 年）、68-96 頁（一）：同第 119 第 3（1986 年）（二・完）、75-94 頁。
- ――「海上経済戦における中立法規の適用について」『世界法年報』第 8 号（1988 年）、17-31 頁。
- ――「海戦法規における目標区別原則の新展開（一）・（二・完）」『国際法外交雑誌』第 95 巻 5 号（1996 年 12 月）、1-40 頁（一）：同第 96 巻第 1 号（1997 年 4 月）（二・完）、25-57 頁。
- ――「日米防衛協力のための指針と船舶の検査」『防衛法研究』第 22 号（1998 年）、109-137 頁。
- ――「国際刑事裁判所規程と日本」『防衛学研究』第 25 号（2001 年）、32-51 頁。
- ――「ジュネーヴ諸条約と追加議定書」国際法学会編『日本と国際法の 100 年第 10 巻・安全保障』（三省堂、2001 年）、166-201 頁。
- ――「現代における武力紛争法の諸問題」村瀬信也、真山全編『武力紛争法の国際法』（東信堂、2004 年）、5-25 頁。
- ――「陸戦法規における目標識別義務」村瀬信也、真山全編『武力紛争法の国際法』（東信堂、2004 年）、321-346 頁。
- ――「国連の軍事的活動に対する武力紛争法の適用―武力紛争の事実主義的認識とその限界―」安藤仁介、中村道、位田隆一編『二一世紀の国際機構：課題と展望』（東信堂、2004 年）、307-335 頁。
- ――「武力攻撃の発生と自衛権行使」『国際安全保障』第 31 巻第 4 号（2004 年）、17-27 頁。
- ――「アラバマ号事件」松井芳郎編集代表『判例国際法・第 2 版』（東信堂、2006 年）、610-612 頁。
- ――「貨物検査の実施、明確な根拠が必要」『日経新聞』2006 年 11 月 6 日夕刊。
- ――「自衛権行使における武力紛争法の適用」『国際問題』（電子版）No.556（2006 年）、33-45 頁。
- ――「テロ行為・対テロ作戦と武力紛争法」初川満編『テロリズムの法的規制』（信山社、2009 年）、77-120 頁。
- 丸山政巳「国際連合安全保障理事会の憲章第 7 章に基づく国際法の執行・強制機能に関する序論的考察」『一橋論叢』第 131 巻第 1 号（2004 年）、67-88 頁。
- 宮内靖彦「『非国家的行為体への自衛権』論の問題点」『国際問題』No.556（電子版）（2006 年）、5-14 頁。
- 村上太郎「『他者規律的』一方的行為の国際法上の対抗力」『一橋論叢』第 124 巻第 1 号（2000 年）、103-120 頁。

- 村上暦造「潜水船の領海内通航とその規制」日本海洋協会編『海洋法条約体制の進展と国内措置・第2号』(日本海洋協会、1998年)、3-21頁。
- ─「現代の海上犯罪とその取締り」国際法学会編『日本と国際法の100年第1巻・海』(三省堂、2001年)、136-162頁。
- ─「停船命令〜近接権の性格を中心に〜」海上保安体制調査研究委員会中間報告書『平成15年度各国における海上保安体制の比較研究』(海上保安協会、2004年)、1-10頁。
- 村瀬信也「国際組織の一方的措置と対抗力:国連憲章第7章の下における軍事的措置の容認をめぐって」『上智法學論集』第42巻第1号(1998年)、5-38頁。
- ─「武力行使に関する国連憲章と一般国際法との適用関係─NATOのユーゴ空爆をめぐる議論を手掛かりとして─」『上智法学論集』第43巻3号(1999年12月)、1-41頁。
- ─「自衛権の新展開」『国際問題』No.556(電子版)(2006年)、1-14頁。
- ─「国際法における国家管轄権の域外執行─国際テロリズムへの対応─」『上智法学論集』第49巻、3・4号(2006年)、119-160頁。
- ─「国連憲章と一般国際法上の自衛権」同編『自衛権の現代的展開』(東信堂、2007年)、4-28頁。
- 森川幸一「平和の実現と国際法─ポスト冷戦期における国際安全保障のゆくえ─」石村修、小沼堅司、古川純編『いま戦争と平和を考える』(国際書院、1993年)、59-96頁。
- ─「国際連合の強制措置と法の支配(一)・(二・完)」『国際法外交雑誌』第93巻第2号(1994年)、1-31頁(一):同第94巻第4号(1995年)(二・完)、51-88頁。
- ─「国連安全保障理事会決議への日本の対応」『ジュリスト』No.1232(2002年)、45-53頁。
- ─「『対テロ戦争』への国際人道法の適用─『テロリスト』の取扱いをめぐる米国での議論と日本の捕虜制度を中心に」『ジュリスト』No.1299(2005年)、73-83頁。
- ─「海上テロリズム行為の未然防止措置」海上保安協会編『海洋法の執行と適用をめぐる国際紛争事例研究』(海上保安協会、2008年)、27-40頁。
- ─「海上暴力行為」山本草二編『海上保安法制』(三省堂、2009年)、291-328頁。
- ─「国際平和協力外交の一断面─『海上阻止活動』への参加・協力を巡る法的諸問題─」金沢工業大学国際学研究所編『日本外交と国際関係』(内外出版、2009年)、243-281頁。
- ─「大量破壊兵器の拡散防止に係る執行」海上保安体制調査委員会報告書『海洋権益の確保に係る国際紛争事例研究』(海上保安協会、2009年)、28-43頁。
- ─「武力行使とはなにか」『法学セミナー』No.661(2010年)、10-13頁。
- 森田章夫「国際テロと武力行使」『国際問題』No.516(2003年)、50-64頁。
- ─「海賊に対する拿捕国以外の刑事裁判管轄権についての判断」(「各海賊行為の処罰及び海賊行為への対処に関する法律違反被告事件」(「ソマリア海賊裁判」)東京地方裁判所判決(2013年2月1日))、TKCローライブラリー『新・判例解説』Watch、国際公法No.23(2013年8月30日)、4頁。
- ─「国際法上の海賊(Piracy Jure Gentiun)─国連海洋法条約における海賊行為概念の妥当性と限界─」『国際法外交雑誌』第110巻第2号(2011年)、3頁。
- 森田桂子「自衛権と海上中立」村瀬信也編『自衛権の現代的展開』(東信堂、2007年)、225-248頁。
- 薬師寺公夫「公海海上犯罪取り締りの史的展開─公海海上警察権としての臨検を中心に─」栗林忠男、杉原高嶺編『海洋法の歴史的展開』(有信堂、2004年)、195-247頁。
- ─「国連の平和執行活動に従事する派遣国軍隊の行為の帰属─ベーラミ及びサラマチ事件とアル・ジェッタ事件判決の相克─」『立命館法學』2010年第5・6号(2010年)、1573-1622頁。
- 山内由梨佳「書評:Douglas Guilfoyle, Shipping Interdiction and the Law of the Sea」『国際安全保障』第38巻第4号(2011年)、139-143頁。
- 山田卓平「トリー・キャニオン号事件における英国政府の緊急避難論」『神戸学院法学』第35巻第3号(2005年11月)73-128頁。

- 山田哲也「ソマリア沖『海賊』問題と国連―『安保理の機能変化』論との関わりで―」『国際法外交雑誌』第 112 巻第 1 号（2013 年）、30-55 頁。
- 山本慎一「国連安保理による『授権』行為の憲章上の位置づけに関する一考察―多機能化する多国籍軍型軍事活動を例として―」、『外務省調査月報』2007／No.2（2007 年）、31-52 頁。
- 山本草二「一方的国内措置の国際法形成機能」『上智法學論集』第 33 巻第 2・3 号（1990 年）、47-86 頁。
- ―「国連海洋法条約の歴史的意味」『国際問題』（電子版）No.617（2012 年）、1-4 頁。
- 吉田靖之「国連海上阻止活動の法的考察」『法学政治学論究』第 43 号（1999 年）、1-43 頁。
- ―「国連安保理事会決議に基づく多国籍軍の法的考察―安保理事会の『授権』を中心に―」『防衛研究所紀要』第 3 巻第 1 号（2000 年 8 月）、99-125 頁。
- ―「現代の海上作戦から見たる海戦法規の課題」『国際安全保障』第 34 巻第 2 号（2006 年 9 月）、81-100 頁。
- ―「海戦法規における目標識別規則―目標識別海域設定を中心に―」『法学政治学論究』第 73 号（2007 年 6 月）、1-41 頁。
- ―「有志連合海上作戦部隊の活動と国際法（一）・（二）・（三・完）」『阪大法学』第 62 巻第 1 号（2012 年）、105-133 頁（一）；同第 62 巻第 2 号（2012 年）（二）、315-339 頁；同第 62 巻第 5 号（2013 年）（三・完）、275-288 頁。
- ―「紹介：Natalie Klein, *Maritime Security and the Law of the Sea*」『国際法外交雑誌』第 111 巻第 4 号（2013 年）、132-137 頁。
- ―「公海上における大量破壊兵器の拡散対抗のための海上阻止活動（1）・（2・完）」『国際公共政策研究』第 18 巻第 1 号（2013 年）（1）、241-254 頁；同第 18 巻第 2 号（2・完）、63-77 頁。
- ―「拡散に対する安全保障構想（PSI）の現状と法的展望」『軍縮研究』（電子版）第 5 号（2014 年）、26-36 頁。
- ―「ソマリア沖海賊対処活動と国際法―国際法上の海賊（piracy *jure gentium*）への国連安保理事会決議による海上法執行活動―」『海幹校戦略研究』第 4 巻第 2 号（2014 年）、26-58 頁。
- ―「第一次世界大戦における海上経済戦と RMS *Lusitania* の撃沈」『軍事史学』第 50 巻第 3・4 合併号（2015 年）、231-248 頁。
- ―「南シナ海における中国の『九段線』と国際法―歴史的水域及び歴史的権利を中心に―」『海幹校戦略研究』第 5 巻第 1 号（2015 年）、1-32 頁。
- ―「国際海洋法裁判所 ARA *Libertad* 事件（Case No.20）暫定措置命令（2012 年 12 月 15 日）The "ARA Libertad" Case（Argentine v. Ghana）, ITLOS Case No.20, Request for Provisional Measures, Order（15 December 2012）」『国際公共政策研究』第 20 巻第 1 号（2015 年）、215-230 頁。
- ―「紹介：Efthymios Papastavridis, *The Interception of Vessels on the High Seas: Contemporary Challenges to the Legal Order of the Oceans*」『国際法外交雑誌』第 114 巻第 3 号（2015 年）、91-95 頁。
- ―「国際機関等による海賊対処」鶴田順編『海賊対処法の研究』（有信堂、2016 年）、192-193 頁。
- ―「判例紹介・フィリピン対中国事件：南シナ海をめぐる仲裁［国連海洋法条約附属書Ⅶ仲裁裁判所／管轄権及び受理可能性］（2015 年 10 月 29 日）」『海幹校戦略研究』第 6 巻第 1 号（2016 年 7 月）、27-68 頁。
- 和仁健太郎「国際法における"unit self-defense"の法的性質と意義」『阪大法学』第 65 巻第 1 号（2015 年）、25-85 頁。

索　引

【事項索引】

〔A〜Z〕

Achille Lauro 事件　272
Aut dedere aut judicare　273
ALN　139
Antelope 事件　37
Artois　166, 167
Barber Perseus　330
Bana I　199
BBC China　238
BCN 兵器　278, 280, 281
BWC　281
Caroline 事件　135
civtas maxima of the oceans　21
CMF　30, 229, 230, 302, 304, 310-312, 320, 321, 328, 352, 353, 356, 380
CMFCC　310, 316
COP　99
CSG　315
CSS *Alabama*　55
CTF　311
CTF150　230, 311, 315-320, 378
CTF151　311, 312, 377, 378
CTF152　311
CWC　281
Dupertit-Thouars（D-625）　142
Duzar　142
ECJ　201, 202
ECtHR　203
EEC　201
ECOWAS　186, 187
ECOMOG　186
EEZ　1, 7, 16, 44, 70, 264, 381
　——における沿岸国の管轄権　35
　——における沿岸国の権利　35
　——における捕獲権行使　65
　——の公海としての性格　35
E-MIO　318
FLN　139, 142, 144
EUNAVFOR　377
Formosa Patrol　96
Formosa Strait Force　96
Francop　259
FRONTEX　20, 355
GPRA　139
Hansa India　258
HMS *Cumberland*（F-85）　311
HMS *Eagle*（R-05）　161
HMS *Minerva*（F-45）　166, 167
HMS *Shutherland*（F-81）　340
HoA　319
Hostis humani generis　45
ICC　189
ICJ　76, 133, 251
IDI　56, 114
ILC　34, 133, 134
IMO　272, 274, 276
IMO 総会決議 924（22）　276
Interdiction　343, 344
ITLOS　292
IUU 漁業　1, 14, 18, 20, 22, 23, 50, 353
Joanna V　162, 163, 165, 172
Jus ad bellum　17, 28, 300, 305, 347, 373
Jus in bello　28, 52, 300, 373
KFOR　220
Laconia　91
Laconia-Befehl　91
Lido II　201, 203
Light 事件　270, 271
LEG　275, 277
Louis 事件　36, 37
Marianna Flora　38, 40
Maritime Security　16-18, 21
Manuela　163, 165, 166, 172
Mavi Marmara　103, 105, 153

443

MEZ 101, 102
Monitoring 344
MSO 303, 312, 317, 319, 320, 350, 352, 353, 355, 356
NATO 181, 220, 301
NATO・WEU-led Operation Sharp Guard 183, 184
Navarra（F-85） 230
NAVCENT 310
Navy Seals 349
Nisha 340
NOTAM 70
NOTMARS 70
NPT 227, 281
OAS 146, 184, 185
OAU 187
OEF 313, 314, 316, 329, 348
OEF-HoA 319
OEF-LIO 317
OEF-MIO 315, 317, 318, 321, 333, 337, 338, 340, 346
ONUVEH 184
Operation Active Endeavour（OAE） 316
Operation Allied Force 219
Operation Apollo 318
Operation Four Spices 259
Operation Marcket Time 99, 104
Operation Maritime Guard 181
Operation Maritime Monitor 181
Operation Sharp Fence 181
Operation Sharp Vigilance 181
Operation Sea Breeze 103-105
Operation Unified Protector 191, 193, 301
Opinio juris sive mecessitatis 58, 363
Palmer Report 103
Piracy *jure gentium*（国際法上の海賊） 19, 45
PSI 12, 229, 232, 233, 235, 237, 239, 262, 284, 295-298, 360, 370, 374
PSI 二国間乗船合意 19, 260, 262-264, 266, 269, 271, 286-288, 299, 379
Rayon d'action 86
RFMO 20, 22

res communins omnium 36
ROE 166, 167, 312
Saiga 事件（No.2） 292
SBS 340
Sic utere tuo, ut non alienum laedas 38
SIP 232, 233, 235, 237, 260
SLOCs 25
So San 229, 230
Takedown 179
Targeted killing 349
TEZ 101, 102
Torrey Canyon 134
U-156 91
UNIFIL 19
UNIFIL Maritime Task Force 19, 30
U. S. Fifth Fleet 310
USS *Carl Vinson*（CVN-70） 315
USS *Cole*（DDG-67） 279
USS *McCampbell*（DDG-85） 271
Virginius 事件 108, 135-138, 143, 144, 152, 367, 372, 373
WEU 181

〔あ行〕

アカバ湾 98
アラブの春 188
アル・カイダ 302, 321, 329, 333, 336-340, 372
アルジェリア戦争 18, 108, 139, 152, 322, 349, 367, 372
アルミラ・パトロール（The Armilla Patrol） 342
安保理事会
——による限定的な軍事的措置 210
——（決議）による国際立法 12, 252, 305
——による制裁措置 24
——の勧告 173
——の決定 215, 218
——の権限の委譲 211-215, 219, 324
——の権能 10, 24
——の行動 175, 180, 185, 186, 246, 250, 252, 255, 309

――の裁量 207
――の執行機能 252
――の集権的な指揮／統制 195
――の授権 7, 9, 10, 30, 109, 157, 159, 165, 175, 186, 187, 189, 190, 193, 195, 198, 211, 212, 221, 241, 256, 260, 321-323, 326, 328, 359, 360, 368, 378
――の専管事項 216
――の要請 7, 9, 19, 43, 97, 109, 157-159, 161-163, 165, 170-176, 178, 180-182, 186, 187, 189, 190, 194, 195, 197-200, 203-205, 207, 210, 211, 215-217, 220, 221, 233, 240, 244, 249, 253-258, 368
――の立法機能 250, 251
安保理事会決議
――83（1950 年） 172, 173
――216（1965 年） 161, 162
――217（1965 年） 161, 162, 171
――221（1966 年） 165, 167, 170-174
――232（1966 年） 171
――552（1984 年） 63, 338
――660（1990 年） 175, 176
――661（1990 年） 175-177, 192, 341-345
――665（1990 年） 177-180, 194
――713（1991 年） 180, 182
――757（1991 年） 180, 182
――787（1991 年） 180, 182, 183
――794（1992 年） 199
――820（1993 年） 182, 183, 201
――841（1993 年） 185
――873（1993 年） 185
――875（1993 年） 186
――917（1994 年） 186
――944（1994 年） 186
――1132（1997 年） 187, 195
――1267（1999 年） 248
――1368（2001 年） 313, 317, 318, 321, 324, 329, 351
――1373（2001 年） 249, 313, 317, 318, 321, 324-327, 329, 350, 351, 373
――1378（2001 年） 317, 321, 324

――1390（2002 年） 327, 351
――1483（2003 年） 179
――1540（2004 年） 12, 240, 242-248, 253, 259, 271, 277, 293, 296
――1701（2006 年） 19
――1718（2006 年） 253-256, 258, 293
――1747（2007 年） 258
――1816（2008 年） 311, 312, 377
――1838（2008 年） 312
――1844（2008 年） 312
――1846（2008 年） 312
――1851（2008 年） 312
――1874（2009 年） 255, 257, 258
――1970（2011 年） 188-191, 195
――1973（2011 年） 189-191, 193, 195, 198
――2009（2011 年） 192
――2094（2013 年） 257, 258
――に基づく船舶の阻止 169
一方的（な）行為 129, 356
一方的国内措置 360-363
一方的措置 7, 356, 358
イラク戦争 18, 194
イラン・イラク戦争 18, 57, 63, 64, 73, 75, 301, 330, 342, 343
引致 5, 40, 50, 136
印パ戦争 73
　　――第二次 74, 99
　　――第三次 75
ヴァンス・オーエン和平プラン 182
ヴェトナム戦争 99, 104
エイラート 98
エーレスンド海峡 98
オックスフォード・マニュアル 56
オプト・アウト方式 288
オプト・イン方式 286-288

〔か行〕

カーグ／ハルーク島 101
カーン・ネットワーク 239
海上拒否 53
海上経済戦 25, 51, 54, 65, 78, 88, 92, 141, 158

exceptional right としての―― 331, 336, 341, 346
　　――の措置　76
海上支配　53
海上阻止活動
　　――の系譜　6-10, 24, 26, 28, 33, 78, 107, 108, 152, 153, 157, 159, 160, 174, 220-222, 365-369, 372, 381
　　――の先駆　153
　　――の定義（米国）　4, 14
　　――の範囲　23
　　――の modus operadi　78, 151
　　連盟――（構想）　108, 125, 128, 153
海上中立法　43, 128
海上テロ　279
海上法執行活動　5, 14, 15, 21, 40, 108, 227, 378
海上優勢／制海権　53
海上輸送規制法　332
海戦の手段・方法　54
海戦法規　2
　　海洋法と――の交錯　17
　　――上の措置　17, 21, 23
　　――における／関する伝統的規則　18, 58, 63, 76, 88
　　――における目標選定規則（艦船カテゴリー別目標選定規則／機能別目標選定規則）　60, 61
　　――に関する慣習法　61
　　――に関するマニュアル　57
　　――の海上阻止活動への適用　52
　　――の再構築　57, 105
　　――の非国際的武力紛争への適用　104, 105
　　――の法典化　55, 57, 67
海賊（行為）　1, 14, 18, 23, 41, 42, 44-47, 50, 137, 138, 234
　　ソマリア沖（アデン湾）――　13, 377
　　――対処　47, 302, 311-313, 319
海洋基本計画　294
海洋法
　　海洋と――にかかわる国連事務総長の報告　18

　　――における新たな制度　48
　　――における臨検の権利→「臨検」の事項を参照
　　――に関するマニュアル　57
　　――の二元構造　34
　　――の下での船舶への干渉　40
ガザ戦争　18, 103
カナナスキス原則　228
ガバナーズ・アイランド合意　185
貨物検査特別措置法　257
管轄権
　　沿岸国の――　16, 35
　　旗国の（排他的）――　1, 17, 30, 39, 41, 43, 138, 142, 169, 294
　　刑事――　50
　　国家――　36
　　――属人主義　291
　　属地的――　45
　　――の任意的設定　290
　　――の放棄　269, 290, 291
　　普遍的――　22, 46, 47, 299, 355
危険海面　70
旗国主義　1, 39, 40, 53, 142, 241, 253, 289, 294-299, 375
　　――の排除　303, 339
北大西洋理事会　181
逆追跡（reverse-hot pursuit）　377
キューバ隔離（政策）　3, 108, 145, 147, 148, 150-153, 367, 372
キューバ危機　145
キューバ 10 年戦争　135
漁業水域　360, 381
緊急避難　134, 138
（戦時）禁制品（制度）　5, 67, 71, 72, 77, 78, 80, 87, 88, 94, 148, 194, 353
　　条件付――　71, 72
　　絶対的――　71, 72
近接権　40, 137
禁輸（執行）　6, 9, 24, 30, 157, 175, 185, 205
　　――の実効性　160, 206
　　武器の――　190, 191, 193, 198, 199
　　――物資　196

索引

空戦法規　54
軍艦　2, 44
　　──の定義　44
軍事参謀委員会　178, 207
軍事目標　58, 59
警告射撃　196
経済制裁　9, 108, 117-120, 123-125
　　国際連盟の──　128
　　──における平時封鎖の準用　127
　　──の一環としての海上交通の遮断　126
欠缺（*lacunae*）　144, 361
権限踰越（*ultra vires*）　213
検査（inspection）　179
公海
　　──海上警察権　39-41, 50, 51, 64, 137, 151, 158, 169, 234, 323
　　──からの無許可放送　1, 14, 41, 43, 47, 48, 50
　　──上における害悪ある行為　16, 26
　　──上における脅威　13, 18, 20, 25, 222, 223, 226, 230, 231, 274, 300, 370, 376, 377, 380
　　──上における（平時の）自衛　108, 129, 133, 134, 138
　　──上における秩序（維持）　39, 50, 297, 373
　　──上における犯罪／違法行為　47, 234
　　──と領海の二元性　34, 273
　　──における情報収集　17
　　──における平和と安全の維持　8
　　──の基本的な性格　34
　　──の自由（原則）　18, 20, 22, 33, 35, 36, 38, 39, 44, 53, 100, 128, 129, 134, 142, 146, 147, 264, 330, 338, 341
　　　　──の相対性　129
　　──の範囲　33
国際軍事裁判（ニュールンベルグ裁判）　90
国際連合（国連）
　　──人権理事会国際事実調査団報告書　103
　　──総会決議47/20（1992年）　185

　　──の集団安全保障　216, 217
　　──の集団的措置　15, 245, 251
国連憲章
　　──下における強制措置　159, 172, 173
　　──下における武力行使の平時一元化　52, 95
　　──下の安保理事会の行動（決定）　5, 109
　　──が *jus ad bellum* に及ぼす影響　58
　　──第39条下の認定　174, 193, 246, 369
　　──第39条下の勧告　172, 173
　　──第41条下の非軍事的措置　171, 176, 200, 204, 207, 254, 257, 258, 343
　　──第42条下の（集団的）措置　164, 206, 208
　　──第43条下の特別協定　172, 207, 208, 214
国際連盟
　　──国際封鎖委員会　117, 125
　　──の集団安全保障体制　115-117, 120
　　──の集団的措置　121
　　──理事会　114
　　──連盟リーガリズム　116
　　──1921年の連盟総会決議　120, 122, 122-126,
国連海洋法条約
　　──前文　34
　　──における水域構成　34
　　──に規定される違法行為　1
　　──の起草過程　42, 47
国旗の濫用　1, 50, 137, 234

〔さ行〕

裁判（司法）管轄権　46, 47
裁判不能（*non liquet*）　144
作戦区域　70
サンフランシスコ会議　204
サンレモ・マニュアル　57, 61, 62, 93, 104
自衛権
　　一般国際法上の──　131, 149
　　慣習法上の──　235
　　──行使にかかわる必要性及び均衡性

447

129, 194, 307, 331, 350
　――行使による海上阻止　322
　国連憲章（第51条）の――　131, 143, 318, 337, 351
　――の行使による海上における活動の合法性　192
　――を根拠とする海上経済戦の措置　330, 331
　――を根拠とする第三国船舶／非当事国への措置　76, 77, 177, 332, 334, 335
　――を根拠とする拿捕／拘留　130
自己保存権　138
事実上の戦争　76, 330
自由品　72
ジュネーヴ法　52, 104
私掠許可状　58
私掠船　59
人身売買　14, 23, 50
枢密院勅令（1915年3月11日）　86
枢密院勅令（1917年2月16日）　88
スカッド・ミサイル　230
スケガラク海峡　89
制度化された恣意性　216, 219
政令56/274（Décret 56/274）　140
セルビア・モンテネグロ（ユーゴスラビア）　180, 182
先制的自衛　149
戦争行為　111, 116
戦争状態　114, 122, 126, 127, 137
　――の擬制　107
戦争水域　86, 88-92, 100, 101
船長の同意　271, 303, 316, 337, 346, 356
船舶に対する武装強盗　18
戦利品　71

〔た行〕

対抗性　358, 363
対抗措置　53, 335, 349
第一次海洋法会議　34, 45, 48, 49, 133
第三次海洋法会議　34
大陸棚　7, 34, 65, 276, 360, 381
大量破壊兵器
　――の拡散　5, 10, 12, 14, 18, 226, 228,
233, 236, 243, 246, 258
　――の拡散対抗　6, 13, 19, 21, 25, 153, 225, 227, 231, 234, 239, 241, 244, 259, 276, 290, 293, 296, 298, 299, 353, 368-370, 378, 380
拿捕　5, 9, 40, 50, 68, 84, 90, 135-138
　――船舶の破壊　78
ダンバートン・オークス提案　204
中東戦争
　第一次――（パレスチナ戦争）　73
　第二次――（スエズ動乱）　74
　第三次――（六日戦争）　74
　第四次――（十月戦争）　74, 98
直線基線　7, 360, 361, 381
チラン海峡　98
追跡権　41, 234
デイトン和平合意　183
敵性
　貨物（物資）の――　66, 67, 73, 77
　船舶の――　66, 73, 80
敵対的な行為（hostile acts）　133
ドイツ海軍（Kriegsmarine）　83
ドイツ帝国海軍（Kaiserliche Marine）　86
トルコ国家審査委員会最終報告書　104
奴隷（貿易／取引）　14, 23, 41, 42, 51, 227, 234, 295, 354
トレード・ドミサイル　66, 77

〔な行〕

ナヴィサート・システム　71
ならず者国家　225
南北戦争　79
難民
　違法――（輸送）　18, 23, 50
　――の密入国　14
二船要件　46

〔は行〕

ハーグ法　52, 104
ハーバード草案　45
ハイジャック　47
排他的経済水域→「EEZ」の事項を参照
排他的水域　11, 93, 101

448

ハイフォン（Haiphong）における機雷敷設　100
ハマス　103
非国家主体
　——と大量破壊兵器との連接　25, 225, 227, 242, 369
　——による脅威　188, 222, 226
　——への拡散対抗　6, 223, 225, 236, 243, 247, 253, 276, 293, 299
　——への自衛権行使　305, 314, 350
　——への実力／武力行使　28, 305
封鎖　17, 54-56, 78-80, 94, 95, 103-105, 107, 111-113, 119, 121, 125, 145, 151, 178, 206, 332, 336, 367
　近接——　79, 83, 94
　　朝鮮戦争における——　97
　——侵破（船）　67, 69, 79, 84, 105
　長距離——　85-89, 94, 98, 105
　——の宣言及び告知　83
　——の目的　105
フォークランド（マルビナス）戦争　18, 57, 63, 101, 301, 331
不朽の自由作戦　18, 314
復仇　52, 88, 89, 93, 94, 109, 111, 335, 349
フランス海軍（Marine Nationale）　140
フランス国務院（Conseil d'Etat）　142, 144
武力攻撃　129-134, 146, 149, 175, 226, 313, 315, 328, 329, 334, 336, 337, 343, 349, 369
武力紛争
　国際的——　24, 193, 194, 203, 299, 303, 304, 314, 318, 321, 322, 330, 333, 338, 339, 341, 347, 350, 352, 367, 371, 373, 376
　——テロとの境界　253
　非国際的——　24, 104, 105, 152, 153, 193, 217, 299, 322, 347, 349, 350, 352, 367, 373, 374, 378
　——の定義　1
米国同時多発テロ　24, 158, 226, 253, 305, 313
米国の国家安全保障戦略　231
米国の大量破壊兵器と戦う国家戦略　231
平時禁制品制度　148

平時封鎖　107-109, 113, 114, 148, 367
　——の背景　110
　——の要件　114
ベイラ・パトロール（The Beira Patrol）　19, 160-162, 168, 169, 173, 372
平和維持活動　11, 359
防御海面　101
法上の戦争　76, 108, 330
法的信念→「Opinio juris sive mecessitatis」の事項を参照
捕獲　9, 17, 23, 54-56, 65, 67, 78, 105, 107, 125, 151, 194, 332, 336, 367
　——が行われる場所　65, 77
　——士官　73
　——審検所　65, 71, 73, 78, 82, 84, 99, 125, 194
　——と海上阻止活動との関連　77
捕獲法　65, 128, 137
補給支援特措法　352
保護する責任（R2P）　189
ポスト 9/11（の時代）　25, 102, 153, 226, 299, 322, 341, 369, 376
ポスト冷戦期　24, 157, 160, 175, 218, 220, 372, 376

〔ま行〕

松田草案　45
麻薬
　——の（違法）取引　14, 18, 23, 41, 47, 50, 227
南ローデシア　160-162, 165, 170, 171, 173, 174
無国籍船　1, 42, 50, 230, 234, 375
無制限潜水艦戦　88, 90, 92, 95
黙示的権能　212, 213
黙認（の法理）　8, 361
目標区別原則　58
目標選定規則　59
モザンビーク海峡　161, 162, 168

〔や行〕

有志連合（coalition）　12, 28, 190, 194, 223, 229, 237, 295, 310-313, 317, 320,

327, 328, 340, 360, 362, 369, 370, 373, 378
4時間ルール　286-288, 296

〔ら行〕

臨検
　海戦法規における船舶への干渉／――の制度　2, 15, 52, 54, 107, 343
　海洋法における――　33, 39, 41, 50, 51, 230, 234, 297, 356, 367
　航空機による――　140
　――潜水艦による臨検　60
　中立国商船に対する――　61, 113
　敵国商船に対する――の省略　68, 69
　――の主体　44
　――の代替措置　70
　――の目的　68, 69
　非国際的武力紛争における――　373
　武力紛争非当事国船舶に対する自衛権行使による――　341
　平時における――の権利　37
　――への（積極的な）抵抗　60, 67, 73
臨検隊　49, 68, 72
　――指揮官　49
連続航海主義　72

〔わ行〕

湾岸戦争　18, 57, 179, 193

【人名索引】

〔あ行〕

アリスティド（Jean-Bertrand Aristide）　184
アレン（Claig H. Allen）　12
位田隆一　138
ヴォルフラム（Rüdiger Wolfrum）　326
ウサーマ・ビン・ラーディン（Usāma bin Lādin）　315, 339, 349
オコンネル（Daniel Patrick O'Connell）　129, 361
奥脇直也　360, 361

〔か行〕

カーン（Abdul Quadeer Khan）　239
ギルフォイル（Douglas Guilfoyle）　13, 14, 17, 21, 23, 308, 366
クライン（Natalie Klein）　13, 17, 21, 308, 366
ケネディ（John F. Kennedy）　145
ケルゼン（Hans Kelsen）　208
香西茂　304

〔さ行〕

坂元茂樹　264
佐藤哲夫　212
信夫淳平　82
シャクター（Oscar Schachter）　214
シンマ（Bruno Simma）　250
スコット（Sir William Scott）　37
ストーリー（Joseph Story）　38, 40
スミス（Ian Smith）　161
セドラ（General Joseph Raoul Cedras）　184, 185

〔た行〕

田岡良一　125, 132
タッカー（Robert W. Tucker）　113
デーニッツ（Großadmiral Karl Donitz）　90
デ・クエヤル（Javier Perez de Cuellar）　177, 345

デュヴァリエ（Jean-Claude Duvalier） 184
トルーマン（Harry S. Truman） 96, 97

〔な行〕

ニミッツ（Fleet Admiral Chester William Nimitz） 92

〔は行〕

バイヤース（Michael Byers） 326
ハインチェル・フォン・ハイネク（Wolf Heintchel von Heinegg） 2, 307, 308, 347, 348, 374
バウエット（DerekWilliam Bowett） 130
パパスタヴリディス（Efthymios Papastavridis） 13, 17, 20-23, 152, 308, 366, 371
ハルテンシュタイン（Korvettenkapitän Werner Hartenstein） 91
フィールディング（Louise E. Fielding） 10, 158
ブッシュ（George Bush）（子） 229, 231, 240

ブッシュ（George Bush）（父） 345
藤田久一 62, 205
ブラウンリー（Ian Brownlie） 131
フルシチョフ（Nikita Sergeyevich Khrushchev） 146, 147
ホルダー（Eric H. Holder） 349

〔ま行〕

マーシャル（John Marshall） 37
真山全 54, 345, 346, 378
村瀬信也 131, 358-360, 362
森川幸一 211, 213, 252, 308

〔や行〕

山本草二 358, 362

〔ら行〕

リンカーン（Abraham Lincoln） 79
レーダー（Großadmiral Erich Raeder） 90
ロンチッチ（Natialino Ronzitti） 62

著者紹介

吉田　靖之（よしだ・やすゆき）

[略歴]
1963 年生　兵庫県神戸市出身
1986 年　同志社大学経済学部卒業、直ちに海上自衛隊入隊（一般幹部候補生）
1996 年　海上自衛隊幹部候補生学校教官
1999 年　防衛研究所国際法教官
2001 年　海上自衛隊幹部学校研究部員
2008 年　防衛省海上幕僚監部指揮通信情報部情報課
　　　　　この間、外務省出向（在バーレーン日本大使館 1 等書記官兼防衛駐在官（2008 年 11 月～2009 年 4 月））
2010 年　海上自衛隊幹部学校運用教育研究部員
　　　　　この間、トルコ海軍多国間海上安全保障教育センター（MARSEC-COE）客員講師（2012 年 11 月）
2016 年　防衛省統合幕僚監部首席法務官付法務官

[研究歴]
1999 年　防衛大学校総合安全保障研究科修了（社会科学修士）
2014 年　大阪大学大学院法学研究科博士後期課程修了（総代）（博士（法学））
　　　　　大阪大学大学院国際公共政策研究科招聘研究員（2014 年 9 月～2015 年 3 月）

[主な論文]
・「国連海上阻止活動の法的考察」『法学政治学論究』第 43 号（1999 年夏季号）、1-41 頁。
・「海戦法規における目標識別規則」『法学政治学論究』第 73 号（2007 年夏季号）、1-41 頁。
・「有志連合海上作戦部隊の活動と国際法（一）（二）（三・完）」『阪大法学』第 62 巻第 1 号（2012 年 5 月）、105-133 頁（一）：同第 62 巻第 2 号（2012 年 7 月）、511-535 頁（二）：同第 62 巻第 5 号（2013 年 1 月）、275-288 頁（三・完）。
・「南シナ海における中国の『九段線』と国際法―歴史的水域及び歴史的権利を中心に―」『海幹校戦略研究』第 5 巻第 1 号（2015 年 6 月）、2-32 頁。
・「国際海洋法裁判所 ARA *Libertad* 事件（Case No.20）暫定措置命令（2012 年 12 月 15 日）」『国際公共政策研究』第 20 巻第 1 号（2015 年 9 月）、215-230 頁。

海上阻止活動の法的諸相
―公海上における特定物資輸送の国際法的規制―

発 行 日	2016 年 12 月 31 日　初版第 1 刷
著　　者	吉田　靖之
発 行 所	大阪大学出版会
	代表者　三成　賢次

〒 565-0871
吹田市山田丘 2-7　大阪大学ウエストフロント
TEL　06-6877-1614
FAX　06-6877-1617
URL：http://www.osaka-up.or.jp

印刷・製本　尼崎印刷株式会社

Ⓒ Yasuyuki Yoshida 2016　　　　　　　　　　Printed in Japan
ISBN 978-4-87259-575-8 C3032

Ⓡ〈日本複製権センター委託出版物〉
本書を無断で複写複製（コピー）することは、著作権法上の例外を除き、禁じられています。本書をコピーされる場合は、事前に日本複製権センター（JRRC）の許諾を受けてください。